CARTAS

SOBRE

TOLERÂNCIA

Dados Internacionais de Catalogação na Publicação (CIP)
(Câmara Brasileira do Livro, SP, Brasil)

Locke, John, 1632-1704.
  Cartas sobre tolerância / John Locke ; [tradução Jeane B. Duarte Rangel, Fernando Dias Andrade]. — São Paulo : Ícone, 2004. — (Coleção fundamentos de direito)

  Título original: The works of John Locke
  Bibliografia.
  ISBN 85-274-0773-6

  1. Filósofos - Inglaterra - Correspondência
  2. Locke, John, 1632-1704 3. Tolerância religiosa
  I. Título. II. Série.

03-6067   CDD-192

Índices para catálogo sistemático:

1. Cartas : Filósofos ingleses   192
2. Filósofos ingleses : Cartas   192

JOHN LOCKE

CARTAS

SOBRE

TOLERÂNCIA

cone
editora

© Copyright 2004.
Ícone Editora Ltda.

Coleção Fundamentos de Direito

Traduzido de "The Works of John Locke", Vol. VI, Londres, impresso por THOMAS TEGG; W. SHARPE E FILHO; G. OFFOR; G. E J. ROBINSON; J. EVANS E CO.; TAMBÉM R. GRIFFIN E CO. GLASGOW; E J. CUMMING, DUBLIN, 1823 e Re-impresso por SCIENTIA VERLAG AALEN, Alemanha, 1963.

Tradução
Jeane B. Duarte Rangel

Prefácio e Introdução traduzidos de John Locke: *Lettre sur la tolérance*, Paris, PUF, 2ª éd., 1999, por Fernando Dias Andrade

Diagramação
Andréa Magalhães da Silva

Revisão
Rosa Maria Cury Cardoso

Proibida a reprodução total ou parcial desta obra, de qualquer forma ou meio eletrônico, mecânico, inclusive através de processos xerográficos, sem permissão expressa do editor
(Lei nº 9.610/98)

Todos os direitos reservados pela
ÍCONE EDITORA LTDA.
Rua Lopes de Oliveira, 138 - CEP: 01152-010
com Rua Camerino, 26 – CEP: 01153-030
Barra Funda – São Paulo - SP
Tel./Fax: (11) 3666-3095
www.iconelivraria.com.br
E-mail: editora@editoraicone.com.br
edicone@bol.com.br

ÍNDICE

Prefácio, 7
Introdução, 27
Uma Carta sobre a Tolerância, 71
Uma Segunda Carta sobre a Tolerância, 115
Uma Terceira Carta sobre a Tolerância: ao Autor
    da Terceira Carta sobre a Tolerância, 173
Uma Quarta Carta sobre a Tolerância, 475

Prefácio[*]

I

A *Epistola de tolerantia* de John Locke foi diversas vezes publicada na Grã-Bretanha e nos Estados Unidos, no curso do século XIX e durante as últimas décadas. Essas edições, entretanto, não apresentam o texto original latino de Locke, que apareceu em Gouda em 1689, sem nome de autor; elas somente reproduzem a tradução inglesa de William Popple, sobrinho do poeta Andrew Marvell. Mais exatamente, todos os editores recentes se baseiam na primeira edição dessa tradução (Londres, impressa por Awnsham Churchill, 1689), sem levar em consideração a revisão efetuada pelo próprio Popple no ano seguinte (Londres, igualmente por Churchill, 1690).

É somente num codicilo a seu testamento, com data de 15 de setembro de 1704 (atualmente em Oxford, Bodleian Library, MS Locke b. 5, n.º 14), que Locke reconhece ser o autor da *Epistola* e ao mesmo tempo avaliza com sua autorização a tradução de Popple, nestes termos: "Deixo, além do mais, à biblioteca pública da Universidade de Oxford os seguintes livros: a saber, três *Cartas sobre a tolerância*, das quais a primeira foi escrita por mim em latim e publicada em Tergow [ou seja,

---

[*] Traduzido de John Locke: *Lettre sur la tolérance*, Paris, PUF, 2.ª éd., 1999.

Gouda], Holanda, em 1689, sob o título: *Epistola de tolerantia*, e traduzida em seguida para o inglês *without my privity* [sem meu conhecimento]". (Essa expressão um pouco ambígua não significa necessariamente, como os biógrafos recentes de Locke têm desejado, que Locke afirma ter ignorado que tivessem preparado uma tradução, mas — nesse contexto — que ela fora feita sem a participação direta do filósofo, muito cioso de manter o anonimato.) Existe, com efeito, na Bodleian Library um volume (4º. S. 70. Th.), "Ex Dono Celeberrimi Viri Ioannis Lock" (*sic*, da mão do bibliotecário Thomas Hearne) que corresponde exatamente à descrição de Locke e contém precisamente suas três *Cartas sobre a tolerância*, das quais a primeira no texto inglês de Popple. As outras duas, publicadas em inglês em Londres, em 1690 e em 1692, igualmente sem revelar o nome do autor, não nos interessam aqui. São as respostas de Locke aos ataques (publicados em Oxford em 1690 e 1691) de Jonas Proast, capelão do Queen's College e depois do All Souls College, Oxford.

O original latino da *Epistola* foi redigido enquanto Locke se encontrava na Holanda, refugiado político. Tomamos a data, posta em discussão ainda em nossos dias, por duas testemunhas, ambas amigos de Locke, Philippe de Limborch[1] e Jean Le Clerc.[2] A *Epistola* foi escrita depois do começo de novembro de 1685, durante o inverno de 1685-86, enquanto Locke vivia em Amsterdã sob um falso nome (depois que o representante de João II, rei da Inglaterra, solicitara sua extradição), hóspede clandestino do doutor Egbert Veen, deão do Collegium medicum da cidade.

Poderíamos ser tentados a precisar mais a data, ao concluirmos, de uma nota de Le Clerc,[3] que a *Epistola* tinha sido terminada antes do fim do ano de 1685. Todavia, não seria prudente o bastante confiar num autor que escreveu vinte anos após os acontecimentos em questão e por vezes se enganou quanto aos detalhes.

---

[1] Carta de 24 de março de 1705 a Lady Masham: "Illa hyeme in aedibus D. Venii, me solo conscio, eximiam illam de tolerantia epistolam ad me scripsit" (A. des A. van den Hoeven, *De Ioanne Clerico et Philippo a Limborch*, 2.ª parte, p. 49, Amsterdã, 1843; H. R. Fox Bourne, *The life of John Locke*, vol. II, p. 34, Londres, 1876). Nós verificamos a cópia mantida por Limborch: Amsterdã, Biblioteca da Universidade, MS III D 16, fol. 54ᵛ.

[2] "Eloge de feu Mr. Locke" [Elogio do finado Sr. Locke], *Bibliothèque choisie*, tomo VI, p. 374, Amsterdã, 1705: "Ele aí retornou [de Clèves] ao começo de novembro, e ficou de novo na casa do Sr. Veen. Foi na casa dele que compôs a Carta Latina da Tolerância, que foi em seguida impressa em Tergow...". Todas as outras datas, alegadas pelos historiadores contemporâneos, são desprovidas de fundamento.

[3] Ibid., p. 375: "Ao final do ano o Sr. Locke foi morar na casa do Sr. Guenelon, onde ficou também no [ano] seguinte".

II

A questão da tolerância estava, nessa época, no centro das discussões dos homens de letras, dos filósofos e dos teólogos holandeses assim como dos numerosos refugiados, franceses e outros, que se encontravam nesse país. Em 1684, Henri Besnage, monsenhor de Beauval, tinha feito publicar em Roterdã seu pequeno tratado *Da tolerância das religiões*. Mas antes dele, no começo de sua atividade literária nos Países-Baixos, Pierre Bayle tinha já tratado desse assunto, e com muita clareza. Em suas *Pensées diverses écrites à un docteur de Sorbonne, à l'occasion de la comète qui parut au mois de décembre 1680* [Pensamentos diversos escritos a um doutor da Sorbonne, a respeito do cometa que surgiu no mês de dezembro de 1680], ele tinha enunciado a tese audaciosa de que o ateísmo não conduz necessariamente à corrupção dos costumes e que ele não impede "de ter as idéias da honestidade".[4] No ano seguinte, após ter submetido o princípio da intolerância a um exame rigoroso, ele declararia em sua *Critique générale de l'histoire du Calvinisme de M. Maimbourg* [Crítica geral da *História do Calvinismo* do Sr. Maimbourg]: "Hoje, como não haveria nada mais apropriado a fazer do mundo um sangrento teatro de desordem e de carnificina do que estabelecer por princípio que todos os que estão persuadidos da verdade de sua religião estão no direito de exterminar todos os demais, já que isso seria reconduzir o gênero humano àquele estado de natureza de que falam os políticos, onde cada um seria seu senhor e teria direito sobre todas as coisas, desde que tivesse força para assenhorear-se disso, fica claro que a verdadeira Religião, qualquer que seja, não deve conquistar nenhum privilégio de violentar as outras, nem pretender que as coisas que ela pode fazer inocentemente se tornassem crimes, quando as outras as cometessem",[5] e concluíra: "É seguramente um atentado contra os direitos da Divindade querer obrigar a consciência".[6]

Pouco depois, em 1685, as *Nouvelles lettres de l'auteur de la Critique générale de l'histoire du Calvinisme* [Novas cartas do autor da *Crítica geral da História do Calvinismo*] aprofundarão sua doutrina. Ele aí ressalta que o critério da fé, longe de consistir na adequação a uma verdade objetiva, é

---

[4] *Lettre à M.L.A.D.C.... où il est prouvé... que les comètes ne sont point le presage d'aucun malheur* [Carta a M.L.A.D.C.... onde é demonstrado... que os cometas não são o presságio de alguma desgraça], pp. 332 e 406 ss., Colônia, 1682; *Pensées diverses... à l'occasion de la Comète...*, pp. 392 ss. e 597 ss., Roterdã, 1683; ed. crítica por A. Prat, tomo II, Paris, 1912.
[5] Ville-Franche [provavelmente Amsterdã], ed. Pierre le Blanc, 1682; segunda ed., ibid., 1683, p. 267 (Carta 14); P. Bayle, *Oeuvres diverses*, vol. II, p. 57 a (Carta 13), Haia, 1727.
[6] Seg. ed., p. 358 (Carta 18), Ville-Franche, 1683; *Oeuvres diverses*, vol. II, p. 77 b (Carta 17).

determinada pelo ato soberano da consciência: "Em matéria de Religião, a regra de julgar não está no entendimento, mas na consciência; ou seja, é preciso apreender os objetos não segundo as idéias claras e distintas, adquiridas por um exame severo, mas segundo o que a consciência nos dita que ao apreendê-los nós faremos o que é agradável a Deus".[7] Toda pretensão à infalibilidade no domínio da fé sendo sem fundamento, trata-se doravante de reivindicar o direito da *consciência errônea*: "Atualmente, é um pecado incomparavelmente maior agir contra as luzes de nossa consciência do que agir contra as leis que ignoramos... Se estamos mais obrigados a agir segundo os instintos da consciência errônea do que segundo as leis da verdade absoluta e que sequer conhecemos, é evidente que o erro travestido em verdade na nossa alma adquire o direito de nos fazer as mesmas ações que a verdade nos ordenaria".[8] E Bayle se sustenta no "direito alienável que temos, assim como o resto dos homens, de fazer profissão das doutrinas que acreditamos conformes à pura verdade".[9]

Um ano mais tarde, em outubro de 1686, ele fará aparecer, sob o pseudônimo bizarro de Monsenhor Jean Fox de Bruggs, evocando a impressão de que se trataria de uma tradução do inglês, sua obra fundamental sobre o problema da tolerância, o *Commentaire philosophique sur ces paroles de Jésus Chri[s]t: "Contrain[s]-les d'entrer"; où l'on prouve par plusieurs raisons démonstratives qu'il n'y a rien de plus abominable que de faire des conversions par la contrainte, et l'on réfute tous les sophismes des convertisseurs à contrainte, en l'Apologie que S. Augustin a faite des persécutions* [Comentário filosófico sobre estas palavras de Jesus Cristo: "Obriga-os a entrar"; onde se prova por diversas razões demonstrativas que não há nada mais abominável do que fazer conversões por coação, e refutam-se todos os sofismas dos conversores por coação, na Apologia que Santo Agostinho fez das perseguições].[10] Ele aí ressalta novamente que "tudo o que é feito contra o ditame da consciência é um pecado" e justifica sua tese pelo raciocínio seguinte: "Pois é tão evidente que a consciência é uma luz que nos diz que uma tal coisa é boa

---

[7] *Nouvelles lettres...*, Carta XXII, 13, t. II, p. 786, Ville-Franche, 1685 (*Oeuvres diverses*, vol. II, p. 334 b, Haia, 1727).

[8] Op. cit., Carta IX, 17, t. I, p. 294 (*Oeuvres diverses*, vol. II, p. 227 b-228 a). Ao tratar da "consciência errônea", tema de grande importância para seu pensamento, Bayle sem dúvida levou em consideração ou famosas teses de Tomás de Aquino (*Quaest. disput. de veritate*, q. 17, e *S. theol.*, II, 1, q. 19), ou ao menos discussões das escolas que nele se inspiraram.

[9] *Nouvelles lettres...*, Carta IX, t. I, p. 290 (*Oeuvres diverses*, vol. II, p. 227 a).

[10] *Traduit de l'Anglois du Sieur Jean Fox de Bruggs par M.J.F.*, tomos I e II, ed. Thomas Litwel, em Cantorbery, 1686 (*Oeuvres diverses*, ed. cit. vol. II, pp. 355 ss.). — Continuando o artifício, Bayle fez uma crítica dessa obra, em suas *Nouvelles de la République des Lettres*, novembro de 1686 (*Oeuvres diverses*, vol. I, pp. 698-99, Haia, 1725).

ou má, que não é plausível que alguém duvide dessa definição da consciência. Não é menos evidente que toda criatura que julga que uma ação é boa ou má, suponha que existe uma lei ou uma regra a respeito da honestidade ou da torpeza de uma ação; e se não somos ateus, se cremos numa religião, supomos necessariamente que essa lei e essa regra está em Deus: donde concluo que é a mesma coisa dizer, minha consciência julga que uma tal ação é boa ou má, e dizer, minha consciência julga que uma tal ação agrada ou desagrada a Deus. Parece-me que são proposições reconhecidas como também verdadeiras por todo o mundo, como as mais claras noções da Metafísica".[11]

Jamais a obrigação em matéria de fé poderia ser justificada pela Escritura; pois "um sentido literal da Escritura é necessariamente falso, à medida que ele contém a inversão geral da Moral divina e humana, que ele confunde o vício com a virtude, e que aí abre a porta a todas as confusões imagináveis";[12] igualmente, "todo dogma particular, seja que o aleguemos como contido na Escritura, seja que o propusemos de outra forma, é falso, à medida que é refutado pelas noções claras e distintas da luz natural, principalmente com respeito à Moral".[13] Logo, o pretenso direito de perseguir em nome de uma religião é incompatível com "essa luz natural primitiva e universal que Deus distribui nas almas de todos os homens";[14] ele é impedido por razões "que o suprimem universalmente de todas as religiões".[15]

No ano seguinte apareceu em Roterdã a primeira tradução francesa do livro de Jean Crell *De la tolérance dans la religion ou de la liberté de conscience* [Da tolerância na religião ou da liberdade de consciência], junto de um tratado do tradutor, o pastor Charles Le Cène, huguenote refugiado nos Países-Baixos, sobre o mesmo tema.[16] Quase ao mesmo tempo, o principal representante da ortodoxia reformada entre os refugiados franceses, Henri Jurieu, lança um ataque veemente contra a obra de Bayle; em seu tratado *Des droits des deux souverains, en matière de religion, la conscience et le prince, pour détruire de dogme de l'indifférence des religions et de la tolérance universelle,*

---

[11] *Commentaire philosophique*, II, cap. 8 (*Oeuvres diverses*, ed. cit., vol. II, p. 422, b. 1727).
[12] *Ibid.*, I, cap. 4 (vol. II, p. 374 b).
[13] *Ibid.*, I, cap. 1 (vol. II, p. 370 b).
[14] *Ibid.*, I, cap. 1 (vol. II, p. 368 b).
[15] *Ibid.*, Discurso prelim. (vol. II, p. 360 b).
[16] *Conversations sur diverses Matières de Religion. Où l'on fait voir la Tolerance que les Chrétiens de* (sic) *differents sentiments doivent avoir les uns pour les autres... Avec un traité de la Liberté de Conscience dédié au Roi de France & à son Conseil*. Em Filadélfia [provavelmente Amsterdã], ed. Timothée de S. Amour, 1687.

contre un livre intitulé: Commentaire philosophique... [Dos direitos dos dois soberanos em matéria de religião, a consciência e o príncipe, para destruir o dogma da indiferença das religiões e da tolerância universal, contra um livro intitulado: *Comentário filosófico...*][17] esse discípulo de Calvino, ele mesmo tendo sofrido a perseguição, reivindica vigorosamente para a verdadeira Igreja, a sua, o direito de perseguir. A resposta de Bayle não se fez esperar. Sem citar o nome do autor, ele denunciou brevemente o livro de Jurieu numa carta destinada a aparecer no início da terceira parte de seu *Commentaire philosophique*, publicado em 1687,[18] e o criticou mais longamente, no ano seguinte, no *Sup[p]lément du Commentaire philosophique, ... où, entre autres choses, l'on achève de ruiner la seule échap[p]atoire qui restoit aux adversaires, en démontrant le droit égal des Hérétiques pour persécuter à celui des Orthodoxes* [Suplemento do *Comentário filosófico*, ... onde, entre outras coisas, acaba-se de destruir a única escapatória que restava aos adversários, ao demonstrar igual aos dos ortodoxos o direito dos heréticos a perseguir].[19]

Os tratados mencionados acima não são os únicos que foram publicados no curso desses mesmos anos nos Países-Baixos. Nada espantoso, pois, que em 1687 Jean Le Clerc declare em sua *Bibliothèque universelle et historique* que "aparecem tantos Livros de Controvérsia [acerca dos conflitos entre as diferentes religiões], e há tanto tempo, que nós quase não ouvimos falar de outra coisa".[20] Segue-se que a matéria é de "grande importância no tempo em que vivemos";[21] e alguns anos mais tarde falou-se ainda do "grande burburinho que hoje faz a questão da tolerância".[22]

O eco dessas controvérsias se fez sentir nos novos periódicos versados na língua francesa, que tinham começado a aparecer na Holanda precisamente cessa época e que Locke certamente conhecia.[23]

---

[17] Roterdã, 1687.

[18] Terceira parte, "Acerca da refutação da Apologia que Santo Agostinho fez dos Conversores à força", em Cantorbery, ed. Thomas Litwel, 1687 (*Oeuvres diverses*, ed. cit., vol. II, pp. 444-96). A carta ("Londres, 29/30 de maio de 1687") não se encontra nos exemplares da edição original que nós consultamos, mas na segunda edição do *Commentaire philos.*, Roterdã, 1713 e nas *Oeuvres diverses*, p. 444.

[19] "Em Hamburgo, [ed.] por Thomas Litwel", 1688 (*Oeuvres diverses*, ed. cit., vol. II, pp. 497-560).

[20] *Bibliothèque universelle et historique de l'année 1687*, tomo VI, p. 295, Amsterdã, 1687.

[21] *Ibid.*, tomo V, p. 215.

[22] *Abrégé de la doctrine de tolérance civile* [Compêndio da doutrina de tolerância civil] (sem nome de autor), ed. Barent Boz, p. 3, Roterdã, 1691.

[23] As *Nouvelles de la République des Lettres* e a *Bibliothèque universelle* se encontravam entre esses livros; ver os catálogos de sua biblioteca, Bodleian Library, MS Locke b. 2, fol. 109r e 44r; MS Locke f. 16, p. 31. MS Locke f. 33 contém suas notas por ocasião da leitura desses periódicos.

III

Essas discussões foram acompanhadas com o mais vivo interesse na comunidade dos sectários de Arminius (os "remonstrantes"), com os quais Locke manteve relações estreitas, do começo ao fim de sua residência na Holanda. O médico Veen, que o abrigava em sua mansão e que Locke saldaria mais tarde como um dos "qui mihi peregrina in terra pararunt patriam"[24] era um membro eminente dessa comunidade e aparentado, além disso, à família de Arminius, por ter-lhe desposado a neta. Os traços principais que caracterizam os remonstrantes — sua insistência, contra os discípulos de Calvino, na universalidade da graça e na harmonia entre os decretos divinos e a liberdade humana, o tom moderado dos escritos de seus mestres, a ausência de qualquer tentativa para impor suas doutrinas —, não podem deixar de ser simpáticos ao filósofo inglês.

Em particular, ele se sente atraído pelas obras do sucessor de Arminius, Simon Episcopius, das quais ele toma conhecimento nessa época. Este não havia ressaltado que o cristianismo, longe de ser um conjunto de dogmas, era uma moral vivida? E não tinha ele colocado como divisa esse pensamento atribuído a Santo Agostinho, "In necesarris unitas, in dubiis libertas, in omnibus caritas"? O espírito que animava os remonstrantes é descrito pelo genebrino Le Clerc, que se tornara membro de sua comunidade: "...eu nunca abjurei nada, nem nunca assinei nada, contra os sentimentos dos outros. Os remonstrantes não exigem isso de ninguém; mas somente que reconheçamos a Escritura Santa como a única regra de nossa fé; que vivamos cristãmente; que não sejamos idólatras, e que não queiramos perseguir ninguém. Eles de forma alguma amaldiçoam os que não têm a sua opinião nas coisas do pensamento; mas eles crêem dever seguir as luzes de suas próprias consciências, e deixam os outros ao julgamento de Deus".[25]

Pelo mesmo escritor aprendemos que Locke, que "até então não conhecia os remonstrantes senão por ouvir dizer e por algumas conversas que aqui tivera..., surpreendeu-se ao encontrá-los em opiniões muito mais aproximadas das suas, que nem acreditava; e ele fez em seguida um excelente uso das luzes que pôde tirar deles".[26] E numa carta escrita algum tempo após a morte de Locke, Lady Masham, a filha de Ralph Cudworth, na casa de quem ele havia passado os últimos anos de sua vida, declarou

---

[24] Carta de Locke a Egbert Veen, Londres, 8 de março de 1689, logo após seu retorno à Inglaterra (Leiden, Biblioteca da Universidade, MS Papenbroek 15); ver prancha 1.
[25] *Bibliothèque choisie*, tomo XIX, pp. 383-84, Amsterdã, 1710 (e ibid., 1726).
[26] J. Le Clerc, "Eloge de feu Mr. Locke", *Bibliothèque choisie*, tomo VI, p. 375, Amsterdã, 1705.

a seu correspondente holandês: "Ele nascera e fizera seus estudos ao tempo em que o calvinismo estava na moda na Inglaterra; mas essa doutrina foi aí muito desacreditada antes que eu viesse ao mundo, de sorte que o Sr. Locke acostumou-se a falar das opiniões que eu sempre encontrei em voga na Universidade e no meio do Clero como de alguma coisa que lhe fosse nova. E como muitos anos antes de ir à Holanda ele só tivera bem pouca relação com eclesiásticos, imagino comigo que as opiniões que ele encontrou acolhidas dentre vós lhe agradaram ainda mais à medida que ele não estava tão acostumado a ouvir falar dos teólogos de uma maneira tão razoável. Mas de qualquer modo, sei que ele sempre continuou aqui a falar com muita afeição não somente de seus amigos, que na Holanda têm essas opiniões, mas em geral de toda a sociedade dos remonstrantes".

Desde sua juventude, Locke tinha acompanhado as numerosas e ardentes controvérsias inglesas acerca da tolerância, e os ensaios de sua pena acerca desse tema, datando de diferentes períodos de sua vida, e que encontramos entre seus papéis, nos fornecem um testemunho eloqüente do interesse que ele levava por esse problema. Suas experiências nos Países-Baixos, o conhecimento profundo que ele aí construiu da tradição erasmiana, e sobretudo as conversas que ele teve na casa de Veen com Philippe de Limborch, professor de teologia no seminário dos remonstrantes, incitaram-no a tratar novamente desse assunto. Limborch estivera em correspondência com Cudworth, Henry More e outros filósofos-teólogos "latitudinários" de Cambridge,[27] com os quais ele partilhava a admiração por Erasmo. Ele tinha publicado as obras de Episcopius, seu tio-avô, ele tinha ele próprio elaborado o projeto de escrever um livro sobre a tolerância.[28] Ao momento em que Locke o conheceu, Limborch estava em vias de preparar sua *Theologia christiana*, visando "a praticar a piedade e promover a paz cristã".[29] É a propósito desta obra que a *Bibliothèque universelle* nota: A tolerância é "o dogma que os remonstrantes respeitavam acima de tudo, que eles mais exprimem em todos os seus livros, e em conseqüência do qual eles se crêem obrigados a olhar como seus irmãos todos os cristãos que acolhem todos os artigos fundamentais, que não querem tiranizar ninguém, e que não são nem idólatras nem de maus costumes".[30]

---

[27] Ver Amsterdã, Bibl. da Universidade, MS III D 16; *Lettres inédites de John Locke*, publ. por H. Ollion, pp. 154-56, Haia, 1912.
[28] Ver carta de J. Le Clerc a Limborch, Grenoble, 6 de dezembro de 1681, publ. por K.O. Meinsma, *Spinoza und sein Lreis* [Espinosa e seu círculo], p. 531, Berlin, 1909.
[29] *Theologia christiana ad praxin pietatis ac promotionem pacis Christianae unice directa*, Amsterdã, 1686.
[30] *Bibliothèque universelle et historique* do ano 1686, tomo II, p. 46, Amsterdã, 1686.

As cartas de Locke desse período mostram qual valor ele atribuía às suas relações cordiais e às suas trocas de idéias com o sábio holandês que muito o ajudou durante o seu exílio.[31] Limborch foi o único a saber que o filósofo inglês, em seu esconderijo em Amsterdã, compusera sua *Epistola de tolerantia*, que aliás é a ele endereçada. Levando em consideração, na escolha de certos exemplos, do contexto holandês, ela apareceu somente uns três anos e meio mais tarde, pelo começo de maio de 1689, pouco depois do retorno de Locke à Inglaterra. As duas siglas, de aparência bizarra e misteriosa, T.A.R.P.T.O.L.A. e P.A.P.O.I.L.A., que a edição original traz no frontispício,[32] ocultam o nome do destinatário e o do autor, só encontraram sua explicação após a morte de Locke. Só é, com efeito, no *Eloge de feu Mr. Locke*[33] que o público descobriu o eles significam; a saber, o primeiro, "Theologiae Apud Remonstrantes Professorem, Tyrannidis Osorem, Limburgium Amstedolamensem"; e o segundo, "Pacis Amico, Persecutionis Osore, Ioanne Lockio Anglo".

Em sua carta a Lady Masham de 24 de março de 1705, o próprio Limborch tinha apresentado uma versão ligeiramente diferente (Amsterdã, Biblioteca da Universidade, MS III D 16, fol. 54ᵛ): "...voluitque nomina nostra sub literis titulo insertis latere, quibus indicatur epistolam esse scriptam ad Theologiae Apud Remonstrantes Professorem, Tyrannidis Osorem, Libertatem Amantem, a *Pacis Amante, Persecutionis Osore, Ioanne Lockio Anglo*". À primeira vista, esse testemunho poderia parecer decisivo. Mas é provável que Locke tenha omitido indicar o nome do destinatário, paralelamente ao do autor, e que tenha escolhido uma fórmula mais difícil do que a que nos é transmitida por Le Clerc? Sabemos que este, antes de compor seu *Eloge* de Locke, tinha se encarregado de entrar em contato com amigos ingleses do filósofo, a fim de obter ensinamentos precisos sobre sua vida. Podemos então admitir que ele ensaiou explicar as siglas sem consultar Limborch, seu colega e amigo íntimo, que se interessara na preparação do *Eloge* e residia na mesma cidade? Parece-nos mais razoável conjecturar que a fonte de Le Clerc não foi outra senão Limborch e que este, após ter retomado a matéria, corrigiu a explicação contida em sua carta.

É provável que é pelo intermediário de Limborch que a *Epistola* foi publicada em Gouda, pelo editor Justus ab Hoeve. Limborch, que vivera

---

[31] Ver por ex. a carta de Locke a Limborch de 31 de dezembro de 1685 (*Lettres inédites de John Locke*, ed. cit. p. 166). Ver também uma carta inédita de Locke ao mesmo, de 22 de junho de 1687, que se encontra em Marburgo, Coleção Darmstädter, Stiftung Preussischter Kulturbesitz, Staatsbibliothek (2 aˣ, 1690).

[32] Ver *infra*, p. 1.

[33] *Bibliothèque choisie*, tomo VI, p. 374, Amsterdã, 1705.

durante muito tempo nessa cidade – conhecida desde os tempos de Dirk Coornhert por sua tradição de tolerância religiosa –, aí publicara seu livro *De veritate religionis Christianae amica collatio cum erudito Judaeo*, em 1687, com o mesmo editor. Em todo caso, foi Limborch – nós o sabemos por uma de suas cartas (Bodleian Library, MS Locke c. 14, fol. 44ʳ) – quem inspecionou a impressão da *Epistola*.

Quanto à tradução inglesa, pode-se dizer que Popple, buscando por completo permanecer fiel ao texto do autor, introduziu aqui e ali modificações que, em alguns casos, acabaram por alterar um pouco o sentido original. Nós preferimos, pois, apresentar ao leitor o texto latino, que não tem sido reimpresso há cerca de dois séculos.[34] Na falta do manuscrito do autor, nós comparamos, a fim de estabelecer um texto crítico, todas as edições precedentes da *Epistola*, ou seja, (1) a edição original de Gouda; (2) a de Londres de 1765, empreendida pelos esforços de Thomas Hollis (*Letters concerning Toleration*, pp. 1-28); e (3) a de Londres de 1768, que se encontra na sétima edição de Iohn (sic) Locke, *Works*, segundo volume, pp. 315-343. Em geral, nós seguimos o texto da *editio princeps*, a qual contém o mínimo de erros, sem ser todavia irrepreensível. Nós nos limitamos a corrigir algumas irregularidades – levando em consideração, entretanto, que o próprio Locke varia por vezes sua ortografia – e a modernizar ligeiramente a pontuação.

No apêndice, o leitor encontrará o prefácio de Popple a sua tradução. Ali leremos a frase célebre: "A liberdade absoluta, a justa e verdadeira liberdade, a liberdade igual e imparcial é a coisa de que nós temos necessidade". Palavras que têm sido freqüentemente, e por equívoco, atribuídas a Locke, que, ao contrário, não cessa de ressaltar a necessidade de colocar limites à liberdade: "Outra proposição [de uma igual certeza]: 'Nenhum governo concede uma liberdade absoluta'. Com efeito, a própria idéia de governo sendo o estabelecimento da sociedade sobre regras ou leis que exigem a obediência, ao passo que a idéia de uma liberdade absoluta é a possibilidade para cada um de fazer tudo o que lhe agrada, – eu posso estar também certo da verdade dessa proposição como de uma qualquer proposição matemática".[35] As expressões da passagem precedente, exaltando a liberdade absoluta, são, ao invés, características de Popple, amigo de William Penn e muito mais intransigente que Locke na atitude a adotar nas questões político-religiosas.

---

[34] O texto latino acaba de ser publicado igualmente nas seções italianas (Florença, 1961), espanhola (Montreal, 1962) e polonesa (Varsóvia, 1963) de nossa série "A Filosofia e a Comunidade Mundial".

[35] *Ensaio sobre o entendimento humano*, livro VI, 3, 18. Ver também a famosa passagem nos *Segundo tratado sobre o governo*, cap. 4, 22.

IV

No começo de seu prefácio, Popple declara que a *Epistola* já tinha sido traduzida para o holandês e o francês. Essa informação tem sido diversas vezes repetida pelos historiadores de nossos dias. Todavia, nenhum exemplar nem de uma nem de outra tradução não foi encontrado pelos bibliógrafos.[36] Na verdade, existe certamente uma tradução holandesa, publicada alguns meses somente após o original latino em 1689. Pois em setembro, Philippe de Limborch adverte Locke de que essa tradução estava à venda e que ela fazia muito sucesso: "verum Belgice in officinis nostris prostat, et a pluribus maximo cum applausu legitur".[37] Duas semanas mais tarde, Limborch lhe envia um exemplar dela: "Versionis Belgicae vides hic exemplar".[38] Malgrado nossas pesquisas nas bibliotecas dos Países-Baixos e entre os livros de Locke, não pudemos encontrar um exemplar dessa edição, atestada igualmente por Le Clerc.[39] Todavia, nós encontramos uma outra edição holandesa, igualmente desconhecida dos bibliógrafos de Locke, publicada em Amsterdã em 1734. O editor, Isaac Tirion, reporta-a a uma edição precedente, surgida pouco antes do texto latino e já então inencontrável.[40]

De outra parte, uma tradução holandesa publicada sem data em Harlingen por F. van der Plaats é mencionada em um repertório bibliográfico do século dezoito.[41] Pode-se identificá-la com a primeira edição? Esta foi certamente anônima, à medida que a edição de Harlingen trazia o nome de Locke. Trata-se pois de uma publicação posterior. Aliás, sabemos que Folkert van der Plaars só iniciou sua atividade de editor em Harlingen em 1727. Segundo os ensinamentos que bem quis nos comunicar M.G.W. Kolthoff, Secretário da comuna de Harlingen, o livro de Locke foi publicado nessa cidade em 1729. Podemos constatar a existência de pelo menos três edições da tradução holandesa ao curso do meio século seguinte à publicação do original latino, prova manifesta do interesse que suscitou o opúsculo de Locke nos Países-Baixos.

---

[36] Ver H.O. Christophersen, *A bibliographical introduction to the study of John Locke* (Det Norske Videnskaps-Akademi i Oslo), p. 15, Oslo, 1930.
[37] Carta de 16 de setembro de 1689, Bodleian Library, MS Locke c. 14, fol. 30^r.
[38] Carta de 30 de setembro de 1689, *ibid.*, fol. 32^v.
[39] *Bibliothèque universelle*, dezembro de 1689, tomo XV, p. 412, Amsterdã, 1690; segunda ed., *ibid.*, 1699.
[40] *Een Brief aangande de Verdraagzaamheid*, Geschriven door Juhannes Locke. Uit het Latyn vertaalt. Twede Druk. In: *Verzameling van eenige Verhandelingen over de Verdraagzaamheid en Vryheid van Godsdient*, Amsterdã, 1734. Um exemplar se encontra na Biblioteca Real, Haia; um outro na Biblioteca da Universidade de Leiden.
[41] J. van Abkoude, *Naamregister van de bekendste en meest in gebruik zynde nederduitsche boeken, 1600-1761, ... verbeterd ... door R. Arrenberg*, 2 de druk, Roterdã, 1788.

Quanto à tradução francesa que teria surgido em 1689, o insucesso de todas as pesquisas para encontrar-lhe um exemplar levou os historiadores contemporâneos a supor que Popple fazia alusão ao compêndio que se acha na *Bibliothèque universelle et historique de l'année 1689*, tomo XV, pp. 402-412. Mas como esse tomo só aparece no ano seguinte, essa hipótese se revela difícil de sustentar; aliás, o próprio autor do compêndio indica que "pode ser que ainda vejamos o livro em francês". De resto, a correspondência de Locke permite resolver a questão. Ela revela que uma tradução francesa foi certamente projetada na Holanda; em julho de 1689, Locke descobre mesmo por Limborch que a tradução já estava acabada, que "Mr. de Cene" – ou seja, o pastor huguenote Charles Le Cène, que acabara de traduzir a tratado da tolerância de Jean Crell[42] – era o seu autor, e que ela seria publicada proximamente.[43] Assim, acrescenta ele, nós poderemos logo ler a *Epistola* em quatro línguas; e ele se alegra particularmente com a idéia de que ela tinha sido traduzida para o francês, "língua comum, hoje, a todos, mesmo aos grandes senhores e aos príncipes".[44] Locke exprimiu o desejo de ver essa tradução e solicitou duas vezes a Limborch que lhe enviasse um exemplar.[45] Mas este teve de reconhecer, primeiro, que ela não fora ainda publicada, e em seguida que a publicação era incerta.[46] Em dezembro de 1689, após haver indicado que o livro já aparecera em inglês e em holandês, Le Clerc declarou: "pode ser que ainda o vejamos em francês".[47] De fato, por razões desconhecidas, o projeto de publicar a tradução de Le Cène foi abandonado. Popple, que tinha amigos nos Países-Baixos, soubera pois que uma tradução francesa estava em curso e concluíra erradamente que a publicação estava adquirida. A primeira tradução francesa a aparecer foi assim a de 1710, nas *Oeuvres diverses de Monsieur Jean Locke* (ed. Fritsch e Böhm, Roterdã), onde o editor declara *expressis verbis* que "a famosa carta de M. Locke sobre a tolerância não havia ainda aparecido em nossa língua". Ela foi republicada em Amsterdã em 1732.[48]

---

[42] Ver acima, [p. XIII].
[43] Carta de Limborch de 18 de julho de 1689, Bodleian Library, MS Locke c. 14, fol. 26ʳ: "Hic in linguam Gallicam versus est a Domino Le Cene et credo brevi proditurum".
[44] Ibid.
[45] Cartas de Locke de 7/17 de agosto e de 20 de setembro de 1689, em *Lettres inédites de John Locke*, op. cit., pp. 188-190.
[46] Cartas de Limborch de 16 de setembro de 1689 (Bodleian Library, MS Locke c. 14, fol. 30ʳ) e de 30 de setembro de 1689, na qual ele admite (*ibid.*, fol. 32ᵛ): "Gallica versio non est impressa: an imprimenda, incertus sum".
[47] *Bibliothèque universelle*, dezembro de 1689, tomo XV, p. 412, Amsterdã, 1690.
[48] *Oeuvres diverses de Monsieur Locke*. Nova edição consideravelmente aumentada, vol. I, pp. 10123, ed. F. Bernard, Amsterdã, 1732.

V

A *Epistola* de Locke havia sido precedida de numerosos escritos sobre o problema da tolerância. De fato, as primeiras reflexões profundas sobre o tema remontam à época de Thomas More e, para mais além, a Nicolau de Cusa.[49] O grande interesse que Locke tinha pelas discussões anteriores e por todos os elementos de informação que tocavam a questão é manifesto: Em um dos seus cadernos (Bodleian Library, MS Locke, c. 33, fol. 24^v), ele tinha, sob a rubrica "Tolerantia, pro", erguido uma lista das numerosas passagens da Sagrada Escritura que, a seu ver, se reportavam ao assunto; no mesmo caderno, ele nota igualmente (fol. 5^r) um livro de viagem no qual ele encontrara observações sobre a tolerância nas Índias. E entre os volumes classificados pelo próprio Locke ou por seu secretário nos catálogos de sua biblioteca figuram a maior parte dos textos que tinham contribuído a formar a grande tradição ocidental da tolerância. Aí encontramos as *Conclusiones* de Pico della Mirandola[50] e o *De vanitate scientiarum* de Agrippa de Nettesheim,[51] os *Statagemata Satanae* de Giacomo Aconcio[52] e várias obras de Sébastien Castellion, entre as quais notamos o *Contra Calvinum de haereticis coercendis*, os *Dialogi*, a *Defensio* e a tradução da Sagrada Escritura com as numerosas observações do tradutor contra a intimidação em matéria de fé;[53] em seguida, as obras de Dirk Coornhert e, separadamente, seu escrito polêmico contra o quarto livro dos *Politica* de Justus Lipsius, sobre o direito de matar os heréticos;[54] vários tratados de Jean Crell,[55] livros de Faustus Socinus,[56] de Simon Episcopius,[57] de Grotius[58] e de Pufendorf,[59] assim como obras de Chillingworth e outros escritores ingleses.

---

[49] Ver o prefácio dos editores, R. Klibansky e H. Bascour, a Nicolaus de Cusa, *De pace fidei*, pp. XLII ss., Londres, 1956. Durante sua residência na Holanda, Locke notou (em 1687) que as obras de Nicolau de Cusa, assim como as de Ficino e de Pico della Mirandola, estavam sendo leiloadas em Groningen (Bodleian Library, MS Locke b. 2, fol. 67^r, 66^v, 69^v).

[50] Bodleian Library, MS Locke f. 16, p. 179 (catálogo de 1693).

[51] MS Locke b. 2, fol. 86^v (de 1687); f. 16, p. 2 (de 1693-97).

[52] MS Locke b. 2, fol. 87^r (de 1687) e 91^r (antes de 1689); f. 16, p. 2.

[53] MS Locke b. 2, fol. 77^r (de 1688) e fol. 95^r (por volta de 1689); f. 16, p. 55 (de 1693) e p. 54 (de 1693-97).

[54] MS Locke b. 2, fol. 98^r; f. 16, p. 71.

[55] MS Locke b. 2, fol. 43^r e 44^r (de 1686); 89^r (de 1687); 98^r; MS Locke f. 16, pp. 76-77.

[56] MS Locke b. 2, fol. 86^r (de 1686); 89^r (de 1687); 114^r; f. 16, pp. 208-10.

[57] MS Locke b. 2, fol. 43^r (de 1686); 89^r (de 1687); 99^r; f. 16, pp. 93.

[58] MS Locke b. 2, fol. 44^v (de 1686); 89^r, 102^r; f. 16, pp. 116-17.

[59] MS Locke f. 16, p. 185 (de 1693). O exemplar de Locke do *De jure naturae et gentium*, Lund, 1672, se encontra na Osler Library da Universidade McGrill, Montreal. É interessante comparar as diferentes concepções de Locke e de Pufendorf.

Sem qualquer dúvida possível, ele reuniu sistematicamente todos os volumes que era possível obter sobre essa matéria.[60] Entretanto, apreciaríamos sobretudo saber em que medida Locke conhecia o pensamento dos dois filósofos, seus contemporâneos, que, cada um à sua maneira, nos deixaram as análises mais penetrantes e as mais audaciosas desse problema: Espinosa e Bayle.

Enquanto nos lembramos da maneira totalmente diferente com que Locke e Espinosa abordam os problemas filosóficos, o interesse manifestado pelo pensador inglês pelos escritos deste último pode parecer surpreendente. Porém, já em um dos seus primeiros cadernos, em 1664, Locke, após a leitura do livro de Espinosa sobre os *Principia philosophiae* de Descartes, procurara saber quais outras obras existiam do mesmo autor.[61] Em 1674-75, quando era o confidente de Lord Shaftesbury, ele teve certamente em mãos escritos de Espinosa; pois seu mestre reembolsou a quantia gasta por estes.[62] Mais tarde, em 1679, ele anotou, em seu "Catálogo de livros polêmicos e que se encontram com dificuldade" (Bodleian Library, MS Locke b. 2, fol. 27ʳ), o "Tractatus Theologico-politicus en François soubs le nom de Ceremonies des Juifs" [Tratado teológico-político em francês, sob o nome de Cerimônias dos judeus][63] e (fol. 27ᵛ) a "Philosophia Scripturae interpres" [Filosofia intérprete das Sagradas Escrituras], o livro anônimo do amigo de Espinosa, Lodewijk Meyer.[64] Durante sua residência nos Países-Baixos, é bem possível que ele tenha ouvido falar de Espinosa por seu amigo Limborch. Este havia se encontrado com Espinosa no ano precedente à sua morte, sendo daqueles que o tomavam por ateu, consequentemente atacava sua "impietas". Seja como for, um inventário dos livros pertencentes a Locke na época de sua residência nos Países-Baixos, 1686 (Bodleian Library, MS Locke b. 2, fol. 44ᵛ), indica com certeza que ele possuía os *Opera posthuma* de Espinosa, de 1677. Num catálogo de sua biblioteca, estabelecido um pouco mais tarde, em 1693

---

[60] Ele enumera uma parte desses livros numa lista, Bodleian Library, MS Locke f. 16, pp. 224-25 (entre 1693 e 1697).

[61] "Spinoza. Quid ab eo scriptum praeter partem I, et 2. principiorum Cartesii. 4º. 63" (Bodleian Library, MS Locke, f. 27, p. 5). Ele se refere a *Renati Des Cartes Principiorum Philosophiae Pars I et II More Geometrico demonstratae*, edição en-4º, Amsterdã, 1663.

[62] Da mão de Locke: "For Spinoza's Works (6 s.)"; ver as contas de Locke, Londres, Public Record Office, Shaftesbury Papers 30/24/27 (30).

[63] É a tradução francesa do *Tractatus theologico-politicus*, que sob o título *Traitté des Cérémonies superticieuses des Juifs...* [Tratado das cerimônias supersticiosas dos judeus...], apareceu em Amsterdã, 1678.

[64] Este livro foi de início publicado "Eleutheropoli" [= em Amsterdam], 1666; depois junto ao *Tract. theologico-politicus*, provavelmente em Amsterdã, 1674 (às vezes com falso título, 1673).

(MS Locke f. 16, p. 211), várias edições separadas de diversas obras de Espinosa foram acrescidas; entre estas figura o *Tractatus theologico-politicus*.

Quanto a Bayle, Locke o encontrara em Roterdã em 1687 e 1688, muito provavelmente na casa de seu amigo comum, o quacre Benjamin Furly. Em conseqüência, Bayle chamaria o filósofo inglês de "um dos mais profundos metafísicos deste século"[65] e, malgrado as objeções expressas por Bayle a respeito de certas doutrinas deste último, eles continuaram com boas relações. Durante sua residência nos Países-Baixos, Locke adquiriu as *Nouvelles de la République des Lettres* [Novidades da República das Letras] de Bayle[66] e teve em mãos outros escritos do mesmo autor. Num inventário dos livros de Locke, estabelecido entre 1693 e 1697 (Bodleian Library, MS Locke f. 16, p. 14), encontramos a principal obra de Bayle sobre a tolerância, o *Commentaire philosophique*.[67] Quando ele a leu? Num dos seus cadernos, que continha notas de leitura, ele tinha — alguns anos antes, na Holanda — anotado o título dessa obra;[68] trata-se manifestamente de uma referência à crítica detalhada que fora publicada, em novembro de 1686, na *Bibliothèque universelle*[69] e que Locke — ele mesmo, na época, colaborador deste periódico — conhecia certamente. Mesmo se nós admitirmos que Locke tinha lido a obra de Bayle imediatamente após ter examinado a crítica, deveríamos concluir que ela teria influenciado sua *Epistola*? De fato, um crítico contemporâneo afirma que o autor da *Epistola* retoma um dos exemplos do *Commentaire philosophique*.[70] Recordemos, porém, que este último só foi publicado em outubro de 1686, ou

---

[65] Ver a carta de Bayle a Minutoli, Roterdã, 14 de setembro de 1693 (*Oeuvres diverses*, vol. IV, p. 696 a, Haia, 1731). Ele acrescenta: "É um homem de bastante espírito. Eu o vi aqui durante o reinado do Rei João". Após a morte de Locke ele disse (carta a Coste, 30 de abril de 1705, op. cit., p. 853 a): "Era efetivamente um homem raro, um grande homem, que honrava o seu século". O interesse de Bayle pela *Epistola* é provado por suas observações em *La chimère de la Cabale de Rotterdam* (Amsterdã, 1691, e *Oeuvres diverses*, vol. II, p. 719 b), sobre a confusão engendrada pelo anonimato do tratado de Locke. Ele é o primeiro a sugerir publicamente que "um inglês, cujos livros de metafísica, de moral etc. aparecem sempre nos jornais" era o autor; ver o *Dictionnaire historique et critique*, art. Sainctes (Claude de), tomo II 2, p. 996 (Roterdã, 1697); e sua carta a Coste, 29 de outubro de 1704 (*Oeuvres div.*, vol. IV, p. 850 b).

[66] Ver os inventários dos livros de Locke à época de sua estada na Holanda, Bodleian Library, MS Locke b. 2, fol. 89v e 109v.

[67] Bodleian Library, MS Locke f. 16, p. 14.

[68] Bodleian Library, MS Locke c. 33, fol. 29v: "Fox J. Comentário filosófico sobre estas palavras... 2 vol. 12 Amst. 86 335..."; ou seja: in-12, Amsterdã, 1686, resumido no tomo da *Bibliothèque universelle* que servia de base para essas notas (t. III), p. 335 ss.

[69] Tomo III, pp. 335-360, Amsterdã, 1686.

[70] [Henri Basnage, monsenhor de Belaval], *Histoire des ouvrages des sçavans*, p. 23, Roterdã, 1689.

seja, pelo menos oito ou nove meses após o acabamento da *Epistola*. Não é de forma alguma, pois, permissível supor que esse livro de Bayle tenha tido alguma influência sobre o tratado de Locke.

VI

Durante sua residência nos Países-Baixos, Locke encontrou tempo para rever os esboços de seu *Ensaio sobre o entendimento*, redigidos primeiramente em 1671.[71] Ele enviou resumos das diferentes partes a amigos na Inglaterra. Traduzido para o francês por Le Clerc, "o epítome" da obra inteira foi publicado em 1688 na *Bibliothèque universelle*.[72] As reflexões sobre a tolerância que se encontram no livro inglês, publicado em março de 1690, ano posterior ao seu retorno à sua pátria, se referem sem dúvida pelo menos ao tempo do seu exílio holandês; elas devem ser aproximadas das da *Epistola*. O argumento principal que, no *Essay concerning Human Understanding*, serve para estabelecer a idéia da tolerância é fundado sobre a natureza do entendimento: "A necessidade de crer sem conhecimento, muitas vezes sobre bases muito frágeis, neste efêmero estado de ação e cegueira em que estamos, deveria nos tornar mais diligentes e ciosos em informar a nós mesmos do que em coagir os outros... Deveríamos nos comiserar de nossa mútua ignorância, e empenhar-nos em removê-la por todas as vias suaves e corretas de informação; e não de imediato considerar doentes os outros, assim como obstinados ou perversos, porque não renunciam às suas próprias opiniões e acolhem as nossas... Pois onde está o homem que tem incontestável evidência da verdade de tudo o que sustenta, ou da falsidade de tudo o que condena; ou que pode dizer que examinou a fundo todas as suas como as opiniões dos outros homens?"[73]

---

[71] Ver *An early draft of Locke's Essay together with excerpts from his journals*, ed. por R.I. Aaron e J. Gibb, Oxford, 1936, e J. Locke, *An essay concerning the understanding, knowledge, opinion, and assent*, ed. por B. Rand, Cambridge (Mass.), 1931.

[72] "Extrait d'un Livre Anglois qui n'est pas encore publié, intitulé *Essai philosophique concernant l'Entendement*... Communiqué par Monsieur Locke", *Bibl. univ.*, tomo VIII, pp. 49-142, Amsterdã, 1688.

[73] *Ensaio sobre o entendimento humano*, IV, cap. 16, 4. [NT: Tradução a partir do texto de Locke, aliás composto em disposição argumentativa diversa da aqui apresentada: *We should do well to commiserate our mutual ignorance, and endeavour to remove it in all the gentle and fair ways of information; and not instantly treat others ill, as obstinate and perverse, because they will not renounce their own, and receive our opinions... For where is the man that has incontestable evidence of the truth of all that he holds, or of the falsehood of all he condemns; or can say that he has examined to the bottom all his own, or other men's opinions? The necessity of believing without knowledge, may often upon very slight grounds, in this fleeting state of action and blindness we are in, should make us more busy and careful to inform ourselves than constrain others.*]

À diferença do *Ensaio*, a *Carta sobre a tolerância* não insiste o bastante sobre o exame crítico da certeza do conhecimento. Locke aí aborda o problema do ponto de vista de sua filosofia social e política. Examinando a competência do governo civil em matéria de religião e guiado por sua concepção da liberdade do juízo, essencial a todo ser humano, ele toma como ponto de partida a distinção, aparentemente evidente e clara, das funções do Estado com as da Igreja. Parece que os direitos dessas duas instituições — uma se referindo aos homens e seus bens neste mundo, a outra à salvação eterna de sua alma — são estritamente limitados. Nenhum Estado tem o direito de impor uma fé religiosa; nenhuma Igreja — definida como associação livre e voluntária — deve perseguir os membros de Igrejas rivais. Assim Locke acredita ter estabelecido os fundamentos, ao mesmo tempo teóricos e práticos, da tolerância.

Essa tolerância lockeana está, porém, sujeita a algumas restrições. Dela estão excluídas quatro categorias de pessoas: (1) Aqueles que professam um dogma "oposto e contrário à sociedade humana ou aos bons costumes necessários para conservar a sociedade civil". (2) Os "que atribuem aos fiéis, aos religiosos, aos ortodoxos, ou seja, a eles mesmos, nos negócios civis, algum privilégio e algum poder de que não dispõe o resto dos mortais", e que, em conseqüência, se arrogam o direito de ser intolerantes diante de todos os que não partilham a sua fé. (3) Os que pertencem "à Igreja na qual cada um passe *ipso facto* ao serviço e à obediência" de um soberano estrangeiro; recusando assim tolerar os católicos, Locke não faz senão seguir um argumento colocado antes dele por diversos escritores ingleses, tais como Milton e Marvell. (4) A existência de Deus — verdade para ele suscetível de prova rigorosa[74] — sendo considerada como fundamento de toda conduta moral, segue-se que "os que negam a existência de uma potência divina não devem ser tolerados de forma alguma". Pois os ateus destróem necessariamente a base de conservação da sociedade humana.

Basta confrontar o raciocínio de Locke com o pensamento de Bayle em seu *Commentaire philosophique*, fundado de um lado sobre os direitos da consciência, por mais falível que ela seja, de outro sobre os princípios da moral soberana, juíza das verdades de toda religião. Uma comparação detalhada entre os argumentos do filósofo inglês e os do pensador francês, mais universal em seus postulados e mais radical em suas conclusões,[75] colocaria em plena evidência o caráter específico da obra de Locke, sua força e suas fraquezas.

---

[74] *Ensaio sobre o entendimento humano*, IV, cap. 10, 1-6.

[75] É interessante notar o subtítulo acrescentado pelo editor da segunda edição do *Commentaire philosophique* (Roterdã, ed. Fritsch e Böhm, 1713): *ou traité de la tolérance universelle* [ou tratado da tolerância universal].

O modo de raciocínio simples empregado por Locke em sua *Epistola*, a experiência dos assuntos de Estado que ela reflete, a ausência de especulação austera, a falta de todo zelo teológico, distinguem sua obra dos numerosos tratados, freqüentemente complicados e prolixos, de seus predecessores. Sua linguagem moderada, em argumentos sóbrios, incisivos e bem ordenados, seu método onde, segundo sua intenção, "o peso dos argumentos se acha conjugado com a humanidade e o altruísmo das razões", e também, qualidade não menor, um estilo claro e agradável, muito apreciado do público de seu tempo, contribuíram para o sucesso imediato dessa obra. "Com efeito", nota um crítico contemporâneo, "vêem-se poucos livros que tenham tratado esse assunto em tão poucas palavras e com tanta clareza e força como este".[76] Compreende-se que o pequeno livro tenha revestido uma importância superior à maioria dos outros escritos do mesmo gênero, não somente para as discussões e as polêmicas às quais deu lugar em seu tempo, mas sobretudo por ter servido de ponto de partida, no curso dos séculos seguintes, à reflexão sobre a tolerância. Para mencionar só um exemplo do interesse suscitado em nossos dias, reportamos ao estudo crítico de J. Ebbinghaus na seção alemã dessa mesma série.[77]

Evidentemente, a significação desse texto não reside somente em sua importância histórica. Ao nos permitir reconhecer a complexidade do conceito de tolerância, a *Carta* de Locke deveria suscitar novas considerações sobre os dados do problema. Com efeito, a insuficiência da base do raciocínio do autor, assim como a natureza dos limites que ele impõe à tolerância — limites compreensíveis, considerando-se os pressupostos de sua filosofia e do contexto político e social ao qual ele se referia, mas pouco aceitáveis para o leitor de hoje —, provam a necessidade de uma nova reflexão.

RAYMOND KLIBANSKY

Universidade McGill, Montreal.
Nota da edição revista

---

[76] *Bibliothèque universelle* (dez. 1689), tomo XV, p. 412, Amsterdã, 1690.
[77] J. Locke, *Ein Brief über Toleranz*, Hamburgo, 1957.

Nota da edição revista

Às indicações bibliográficas nas notas do prefácio e da introdução, convém acrescentar a publicação por Mario Montuori do texto latino de Locke e da tradução inglesa de Popple (John Locke, *A letter concerning toleration*, Haia, 1963).

Explicação das siglas

G = *editio princeps*, Gouda, 1689.
L^1 = edição de Londres, 1765 (*Lettres concerning toleration*, pp. 1-28)
L^2 = edição de Londres, 1768 (*Works*, sétima ed., vol. II, pp. 315-343)

Introdução[*]

I

1. Locke e o problema da tolerância

Cada filósofo tem seu método de trabalho. John Locke é o homem dos esboços delineados e meditados em longos intervalos, antes que não se complete a redação definitiva da obra. Embora a aparição tardia de suas obras principais, que se acumulam por 1689-1690, quando ele chega à idade de cinqüenta e sete ou cinqüenta e oito anos, marca a consumação de projetos dos quais encontramos os primeiros esboços vinte ou trinta anos antes. Locke poderia legitimamente figurar ao mesmo tempo entre os mais tardios e os mais precoces dos filósofos.

Assim, o *Ensaio sobre o entendimento humano*, que é publicado em 1690, é precedido de esboços bem avançados que lhe anunciam a disposição; conhecemos diversos deles, dois dos quais datam em torno de 1671, um sendo publicado por B. Rand,[78] o outro por R.I. Aaron e J. Gibb;[79] a terceira versão data de 1685.[80] Da mesma maneira, Locke anunciou, desde

---

[*] Devo agradecer, ainda, aos Srs. *Curators of the Bodleian Library* e ao Sr. Philip Long, Conservador dos Manuscritos de Lacke, por sua generosa cortesia.
[78] Harvard University Press, 1931.
[79] Oxford University Press, 1936.
[80] Ms. na Pierpont Morgan Library, em Nova York.

1661, os *Tratados sobre o governo civil* pelos *Ensaios sobre a lei de natureza*, ao passo que os dois *Tratados* serão sem dúvida escritos depois de 1680 e só serão publicados juntos em 1690. Enfim, a *Carta* de 1689 *sobre a tolerância* comportará, nós o veremos, toda uma série de esboços preliminares redigidos a partir de 1660. E eu não falo das notas, por vezes muito detalhadas, que esse homem, que refletia ao escrever, inseriu num Diário que manteve com uma grande regularidade até o fim de sua vida.

É o exemplo aparentemente ideal de uma longa formação filosófica que parece convidar ao estudo dos progressos de um pensamento ainda mais porque, passada uma década, os manuscritos de Locke se tornam acessíveis ao público e porque dispomos, entre outros, dos manuscritos dos diversos esboços que determinam esse desenvolvimento, em particular no que respeita à doutrina da tolerância.

Alguns têm procurado revelar os traços de uma transformação nas convicções de Locke: não seria mordaz ver o filósofo clássico do liberalismo vir à luz com convicções autoritárias, senão como discípulo de Hobbes? Considerou-se mesmo atribuir a Anthony Ashley Cooper, primeiro Barão Ashley, futuro Conde Shaftesbury, e ao seu círculo, a atenuação, senão a conversão que se pretende notar no curso das idéias de Locke. Por pouco, segundo alguns, Locke só teria se tornado filósofo sob a influência de Ashley. Data-se o que se tem apresentado como a virada do seu pensamento filosófico, de 1666-1667, época na qual Locke, que tinha feito em Oxford longos estudos de medicina, por ocasião de encontrar Lord Ashley, de tratá-lo, de livrá-lo de uma fístula e de se tornar um de seus familiares, a ponto de poder daí em diante viver em sua casa, em Exeter House, e por longos anos. Locke continuou até a morte de Lord Ashley o confidente e o conselheiro desse grande senhor tão engajado na política inglesa do período, e participou de forma efetiva na sua atividade e seus negócios. Ele adquiriu, certamente, uma grande experiência política e é bem plausível, com efeito, que a personalidade muito forte de Ashley Cooper não deixou de reagir profundamente sobre ele. Quanto a fazer dele seu mentor e seu inspirador, é outra coisa.

Cremos, com efeito,[81] que o desenvolvimento do pensamento pessoal de Locke, entre 1660 e 1690, e mesmo até sua morte, em 1704 — esquece-se em demasia, a propósito, que ele dá desde 1660 as provas de uma notável atividade de filósofo — representa uma transformação de fundo, não uma transformação de intenção ou de direção. Pode-se dizer que sua filosofia medita, se precisa, se aprofunda, que ela adquire uma extensão universal. Sem dúvida, Locke reage às circunstâncias e é levado

---

[81] Cf. nosso *Politique morale de John Locke* [Política moral de John Locke], 1960, pp. 237-251.

a insistir sobre tal ou qual aspecto de sua doutrina, para melhor responder à situação do momento. Mas seu projeto fundamental, que é o uso razoável da liberdade e sua salvaguarda, graças à subordinação da política à moral, permanece constante a partir do momento em que o jovem Locke, desde seus vinte e cinco anos, começa a tomar uma consciência política aprofundada de si mesmo. A intenção política, de forma mais geral, a atitude filosófica de Locke, não variam; elas serão mesmo notavelmente explicitadas desde os primeiros escritos cujos manuscritos tenham chegado a nós: a maturação do homem e da obra ajudando, somente a expressão se adaptará às circunstâncias.

É o que gostaríamos de mostrar novamente sobre o caso particular da *Carta sobre a tolerância*. Ela foi escrita em 1685-1686, durante o longo exílio de Locke na Holanda,[82] enquanto ele vivia num meio arminiano, remonstrante, e era suspeito, embora tenha disso se defendido, de participar dos complôs tramados por seus amigos *whigs*, refugiados como ele na Holanda, contra Charles II e James II. O governo inglês havia mesmo, em certo momento, reclamado sua extradição. A *Carta* foi escrita por Locke em latim e publicada de forma anônima na Holanda em Gouda em 1689. Quase na mesma época, ela foi traduzida para o inglês por William Popple, um comerciante sociniano amigo de William Penn, que o acompanhou com um prefácio de sua criação, e a publicou em Londres, em 1689 igualmente por Awnsham Churchill, no Black Swan em Amen Corner.[83] A sorte quis que a carta se difundisse principalmente sob a versão inglesa, a ponto de ser manifestamente traduzida para o francês a partir do inglês e não a partir do latim.[84] Ora, se William Popple foi fiel ao sentido geral da obra, ele seguiu de forma mais estrita o detalhe do texto; seu prefácio *To the reader* por muito tempo passou como sendo da mão de Locke, embora ele lhe apresente as idéias de uma forma deformadora, porque radical demais. Ao reportar ao texto latino, do qual daremos,

---

[82] R. Klibansky pensa que a *Carta* teria sido escrita no inverno de 1685-1686, quando Locke vivia, sob um nome falso, em Amsterdam, por Egbert Vee; ver acima, [p. VIII].

[83] William Popple faz alusão, em seu prefácio, a uma tradução holandesa, que não foi encontrada (cf. H.O. Christophersen, *A bibliografical introduction to the study of John Locke*, Oslo, 1930) e a uma tradução francesa.

[84] A primeira tradução francesa de que eu tenha conhecimento foi publicada anonimamente em 1710, em Roterdã, por Fritsch e Böhm, num volume de *Obras diversas*, in-12, vi & 468 p., da página 1 à página 140.
Se as pesquisas de R. Klibansky (cf. acima, [p. xxiii]) permitem afirmar que o projeto de tradução francesa, que Popple acreditava realizado em 1689, não tinha sido realizada. A primeira tradução francesa é a de 1710; ela será reeditada em 1732. Ela é manifestamente traduzida do inglês.

após quase três séculos, a primeira tradução direta do francês, nós estaremos em melhores condições de compreender mais adequadamente o pensamento de Locke e de encontrar mais claramente a unidade de sua doutrina através das formas diversas que ele lhe deu a partir de 1660.

2. As obras de Locke a respeito da tolerância

Citemos logo de início, para melhor compreender, os principais textos nos quais Locke agita o problema da tolerância. A abertura ao público, na *Bodleian Library*, em Oxford, da *Lovelace Collection* permitiu a revelação de diversos dentre eles; foi a obra empreendida por W. von Leyden, na introdução à sua edição dos *Essays on the law of nature* [Ensaios sobre a lei de natureza], Oxford, 1954. A primeira edição acaba de ser dada por Carlo Viano, *Scritti editi e inediti sulla toleranza* [Escritos publicados e inéditos sobre a tolerância], Turim, 1961.

1.º – O primeiro texto é datado de Oxford, 11 de dezembro de 1660. Ele se intitula: *Question: whether the Civill Magistrate may lawfully impose and determinate the use of indifferent things in reference to religious worship* [Questão: se o Magistrado Civil pode legalmente impor e determinar o uso das coisas indiferentes com referência ao culto religioso]. *Bodleian Library*, Mss. Locke, e. 7, f°s 1 a f° 36. Ele é precedido de um prefácio, Mss. Locke, c. 28, f° 1 a f° 6. Estas páginas, originalmente paginadas 1, 2, 2a (frente e verso), 2b (frente e verso) foram ulteriormente repaginadas de f° 1 f° 6. Assim se explica a aparente superposição da paginação do Prefácio com a do começo do texto latino. Esse prefácio parece ter sido redigido entre maio de 1661 e o começo de 1662.[85]

2.º – O segundo texto, este redigido em latim, tem como título *An magistratus civilis possit res adiaphoras in divini cultus ritus asciscere eosque populo imponere? Affirmatur. Bodleian Library*, Mss. Locke, c. 28, f° 3 a 20.[86] W. von Leyden o data de 1661 ou do começo do 1662, época na qual foram escritos, também em latim, os *Essays on the law of nature* [Ensaios sobre a lei de natureza].

3.º – *An essay concerning toleration* [Um ensaio acerca da tolerância] publicado por H.R. Fox Bourne em 1876 em sua *Life of John Locke*.[87] Possuímos quatro manuscritos desse texto; eles comportam pequenas diferenças, sobretudo o que é conservado na Henry E. Huntington Library,

---

[85] W. von Layden, em Locke, *Essays*, p. 23.
[86] Cf. prancha 2.
[87] H.R. Fox Bourne, *Life of John Locke*, vol. I, pp. 174-194.

San Marino, Califórnia, que contém três inícios diferentes do *Essay* e um apêndice importante. Dos três outros, o primeiro se acha no *Public Record Office*, em Londres (30.24.47.1), o segundo na *Bodleian Library* (Mss. Locke, c. 28, fº 21 ss.) e o terceiro, que faz parte de um *Commonplace book* de Locke, iniciado em 1661, e que se acha na coleção particular do Sr. Arthur Houghton Jr., em Nova York (pp. 106-125 do manuscrito).

4.º – Uma nota opondo termo a termo as características da comunidade política e a da sociedade eclesiástica, datada de 1673-1674: *On the difference between civil and ecclesiastical power, indorsed excommunication* [Sobre a diferença entre o poder civil e o eclesiástico no referendo da excomunhão]. Ela foi publicada pela primeira vez em *The life of John Locke* por Lord King, descendente de seus herdeiros, em 1827. Nós a encontramos na edição aumentada de 1830, tomo II, pp. 108-119.

5.º – Uma nota intitulada *Toleratio*, datada de 1679, que encontramos na *Bodleian Library*.

6.º – Um breve comentário crítico redigido em colaboração com seu amigo de sempre James Tyrrell sobre a obra de Stillingfleet, *Mischief of separation*, publicada em 1681, e que deve datar da época (1681-1683) em que Locke residia freqüentemente na casa de Tyrrell, em Shotover. B.L. Mss. Locke, c. 34.

7.º – Enfim, a *Epistola de tolerantia*, Gouda, 1689, 96 p., *apud* Justum ab Hoeve, singelo livreto de 5.1" por 2.7", que será seguido de três cartas polêmicas, onde Locke se defende contra os ataques de um teólogo de Oxford, Jonas Proast; a segunda carta é datada de 27 de maio de 1690; a terceira, de 20 de junho de 1692; e Locke, moribundo, escreve em 1704 a quarta carta, que ficará inacabada; elas nada acrescentam ao seu ponto de vista. *Works*, 1824, vol. V.

3. A religião de Locke

Sobre a religião do próprio Locke, nós nos limitaremos a bem sumariamente precisar a situação: com efeito, em princípio, o direito à tolerância e seus limites, tais como ele os define, se pretendem independentes das convicções religiosas daqueles que reivindicam o seu respeito, assim como das convicções religiosas daqueles de quem se reivindica esse respeito. Quer isso seja inteiramente assim ou não, era ao menos a convicção de Locke.

Nascido numa família puritana, ele é cedo submetido a uma disciplina de vida rígida e austera, ao mesmo tempo em que é habituado à tolerância praticada de bom grado pelos independentes. Ele evocará mais tarde "a escola muito severa" que foi para ele a Westminster School, a melhor escola da Inglaterra de seu tempo; e, quando ele chega a Oxford, a Christ Church, encontra aí como Deão o Dr. Owen, que, ao mesmo tempo que impunha regras de vida muito rígidas, ao mesmo tempo que não transigia sobre os artigos da fé, desenvolve o liberalismo dos independentes. Owen ensinava que nada na Bíblia ordenava que os hereges fossem reprimidos pela força.[88] A tarefa do magistrado é, dizia ele, manter a ordem, não impor a religião. Cada um é livre para adorar a Deus segundo a sua consciência, sob a condição de não perturbar a paz pública. Era já a futura posição de Locke.

O próprio Locke era profundamente religioso e sua fé na existência de um Deus perfeitamente sábio e todo-poderoso comanda o conjunto de seu sistema. A busca humana da salvação eterna só encontra seu sentido num universo ordenado por Deus com relação ao homem. Deus é para ele não somente presente pela revelação e mesmo pelos milagres, mas ele é presente pela razão e para a razão. A idéia de Deus não é inata,[89] mas ela é evidente à luz da razão, pois as marcas visíveis de sua sabedoria e de sua potência aparecem tão claramente em todas as obras de sua criação, que uma criatura razoável, que dá ao trabalho de refletir, não pode evitar a descoberta de Deus.[90] No livro IV do *Ensaio sobre o entendimento humano*, Locke dará forma a uma demonstração da existência de Deus: nada pode produzir alguma coisa do real; ora, nós sabemos por um conhecimento certo, a partir de nossa própria existência, que alguma coisa existe efetivamente. Para explicar essa existência atual, é preciso remontar pouco a pouco até alguma coisa que existe de toda eternidade. Esse ser eterno, sendo a fonte de tudo o que existe, deve ser extremamente potente. Ao retomar o mesmo raciocínio a partir de alguma coisa que pensa e que sabe, e ao mostrar além disso que alguma coisa que pensa não pode ser produzida por alguma coisa que não pensa, Locke conclui pela existência de um ser eterno pensante extremamente potente e extremamente sábio. É o que chamamos de Deus,[91] um Espírito eterno e infinito que fez e que governa todas as coisas, do qual é possível demonstrar a existência, mesmo se sua essência escapa às operações de nosso espírito finito.

---

[88] Maurice Cranston, *John Locke*, Londres, 1957, p. 41. Cf. também Fox Bourne, *Life of Locke*, I, p. 72 ss. e Ernesto de Marchi, *Le origini dell'idea della tolleranza religiosa nel Locke*, Occidente, 1953.
[89] *Ensaio sobre o entendimento humano*, livro I, cap. III, art. 11.
[90] *Ensaio sobre o entendimento humano*, livro I, cap. III, art. 9.
[91] *Ibid.*, livro IV, cap. X, art. 1 a 6, e livro II, cap. XXIII, art. 35.

Deus nos é conhecido por outras fontes além da razão, pelos milagres, por exemplo. Mas os próprios milagres não escapam por isso aos quadros da razão. Estes não são milagres porque eles transgridem as leis da natureza, o que seriam puros desvarios temporários do universo. São milagres porque dependem de leis que escapam (talvez provisoriamente) a nosso entendimento. Eles determinam nossa crença em virtude de analogias que indicam o escopo moral do universo.[92] Estes signos da vontade de Deus não podem ser contrários à razão, cuja luz ele escolheu para revelar aos homens as verdades da religião natural e da moralidade.

A revelação que vem de Deus é um princípio suficiente de certeza, tão certo como a experiência da nossa própria existência. Ela provoca em nós a fé. É preciso, ainda, que isso seja uma revelação divina e que entendamos bem.[93] A fé se situa para além das descobertas possíveis de nossas faculdades naturais, acima da razão.[94] A fé, que é um firme sentimento do espírito, *a firm assent of the mind*, só é admitida sobre boas razões; ela não pode ser contrária à razão:[95] *whether it be a Revelation or not, Reason must judge.*[96] Mas ela pode, por uma intervenção divina, descobrir diretamente verdades que a razão é também capaz de atingir, mas dificilmente e lentamente, pela reflexão; ela pode se manifestar, acima e para além da razão, ali onde esta só pode trazer juízos prováveis ou mais nenhum juízo.[97] A Razão é uma revelação natural e a revelação é a razão natural aumentada com as descobertas comunicadas diretamente por Deus.[98] Bem percebemos por essas notas que Locke tem de respeitar as tradições cristãs e de deixar lugar à revelação divina direta e à fé. Mas ele toma tanto cuidado para afastar as extravagâncias do entusiasmo, no sentido técnico do termo,[99] e do iluminismo, e para limitar a revelação ao domínio do que escapa à razão, que bem se percebe que, quanto a este, ele se satisfaz plenamente com o simples conhecimento de Deus, aliás completamente certo, que nos fornece, diz ele, a razão.

O verdadeiro papel da revelação consiste pois, para Locke, em assistir a razão e a permitir a Deus, de alcançar o vulgar, a massa da humani-

---

[92] *Ensaio sobre o entendimento humano*, livro IV, cap. XVI, art. 3 e *Discurso sobre os milagres*, in *Works*, 1824, vol. VIII, pp. 256 e 261-2.
[93] *Ensaio sobre o entendimento humano*, livro IV, cap. XVI, art. 14.
[94] *Ibid.*, livro IV, cap. XVIII, art. 7.
[95] *Ibid.*, livro IV, cap. XVIII, art. 10.
[96] *Ibid.*, livro IV, cap. XVII, art. 24.
[97] *Ibid.*, livro IV, cap. XVIII, art. 9.
[98] *Ibid.*, livro IV, cap. XIX, art. 4.
[99] *Ibid.*, livro IV, cap. XIX.

dade e lhe impor o respeito da lei moral pela revelação de seu criador e de seu legislador.[100] Assim fez o Cristo, que revelou aos homens a lei da moralidade no Novo Testamento.

Vê-se que, se a atitude religiosa de Locke é incontestável, seu *credo*, estabelecido na perspectiva de uma teologia racional, tende certamente a também se reduzir a um *credo* mínimo. A teologia racional é uma tradição inglesa e a influência de Richard Hooker a tinha amplamente difundido entre os anglicanos. Em Cambridge, entre os platônicos, junto a Oxford, em torno do visconde Falkland, no *Tew Circle*, desenvolve-se, entre os anglicanos, uma atitude latitudinária que se contentava com um *credo* limitado ao essencial que, sobretudo em Oxford, comportava uma crítica muito enérgica aos dogmas recebidos e tendia ao ceticismo. Os latitudinários colocavam, por exemplo, em dúvida o dogma da trindade que os unitarianos negavam dogmaticamente. Entre os unitarianos, contava-se, por exemplo, William Popple, o tradutor da *Carta*, e sobretudo *sir* Isaac Newton, que estava em relações bem próximas com Locke.[101] Todos defendiam e praticavam a tolerância. Locke poderia certamente ser alinhado entre os latitudinários, entre os quais se achavam muitos dos seus amigos e cujas obras ocupavam boa parte da sua biblioteca.[102]

Mas os latitudinários eram anglicanos entre os outros. Ao mesmo tempo que se acusa, no fim da sua vida, Locke de ser sociniano, senão deísta. E os modernos disseram muitas vezes que *"he may pass as the Socinus of this century"* [ele pode passar como o Socinus deste século].[103] Os socinianos foram até o fim das conseqüências da teologia racional; eles não se contentaram em recusar, por exemplo, o dogma da trindade, mas também afastaram a idéia da divindade do Cristo, e todos os dogmas que lhe são inerentes. Os deístas afastavam toda religião revelada e todo dogma supra-racional para afirmar somente a presença, evidente à razão, de um Deus infinitamente sábio e poderoso. Se a revelação divina nunca é mais que um quebra-galho e um atalho para vir em auxílio aos medíocres e aos incapazes, se a verdadeira revelação nasce a partir de uma reflexão racional

---

[100] *Reasonableness of Christianity* [Razoabilidade do Cristianismo]. *Works*, 1824, tomo IV, p. 134.

[101] H.J. McLachlan, *The religious opinions of Milton, Newton, Locke* [As opiniões religiosas de Milton, Newton, Locke], 1941.

[102] Entre os autores que aí figuram, citamos latitudinários, Hales, Chillingworth (*The religious thinking of Protestants*), liberais de Cambridge, Cudworth, Whichcote, unitarianos, Nye, três volumes de *"Unitarian Tracts"* e toda uma porção de textos socinianos, a começar pelo próprio Socinus – de quem ele considerava, porém, jamais ter lido uma linha.

[103] H.J. McLachlan, *Socinianism in 17th Century England* [O socinianismo na Inglaterra seiscentista], 1951, p. 325.

sobre a existência da realidade, sobre a interpretação da ordem que ela aí descobre, está claro que o *credo* de Locke tende a não ir além do de Socinus. Mas ele se defendeu sempre impetuosamente de ser com aquele envolvido.

Na definição que ele mesmo dá, em 1695, do "cristianismo razoável", ele elimina, ao tratá-lo por omissão, o dogma trinitário atanasiano, e abandona a doutrina do pecado original. Em 1698 somente, ele se mobilizará para lembrar a Stillingfleet que em nenhuma parte na Bíblia a Trindade é proclamada.[104] Mas ele recusa energicamente o qualificativo de sociniano[105] e invoca sistematicamente Jesus, o Messias, o Cristo Salvador. Ao lado da lei das obras, que é a lei da natureza, cognoscível pela razão, o Cristo levou aos homens a lei da fé[106] para permitir sua salvação a todos; ele lhes levou a fé que salva.[107] Essa fé, tal como está expressa nos Evangelhos, é a fé na palavra e na promessa de Deus, a homenagem que nós prestamos à sua bondade e à sua verdade, ao seu poder e à sua sabedoria, à sua providência.[108] Denomina-se pois cristão, aquele que crê que Jesus é o Messias anunciado e que, arrependendo-se de seus pecados, toma a resolução sincera de viver para sempre segundo suas leis, como um fiel súdito de seu reino.[109] Jesus é o Messias. Eis aí, no final das contas, claramente professado, o *credo* razoável de Locke.

Vê-se que ele está prestes a ser reconduzido à simples lei moral e a suas implicações metafísicas. Entretanto, o papel das Escrituras não é somente histórico e a fé de Locke não pode ser limitada estritamente às descobertas da razão, pois que ela implica a fé no Cristo Salvador dos Evangelhos.

Sem dúvida é o que professa o "prudente Sr. Locke", numa época em que o socinianismo não era tolerado pelos anglicanos mais latitudinários e em que seus adeptos eram perseguidos pela lei. Mas, que a lei em Jesus e o recurso aos Evangelhos tenham sido ou não invocados por ele por razões de segurança e de prudência, ou que ele tenha sido sincero, como ele o proclama, isso muda bem pouco desse cristianismo moral, que é perfeitamente coerente com o conjunto da filosofia estabelecida por Locke, com sua atitude filosófica e humana e com sua doutrina da

---

[104] *Reply to the... Bishop of Worcester's Aswer to his second Letter* [Réplica à... resposta do Bispo de Worcester à sua segunda Carta], 1694. *Works*, tomo III, p. 343.
[105] *Reasonableness*, p. 163.
[106] *Ibid.*, p. 13.
[107] *Ibid.*, p. 102.
[108] *Ibid.*, p. 129.
[109] *Second vindication of the Reasonableness of Christianity* [Segunda vindicação da Razoabilidade do Cristianismo], *Works*, tomo VI, p. 352.

tolerância. Isso pode e deve nos bastar. Digamos que nossa recusa de curiosidade para esse pequeno problema é a expressão de nossa própria e profunda tolerância. E não consideremos que, nessa época em que a perseguição tinha curso, em que, com efeito, ainda eram mandados à morte escritores pelos seus escritos (como Algernon Sydney), em que o próprio Locke precisou buscar refúgio na Holanda, e em que, mesmo na Holanda, ele teve por vezes de mudar de residência e viver sob um falso nome, em que manteve um anonimato, ainda que muito transparente, nas suas publicações, é preciso sistematicamente imaginar entre as linhas, o que o autor teria temido ser forte demais para dizer explicitamente. É um método no qual entra muita coisa de arbitrário para que se o faça operar, senão ali onde nenhum outro apresenta um sentido. Todavia o muito prudente, mas muito sábio e muito decidido Sr. Locke em verdade se exprime claramente. Se não o respeitamos pelos amigos fiéis que mereceu, que o respeitemos ao menos pelos inimigos a que ele não hesitou em atingir, e que não o acusemos com sarcasmos gratuitos.

II

A CARTA DE 1689

Para melhor apreciar o desenvolvimento da doutrina da tolerância, talvez nos seja preciso, e malgrado a ordem cronológica, estudar antes de tudo o ponto ao qual Locke leva, a própria *Carta sobre a tolerância*. Nós não a analisaremos. Nós procuraremos extrair os temas fundamentais da argumentação de Locke, tal como ela se apresenta em 1689.

1.º Sua argumentação mais forte, da qual tudo depende, e à qual ele mais se fixa, é certamente a distinção da comunidade política e da comunidade religiosa, a distinção da separação radical das funções da Igreja e as do Estado. O Estado nasce da obrigação na qual se encontra o homem, de obedecer à lei da natureza e, para assegurar a conservação e a integridade de sua vida, de seu corpo, de sua liberdade e de seus bens, de constituir uma sociedade no meio da qual todos poderão gozar da segurança, da paz e da prosperidade comum, que não deixará de se seguir.[110] Assim é o bem público, em vista do qual o Estado foi constituído. É uma sociedade estabelecida por um certo número de homens com o único fim de conservar e de promover seus bens temporais, na medida em que estes

---

[110] *Carta*, p. 72.

são bens civis reconhecidos pela lei.[111] Para cumprir sua função, malgrado os celerados, o Magistrado,[112] dispõe da força pública *"toto scilicet subditorum suorum robore"*, e opera pois pela coerção, pelas sanções, no quadro das leis, logo, pela lei apoiada sobre a força. Ele visa fins estritamente temporais por meios estritamente temporais. Os limites do poder supremo, de que dispõe o Magistrado, são essencialmente limites funcionais; a prerrogativa do Magistrado tem os limites que lhe determinam os fins pelos quais aquela lhe foi concedida: ele tem todos os poderes que lhe são necessários para realizar e salvaguardar o bem público, e apenas esse bem. A função da força pública é assegurar a paz para todos e a liberdade para cada um.

Uma igreja, bem ao contrário, uma sociedade livre e voluntária[113] ou, segundo a palavra de Locke, uma *societas spontanea*,[114] uma sociedade que não responde nem a uma necessidade, nem mesmo, como a comunidade política, a uma obrigação conforme à lei de natureza. Ela nasce da necessidade de afirmar publicamente a sua fé, de servir e de honrar a Deus em público e em comum,[115] alegrando-se do seu acordo com os outros. Ela é formada sozinha pelo livre acordo daqueles que se reúnem para professar e praticar em comum e publicamente o que crêem ser a verdadeira religião e o culto agradável a Deus, a fim de garantir a salvação eterna de sua alma. Eis por que Locke pode escrever que a tolerância é "o principal critério da verdadeira igreja".[116] A igreja interessa ao homem na medida em que existe uma alma imortal, capaz de uma felicidade ou de uma infelicidade eterna e enquanto "sua salvação depende do que ele tenha feito o que devia ter sido feito, e que tenha acreditado aquilo que devia ter sido acreditado".[117] A igreja se dirige às almas somente e em vista

---

[111] *Carta*, p. 10.
[112] "Por Magistrado, entendo aquele que administra a comunidade, que dispõe de um poder supremo sobre todos os outros e a quem é delegado o poder de estabelecer e de ab-rogar as leis; pois tal é o direito do poder supremo em que somente consiste a força do Magistrado, graças à qual ele governa todos os outros e regula segundo sua vontade os assuntos civis; e é assim que ele os ordena e os dispõe em vista do bem público e a fim de manter o povo na paz e na concórdia." Essa definição, emprestada ao *Magistratus civilis*, c. 28, f° 4, vale para o conjunto da obra, embora tenhamos escolhido, para tomar os termos de *Magistratus* ou de *Magistrate*, conservar o termo francês de *Magistrat* [Magistrado, em português], dando-lhe seu sentido mais pleno, ainda que esteja um tanto em desuso. Era, em particular, a palavra de Calvino.
[113] *Carta*, p. 16.
[114] *Carta*, p. 26.
[115] *Carta*, p. 46.
[116] *Carta*, p. 2.
[117] *Carta*, p. 70.

de sua salvação eterna. Está claro, nestas condições, que nenhuma igreja é necessária e que cada um é juiz da igreja da qual decide livremente pertencer; no limite, alguns homens, por menor que sejam em número, poder formar, entre si apenas, uma igreja.[118] A *fortiori* é claro que nenhuma estrutura interna, nem nenhuma hierarquia, é essencial a uma igreja enquanto tal. Sem dúvida, enquanto ela é apenas uma sociedade, uma igreja tem suas leis, que são necessárias a seu funcionamento, e o direito de fazer as leis pertence à própria sociedade. Mas ela não dispõe de nenhuma força coagente, de nenhum direito de causar danos aos direitos civis, aos bens deste mundo.[119] Como suas armas, ela dispõe do direito de discutir, de argumentar, de exortar; e como sua sanção, do direito de excluir de seu seio os que ela considera em desacordo irredutível com ela.

O Estado e a igreja são pois sem ponto comum um com o outro ou, de preferência, eles não deveriam ter nenhum ponto comum, se cada um se mantivesse estritamente em seu domínio. Apenas este mundo e seus bens interessam ao Estado; ele só pode agir sobre eles e só tem o direito de se ocupar deles. Apenas a salvação eterna e o cuidado das almas interessa à igreja; ela só pode agir sobre as almas e ela só tem o direito de se ocupar delas. A tolerância é a conseqüência direta dessa separação, já que cada igreja é independente do Estado e não dispõe de nenhum dos meios temporais de coação que este pode ativar, e já que, de outra parte, o Estado não está interessado no que concerne à fé e à salvação das almas, e que é, nessas matérias, tão ineficaz quanto incompetente.

2.º Com efeito, e esse novo argumento é sem dúvida o princípio de todos os outros, é que cada um é o único capaz, e em seu foro íntimo, de ocupar-se de sua alma e de assegurar sua salvação eterna. Apenas contam a fé pura e a sinceridade interior.[120] É na fé que consiste a força e a eficácia da religião verdadeira. Ninguém pode abandonar a outrem, seja ele príncipe ou papa, o cuidado de decidir de sua fé e de assegurar sua salvação.[121] Cada um é juiz, em última instância, de sua fé e de sua salvação: uma e outra só dependem de si. Em outros termos, a liberdade do juízo que é essencial ao homem, que é o meio por excelência graças ao qual pode ser cumprida a obrigação do homem à liberdade e a uma existência verdadeiramente humana, deve poder se exercer em matéria de religião.

Não somente é um direito, mas é um poder indestrutível. Primeiro argumento subsidiário aqui, com efeito: tal é a força do entendimento

---

[118] *Carta*, p. 18.
[119] *Carta*, p. 22.
[120] *Carta*, p. 44.
[121] *Carta*, p. 12.

humano, que ele não pode ser obrigado por uma força que lhe seja exterior.[122] A verdade só se defende ou se impõe por meios espirituais. Se a verdade não conquista o entendimento por sua própria luz, o auxílio de uma força exterior não lhe serve de nada.[123] Não se poderia acreditar, aliás, por mando de outrem, em qualquer boa vontade além da que aí depositamos. A força, que não tem medida comum com a fé, que não é da mesma ordem, é inapta para impor uma fé ou fazer mudar de religião; ela é *a fortiori* incapaz de assegurar a salvação das almas, independente delas. O próprio Deus não salva um homem, independente dele. Não somente o emprego da violência é contrário ao direito de todo homem à liberdade, mas ele é vão e ineficaz.

Não somente a força é vã e ineficaz, mas, segundo argumento subsidiário aqui, ela suscita a resistência e o endurecimento dos crentes na sua fé; ela envolve a mais aflitiva conseqüência contra a ordem civil; não é a diversidade das opiniões, mas a perseguição que envolve os problemas e a revolta.[124] Ao contrário, a proteção das igrejas, sem distinção de religião, faz de todos bons cidadãos no Estado.

Aliás, a tolerância é tão conforme ao Evangelho quanto à razão e à religião do Cristo, que armou seus companheiros para converter as nações, não com o gládio e a violência, mas com o Evangelho, com o anúncio da paz e do amor e da santidade dos costumes, deve ser a mais tolerante e a mais pacífica de todas.[125]

Eis por que, mas é menos um argumento que uma condenação radical, Locke denuncia todos aqueles — e a seus olhos é manifestamente o maior número — que tomam pretexto da religião para satisfazer seu desejo de riqueza e de potência, ou mesmo para dar livre curso a seu fanatismo, corrompido pelos vícios e pela crueldade.[126] É esse farisaísmo que está na origem dos piores excessos da intolerância. É ele que ameaça todos os que, dispondo de um poder temporal, são tentados a abusar dele.

É preciso ressaltar aqui que Locke insiste tão fortemente sobre o tema da autonomia do juízo — é, com efeito, um dos temas maiores de sua filosofia, a explicação de seu combate contra o inatismo e o dogmatismo — que ele deixa de lado uma das argumentações mais tradicionais a favor da tolerância. Dificilmente ele faz alusão ao fato de que reina, em matéria de religião, uma extrema diversidade de opiniões. Os defensores

---

[122] *Carta*, p. 12.
[123] *Carta*, p. 68.
[124] *Carta*, p. 94.
[125] *Carta*, pp. 8 e 92.
[126] *Carta*, p. 4.

da tolerância, ao deduzirem de ordinário que, no estado de ignorância em que se acham os homens, naturalmente impotentes e cegos, e na falta de certeza e mesmo de saber, seria preciso proibir impor aos outros pela força suas próprias crenças como verdades. É irrazoável esperar que algum homem se submeta sinceramente e lucidamente a uma autoridade que seu entendimento não reconhece. A necessidade que temos de crer sem saber, neste estado de efemeridade e de cegueira em que estamos, deveria nos tornar mais ciosos por nos informar e informar os outros — por vias polidas e legais — do que em coagi-los. Era, aliás, o argumento que o próprio Locke defendia na época da *Carta*, no *Ensaio sobre o entendimento humano*.[127] Por que ele não o retoma o suficiente na *Carta*? Poderíamos imaginar que ele tem receio, pelo uso de uma arma emprestada ao arsenal dos céticos, de desconsiderar o resto de sua argumentação, sem chegar para tanto a atingir os verdadeiros crentes, ou os detentores do poder, isto é, aqueles a quem ele busca convencer. Acima de tudo, o escopo da *Carta* é prático e político.

3.º Em razão da confusão e dos enganos e amálgamas que se produzem inevitavelmente entre o domínio da fé e o domínio do poder, do fato da enfermidade e da crueldade dos homens, convém pois ditar as regras segundo as quais o Magistrado deveria assegurar o bem público e manter a tolerância no Estado. Este será o terceiro tema de argumentação em favor da tolerância; ele é a conseqüência dos dois precedentes.

O objeto do direito de legiferar de que dispõe o Magistrado com vistas a garantir o bem público é precisamente o conjunto das coisas indiferentes, e somente estas,[128] ou seja, o conjunto dos $\alpha\delta\iota\alpha\phi\circ\rho\alpha$, das coisas que só são determinadas como boas ou más em virtude da lei divina revelada, ou das descobertas da razão a que se denomina *lei de natureza*.[129] Compete ao Magistrado definir por suas leis o bom ou o mau uso no Estado das coisas indiferentes em matéria de religião. Entretanto, o Magistrado só pode legiferar sobre as coisas indiferentes, de uma parte, visando e em função do bem público, que é a regra e a medida das leis, de outra parte, só se as coisas indiferentes atingem os negócios do Estado ou os concernem.

Em princípio, por conseqüência, os assuntos religiosos, quer se trate da fé interior ou do dogma, quer se trate do culto e de suas circunstâncias de tempo e de lugar, ou quer se trate das assembléias religiosas, não alcançam os assuntos do Estado e não têm semelhança com eles; eles

---

[127] *Ensaio sobre o entendimento humano*, livro IV, cap. XVI, art. 4.
[128] *Carta*, p. 48.
[129] *Civil Magistrate*, c. 7, fº 1 e 2, e *Civilis Magistratus*, c. 28, fº 9.

escapam, por conseqüência, à jurisdição do Magistrado.[130] Aliás, já que eles são indiferentes em relação à lei divina, nenhum decreto humano tem o poder de lhe dar, ou de lhe retirar, um caráter sagrado e propiciatório. No que concerne mais particularmente ao dogma e às opiniões religiosas, é preciso lembrar que eles não são do poder do Magistrado, e que as leis não observam a verdade das opiniões, mas a segurança dos bens de cada e do Estado.[131]

Entretanto, já que as coisas religiosas se manifestam *in foro externo*, e na medida em que elas acarretam um prejuízo aos bens públicos ou aos bens civis dos outros, a sua liberdade, a sua vida ou a suas riquezas, elas se tornam o objeto das leis do Magistrado, que está então, e nesta medida, no direito de regulamentá-las ou interditá-las. De modo geral, entre os indiferentes, *legibus silentibus*, permite-se tudo o que não tem inconveniente para os assuntos civis e o bem comum; é proibido tudo o que os atinge. Ainda de modo geral, tudo o que é permitido na comunidade civil é permitido na comunidade religiosa; tudo o que é proibido na primeira o é na segunda.[132]

4.º Entretanto, pode haver casos onde, de boa-fé de uma e outra parte, as decisões e as condutas políticas e as decisões e as condutas religiosas interagem. É o caso dos costumes, que não dizem respeito menos à religião do que à vida civil, já que as ações morais são sempre *in foro interno* e também *in foro externo*.[133] Nesse domínio, de forma bem legítima, como em muitos outros, de uma forma que o é menos, arriscam interagir duas autoridades, e por assim dizer, dois governos, o do Estado e o da consciência. Locke entende aqui por conseqüência a interpretação da lei divina e da lei natural à qual cada indivíduo adere por si mesmo e em função da qual procura em seu particular merecer a salvação eterna.

Reconheçamos em primeiro lugar que, mesmo então, os conflitos serão raros ali onde o Magistrado só legisla com vistas ao bem público e ali onde as igrejas praticam a tolerância.[134] Se existe conflito, é preciso supor que o juízo privado de cada um não o exime da obrigação que lhe impõem as leis feitas com vistas ao bem público. Um cidadão pode se abster de obedecer à lei contra sua consciência, na condição de consentir com o castigo que se segue, e que este não seja ilícito. No caso em que um conflito se ergue quanto à interpretação do bem público entre o Magis-

---

[130] *Carta*, p. 48.
[131] *Carta*, p. 66.
[132] *Carta*, p. 56.
[133] *Carta*, p. 70.
[134] *Carta*, pp. 74 e 82.

trado e o povo, ele então não continua se o que querem os homens é concordar acerca desse Direito, esperando que sobre ele se pronuncie a única instância decisiva no dia do Juízo final, não apelar a Deus, isto é, o apelar à força,[135] que arbitrará neste mundo os adversários, ou seja, o Magistrado e o povo.

Notemos em seguida que os conflitos terão chances de ser tanto mais raros que o *credo* em nome do qual se exprimirá o juízo da consciência se inspirará mais diretamente e mais estreitamente da palavra mesma de Deus: é preciso pois ter como dogmas indubitáveis, como as condições da comunhão e da salvação, somente o que se ensina, em termos explícitos e claros, o Espírito Santo na Sagrada Escritura.[136]

É preciso não esquecer que Locke sempre mostrou muitas reticências com respeito aos decretos da consciência: não é ela comumente apresentada (e bem indevidamente, a seus olhos) como uma justificação suficiente, como a expressão imediata de princípios inatos no coração do homem?[137] Não forma ela um dos princípios e uma das reivindicações do inatismo? É preferível pois, pensa Locke, não defender a tolerância em nome da consciência e de seus direitos, já que também se poderia, e sem nenhum controle possível, invocar a mesma consciência em benefício do pior dogmatismo ou do pior fanatismo. Locke opõe à filosofia imediata da consciência uma filosofia da reflexão e da mediação da razão. E não é sem alguma ironia que ele deixa a cada um o cuidado de agir segundo sua consciência, na condição de provar sua boa-fé ao aceitar submeter-se às sanções previstas pela lei, mesmo arriscando sua liberdade ou sua vida.

Serão excluídos da tolerância, quer a chamem ou não em sua consciência, os papistas, já que eles reconhecem neste mundo um outro soberano além daquele que governa o Estado do qual são cidadãos e, de forma mais geral, os que se atribuem, no exercício do poder público, em nome da religião, em nome de um autodenominado "direito divino", aliás indemonstrável, privilégios que não partilhariam cidadãos estranhos à sua própria comunhão, pois isso é contrário à função mesma da comunidade política.[138]

De outra parte, são igualmente excluídos os ateus que, já que negam a existência de uma potência divina, se tornam incapazes de um juramento

---

[135] Cf. sobre o apelo a Deus em caso de *breach of trust*, tal como é exposto no *Segundo tratado sobre o governo civil*, cap. XIV, art. 168 e cap. XIX, art. 222, nossa *Politique morale de Locke*, pp. 149 e 235.

[136] *Carta*, pp. 20 e 98.

[137] *Ensaio sobre o entendimento humano*, liv. II, cap. II, art. 8. Já nos *Essays on the law of nature* (Ensaio IV, p. 154) Locke menciona negligentemente a prova da existência de Deus fundada sobre o apelo à consciência e declara lhe preferir a argumentação da razão a partir dos dados dos sentidos.

[138] *Carta*, pp. 18 e 78.

e de um contrato e, por conseqüência, de toda vida civil.[139] Aliás, para estes últimos, o apelo à consciência perde, aos olhos de Locke, todo seu sentido. Seria um engano reprovar Locke por pertencer a seu tempo. A idéia de um mundo ordenado e provido de sentido, ou seja, de um mundo onde a moralidade encontra sua justificação e onde um engajamento seja razoável, implica necessariamente para ele, como para seu século, a existência de um ser todo-poderoso e onisciente que tenha operado sua criação. Rousseau e o Vigário Saboiano não pensarão de outra forma, setenta anos mais tarde.

Pretendia-se erradamente que essa dupla discriminação e essa dupla exclusão causam danos à sua doutrina da tolerância. Ele continua perfeitamente coerente consigo mesmo; a tolerância, tal como a concebe, não é a tolerância de não importa o quê. Ela se aplica ao exercício da liberdade, que não é a licença de fazer tudo o que se deseja, mas o direito de obedecer à obrigação, essencial a cada homem, de cumprir sua natureza humana. A liberdade do homem só tem sentido com relação à lei de sua natureza, que é uma lei razoável. Uma tal liberdade só pode ser garantida e salvaguardada no quadro do estado civil. É nesse quadro que a tolerância deve, pois, necessariamente ser exercida; tudo o que causa danos à existência da comunidade política e da paz civil deve ser excluído.

Sua doutrina da tolerância é fundada sobre a distinção radical do domínio da política e do domínio da fé; as religiões que enfrentam essa distinção não são puras religiões, elas não têm, portanto, nenhum direito de tirar os benefícios desta distinção que elas não respeitam; elas não têm nenhum direito à tolerância, e isso ainda mais porque buscam exercer mais influência sobre o Estado. A condenação do catolicismo submetido ao Papado por liames políticos, como a do ateísmo, fundamentalmente inapto a manter os liames morais necessários à vida política, mostram bem que a tolerância não é fundada por Locke sobre os direitos da consciência, mas sobre a defesa da liberdade essencial ao homem e na salvaguarda da paz no Estado. Eis aí seu princípio e seu limite.

III

Os primeiros escritos sobre a tolerância

1. Situação histórica do problema da tolerância em 1660

Seguros da determinação dos temas de argumentação utilizados por Locke na *Carta* de 1689, nós podemos agora retomar sua meditação

---
[139] *Carta*, p. 82.

sobre a tolerância no momento em que nos revelamos numerosos manuscritos redigidos a partir de 1660 e que estão atualmente conservados na *Bodleian Library*, em Oxford.

Em 1660, o protetorado acaba de naufragar. Os problemas religiosos, que foram a ocasião e, para uma grande parte, a causa da crise revolucionária, correm o risco de se colocar novamente, quando se acaba o reino tolerante dos independentes. Eles não podem se resolver sozinhos:[140] cabe ao poder civil, ao Rei e ao Parlamento, operar por via da autoridade, pois as tendências mais extremas se opõem.

A Igreja da Inglaterra se reconstitui e, endurecida pelas perseguições que sofreu, segura do retorno da monarquia pela qual sofreu e sobre a qual pense ter direitos, ela é por vezes animada por um desejo de revanche. Pode-se temer que ela não retome as exigências tirânicas que tenham já sido uma vez as suas, sob o impulso do arcebispo Laud, no momento em que, depois de 1634, este experimentou fazer concluir um projeto de eliminação dos não-conformistas. A Igreja anglicana vai formar, ao menos em torno de seus prelados, um bastião de intolerância.[141]

Os presbiterianos que, entre 1643-1645, no momento em que dominam o Parlamento, tentaram fazer de sua igreja a igreja da nação, jamais reencontraram sua influência, mas continuam a pregar um dogmatismo radical e a exigir a extirpação de toda igreja da qual o *credo* diferiria daquele de Genebra. Para eles, a igreja deve possuir uma autoridade absoluta sobre a fé como sobre o culto. A intolerância dos mais fanáticos dentre os presbiterianos, que não cessa de manifestar em seus escritos, teve ao menos uma influência negativa: para escapar à ameaça de uma nova ortodoxia, as seitas e o anglicanismo aprenderam as vantagens práticas e espirituais da tolerância.[142]

Os independentes, que ocuparam o poder entre 1648 e 1660, concordam proximamente com os presbiterianos no domínio da fé, mas defendem a tolerância em matéria de "coisas indiferentes". O próprio Cromwell, que devia provar um regulamento laico do problema religioso, professou uma notável tolerância: para ele, todo homem é competente para buscar por si mesmo a via da salvação que Deus lhe conferiu. "Eu não me ocupo das questões de consciência dos outros". Ele considerava que somente o Estado podia defender a liberdade religiosa contra as pretensões e o dogmatismo dos clérigos. Sua tolerância só encontrava limites na razão de Estado, enquanto era preciso defender o Estado contra o

---

[140] G.N. Clark, *The early Stuarts*, p. 17.
[141] Cf. A.A. Seaton, *The theory of toleration under the later Stuarts*, 1911, pp. 97, ss.
[142] Wilbur K. Jordan, *Development of religious toleration in Ingland*, vol. III, p. 319.

papismo obediente ao estrangeiro, contra o anglicanismo submisso à Realeza ou contra a doutrina dos *levellers* considerados contrários à ordem pública. Presbiterianos e independentes convinham então entre si para impedir aos católicos o exercício de seu culto, para arruinar a igreja anglicana, para proibir o culto anglicano e o uso do *Coomon prayer book*. Pois o papismo era para todos sinônimo de traição; e ninguém se esquecera de que a Igreja estabelecida tinha sido a aliada leal da monarquia.

De outra parte, o desenvolvimento sempre mais diverso das seitas, conduzido por uma profunda corrente de ardor religioso, complica ainda a situação. Alguns praticam ritos sem dignidade, o batismo dos adultos por imersão, por exemplo, que suscitam a inquietude. Muitos alimentam sua fé de exortações estranhas, ou procuram o entusiasmo e mesmo o êxtase. Os quacres, provocam problemas múltiplos; seus costumes, suas roupas bizarras provocam a hostilidade; eles não deixam de se proclamar que só o Cristo tem o direito de governar a consciência dos homens. Sua recusa de submeter-se ao Magistrado, seu desprezo do poder civil e de suas leis, sua extrema intolerância a respeito das outras seitas, a obstinação de suas práticas religiosas, encontram raramente tanta doçura e paciência quanto junto a Cromwell. Em certas seitas de opiniões teológicas extremas, recrutam-se *levellers* que professam um igualitarismo revolucionário. Um deles, John Lilburne, exprime um anticlericalismo ardente, que encontra grandes ecos na imaginação. Ele denuncia o apetite de poder do clero anglicano, sua tirania e sua incapacidade de propagar a fé de outra maneira que não pela violência.

Entre os Batistas todavia, convém assinalar, não exatamente como um representante típico da seita, mais como um precursor de Locke, numa de suas argumentações favoritos, Roger Williams, que desde 1644, em seu *Bloudy tenent of persecution*, afirma que o melhor meio da liberdade de religião se acha na distinção radical da igreja e do Estado, cujos escopos, meios, a origem mesma, não têm relação nenhuma uns com os outros. A igreja é, diz ele, uma nave na qual o Príncipe é um simples passageiro, assim como o Estado é a nave onde os clérigos, por sua vez, são apenas simples passageiros. Aliás, as concepções intensamente espirituais que os batistas faziam da igreja os inclinavam a reclamar geralmente sua separação com respeito ao Estado.

As correntes em favor da tolerância não são, pois, menos vivas que as correntes de intolerância e nos chocamos com o número e a importância das publicações que suscita a querela. A atmosfera geral é de preferência pela tolerância por razões humanas, seria somente por esgotamento, depois de tantas vãs querelas religiosas, mas também por razões econômicas. Não faltam homens como William Petty, em sua *Political arithmetic*, para declarar, como economistas, que a intolerância constitui obstáculo ao desenvolvimento do comércio e das riquezas, e para dar como exemplo a prosperidade da Holanda. Henry Parker (*Of a free trade*, 1648) mostra que a liberdade religiosa é a condição da prosperidade comercial e que, reciprocamente, as grandes companhias mercantis, sem laços com nenhuma igreja particular, contribuem para o desenvolvimento da liberdade religiosa e da ascensão de um mundo mais pacífico e mais tolerante.

Sobre o plano das idéias, é antes de tudo a influência de Lord Falkland e do Tew Circle, que floresce em Oxford em 1635, que continua a se fazer sentir através dos latitudinários. Amplamente influenciados pela tradição dos arminianos, estes se opunham à teoria da predestinação assim como à tirania intelectual dos calvinistas. Eles insistiam sobre o aspecto moral e razoável da religião e, concentrando seu *credo* sobre as verdades irrefutáveis da fé de acordo com a razão e demonstrada por ela, eles condenavam as disputas sobre dogmas arbitrários e sobre ritos a seus olhos desprovidos de importância. Fazendo prova de uma grandiosa superioridade de visão, Chillingworth, em *The religion of Protestants, a safe way to salvation* [A religião dos Protestantes, um caminho seguro para a salvação], 1639, estabeleceu os princípios do latitudinarismo. Todos os homens foram dotados por Deus de suficiente razão e de suficiente juízo para descobrir por si mesmos as verdades necessárias à sua salvação. A fé que salva é formada das verdades fundamentais que são comuns a todos os cristãos, isto é, sem dúvida, a fé na mensagem e na divindade do Cristo. É preciso, pois, que cada um possa plenamente dispor da liberdade de seu próprio juízo; cada homem está face a face com Deus e uma igreja constitui somente um quadro vago e débil. Eis porque basta buscar sinceramente a verdade para escapar da dominação e merecer a salvação.

Os platônicos de Cambridge desenvolveram visões muito próximas daqueles dos latitudinários, como se defensores da razão e da liberdade religiosa. À luz suficiente da *candle of the Lord* nasce a fé, pois a razão apenas, escreve o mais profundo dentre eles; Benjamin Whichcote, fornece a medida e a prova da certeza. O homem que fala segundo a razão fala segundo a religião. Eis por que a validade de nossa fé só pode ser medida pelas decisões de nosso próprio juízo e nenhum poder humano pode legitimamente violar a santidade desse juízo. Já que os homens são razoáveis, só há métodos razoáveis que possam convencê-los. Razão e consciência devem permanecer livres. A razão não separa aliás os homens, ela os une. Ela os reúne numa comum moralidade, a que tende a se reduzir a religião. E Locke, mais próximo sem dúvida dos latitudinários, tinha bons amigos em Cambridge, em particular Cudworth, cuja filha foi a doce, a fiel confidente e protetora de sua velhice, Damaris, Lady Masham.

Entre os anglicanos moderados, a tolerância encontrava também defensores, como esse Jeremy Taylor que, em 1647, em seu *Discours of the liberty of prophesying* [Discurso sobre a liberdade de profetizar], defendia também a tolerância em nome da razão e até chegava a pretender que bastava ser homem de bem para não ser herético. Mas sua argumentação leva ao ceticismo e se apóia na irredutível diversidade das opiniões humanas e na fraqueza dos homens, em sua incapacidade de manter a verdade. Todavia, os elementos da fé estão ao alcance do homem e bastam à sua salvação. Mais importante é buscar a verdade que encontrá-la. Cada um tem o direito de ter sua própria opinião; ninguém tem autoridade sobre a opinião dos outros. Taylor foi tão longe que corre o risco de destruir toda autoridade eclesiástica e de chegar a uma espécie de anarquia individualista. Ele não mantém menos sua devoção particular à Igreja da Inglaterra.

Milton, que sua paixão da liberdade outrora conduzira, em sua juventude, entre os puritanos, tinha rompido com eles ao momento do *Areopagitica*, em 1644, e depois desta época ele desenvolve, também, uma inclinação muito clara para o ceticismo. "Dê-me, mais que qualquer outra liberdade, a liberdade de conhecer, de me exprimir e de argumentar segundo minha consciência." Milton publica em 1659 seu *Treatise of civil power in ecclesiastical causes*: é o tema de Locke um ano antes dele. Milton considera que cada homem, esclarecido pela tocha ardente da razão, deve agarrar a verdade por si mesmo e que ele constitui uma autoridade suprema, no que o concerne, em matéria de fé. Nenhuma igreja, nenhum homem pode julgar no lugar de um outro. O governo civil deve se consagrar unicamente aos assuntos deste mundo; o Magistrado não tem nenhum poder em matéria de religião. E a igreja, que não tem outra função que a religiosa, dispõe de uma única sanção temporal, a excomunhão. Toda confusão da igreja e do Estado para impor uma fé é tão infame quanto a própria perseguição. Mas como todos aqueles que o puritanismo atingiu em sua época, ele excluirá os papistas dos benefícios da tolerância à causa de traição.

Limitemo-nos a mencionar a posição extrema dos socinianos, grandes defensores da tolerância, tanto pela lógica de sua doutrina como por esforço de preservação, pois eles formavam a seita mais odiada de seu tempo: é que eles se opunham tanto à divindade do Cristo como ao dogma da trindade, e pretendiam professar um *credo* mínimo fundado na razão.

A esse conjunto tão variado de opiniões, é preciso acrescentar enfim a opinião daqueles a que por vezes chamamos *erastianos*, que não exerceram influência menor sobre Locke. São pessoas, ordinariamente moderadas, que consideram que é preferível confiar ao Estado inteiro autoridade sobre os assuntos religiosos, pois há todas as chances de ser mais imparcial que todas as igrejas que ele reúne e que são movidas pela violência das paixões religiosas. Desde que o Estado não seja submisso a uma igreja, e que exerça sobre todos sua dominação, encontraremos assim a melhor garantia de uma ordem religiosa liberal. Cita-se entre eles Harrington, que não acredita que a liberdade civil possa ser completa sem liberdade religiosa; ele remete o controle dos assuntos religiosos às mãos do Magistrado civil, e ele coloca minuciosamente o clero e as instituições religiosas sob sua dependência. Neste liberal, a autoridade do Estado sobre os assuntos da religião é, como em Locke, compatível com seu liberalismo: ela é o seu mais seguro meio. Não insistamos sobre as fontes hobbesianas do pensamento de Harrington; o poder total do Soberano tem por escopo, com efeito, para Hobbes, a paz e o bem da *commonwealth*; para aí chegar, Hobbes quer subordinar o religioso ao político e colocar o clero fora da condição de ofender. A liberdade religiosa não o preocupa evidentemente, não mais que a tolerância. O próprio Hobbes é praticamente ateu. A religião, que ele considera como um meio político, deve estar inteiramente a serviço do Estado. Sem dúvida, a fé, que é toda *in foro interno*, escapa à jurisdição civil. Mas o poder total do Soberano e sua onisciência podem chegar a fazer dele o princípio e a fonte de toda convicção religiosa no Estado. A verdade religiosa deve ser, como todas as outras verdades, conforme à paz do Estado.

A essa intensa disputa ideológica, que dá a todas as suas decisões consideráveis conseqüências passionais, como vai reagir o Governo real constituído? Charles II, na declaração de Breda (4 de abril de 1660) tinha reconhecido a liberdade de consciência para todos os que não perturbavam a ordem pública. Ele próprio se inclina para a tolerância e está longe de partilhar contra os católicos, que o ajudaram, e contra o catolicismo, apoio da monarquia na França, a hostilidade muito genérica de seus assuntos. Não faltam pessoas à sua volta, até mesmo o seu próprio irmão e herdeiro, o duque de York, cujas simpatias católicas não são um mistério para ninguém. Charles II é bem depressa levado pelas circunstâncias, precisamente em 1661-1662, com seu ministro Clarendon, ele mesmo homem de opinião bem moderada, a legiferar em matéria de religião. Assim se forma pouco a pouco o que se denomina o *Clarendon Code*. O *Corporation Act*, de 1662, exclui das corporações municipais os que se recusam a receber os sacramentos segundo os ritos da igreja anglicana. O *Act of Uniformity*, de 1662, restabelecia o *Common Prayer Book*. Mas se os não-conformistas eram excluídos das funções oficiais, suas religiões e suas seitas eram admitidas a uma vida civil pela primeira vez pela lei. A perseguição era acompanhada de uma espécie de reconhecimento. Todavia quando o Rei, em 1662, quer aliviar a dureza de suas leis por uma espécie de Declaração de

Indulgência, ele incita a fúria das Comunas que bloqueiam a decisão e se jogam outra vez e com mais força contra os católicos.

2. Whether the Civil Magistrate

É precisamente o momento em que Locke medita seus dois tratados sobre o *Magistrado civil*. Ele é tão sensível e essas diversas correntes que se pode dizer que ele não inventou propriamente nenhuma idéia, nenhum argumento, nenhum ponto de vista. Pode-se mesmo acrescentar que ele emprestou argumentos de todos, dos mais autoritários como dos mais liberais. O que lhe cabe propriamente, é o caráter moderado da síntese à qual ele chega, o esforço para assegurar da forma mais razoável toda a liberdade humana conforme à razão e compatível com a paz e a ordem de um Estado, guardião do bem público necessário à liberdade de cada um. Vê-se bem já na sua reação a *An essay in defense of the good old cause, or a discourse concerning the rise and extent of the power of the civil magistrate in reference to spiritual affairs* [Um ensaio em defesa da boa velha causa, ou um discurso acerca da ascensão e alcance do poder do Magistrado civil com respeito às matérias espirituais] publicado em 1659 por Henry Stubbe. Stubbe, um amigo de Locke, e um de seus colegas na Christ Church, é passionalmente partidário de um individualismo espiritual absoluto ligado, nós já encontramos essa ligação, com muito ceticismo. Com efeito, o único guia de religião é a consciência de cada um. Ele defende, pois, uma *Christian liberty* que confere uma liberdade religiosa absoluta a todas as igrejas, mesmo aos socinianos e mesmo aos católicos, e que visa com otimismo a possibilidade de fazer coexistirem homens pertencentes a confissões diferentes no mesmo Estado em vista de um mesmo bem-comum.

Numa carta escrita a Stubbe[143] certa ocasião, Locke mostra que, se ele partilha a opinião deste sobre o direito de cada homem à liberdade religiosa, sobre o direito para cada um decidir em última instância de sua fé, ele testemunha menos otimismo; ele se declara já cioso de assegurar o bom funcionamento do Estado, seja isso em detrimento de liberdades que ele julga exorbitantes, como aquela que Stubbe concedia aos papistas que, já que reconhecem um outro soberano além do Estado, são sempre traidores e conspiradores em potência.

É a mesma posição de justo meio entre dois extremos, o extremo da liberdade absoluta e o extremo do dogmatismo tirânico, que Locke vai tomar ao criticar em seu manuscrito *Whether the Civil Magistrate...*, um

---

[143] *Bodleian Library*, Ms Locke, c. 27, f° 12.

panfleto publicado em 1660 por um outro de seus colegas na Christ Church, também ele um independente: Edward Bagshaw[144]: *The great question concerning things indifferent in religious worship* [A grande questão acerca das coisas indiferentes no culto religioso]. Como bom independente que era, Bagshaw, retomando a idéia de liberdade cristã, que tinha servido a Lutero,[145] depois a Calvino, de máquina de guerra contra o catolicismo, se esforçava, em nome da liberdade cristã, por justificar a independência da religião com respeito ao Estado; ele reclamava, em conseqüência, uma liberdade absoluta em matéria de coisas indiferentes, ao passo que procurava, ao contrário, subordinar o Estado à religião ao fazer do Estado o defensor dos dogmas da verdadeira fé, e o protetor da comunidade religiosa de eleição que a pratica.

Para bem interpretar o sentido das críticas de Locke, não é preciso esquecer, de uma parte, que elas não constituem um tratado da tolerância, mas uma resposta à questão muito precisamente colocada por Bagshaw e, de outra parte, que Locke jamais defendeu essa *absolute liberty* de que Popple, o tradutor da *Epistola de tolerantia*, por um grave contra-senso, lhe atribuiu a doutrina, no prefácio não assinado da tradução inglesa. Bem ao contrário, no Prefácio ao *Civil Magistrate*, vê-se Locke rejeitar igualmente a anarquia e a tirania, as duas chagas da humanidade, e afirmar seu respeito ao mesmo tempo pela autoridade e pela liberdade; não para esta liberdade geral que só é uma servidão geral, tanto que os que se pretendem seus defensores, quase não são mais que seus carcereiros, o que logo faria reinar a tirania do fanatismo religioso, mas essa liberdade sem a qual um homem seria menos feliz que uma besta, a servidão nos arrancando todos os benefícios desta vida e transformando em veneno nossos dons mais preciosos, e a própria razão.[146] O leitor da *Carta sobre a tolerância*, muito

---

[144] Cf. a esse respeito von Leyden, in Locke, *Essays on the law of nature*, p. 23.

[145] *Von der Freiheit eines Christenmenschen*: "O cristão é um livre senhor de todas as coisas e não está submetido a ninguém", ou seja, é absolutamente impossível querer impor a alguém alguma crença. Pela coação mais violenta, não se obterá jamais mais que uma submissão em palavras e em atos. Não se pode obrigar os corações. "A heresia é uma força espiritual, não se pode golpeá-la com o metal, queimá-la com o fogo, afogá-la com a água" (Citado por Henri Strohl, *L'épanouissement de la pensée religieuse de Luther*, p. 325 ss.).

Sobre esse tema, que Locke retomará, se ajunta um segundo tema luterano, que não encontra menos ecos no filósofo inglês: a distinção e a separação dos dois poderes. O Estado, poder temporal, só deve se preocupar com o que concerne ao temporal; o espiritual, que é de uma outra ordem, não teria como lhe causar dano. A igreja, que é a propósito uma pura comunhão espiritual, não teria reciprocamente como dispor de nenhum poder temporal; sua única arma é o Evangelho. Mas não se governa um Estado com o Evangelho.

[146] *Civil Magistrate*. Prefácio, c. 28, fº 3.

influenciado pela fórmula de Popple, não deveria esquecer que Locke, ao longo de toda a sua vida, jamais concebeu liberdade independentemente da existência e do respeito das leis.[147]

Tomemos como referência na análise dos argumentos do *Civil Magistrate* os grandes temas levantados na *Carta* de 1689. Não podemos ficar surpresos com o primeiro tema, o tema da distinção do religioso e do político, seja tratado aqui por omissão; não se trata de responder a Stubbe, mas a Bagshaw. Considerando as condições nas quais escreve este homem prudente (ele não se decidirá, aliás, a publicar seu texto), não é certamente sem ironia que Locke propõe admitir, a título de hipótese de trabalho, o princípio que o Magistrado tira de seu poder do consentimento do povo, que nunca está disposto a renunciar a mais liberdade além do estritamente necessário.[148] Mas isso basta para assegurar ao Magistrado o poder supremo absoluto de que ele tem necessidade para cumprir sua tarefa. A luz natural e a compreensão disso que nos convém bastam para nos instruir da necessidade, em toda sociedade, das leis e de um governo tais que o poder supremo (quer resida ele num só ou em muitos) seja efetivamente supremo.[149] Locke pode assim raciocinar *a fortiori* com relação a doutrinas menos liberais da soberania; ele pode esperar reunir consigo aqueles que têm sobre a origem do poder as opiniões mais diversas, e ele próprio pode garantir assim sua segurança contra uma eventual perseguição. Aliás esse poder, nascido do consentimento do povo, é absoluto na medida em que tem necessidade de sê-lo, para poder cumprir sua função — Locke permanecerá sempre fiel a essa tese de Hobbes — ou seja, para assegurar "o bem e a paz do povo" e para satisfazer a esse "mútuo contrato" que faz que os comandos do Magistrados não sejam nada mais que a expressão dos sufrágios do povo.[150]

O segundo tema, que afirma que cada um é o único juiz e único responsável por sua salvação, que só vale uma fé sincera, é tratado por alusões; é que a tolerância é considerada aqui, não como um problema religioso, senão filosófico, mas essencialmente como um problema político. Essas alusões são, por outro lado, precisas: elas consideram como um fato adquirido que o homem dispõe por natureza de uma inteira liberdade primitiva, em particular no que concerne à fé.[151] O Magistrado, se emprega seu poder nos limites assinados a sua autoridade, não disporá do domínio

---

[147] Cf. nossa *Politique morale de John Locke*, p. 173 ss.
[148] *Civil Magistrate*. Prefácio, c. 28, fº 5 e 7, fº 35.
[149] *Civil Magistrate*, e. 7, fº 33.
[150] *Civil Magistrate*, e. 7, fº 30.
[151] *Civil Magistrate*, e. 7, fº 1 e 3-4.

da fé, pois Deus, que é único juiz dos corações, reservou para si apenas os atos interiores da fé e lhes reservou seu julgamento exclusivamente para o seu próprio tribunal.[152] A fé, que depende de Deus, e o entendimento, que só depende se si mesmo, não podem ser forçados pela violência; o Magistrado procuraria em vão dominar "essa parte do homem que não presta homenagem a sua autoridade"; ao querer impor sua religião a seus súditos, ele só suscitaria a aversão e a hostilidade. O que conta essencialmente na religião, é o coração e o espírito,[153] a presença da fé e a presença da verdade; eis por que as únicas armas de podemos sempre legitimamente e eficazmente nos servir em matéria de religião, são as da palavra e do espírito[154]: é preciso agir não por coação, mas por persuasão. Os princípios da *Carta* de 1689 estão já claramente indicados sobre esse ponto capital; eles estão todos presentes e sabemos pela carta a Stubbe que eles estão bem explicitamente presentes no espírito de Locke desde 1659. O dogmatismo dos independentes é condenado sem reservas, assim como o uso que eles poderiam querer fazer do Estado; e a autonomia da fé é afirmada em seu direito e em seu fato.

Mas é o terceiro tema, o poder do Magistrado de legiferar sobre as coisas indiferentes, que constitui o objeto essencial do *Civil Magistrate*, sobre o qual Bagshaw será atacado de mais perto e que será desenvolvido com uma abundância que não se reencontrará na *Carta* de 1689. A definição lockeana dos indiferentes não mudou, embora se a tenha emprestado, ao analisar a *Carta*, do tratado de 1660, onde ela era mais explícita. Trata-se essencialmente para Locke de afirmar e de defender o direito do Magistrado no que concerne à religião, a legiferar, ou seja, a determinar o bom e o mau, o permitido e o proibido, em tudo o que não está definido como tal pela lei de natureza, tal como ela é descoberta pela razão: "o Magistrado pode legitimamente determinar o uso das coisas indiferentes com relação à religião porque, para o Magistrado, é legítimo comandar o que, para o súdito, é legítimo fazer".[155] Não se pode impor a fé, mas já que o Magistrado tem a disposição plena e sem limites das coisas indiferentes, ele pode assim assegurar uma conformidade exterior à lei.[156] Locke só apresenta um único argumento, mas ele mostra com isso a que ponto ele lhe parece suficiente, decisivo; é que, qualquer que seja a natureza do Estado, e a origem do poder que aí reina, "o Magistrado supremo deve

---

[152] *Civil Magistrate*, e. 7, fº 30.
[153] *Civil Magistrate*, e. 7, fº 27.
[154] *Civil Magistrate*, e. 7, fº 25.
[155] *Civil Magistrate*, e. 7, fº 2 e fº 30.
[156] *Civil Magistrate*, e. 7, fº 4.

possuir um poder absoluto e do qual ele seja o único árbitro sobre todas as ações indiferentes de seu povo".[157] Também, quanto mais exista aí um governo sobre o Estado e uma ordem no mundo, será necessário que o governo tenha poder sobre todas as coisas indiferentes.[158] É a condição necessária da existência do Estado e do cumprimento, pelo Magistrado, da função pela qual ele foi instituído. Esse poder, que é absoluto porque deve funcionalmente sê-lo, encontra também sua regra e seu limite funcionais no fato de que o Magistrado deve estabelecer suas leis num homem que é "o servidor e o juiz do bem público".[159] E se o Magistrado deve bem particularmente regular a liberdade dos membros de sua confissão e exercer seu poder de legiferar sobre as coisas indiferentes relativamente a ela, eis que são os membros de sua seita que correm o risco mais verdadeiramente de abalar a paz pública[160] ("Religião de Estado, problema no Estado").

Subentende-se que o Magistrado não tem de intervir ali onde os indiferentes não tocam ao bem público, já que este é a pedra de toque de suas leis; por que mesmo ele não deixaria a liberdade de seu culto aos maometanos e aos judeus, já que ele lhes deixa a liberdade de sua fé?[161] Mas, ao legiferar sobre os indiferentes, ali onde o bem público está em jogo, o Magistrado não causa danos à liberdade cristã; pois se esta consiste no livre uso de coisas indiferentes, tanto para os súditos como para os Magistrados, existiria conflito, desordem permanente e rebelião sempre legítima.[162] Se cada cidadão recusa ao Magistrado o poder de legiferar sobre os indiferentes, ele se contradiz, pois retira o poder de governar que lhe foi concedido.[163] As opiniões privadas estão mal colocadas para julgar razões do Estado, e é uma necessidade de Governo fazer reinar a eqüidade, ou seja, uma regra igual sobre os pontos de vista particulares a cada um. A paz e a sociedade exigem que cada um renuncie a sua liberdade nativa.[164] E não é preciso utilizar o exemplo do Cristo, pois, se ele demole as tradições judaicas, ele não destruiu a indiferença das ações exteriores nem o poder do Magistrado sobre elas. Deus só solicita o sacrifício dos corações; mas ele deixou ao Magistrado o trabalho de dizer o que serão, no Estado, *order and decency*.[165]

---

[157] *Civil Magistrate*, c. 28, fº 5, e e. 7, fº 35.
[158] *Civil Magistrate*, c. 28, fº 5, e e. 7, fº 35.
[159] *Civil Magistrate*, e. 7, fº 8.
[160] *Ibid.*, e. 7, fº 31.
[161] *Ibid.*, e. 7, fº 30.
[162] *Ibid.*, e. 7, fº 9.
[163] *Ibid.*, e. 7, fº 21 ss.
[164] *Ibid.*, e. 7, fº 10.
[165] *Civil Magistrate*, e. 7, fº 13 e 15.

Vê-se, nestas condições, que é sobre o tratamento dos indiferentes que a distância é maior entre o *Tratado* de 1660 e a *Carta* de 1689. Não que os princípios tenham mudado: aqui e ali, por razões funcionais, o direito de legiferar sobre os indiferentes em vista do bem público cabe à prerrogativa do Magistrado de forma exclusiva e absoluta. Mas embora na *Carta* Locke reduza o uso desse direito ao mínimo necessário e ponha em guarda o Magistrado contra um abuso que envolvia a confusão do poder do Magistrado com o poder que Deus a si reservou, no *Tratado*, Locke insiste sobretudo sobre a legitimidade do direito do Magistrado. É evidentemente questão não de princípios, mas de circunstâncias. Em 1660, Locke, que tem ainda presente no espírito as desordens e as infelicidades engendradas, à época da guerra civil, pelas disputas sobre coisas indiferentes em matéria de religião, por exemplo, sobre ritos ou sobre circunstâncias do culto, teme que, se as diferentes igrejas fossem deixadas à sua inteira liberdade, elas dela logo abusem para buscar novamente subjugar-se umas às outras: *a general freedom is but a general bondage*. Ora, e eis talvez o ponto onde os dois textos mais diferem quanto à doutrina, Locke, que, em seu *Tratado sobre o Governo civil*, elaborará uma doutrina do povo razoável, testemunha, no *Tratado* de 1660, uma grande desconfiança acerca da multidão, confusa, sempre ávida e nunca satisfeita, e que se conduz como uma besta da qual corremos o risco a todo instante de ser a presa.[166] É preferível remetê-la ao Magistrado, que por sua posição é melhor juiz que os particulares das razões do Estado e da eqüidade das leis. Ao legiferar sobre indiferentes, de resto fúteis, cada vez que eles pudessem ocasionar disputas e problemas, ele assegura na unidade garantida pela lei, a pax, *order and decency*.

Não se pode entretanto falar de uma política autoritária em matéria de religião, já que não se trata nem de impor dogmas, nem de impor em regra geral formas de culto, mas somente afirmar o direito do Magistrado a legiferar sobre as coisas indiferentes cada vez que o bem público e a paz o requerem; o que, aos olhos de Locke, é particularmente o caso em 1660.

Resta o quarto tema da *Carta sobre a tolerância*, a solução dos conflitos que podem opor o governo da consciência ao do Estado. A consciência está já definida como uma opinião sobre a verdade de uma posição prática qualquer que pode envolver tanto as ações morais como as religiosas, as civis como as eclesiásticas.[167] Já aqui, Locke não hesita em proclamar que o apelo à consciência não pode constituir o fundamento da tolerância,

---

[166] *Civil Magistrate*, e. 7, fº 23. Aqui, com efeito, estamos bem longe da doutrina do "povo razoável" do *Segundo tratado* e bem próximos da desconfiança que tão fortemente Hobbes sente com relação à multidão.
[167] *Civil Magistrate*, e. 7, fº 10.

nem mesmo um argumento suficiente a seu favor. Certamente, é preciso tratar a consciência com precaução, *tenderly*, mas a consideração do bem público precede a da consciência: do contrário, como se poderia submeter um quacre à autoridade do Magistrado, ou fazê-lo pagar seus impostos a um anabatista? Como cada um é senhor dos escrúpulos de sua consciência, e pode dominá-los tanto quanto quiser, se a consciência fosse reconhecida como a autoridade suprema, tudo dependeria, no limite, do espiritual, e não haveria mais leis, nem governo civil possíveis. Locke não escreverá outra coisa em 1689, mas ele explicará com mais cuidado como o Magistrado poderá tratar *tenderly* os escrúpulos da consciência na medida em que eles não constituirão obstáculo ao bom funcionamento do Estado.

3. An Civilis Magistratus

Poderemos passar mais rapidamente sobre o tratado latino *An civilis Magistratus*... Ele retoma as idéias do *Civil Magistrate*, pois foi escrito numa época muito próxima, depois de outubro de 1660 e antes do início de 1662. Mas em lugar de proceder pela discussão de citações emprestadas de Bagshaw, ele toma a forma de uma exposição direta e doutrinal. Como se ele tivesse desejado, ao abandonar o percurso polêmico do *Civil Magistrate*, construir mais sistematicamente sua argumentação e apoiá-la sobre análises aprofundadas de conceitos decisivos. Sem repetir o detalhe da argumentação, nós nos limitaremos a levar em consideração essas análises novas que testemunham, não um pensamento que se busca e se renova, mas um pensamento que se fortifica e se aprofunda.

Assim, sobre o tema da origem do poder político, Locke distingue dois fundamentos políticos do poder: ou segundo a vontade do próprio Deus, os homens nascem na servidão, ou segundo o consentimento de homens nascidos iguais e livres segundo a lei de natureza, transferem a um poder legislador supremo *totam illam suam libertatem naturalem, quanta quanta sit*.[168] Que a autoridade do poder legislador venha de Deus, ou que ela concentre nele, em virtude de um pacto comum, a autoridade dos indivíduos e o direito natural deles, esse poder legislador é supremo, isto é, ele não conhece poder sobre a terra que lhe seja superior e ao qual ele deva dar razão. Acrescentaríamos a essas duas hipóteses uma terceira, na qual o poder derivaria de Deus, mas a designação do ou dos Magistrados viria do povo, Locke, cioso em acolher o mais amplo acordo, continua ironicamente a tomar por hipótese de trabalho a tese do contrato. De-

---

[168] *Civilis Magistratus*, c. 28, fº 14.

pois de tudo, o único argumento que lhe seja necessário aqui é um argumento que todos podem aceitar: Deus quis que existisse entre os homens ordem, sociedade, governo; é o que nós chamamos um Estado e, em todo Estado, deve existir um poder supremo que é um poder legislador, sem o qual o Estado não pode existir.

A expressão de Locke parece mesmo ter endurecido. Para melhor insistir sobre o caráter funcional do Estado, ele mostra que enquanto os homens, naturalmente livres, não transferiram sua liberdade a um príncipe ou a uma assembléia, não haverá sociedade possível; e para melhor assegurar as funções do poder supremo, ele considera como um requisito necessário que cada um abandone a totalidade de sua liberdade natural e seus direitos naturais ao legislador. É, com efeito, aqui, a tese de Hobbes, contra a qual ele oporá mais tarde a idéia de que cada um só abandona sua liberdade enquanto isso for necessário para o bom funcionamento do Estado; idéia que será um dos fundamentos de seu liberalismo. É preciso ver aí uma adesão a uma tese hobbesiana? É preciso ver o cuidado de justificar sem reservas possíveis a idéia de que todas as coisas indiferentes, tanto sagradas como profanas, estão de tal maneira submissas ao poder supremo do legislador? Trata-se de uma convicção profunda ou de um movimento na argumentação? Poder-se-ia notar também que Locke não fala aqui de *bonum commune* ou de *bonum publicum*, como escopo e regra e medida da função do legislador. Vai-se disso concluir que, indo desta vez bem mais longe que Hobbes, e mesmo contra ele, ele renunciaria a uma regulação? Seria sem dúvida ir contra o bom senso. Como se explicaria, de outra parte, que no Prefácio do *Civil Magistrate*, escrito entre maio de 1661 e o começo de 1662, portanto exatamente no mesmo período, Locke tenha sido capaz de notar que ao passo que o poder vem do consentimento do povo, ele deriva de uma concessão parcimoniosa do povo que jamais está disposto a se privar de mais liberdade além do necessário: it derives *"from the scantyallowance of the people, who are never forward to part with more of their liberty then needs must"*.[169] Esta contradição mostra ao menos que sua convicção hobbesiana está muito mal estabelecida e, mais plausivelmente do que ele cedeu no *Civil Magistratus* a um movimento de retórica ou a uma preocupação de eficácia.

Do tema da autonomia da fé, Locke guarda aqui sobretudo dois aspectos: de uma parte, que o culto de Deus consiste essencialmente nas virtudes interiores, amor, respeito, temor a Deus, esperança, fé; que o que conta aqui, é o coração e o espírito, e que Deus colocou no homem uma alma para lhe render homenagem e que é o único adorador que lhe seja

---

[169] *Civil Magistrate*, c. 28, f° 5 e e. 7, f° 36.

agradável. De outra parte, ele marca que o culto tácito e secreto escapa e deve escapar das leis humanas. Deus é o único escrutador e o único juiz dos corações.[170] A fé é um assunto entre cada homem e Deus.

Quanto aos indiferentes, terceiro tema levantado na *Carta* de 1689, sobre os quais o poder do Magistrado supremo foi afirmado de uma vez por todas, Locke se preocupa sobretudo com lhe definir a natureza e lhe delimitar os domínios.

Em primeiro lugar, Locke define o que se entende por culto divino. O culto divino não compreende somente a ação das virtudes interiores, mas atos exteriores (pregações públicas, ações de graças, participação nos sacramentos, leitura pública da palavra divina), que dependem do corpo e não da alma e pelos quais Deus quer que se exprima abertamente e manifestamente o culto interior do espírito. Deus ordena esse culto explicitamente por suas leis, às quais devemos nos adaptar.[171] E, eis uma limitação que não aparecia claramente no *Civil Magistrate*, o Magistrado não tem nenhum poder sobre essas manifestações do culto divino que, já que elas são comandadas por Deus, não fazem parte dos indiferentes.

Unicamente os ritos que dependem das "circunstâncias", ou seja, do tempo, dos lugares, das vestes, dos gestos, são colocados por Deus nas mãos daqueles que receberam o poder supremo e que têm a obrigação de governar a igreja.[172] Locke, usando ainda de ironia, nota que o essencial, ou seja, o espiritual, está salvo, e que, entretanto, os homens estão prontos para lutar por esse gênero fútil de circunstâncias muito mais que por si mesmos, por sua liberdade e por suas riquezas. E Locke para evocar as guerras civis inglesas, suas atrocidades e seus ódios para justificar o direito do Magistrado a definir a ordem no Estado.[173] Mas em nenhuma parte, com efeito, ele não reduzirá mais o poder do Magistrado sobre as coisas indiferentes em matéria de religião.

Em segundo lugar, tendo tido tempo de estudar Hooker ou, pelo menos, o famoso livro I da *Ecclesiastical policiy*, Locke distingue, inspirando-se nele e no *De obligatione conscientiae*, de Robert Sanderson,[174] quatro espécies de leis com relação às quais os indiferentes se acharão delimitados; são a lei divina ou lei moral, a lei política ou lei humana, a lei fraternal ou lei de caridade, a lei monástica ou lei privada.[175] Todas as leis tiram

---

[170] *Civil Magistrate*, c. 28, f" 5.
[171] *Civilis Magistratus*, c. 28, f" 5 e 6.
[172] *Ibid.*, c. 28, f" 6.
[173] *Ibid.*, c. 28, f" 7.
[174] Robert Sanderson, futuro bispo de Lincoln. *De obligatione conscientiae*, 1647, discurso IV, art. 6-7.
[175] *Civilis Magistratus*, c. 28, f" 9.

seu poder de obrigar da lei divina que sozinha constitui um poder intrínseco de obrigação.[176] A lei divina é, ou positiva e estabelece uma revelação sobrenatural, ou natural e descoberta pela luz natural da razão; suas duas formas reunidas constituem juntas a lei moral, que é a grande regra do justo e do injusto e o fundamento do bem e do mal, mesmo do bem e do mal suscetíveis de ser determinados entre os indiferentes em virtude das leis inferiores.[177] Nada menos hobbesiano que essa tese, que não somente define um bem e um mal eterno e anterior a toda legislação humana, mas que, além disso, subordina o bem e o mal, que podem ser definidos nos indiferentes pelas leis humanas, a esse bem e a esse mal eternos. Locke não pode mais manifestamente retomar com uma mão o que ele parecia conceder com a outra ao transferir a totalidade dos direitos naturais do homem, aí compreendida a liberdade, ao Magistrado, no momento da formação da sociedade. O cidadão recupera por inteiro o que o homem tinha em princípio abandonado.

As coisas indiferentes, que não estão compreendidas nos limites da lei divina, formam a matéria das leis humanas, ou seja, "decretos públicos das comunidades políticas, estabelecidos pelo Magistrado". Era já a tese do *Civil Magistrate*.

As terceira e quarta espécies de leis distinguidas por Locke lhe permitem tratar mais sistematicamente o último tema da *Carta*, as relações do governo do Magistrado e do governo da consciência.

A lei de caridade não coloca problemas, pois ela se junta à lei divina e às leis humanas ao introduzir um acréscimo de obrigação nascido do amor ao próximo. Dá-se o mesmo com a lei privada ou lei da consciência. A consciência é essa luz natural que Deus colocou em nós para nos servir de "legislador doméstico".[178] A lei da consciência é o juízo último que cada um traz sobre a verdade das proposições morais concernentes ao que há para fazer ou para não fazer. Não é a voz de Deus em nós, como pretendem as seitas em seu entusiasmo, é um juízo último do intelecto prático, mas um juízo particular e pessoal.[179] A lei da consciência intervém ao passo que as outras leis se calam e permite a cada um tornar necessário, segundo sua livre vontade, o que continuava ainda indiferente até aí.[180] Nada pode, portanto, opor a lei da consciência à lei civil. Toda obrigação

---

[176] *Ibid.*, c. 28, f° 11.
[177] *Ibid.*, c. 28, f° 9.
[178] *Civilis Magistratus*, c. 28, f° 10.
[179] Hobbes irá ainda mais longe ao fazer da consciência uma simples opinião subjetiva: *Leviathan. Works*, cap. VII, p. 53.
[180] *Civilis Magistratus*, c. 28, f° 12.

vem em última análise da lei divina, que somente obriga a consciência; e é ilícito apelar do tribunal divino a um tribunal humano; um erro da consciência da parte do Magistrado não é suficiente para tornar vãs suas leis. Para bem compreender o caráter radical dessa limitação dos direitos da consciência, é preciso pensar nas seitas, quacres ou anabatistas, que, precisamente em nome dos direitos de sua consciência, pretendem se manter à margem da vida política e não reconhecer a autoridade do Magistrado.

Locke, de forma única em toda sua obra, distingue uma obrigação material, que obriga a consciência em virtude de sua matéria, e que torna necessária a lei divina, e uma obrigação formal onde a consciência só está obrigada pelo comando *hic et nunc* do Magistrado.[181] A liberdade do juízo só existe aí onde o assentimento não é necessário; então, existe liberdade para a consciência; a liberdade de vontade só existe ali onde o assentimento da vontade não é necessário ao cumprimento de tal ou qual ação. Se o Magistrado comanda o que comanda a lei divina, existe ao mesmo tempo obrigação material e obrigação formal; não existe nenhuma liberdade, nem para o julgamento, nem para a vontade, nem para a consciência. Se o Magistrado ordena uma coisa indiferente, existe somente obrigação formal; ela obriga a consciência, ela não suprime sua liberdade; pois ela demanda o assentimento de sua vontade, mas não o do juízo. O cidadão é obrigado a agir, mas não a julgar. A liberdade da consciência se encontra nesse caso conciliada com a necessidade da ação.[182] Se enfim o Magistrado quisesse impor como uma obrigação material uma coisa indiferente, ele causaria então dano à liberdade de juízo, portanto à liberdade de consciência e cometeria um pecado. A argumentação pode parecer sutil e pode-se pensar que ela só protege a liberdade de consciência de uma forma muito verbal. Todavia a liberdade do juízo está salva, o que, para Locke, será sempre o essencial e o princípio de toda liberdade.

Aliás, se aproximamos os textos do fº 9 e do fº 12, e o do fº 19, percebe-se que o Magistrado está sempre submetido à obrigação de conformar suas leis às leis divinas, das quais as leis humanas tiram toda a força de sua obrigação. Esta tese, vai diretamente ao encontro da doutrina hobbesiana, que coloca o poder absoluto do Soberano acima de toda lei, qualquer que seja sua origem. Ela formará mais tarde o princípio e a regra do liberalismo de Locke. Isso não impede aliás que as seitas anti-sociais, as que ameaçam a ordem e a vida do Estado, se achem radicalmente condenadas. O que era bem o objeto imediato do tratado sobre o *Civilis Magistratus*.

---

[181] *Civilis Magistratus*, c. 28, fº 1b.
[182] *Ibid.*, c. 28, fº 12.

4. *Situação histórica em 1667* e o Essay concerning toleration

Quando, em 1667, Locke, logo depois de ser introduzido no círculo de Lord Ashley, é levado a redigir o *Essay concerning toleration*, as circunstâncias mudaram sensivelmente. A opinião inclina de novo para a intolerância. Ela fará sucesso ao livro de Samuel Parker, *A discourse of ecclesiastical politie* [Um discurso da política eclesiástica] (1669), que é uma apologia contra a tolerância sobre o tema: para assegurar a paz, é preciso submeter a religião ao poder do soberano. O poder real está, com efeito, fortificado; apoiado pelas Comunas, ele usou e abusou do direito de legiferar em matéria de religião.

O *Clarendon Code* se endurece pouco a pouco: em 1663, o *Quaker's Act* pune severamente o exercício do culto desta seita. Um pouco mais tarde, um *Conventicle Act* proíbe o exercício de seu culto e toda aproximação a todos os não-conformistas. Em 1665, o *Five Miles Act* proíbe a todo ministro não-conformista residir a menos de cinco milhas de uma cidade ou do lugar de seu antigo ministério. Não são mais as seitas separatistas que parecem imediatamente ameaçadoras, mas as exigências invasivas do Parlamento, as tentações absolutistas do Rei, suas ligações tão fortes com a Corte da França, abrigo do papismo, e sua inclinação pessoal para o catolicismo cultivado por seu irmão e herdeiro, o católico duque de York.

O esboço do *Essay*, que se encontra no manuscrito conservado à *Huntington Library*, e cujo interesse Carlo Viano notavelmente pôs em evidência,[183] mostra bem em que sentido Locke é sensível às circunstâncias. Ele sustenta a política de Lord Ashley sobre dois pontos: de uma parte, ele defende uma política de tolerância e a aplica aos protestantes não anglicanos, aos *dissenters*; de outra parte, os papistas praticam uma doutrina destrutiva de todo governo, salvo do governo dos Papas, eles devem ser excluídos da tolerância, e tanto mais firmemente quanto seu número e suas bases os tornem mais poderosos. Seu erro consiste em transgredir a distinção radical do político e do espiritual sobre a qual Locke não cessará nunca de fundar a verdadeira tolerância. Esta só pode existir numa comunidade política e por ela; ela deve pois estar subordinada às condições de existência dessa comunidade. É a doutrina constante de Locke, a que ele afirmará ainda em 1689; ele jamais quis a "liberdade absoluta", que é uma liberdade dissoluta, mas a liberdade na lei e segundo a lei. De forma geral, aliás, mesmo se uma

---

[183] Carlo Viano, *L'abbozzo originario e gli stadi di composizione di An Essay concerning Toleration*, Rivista di Filosofia, 1961, pp. 285-311.

igreja só se distinguisse das outras pela consideração de indiferentes insignificantes, se sua importância numérica se tornasse tal que ela arriscasse pôr o Estado em perigo, Locke estima que ela não deveria mais ser tolerada.[184] A política da tolerância representa em Locke a aplicação e uma doutrina permanente, mas sob circunstâncias diferentes. Em 1667, é menos importante fundar o direito do Magistrado sobre os indiferentes do que mostrar a que ponto a tolerância é a contraparte desse direito, na medida em que ele é praticado com discernimento.

É natural, nestas condições, que na definição do Estado, Locke insiste sobre o fato de que a missão do Magistrado (*his trust*, a palavra, tão importante no *Segundo tratado sobre o Governo civil*, aparece aqui pela primeira vez) tem por escopo, por *standard and mesure* também, o bem, a preservação e a paz dos homens dessa sociedade.[185] Citamos a partir dos *Scritti editi e inediti*, já citados, C. Viano tendo examinado os quatro manuscritos de que podemos dispor. É natural igualmente que ele coloque em guarda os defensores da soberania de direito divino, contra o caráter gratuito, por falta de título, de sua pretensão e que ele não se contenta mais em proceder por argumentos irônicos e *a fortiori*, que, dessa vez, se voltariam contra ele. Mas ainda aí, Locke tem a idéia de adotar uma posição de justo meio e de lutar sobre duas frentes, levando seus golpes ora contra os que pregam uma *absolute obedience*, ora contra os que reclamam *a universal liberty in matters of conscience*.

O importante, aos seus olhos, é marcar os limites do poder assim como os títulos da liberdade, ali onde ela é justificada. É assim que ele não hesita em proclamar, mesmo na perspectiva onde ele escreve, que as "opiniões puramente especulativas", ou seja, tudo o que diz respeito à fé, possui "um direito universal e absoluto à tolerância",[186] assim como o que ele chamava "as circunstâncias", *the place, time and manners of worshipping my God*. São, mesmo para os papistas, assuntos entre Deus e cada homem; a salvação de cada um só visa a ele mesmo. Ninguém pode dar a um outro homem poder sobre isso, sobre o que ele próprio não tem poder, por exemplo sobre sua fé ou sobre seu próprio entendimento. O Magistrado não serve de árbitro (*umpire*, ainda uma outra palavra do *Segundo tratado*) entre o homem e o homem.

Que não nos espantemos em ver classificar as circunstâncias do culto entre as coisas que têm um título a ser toleradas; elas o são da mesma forma que os princípios e as opiniões práticas, segundo as quais

---

[184] Locke, *Scritti editi e inediti sulla tolleranza*, ed. Viano, p. 107.
[185] *Essay*, pp. 81, 84 e apêndice Huntington, p. 106.
[186] *Essay*, p. 83 e apêndice p. 105.

os homens se consideram obrigados a regular suas ações entre eles, ou seja, como os indiferentes, mas somente na medida em que elas não envolvem problemas no Estado.[187] Se a argumentação muda para atingir adversários opostos, a intenção de Locke continua a mesma: em lugar de afirmar o direito do Magistrado a legiferar sobre os indiferentes, permite deixar na indiferença o que não prejudica o Estado, ele pede que se tolere os indiferentes, salvo se eles correm o risco de causar dano ao Estado, *otherwise there would be no law or government*. Eis por que, aqui, Locke não hesitará em mostrar que o Magistrado não pode tolerar a publicação das opiniões contrárias à paz pública, ou as opiniões destrutivas do Estado ou as opiniões contrárias ao bem-comum.[188] A tolerância a respeito das assembléias será realizada segundo o mesmo critério, mas o Magistrado não poderá tolerar a ação política de um grupo religioso enquanto tal. Quanto aos vícios e às virtudes, o Magistrado que, enquanto Magistrado, não tem nada a ver com a salvação das almas, só pode ordenar a virtude na medida em que ela serve ao Estado, e ele não deve punir os vícios, a menos que eles não prejudiquem ao Estado; ele não deverá ordenar sua prática, mesmo que eles lhe sejam úteis.[189]

Vê-se que o Magistrado está não somente obrigado a agir com prudência, mas ele deve também agir segundo sua consciência. Os conflitos entre as obrigações da consciência e as obrigações civis não deveriam, pois, ser freqüentes. Ainda não é preciso que, sob as pretensões da consciência, se escondem das ambições temporais. E não se poderá considerar como relevante uma consciência sincera que as opiniões e as ações que se estiver preparado para defender sob risco de sua vida, de sua liberdade seus bens.[190] Em todo estado de causa, Locke repetirá ainda que a tolerância não pode ser fundada sobre a consciência: a consciência dos sujeitos não pode servir de medida ou de quadro às leis do Magistrado.[191] Em caso de conflito entre a consciência de um sujeito e a lei, ele deve fazer o que sua consciência requer, tanto quanto possível sem violência, e submeter-se pacificamente ao castigo, conciliando assim o cuidado por sua salvação eterna e a preservação da paz neste mundo.[192] Se, no *Essay*, Locke apela à consciência de forma particularmente freqüente, ele assim continua nos limites e nas intenções de seus outros escritos.

---

[187] *Essay*, p. 86.
[188] *Essay*, pp. 88 e 94 e apêndice, p. 106.
[189] *Essay*, p. 91.
[190] *Essay*, p. 89.
[191] *Essay*, p. 87.
[192] *Essay*, p. 68.

IV

O PROBLEMA DA TOLERÂNCIA ENTRE 1667 E 1689

1. Evolução das idéias na Inglaterra

Um tema entretanto continua constantemente fora da argumentação de Locke até 1667: a idéia de que a igreja é uma sociedade livre e voluntária e que ela é também distinta do Estado, em seu fim como em seus meios, que a própria política não tem medida comum com a fé religiosa,[193] como Locke não cessa de afirmar. É que os tratados de 1660-1662 não são tratados sobre a tolerância, mas tratados sobre o poder do Magistrado em matéria de religião.

Com efeito, a idéia de igreja como *societas spontanea* e a de distinção entre a igreja e o Estado, que se segue, são desenvolvidas com a própria Reforma. Em todo caso, elas estão já bem estabelecidas no pensamento de Locke ao menos a partir de 1661, como testemunham textos do *Commonplace Book*. É de Hooker[194] que ele declara ter emprestado sua definição de igreja como "sociedade sobrenatural e voluntária", que corresponde à inclinação à vida social, tão natural ao homem e que supõe um consentimento com um tal laço de associação.[195] Locke não se limita a acrescentar, o que será também uma de suas idéias habituais, que a sociedade eclesiástica responde além do mais à obrigação que o homem conhece de celebrar publicamente o culto de Deus. Desde esse momento, ele disso conclui que o poder secular, que é puramente natural, não pode impor nem a participação numa igreja, nem o exercício do culto que dele depende. É a lei divina revelada que determina o que, no culto, é necessário à salvação, e é exclusivamente o problema de cada um e sua consciência. O Magistrado intervém nas coisas indiferentes em matéria de religião, mas unicamente com vistas a assegurar a decência, a ordem e a paz.[196] Do contrário, o Estado cai na maior tirania.

No *Essay concerning Toleration*, o tema não é tratado diretamente, mas é encontrado na medida em que as religiões constituem distinções

---

[193] O poder político diz respeito exclusivamente aos bens civis ou, como o diz mais claramente ainda o *Segundo tratado sobre o Governo civil*, a "propriedade" (cap. I, art. 3). Cf. Peter Laslett. Introdução à edição de *Two treatises of Government*, p. 102. O cuidado das almas não cabe ao poder político, mas exclusivamente ao próprio indivíduo (*Carta*, p. 10).
[194] Richard Hooker, *Ecclesiastical polity*, livro I, cap. XV, art. 2.
[195] King, *Life of John Locke*, vol. II, pp. 99-101, fragmento intitulado: *Ecclesia*.
[196] King, *Life of John Locke*, vol. II, pp. 87, fragmento intitulado: *Sacerdos*.

nas quais *"men unite and incorporate into bodies separate from the public"*. Essas concentrações, essas uniões em corpos sociais à margem das leis do Estado são manifestamente contingentes; elas nascem de uma concentração; mas isso não é dito explicitamente. Locke propõe todavia já tratar esses corpos sociais seguindo as regras que ele definirá em 1689: os homens unidos numa religião tendo muito poucos (e sem dúvida menos que em qualquer outra forma de sociedade) interesses hostis ao governo, devem ser aceitos como as outras uniões ou corporações. Se, ao contrário, eles ameaçam o governo e correm o risco de suscitar conspirações, desordens, sedições, não podem ser tolerados. O Magistrado prudente terá aliás o cuidado de evitar endurecer essas uniões e torná-las hostis por perseguições ineptas e de impedi-las de causar dano pela aplicação mais eficaz de *gentler remedies* e de métodos lentos e oportunos.[197]

Mas, depois de 1667, a situação tinha evoluído. O Parlamento tinha praticado uma política de intolerância sempre mais estrita, correspondendo aliás à evolução do espírito público. Locke teve ocasião de criticar.[198] *A discourse of Ecclesiastical politie* de Samuel Parker, que nós já encontramos, obra muito influente à época, à qual ele opõe a distinção da igreja e do Estado e a recusa da teoria do direito divino dos Reis à maneira de Filmer, sobre a qual Parker apoiava sua argumentação. No mesmo momento, o Parlamento aprova um novo *Conventicle Act* (1670) mais rigoroso que o precedente contra os não-conformistas. Seria suficiente, aliás, citar os escritos de Roger l'Etrange, *Toleration discussed*, por exemplo, e sua popularidade, para mostrar o quanto a intolerância era viva ainda. "A tolerância de todas as opiniões", escreve ele, "é a tolerância de todas as vilezas. Ela vai ao encontro de todas as leis".

Entretanto Charles II retornava ao cargo e, impulsionado de resto por Lord Ashley, tentava usar de sua prerrogativa para instituir uma situação de mais ampla tolerância. Ashley, que se tornará o primeiro conde Shaftesbury, tinha a propósito solicitado a Locke uma análise[199] que concluía que o Rei, enquanto chefe da Igreja da Inglaterra, tinha um poder supremo de jurisdição em matéria eclesiástica. Por sua Declaração de Indulgência, de março de 1671, Charles II suspendia o efeito das leis penais contra os não-conformistas e os católicos (estes últimos estando incluídos na Declaração, contra o parecer de Ashley e de Locke) e livrava muitos não-conformistas de seus sofrimentos. Mas as Comunas, particularmente amedrontadas pelas simpatias católicas do Rei, provocaram a anulação

---

[197] *Essay*, p. 93.
[198] Bodleian Library, Mss. Locke, c. 29, f° 7 a 9.
[199] *Public Record Office*, 30/24/6B/430.

da Declaração e, além disso, impuseram o *Test Act*, que obrigou daí por diante a todos os detentores de ofícios o uso dos sacramentos segundo os ritos anglicanos, a denúncia do dogma da transubstanciação à moda católica e um sermão de consolação. O próprio duque de York teve de renunciar ao seu cargo. Charles II se conformou então com a Igreja da Inglaterra para defender a extensão dos seus poderes.

Compreende-se que o manuscrito datado de 1673-1674, publicado por Lord King em sua *Life of John Locke*, em 1829, insiste, até em sua disposição tipográfica, que permite uma comparação termo a termo, sobre a distinção das funções da igreja e do Estado. Elas são, com efeito, confrontadas claramente sobre duas colônias paralelas que fornecem o plano do essencial da argumentação contida na *Carta* de 1689: encontra-se a distinção sistemática da sociedade civil, ou *Commonwealth*, e da sociedade religiosa; ela está estabelecida no nível dos objetivos[200] (paz e felicidade civis, contra felicidade eterna), no nível dos meios (a força, as leis civis, as sanções contra a única sanção temporal própria à sociedade eclesiástica: a excomunhão), no nível de seu objeto (quase todas as coisas morais e indiferentes contra o conjunto dos *credenda, cultus religiosus et moralia*), enfim, no nível da natureza de suas leis (leis mutáveis desejadas pela própria sociedade, e não leis eternas estabelecidas por uma autoridade transcendente). Locke mesmo já anuncia que a sociedade eclesiástica, sendo uma sociedade voluntária, ou seja, que a a participação nessa sociedade sendo voluntária, cada um de seus membros está no direito de deixá-la a cada instante, o que não é o caso na *Commonwealth*.[201] Enfim, o esquema de um novo argumento próprio à *Carta* de 1689, se acha constituído ao passo que Locke mostra de que forma, em conseqüência, o uso da força e da lei civil é, na sociedade civil, possível, justo e eficaz, já que o Magistrado dispõe do gládio da justiça, ao passo que, na sociedade eclesiástica, o uso da força seria injusto, ineficaz (já que a salvação de cada um só depende dele mesmo), e aliás impossível sem a transformação desta sociedade em sociedade política, o que é contrário à natureza.

Locke parece bem a partir de agora dominar suas idéias com uma perfeita clareza. Quando ele tem ocasião, em 1681, de retornar, na companhia de seu amigo Tyrrell, ao problema da tolerância, a situação religiosa da Inglaterra não será sensivelmente modificada. Shaftesbury, os líderes *whigs* e as Comunas experimentar impor, contra o duque de York, um ato de exclusão quando da sucessão ao trono, que se choca com a oposição do Rei e da Câmara dos Lordes. Shaftesbury se compromete a provocar a

---

[200] King, *Life of John Locke*, tomo II, p. 109.
[201] *Ibid.*, p. 116.

revelação de um pretenso "complô papista". A agitação aumenta. Ao mesmo tempo, a publicação do *Patriarcha*, no qual Filmer tinha ensinado outrora a teoria do direito divino dos Reis, provoca um movimento de opinião e reações numerosas. Entre estas, é preciso computar a de James Tyrrell, que publica em 1681 um *Patriarcha non Monarcha*, e sem dúvida também a redação por Locke dos *Tratados sobre o Governo civil*, que parecem datar desse período.

É nessa atmosfera que Locke, redigindo em comum com Locke a crítica de um sermão muito brutal publicado em 1680 por Stillingfleet, *The mischief of separation*, teve ocasião de dar da igreja uma definição bem próxima daquela da *Carta*.[202] Para Locke, cada religião chama seus fiéis a se unir em sociedades para celebrar um culto público, professar e propagar sua fé.[203] Mas cabe a todo homem escolher a sociedade religiosa da qual ele fará parte para assegurar a salvação de sua alma. As sociedades religiosas são, pois, sociedades voluntárias às quais cada um pertence em virtude de seu próprio consentimento e elas não podem ter outro governo além do que elas se dão.[204] Carlo Viano dataria a partir dessa época a aparição dessas idéias em Locke; elas nasceriam por ocasião dessa polêmica contra Stillingfleet, que defendia o direito da igreja anglicana a unir as igrejas independentes para lutar contra o catolicismo.[205] Mesmo se a datação do manuscrito de 1673-1674 pudesse ser contestada e retardada, tais idéias parecem bem coerentes com o pensamento anterior de Locke, mesmo com a doutrina dos *Tratados* de 1661: se o Magistrado tem somente poder sobre os indiferentes em matéria de religião, se ele dispõe somente do uso das leis e da força pública, a sociedade eclesiástica se acha privada desse mesmo poder e suas relações com seus membros devem ser de uma natureza toda particular: é a que vai responder o conceito de "sociedade livre e voluntária".

Ainda aí, se o pensamento de Locke se esclarece e se aprofunda, ele não parece, mesmo adaptando-se às circunstâncias, modificar seus princípios.

2. Situação histórica e impacto da Epistola de tolerantia

Quando, no inverno de 1685-1686, refugiado na Holanda, ele redige enfim, sem dúvida durante sua residência em Amsterdã, sua *Epistola de tolerantia*, suas perspectivas estão aprofundadas e ampliadas.

---

[202] Stillingfleet tinha logo redobrado seu ataque numa obra intitulada: *The unreasonableness of separation*.
[203] Bodleian Library, Mss. e. 34, f° 77 e *Carta*, p. 46.
[204] *Ibid.*, f° 78 e *Carta*, p. 18.
[205] C. Viano, *John Locke, dal razionalismo all'illuminismo*, p. 394.

Ele vive em um meio em que as igrejas se encontram onde muitas dentre elas defendem seu dever recíproco de se tolerar, onde o poder pratica uma relativa política de tolerância, onde, em todo caso, a liberdade de se exprimir, de escrever e de publicar é maior que por toda parte no resto da Europa.

Já em 1670, e ainda em 1677, é então que Espinosa defendera a Tolerância, o respeito da liberdade de julgar, com os mesmos argumentos de Locke. Ele já lembrara que a fé consiste menos em atos exteriores que na simplicidade e na sinceridade da alma, e que esta cabe, não ao soberano, mas a si mesma.[206] O direito soberano de pensar livremente em matéria de religião cabe a cada indivíduo e não é concebível que se possa aliená-lo. Cabe ao soberano regular somente o culto exterior, de modo que a ordem pública e a paz não sejam jamais abaladas por sua causa.[207] Acreditaríamos, já, ouvir Locke.

Em Amsterdã, onde este se instala a princípio, em 1683, ele vive num meio remonstrante, ou seja, entre esses discípulos de Arminius que, em 1610, numa Remonstrância, tinham tomado radicalmente partido contra a predestinação e defendiam uma posição humanista e liberal, muito tolerante, que aliás concordava, em seu espírito, com a tese de que as autoridades públicas possuem o direito de decidir e arbitrar em matéria eclesiástica.[208] Está claro, com efeito, que para esses liberais arminianos assim como para Locke, é preciso temer, em matéria de religião, o dogmatismo intransigente e intolerante das igrejas bem mais que o do poder civil do qual eles esperam, ao contrário, a tolerância e a paz. Locke tinha, em particular, por amigo Philippe de Limborch, professor de teologia no Seminário dos Remonstrantes, que publicará uma *Theologia Christiana*, com idéias bem próximas das de Locke, até em sua hostilidade ao catolicismo. O cristianismo razoável de Limborch limitava o *credo* a algumas verdades simples evidentes para a razão e considerava que, caso elas se entendessem sobre uma ética cristã, todas as igrejas poderiam coexistir no mesmo Estado.

Bem longe dessa tolerância prejudicar a segurança e a prosperidade do estado, tudo deixa crer, ao contrário, que ela é favorável para os empreendimentos florescentes do comércio holandês, que habitua os espíritos aos contatos e às comunicações, à diversidade dos costumes e das opiniões.[209]

---

[206] *Tractatus theologico-politicus*, cap. VII, ed. Van Vloten e Land, t. II, p. 189.
[207] *Tractatus politicus*, cap. III, art. 8.
[208] G.J. Renier, *The Dutch nation*, 1944, pp. 42 ss.
[209] R.H. Tawney, *Religion and the rise of capitalism*, p. 204.

Enfim, na própria Inglaterra, depois de 1685, a situação é profundamente transformada. O medo do papismo, redobrado pela presença no trono do obstinado James II, que desposou em segundas núpcias Mary of Modena, uma católica, reuniu contra ele, numa luta comum, a Igreja da Inglaterra e os não-conformistas, até os quacres e os batistas. A *High Church* é bruscamente tranqüilizada em relação aos Dissidentes. O marquês de Halifax explica num panfleto, *Letter to a Disserter*, 1687, por que seus interesses são daí por diante os mesmos. Constituindo exceção entre os dissidentes, William Penn não hesita todavia em continuar a se fazer defensor da tolerância, em seu *Good advice to the Church of England*, 1687. Usando de sua prerrogativa e não de seu "poder de dispensa", James II, que se alinha com os anglicanos, busca, em maio de 1688, conciliar os não-conformistas por uma Declaração de Indulgência que concedeu uma liberdade geral do culto e a suspensão dos "tests", por prometer a preservação da Igreja Estabelecida e de seus direitos; ele só volta aliás a excitar a hostilidade da Igreja Estabelecida sem voltar a reunir as outras confissões. Mas, uma vez James II morto e o "dispensing power" da Coroa eliminado pela *Declaração dos Direitos* à qual subscrevem William e Mary, medidas de tolerância respondem ao anseio geral. O Parlamento, por um *Toleration Act*, ao manter a exclusão dos protestantes não-conformistas fora dos assuntos públicos, permite aos que dentre eles acreditam na Trindade, ter seus lugares de culto, caso estes sejam declarados às autoridades eclesiásticas e mentidos abertos. Quanto aos católicos, continuam excluídos da tolerância. Não é a liberdade de consciência que é levada em consideração, mas uma certa situação política. Não é a grande Carta da liberdade de consciência que esperava William Penn. É uma reação a um conjunto de circunstâncias, que sem dúvida tornou mais fácil a consideração das conseqüências desastrosas que tinham relação na França com o Édito de Nantes. Assim, a situação se torna tal que uma boa parte das idéias de Locke poderá passar para a prática.

É preciso notar aliás que a *Carta sobre a tolerância* é publicada em latim na primavera de 1689, no momento mesmo em que William e Mary dão seu consentimento ao *Toleration Act* e que a versão inglesa é publicada no outono. Os dois eventos foram tão precisamente concomitantes que eles manifestamente não têm influência direta um com o outro. Eles exprimem uma mesma corrente de opinião.

Enfim, e não é o elemento menos importante da situação na qual Locke escreve a *Epistola de tolerantia*, suas grandes obras filosóficas aparecem em seu estado de maturidade definitiva; ao menos, ele as julga dignas de serem publicadas. Elas servirão de quadro para a *Carta sobre a tolerância*, darão toda sua profundidade a seus temas e contribuirão à sua ressonância universal, farão desta *Carta* [*Lettre*] a carta [charte] do século XVIII. Ela aparece daí por diante como a expressão prática de uma filosofia da liberdade razoável, de uma política que se obriga a ser moral. Locke acaba de fazer a teoria de um Estado que constitui a ordem necessária no seio da qual pode crescer e se abrir o homem, ou seja, o indivíduo, na segurança e na paz. Essa ordem é fabricada por homens razoáveis de modo que aí possa reinar, apesar das fraquezas e das fragilidades humanas, a justiça conforme à natureza das coisas e a seu sentido.

Locke mostrou que o indivíduo humano, princípio e fim de todo Estado, é essencialmente social, inseparável de toda sociedade e que aí reside o princípio e a obrigação de seu acordo, apesar dos conflitos suscitados pelas paixões e as desrazões do homem. O homem é essencialmente social, menos, porém, num ponto. Pois o homem, diante da fé e na presença de sua salvação eterna, é um indivíduo perfeitamente solitário, um indivíduo absoluto; nem mesmo um número fracionário, como diz Rousseau, mas um inteiro absoluto. Nenhuma participação numa sociedade religiosa lhe é essencial; nem nenhuma manifestação pública da fé, por mais preciosa que seja à religião. Através das sociedades religiosas, sempre contingentes, que se formam, é no final das contas unicamente esse indivíduo absoluto face a face com Deus que a tolerância envolve. A meditação sobre a tolerância tem sido coextensiva com a meditação política em Locke, porque ela tentou resolver um problema que escapava em seu princípio à justiça do Estado, já que ela visava, no cidadão, um indivíduo absoluto fora de toda comunidade política e mesmo de toda sociedade humana. Ao colocar esse princípio de que a fé não tem medida comum com a política e que a igreja deve não ter pontos comuns com o Estado, Locke quis garantir, em virtude da exterioridade recíproca deles, o respeito do Estado pelas religiões e seus fiéis, e o respeito da fé do indivíduo pelo Estado. Eis por que o problema da tolerância não é um problema religioso, nem mesmo um problema de consciência, para Locke, mas exclusivamente um problema político.

É preciso de resto dar ao termo político seu sentido pleno e se guardar de esquecer aqui que Locke jamais concebeu a política de outra forma senão enquanto a expressão e a aplicação de uma filosofia e, tanto quanto se pode fazer, como o esforço empreendido para prolongar e concluir uma moral. Ora, pode-se dizer que sua filosofia teve por meio e por objetivo assegurar, no homem, a liberdade de juízo, princípio de todas as outras liberdades.[210] É, em última instância, meu próprio juízo que me determina e eu só poderia ser livre se minha vontade

---

[210] Cf. nossa *Politique morale de John Locke*, pp. 87-89.

fosse determinada por meu próprio desejo, guiada por meu próprio juízo.[211] Em toda sua obra, Locke buscou libertar, no homem, o entendimento, a reflexão e o juízo dos obstáculos e das obrigações que tendem a obrigá-lo, *in foro interno*, a inquietude suscitada pelos desejos e pelas paixões, a indolência e a precipitação e, *in foro externo*, o espírito de dominação, o espírito de possessão e as violências dos outros homens. As lutas de Locke contra o inatismo, contra o entusiasmo, contra as teorias do poder de direito divino, contra o exercício sem limites, sem regras e sem controle do poder supremo ou, também, da liberdade, contra todo dogmatismo não fundado na razão, contra a intolerância enfim, não tem outro objeto. E sua defesa da paz em todas as suas formas, que é o momento de eleição da liberdade, não tem outro sentido.

O homem que, por natureza, nasce capaz de razão e capaz de liberdade, só pode se tornar um homem completo se se torna efetivamente um homem livre, *a freeman, a moral man*. O homem despojado de sua liberdade ou incapaz de aumentá-la ou torná-la efetiva, degenera propriamente falando; ele se acha excluído da condição humana ou incapaz de aceder a um estado verdadeiramente humano.[212] Eis por que nenhum homem tem o poder de renunciar à sua liberdade, de se despojar de sua liberdade; *a fortiori* isso é contrário à lei de sua natureza de homem e a isso ele não tem direito. Ora, a liberdade se realiza na obrigação de pensar e de agir segundo a lei da razão. Pois a lei da razão, como toda lei digna desse nome (de todas as leis, a lei da natureza, ou seja, a lei da razão, deveria ser o princípio), não impõe à liberdade outros limites além dos que lhe asseguram o desenvolvimento e a salvaguarda.[213] A liberdade é verdadeiramente essa lei e essa razão. A liberdade de pensar, de julgar e de agir, para um homem, está fundada *on his having reason*, sobre o fato de ser dotado de razão assim como de ter razão, razão que lhe permite descobrir a lei segundo a qual ele deve se governar livremente.[214] Eis aí enfim o verdadeiro, o único fundamento da tolerância, tal como Locke o estabeleceu, essa liberdade razoável sem a qual o homem não pode cumprir sua humanidade, não pode se tornar um ser humano completo.

Paris, fevereiro de 1962.

Raymond Polin

---

[211] *Ensaio sobre o entendimento humano*, livro II, cap. XXI, art. 73.
[212] *Politique morale de John Locke*, pp. 277-279.
[213] *Second treatise of civil Government*, cap. VI, art. 57.
[214] *Ibid.*, cap. VI, art. 63.

UMA

CARTA

SOBRE

TOLERÂNCIA

Ao Leitor

A Carta a seguir sobre a Tolerância, primeiro impressa em Latim neste mesmo ano na Holanda, já havia sido traduzida para o alemão e o francês. Assim, é de se esperar que sua aprovação receba uma recepção favorável na Inglaterra, tão geral quanto rápida. Eu penso, de fato, que não haja nação sob o céu, onde muito já se tenha dito sobre este nosso assunto. Mas certamente ainda não há outro povo, além do nosso, que necessite tanto de que algo seja dito e feito no meio dele, sobre este ponto.

Nosso governo não só tem sido parcial em questões de religião, mas também aqueles que sofreram por essa parcialidade e que, portanto, se empenharam com seus escritos para reivindicar seus próprios direitos e liberdades, o fizeram, na maioria, dentro de princípios restritos, servindo apenas aos interesses de suas próprias seitas.

Esta estreiteza de espírito de todos os lados tem sido, indubitavelmente a principal causa de nossas misérias e confusões. Mas quaisquer que tenham sido os motivos, agora é tempo de procurar uma cura completa. Temos necessidade de remédios mais generosos que os que temos usado em nosso desequilíbrio. Não são declarações de indulgência, nem atos de compreensão os que já têm sido praticados ou projetados entre nós, que podem realizar o trabalho. Os primeiros não serão mais que paliativos. Os segundos aumentam nosso mal.

Liberdade absoluta, liberdade justa e verdadeira, liberdade igual e imparcial, é o que estamos precisando. Porém, sobre isso, de fato, já se tenha falado tanto, eu duvido que já tenha sido tão entendido. Estou certo que não foi de todo praticado, nem pelos nossos governantes, nem pelo povo em geral, ou por partes dissidentes do povo entre si.

Só posso, portanto, esperar que este discurso, que trata de tal assunto, embora brevemente, embora mais exatamente que qualquer outro que já tenhamos visto, demonstrando a eqüitatividade e a praticabilidade da coisa, venha a ser considerado como altamente oportuno por todos os homens que tenham um coração grande o bastante para preferir o verdadeiro interesse do povo, antes do de um partido.

Este é para o uso daqueles que já estejam assim inspirados, ou para inspirar aqueles que não o estejam, que eu o traduzi para nosso idioma. Mas a coisa por si é tão curta que não suportará um prefácio mais longo. Eu o deixo, portanto, à consideração dos meus compatriotas e desejo, de coração, que eles possam dele fazer o uso a que ele parece ter sido destinado.

UMA

CARTA

SOBRE

TOLERÂNCIA

HONRADO SENHOR,

Já que o senhor teve o prazer de inquirir quais sejam meus pensamentos sobre a mútua tolerância dos cristãos em suas diferentes profissões religiosas, devo responder-lhe livremente, que entendo que a tolerância é a marca característica principal da verdadeira igreja. Pois algumas pessoas orgulhosas da antigüidade de lugares e nomes, ou da pompa de sua adoração exterior; outros, da reforma de sua disciplina; todos, da ortodoxia da sua fé, pois todos são ortodoxos para si mesmo; essas coisas e todas as outras dessa natureza, são mais marcas da luta do homem por poder e império uns sobre os outros, que a igreja de Cristo. Se um homem verdadeiramente reclamar todas essas coisas para si e ainda for destituído de caridade, humildade e boa vontade de modo geral por toda a humanidade, mesmo por aqueles que não são cristãos, ele ainda estará longe de ser um verdadeiro cristão. "Os reis dos povos dominam sobre eles e os que exercem autoridade são chamados benfeitores", disse o Senhor. "Mas vós não sois assim, pelo contrário, o maior entre vós seja como o menor; e aquele que dirige seja como o que serve". (Lucas XXII, 25, 26). O negócio da verdadeira religião é outra coisa. Não foi instituída para construir uma pompa externa, nem obter o domínio eclesiástico, nem exercitar uma força compulsiva, mas para regular a vida dos homens conforme as regras de virtude e piedade. Quem se alistar sob a bandeira de Cristo deve, em primeiro lugar, e acima de tudo, guerrear contra sua própria concupiscência e vícios. É em vão que qualquer homem usurpe o nome de cristão, sem santidade de vida, pureza de maneiras e benignidade e humildade de espírito. "Aparte-se da injustiça todo aquele que professa o nome do Senhor." (2 Timóteo II, 19). "Tu, pois, quando se converteres, fortalece os teus irmãos", disse nosso Senhor a Pedro. (Lucas XXII, 32). Seria, de fato, muito difícil para alguém que pareça não ter cuidado com sua própria salvação, me persuadir de estar extremamente preocupado com a minha. Pois é impossível que os que sinceramente e de coração se empenham em converter outras pessoas ao Cristianismo, que não tenham abraçado a religião cristã em seus próprios corações. Se o Evangelho e os apóstolos devem ter crédito, nenhum homem pode ser cristão sem caridade e sem aquela fé que funciona, não pela força, mas pelo amor. Agora eu apelo à consciência daqueles que perseguem, atormentam, destroem e matam outros homens com pretensão religiosa, façam eles sem amizade ou gentileza por eles, ou não. E até então e só então, acredito que eles o fazem, quando verei aqueles ferozes Zelotes corrigindo, da mesma maneira, a aquisição de seus amigos e familiares, pelos pecados manifestos que cometem contra os preceitos do Evangelho. Quando eu os vir perseguir com fogo e espada os membros de sua própria comunidade que são tentados com enormes vícios e sem correção estejam ameaçados à perdição eterna. E quando eu os vir assim expressar seu amor e desejo de salvação de suas almas pelos tormentos infligidos e exercitar toda forma de crueldades. Pois isto está fora do princípio de caridade, como fingem, e amor pelas almas dos homens, que eles os destituem de seus estados, impondo-lhes punições corporais, fome e atormentando-os em prisões fétidas e, no fim, ainda tirando-lhes suas vidas. Digo, se tudo isso é feito meramente para torná-los cristãos e buscar-lhes a salvação, por que então eles sofrem "idolatria, fraude, malícia e tais enormidades" que, conforme o apóstolo em Romanos I, manifestamente o sabor da corrupção pagã, para predominar tanto e tão amplamente entre seu rebanho e povo? Estas e outras coisas são certamente mais contrárias à Glória de Deus, para a pureza da igreja e à salvação de almas que qualquer dissidente consciencioso da decisão eclesiástica ou a separação da adoração pública, ainda que acompanhada da inocência da vida. Por que então este fervente zelo por Deus, pela igreja e pela salvação de almas. Queimando, eu disse, literalmente com fogo e tocha. Passando por esses vícios morais e maldades, sem qualquer punição, reconhecida por todos os homens como sendo diametralmente oposta à profissão do Cristianismo e dispondo todos os seus nervos à apresentação de cerimônias ou ao estabelecimento de opiniões, que para a maioria são assuntos bonitos e intrincados que excedem a capacidade da compreensão ordinária? Quais das partes conflitantes sobre essas coisas estão no seu direito, quais delas são culpadas das cismas ou heresia, os que dominam ou os que sofrem, eles serão enfim, manifestos, quando a causa de sua separação virá a ser julgada. Aquele que com certeza segue a Cristo abraça sua doutrina e carrega seu jugo, embora ele abandone pai e mãe, se separe das assembléias públicas e cerimônias de seu país, ou quem quer que seja, o que mais ele renuncie, não será então julgado como herético.

Agora, embora se permita que as divisões existentes entre as seitas sejam tão obstrutivas da salvação das almas, ainda, não obstante, "prostituição, impureza, lascívia, idolatria, feitiçarias, inimizades, porfias, ciúmes, iras, discórdias, dissensões, facções, invejas, bebedeiras, glutonarias e coisas semelhantes a essas, a respeito das quais eu vos declaro, como já, outrora, vos preveni", em relação ao que o apóstolo expressamente declarou, "que não herdarão o reino de Deus os que tais coisas praticam" (Gálatas, V, 21). Portanto, quem for solícito sobre o reino de Deus e pensar ser sua tarefa empreender seu crescimento entre os homens, devem se aplicar com mais cuidado e esforço a desenraizar essas imoralidades do que a estirpar seitas. Mas se alguém agir de outro modo e for cruel e implacável com aqueles que discordam de sua opinião, se ele for indulgente com tais iniquidades e imoralidades impróprias ao nome de um cristão, se ele falar muito sobre a igreja, claramente demonstra, por suas ações, visar outro reino e não o avanço do reino de Deus.

Que qualquer homem que julgar adequado causar a outro homem, cuja salvação ele deseja de coração, expirar em tormentos e que mesmo em estado de não conversão, me parece, confesso, muito estranho para mim e penso, também para qualquer outro. Mas ninguém, certamente, acreditará que tal comportamento provenha da caridade, amor ou boavontade. Se alguém garante que os homens devam ser compelidos pelo fogo e espada a professar certas doutrinas e se configurarem conforme a esta ou aquela adoração exterior, sem qualquer relação com sua moral; se alguém se empenha a converter aqueles que estão errados na fé, forçando-os a professarem coisas em que não acreditam e permitindo-lhes praticarem coisas que o Evangelho não permite, não se pode duvidar, de fato, que este tal deseja ter uma assembléia numerosa unida na mesma profissão de fé que a sua; mas que ele pretenda, principalmente, por esses meios, compor uma verdadeira igreja cristã, isto tudo é inacreditável. Não se deve imaginar, portanto, que, se aqueles que realmente não lutam pelo avanço da verdadeira religião e da igreja de Cristo, façam uso de armas que não pertencem ao arsenal cristão. Se eles, como o Capitão de nossa salvação, sinceramente desejarem o bem das nossas almas eles andarão nos passos e seguirão o exemplo perfeito do Príncipe da Paz, que enviou seus soldados a submeterem as nações e as reunirem nesta igreja, não armadas com espadas ou outros instrumentos de força, mas preparados com o Evangelho da paz e com a exemplar santidade de sua conversação. Este era Seu método. Embora se infiéis devessem ser convertidos à força, se os cegos e obstinados devessem ser arrancados de seus erros por soldados armados, sabemos que era muito mais fácil para Ele fazê-lo com armados das legiões celestiais do que por filhos da igreja, por potentes que eram com todas as suas dragonas.

A tolerância daqueles que discordam de outros em matéria de religião é tão agradável ao Evangelho de Jesus Cristo e à genuína razão da humanidade, que parece monstruoso os homens serem tão cegos, de não perceberem a necessidade e a vantagem, por essa luz tão clara. Eu não vou aqui taxar o orgulho e a ambição de alguns, a paixão e o zelo sem caridade de outros. Essas são falhas das quais as atividades humanas talvez mal possam se libertar perfeitamente, mas ainda assim, ninguém agüentará sua clara imputação, sem cobri-lo com algumas cores especiais e dessa forma fingem estar em conformidade, embora levados para bem longe por suas próprias paixões irregulares. Mas, embora alguns possam não colorir seu espírito de perseguição e crueldade não cristã com a pretensão de cuidado com o bem-estar público e observação das leis e que outros, sob o disfarce da religião, possa não procurar impunidade para sua libertinagem e licenciosidade, numa palavra, que ninguém possa impor a si e a outros, fingindo lealdade e obediência ao príncipe ou carinho e sinceridade na adoração a Deus, eu entendo como necessário distinguir exatamente as atividades do governo civil das da religião e estabelecer limites justos que permaneçam entre um e outro. Se isso não for feito, poderá não ter fim a controvérsia que sempre surgirá entre aqueles que têm ou fingem ter, por um lado, uma preocupação em benefício das almas humanas e, por outro lado, um cuidado com a comunidade.

A comunidade parece ser para mim uma sociedade de homens constituída apenas para buscar, preservar e desenvolver seus próprios interesses civis.

Chamo de interesse civil, a vida, liberdade, saúde e descanso do corpo e a posse de coisas externas como dinheiro, terras, casas, móveis e coisas assim.

É tarefa do magistrado civil, pela execução imparcial de leis igualitárias, garantir para todas as pessoas em geral e para cada um em particular, a posse justa dessas coisas que pertencem a essa vida. Se alguém presume violar as leis da justiça e eqüidade públicas, estabelecidas para a preservação dessas coisas, sua presunção deve ser verificada pelo medo da punição, consistindo na privação ou diminuição de tais interesses civis ou bens que, de outra forma ele poderia e deveria usufruir. Mas verificando que nenhum homem quer de boa-vontade ser punido pela privação de qualquer parte dos seus bens e muito menos, de sua liberdade de vida, portanto o magistrado se arma com a força e a argumentação de suas matérias para a punição dos que violam quaisquer direitos de outro homem.

Agora que toda a jurisdição do magistrado vai somente até os interesses civis e que todo o poder civil, direito e domínio é limitado e confinado somente ao cuidado de promover essas coisas e que ele não deve, de modo algum se estender à salvação das almas, as seguintes considerações me parecem abundantes para o demonstrar.

Primeiro, porque o cuidado das almas não é compromisso do magistrado mais do que de outro homem. Não é compromisso dele, digo, por Deus, porque não parece que Deus tenha dado tal autoridade a qualquer outro sobre outro, para compeli-lo à Sua religião. Nem tal poder pode ser investido sobre o magistrado pelo consentimento do povo, porque nenhum homem pode abandonar o cuidado com sua própria salvação tão cegamente para deixá-lo à escolha de qualquer outro, seja príncipe ou súdito, para lhe prescrever qual fé ou adoração ele abraçará. Pois nenhum homem pode, se fosse o caso, conformar sua fé aos ditados de outro. Toda a vida e o poder da verdadeira religião consiste na persuasão interna e completa da mente e a fé não é fé sem crença. Qualquer profissão de fé que façamos, qualquer que seja a adoração a que nos associemos, se não estivermos plenamente satisfeitos em nossa própria mente de que aquela seja verdadeira e que a outra seja prazerosa para Deus, tal profissão e tal prática, longe de nos aproximar, são, na verdade, grandes obstáculos para nossa salvação. Dessa maneira, ao invés de expiar outros pecados pelo exercício da religião, quero dizer, oferecendo-os a Deus Todo-poderoso, tal adoração, que entendemos ser desagradável a Ele, acrescentamos ao total de nossos pecados, outros como hipocrisia e desrespeito por Sua Divina Majestade.

Em segundo lugar: O cuidado com as almas não pode pertencer ao magistrado civil, porque seu poder consiste apenas na força externa, enquanto que a religião verdadeira e salvadora consiste na persuasão interna da mente, sem a qual nada pode ser aceitável a Deus. E tal é a natureza do pensamento que ele não pode ser compelido à crença em qualquer coisa por força externa. A confiscação de propriedade, prisão, tormentos, nada dessa natureza pode ter tal eficácia que faça os homens mudarem o julgamento interno que estruturaram sobre as coisas.

Pode-se alegar, de fato, que o magistrado pode fazer uso de argumentos e assim dirigir o heterodoxo ao caminho da verdade e buscar sua salvação. Eu o garanto, mas é comum para ele com outro homem. Ao ensinar, instruir e redirecionar o errado pela razão, ele pode certamente fazer o que torna bom o homem fazer. A magistratura não o obriga a externar sua humanidade ou cristianismo. Mas é algo a persuadir, outro a comandar, algo a pressionar com argumentos, outro com punições. Este, só o poder civil tem o direito de fazê-lo; ao outro, a boa-vontade é autoridade suficiente. Cada homem está comissionado para admoestar, exortar, convencer o outro do erro e pela razão levá-lo à verdade: mas impor leis, receber obediência e compelir com a espada pertence a ninguém além do magistrado. E neste terreno, afirmo que o poder do magistrado se estende não a estabelecer qualquer artigo de fé ou forma de adoração, por força de suas leis. Pois as leis não têm nenhuma força sem as punições e as punições, neste caso, são absolutamente impertinentes, porque elas não são adequadas para convencer a mente. Nem professar qualquer artigo de fé, nem a adoção de qualquer forma externa de adoração, como já foi dito, podem estar disponíveis à salvação de almas, a menos que a verdade de alguém e a aceitação de Deus por outrem sejam profundamente cridas pelos que professam e praticam. Mas as punições não são capazes de produzir tal crença. Somente a luz e a evidência podem operar uma mudança na opinião dos homens e essa luz não pode, de maneira alguma, provir dos sofrimentos corporais e de outra punição qualquer.

Em terceiro lugar, o cuidado com a salvação das almas não pode pertencer ao magistrado, porque, mesmo que o rigor das leis e a força das punições fossem capazes de convencer e mudar as mentes dos homens, isso ainda não ajudaria de todo a salvação de suas almas. Pois, havendo uma só verdade e um caminho para o paraíso, que esperança há que mais homens sejam levados, se eles não tivessem outra regra a seguir além da religião da corte e fossem postos sob a necessidade de deixar a luz de sua própria razão, de se opor aos ditames de suas próprias consciências e cegamente se resignarem à vontade de seus governantes e à religião, com a ignorância, ambição e superstição que tiveram a oportunidade de se estabelecer onde nasceram? Na variedade e contradição das opiniões sobre religião com que os príncipes do mundo se dividiram conforme seus interesses seculares, o caminho estreito seria ainda mais estreitado. Um só país estaria certo e todo o resto do mundo posto sob a obrigação de seguir seus príncipes assim levando à destruição e àquilo que exalta o absurdo e as noções doentias sobre a Deidade, os homens atribuiriam sua eterna felicidade ou miséria nos seus lugares de nascimento.

Essas considerações, para omitir muitas outras que possam ter surgido com o mesmo propósito, parecem-me suficientes para concluir que todo o poder do governo civil se relaciona somente aos interesses civis dos homens, está confinado aos cuidados com as coisas deste mundo e nada tem a ver com o mundo do porvir.

Consideremos o que é a igreja. Considero que a igreja é uma sociedade voluntária de homens, que se reúnem por seu próprio acordo para adorar publicamente a Deus, de maneira que julgam aceitável por Ele e eficaz para a salvação de suas almas.

Digo, é uma sociedade livre e voluntária. Ninguém nasce membro de qualquer igreja, se não, a religião dos pais geraria a das crianças, pelo mesmo direito de herança de suas propriedades temporais e cada um manteria sua fé pelo mesmo mandato que o de suas terras. Nada mais absurdo a se imaginar. Portanto é assim que fica o assunto. Nenhum homem, por natureza se inclina a uma igreja ou seita em particular, mas cada um se reúne voluntariamente àquela sociedade em que ele acredita ter encontrado a profissão de fé e adoração verdadeiramente aceitável por Deus. A esperança de salvação, se a única causa de sua entrada para aquela comunidade à qual se reuniu, pode ser a única razão para sua permanência. Pois se mais tarde ele descobrir algo errôneo na doutrina ou incongruente na adoração daquela sociedade à qual se reuniu, por que ele não estaria livre para deixá-la, como o foi para entrar? Nenhum membro de uma sociedade religiosa pode ser amarrado com outras cordas que não sejam as que provêm de certa expectativa de vida eterna. Uma igreja, então é uma sociedade de membros voluntariamente unidos para este fim.

Segue-se agora que consideremos qual o poder desta igreja e a que leis ela está sujeita.

Visto que nenhuma sociedade, mesmo livre ou instituída por qualquer razão (seja filósofos para o aprendizado, mercadores para o comércio, ou homens no lazer para mútua conversação e discurso), nenhuma igreja ou companhia, afirmo, pode no mínimo subsistir e se manter unida, mas se dissolveria e quebraria em pedaços se não fosse regulamentada por algumas leis e cujos membros consentissem em observar alguma ordem. O local e tempo para reunião devem ser acordados; as regras para admitir e excluir membros devem ser estabelecidas, a diferenciação de oficiais e colocar as coisas num curso regular e coisas tais não podem ser omitidas. Mas, já que a reunião de vários membros nesta igreja-sociedade, como foi demonstrado é absolutamente livre e espontânea, segue-se necessariamente que o direito de elaborar suas leis só pertence à própria sociedade ou, no mínimo, o que é a mesma coisa, àqueles que a sociedade, por consenso, autorizou.

Alguns talvez possam objetar que nenhuma sociedade assim pode ser considerada como a verdadeira igreja, a menos que tenha um bispo ou presbítero com autoridade legislativa derivada dos verdadeiros apóstolos e seguida até o tempo atual por ininterrupta sucessão.

A esses, respondo: em primeiro lugar, mostrem-me o édito pelo qual Cristo impôs essa lei para sua igreja. E que nenhum homem me ache impertinente se, num fato com essa conseqüência, eu requeira que os termos de tal édito sejam expressos e positivos. – Pois a promessa que Ele nos fez, que "onde estiverem dois ou três reunidos em Meu nome, ali estou no meio deles". (Mateus XVIII, 20), parece implicar no contrário. Espero que o senhor considere que tal assembléia queira algo necessário a uma verdadeira igreja. Estou certo de que nada pode ser desejado mais que a salvação das almas, o que é suficiente para nosso propósito.

Em seguida, observe como têm sido grande as divisões entre os que enfatizam tanto a divina instituição e a contínua sucessão de certa ordem de legisladores na igreja. Pois sua grande inevitável dissensão coloca-nos diante de uma necessidade de deliberar e conseqüentemente permite uma liberdade de escolha sobre que consideração preferimos.

E, por último, consinto que esses homens tenham um legislador em sua igreja, estabelecido por uma sociedade tão antiga, na qual estou convencido de que as coisas devem ser consideradas necessárias à salvação da minha alma. Deste modo, a liberdade eclesiástica será preservada por todos os lados e nenhum homem terá um legislador imposto a ele, mas que ele mesmo escolheu.

Mas já que os homens são tão solícitos sobre a verdadeira igreja, eu só lhes perguntaria, entretanto, se não seria mais agradável à igreja de Cristo fazer com que as condições de sua comunhão consistirem somente em coisas que o Santo Espírito tenha declarado expressamente nas Santas Escrituras, serem necessárias à salvação? Pergunto e afirmo se isto não seria mais agradável à igreja de Cristo do que os homens imporem suas próprias invenções e interpretações sobre outros, como se fossem de sua divina autoridade e estabelecidas por leis eclesiásticas, como absolutamente necessárias à profissão do Cristianismo coisas que as Sagradas Escrituras nem ao menos mencionam, ou no mínimo não expressam comando? Quem requer tais coisas para a comunidade eclesiástica, que Cristo não requer para a vida eterna, pode talvez, de fato constituir uma sociedade acomodada em sua própria opinião e em sua própria vantagem, mas como ela pode ser chamada a igreja de Cristo, estabelecida sob leis que não sejam suas e que excluem pessoas de sua comunhão que Ele um dia receberá no reino do paraíso, eu não entendo. Mas por não ser este o lugar mais adequado para inquirir sobre as marcas da verdadeira igreja, só refletirei sobre aquelas que conflitam primariamente com os decretos de sua própria sociedade e que gritam continuamente a IGREJA, a IGREJA, com tanto barulho e talvez sobre o mesmo princípio, como os ourives de Éfeso fizeram para sua Diana. Sobre isto, afirmo, gostaria de lembrar-lhes que o Evangelho freqüentemente declara que os verdadeiros discípulos de Cristo devem sofrer perseguição; mas que a igreja de Cristo persiga outros e os force pelo fogo e pela espada a abraçar sua fé e doutrina.

Toda a disciplina deveria, portanto, tender a este fim e todas as leis eclesiásticas estarem aí confinadas. Nada deveria ou poderia ser transacionado nesta sociedade, relativa à posse de bens civis ou mundanos. Nenhuma força deveria poder ser usada, em qualquer ocasião, pois a força pertence totalmente ao magistrado civil e a posse de todos os bens exteriores está sujeita à sua jurisdição.

Mas pode-se perguntar, por que meios então as leis eclesiásticas serão estabelecidas, se elas devem ser destituídas de qualquer poder compulsivo? Respondo que elas devem ser estabelecidas por meios adequados à natureza de tais coisas, sobre as quais a profissão externa e a observação, se não proceder de uma convicção profunda e aprovação da mente é toda inútil e não aproveitável. As armas pelas quais os membros dessa sociedade devam ser mantidos em seus deveres são exortações, admoestações e conselhos. Se por esses meios os ofensores não se consertarem e os erros corrigidos, nada mais permanece a ser feito, mas essas pessoas estúpidas e obstinadas, que não dão margem de esperança de sua reforma devem ser eliminadas e separadas da sociedade. Esta é a última e mais eficiente força da autoridade eclesiástica. Nenhuma outra punição pode ser infligida, do que cessar a relação entre o corpo e o membro que é cortado. A pessoa assim condenada deixa de ser parte daquela igreja.

Determinando assim essas coisas, deixe-nos perguntar em seguida, até onde se estende a tolerância e o que se requer de cada um sobre ela.

E, em primeiro lugar, eu sustento que nenhuma igreja deve se submeter, pelo dever da tolerância a manter tal pessoa em seu seio se, após admoestação, continua obstinadamente a ofender as leis e a sociedade. Pois sendo essa a condição de comunhão e a submissão da sociedade, se fossem permitidas brechas sem nenhuma censura, a sociedade imediatamente se dissolveria. Mas, não obstante em todos esse casos deve-se tomar cuidado que a sentença de excomunhão e sua execução não seja acompanhada por uso brutal de palavra ou ação, com que a pessoa cortada possa sair danificada no corpo ou em suas propriedades. Por qualquer força, como já se disse, pertence somente ao magistrado e não a pessoas privadas, a qualquer momento o uso da força, a menos que seja por autodefesa contra injusta violência. A excomunhão não pode privar a pessoa excomungada de qualquer dos bens civis que ela antes possuía. Todas essas coisas pertencem ao governo civil e estão sob a proteção do magistrado. Toda a força da excomunhão consiste somente nisto: que sendo declarada a dissolução da sociedade, a união que havia entre o corpo e certo membro vem a ser dissolvida e, cessando aquela relação, a participação de certas coisas, que a sociedade comunicou a seus membros e às quais nenhum homem tem direito civil, também cessa. Pois não há injúria civil para a pessoa excomungada, pela recusa do ministro a dar-lhe do pão e vinho, na celebração da ceia do Senhor, que não foi trazida por ele, mas pelo dinheiro de outros membros.

Segundo: nenhuma pessoa tem qualquer direito de qualquer maneira a prejudicar outra pessoa no seu usufruto civil, por ele ser de outra igreja ou religião. Todos os direitos e liberdades que lhe pertencem como homem ou cidadão deve ser inviolavelmente preservado. Essa não pertence à esfera da religião. Nenhuma violência ou injúria lhe pode ser aplicada, seja ele cristão ou pagão. Não, não devemos nos contentar com as estreitas medidas da simples justiça. A caridade, humildade e liberalidade devem lhe ser acrescentadas. Isto é o que prega o Evangelho, esta é a razão direta e este é o companheirismo natural que nos dirige e nos é requerido desde o nascimento. Se um homem se distancia do caminho certo é para sua própria infelicidade. Nenhuma injúria lhe é devida, nem, portanto, devemos puni-lo nas coisas desta vida, pois já se supõe que ele será miserável nas coisas que virão.

O que digo sobre a mútua tolerância das pessoas que discordam entre si por religião, também entendo das igrejas particulares. Elas estão na mesma relação entre si como as pessoas entre si: nenhuma dessas pode ter qualquer jurisdição sobre a outra; não, nem mesmo quando o magistrado civil, como ocorre algumas vezes, vem a participar dessa comunidade. Pois o governo civil não pode dar nenhum direito à igreja, nem a igreja ao governo civil. Assim, se o magistrado se reúne a qualquer igreja ou se separa dela, a igreja permanece sempre como era antes, uma sociedade livre e voluntária. Nem adquire o poder da espada, se o magistrado vier a participar dela, nem perde seu poder de instrução e excomunhão, se ele a deixar. Este é o direito fundamental e imutável de uma sociedade espontânea, que é o de remover qualquer membro que transgredir as regras de sua instituição. Mas não pode, com o acesso de quaisquer novos membros, adquirir qualquer direito de jurisdição sobre aqueles que não se associem a ela. Portanto, paz, igualdade e amizade devem ser sempre mutuamente observadas pelas igrejas particulares, da mesma maneira que as pessoas, sem qualquer pretensão de superioridade ou jurisdição sobre a outra.

Isto deve ficar ainda mais claro com um exemplo: suponhamos que duas igrejas, de armênios e calvinistas, sediados na cidade de Constantinopla. Quem poderá dizer que uma dessas igrejas tem o direito de privar os membros da outra de suas propriedades e liberdade, como vemos praticados em outros lugares, por suas divergências em algumas doutrinas e cerimônias. Nesse meio tempo, os turcos não deverão estar rindo em silêncio, de ver a crueldade desumana que cristãos aplicam sobre outros cristãos? Mas se uma dessas igrejas tem o poder de tratar mal a outra, eu pergunto a qual dessas igrejas pertence o poder e com que direito? Isto será respondido, sem dúvida, que é a igreja ortodoxa que tem o direito de autoridade sobre a errada ou herética. Isto é, em grandes e especiais palavras para as crenças de cada igreja, ela acredita estar certa. E à crença contrária, ela pronuncia como erro. Assim, a controvérsia entre essas igrejas sobre a verdade de suas doutrinas e a pureza de sua adoração, de ambos os lados é a mesma. Não há nenhum juiz em Constantinopla ou em qualquer outro lugar na Terra por cuja sentença isto possa ser determinado. A decisão sobre essa questão pertence ao Supremo Juiz de todos os homens, a quem também pertence a punição de todos os errados. Nesse meio tempo, se os homens considerarem quão odiosamente eles pecam, se adicionando injustiça, não a seu erro, mas certamente a seu orgulho, eles se carregam de brutalidade e arrogância para maltratar os servos de outro mestre, que não são de todo ligados a ele.

Além disso, se se manifestasse qual das duas igrejas divergentes estivessem com o direito, não estaria a cargo dos ortodoxos qualquer direito a destruir a outra. Pois as igrejas nem têm jurisdição em assuntos mundanos, nem o fogo e a espada são instrumentos adequados para convencer as mentes dos homens de erros e informá-los sobre a verdade. Suponhamos, por outro lado, que o magistrado civil esteja inclinado a favor de uma delas e que coloque sua espada em suas mãos que, com seu consentimento, castigasse os divergentes como quisessem. Algum homem diria que algum direito pode ser derivado de uma igreja cristã sobre seus irmãos, por um imperador turco? Como infiel, não tendo autoridade para punir cristãos em artigos de fé, não pode conferir tal autoridade sobre qualquer sociedade cristã, nem lhes dar o direito que ele não possui. Este seria o caso de Constantinopla. E a razão disso é a mesma que no reino de Cristo. O poder civil é o mesmo em qualquer lugar: nem o poder nas mãos de um príncipe cristão, pode conferir qualquer autoridade maior sobre a igreja, do que nas mãos de um descrente, o que significa, a ninguém.

Não obstante, vale observar e lamentar que o mais violento desses defensores da verdade, os oponentes ao erro, os que clamam contra o cisma, o laicato perde seu zelo por Deus, com que tanto se aquecem e se inflamam, a menos que tenha o magistrado civil do seu lado. Mas logo tenha o favor da corte voltado para melhor fim, começa a se sentir mais forte. Então a paz e a caridade atuais são deixadas de lado, de outra forma, eles seriam religiosamente observados. Onde eles não tenham poder para realizar perseguição e se tornarem mestres, eles desejam viver com justiça e pregam tolerância. Onde eles não sejam fortalecidos pelo poder civil, então eles podem tolerar mais pacientemente e imutavelmente o contágio da idolatria, superstição e heresia em sua vizinhança, dos quais, em outra ocasião, o interesse da religião os torna extremamente apreensivos. Eles não atacam de frente os erros em moda na corte ou são contidos pelo governador. Aqui eles ficam satisfeitos de compartilhar seus argumentos, que, aliás, com sua permissão é o único modo de propagar a verdade, que não há melhor modo de prevalecer do que quando argumentos fortes e boa razão se reúnem à suavidade da civilidade de bons hábitos.

Ninguém, enfim, nem pessoas nem igrejas, não, nem mesmo comunidades têm título de justiça para invadir direitos civis e os bens terrenos de ninguém, sob o disfarce da religião. Os que sejam de outra opinião fariam bem em considerar como pode ser perniciosa a semente da discórdia e da guerra, quão poderosamente uma provocação pode levar a ódio, pilhagens e assassinatos sem fim, oferecidos à humanidade. Nem a paz ou a segurança, não, nem a amizade comum podem ser estabelecidas ou preservadas entre os homens, enquanto esta opinião prevalecer: "de que o domínio seja fundado em graça e que a religião seja propagada pela força das armas".

Em terceiro lugar: Vejamos o que requer a tarefa da tolerância daqueles que se distinguem do resto da humanidade, dos leigos, como eles gostam de nos chamar, por alguma característica e ofício eclesiástico, sejam eles bispos, sacerdotes, presbíteros, ministros ou outra dignidade ou distinção. Não é minha função inquiri-los sobre a origem do poder da dignidade do clero. Só digo que, de onde quer que sua autoridade se origine ou aonde venha a ser disseminada, já que se trata de autoridade eclesiástica, deve ficar confinada aos limites da igreja e não se estender às questões civis, porque a própria igreja é absolutamente separada e distinta da comunidade. Os limites de ambos os lados são fixos e imutáveis. Eles misturam paraíso e terra, as coisas mais remotas e opostas, que se mistura nessas sociedades que são, na finalidade original, negócio e, em cada coisa, perfeitamente distintas e infinitamente diferentes da outra. Nenhum homem, portanto, com qualquer que seja o cargo com que foi dignificado, pode privar outro homem, que não seja de sua igreja ou fé, da liberdade ou de outra parte dos seus bens terrenos, por conta da diferença religiosa que exista entre eles. Pois, por outro lado, o que não for legal para toda a igreja não pode por direito eclesiástico, se tornar lei para este ou aquele membro.

Mas isto não é tudo. Não é o bastante que os homens eclesiásticos se abstenham da violência e rapina e toda a forma de perseguição. Aquele que finge ser um sucessor dos apóstolos e leva sobre si o ofício de ensinar, é também obrigado a admoestar seus ouvintes dos deveres da paz e da boa-vontade para com todos os homens, assim como para com os erros dos ortodoxos; para com os que divergem deles em fé e adoração, assim como para com os que concordam com eles. E ele deve exortar intensamente a todos os homens, pessoas ou magistrados, se tal houver em sua igreja, à caridade, humildade e tolerância, e diligentemente acalmar e temperar todo aquele calor e aversão irracional da mente, com que cada homem zela ferozmente por sua própria seita ou o artifício de outros se acendeu contra hereges. Não tentarei representar quão feliz e grande seria o fruto, na igreja e no estado, se os púlpitos em todo lugar soassem com a doutrina da paz e da tolerância; para não parecer que reflito muito gravemente sobre os homens cuja dignidade não desejo difamar nem diminuir por outros ou por si mesmos. Mas isto eu digo, que assim deveria ser. E se cada um que professe a si mesmo como ministro da palavra de Deus, um pregador do Evangelho da paz, ensine de outra forma; ele não entende ou negligencia o assunto de sua chamada e um dia daria conta de tudo isto ao Príncipe da Paz. Se os cristãos devem ser admoestados para que se abstenham de toda a forma de vingança, mesmo após repetidas provocações e injúrias multiplicadas; quão mais deveria aquele que não sofre nada, que não foi ferido em si mesmo, tolerar a violência e se abster de qualquer maneira de uso doentio sobre aqueles de quem não recebeu nada! Este cuidado e têmpera ele deve usar certamente sobre aquele que só cuida de seu próprio negócio e não tem solicitude para nada mas que, o que quer que os homens pensem deles, eles podem adorar a Deus da maneira como foram persuadidos de ser aceitável por Ele e na qual eles guardam a mais forte esperança de salvação eterna. Nos assuntos privados domésticos, na administração dos negócios na conservação da saúde do corpo, cada homem pode considerar que segue a sua própria conveniência e segue o curso que mais gosta. Ninguém reclama sobre a administração errada dos negócios de seus vizinhos. Nenhum homem fica zangado com outro por algum erro cometido na semeadura de sua terra ou no casamento de sua filha. Ninguém corrige um esbanjador por consumir suas posses nas tavernas. Se um homem derruba ou constrói ou faz despesas a seu prazer, ninguém reclama, ninguém o controla; ele tem sua liberdade. Mas se algum homem não freqüenta a igreja, se lá ele não modela seu comportamento exatamente às cerimônias habituais ou se ele não traz seus filhos para serem iniciados nos sagrados mistérios desta ou daquela congregação, isto imediatamente causa um murmúrio e a vizinhança se enche de barulho e clamor. Cada um estará pronto para ser o vingador de tão grande crime. E os Zelotes raramente têm paciência para refrear a violência e a rapina, até que a causa seja ouvida e o pobre homem seja, segundo a forma, condenado com a perda da liberdade, bens e a vida. Oh! os nossos oradores eclesiásticos de qualquer seita deveriam se aplicar, com toda a força da argumentação de que são capazes, a confundir os erros dos homens! Mas que eles preservem suas pessoas. Que eles não supram seu desejo de razões com os instrumentos de força, que pertencem a outra jurisdição e que o mal venha das mãos de um homem da igreja. Que eles não busquem a autoridade do magistrado para ajudá-los em sua eloqüência ou aprendizado. Mas, talvez, que eles mostrem somente amor à verdade, que esse seu zelo destemperado, nada respirando além de fogo e espada, restrinja sua ambição e lhes mostre que o que desejam é de domínio temporal. Pois será muito difícil persuadir homens de senso que ele, com olhos secos e satisfação na mente, pode entregar seu irmão ao carrasco para ser queimado vivo, sinceramente e de coração se preocupa com salvar esse homem das chamas do inferno no mundo do porvir.

Em último lugar, consideremos qual o dever do magistrado na questão da tolerância, que é certamente bastante considerável.

Já provamos que o cuidado com as almas não pertence ao magistrado, não à carreira do magistrado, quero dizer, se a posso chamar assim, que consiste em prescrever pelas leis e compelir pelas punições. Mas um cuidado caritativo, que consiste em ensinar, admoestar e persuadir não pode ser negados a um homem. Portanto, o cuidado com a alma de cada homem pertence a si mesmo e deve ser deixado a seu próprio cargo. Mas, e se ele negligencia o cuidado com sua própria alma? Eu respondo: e se ele negligencia o cuidado com sua saúde ou suas posses? Que coisas estão relacionadas mais de perto com a administração do magistrado que outras? O magistrado proverá por lei expressa que tal pessoa não poderá se tornar pobre ou doente? As leis fornecem defesas, tanto quanto possível, para que os bens e saúde das pessoas não sejam lesados pela fraude ou violência de outros. Mas não podem guardá-los contra a negligência ou má mordomia dos próprios donos. Nenhum homem pode ser forçado a ser rico ou saudável, queira ele ou não. Não, nem mesmo o próprio Deus salvará o homem de suas vontades. Suponhamos, porém, que algum príncipe deseje forçar seus súditos a acumular riquezas ou preservar a saúde e força dos seus corpos. Poderá ser previsto em lei, que eles devem consultar somente médicos de Roma e todos deverão viver segundo suas prescrições? E se nenhuma poção ou vitamina puderem ser tomadas que não as preparadas no Vaticano ou lojas de Genebra? Ou, para torná-los ricos, seriam todos obrigados por lei a se tornarem mercadores ou músicos? Ou cada um deverá se tornar um fornecedor ou ferreiro, porque há alguns que mantém suas famílias com abundância e sua riqueza cresce por suas profissões? Mas pode-se dizer que há milhares de maneiras de prosperar, mas um único caminho para o paraíso. Isto é bem dito, de fato, especialmente pelos que compelem os homens a este ou àquele caminho. Pois se houvesse vários caminhos que para lá levassem, não haveria muito, além do fingimento pela compulsão. Mas, agora que estou marchando com meu maior vigor pelo caminho que, conforme a sagrada geografia, leva direto para Jerusalém, por que estarei sendo ferido e magoado por outros, porque, talvez, eu não use coturnos, porque meu cabelo não tenha o corte correto, porque, talvez eu não esteja vestido da forma correta, porque eu coma carne na rua ou outro alimento que esteja de acordo com meu estômago, porque eu evite certos atalhos que me pareçam levar-me a espinheiros ou precipícios, porque, entre os diversos caminhos na mesma estrada, eu escolha andar pelo que me parece mais estreito e limpo, porque eu evite a companhia de certos viajantes menos sérios e outros, mais azedos do que deveriam, ou, enfim, porque sigo um guia que está, ou não está, vestido de branco e coroado com mitra? Certamente, se considerarmos certo, descobriremos que, para a maioria, há coisas tão frívolas como essas que, sem prejuízo da religião ou da salvação das almas, se não acompanhada de superstição ou hipocrisia, pode tanto ser observada quanto omitida. Afirmo que há coisas como essas que alimentam implacáveis inimizades entre cristãos irmãos e concordam todas quanto à parte fundamental, substancial e verdadeira da religião.

Mas, deixe-nos garantir a esses Zelotes, que condenam tudo que não está a seu modo que, por essas circunstâncias surgem diferentes fins. O que concluímos disso? Entre esses, só há um caminho verdadeiro para a felicidade eterna. Mas, nessa grande variedade de caminhos que os homens seguem, ainda há dúvidas quanto a qual será correto. Agora, nem o cuidado com a comunidade, nem o direito de elaborar leis pode descobrir este caminho que leva ao paraíso, com mais certeza para o magistrado, que a descoberta da pesquisa e estudo de cada homem em si mesmo. Tenho um corpo fraco, mergulhado numa doença debilitante, para a qual, suponho, só há um remédio, embora desconhecido: pertence ao magistrado me prescrever um remédio, por somente haver um e por ser desconhecido? Por somente haver um modo de escapar da morte, será seguro, portanto, fazer o que quer que o magistrado ordene? Essas coisas que todo homem deveria sinceramente perguntar a si mesmo e por meditação, estudo, pesquisa e seus próprios esforços, obter o conhecimento, não podem ser examinadas por uma profissão peculiar ou qualquer tipo de homens. Os príncipes nasceram superiores a outros homens em poder, mas iguais em natureza. Nem o direito, nem a arte de legislar necessariamente carregam em si certos conhecimentos de outras coisas, no mínimo toda a verdade religiosa, pois se assim fosse, como os senhores da terra difeririam tanto em assuntos religiosos? Mas podemos garantir ser provável que o caminho para a vida eterna possa ser mais conhecido por um príncipe que por seus súditos ou, no mínimo que, em sua incerteza, o caminho mais seguro e cômodo para as pessoas seja seguir seus ditames. O senhor diria: e então? Se ele lhe oferecesse ser mercador para toda a sua vida, o senhor recusaria esse caminho, por medo de não ter sucesso? Respondo, eu me tornaria mercador sob o comando do príncipe, porque, no caso de não ser bem sucedido o comércio, ele é abundantemente apto a corrigir minha perda de alguma outra forma. Se for verdade, como ele diz, desejar que eu comercialize e fique rico, ele pode me ajudar novamente quando viagens mal sucedidas me quebrarem. Mas não é o caso quanto às coisas da vida futura. Se eu tomar um rumo errado, se quanto a isso eu não tiver sucesso, o magistrado não tem poder para reparar minha perda, aliviar meu sofrimento ou restaurar minhas posses, por qualquer medida, ainda menos completamente. Que certeza pode ser dada quanto ao reino dos céus?

Talvez alguns dirão não supor que este infalível julgamento, que todos os homens tendem a seguir nos assuntos da religião, esteja a cargo do magistrado civil, mas na igreja. O que a igreja determinou é o que o magistrado ordena que seja observado e ele prove, por sua autoridade, que ninguém possa agir ou crer nas questões religiosas, diferente do que a igreja ensina; assim, o julgamento de tais coisas está na igreja. O próprio magistrado oferece obediência a ela e requer a mesma obediência a outros. Respondo: quem não vê quão freqüentemente o nome da igreja, tão venerável no tempo dos apóstolos, foi usado para jogar areia nos olhos das pessoas nas épocas seguintes? Mas, no caso atual isto não nos ajuda. O único caminho estreito que leva ao paraíso não é mais conhecido do magistrado que das pessoas, portanto, não posso usá-lo como meu guia que, provavelmente ignora tanto o caminho quanto eu mesmo e que, certamente está menos interessado que eu mesmo na minha salvação. Entre tantos reis dos judeus, quantos deles houve por quem os israelitas, seguindo-os cegamente, não caíram em idolatria e, portanto, em destruição? Ainda, no entanto, o senhor me transmite boa coragem e me diz que agora tudo está salvo e seguro, porque o magistrado não mais reúne a observância dos seus próprios decretos em termos de religião, mas apenas os decretos da igreja. De qual igreja, eu lhe suplico? Daquela que certamente ele goste mais. Como se ele que me compele por leis e penalidades a entrar nesta ou outra igreja, não colocasse seu próprio julgamento no assunto. Que diferença existe se ele me leva por si mesmo, ou se me deixa ser levado por outros? Eu dependo, em ambos os casos, de sua vontade e é ele quem determina ambos os caminhos da minha posse eterna. Se um Israelita, que tivesse adorado a Baal sob o comando do seu rei estivesse em melhor condição, porque alguém lhe disse que o rei nada ordenou sobre religião, acima de sua própria cabeça, nem nada permitiu ser feito por seus súditos em adoração divina, mas somente o que tenha sido aprovado pelo conselho dos sacerdotes e declarado como de direito divino pelos doutores da igreja? Se a religião de qualquer igreja se tornar, portanto, verdadeira e salvadora, porque o cabeça da seita, os prelados e sacerdotes e os daquela tribo, todos eles com seu poder, louve e aprove, que religião poderá ser considerada errada, falsa e destrutiva? Tenho dúvidas sobre a doutrina dos Socinianos. Sou suspeito do modo de adoração praticado por papistas ou luteranos. Haverá sentido para mim ser mais seguro me unir a esta ou outra entre essas igrejas sob o comando do magistrado, se ele só comandar em religião pela autoridade e conselho dos doutores daquela igreja?

Mas, para falar a verdade, devemos saber que a igreja, se uma convenção de clérigos produzindo cânones deve ser assim chamada, é, na maioria, mais apta a ser influenciada pela corte que a corte pela maioria. Sabe-se bem como a corte estava sob a vicissitude de imperadores ortodoxos e arianos. Ou, se as coisas são muito remotas, nossa moderna história inglesa nos permite exemplos mais recentes, nos reinos de Henrique VIII, Edward VI, Mary e Elizabeth sobre quão fácil e docilmente o clero mudou seus decretos, seus artigos de fé, sua forma de adoração, tudo conforme a inclinação desses reis e rainhas. Esses reis e rainhas tinham mentes tão diferentes em termos de religião e gostavam de coisas tão diferentes que ninguém em seu juízo, quase eu disse somente um ateu, presumirá que um adorador sincero e reto de Deus poderia, em sã consciência, obedecer a todos os seus decretos. Concluindo, dá no mesmo se um rei que prescreve leis à religião de outro homem fingem fazê-lo por seu próprio julgamento ou pela autoridade eclesiástica e conselho de outros. As decisões dos homens da igreja, cujas diferenças e disputas são suficientemente conhecidas não podem ser mais sonoras e seguras que as deles, nem todos os seus sufrágios reunidos acrescentam qualquer nova força ao poder civil. Embora se deva observar que raramente os príncipes se interessaram por sufrágios de eclesiásticos que não fossem favoráveis à sua própria fé e modo de adoração.

Mas enfim, a consideração principal e que determina absolutamente esta controvérsia é esta: embora a opinião dos magistrados sobre religião tenha impacto e o modo como eles o indicam sejam verdadeiramente evangélicos, mesmo eu não sendo completamente persuadido em minha mente, não haverá segurança para mim seguindo-o. De modo algum, o que quer que eu siga contra os ditames de minha consciência, jamais me levará às mansões da bênção. Posso me tornar rico por uma arte com que não me delicie, posso ser curado de alguma doença por remédios em que não confio, mas não posso ser salvo por uma religião em que não creio e por uma adoração que aborreço. É vão para um descrente absorver uma demonstração externa da profissão de fé de outro homem. Somente a fé e a sinceridade interna são elementos que obtêm a aceitação de Deus. O remédio mais provável e mais aprovado só tem efeito no paciente se seu estômago não o rejeitar logo que ingerido e em vão se força garganta abaixo um remédio, pois, dependendo da constituição particular do paciente, ele pode se tornar um veneno. Numa palavra, o quer que seja duvidoso em religião, mesmo que ao final esteja certo, é que nenhuma religião em que eu não confie, pode ser verdadeira ou válida para mim. Em vão, portanto, os príncipes podem compelir seus súditos a se tornarem membros de sua igreja, sob a pretensão de salvar suas almas. Se eles acreditam, eles virão a estar de acordo. Se eles não acreditam, sua admissão como membro não valerá de nada para eles. Mesmo que seja grande, enfim, a pretensão de boa-vontade e caridade e interesse pela salvação das almas humanas, os homens não podem ser forçados a serem salvos, venham eles a sê-lo ou não e, portanto, quando tudo estiver feito, eles devem ser deixados com suas próprias consciências.

Tendo assim libertado finalmente os homens de todo o domínio de uns sobre outros em termos de religião, consideremos o que devem fazer. Todos os homens sabem e reconhecem que Deus deve ser adorado em público. Por que, então eles se obrigam uns aos outros a assembléias públicas? Os homens, assim constituídos nessa liberdade, entram em alguma sociedade religiosa, onde podem se reunir não apenas para mútua edificação, mas para confessar ao mundo que adoram a Deus e oferecem à Sua Divina Majestade serviços de que não se envergonham e que entendem como não vergonhosos nem inaceitáveis para si e, finalmente que, pela pureza da doutrina, santidade de vida e forma decente de adoração, eles possam levar outros ao amor da verdadeira religião e realizar outras coisas em religião que não possam ser feitas por homens isolados.

Essas sociedades religiosas eu chamo de igrejas e elas, afirmo, o magistrado deve tolerar, pois o assunto dessas assembléias de pessoas não é outro senão o que é legal para cada indivíduo cuidar, quero dizer, a salvação de sua própria alma. Nem, neste caso, há qualquer diferença entre a igreja nacional e outras congregações separadas.

Mas, como em toda igreja, há duas coisas a serem consideradas: a forma externa e ritos de adoração e as doutrinas e artigos de fé; essas coisas devem ser cuidadas de modos diferentes, assim como toda a questão da tolerância deve ser mais claramente compreendida.

Sobre a adoração externa, afirmo, em primeiro lugar que o magistrado não tem poder para forçar pela lei, mesmo em sua própria igreja e muito menos em outras, o uso de quaisquer ritos cerimoniais na adoração a Deus. E isto, não apenas porque essas igrejas são sociedades livres, mas porque seja o que for praticado por adoração a Deus só será justificável se for crido, pelos que o praticam, como aceitável a Ele. O que quer que seja feita sem a garantia da fé, nem é bom em si mesmo, nem pode ser aceitável a Deus. Impor tais coisas, portanto, sobre qualquer pessoa, contrário a seu julgamento é, na verdade, impor que ele ofenda a Deus. Que, considerando que o fim de qualquer religião seja agradá-Lo e que a liberdade é essencialmente necessária a este fim, parece um absurdo além da expressão.

Mas talvez se possa concluir disto que eu negue ao magistrado toda forma de poder sobre coisas indiferentes que, se não forem garantidas que toda a questão da elaboração das leis desapareceu. Não, eu garanto prontamente que coisas indiferentes e, talvez nada, além disso, está sujeito ao poder legislativo. Mas não segue, portanto, que o magistrado possa ordenar o que lhe agrade sobre algo indiferente. O bem público é a regra e a medida de toda a elaboração da lei. Se algo não for útil à comunidade, se for indiferente, não poderá, então, ser estabelecido como lei.

Além disso, assuntos indiferentes por sua própria natureza, quando trazidos à igreja e à adoração a Deus, são removidos do alcance da jurisdição do magistrado, porque, por isso, ele não tem ligação com os assuntos civis. O único assunto da igreja é a salvação das almas e não interessa à comunidade ou a qualquer dos seus membros que esta ou outra cerimônia nas assembléias religiosas traga vantagem ou prejudique a vida, a liberdade ou a propriedade de qualquer pessoa. Por exemplo, garanta-se que o banho em uma criança com água seja em si uma coisa indiferente; garanta-se também que o magistrado entenda que o banho seja útil para curar ou evitar alguma doença a que a criança esteja sujeita e estime que o assunto seja válido o bastante para ser legislado. Neste caso, ele pode ordenar que seja feito. Mas será que alguém poderá dizer, portanto, que o magistrado tem o mesmo direito de ordenar, pela lei, que todas as crianças sejam batizadas por sacerdotes, na fonte sagrada, para a purificação de suas almas? A extrema diferença entre esses dois casos é visível a qualquer um à primeira vista. Ou se aplicarmos o último caso ao filho de um judeu, o fato falará por si: por quais impedimentos, além de um magistrado cristão, pode-se sujeitar judeus? Mas, se reconhecemos que tal injúria não pode ser feita contra um judeu, como compeli-lo contra sua própria opinião, a praticar em sua religião algo que por sua natureza é indiferente, como podemos aceitar que algo assim seja feito a um cristão?

Novamente: Coisas indiferentes em sua natureza não podem, por qualquer autoridade humana, fazer parte da adoração a Deus, por esta razão, por serem indiferentes. Pois coisas indiferentes não são capazes, por qualquer de suas virtudes, propiciar a Deus, nenhum poder humano ou autoridade podem lhes conferir tanta dignidade e excelência a ponto de lhes capacitar a isso. Nos assuntos comuns da vida, o uso de coisas indiferentes que Deus não proibiu é livre e legal e, portanto, nessas coisas a autoridade humana tem lugar. Mas não é assim em questões religiosas. Coisas indiferentes não são mais legais na adoração a Deus do que se fossem instituídas pelo próprio Deus e, como Ele, por algum comando positivo, lhes ordenou a fazer parte daquela adoração que ele, certamente aceita das mãos dos pobres pecadores. Nem mesmo quando uma deidade incensada nos perguntar: "quem pediu essas coisas em suas mãos?", será suficiente responder-lhe que o magistrado comandou. Se a jurisdição chegou tão longe, por que não poderia ser legalmente introduzida na religião? Que confusão de cerimônias, que invenções supersticiosas, construídas sob a autoridade do magistrado, não pode, contra a consciência, ser imposta sobre a adoração a Deus! Pois a maior parte dessas cerimônias e superstições consiste no uso religioso de coisas que por sua natureza são indiferentes: nem são mais pecaminosas que outras coisas, porque então Deus não é seu autor. A aspersão de água e o uso de pão e vinho são ambos da mesma natureza e, nas ocasiões ordinárias da vida, ambas indiferentes. Algum homem, portanto, diria que essas coisas seriam introduzidas na religião e tornadas parte da divina adoração, se não por divina instituição? Se uma autoridade humana com poder civil tivesse feito isso, por que não poderia também reunir o comer peixe e beber cerveja no banquete sagrado, como parte da divina adoração? Por que não a aspersão do sangue de animais nas igrejas e expiações por água ou fogo e muito mais coisas desse tipo? Mas essas coisas, embora indiferentes no uso comum, quando anexadas à divina adoração, sem a divina autoridade, são abomináveis a Deus como o sacrifício de um cão. E por que um cão é tão abominável? Qual a diferença entre um cão e uma cabra, a respeito da natureza divina, igualmente e infinitamente distante de qualquer afinidade com a matéria? Será que Deus teria requerido, para Sua adoração, o uso de um e não do outro? Vemos, portanto, que coisas indiferentes, embora estejam sob o poder do magistrado civil, não podem, sob tal pretensão, serem introduzidas na religião e impostas à assembléia religiosa, porque na adoração a Deus elas deixam de ser indiferentes. Quem adora a Deus deseja agradá-Lo e procura Seu favor, mas não pode fazer, sob o comando de outros, ofertas a Deus que se saiba que irá desagradá-Lo, por não terem sido comandadas por Ele. Isto não agrada a Deus, nem aplaca sua ira, mas com conhecimento e vontade consciente O provoca, por manifesta vontade, o que é absolutamente repugnante perante a natureza e o fim da adoração.

Mas, aqui se perguntará: se nada do que pertence à adoração divina for deixado ao critério humano, como as próprias igrejas têm o poder de ordenar algo sobre o tempo e lugar de adoração e coisas assim? A isso, respondo: na adoração religiosa devemos distinguir entre o que é parte da própria adoração e o que só é uma circunstância. É parte da adoração o que se acredita ter sido indicado por Deus e Lhe for agradável e, portanto, necessário. As circunstâncias são coisas tais que não podem ser separadas da adoração, embora instâncias particulares ou modificações sobre elas não sejam determinadas, portanto sejam indiferentes. Entre essas estão o tempo e local da adoração, o hábito e a postura do adorador. Essas são circunstâncias e perfeitamente indiferentes, sobre as quais Deus não deu qualquer comando expresso. Por exemplo: entre os judeus, o tempo e local de adoração e os hábitos dos que a oficiam não eram meras circunstâncias, mas parte da própria adoração. Nela, se algo tiver distorção ou diferença da instituída, eles não poderiam esperar serem aceitos por Deus. Mas elas, para os cristãos, sob a liberdade do Evangelho, são meras circunstâncias de adoração cuja prudência de toda igreja pode levar a uso conforme for julgada mais subserviente à finalidade de ordem, decência e edificação. Embora, mesmo sob o Evangelho, os que acreditam em separar o primeiro ou sétimo dia para Deus e consagrá-lo à sua adoração, para eles, aquela parte do tempo não é uma simples circunstância, mas uma parte real da adoração divina que não pode ser mudada ou negligenciada.

Em seguida: Como o magistrado não tem poder para impor, por suas leis, o uso de ritos ou cerimônias em qualquer igreja, da mesma forma ele não tem poder para proibir o uso de tais ritos ou cerimônias já recebidas, aprovadas e praticadas por qualquer igreja, porque se o fizesse, destruiria a própria igreja. O fim dessa instituição é apenas adorar a Deus com liberdade, de sua própria maneira.

O senhor dirá, por esta regra que, se algumas congregações tivessem a idéia de sacrificar crianças ou, como os cristãos primitivos foram falsamente acusados, se macular sensualmente em impureza promíscua, ou praticar outras barbaridades horrendas, o magistrado é obrigado a tolerá-los por estarem vinculados a uma assembléia religiosa? Eu respondo: Não!

Essas coisas não são legais no curso normal da vida, num lar privativo e, portanto, não parte da adoração a Deus, nem mesmo assunto religioso. Mas, de fato, se qualquer pessoa congregada a uma religião quiser sacrificar seus bezerros, eu nego que isto deveria ser proibido por lei. Meliboeus, que possui seu bezerro, pode legalmente matá-lo em casa e queimar qualquer parte dele, a seu critério, por não ter ferido ninguém nem prejudicado os bens de outros. E, pela mesma razão, ele pode matar seu bezerros também numa reunião religiosa. Se ele está agradando a Deus com isso ou não, cabe a ele considerá-lo. A parte que cabe ao magistrado é cuidar para que a comunidade não seja prejudicada e que não haja prejuízo a nenhuma pessoa, em sua vida ou propriedade. Assim, o que ele pode gastar numa festa, pode gastar num sacrifício. Mas se, porventura, tal fosse o estado de coisas, que o interesse da comunidade requeresse que toda a matança de animais fosse contida por algum tempo para aumentar o estoque de gado que tivesse sido destruído por alguma doença extraordinária, quem não veria que o magistrado, nesse caso, poderia proibir que todos os religiosos matassem bezerros por qualquer finalidade. Só deve ser observado que, neste caso, a lei não foi executada por questão religiosa, mas política, nem o sacrifício foi proibido, mas a matança de bezerros.

Assim vemos qual a diferença entre a igreja e a comunidade. O que quer que seja legal para a comunidade, não pode ser proibido pelo magistrado na igreja. O que for permitido a qualquer súdito em seu uso comum, não poderia nem deveria ser proibido por ele a qualquer seita de pessoas em seus usos religiosos. Se um homem pode consumir legalmente pão ou vinho, sentado ou de joelhos em sua própria casa, a lei não pode impedi-lo da mesma liberdade na adoração religiosa, embora na igreja o uso do pão e do vinho seja muito diferente e aplicado aos mistérios da fé e ritos da divina adoração. Mas, as coisas prejudiciais à comunidade de pessoas em seu uso comum, e proibidas por lei, não devem ser permitidas pelas igrejas nos seus ritos sagrados. O magistrado deve ter sempre muito cuidado para não usar mal pela opressão da igreja, sob a pretensão do bem público.

Pode-se dizer: Se uma igreja for idólatra, isso também deve ser tolerado pelo magistrado? Como resposta, pergunto: Que poder pode ser dado ao magistrado para a supressão de uma igreja idólatra que, em tempo e lugar, não pode ser usada para a ruína de uma outra ortodoxa? Pois se deve lembrar que o poder civil é o mesmo em qualquer lugar e que a religião de qualquer príncipe é ortodoxa para si mesmo. Se, portanto, tal poder for garantido ao poder civil para as coisas espirituais, como em Genebra, por exemplo, ele pode extirpar, com violência e sangue, a religião reputada como idólatra. Pela mesma regra, outro magistrado, em algum país vizinho, pode oprimir a religião reformada e, na Índia, os cristãos. O poder civil pode mudar tudo em religião, conforme agradar ao príncipe ou pode não mudar nada. Se uma vez for permitido introduzir algo à religião, por meio da lei e penalidades, pode não haver mais limites, mas será legal, da mesma forma, alterar tudo conforme a lei da verdade que o magistrado estruturou para si mesmo. Nenhum homem deveria, portanto, ser privado dos seus prazeres terrestres por causa de sua religião. Nem mesmo americanos, súditos de um príncipe cristão, devem ser punidos no corpo ou nos bens, por não abraçar nossa fé ou adoração. Se forem persuadidos que agradariam a Deus observando os ritos de seu próprio país e que com isso obteriam felicidade, devem ser deixados a Deus e a si mesmos. Tracemos este assunto desde a base. Assim, um número incontável e fraco de cristãos, destituídos de tudo chegam a um país pagão. Esses estrangeiros convertem os habitantes, pelas entranhas da humanidade: eles os socorrem nas necessidades da vida. Eles são supridos, são lhes dadas habitações e se reúnem e crescem em um só corpo de gente. A religião cristã, dessa forma, cria raízes no país e se dissemina, mas não cresce muito forte. Enquanto as coisas estão nessas condições, paz, amizade, fé e justiça são preservadas entre eles. Ao longo do tempo, o magistrado se torna cristão e por isso seu partido se torna o mais poderoso. Então, imediatamente todos os pactos devem ser quebrados, os direitos civis violados, a idolatria deve ser extirpada. E, a menos que esses inocentes pagãos, estritamente observadores das regras de eqüidade e da lei da natureza e, de forma alguma, ofendendo as leis da sociedade, digo que, a menos que abandonem sua antiga religião e abrace uma nova e estranha eles devem ser destituídos de suas terras e posses de seus antepassados e talvez privados até da vida. Então aparece o que o zelo pela igreja, junto com o desejo de domínio é capaz de produzir e quão facilmente a pretensão da religião e o cuidado com as almas serve para um choque de cobiça, rapina e ambição.

Agora, quem mantiver que a idolatria deve ser desenraizada de qualquer modo pela lei, punição, fogo e espada, pode aplicar essa história a si mesmo, pela razão disso ser igual na América e na Europa. E nem pagãos lá, nem cristãos divergentes aqui podem, por qualquer direito serem privados dos seus bens terrenos pela facção predominante de uma corte-igreja, nem os direitos civis podem ser mudados ou violados à conta de religião, mais em um lugar que em outro.

Mas a idolatria, dizem alguns, é pecado e, portanto, não pode ser tolerada. Se disserem como evitá-la, a interferência será boa. Mas não quer dizer que, por ser pecado, deve ser punida pelo magistrado. Pois não pertence ao magistrado fazer uso de sua espada para punir tudo, indiferentemente, que ele considerar como pecado contra Deus. Cobiça, falta de caridade, ócio e muitas outras coisas são pecados, pelo consenso de todos, embora ninguém tenha dito que devessem ser punidos pelo magistrado. A razão é, porque não são prejudiciais aos direitos de outras pessoas, nem quebram a paz pública das sociedades. Não, mesmo os pecados de mentira e perjúrio são agora punidos pela lei, a menos que, em certos casos em que a torpeza real do fato e a ofensa contra Deus não sejam consideradas, mas apenas a injúria contra os vizinhos das pessoas e a comunidade. E se, em outro país, para um príncipe maometano ou pagão, a religião cristã parecer falsa e ofensiva a Deus, os cristãos, pela mesma razão e da mesma forma, não seriam ali extirpados?

Mas é importante também que, pela lei de Moisés, os idólatras sejam desenraizados. Verdade, pela lei de Moisés, mas não obrigatória para nós cristãos. Mas ninguém pretende que tudo geralmente aceito pela lei mosaica deva ser praticado pelos cristãos. Mas não há nada mais frívolo que a distinção comum de lei moral, judicial e cerimonial, que os homens geralmente usam, pois nenhuma lei positiva pode obrigar a qualquer pessoa, a não ser para quem ela foi dada. O "Ouve, Ó Israel" restringe suficientemente a obrigação da lei de Moisés àquele povo. E só esta consideração é resposta suficiente para os que impõem a lei mosaica para infligir punição capital sobre idólatras. No entanto, examinarei este argumento um pouco mais de perto.

O caso dos idólatras, em relação à comunidade judaica cai numa consideração dupla. A primeira é daqueles que, tendo sido iniciado nos ritos mosaicos e se tornado cidadãos daquela comunidade, apostataram depois da adoração ao Deus de Israel. Esses foram tratados como traidores e rebeldes, culpados de nada menos que de alta traição, pois a comunidade dos judeus, diferente de todas as outras, era uma teocracia absoluta: não havia lá ou poderia haver, qualquer diferença entre a comunidade e a igreja. As leis lá estabelecidas sobre a adoração a uma deidade invisível, eram as leis civis daquele povo e uma parte do seu governo civil, em que o próprio Deus é o legislador. Agora, alguém poderá me dizer onde há uma comunidade hoje, constituída sobre esse fundamento. Eu reconheço que as leis eclesiásticas lá se tornaram inevitavelmente parte das leis civis e os súditos de tal governo podem e devem-se manter em estrita conformidade com aquela igreja, pelo poder civil. Mas não há absolutamente nada assim sob o Evangelho, na comunidade cristã. Há, de fato, muitas cidades e reinos que abraçaram a fé em Cristo, mas mantiveram sua antiga forma de governo com que a lei de Cristo de todo não se intrometeu. Ele, de fato ensinou aos homens como, pela fé e boas obras, poderiam alcançar a vida eterna. Mas não instituiu comunidades; Ele não prescreveu a seus seguidores qualquer forma nova e peculiar de governo, nem colocou a espada nas mãos dos magistrados, com comissão para usá-la para forçar os homens a abandonar sua religião antiga e receber a dele.

Em segundo lugar, estrangeiros e os que eram estrangeiros ao povo de Israel, não eram compelidos pela força a observarem os ritos da lei mosaica, mas, pelo contrário, no mesmo lugar onde era ordenado que um israelita idólatra fosse morto, era previsto que um estrangeiro não seria "envergonhado ou oprimido" ("Não afligirás o forasteiro, nem o oprimirás, pois forasteiros fostes na terra do Egito" - Êxodo, XXII, 21) Eu confesso que as sete nações que possuíam a terra prometida aos israelitas deveriam ser completamente eliminadas. Mas não simplesmente por serem idólatras, pois, se fosse essa a razão, para onde os Moabitas e outras nações seriam dispersos? Não, a razão é essa: Deus, sendo de maneira especial, o Rei dos Judeus, não poderia sofrer a adoração de qualquer outra deidade, o que seria propriamente um ato de alta traição contra Si, na terra de Canaã, que era Seu reino, pois tal revolta manifesta não poderia conviver com Seu domínio, que era perfeitamente político, naquele país. Toda a idolatria tinha que ser, portanto, desenraizada dos limites do Seu reino, porque seria o reconhecimento de outro Deus, quer dizer, de outro rei, contra as leis do império. Os habitantes teriam que ser dispersos, para que a posse total da terra pudesse ser dada aos israelitas. E pela mesma razão, os Emins e os Horeus foram expulsos de seus campos pelos filhos de Esaú e Lot de suas terras, pelas mesmas razões, dadas por Deus aos invasores ("Os Horeus também habitavam, outrora, em Seir; porém os filhos de Esaú os desapossaram e os destruíram de diante de si, e habitaram no lugar deles, assim como Israel fez à terra de sua possessão, que o Senhor lhes tinha dado" - Deuteronômio, II, 12). Mas, embora toda a idolatria fosse assim desenraizada da terra de Canaã, ainda assim nem todo idólatra foi executado. Toda a família de Raab, toda a nação dos Gibeonitas fizeram acordo com Josué e ficaram livres por tratado e havia muitos cativos entre os judeus que eram idólatras. Davi e Salomão subjugaram muitos países além dos limites da Terra da Promissão e levaram suas conquistas até o Eufrates. Entre tantos cativos, de tantas nações reduzidas à sua obediência, não encontramos nenhum homem forçado à religião judaica e à adoração do verdadeiro Deus e punido por idolatria, embora todos eles fossem culpados disso. Se alguém, de fato, tornando-se um prosélito, desejasse se naturalizar na sua comunidade era obrigado a se submeter às suas leis, isto é, a abraçar sua religião. Mas isto por sua vontade, por seu próprio acordo, não por constrangimento. Ele não se submeteria voluntariamente, por sua própria concordância, para mostrar obediência, mas buscaria e solicitaria, como um privilégio e logo que admitido, ele se tornaria sujeito às leis da comunidade, pela qual a idolatria era proibida dentro dos limites da terra de Canaã. Mas essa lei, como já disse, não alcançava qualquer das regiões, embora subjugados pelos judeus, que estivessem além dos limites.

Isto, em relação à adoração externa. Consideremos os artigos de fé.

Alguns artigos religiosos são práticos e outros especulativos. Agora, embora alguns tipos consistam do conhecimento da verdade e terminem simplesmente na compreensão, influenciam a vontade e as maneiras. Opiniões especulativas, portanto, e artigos de fé, como são chamados, solicitados apenas que sejam cridos, não podem ser impostos a qualquer igreja pela lei da terra, pois seria absurdo que as coisas fossem adotadas por leis que não cabem aos homens realizar. E, acreditar nisto ou naquilo não depende de sua vontade. Mas sobre isso já se disse o bastante. Porém, alguns dirão, deixe que os homens professem o que acreditam. Uma atraente religião, de fato, que obrigue os homens a dissimular e dizerem mentiras sobre Deus e os homens, para a salvação de suas almas! Se o magistrado pensa em salvar os homens assim, ele parece pouco entender do caminho da salvação e, se ele não o faz para salvá-los, por que ele é tão solícito sobre os artigos de fé a ponto de impô-los por lei?

Ainda mais, o magistrado não deveria proibir a pregação ou o professar de quaisquer opiniões especulativas em quaisquer igrejas, pois elas não têm qualquer modo de relação com os direitos civis dos seus adeptos. Se um católico romano acredita ser realmente o Corpo de Cristo o que outros chamam de pão, ele não fere a seu vizinho por isso. Se um judeu não acredita que o Novo Testamento seja a palavra de Deus, ele não altera os direitos civis de ninguém, por isso. Se um ateu duvida de ambos os Testamentos, ele não deve ser punido, portanto, como um cidadão pernicioso. O poder do magistrado e as propriedades das pessoas podem estar igualmente seguros se as pessoas acreditam ou não nessas coisas. Eu garanto prontamente que essas opiniões são falsas e absurdas. Mas o negócio da lei não é prover a verdade dos fatos, mas a segurança e o bem-estar da comunidade e da pessoa e bens de cada pessoa. E assim deve ser, pois a verdade iria se dar bem o bastante, se fosse deixada a seu próprio cargo aparecer. Ela raramente recebeu e eu temo que nunca receba muita assistência do poder dos grandes homens, de quem raramente é conhecida e mais raramente bem acolhida. Ela não é ensinada pelas leis, nem tem qualquer necessidade de procurar entrada nas mentes dos homens. Erros, de fato, ainda prevalecem pela assistência de estrangeiros e socorro emprestados. Mas se a verdade não encontra caminho à compreensão por sua própria luz, ela ficará ainda mais fraca por qualquer força violenta que se lhe acrescente. Assim o é para opiniões especulativas. Vamos agora proceder com as práticas.

Uma boa vida, em que consista não a menor parte da religião e da verdadeira piedade, interessa também ao governo civil e nele reside a segurança das almas humanas e da comunidade. As ações morais pertencem assim à jurisdição da corte interna e externa, do governador civil e doméstico. Quero dizer, ao magistrado e à consciência. Aqui, portanto, está o grande perigo, se uma dessas jurisdições penetrar na outra e a discordância surgir entre o mantenedor da paz pública e os supervisores das almas. Mas se o que foi dito sobre os limites desses governos for corretamente considerado, isso facilmente removerá toda a dificuldade da questão.

Cada homem tem uma alma imortal, capaz de felicidade ou miséria eterna, cuja felicidade depende dessa crença e da realização de coisas nesta vida da maneira necessária para obter o favor de Deus e prescritas por Deus para este fim. Segue-se disso, primeiro, que a observância dessas coisas é a maior obrigação que jaz sobre a humanidade e que nosso principal cuidado, esforço e diligência deveria ser sua procura e realização, porque não há nada neste mundo que seja mais preocupante do que a eternidade. Segundo, que se um homem não viola o direito do outro, por suas opiniões erradas e maneira indevida de adorar, nem sua perdição prejudica os negócios de outro homem, portanto, o cuidado com a salvação de cada homem pertence somente a si mesmo. Mas eu não teria esse entendimento, se eu traduzisse isso como condenar toda a admoestação carinhosa e empenho afetuoso para reduzir os erros dos homens, o que é, de fato, a maior tarefa do cristão. Qualquer um pode empregar quantas exortações e argumentos desejar, para promover a salvação de um homem. Mas toda a força e a compulsão devem ser proibidas. Nada deve ser feito imperativamente. Ninguém é obrigado, dessa maneira, a prestar obediência às admoestações ou injunções de outro, mais do que possa por si mesmo ser persuadido. Todo homem, assim, tem a autoridade suprema e absoluta de julgar-se a si mesmo e a razão é, porque ninguém mais tem tanto interesse ou possa receber qualquer prejuízo por causa dela.

Mas, além de suas almas, que são imortais, os homens também têm suas vidas temporais na terra; sua propriedade sendo frágil e passageira e a duração incerta, eles têm necessidade de várias conveniências externas para suportá-los, que devem ser buscadas ou preservadas pela dor e trabalho, pois essas coisas necessárias para o suporte confortável de nossas vidas não são produtos espontâneos da natureza, nem se oferecem prontas e preparadas para nosso uso. Essa parte, portanto, leva a outra parte e necessariamente dá outro uso. Mas a depravação dos homens sendo tal que prefere lutar pelo fruto do trabalho de outro homem do que ter que empreender o esforço de prover para si mesmo, a necessidade de preservar aos homens a posse daquilo que seu trabalho honesto honestamente adquiriu e também preservar sua liberdade e força, para adquirir o que queira, obriga o homem para se associar com outro, pois, com assistência e força mútuas, podem proteger entre si suas propriedades das coisas que contribuam para o conforto e a felicidade nesta vida, deixando para cada homem, neste meio tempo, o cuidado com sua eterna felicidade, cuja consecução não pode ser facilitada pelo esforço de outro homem, nem sua perda se tornar prejuízo para outro homem, nem sua esperança ser forçada nele por qualquer violência externa. Mas, visto que os homens adotando assim as sociedades, fundadas sobre seus mútuos pactos de assistência para a defesa de seus bens temporais, não possam ser privados deles, seja pela rapina ou fraude de seus concidadãos ou pela hostil violência dos estrangeiros. O remédio para isso consiste nos braços, riquezas e multidões de cidadãos: o remédio de outros nas leis e o cuidado de todas as coisas relativas a um e a outro é comissionado pela sociedade ao magistrado civil. Esta é a origem, a finalidade e os limites do legislativo, que é o poder supremo em toda comunidade. Quero dizer, deve-se prover a segurança das posses privativas dos homens, para a paz, riqueza e comodidades públicas de todas as pessoas e, tanto quanto possível, para o aumento de sua força interna contra invasões estrangeiras.

 Tendo explicado assim essas coisas, é fácil entender a que fim o poder legislativo deve se direcionar e por quais medidas regulado, quais sejam, o bem temporal e a prosperidade externa da sociedade, que é a única razão para os homens adotarem uma sociedade e a única coisa que nela procuram e almejam. E também é evidente que a liberdade permanece para os homens como referência à sua eterna salvação e que cada um faça o que, em sua consciência, seja persuadido como aceitável ao Todo-Poderoso, ou de Cujo prazer e aceitação depende sua felicidade eterna, pois a obediência é devida em primeiro lugar a Deus e em seguida às leis.

 Mas alguns perguntariam: "E se o magistrado quisesse algo, por sua autoridade, que parecesse ilegal à consciência de uma pessoa?" Respondo que, se o governo fosse fielmente administrado e os conselhos dos magistrados fossem de fato direcionados ao bem público, isto raramente aconteceria. Mas talvez, se isso falhar, eu digo que tal pessoa deve se abster das ações que julgue ilegais, mesmo tendo ele que enfrentar a punição, o que não seria ilegal, pois o julgamento privativo de uma pessoa sobre uma lei política, para o bem público, não exime a obrigação de cumprir aquela lei, nem merece sua dispensa. Mas se a lei de fato for relacionada a coisas que não estejam dentro do escopo da autoridade do magistrado como, por exemplo, que as pessoas ou uma parte delas, fossem compelidas a abraçar uma religião estranha e se unir à adoração e cerimônias de outra igreja, os homens não seriam, nesses casos, obrigados por tal lei, contra suas consciências, pois a sociedade política não é instituída para outro fim, senão o de garantir a posse do homem das coisas desta vida. O cuidado com a alma do homem e das coisas do paraíso que, nem pertencem à comunidade, nem podem ser submetidas a ela, são deixadas inteiramente à pessoa de cada homem. Assim, a salvaguarda das vidas humanas e das coisas pertinentes à sua vida é o assunto da comunidade e a preservação de tais coisas para seus donos é a tarefa do magistrado e, portanto, o magistrado não pode tirar essas coisas terrenas desse homem ou partido e dá-las a outrem, nem mudar a propriedade entre seus co-súditos, nem mesmo pela lei, por uma causa que não tenha relação com a finalidade do governo civil. Quero dizer, por sua religião que, seja verdadeira ou falsa, não prejudique os interesses terrenos dos seus súditos, que são coisas que só pertencem aos cuidados com a comunidade.

"Mas, e se o magistrado acreditar que essa lei é para o bem público?" Respondo: como o julgamento privativo de uma pessoa, se errado, não o isenta da obrigação de cumprir a lei, assim, o julgamento privativo, como posso chamá-lo, do magistrado, não lhe dá qualquer direito de impor leis sobre seus súditos, que nem foi garantido pela constituição do governo, nem está no poder popular garanti-lo e, principalmente se ele o faz para enriquecer e fazer progredir seus seguidores com os espólios de outros. Mas e se o magistrado acredita ter o direito de fazer tais leis e que elas sejam para o bem público e seus súditos acreditarem o contrário? Quem será o juiz entre eles? Respondo: somente Deus, pois não há juiz na terra entre o supremo magistrado e o povo. Deus, digo, é o único juiz neste caso, que retribuirá a cada um no último dia, conforme seus méritos, isto é, conforme sua sinceridade e retidão nos seus esforços para promover piedade e o bem-estar público e a paz da humanidade. Mas o que deve ser feito enquanto isso? Respondo: O principal cuidado de cada um deveria ser com sua própria alma, primeiro, e em seguida, com a paz pública. Pois, ainda há poucos que pensem haver paz onde vêem tudo se deixar perder. Há dois tipos de disputas entre eles: uma gerenciada pela lei, a outra, pela força. E elas são de tal natureza que, onde uma termina, outra sempre começa. Mas não cabe a mim inquirir sobre o poder do magistrado nas diferentes constituições das nações. Só sei o que normalmente acontece onde surgem controvérsias, sem um julgamento para determiná-las. O senhor dirá que, sendo o magistrado o mais forte, prevalecerá sua vontade. Sem dúvida. Mas a questão aqui não é a dubiedade do evento, mas a regra de direito.

Mas, para entrar em detalhes, digo primeiro que nenhuma opinião contrária à sociedade humana ou às regras morais, necessárias à preservação da sociedade civil, deve ser tolerada pelo magistrado. Mas tais exemplos nas igrejas são raros. Pois nenhuma seita pode facilmente chegar a tal grau de loucura, como se pensa poder ser adequada ao ensino, como doutrinas religiosas, pois tais coisas visivelmente minam as fundações da sociedade e, portanto, são condenadas pelo julgamento de toda a humanidade. Por seu próprio interesse, paz, reputação, tudo seria assim considerado como danoso.

Outro mal mais secreto, mas mais perigoso para a comunidade, é quando o homem se arroga e aos da sua própria seita, com alguma prerrogativa peculiar, coberto com uma demonstração especial de palavras enganosas mas, com efeito, opostas aos direitos civis da comunidade. Por exemplo: não podemos encontrar nenhuma seita que ensine expressamente e abertamente que os homens não são obrigados a manter sua promessa, que os príncipes podem ser destronados por aqueles que deles discordam por religião, ou que o domínio de todas as coisas pertence somente a eles mesmos. Pois essas coisas, propostas assim simplesmente e sem cobertura, logo fariam cair sobre elas o olho e a mão do magistrado e acordariam todas as atenções da comunidade contra a disseminação de um mal tão perigoso. Não obstante, encontramos os que dizem as mesmas coisas com outras palavras. O que mais querem dizer, os que ensinam que "a fé não é para ser mantida com heréticos?" Seu significado, certamente, é que o privilégio de romper com a fé pertence a eles mesmos, pois eles declaram que todos os que não estão em comunhão com eles são heréticos, ou no mínimo podem declará-los quando quer que entendam como adequado. Qual poderá ser o significado de sua afirmação que "reis excomungados devem ter sua coroa e reino confiscados?" É evidente que eles mesmos se arrogam o poder de depor reis, porque desafiam o poder da excomunhão como direito peculiar à sua hierarquia. "Este domínio é fundado na Graça" é uma afirmativa pela qual os que a mantêm reclamam claramente a sua posse de todas as coisas. Pois eles não estão reivindicando para si o não acreditar ou, no mínimo, o não professar a eles mesmos como verdadeiramente pios e crentes. Esses, portanto, que atribuem à fé, religiosidade e ortodoxia, isto é, a si mesmos, qualquer privilégio especial ou poder sobre outros mortais, quanto aos interesses civis, ou quem, sob a pretensão religiosa, desafiam qualquer autoridade que não esteja associada a eles na sua comunhão eclesiástica, digo que esses não têm o direito a serem tolerados pelo magistrado, nem aqueles que não possuirão nem ensinarão o dever de tolerar todos os homens em termos de mera religião. Pois o que essas doutrinas e outras semelhantes significam, além de que eles podem e estarão prontos em qualquer ocasião para apoderar-se do governo e possuir para si mesmos as propriedades e fortunas dos seus adeptos e que eles apenas pedem para serem tolerados pelos magistrados o tempo suficiente para se fortalecerem o bastante para efetuar tal coisa.

Novamente, que a igreja pode não ter o direito de ser tolerada pelo magistrado, se for constituída sobre tal fundamento; que todos os que a ela se associam se entregam, *ipso facto*, à proteção e serviço de Outro Príncipe. Pois, por esse meio, o magistrado permitiria o estabelecimento de uma jurisdição estrangeira no seu próprio país, e se submeteria a seu próprio povo ser alistado, como ocorre, como soldados contra seu próprio governo. Nem a frívola e falaciosa distinção entre a corte e a igreja suportaria tal remédio para esta inconveniência, especialmente quando uma e outra estão sujeitas à autoridade absoluta da mesma Pessoa. Quem não tem só o poder para persuadir os membros de sua igreja para o que quer que enumere, sejam coisas puramente religiosas ou outras desse tipo, mas também pode usufruir com eles a dor do fogo eterno. É ridículo que alguém se professe um maometano somente na religião, mas em tudo o mais, um súdito fiel de um magistrado cristão, ao mesmo tempo se reconhecerá disposto a prestar obediência cega ao Mufti de Constantinopla, ele será inteiramente obediente ao imperador otomano e construirá os renomados oráculos dessa religião, conforme seu gosto. Mas esse maometano, vivendo entre cristãos, mais aparentemente renunciaria a seu governo, se ele percebesse que a mesma pessoa que é o supremo magistrado do governo, também é o cabeça de sua igreja.

Por último, quem nega o Ser de Deus não pode ser de todo tolerado. Promessas, contratos e votos, que são os laços da sociedade humana, não são amarras sobre um ateu. A eliminação de Deus, mesmo só em pensamento, as dissolvem. Além disso, os que, por seu ateísmo, minam e destroem toda religião, não podem ter a pretensão religiosa de desafiar o privilégio da tolerância. Pois, por outras opiniões práticas, embora não absolutamente livre de erro, se ainda não pretendam estabelecer domínio sobre outros ou a impunidade civil à igreja em que foram ensinados, não pode haver razão por que não deveriam ser tolerados.

Resta que eu diga algo sobre essas assembléias que, sendo vulgarmente chamadas e talvez às vezes tendo sido nascedouros e viveiros de facções e sedições, procuram suportar a forma mais forte de objeção contra essa doutrina da tolerância. Mas isto não aconteceu por alguma coisa peculiar à mente de tais assembléias, mas pelas infelizes circunstâncias de uma liberdade opressa ou mal estabelecida. Essas acusações logo cessariam, se a lei da tolerância fosse estabelecida, de que todas as igrejas fossem obrigadas a estabelecer a tolerância, como fundamento para sua própria liberdade e ensinar a liberdade de consciência como o direito natural de todo homem natural, sejam igualmente dissidentes ou membros. E que ninguém pode ser compelido a assuntos religiosos pela lei ou pela força. O estabelecimento de tal coisa eliminaria todo o fundamento para reclamações e tumultos a título de consciência. E tendo sido removidas essas causas de descontentamentos e animosidades, nada permaneceria nessas assembléias que não fosse mais pacífico e menos apto a produzir perturbações no país que em outros tipos de reuniões. Mas, examinemos particularmente os títulos dessas acusações.

O senhor diria que as "assembléias e reuniões colocam em perigo a paz pública e ameaçam a comunidade". Eu respondo: se for assim, por que existem diariamente tantas reuniões nos mercados e cortes de justiça? Por que tem multidões nos Bancos e tal concurso de pessoas à cidade sobrecarregada? O senhor retrucará que são assembléias civis, mas aqueles a quem objetamos são eclesiásticos. Respondo: é parecido, de fato, que tais assembléias que estão todas afastadas dos negócios civis, mais poderiam enredá-las. Oh, mas as assembléias civis são compostas de homens que discordam entre si em assuntos religiosos, mas essas reuniões religiosas são de pessoas com a mesma opinião. Como se um acordo em termos religiosos fosse, com efeito, uma conspiração contra a comunidade, ou se os homens não fossem mais acaloradamente unânimes em religião, quanto menos liberdade tiverem para se reunir. Mas urge ainda que as assembléias civis sejam abertas e livres para qualquer um participar, enquanto que as reuniões religiosas são mais privadas e, assim, dão mais oportunidade para maquinações clandestinas. Respondo que isto não é estritamente verdadeiro, pois muitas assembléias civis não são abertas a todos. E se algumas reuniões religiosas são privadas, quem, eu lhe indago, pode disso reclamar? Os que desejam ou os que lhes proíbem serem públicas? Novamente, o senhor diria: a comunhão religiosa une excepcionalmente as mentes dos homens e os afetos entre eles e é, portanto, a mais perigosa. Mas, se assim é, por que seu magistrado não teme sua própria igreja e por que ele não proíbe suas assembléias, como coisa perigosa ao seu governo? O senhor dirá, porque ele mesmo é parte e até mesmo o cabeça deles. Como se ele não fosse também uma parte da comunidade, como o cabeça de todo o povo.

Vamos, portanto, falar francamente. O magistrado teme outras igrejas, mas não a sua própria, porque ele é gentil e favorável à dele, mas severo e cruel com as outras. Esta, ele trata como crianças e os perdoa mesmo na sua devassidão. Aqueles, ele usa como escravos e, mesmo que inculpáveis eles se declarem, ele os recompensa com galés, prisões, confiscos e morte. Estes, ele acarinha e defende. Aqueles, ele continuamente flagela e oprime. Deixe-os virar de lado na mesa: se os dissidentes usufruírem os mesmos privilégios civis dos demais súditos, ele rapidamente descobrirá que essas reuniões religiosas não são tão perigosas. Pois se os homens começam conspirações sediciosas, não é a religião que os inspira a isso em suas reuniões, mas seus sofrimentos e opressões que os fazem querer alívio. Quando justos e moderados, os governos estão sempre quietos e seguros. Mas a opressão faz surgir fermentações e os faz lutar para cortar príncipes rudes e tirânicos. Sei que as sedições surgem com freqüência, sob o disfarce de religião. Mas é verdade que, por causa da religião, os súditos são muitas vezes maltratados e vivem miseravelmente. Acredite-me, os levantes procedem não de uma têmpera peculiar a esta ou aquela igreja ou sociedade religiosa, mas da disposição comum de toda a humanidade que, quando murmuram contra o excesso de carga, se esforçam naturalmente para ejetar qualquer príncipe que esteja apertando seus pescoços. Suponha que as questões religiosas fossem deixadas em paz e que houvesse outros tipos de diferenciações entre homens e homens, sobre suas diferentes compleições, formas e características, de modo que os que tivessem cabelos negros, por exemplo, ou olhos cinzas não deveriam usufruir os mesmos privilégios dos outros cidadãos, que a eles não seria permitido comprar ou vender ou viver por sua própria conta, que os pais não devessem ser os responsáveis pela educação de seus filhos, que eles devessem ser excluídos do benefício das leis, ou serem julgados por juízes parciais. Pode haver dúvidas que essas pessoas, assim diferenciadas das outras pela cor de seus cabelos ou olhos e unidas de forma coesa por uma perseguição comum, seriam tão perigosas ao magistrado, como outras que se associam pela religião? Algumas pessoas se associam pelo comércio e lucro; outras, pelo desejo de negociar, têm seus clubes como vinho. A vizinhança reúne alguns, a igreja, outros. Mas só há uma coisa que une as pessoas para as comoções de sedição: a opressão.

O senhor dirá: O quê? O senhor terá pessoas para atender ao serviço divino contra a vontade do magistrado? Respondo: por que, pergunto, contra a vontade dele? Contra sua vontade, o senhor diz? É disso que reclamo. Essa é a verdadeira raiz de todo o engano. Por que as assembléias podem acontecer menos nas igrejas que no teatro ou no mercado? Os que aí se reúnem não são mais viciosos ou mais turbulentos que os que se reúnem em outro lugar. A questão aí é que eles têm sido mal usados e, portanto, não devem sofrer. Elimine-se a parcialidade usada contra eles em matéria do direito comum, mudem-se as leis, elimine as penalidades a que estão sujeitos e todas as coisas imediatamente se tornam seguras e pacíficas. Não, aqueles avessos à religião do magistrado, vão se entender como dispostos a manter a paz na comunidade, pois sua condição é melhor naquele lugar que em outros e todas as congregações separadas, como tantos guardiões da paz pública vão se vigiar uns aos outros, para que nada seja inovado ou mudado na forma de governo, porque eles não podem esperar por nada melhor que o que já usufruem, isto é, uma condição de igualdade com seus concidadãos, sob um governo tão justo e moderado. Agora, se aquela igreja, que concorda com a religião do príncipe seja considerada como o principal suporte de um governo civil e que, por nenhuma outra razão, como já se mostrou, do que porque o príncipe é gentil e as leis lhe são favoráveis, quão maior será a segurança do governo, onde todos os súditos, quem quer que sejam, sem distinção de religião, usufruem o mesmo favor do príncipe e o mesmo benefício das leis, quão mais se tornará o suporte comum e sua guarda e, onde ninguém terá motivos para temer a gravidade das leis, mas os que cometerem ofensas contra seus vizinhos e a paz civil!

Podemos chegar a uma conclusão: "A soma de tudo nos leva a isso: que cada homem usufrua os mesmos direitos garantidos a outros". É permitido adorar a Deus à maneira romana? Que essa forma seja também permitida em Gênova. É permitido falar latim no mercado? Permita-se, àqueles que o conseguem, fazê-lo também na igreja. É legal para qualquer homem em sua própria casa se ajoelhar, ficar em pé, sentar ou usar qualquer postura e se vestir de branco, negro, com roupas curtas ou longas? Que não seja ilegal comer pão, beber vinho ou lavar-se com água na igreja. Em uma palavra: quaisquer coisas consideradas livres por lei nas ocasiões comuns da vida, que sejam mantidas livres nas igrejas na divina adoração. Que a vida de nenhum homem, ou seu corpo, casa ou propriedade possam sofrer qualquer forma de prejuízo por isso. O senhor pode permitir a disciplina presbiteriana? Por que os episcopais não podem ter uma parecida? A autoridade eclesiástica, administrada pelas mãos de uma única pessoa ou de muitas, em todo lugar é a mesma. Nem ela tem jurisdição sobre coisas civis nem qualquer forma de compulsão, nem nada a ver com riquezas e rendas.

As assembléias e sermões eclesiásticos são justificados pela experiência diária e a permissão pública. Elas são permitidas ao público com alguma persuasão: por que não para todos? Se algo se passa numa reunião religiosa de forma sediciosa e contrária à paz pública, deve ser punido da mesma maneira que se ocorresse numa feira ou mercado. Essas reuniões não devem ser santuários de parceiros facciosos e perversos, nem deve ser menos legal os homens se reunirem nas igrejas que em teatros, nem parte dos súditos deve ser considerada mais condenável por se reunirem, que outra. Cada homem deve ser considerado por suas ações e nenhum homem deve ficar sob suspeita ou ódio pela falta de outro. Os que forem sediciosos, assassinos, ladrões, assaltantes, adúlteros, caluniadores, etc., de qualquer igreja, nacional ou não, devem ser punidos e expulsos da comunidade. Mas aqueles cuja doutrina é pacífica e cujos modos são puros e não condenáveis, devem ser considerados em termos iguais a seus concidadãos. Assim, em assembléias solenes, assistência em festivais, adoração pública, sejam permitidas todos os tipos de adeptos. Todas essas coisas devem ser permitidas aos presbiterianos, independentes, Anabatistas, armênios, Quacres e outros, com a mesma liberdade. Não, se podemos falar a verdade abertamente, nas questões entre os homens, nem pagãos, nem maometanos, nem judeus devem ser excluídos dos direitos civis da comunidade, por sua religião. A igreja "que não julga o que está fora" [I Cor 1,11], não o quer. E a comunidade que abraça indiferentemente todos os homens honestos, pacíficos e trabalhadores, não o requer. Temos pagãos trabalhando e negociando conosco e não os podemos ter orando e adorando a Deus? Se permitirmos que os judeus tenham suas casas e vivam entre nós, por que não permitimos suas sinagogas? Sua doutrina é mais falsa, sua adoração mais abominável, ou a paz civil é mais ameaçada por suas reuniões públicas que em suas casas? Mas se essas coisas podem ser garantidas a judeus e pagãos, certamente a condição de quaisquer cristãos não deveria ser pior que a deles, numa comunidade cristã.

O senhor dirá, talvez, sim, deveria. Porque são mais inclináveis a facções, tumultos e guerras civis. Respondo: esta é uma falha da religião cristã? Se for, verdadeiramente a religião cristã é a pior de todas as religiões e não deveria nem ser adotada por um indivíduo, nem tolerada pela comunidade. Pois se essa for a essência, a natureza da religião cristã, ser turbulenta e destrutiva da paz civil, a própria igreja que o magistrado permite não será sempre inocente. Mas longe de nós dizer tal coisa dessa religião que traz em si a maior oposição à cobiça, ambição, discórdia, contenda e toda forma de desejos incontidos e é a mais modesta e pacífica religião que jamais houve. Devemos, portanto, procurar outra causa de tais males que são impostos sobre a religião. E se considerarmos certo, nós veremos que esse mal consiste totalmente do assunto de que estou tratando. Não é a diversidade de opiniões que não pode ser evitada, mas a recusa a tolerar aqueles que têm diferentes opiniões, que deveriam ser garantidas, é que produziu todo o alvoroço e guerras que ocorreram no mundo cristão, à conta da religião. Os cabeças e líderes da igreja, movidos por avareza e insaciável desejo de domínio, fazendo uso da imoderada ambição dos magistrados e da crédula superstição da multidão irrefletida, incensou-os e os animou contra aqueles que discordavam deles, pregando a eles, contrário às leis do Evangelho e aos preceitos da caridade, que aqueles dissidentes e heréticos deveriam ser livrados de suas posses e destruídos. E assim, eles misturaram e confundiram duas coisas, que em si são muito diferentes: a igreja e a comunidade. Agora, como é muito difícil para os homens pacientemente se verem destituídos dos seus bens, que obtiveram por seu trabalho honesto e, sendo isso contrário a todas as leis de eqüidade, sendo o homem e o divino entregues como presa à violência e rapina de outros homens, especialmente quando são, em conjunto, condenáveis e que os fatos pelos quais são assim tratados, de todo não pertencem à jurisdição do magistrado, mas inteiramente à consciência de cada indivíduo, por cuja conduta só a Deus cabe julgar, o que mais se pode esperar, mas que esses homens, crescendo-lhes a consciência do mal sob o qual trabalham, levem-nos, ao final, a pensar como legal para eles resistirem força a força e defenderem seus direitos naturais, que não podem ser confiscáveis por causa da religião, com seus braços, tão bem quanto possam? Que isto tem sido, até agora, o curso normal das coisas, está abundantemente evidente na História e que continuará a sê-lo, e bastante aparente. E não poderia ser diferente, de fato, já que o princípio da perseguição religiosa prevalecerá, como foi até agora pelos magistrados e povo, enquanto aqueles que se arvoram como pregadores da paz e da concórdia continuarem, pelos seus argumentos e poder, a excitar os homens às armas e soarem os trompetes da guerra. Mas e se esses magistrados, que sofressem assim com as ações desses incendiários e perturbadores da paz pública, pudessem ser meramente lembrados que parece não terem sido convidados a participar do espólio e, portanto, acharam por bem fazer uso de sua cobiça e orgulho como meio para aumentar seu próprio poder? Pois, quem não vê que esses bons homens são, se fato, mais ministros do governo que ministros do Evangelho e que dando asas à ambição e favorecendo o domínio dos príncipes e homens de autoridade, eles empreendem todo seu poder a promover a tirania na comunidade que, de outro modo, não poderiam estabelecer na igreja? Este é o infeliz acordo que vemos entre a Igreja e o Estado. Enquanto que, se cada um deles se contivesse dentro de seus próprios limites, um atendendo ao bem-estar terreno da comunidade e o outro à salvação das almas, seria impossível que qualquer discórdia jamais houvesse entre eles. "*Sed pudet haec opprobria*", etc. Deus Todo-Poderoso garante, eu clamo, que o Evangelho da paz possa ser inteiramente pregado e que os magistrados civis, tendo mais cuidado para conformar suas próprias consciências à lei de Deus e menos solícitos sobre dobrar as consciências de outros homens às leis humanas, possam, como pais de seu país, dirigir todos os seus conselhos e esforços a promover universalmente o bem-estar de todos os seus filhos, exceto os arrogantes, ingovernáveis e ofensivos aos seus irmãos. E que todos os homens eclesiásticos, que se arrogam como sucessores dos apóstolos, caminhando pacificamente e modestamente nos passos dos apóstolos, sem intermediação com os negócios do Estado, possam se aplicar totalmente a promover a salvação das almas. Adeus.

    Talvez não seja demais acrescentar algumas coisas sobre heresia e cisma. Um turco não é, nem pode ser herético ou Cismático, em relação a um cristão e se um homem deixa a fé cristã e adota o maometismo, ele, assim não se torna um herético ou Cismático, mas um apóstata e infiel. Disto ninguém duvida. E, por isso, parece que os homens de diferentes religiões não podem ser heréticos ou Cismáticos entre si.

Devemos perguntar, portanto, que homens são da mesma religião. A respeito de que se manifesta que aqueles que tenham uma e a mesma regra de fé e adoração sejam da mesma religião e aqueles que não tenham a mesma regra de fé e adoração sejam de diferentes religiões. Pois já que todas as coisas que pertençam àquela religião estão contidas naquela regra, segue-se necessariamente que aqueles que concordam com uma regra são da mesma religião e vice-versa. Assim, turcos e cristãos são de religiões diferentes, porque estes assumem as Sagradas Escrituras como a regra de sua religião e aqueles, o Alcorão. E, pela mesma razão, deve haver religiões diferentes também, mesmo entre os cristãos. Os papistas e luteranos, embora ambos professem a fé em Cristo e, portanto, são chamados cristãos, não são, porém, da mesma religião. Porque esses não reconhecem nada além das Sagradas Escrituras como a regra e o fundamento de sua religião; aqueles também levam em conta as tradições e os decretos dos papas e o conjunto deles são a regra de sua religião. Da mesma forma, os cristãos de São João, como são chamados e os cristãos de Genebra são de religiões diferentes, porque estes também só consideram as Escrituras e aqueles, não sei quais tradições, como regra de sua religião.

Tendo isso sido estabelecido, segue-se, primeiro, que a heresia é uma separação feita numa comunidade eclesiástica entre os homens da mesma religião, por algumas opiniões de forma alguma contidas na própria regra. E segundo, que entre aqueles que nada mais reconhecem além das Sagradas Escrituras como sua regra de fé, a heresia é uma separação em sua comunidade cristã, pelas opiniões não contidas nas palavras expressas das Escrituras.

Agora, essa separação pode ocorrer em dois níveis:

Primeiro, quando a maior parte da igreja, ou aquela que, sob o patronato do magistrado, é a mais forte, se separa das outras partes, excluindo-as de sua comunhão, porque não professarão sua crença em certas opiniões que não estão fundadas nas palavras expressas das Escrituras, não é a pequenez dos que estão separados, nem a autoridade do magistrado que pode tornar um homem culpado de heresia, mas é apenas um herético que divide a igreja em partes, introduz nomes e marcas de diferenciação e voluntariamente faz uma separação por tais opiniões.

Segundo, quando alguém se separa da comunidade da igreja, porque aquela igreja não professa publicamente certas opiniões que as Sagradas Escrituras não ensinam de forma expressa.

Ambas são "heréticas porque erram nos fundamentos e erram obstinadamente contra o conhecimento". Pois quando determinaram que as Sagradas Escrituras são o único fundamento da fé, nunca expõem certas propostas que não estejam nas Escrituras como fundamentais e, porque outros não reconhecerão essas opiniões adicionais como suas, nem discorrerão sobre elas como se fossem necessárias e fundamentais, eles, portanto, produzem uma separação na igreja, seja separando-se dos outros, ou afastando os outros deles. Nem significa qualquer coisa eles dizerem que suas confissões e símbolos são agradáveis às Escrituras e à analogia da fé, pois se estão concebidas nas palavras expressas das Escrituras, não pode haver dúvidas sobre elas, porque são reconhecidas por todos os cristãos como de divina inspiração e, portanto, fundamentais. Mas se dizem que os artigos que exigem serem professados são conseqüências deduzidas das Escrituras, é sem dúvida bem feito que eles acreditem e professem tais coisas como agradáveis à regra de fé. Mas seria ruim forçarem outros a isso, àqueles a quem não parece doutrinas indubitáveis das Escrituras. E separar coisas como essas que nem são nem podem ser fundamentais, é se tornar herético. Pois eu não acredito que deva haver um homem que tenha alcançado tal grau de loucura, que ouse declarar suas conseqüências e interpretações das Escrituras como divinas inspirações e compare os artigos de fé, que ele estruturou conforme sua própria fantasia, com a autoridade das Escrituras. Sei que há algumas proposições tão evidentemente agradáveis às Escrituras, que ninguém pode negá-las como tendo sido divinamente inspirada, mas sobre elas não pode haver diferenças. Só digo isto: embora possamos pensar claramente nessa ou aquela doutrina como deduzida das Escrituras, não devemos impô-la a outros como necessário artigo de fé, embora ficássemos contentes que outras doutrinas nos fossem impostas da mesma maneira e fôssemos compelidos a receber e professar todas as diferentes e contraditórias opiniões de luteranos, calvinistas, protestantes, anabatistas e outras seitas, que os criadores de símbolos, sistemas e confissões estão acostumados a entregar a seus seguidores como genuínas e necessárias deduções das Sagradas Escrituras. Só posso imaginar na extravagante arrogância dos homens que pensam poder explicar sobre coisas necessárias à salvação mais claramente que o Santo Espírito, a eterna e infinita sabedoria de Deus.

Assim, muitas coisas são concernentes à heresia, cuja palavra no uso comum é aplicada somente à parte doutrinária da religião. Consideremos agora o cisma, um crime muito próximo de nós. Ambas as palavras me parecem significar "uma separação mal embasada na comunidade eclesiástica, feita sobre coisas não necessárias". Mas, já que o uso, que é a lei suprema em termos de linguagem, determinou que heresia se relaciona a erros na fé e cisma, a erros em adoração ou disciplina, devemos considerá-los sob tal distinção.

Cisma, pelas mesmas razões já alegadas, nada mais é que a separação da comunhão da igreja, à conta de algo na divina adoração ou disciplina eclesiástica, que não seja uma parte necessária. Agora, nada na adoração ou disciplina pode ser necessário à comunhão cristã, mas o que Cristo, nosso legislador, ou os apóstolos, pela inspiração do Santo Espírito, comandaram com palavras expressas.

Numa palavra: aquele que não nega os ensinamentos das Sagradas Escrituras em palavras expressas, nem produz separação sobre nada que não esteja expressamente contido no texto sagrado, embora ele possa ser apelidado por alguma seita de cristãos e declarado por alguns, ou por todos, como esvaziado do verdadeiro cristianismo, ainda, de fato e em verdade, este homem não pode ser nem herético, nem cismático.

Essas coisas deveriam ser explicadas mais amplamente e de modo mais avançado, mas é suficiente tê-las sugerido, assim brevemente, à sua pessoa.

UMA

SEGUNDA CARTA

SOBRE

TOLERÂNCIA

UMA

SEGUNDA CARTA

SOBRE

TOLERÂNCIA

AO AUTOR DO ARGUMENTO DA CARTA SOBRE TOLERÂNCIA, BREVEMENTE CONSIDERADA E RESPONDIDA

Senhor,
Perdoe-me se tomo a mesma liberdade consigo, que o senhor deu ao autor da Carta sobre Tolerância, para considerar seus argumentos e tentar mostrar-lhes os erros que nelas há, pois já que o senhor tão claramente levantou-lhe a questão e o fez próprio que "a gravidade de que ele dissuade os cristãos são inaptas e impróprias para levar os homens a abraçar a verdade que deve salvá-los", leva-me à esperança de poder prevalecer sobre sua opinião de que o único objetivo justificável para os homens diferirem sobre religião, mesmo com o uso dos métodos mais severos, sem pesar cuidadosa e imparcialmente toda a questão e, portanto, remover o preconceito que o faz favorecer alguns vestígios de perseguição, prometendo-me que pessoa tão ingênua será convencida pela verdade que pare-

ce tão clara e evidente para mim, ou ainda, confessará que o senhor ou eu, revestidos de autoridade sem razão ou justiça usemos força sobre o outro, que divirja dele, sob o pretexto de querer examiná-lo. E a força não deve ser usada no seu ou meu caso, por ser sem razão ou injusta. O senhor pensará ser justo, espero, que seja igualmente para todos considerado injusto e irracional. Pois eu só duvido de parecer que isto será assim inevitavelmente, até onde o senhor chegue para punir os homens à guisa de consideração, pelo verdadeiro modo de tentar especulações como essa, para ver como eles provarão quando forem reduzidos à prática.

A primeira coisa que o espanta, na carta do autor, é a amplitude proposta da tolerância. E a si parece estranho que ele não tenha excluído "pagãos, maometanos ou judeus dos direitos civis da comunidade por causa de suas religiões". Oramos todos os dias por suas conversões e eu penso ser nosso dever fazê-lo, mas se acreditará, temo, que oramos em vão, se os excluímos dos meios comuns e prováveis de conversão, seja dirigindo-os para outro caminho, seja perseguindo-os quando estão entre nós. A força, o senhor convirá, é imprópria para converter os homens a qualquer religião. A tolerância é a remoção dessa força. Então, não consigo ver, se o senhor quer suas conversões, por que eles não podem ser tolerados tanto quanto outros. O senhor diria: "parece difícil conceber como o autor daquela carta poderia prestar qualquer serviço à religião em geral ou à religião cristã, recomendando ou persuadindo sobre tal tolerância; Pois, não vejo quanto pode levar ao avanço do comércio (que alguns parece colocar acima todas as considerações), com qualquer experimento a ser feito, se espere que a verdadeira religião ganharia com isso, pois ela seria mais preservada quanto mais fosse propagada, ou mais renderia frutos às vidas dos seus adeptos". Antes de abordar sua dúvida, "se a verdadeira religião ganharia com tal tolerância", deixe-me observar que se, por outras considerações, o senhor só mencionar a religião, seu parêntesis está paralelo à questão e, se o senhor não sabe se o autor da carta coloca o comércio acima da religião, sua insinuação não é caridosa. Mas eu continuo.

"O senhor não vê razão", diz, por qualquer experiência anterior, "em esperar que a verdadeira religião ganharia com isso". A verdadeira religião e a religião cristã são, suponho, para si e para mim, a mesma coisa. Mas, o senhor tem experiência sobre isto, em sua primeira aparição sobre o mundo e séculos mais tarde. Ela foi, então "melhor preservada, mais amplamente propagada, em proporção, e criou mais frutos nas vidas dos seus adeptos" que nunca. Assim, onde judeus e pagãos foram tolerados e mais que tolerados pelos governos dos lugares onde cresceu. Espero que o senhor não imagine que a religião cristã tenha perdido qualquer parte de sua beleza, força ou racionalidade, estando há quase dois mil anos no mundo, ou que o senhor tema que ela teria agora menos força para crescer sozinha, sem a ajuda de força. Eu não duvido que o senhor considere que ela ainda é "a força e a sabedoria de Deus para nossa salvação" e, portanto, não se possa suspeitar que ela seja agora menos capaz de prevalecer, por sua própria verdade e luz, que nas primeiras eras da igreja, quando homens pobres, sem a autoridade ou a continência da autoridade, cuidavam dela sozinhos. Isto, como penso, foi usado geralmente pelos cristãos, e por alguma parte de nossa igreja, em particular, como argumento para a verdade da religião cristã, que ela cresceu, se disseminou e prevaleceu, sem ajuda da força ou a assistência dos poderes da época e se for uma marca da religião verdadeira, que ela prevalecerá por sua própria luz e força, mas não as falsas, que precisarão de força e ajuda estrangeira para as suportar, nada pode ser mais vantajoso para a verdadeira religião, que eliminar a compulsão em todo lugar e, portanto, não é mais "difícil de conceber como o autor da carta poderia pensar em prestar serviço à religião em geral, ou à religião cristã" do que difícil conceber que haja uma religião verdadeira como é a religião cristã, que seus adeptos nunca precisaram usar força e usaram isto como o melhor argumento para provar sua verdade. As invenções dos homens em matéria de religião precisam da força e a ajuda dos homens para apoiá-los. Uma religião de Deus não quer a assistência da autoridade humana para fazê-la prevalecer. Imagino, quando vem do senhor, o senhor estreitou seus pensamentos para ajustá-los à sua época e país, mas se o senhor ampliá-los um pouco além dos confins da Inglaterra, não duvido de que o senhor facilmente imaginará que se na Itália, Espanha, Portugal, etc., a Inquisição e na França, os dragões da cavalaria e em outros lugares as perseguições usadas para manter ou forçar os homens à religião natural, fossem eliminados e, ao invés, a tolerância proposta pelo autor fosse instaurada, a verdadeira religião ganharia com isso.

O autor da carta diz "a verdade iria muito bem, se fosse deixada por sua conta. Ela raramente tem recebido e ele teme nunca receber, muita assistência do poder dos grandes homens, de quem ela raramente é conhecida e mais raramente bem-vinda. Os erros de fato prevalecem pela assistência de estrangeiros e socorro emprestado. A verdade traça o caminho em nosso entendimento, por sua própria luz e este é tão fraco quanto qualquer força emprestada, para que a violência possa lhe acrescentar algo". As palavras dele, embora lhe pareçam difíceis, podem lhe ajudar a conceber como ele pensaria prestar serviço à verdadeira religião, recomendando e persuadindo da tolerância que ele propõe. E agora, diga-me, por favor, se o senhor não pensa que a verdadeira religião ganharia com isso, se tal tolerância, aí estabelecida, permitiria que a doutrina da igreja na Inglaterra fosse livremente pregada e sua adoração estabelecida em qualquer país papista, maometano ou pagão? Se o senhor não pensa assim, o senhor tem má opinião sobre a religião da Inglaterra e pensa que ela só pode ser propagada e suportada pela força. Se o senhor pensa que ela poderia ganhar em tais países com tal tolerância, o senhor está com a mente do autor e não acha tão difícil conceber como a recomendação de tal tolerância pode prestar serviço àquela que pensa ser a religião verdadeira. Mas se o senhor admite que tal tolerância seja útil à verdade em outros países, pode encontrar algo especial no ar que a torna menos útil à verdade na Inglaterra e seria guardar muita parcialidade e seria muito absurdo, temo, que o senhor sustente que a tolerância será vantajosa à verdadeira religião em todo o mundo, exceto apenas nesta ilha. Assim, devo suspeitar que este absurdo esteja no fundo e o senhor construa tudo que diz sobre essa tola suposição, de que a atual religião nacional na Inglaterra, manufaturada pela autoridade pública da lei, seja a única religião e, portanto, nenhuma outra deva ser tolerada, o que, sendo uma suposição igualmente inevitável e igualmente justa em outros países, embora possamos imaginar que em todo lugar menos na Inglaterra os homens acreditem o que, ao mesmo tempo, acreditam ser uma mentira, em outros lugares excluirá a tolerância e, portanto, obstruirá a verdade dos próprios meios de propagação.

Quais são os frutos da tolerância que, nas próximas palavras, o senhor reclama que "ainda permanece entre nós" e que, diz o senhor "não encoraja esperar dela muitas vantagens". Quais os frutos, digo, ou se eles querem ampliar a tolerância entre nós, estaremos aptos a julgar, quando o senhor nos disser quais são eles. Entretanto, direi enfaticamente que, se os magistrados, severa e imparcialmente se colocarem contra o vício, onde quer que seja encontrado e deixarem os homens às próprias consciências em seus artigos de fé e modos de adoração, "a verdadeira religião se disseminará mais amplamente e frutificará melhor nas vidas dos seus adeptos", do que nunca foi, pela imposição de credos e cerimônias.

O senhor nos diz: "ninguém pode deixar de encontrar o caminho da salvação, se procurar como deve". Imagino que o senhor não percebeu, onde o senhor procurou, como fomos orientados ao modo correto de procurar. A palavra, em João VII, 17 são: "Se alguém quiser fazer a vontade dele, conhecerá a respeito da doutrina, se ela é de Deus ou se eu falo por mim mesmo". E o Salmo XXV, 9, 12 e 14, que o senhor também menciona, nos diz: "Guia os humildes na justiça e ensina aos mansos o seu caminho; ao homem que teme ao Senhor, Ele o instruirá no caminho que deve escolher; a intimidade do Senhor é para os que O temem, aos quais Ele dará a conhecer a sua aliança". Assim, essas citações, se provam para que o senhor as cita, "que ninguém pode deixar de encontrar o caminho para a salvação, se procurar como deve", elas também provam que uma boa vida é o único modo de procurar como devemos e que, portanto, os magistrados, se pusessem os homens a procurar o caminho da salvação como deveriam, os forçaria, por suas leis e castigos, a uma boa vida, sendo a boa conversação o caminho mais imediato e seguro para uma correta compreensão. As penalidades e castigos assim aplicados, estamos certos, são ambos praticáveis, justos e úteis. Como os castigos provarão o caminho que o senhor defende, veremos quando viremos a considerá-los.

Tendo nos dados essas marcas limites de sua boa-vontade quanto à tolerância, "não é nosso desígnio argumentar contra ela, mas apenas inquirir o que nosso autor oferece como prova de sua afirmativa". E o senhor nos dá o esquema de sua argumentação.

"1. Só há um modo de salvação ou uma só verdadeira religião."

"2. Nenhum homem pode ser salvo por uma religião que ele não acredita ser a verdadeira religião".

"3. Esta crença deve ser lavrada no homem pela razão e argumento, não por força externa ou compulsão".

"4. Portanto, nem toda a força é realmente útil para promover a verdadeira religião e salvar as almas".

"5. E, portanto, ninguém tem o direito a usar qualquer força ou compulsão, para levar os homens à verdadeira religião".

E o senhor nos diz "toda a força que a carta usa para seu propósito, está em sua argumentação" que me faz dizer que o senhor não tem mais razão para dizer, do que se dissesse que apenas uma viga da casa teria tanta força nela que, há várias outras que suportam a construção.

O propósito dessa carta é claramente defender a tolerância, fora de qualquer força, especialmente a força civil, ou a força do magistrado. Agora, se é uma consequência verdadeira "que o homem deve ser tolerado, se os magistrados não tiverem poder ou autoridade para puni-los por assuntos religiosos", então a única força da carta não reside na inadequação da força para convencer a compreensão dos homens.

Novamente, se for verdade que "os magistrados são tão propensos ao erro quanto o resto da humanidade, o uso de sua força em questões religiosas, não faz progredir, de todo, a salvação da humanidade", mostrando até mesmo que a força pode trabalhar sobre eles e os magistrados teriam autoridade para usá-la em religião, então o argumento que o senhor menciona não é "o único na carta com potência para provar a necessidade da tolerância". Pois assim eliminando o argumento sobre a inadequação da força para convencer a mente dos homens, um e outro seriam uma forte prova de tolerância. Mas, consideremos o argumento como o senhor o coloca.

O Senhor diz: "Concordo com as duas primeiras proposições". Em relação à terceira, o senhor garante "que a força é muito imprópria para ser usada para induzir a mente a aceder a qualquer verdade". Mas o senhor ainda nega que "a força seja realmente inútil para promover a verdadeira religião e a salvação das almas humanas", que o senhor chama de quarta proposição, mas de fato, não é a quarta proposição do autor, ou qualquer de suas proposições, que o senhor citou ou em qualquer outro lugar de toda a carta, seja em seus termos, ou no sentido que o senhor lhes deu. O senhor mencionou, o autor está mostrando que o magistrado não tem o poder, quer dizer, nenhum direito a fazer uso da força em termos de religião para a salvação das almas humanas. E a razão que ele dá para isso é que a força não tem eficácia para convencer as mentes humanas e que sem uma completa persuasão da mente, a adoção da verdadeira religião em si não é aceitável por Deus. "Sobre esse fundamento, disse ele, eu afirmo que a força do magistrado não se estende a estabelecer quaisquer artigos de fé ou formas de adoração, pela força de suas leis. Pois as leis não têm força, sem penalidades e as penalidades, nesse caso, são absolutamente impertinentes, porque não são próprias para convencer as mentes". E ainda novamente, o autor diz: "O que quer que seja duvidoso em religião, no mínimo é certo que nenhuma religião em que eu acredite deve ser aproveitável para mim. Em vão, portanto, os príncipes compelem seus súditos a entrar para suas comunidades eclesiásticas, sob a pretensão de salvar suas almas". E mais sobre isto. Mas em nenhuma dessas passagens, nem em outro lugar, que eu me lembre, o autor diz ser impossível que a força, de modo algum, a qualquer tempo, sobre qualquer pessoa, por qualquer acaso, ser útil para promover a verdadeira religião e a salvação das almas, pois é isso que o senhor entende por "enfim, de nenhuma utilidade". Ele não nega que haja algo que Deus, em sua bondade não possa, às vezes graciosamente, usar para a salvação das lamas humanas, como nosso Salvador fez com o barro e a saliva para curar a cegueira e que tal força também possa ser útil, às vezes. Mas o que ele nega e o senhor garante é que a força tem sua própria eficácia para iluminar o entendimento ou produzir crença. E daí ele infere que, portanto, o magistrado não pode legalmente compelir os homens em termos de religião. Isso é o que o autor diz e o que imagino sempre se manterá como verdade, o que quer que o senhor ou alguém possa dizer ou pensar o contrário.

O senhor diz: "a força pode, indiretamente e à distância prestar seu serviço". O que o senhor quer dizer com prestar serviço à distância, em relação a levar os homens à salvação ou abraçar a verdade, confesso não entender, a menos, talvez, seja o que outros, em propriedade de discurso, chamem de acaso. Mas, seja o que for, é o tipo de serviço que não pode ser descrito como direto e da própria eficácia da força. Assim, oh!

senhor, "a força pode, indiretamente e à distância prestar seu serviço". Eu garanto: faça o melhor. O que o senhor conclui daí para seu propósito? Que, portanto, o magistrado faz uso dela? Eu nego que esse uso indireto e à distância autorize o poder civil ao seu uso, o que nunca será provado. A perda de propriedades e dignidade pode tornar humilde um homem orgulhoso; os sofrimentos e a prisão podem tornar sóbrio um homem selvagem e debochado, assim essas coisas podem "indiretamente e à distância serem úteis à salvação das almas humanas". Não duvido que Deus tenha usado essas e outras ocasiões para muitos homens. Mas o senhor poderá inferir que o magistrado possa eliminar a honra, a propriedade ou liberdade de um homem para a salvação de sua alma, ou atormentá-lo com a possibilidade de ser feliz em outro mundo? O que é, por outro lado, ilegal em si mesmo, como certamente é punir um homem inocente, jamais pode ser legal por algum benefício que, indiretamente e à distância, ou como o senhor prefere, indiretamente e por acaso, possa vir daí. Eliminar um homem pode salvar sua vida, como pode ocorrer por acaso, ao abrir um abscesso inflamado. Mas o senhor dirá, portanto, que esta cirurgia é legal e justificável? As galés, parece, podem reduzir um protestante vão, perdido, ao arrependimento, à sobriedade de pensamento e a um verdadeiro sentido da religião e as tormentas que eles sofreram na última perseguição, pode ter feito muitos considerarem as dores do inferno e colocar a devida estimativa da vaidade e contentamento com as coisas desse mundo. Mas o senhor dirá, porque tais punições podem, indiretamente e à distância, servirem à salvação das almas humanas que, portanto, o rei da França tem a autoridade de direito para usá-las? Se seu serviço indireto e à distância pode autorizar o magistrado a usar a força na religião, todas as crueldades usadas pelos pagãos contra os cristãos, pelos papistas contra os protestantes e toda a perseguição dos cristãos entre si, são todas justificáveis.

Mas se eu lhe falar agora sobre os outros efeitos, efeitos contrários que as punições à guisa de religião podem produzir e assim servirem para manter os homens longe da verdade e da salvação? Em que se tornam sua utilidade indireta e à distância? Pois qualquer tentativa de justificar algo por causa de sua utilidade, não é suficiente para dizer, como faz o senhor e é a última coisa que se pode dizer disso, que é útil, mas deve ser considerado não apenas o que pode, mas o que parece produzir e o maior bem ou dano que parece advir, deve determinar o seu uso. Para lhe mostrar os efeitos que se pode esperar da força ou de sua utilidade para levar os homens a abraçar a verdade, leia, por favor, o que o senhor mesmo escreveu: "devo lembrar", diz, "que esses métodos (isto é, privar os homens de suas propriedades, punição corporal, fome e tormentos na prisão e, no fim, tirar suas vidas para torná-los cristãos) são tão impróprios em relação a seus propósitos, que normalmente produzirão o efeito contrário. Pois qualquer que seja o uso que a força tenha para o avanço da verdadeira religião e a salvação das almas é (como já foi mostrado) dispondo os homens a se submeterem à instrução e dando a oportunidade de ouvirem as razões que são oferecidas para a iluminação de suas mentes e descobrirem a verdade delas. Essas crueldades têm o azar de serem normalmente vistas como um prejuízo para qualquer religião que as use, como torna desnecessário aprofundá-la e produz a tentação dos homens a rejeitarem, como falsa e detestável, sem qualquer condescendência para considerar os fundamentos e motivos racionais para ela. Este efeito raramente funciona sobre seus sofrimentos. E aos espectadores, se não forem de antemão bem instruídos nesses fundamentos e motivos, serão muito tentados, certamente, não apenas a ter a mesma opinião sobre tal religião, mas a julgar muito mais favoravelmente a opinião dos que sofrem que poderão pensar, não se exporiam aos extremismos que possam evitar por concordância, se não estiverem completamente satisfeitos com a justiça de sua causa". Aqui, então, o senhor permite que, ao eliminar as propriedades ou a liberdade dos homens ou com punição corporal, estejam aptos a afastar sofredores e espectadores de uma religião que deles faz uso. Assim, o senhor desiste deles. Agora, se o senhor produz punições a um homem, sua liberdade e propriedade, penso que não precisamos ficar consigo, por outras punições que ainda possam ser usadas. Mas, pelo que segue, parece que o senhor se abriga sob o nome de severidades. Pois punições moderadas, como o senhor as chama em outro lugar, pensa serem úteis; indiretamente e à distância, úteis para levarem os homens à verdade. Eu digo que qualquer punição desproporcional à ofensa, ou onde não haja nenhuma falta, sempre será severidade, injustificável severidade e assim será entendida pelos sofredores e espectadores e assim produzirão normalmente os efeitos que o senhor mencionou, contrário aos propósitos a que foram usados. Não professar a fé nacional que alguém acredita não ser verdadeira, não entrar para a comunidade religiosa do magistrado enquanto alguém julga errada a doutrina ali professada ou a adoração não como Deus prescreveria ou aceitaria, isto o senhor aceita e todo mundo, junto consigo, deve aceitá-lo não como falta. Mas haveria ainda homens punidos por não serem da religião nacional, isto é, como o senhor mesmo confessa, sem nenhuma falta. Isto é de tal severidade, e uma injustiça tão aberta e declarada, que dará aos homens um justo preconceito contra a religião que os usa e produzirá todos os efeitos nocivos que o senhor menciona. Deixo à sua consideração. Assim, o nome de severidades, em oposição a punições moderadas, como o senhor diz, de todo não lhe presta serviços. Pois onde não há falta, não pode haver punição moderada. Todas as punições são imoderadas quando não há falta a ser punida. Mas teremos outra ocasião para falar sobre sua punição moderada. Aqui basta ter mostrado que, quaisquer que sejam as punições usadas, elas mais levam os homens para longe da religião que as usa do que os traz à verdade e mais provavelmente, como veremos, antes de o termos feito. Assim, por sua própria confissão elas não devem ser usadas.

Uma coisa, nessa passagem do autor lhe parece absurda, onde ele diz: "Aquilo que elimina as vidas dos homens para torná-los cristãos é somente um modo de expressar mal um desejo de sua salvação". Garanto que isto é um grande absurdo, neste caso. Mas esta é a prática dos que, perseguindo homens sob a pretensão de levá-los à salvação, sofrem a têmpera de sua boa vontade traindo a si mesma, eliminando suas vidas. E apesar do absurdo deste modo de proceder, não há nada no modo do autor expressá-lo, como o senhor viu mais claramente, se o senhor tivesse visto no original latino, onde as palavras são: "*vitâ denique ipsâ privant, ut fideles, ut salvi fiant*", que, mais literalmente, pode nos ser dado: "para trazê-los à fé e à salvação". O tradutor não pode ser culpado se escolhe expressar o sentido do autor em palavras que vividamente representam o extremo absurdo de que eram culpados, que, sob a pretensão de zelo pela salvação das almas, eliminavam suas vidas. Um exemplo que temos em um país vizinho, onde o príncipe declara que terá todos os súditos dissidentes salvos e para isso tirou a vida de muitos. Pois de lá a perseguição deve vir. Como temo, sem desconsiderar sua fala sobre punições moderadas, o senhor declara nessas palavras: "Não que eu pense que a espada deva ser usada nesse negócio (como já declarei suficientemente), mas porque toda a força coercitiva se resolve, em última instância, (pela espada). Já que todos (não digo que eles não sejam recuperados por penalidades menores, mas) que se recusam a se submeterem a menores penalidades, devem no fim cair sob sua luta". Com que palavras, se o senhor quiser dizer algo sobre o assunto em pauta, o senhor parece ter uma reserva para punições maiores, quando menos não é o suficiente para convencer os homens. Mas, deixe estar.

O senhor diz: "Se a força for usada, não ao invés de razões ou argumentos, isto é, não para convencer por sua própria eficácia, que não o consegue, etc". Penso que os que fazem as leis e usam a força para levar os homens à conformação eclesiástica na religião, busca somente a anuência, mas não se interessam pela convicção daqueles a quem punem, assim, nunca usam a força para convencer. Pois, diga-me, por favor, quando um dissidente se conforma e entra para a comunhão da igreja, ele é pelo menos examinado para se saber se ele o fez por razão e convicção e tais fundamentos para se tornar cristão interessam à religião? Se a perseguição, como se pretende, fosse para a salvação das almas humanas, isto deveria ser feito. E os homens não levados a tomar os sacramentos para manter suas posses, ou para obter licenças para vender cerveja, por tão pouco as coisas sagradas foram prostituídas. Quem talvez nada sabia dessa instituição e não considerava sua utilidade além de alguma pobre vantagem secular que, sem ela, perderiam. Assim, penso ser desnecessária sua exceção: "uso da força, ao invés de argumentos, para convencer os homens". Jamais soube que os que a usam tiveram qualquer interesse de que os homens fossem convencidos.

 Mas o senhor continua nos falando do seu modo de usar a força "somente para levar os homens a considerarem as razões e argumentos, que são próprios para convencê-los, mas que, sem serem forçados, não considerariam". E, diz, "quem poderá negar que, indiretamente e à distância, ela é eficaz para levar os homens a abraçarem a verdade, que por negligência eles nunca dela se conscientizariam ou pelo preconceito, rejeitariam e se manteriam sem ouvir?" Se essa punição tender a aumentar ou remover preconceitos, isso já vimos. E qual é a verdade, que o senhor pode dizer positivamente a qualquer homem "sem ser forçado por punição, descuidadamente nunca percebê-la", desejo que o senhor a nomeie. Alguns são chamados na terceira, outros na nona e outros na décima primeira hora. Quando quer que sejam chamados, abraçam a verdade necessária à sua salvação. Mas esses lapsos podem ser perdoados, entre tantos erros grosseiros e palpáveis, como me parecem em todo o seu discurso. Por exemplo, o senhor nos diz que "a força usada para levar os homens a considerarem realiza, indiretamente e à distância algum serviço". Aqui, agora, o senhor anda às escuras e consegue se cobrir de obscuridade, omitindo duas partes necessárias. Primeiro, quem deve usar essa força: que, embora o senhor não nos diga aqui, mas em outras partes do seu tratado, o senhor menciona claramente o magistrado. E, segundo, o senhor omite sobre quem essa força deve ser usada, quem deve ser punido. E quem, se diz algo a seu propósito, deve ser os dissidentes da religião nacional, os que não comungam a mesma igreja do magistrado. E então, sua proposição, em termos muito claros, nos afirma: "Se o magistrado punir os dissidentes, somente para levá-los a considerar as razões e argumentos próprios para convencê-los, quem pode negar que, indiretamente e à distância, isso pode realizar um serviço, etc... para levar os homens a abraçarem a verdade que, de outro modo eles nunca reconheceriam, etc..." Nessa proposta, (1) há algo impraticável; (2) algo injusto; e (3) qualquer eficácia que haja na força, sua forma aplicada, para levar os homens a pensarem e se convencerem, ela o faz contra o senhor.

1. É impraticável punir os dissidentes, como dissidentes, só para fazê-los pensar. Pois, se o senhor os pune como dissidentes, como certamente o faz, se o senhor somente os pune e a todos, sem exceção, o senhor os pune somente por não serem da religião nacional. E punir um homem só por não pertencer à religião nacional, não é puni-lo somente para que ele pense, embora não ser da religião nacional e não pensar sejam a mesma coisa. Mas o senhor dirá, o desejo é apenas fazer com que os dissidentes pensem. A isto, retruco: é impossível punir alguém só pelo desejo de fazê-lo pensar, se o senhor puni-lo por algo mais além do desejo de fazê-lo pensar, ou se o senhor o pune se ele pensar ou não, como o senhor o faz, se estabelecer penalidades aos dissidentes em geral. Se o senhor fizer uma lei para punir todos os gagos, alguém acreditaria se o senhor dissesse que a lei foi criada apenas para fazê-los pararem de jurar? Será que todos não veriam ser impossível que a punição seria somente contra as juras, quando todos os gagos estariam sob essa penalidade? Uma proposta como essa, é em si, à primeira vista, um absurdo monstruoso. Mas o senhor deve se agradecer por ela. Pois estabelecer penalidades para gagos, só para eles não jurarem não é mais absurdo e impossível que estabelecer penalidades sobre dissidentes só para fazê-los pensar.

2. Punir homens fora da comunidade da religião nacional só para fazê-los pensar é injusto. Eles são punidos por estarem fora da religião nacional. E estão fora da religião nacional porque não foram convencidos. Estar fora, portanto, neste estado, por não terem sido convencidos, não satisfeitos em suas mentes, não é falta e, portanto, não podem, com justiça, serem punidos. Mas, seu método é, "puna-os para fazê-los pensar em razões e argumentos próprios para convencê-los". Isto seria tão justo, como seria o magistrado puni-lo por não ser um cartesiano, "só para fazê-lo pensar nas razões e argumentos próprios para convencê-lo", quando é possível (1) que o senhor, estando satisfeito com a verdade de sua própria opinião filosófica, não julgue válido considerar a opinião de Descartes; (2) que o senhor não seja apto a considerar e examinar todas as provas e fundamentos sobre os quais ele estabeleceu sua filosofia; (3) que o senhor tenha examinado e não encontrou razões e argumentos próprios e suficientes para convencê-lo.

3. Qualquer eficácia indireta que possa haver na força aplicada pelo magistrado contra o senhor, ela vai contra o senhor. "A força usada pelo magistrado para levar os homens a considerarem razões e argumentos, próprios e suficientes para convencê-los, mas que sem serem forçados, não considerariam. Podem, diz o senhor, ser úteis, indiretamente e à distância, para fazer os homens abraçarem a verdade que pode salvá-los". E assim, digo eu, podem ser úteis para levar os homens a receber e abraçar

falsidade que os destruirá. Assim, a força e a punição, por sua própria confissão, não podendo diretamente, por sua própria eficácia, fazer qualquer bem aos homens com relação à sua futura propriedade, embora se tenha a certeza de lhes fazer mal, com relação à sua presente condição, e indiretamente, por seu modo de aplicá-la, sendo adequada para no mínimo fazer tanto mal quanto bem. Eu desejo saber qual a utilidade que tanto a recomenda, mesmo a um grau que o senhor pretende como útil e necessária. O senhor conhece alguma recente preparação química que seja tão adequada para matar quanto para curar um homem enfermo, de cuja vida, espero, o senhor não seja tão próximo quanto a alma de um irmão fraco. O senhor a daria a um filho, ou a experimentaria em um amigo ou a recomendaria ao mundo por seu uso raro? Eu considero favoravelmente com o senhor, quando digo tão adequada para matar quanto para salvar. Pela força, em sua forma indireta, ou a forma do magistrado de "se esforçar para fazer os homens considerarem argumentos que, de outra forma, não o fariam, de fazê-los ouvir aqueles que lhe dizem ter errado seu caminho e se oferecem para mostrar-lhes o certo", eu digo: desta forma, a força é muito mais adequada e parece conseguir com que os homens recebam e abracem mais o erro que a verdade.

1. Porque os homens fora do caminho certo são tão aptos, penso poder dizer, para usar a força que outros. Na verdade, quero dizer a verdade do Evangelho, o da verdadeira religião, é humilde e gentil e suave e motivador para usar pregadores e súplicas do que a força para ganhar um ouvinte.

2. Porque os magistrados do mundo, ou os soberanos civis, como o senhor acha mais adequado chamá-los, sendo poucos os que estão no caminho correto, nem um de dez toma o caminho que o senhor tomará, talvez o senhor não garanta um de cem, sendo da mesma religião. Parece que seu modo indireto de usar a força faria cem ou no mínimo dez vezes tão mal quanto bem, especialmente se o senhor considerar que o magistrado certamente o usará para forçar os homens a ouvir os próprios ministros da religião dele, seja qual for. Assim o senhor, não tendo tempo ou limites à consideração desses argumentos e razões, perto de ser convencido, o senhor, sob outra pretensão, coloca nas mãos do magistrado tanto poder para forçar os homens à religião dele como quaisquer perseguidores abertos podem pretendê-lo. Qual a diferença, eu imploro, entre puni-lo para levá-lo à massa e puni-lo para considerar as razões e argumentos, próprios e suficientes para convencê-lo de que deve acompanhar a massa? Pois se o senhor foi levado a considerar razões e argumentos próprios e suficientes para convencê-lo, isto é, se o senhor foi convencido, o senhor é punido por isso. Se o senhor retrucar, o senhor usará razões e argumentos próprios e suficientes para convencê-los da verdade. Respondo: se o se-

nhor os usa, por que o senhor não o disse? Mas se o fizesse, neste caso eles seriam de pouca utilidade. Para a massa, na França, a verdade é tão suposta quanto aqui a liturgia. E seu modo de aplicar força no máximo promoverá lá o papismo, como o protestantismo na Inglaterra. Assim o senhor vê quão útil é fazer os homens receberem e abraçarem a verdade que pode salvá-los.

No entanto o senhor nos diz, na mesma página, que "se a força for aplicada, como acima mencionada, pode, dessa forma, como foi dito, isto é, indiretamente e à distância, ser útil para levar os homens a receber e abraçar a verdade, o senhor pensa ser suficiente para mostra a utilidade dela em sua religião". Onde observarei:

1. Que essa quantia de utilidade para nada além disso, que não é impossível, mas que pode ser útil. E tal utilidade não se pode negar à confissão auricular, fazendo penitência, indo a uma peregrinação por algum santo e o que não. Ainda nossa igreja não acha justo usá-la, embora não se possa negar, mas eles devem ter algo de sua utilidade indireta e à distância, isto é, talvez possa ter utilidade indiretamente e por acaso.

2. A força, no seu modo de aplicá-la, tanto pode ser útil, quanto também inútil. Pois (a) onde a lei pune dissidentes sem lhes dizer que é para considerarem, eles podem por ignorância e negligência, não fazê-lo e então a força se tornou inútil. (b) Alguns dissidentes podem já ter pensado e então a força empregada sobre eles deve precisar ser inútil, a menos que o senhor pense ser útil punir um homem para fazer o que já fez. (c) Deus não comandou isto e, portanto, não temos razão para esperar que isto tenha sucesso.

3. Ela pode ser danosa: veja, ela pode se provar mais danosa que útil, porque (a) para punir um homem por isto, que é nítido não se poder saber se ele o fez ou não, é uma injustiça tão palpável, que é mais provável provocar nele uma aversão à religião e às pessoas que a usam do que levá-la a ela. (b) Porque a maior parte da humanidade, não podendo discernir entre a verdade e a falsidade, que depende de longas e muitas provas e suas remotas conseqüências, não tendo bastante habilidade para descobrir fundamentos falsos e resistir aos argumentos capciosos e falaciosos dos homens letrados versados em controvérsias, estão tão mais expostos a serem levados à falsidade e ao erro, pela força que é usada para torná-los ouvintes da informação e instrução dos homens indicados pelo magistrado ou os da religião dele, do que provavelmente usariam este caminho para abraçar a verdade que pode salvá-los. Quanto as religiões do mundo são, fora de comparação, a maioria delas falsas ou errôneas, mais que a que tem Deus como seu autor e a verdade como seu padrão. E procurar e examinar, sem a graça especial de Deus, não garantirá mesmo os homens sábios e ilustrados contra o erro. Temos um famoso exemplo dos dois

Reynolds, ambos ilustrados e irmãos, um protestante e o outro, papista, que, com a troca de papéis entre eles, foram ambos invertidos, mas que nenhum deles, com todos os argumentos que poderia usar, pode trazer seu irmão de volta à religião que ele mesmo encontrou razão para abraçar. Aqui havia habilidade e juízo, além da média normal da maioria dos homens. Ainda, um desses irmãos foi tão pego pelo sofisma e a habilidade do outro que ele foi levado a erro, do qual nunca conseguiu sair. Disto podemos inevitavelmente concluir: a menos que possamos pensar que, embora discordassem, estavam ambos certos, ou que a verdade pode ser um argumento para suportar a falsidade, ambos são impossíveis. E agora, por favor, qual desses dois irmãos o senhor teria punido para fazê-lo pensar e levá-lo de volta à verdade? Pois é certo que alguma causa mal-fundada de registro alienou um deles da verdade. Se o senhor examinar seus princípios, o senhor verá que, conforme sua regra, o papista deve ser punido na Inglaterra e o protestante na Itália. Assim, com efeito, por sua regra, a paixão, o humor, o preconceito, a luxúria, as impressões de educação, a admiração das pessoas, o respeito mundano e outros motivos incompetentes devem ser sempre supostos do lado em que o magistrado não esteja.

Tomei as dores aqui, numa breve recapitulação, para lhe dar a visão da inutilidade da força, seu modo de aplicá-la, pela qual o senhor fez tanto barulho e esforço. Do que não duvido, mas é visível que sua utilidade e inutilidade estão no ponto de equilíbrio, uma contra a outra, a falsa utilidade tão longe de prevalecer que nem pode encorajar nem escusar o uso da punição, que não é legal ser usada em nosso caso sem forte probabilidade de sucesso. Mas, quando o engano inútil é acrescido, e fica evidente que se pode esperar mais, muito mais dano que bem, seu argumento se volta contra o senhor. Pois se for razoável seu uso, por poder ser útil para promover a verdadeira religião e a salvação das almas, é muito mais razoável deixá-la à parte, se ela for mais útil para promover a falsidade e a perdição das almas. E, portanto, o senhor fará bem se, daqui para frente, não argumentar muito sobre o uso da força, aplicada do seu modo, sua utilidade indireta e à distância, cuja soma seja somente a sombra e a possibilidade da utilidade, mas com uma sobrecarga de engano e dano anexado a ela. Por sob tal estimativa, este uso indireto e à distância pode levar diretamente a nada ou ainda, a menos que nada.

Mas, suponha que a força, aplicada da sua forma, fosse útil para promover a verdadeira religião, como supus ter mostrado o contrário, não segue por isto que seja legal e possa ser usada. Pode ser muito útil numa paróquia sem mestre, ou tão má quanto nula que um leigo que não tivesse habilidades para isso, como podemos supor, às vezes pregasse para eles a doutrina do Evangelho e os forçasse aos deveres de uma boa vida. E ainda isto (não se pode negar, pode ser no mínimo "indiretamente e à distância, útil para promover a verdadeira religião e a salvação das almas") o senhor, imagino, não concorda, por sua utilidade, que seja legal, e porque ele não tem representação e autoridade para fazê-lo. O mesmo pode ser dito da administração dos sacramentos e qualquer outra função do ofício dos padres. Este é justamente nosso caso. Garantir força, como o senhor diz, indiretamente e à distância, é útil para a salvação das almas humanas, mas não segue daí ser legal o magistrado usá-la. Porque, como diz o autor, o magistrado não tem representação ou autoridade para fazê-lo. Pois, no entanto, o senhor colocou assim, como o senhor estruturou o argumento do autor: "a força não tem utilidade para promover a verdadeira religião e a salvação das almas e, portanto, ninguém pode ter o direito de usar qualquer força ou compulsão para levar os homens à verdadeira religião", e o autor não faz, nas páginas que o senhor menciona, com a última dessas proposições, uma inferência aberta a partir da primeira, mas a usa como uma verdade provada por vários argumentos que ele usou para esse propósito. Pois, embora seja um bom argumento, não é útil, portanto, não é bom para ser usado e esta não será uma boa lógica. É útil, portanto qualquer um tem o direito de usá-lo. Pois se a utilidade o torna legal, torna legal quaisquer mãos aplicá-la e assim, os homens podem usá-la.

"Quem pode negar", diz o senhor, "que a força, indiretamente e à distância, possa ser útil para levar os homens a abraçarem a verdade que, de outro modo, não reconheceriam?" Se para o senhor este é um bom argumento sobre o uso da força para salvar as almas humanas, deixe-me argumentar usando a mesma forma. 1. Eu suporei, o que o senhor não pode me negar, que há muitos que adotam sua religião por fundamentos errados, ameaçando suas almas. Assim, há muitos que se abandonam ao calor de sua luxúria, ameaçando suas almas. 2. Eu suporei que se a força aplicada ao seu modo possa fazer pensar quem não pensa, da mesma forma a força aplicada de outra forma pode tornar impotente o lascivo. O argumento, então, de outra forma, fica assim: "quem pode negar que a força, indiretamente e à distância pode, por castração, ser útil para levar um homem a abraçar a castidade que, de outra forma, jamais conseguiria". Assim, como vê, a "castração pode, indiretamente e à distância, ser útil para a salvação das almas humanas". Mas o senhor dirá, por uma utilidade como essa, porque ela pode, indiretamente e à distância conduzir à salvação das almas de alguns súditos é que o magistrado tem o direito de fazê-lo e tornar eunucos tais súditos para o reino do paraíso? Nem o magistrado nem ninguém mais têm mais direitos, imaginando sua utilidade, de usar de outros meios para a salvação das almas humanas do que o autor e consumador de nossa fé ensinou. O senhor pode estar errado sobre o que pensa ser útil. Dives pensou e talvez o senhor e eu também, se não melhor informados pelas Escrituras, que seria útil para sacudir e acordar um homem, que alguém surgisse da morte. Mas ele estava errado. E temos aprendido que, se os homens não ouvirem Moisés e os profetas, o sentido o indica, nem o terror nem a estranheza de alguém surgir da morte irá persuadi-los. Se o que podemos pensar como útil fosse para ser concluído dessa forma, temo então ser obrigado a acreditar em todos os milagres atribuídos à igreja de Roma. Pois milagres, o sabemos, foram, por certo tempo, úteis para promover a verdadeira religião e a salvação das almas, o que é mais do que o senhor diz sobre suas punições políticas, mas podemos concluir que Deus pensa não serem mais úteis agora, a menos que digamos que sem a impiedade, não possa ser afirmado que a sabedoria e benignidade do Provedor e Governador de todas as coisas não usa agora de todos os meios de promover sua própria honra no mundo e o bem das almas. Penso que esta conseqüência se manterá, assim como o senhor descreve com quase idênticas palavras.

Tentemos agora ser mais sábios que nosso Criador no estupendo e sobrenatural esforço por nossa salvação. A Escritura que no-la revela, contém tudo que podemos saber ou fazer para consegui-la e onde há silêncio, há em nós a presunção que nos dirige. Quando o senhor puder mostrar uma autoridade nas Escrituras para o uso da força para obrigar os homens a ouvir, mais que abraçar, a doutrina de outros que deles discordam, teremos razão para nos submeter a ela e o magistrado terá fundamento para estabelecer seu novo modo de perseguição. Mas até então, nos será justo obedecer ao preceito do Evangelho, que nos clama: "Atentai no que ouvis" (Marcos IV, 24). Assim, ouvir nem sempre é tão útil como o senhor supõe. Se fosse, nunca teríamos um aviso tão direto contra isso. Não é uma utilidade imaginária, o senhor pode supor, que pode fazer dele uns crimes puníveis, que o magistrado nunca autorizou a nele se intrometer. "Vão e ensinem a todas as nações" foi a ordem do nosso Salvador, mas Ele não acrescentou: e puna aqueles que não os ouvirão e não pensarão no que disserem. Não, mas "se eles não os receberem, sacuda a poeira dos seus pés", deixe-os e se esforcem com outros. E São Paulo sabia que não há outros meios de fazer os homens ouvirem, além da pregação do Evangelho, como parece a quem lê Romanos X, 14: "Como, pois, invocarão aquele em quem não creram? E como crerão aqueles que nada ouviram? E como ouvirão, se não há quem pregue?"

O senhor continua e, a favor de sua amada força, o senhor nos diz que não apenas é útil como necessária. E aqui, após ter amplamente, nas quatro páginas seguintes, estabelecido a negligência ou aversão, ou outros estorvos que impedem os homens de examinar, com a aplicação e liberdade de julgamento que deveriam, os fundamentos que os satisfazem e que persistem em sua religião, o senhor chega à conclusão que a força é necessária. Suas palavras são: "Se os homens são avessos à devida consideração das coisas, como podem estar interessados em usá-la. Se normalmente eles se satisfazem com sua religião, sem examiná-la como deveriam e continuam tão baseados em suas opiniões e rígidos em seus preconceitos, nem as gentis admoestações, nem a mais pungente pregação prevalecerão sobre eles para fazê-los pensar. O que foi deixado, além da graça de Deus, para re-encaminhar os que tomaram o caminho errado, além de sarças e espinhos? Pois já que são surdos a todas as persuasões, a dificuldade com que se defrontam pode, no mínimo, deixá-los com disposição para ouvir aqueles que lhes dizem terem errado o caminho e lhes oferecem para mostrar o certo". O que significa foi deixado lá, o senhor diz, além da força? O que fazer? "Reencaminhar homens que estão fora dele, ao caminho certo." Então o senhor aí nos diz. E então, eu digo: há outros modos além da força. Aquele que foi indicado e usado desde o início: a pregação do Evangelho.

"Mas, o senhor diz, para fazê-los ouvir, fazê-los considerar, fazê-los examinar, não há outro meio além da punição e, portanto, ela é necessária."

Respondo: 1. E se Deus, por razões conhecidas por Ele, não tivesse obrigado os homens a ouvir, mas pensasse que as boas novas da salvação e os propósitos da vida e da morte, significariam e induziriam o bastante para levá-los a ouvir e pensar, de agora para sempre? Então seus meios, suas punições não seriam necessários. E se Deus tivesse deixado os homens livres nesse ponto, se eles ouvirão, ou se eles se absterão, o senhor os constrangerá? Estamos certos de que Ele o fez com seu próprio povo, e isso quando eles estavam em cativeiro (Ezequiel XI, 5-7). E é muito provável que tenham sido maltratados por serem de religião diferente da nacional, e por isso, punidos como dissidentes. Deus ainda não esperava que tais punições os forçassem a ouvir mais que em outros tempos, como aparece em Ezequiel III, 11. E este é também o método do Evangelho. Diz Paulo (II Cor, V, 20): "De sorte que somos embaixadores em nome de Cristo, como se Deus exortasse por nosso intermédio. Em nome de Cristo, pois, rogamos que vos reconcilieis com Deus". Se Deus pensasse ser necessário punir os homens para os fazer ouvir, ele deveria ter chamado magistrados para serem disseminadores e ministros do Evangelho, assim como pobres pescadores, ou Paulo, um perseguidor, que ainda não queriam poder para punir, quando a punição era necessária, como é evidente em Ananias e Safira e o corintiano incestuoso.

2. E se Deus, prevendo que esta força estaria nas mãos de impulsivos, temperamentais, tão tendentes a preconceito e erro quanto o

resto dos seus irmãos, não pensaria na força como meio adequado de levar os homens ao caminho certo?

3. E se houver outros meios? Então o seu deixa de ser necessário, à conta de não haver outros. Por sua própria afirmativa: "que a graça de Deus seja outro meio". E eu suponho que o senhor não pode negá-la como meio próprio e suficiente e, mais, o único meio. Ela pode funcionar por si só e sem ela, toda a força do mundo não pode fazer nada. Só Deus pode abrir os ouvidos que podem ouvir e abrir os corações que podem entender e Ele o faz no seu próprio bom tempo e a quem graciosamente Se agrada, mas não de acordo com a vontade e capricho do homem, quando ache adequado, por punições, obrigar seu irmão. Se Deus se pronunciou contra qualquer pessoa ou povo, como fez contra os judeus (Isaías VI, 10): "Torna insensível o coração deste povo, endurece-lhes os ouvidos e fecha-lhes os olhos, para que não venha ele a ver com os olhos, a ouvir com os ouvidos e a entender com o coração, e se converta, e seja salvo", toda a força que o senhor pode usar será um meio de fazê-los ouvir e entender e se converter?

Mas, senhor, para voltar ao seu argumento: o senhor não vê "outros meios deixados (pensando no mundo como é agora) para fazer os homens examinarem profundamente e imparcialmente uma religião, que abraçam sob tais induções que não têm alternativas para a questão e com pouco ou nenhum exame dos seus fundamentos próprios". Assim o senhor conclui como necessário o uso da força pelos magistrados sobre os dissidentes. E, digo, não vejo outros meios deixados (pensando no mundo como é agora, onde os magistrados nunca estabelecem penalidades, em questões religiosas, para os de sua própria igreja, nem se espera que ele o faça) "para fazer homens" da igreja nacional, em qualquer lugar, "examinarem profunda e imparcialmente, que eles abraçam sob tais induções que não tem alternativas para a questão e com pouco ou nenhum exame dos seus fundamentos próprios". E, portanto, eu concluo como necessário o uso da força por dissidentes sobre conformistas. Eu chamo o mundo a perceber que uma conclusão como a sua não é justa nem natural. Pois, se o senhor quiser minha opinião, penso que a conseqüência mais genuína é que a força para fazer os homens examinarem questões religiosas não é de todo necessária. Mas o senhor pode chegar à conclusão que lhe agradar. O senhor não pode evitar a ambas, estou certo. Não é para o senhor ou eu, além da imaginação que elas possam ser úteis ou necessárias para prescrever meios no grande e misterioso trabalho da salvação, diferentes do que o próprio Deus ordenou. Deus apontou a força como útil e necessária e, portanto, deve ser usada. É um modo de argumentar, mudando a ignorância e humildade das pobres criaturas. Mas eu penso que a força como útil e necessária devendo, portanto, ser usada, tem nisso, penso eu, um pouco de presunção. O senhor pergunta "que outros meios foram deixados?" Nenhum, digo, a ser usado pelo homem, mas pelo que o próprio Deus ordenou nas Escrituras, onde estão contidos todos os meios e métodos de salvação. "A fé é um presente de Deus." E não devemos usar outros meios de procurar este presente para ninguém, mas pelo que o próprio Deus prescreveu. Se Ele tivesse indicado que alguém devesse ser forçado "a ouvir os que lhe mostram que erraram seu caminho e lhe oferecem para mostrar o certo" e que eles devessem ser punidos pelo magistrado se não o fizerem, esta será uma dúvida passada, deve usá-la. Mas já que isso pode ser feito, será em vão dizer que foram deixados outros meios. Se todos os meios que Deus indicou para fazer os homens ouvirem e considerarem, for "exortação na estação ou fora da estação", etc. junto com orações por eles e o exemplo de humildade e vida íntegra, tudo isso deve ser feito, "se eles ouvirem ou se absterem".

Por esses meios, o Evangelho primeiro se fez ouvir ao longo de boa parte do mundo, numa geração torta e perversa, deixada à luxúria, impulsos e preconceito, como essa de que o senhor reclama, cheia de homens que ouvem e abraçam a verdade e cuidam de suas próprias almas, sem a assistência de qualquer força do magistrado, que agora o senhor pensa ser útil. Mas mesmo havendo negligência ou aversão em alguns homens, a serem instruídos imparcial e profundamente, haverá, sob o devido exame, eu temo, não menos negligência e aversão em outros, imparcial e profundamente, que ali estão para instruí-los. Não é o falar, mesmo verdades gerais em linguagem clara, muito menos os próprios caprichos de um homem em modo de falar escolástico e incomum, uma hora ou duas, uma vez por semana em público, que será suficiente para instruir, mesmo ouvintes de boa-vontade, sobre o caminho da salvação e os fundamentos de sua religião. Não são discursos políticos os meios de informação correta sobre os fundamentos religiosos. Com eles, às vezes são ventilados princípios antimonárquicos, às vezes, novamente, pregando nada além da monarquia absoluta e obediência passiva, enquanto uma ou outra está em voga e o modo de preferência. Nossas igrejas, por sua vez, tocaram seus sinos tão alto, que as razões e argumentos próprios e suficientes para convencer os homens da verdade nos pontos controversos da religião e dirigi-los ao caminho certo da salvação foram raramente ouvidos em todo lugar. Mas quantos, o senhor pode pensar, em debates amorosos e cristãos com eles em suas casas e pelos métodos gentis do Evangelho utilizado em conversações privativas, podem ter sido trazidos para a Igreja. Quantos, despejando pelo púlpito, tratamento ofensivo e odioso e outras imprecações e desentendimentos sobre aqueles de quem se denominam mestres, deixaram de ser ouvidos? Pinte os defeitos e irresponsabilidades freqüentes deste lado, assim como o senhor o tem feito do outro lado e então o senhor, com todo o mundo considere se aqueles de quem o senhor tão pomposamente se declara contra, por terem sido mal conduzidos pela "educação, paixão, humor, preconceito, obstinação, etc" merecem toda a punição. Talvez se responderá: se nisso há tanto empenho, em que indivíduos devam se aplicar, quem então será ministro? E se um homem da lei replicar: se há que se empenhar tanto nisso, que as dúvidas devam ser esclarecidas, os preconceitos removidos, os fundamentos examinados, etc., quem será protestante? A desculpa será tão boa para um quanto para outro.

Esse seu novo método, que o senhor chama de "ninguém pode negar que indiretamente e à distância, tem certa utilidade para levar os homens a abraçar a verdade" nunca foi pensado pelos perseguidores mais refinados. Embora, de fato, não seja de todo improvável o argumento usado para desculpar o recém costume bárbaro dos protestantes na França, designados para lá extirpar a religião reformada, de ser uma perseguição puramente religiosa. O rei da França requer que todos os seus súditos participem da massa; os que não querem são punidos com uma prova. Por quê? Não por sua religião, dizem os defensores daquela disciplina, mas por desobedecerem às leis do rei. Assim, por sua regra, os dissidentes, por mais além que o senhor fosse ou que deva ir, se o senhor quer dizer algo, deve ser punido. Por quê? Não por sua religião, diz o senhor, não por "terem seguido a luz de sua própria razão, não por obedecerem aos ditames de suas próprias consciências". Isso o senhor não acha justo. Por que então eles devem ser punidos? "Para fazê-los, diz o senhor, examinarem a religião que abraçaram e a religião que rejeitaram". Assim, eles são punidos não por terem ofendido a lei, pois não existe lei no país que exija que eles a examinem. E que agora é o argumento mais justo, diz o juiz. O senhor deveria, de fato, ter o crédito dessa nova invenção. Todos os outros legisladores usaram constantemente esse método, que onde algo devesse ser mudada, a falta primeiro seria declarada e então as penalidades seriam aplicadas contra os que dela fossem achados culpados. Este senso comum da humanidade e a verdadeira razão das leis, que não têm o objetivo de punição, mas de correção, torna muito claro que os legisladores mais sutis e refinados não saíram deste curso, nem as nações mais bárbaras e ignorantes o esqueceram. Mas o senhor eliminou Salomão e Licurgo, Moisés e nosso Salvador e resolveu ser um legislador do seu próprio modo. É um modo velho e obsoleto e não servirá, por sua vez, para começar com avisos e ameaças de penalidades a serem infligidas nos que não se reformarem, mas continuarem a fazer o que o senhor pensa ser uma falta. Permitir a impunidade ao inocente, ou a oportunidade de correção dos que evitariam as penalidades são formalidades que para o senhor não têm valor. O senhor prefere um caminho mais curto e seguro. Pegue toda uma tribo e puna-a, preventivamente, sejam eles ou não culpados daquilo que o senhor quer corrigir, ou sem falar-lhes muito sobre o que eles deveriam fazer, mas deixá-los descobrir, se puderem. Todos esses absurdos estão contidos no seu modo de proceder e é impossível evitar, por qualquer um que venha a punir dissidentes, e só dissidentes, fazê-los "considerar e pesar os fundamentos de sua religião e examinar imparcialmente se é verdade ou não e sobre que fundamentos eles a adotaram e que assim podem descobrir e abraçar a verdade que os salvará". Mas já que esse novo tipo de disciplina deve ter toda a justiça, perguntemos primeiro quem o senhor deve punir. No lugar mencionado acima, eles são "aqueles que escolheram o caminho errado e são surdos a toda persuasão". Se forem esses os que devem ser punidos, deixe que uma lei seja feita contra eles. O senhor tem meu consentimento e esse é o caminho adequado para punir os ofensores. Pois o senhor, espero, não tenciona punir uma falta por uma lei que o senhor não menciona na lei, nem fazer uma lei contra uma falta que o senhor não tenha punido. E agora, se o senhor é sincero e honesto e justo como os homens devem ser, pelo significado claro de suas palavras e nada mais, para que servirá tal lei? Os homens no caminho errado devem ser punidos, mas a questão é: quem está no caminho errado? O senhor não tem mais razão para determiná-la contra alguém que divirja do senhor do que esse concluir o mesmo contra o senhor, que diverge dele. Não, nem mesmo se o senhor tiver a igreja nacional e o magistrado do seu lado. Pois, se o senhor diverge deles por estarem no caminho errado, o senhor, que está no caminho certo na Inglaterra, estará no caminho errado na França. Cada um aqui deve ser julgado por si mesmo e sua lei não atingirá ninguém, até que o senhor os tenha convencido de que ele está no caminho errado. E então não haverá necessidade de punição para fazê-lo considerar, a menos que o senhor afirme novamente, o que o senhor negou e punir os homens por abraçarem a religião que acreditam ser verdadeira, quando ela diverge da sua ou da do público.

Além de estarem no caminho errado, aqueles a quem o senhor teria punido devem ser surdos a todas as persuasões. Mas esses, suponho, o senhor raramente achará, que não ouvem a ninguém, nem os de seu próprio modo. Se o senhor menciona como surdos a todas as persuasões, todas as persuasões da parte contrária, ou de uma igreja diferente, esses, suponho, o senhor pode encontrar abundantemente em sua própria igreja como em qualquer outro lugar. E eu presumo que para eles, o senhor será tão compreensivo que o senhor não os puniria por não darem ouvidos aos astutos sedutores. Pois a constância na verdade e a perseverança na fé deve, espero, ser mais encorajada do que verificadas, por qualquer penalidade quanto à sua ortodoxia. E sua igreja, sem dúvida, assim como todas as outras, é ortodoxa para si mesma em todos os seus assuntos. Se o senhor quer dizer, como toda persuasão, toda a sua persuasão, ou toda a persuasão dos da sua comunidade, o senhor quebra a questão e suponho que o senhor tenha o direito de punir aqueles que diferem de e não concordam com o senhor.

Suas próximas palavras são: "quando os homens se afastam dos meios de obter uma informação correta e deixam de considerar como seria razoável examinar profunda e imparcialmente uma religião que abraçaram sob induções de forma a não oscilar no assunto e, portanto com pouco ou nenhum exame dos seus fundamentos, que outro método humano pode ser usado para levá-los a agir como homens, num assunto de tal conseqüência e fazer uma escolha mais sábia e racional, que o de impor tais penalidades que possam equilibrar o peso dos preconceitos que os levaram a preferir um caminho falso ao invés do verdadeiro e resgatar tal sobriedade e reflexão para se perguntarem se vale realmente a inconveniência de aderir a uma religião que, por tudo que sabem, pode ser falsa, ou rejeitar outra (se for o caso) que, por tudo que sabem, pode ser verdadeira, até que sejam levados perante a razão e ali lhes ser dado um julgamento justo?" Aqui, o senhor novamente prefere um modo falso diante da verdade pois, já tendo respondido antes, não direi mais nada, mas que, já que nossa igreja não lhes permitirá se manterem num caminho falso os que estão fora da igreja de Roma, porque a igreja de Roma, que reivindica infalibilidade, se declara como o único caminho. Certamente, ninguém da nossa igreja, nem qualquer outro que não reivindique infalibilidade, podem exigir que alguém tome o testemunho de qualquer igreja, como prova suficiente da verdade de sua própria doutrina. Assim, verdadeiro e falso, como comumente ocorre, quando os supomos por nós mesmos ou nossos adeptos, com efeito não significa nada, ou nada relativo ao assunto, a menos que pensemos no falso e verdadeiro na Inglaterra, que assim não será em Roma ou Genebra, e vice-versa. Da mesma forma, para o restante da descrição daqueles a quem o senhor penaliza, eu lhe peço que considere se eles não pertencem a qualquer de suas igrejas, deixe-os ser o que quiserem. Considere, eu digo, se não há ninguém em sua igreja que a abraçou sob tais induções de forma a não oscilar no assunto e, portanto com pouco ou nenhum exame dos seus fundamentos, que não esteja inclinado por preconceitos, que não adotam uma religião que, por algo que conhecem, possa ser falsa e que rejeitem outra que, por algo que sabem, possa ser verdadeira". Se o senhor tem alguém assim em sua comunidade, e isso será admirável, embora eu pouco tema, que não haja ninguém assim tão

cordeiro, pense no que o senhor fez. O senhor preparou rodas para eles, para as quais eles não lhe agradecerão. Pois para sua proposta fazer algum sentido tolerável, deve-se entender que homens de todas as religiões devem ser punidos, para fazê-los considerar "se vale realmente a inconveniência de aderir a uma religião que, por tudo que sabem, pode ser falsa". Se o senhor espera evitar que, pelo que o senhor chama de verdadeira ou falsa e pretenda que a suposta preferência pelo modo verdadeiro de sua igreja deve preservar seus Membros de sua punição, o senhor manifestamente perde tempo, pois cada testemunha da igreja que escolheu o caminho verdadeiro, deve tomá-lo por si mesmo e então nada deve e sua nova invenção de punição leva a nada. Ou mais, os diferentes testemunhos da igreja devem ser tomados um pelo outro e assim, estarão todos fora do verdadeiro caminho e sua igreja precisa de punição assim como o resto. Portanto, pelos seus princípios, eles devem ser punidos todos ou nenhum. Escolha o que lhe agrada. De um deles, penso, o senhor não escapa.

Diz o senhor nas palavras seguintes: "onde a instrução é teimosamente recusada e todas as admoestações e persuasões provadas vãs e sem efeito". Elas em nada diferem, além da forma de expressão, do surdo a todas as persuasões. E isso já foi respondido antes.

Em outro lugar, o senhor nos dá outra descrição daqueles que o senhor pensa deverem ser punidos, nessas palavras: "os que se recusam a abraçar a doutrina e se submeter à direção espiritual dos próprios ministros da religião que, por designação especial são indicados para exortar, admoestar, reprovar, etc.. Aqui, pois, os que devem ser punidos "são os que se recusam a adotar a doutrina e se submeterem aos próprios ministros da religião". Por isso estamos ainda tão na incerteza quanto antes, como questão os que, por seu esquema e leis a ele adequadas devem ser punidos. Já que cada igreja tem, como pensa, seus próprios ministros da religião. E se o senhor se refere aos que se recusam a abraçar a doutrina e se submeter ao governo dos ministros de outra igreja, então todos os homens serão culpados e devem ser punidos, mesmo os de sua igreja, assim como de outras. Se o senhor se refere aos que se recusam, etc., aos ministros de suas próprias igrejas, muito poucos incorrerão em suas penalidades. Mas se, por esses próprios ministros da religião, os ministros de alguma igreja específica são incluídos, por que o senhor não o nomeia? Por que o senhor é tão reservado neste assunto, pois se o senhor não o diz, todo o resto de seu discurso não terá qualquer propósito? Todos os homens devem ser punidos por se recusarem a abraçar a doutrina e se submeterem ao governo dos ministros da igreja de Genebra? Nesse momento, já que o senhor nada disse em contrário, me permita supor que o senhor seja daquela igreja e então, estou certo, é esta que o senhor nomearia. Por qualquer que seja sua igreja, se o senhor pensa que os ministros de qualquer igreja devessem ser ouvidos e obedecidos, devem ser de sua própria igreja. Há pessoas a serem punidas, o senhor diz. O senhor luta por isso em todo o seu livro e coloca tanta ênfase nisso, que a preservação e a propagação da religião e a salvação das almas parecem depender disso. E ainda o senhor os descreve com marcas tão gerais e equívocas que, a menos que sejam suposições que ninguém possa garantir, ouso dizer, nem o senhor nem ninguém estarão aptos a encontrar alguém culpado. Ache-me, por favor, se puder, um homem que o senhor possa juridicamente provar (pois se ele deve ser punido pela lei, deve ser julgado com justiça) que esteja no caminho errado, a respeito de sua fé, isto é, "que seja surdo a toda persuasão, que se afasta por todo meio da informação correta, que se recusa a abraçar a doutrina e se submeter ao governo de pastores espirituais". E quando o senhor tiver feito isso, acho que posso lhe dar o poder que o senhor gostaria para puni-lo, sem qualquer prejuízo quanto à tolerância que o autor da carta propõe.

Mas por que, eu pergunto, todo esse alarme, toda essa perda de discurso, se o senhor não sabe do que está falando ou não deve falar? O senhor aceita punir alguém que o senhor não sabe quem é? Eu não acho que o senhor seja tão ruim. Deixe-me, falar-lhe. A evidência do argumento convenceu-o que os homens não devem ser perseguidos por sua religião; que as severidades em uso pelos cristãos não podem ser defendidas; que o magistrado não tem autoridade para compelir alguém à religião dele. Isto o senhor é obrigado a concordar. Mas o senhor ainda mantém algum poder nas mãos do magistrado para punir dissidentes, sob uma nova pretensão, ou seja, não por não ter abraçado a doutrina e a adoração que eles acreditam ser a verdadeira e certa, mas por não ter considerado bem sua própria religião e a do magistrado. Para mostrar-lhe que eu não falo totalmente sem base no livro, deixe-me lembrar-lhe uma de suas passagens. As palavras são: "penalidades para colocá-los sob sério e imparcial exame da controvérsia entre os magistrados e eles". Embora essas palavras não tencionem nos dizer quem o senhor teria punido, por elas pode-se claramente inferir. E elas apontam ainda mais claramente a quem o senhor visa nos lugares previstos, que o senhor parece (e deve) descrevê-los. Pois parece haver uma controvérsia entre eles e o magistrado que, em resumo, são aqueles que divergem do magistrado em religião. E o senhor, de fato, nos dá uma nota pela qual esses que o senhor teria punido devem se tornar conhecidos. Descobrimos, com muita certeza, enfim, quem o senhor teria punido. Que, em outros casos, não seria muito difícil, porque as faltas a serem atribuídas facilmente designam as pessoas a serem corrigidas. Mas o seu é um método novo e diferente de todos que já foram usados.

Na seqüência, vejamos por que o senhor os teria punido. O senhor nos diz e isso facilmente lhe é garantido que não examinar e pesar imparcialmente e sem preconceito ou paixão tudo que, para ser breve, expressaremos com essa única palavra – considerar – a religião que se abraça ou se recusa, é uma falta muito comum e muito prejudicial à verdadeira religião e à salvação das almas humanas. Mas as penalidades e punições são muito necessárias, diz o senhor, para curar este mal.

Vejamos como aplicar esse remédio. Portanto, diz o senhor, os dissidentes devem ser punidos. Por quê? Os dissidentes não consideraram a religião? Ou todos os conformistas consideraram? Isto o senhor não dirá. Seu projeto, portanto, é tão razoável como se uma preguiça se tornasse epidêmica na Inglaterra, o senhor proporia ter uma lei feita para aplicar um vesicatório, arranhar e raspar as cabeças de todos que usassem camisolas, embora seja certo que nem todos que usem camisolas sejam preguiçosos e nem todos preguiçosos usam camisolas:

—— *Dii te Damasippe deæque*
Verum ob consilium donent tonsore

Pois não poderia haver certamente um conselho mais sábio que um homem deva ser puxado pelas orelhas porque outro está dormindo. Isto, quando o senhor pensar nisto novamente, pois eu acho, conforme seu princípio, que todos os homens precisam, daqui para frente, serem enquadrados, o senhor irá, acho, convencido do contrário, como um médico justo, aplicar um remédio à doença, mas, como um inimigo enraivecido, espalhar a raiva de alguém sobre o grupo. O senso comum, assim como a justiça comum requer que os remédios das leis e penalidades sejam dirigidas contra o mal que deve ser removido, onde quer que esteja. E se a punição, que o senhor pensa tão necessária, como pretende, curar o erro que o senhor aponta, o senhor deve deixar que ele persiga e caia sobre os culpados e aqueles em cuja companhia estejam. E não, como o senhor propõe aqui e na mais alta injustiça, punir o inocente considerando o dissidente junto com o culpado e, por outro lado, deixar o culpado conformista, não considerado, escapar com o inocente. Pois se pode racionalmente presumir que a igreja nacional tenha como membros os que pouco refletem ou se interessam por religião, não em maior proporção que qualquer congregação de dissidentes. Por consciência ou o cuidado com suas almas, tendo sido deixados de lado, o interesse do assunto leva os homens à sociedade onde a proteção e a continência do governo teria esperanças de preferência, muito mais que seus desejos remanescentes. Assim, se os homens descuidados, negligentes, desconsiderados em termos de religião que, sem serem forçados não refletiriam, devem ser obrigados ao cuidado com suas almas e à procura da verdade, por punições, a religião nacional, em todos os países, certamente terão o direito à maior parte de tais punições, no mínimo não serão totalmente isentos delas.

Isto é o que o autor da carta, como me lembro, defende e com justiça: "que o pretenso cuidado com as almas sempre se expressa nos que teriam força e que fazem uso dela para esse fim, com métodos muito desiguais: algumas pessoas sendo tratadas com severidade, enquanto outras, culpadas das mesmas faltas não são quase tocadas". Embora o senhor bem consiga escapar e renunciar às punições diretamente pela religião, o senhor ainda mira sua seta nesta parte do alvo, enquanto o senhor puniria dissidentes para fazê-los refletir, mas não faria nada com conformistas, tendo sido negligente neste ponto da reflexão. A carta do autor me agradou por ser igual para toda a humanidade. É direta e poderá ser usada, penso, em todo lugar, o que considero como uma boa marca da verdade. Pois eu sempre suspeitarei que nem para comportar a verdade da religião nem o desígnio do Evangelho, que é adequado para apenas um país ou partido. O que é verdadeiro e bom na Inglaterra, será verdadeiro e bom também em Roma, na China ou Genebra. Mas se seu grande e único método para a propagação da verdade, levando o irrefletido a refletir por punições, segundo seu modo de aplicar suas punições somente a dissidentes da religião nacional, ser útil naqueles países ou qualquer outro local, menos onde o senhor suponha que o magistrado tenha o direito de julgar o senhor. Por favor, senhor, considere um pouco, se não há preconceito em seu modo de argumentar. Pois esta é a sua posição: "os homens são geralmente negligentes ao examinar os fundamentos de sua religião". Isto eu garanto. Mas pode haver uma conseqüência mais selvagem e incoerente derivada disso do que: "portanto, os dissidentes devem ser punidos"?

Mas, deixando isso de lado, vejamos agora a que fim eles devem ser punidos. Às vezes é: "para levá-los a considerar as razões e argumentos próprios e suficientes para convencê-los". De quê? Que não é fácil estabelecer o campanário de Grantham sob a igreja de Paulo? O que quer que seja que eles devem ser convencidos, o senhor não está disposto a nos dizer. Assim, pode ser qualquer coisa. Às vezes é: "Inclíná-los a ouvir os que lhe dizem terem errado seu caminho e mostrá-los o certo" isto é, dar ouvidos a todos que difiram deles em religião, tanto maus sedutores quanto outros. Se for para procurar a salvação de suas almas, a finalidade do uso da força, como diz, julgue o senhor. Mas disto estou certo: quem der ouvidos a todos que lhe disserem que estão fora do caminho certo, não terá muito tempo para fazer outra coisa.

Às vezes é: "para recobrar nos homens tal sobriedade e reflexão para perguntar-se seriamente se vale a pena continuar tais inconveniências, por aderir a uma religião que, por algo que saibam, pode ser falsa, ou por rejeitar outra (se for o caso) que, por algo que sabem, possa ser verdadeira, até que sejam levados à barra da razão e dar-lhe um julgamento justo". Que, em resumo, muito quer dizer: "fazê-los examinar se sua religião é verdadeira e assim valha mantê-la, sob as penalidades a ela ligadas". Os dissidentes estão em débito com o senhor por seu grande cuidado com suas almas. Mas, eu imploro, o que será dos da igreja nacional, em todo lugar, que perfazem a grande maioria da humanidade, que não têm essas punições para fazê-los considerar, que não lhe tenha sido dado esse único remédio, mas foram deixados naquela condição deplorável que o senhor menciona: "de serem deixados quietos e sem serem incomodados, que não têm cuidado com suas almas ou o fazem segundo seus próprios preconceitos, humores incontáveis ou alguns sedutores astutos?" Não precisariam, os da religião nacional, assim como outros, "levar sua religião à barra da razão e dar-lhe um julgamento justo?" E se precisarem fazê-lo, como devem, se todas as religiões nacionais não podem ser supostas como verdadeiras, eles sempre precisarão aquilo que, como diz, é o único meio de fazê-los refletir. Assim, se o senhor estiver certo, como nos diz que seu método é necessário, estou certo de que há tanta necessidade disso nas igrejas nacionais quanto nas outras. Assim, pelo que posso ver, o senhor tanto pode puni-los como deixá-los livres, a menos que o senhor diga ser razoável que a grande parte da humanidade deva ficar constantemente fora daquela soberania e único remédio, que eles precisam em igualdade com outras pessoas.

Às vezes a finalidade por que os homens devem ser punidos é "para dispô-los a se submeter à instrução e bem ouvir as razões oferecidas para iluminar suas mentes e descobrir sua verdade". Se suas próprias palavras podem ser daí derivadas, há tão poucos dissidentes quanto conformistas, em qualquer país, que não professarão terem feito ou fazerem isto. E se suas próprias palavras não podem ser daí derivadas quem, pergunto, deve ser julgado? O senhor e seus magistrados? Se for assim, está claro que o senhor deve puni-los, não dispô-los a receber instrução, mas a sua instrução. Não dispô-los a ouvir as razões oferecidas para iluminar suas mentes, mas dar ouvidos obedientes às suas razões. Se o senhor quis dizer isso, teria sido mais justo e breve dizê-lo claramente do que com palavras bonitas e de significado indefinido e nada acrescentando. Pois, qual o sentido de punir um homem "para dispô-lo a se submeter à instrução e dar ouvidos às razões oferecidas para iluminar sua mente e descobrir-lhe a verdade", que anda duas ou três vezes por semana vários quilômetros para fazê-lo, sob o risco de perder sua liberdade ou sua bolsa, a menos que o senhor queira dizer suas instruções, suas razões, sua verdade, o que nos leva de volta ao que o senhor discorda, isto é a perseguição clara por divergir de religião.

Às vezes se deve: "prevalecer sobre os homens para pesarem cuidadosa e imparcialmente os assuntos de religião". A incontinência e a punição colocadas em escala, com a impunidade e as esperanças de preferência colocadas em outra são, por certo, um modo de fazer um homem pesar imparcialmente, como seria para um príncipe subornar e ameaçar um juiz para fazê-lo julgar com retidão.

Às vezes é: "fazer os homens refletirem e colocá-lo fora do poder de um humor tolo, ou preconceito irracional, aliená-los da verdade e de sua própria felicidade". Adicione somente isto, deixá-los fora do poder do seu próprio humor e preconceito ou de outros. E eu garanto que a finalidade é boa, se o senhor puder encontrar os meios de procurá-lo. Mas ele quer e sempre quererá uma razão para provar por que não poderia mantê-lo fora do poder do humor ou preconceito de outros homens, assim como seus próprios. Indago: não pareceria a um ouvinte indiferente humor, ou preconceito, ou algo tão ruim quanto ver homens que professam uma religião revelada pelo paraíso e que trazem em si tudo quanto necessário à salvação, excluir homens de sua comunidade e persegui-los com as penalidades da lei civil, por não se reunirem no hábito das cerimônias que então são encontradas nessa religião revelada? Não pareceria, a um ouvinte sóbrio, humor, preconceito ou algo assim, ver cristãos excluírem e perseguirem alguém da mesma fé, por coisas que eles mesmos se confessam indiferentes e sem valor para serem contestadas? "Preconceito, humor, paixão, luxúria, impressões de educação, reverência e admiração de pessoas, respeitos mundanos, amor de sua própria escolha e outras coisas semelhantes", que o senhor imputa com justiça, muitos homens estejam eliminando e persistindo em sua religião, são de fato boas palavras. Assim, por outro lado, seguem essas outras: "verdade, caminho certo, iluminação da razão, julgamento válido", mas elas não significam nada para o seu propósito, até que o senhor evidentemente e inquestionavelmente mostre ao mundo que estas últimas, isto é, "verdade e caminho certo", etc. sejam sempre e em todos os países encontradas apenas na igreja nacional e as expressões anteriores, isto é, "paixão e preconceito", etc. só entre os dissidentes. Mas, continuando:

Às vezes é: "levar os homens a tomarem o devido cuidado com sua salvação". Que cuidados são esses, já que eles estão fora de sua igreja, será difícil o senhor me dizer. Mas o senhor tenta se explicar com as seguintes palavras: "que eles não podem cegamente deixar isso à escolha nem de outra pessoa, nem de sua própria luxúria e paixões, prescrever-lhes que fé e que adoração eles devem abraçar". O senhor faz bem se usar a punição para banir a paixão da escolha, porque o senhor sabe que o medo de sofrer não é paixão. Mas deixe isso de lado. O senhor puniria os homens "para levá-los a tomarem tal cuidado com sua salvação que não deixariam isso cegamente à escolha nem de outra pessoa para prescrever-lhes". O senhor é sincero e íntegro nisto? Diga-me de verdade: o magistrado ou a igreja nacional em qualquer lugar, ou a sua, em particular, já puniram um homem para levá-lo a ter esse cuidado que, diz o senhor, deve ter para levá-lo à salvação? O senhor já puniu algum homem para que ele não deixe cegamente sua escolha a cargo do sacerdote de sua paróquia, ou seu bispo, ou da comunidade, sobre que fé ou adoração ele deveria abraçar? Será um cuidado suspeito de um indivíduo ou outra coisa além do cuidado com a salvação das almas humanas se, tendo considerado remédio tão útil e necessário, o único método restante o senhor só aplicaria parcialmente e julgaria aqueles com que o senhor tivesse menos afinidade. Isto nos dará, inevitavelmente, uma razão para imaginar que o senhor não aprecia tanto este remédio, como diz, quem pode ser tão econômico com seus amigos, mas tão liberal com estrangeiros, que para outras coisas são considerados como inimigos. Mas seu remédio é como a rosa purgativa de natal, que cresce no jardim da mulher para a cura dos vermes dos filhos da vizinha, mas que ela não usa nos seus próprios. Sua caridade me confunde, pois na sua perseguição atual, o senhor é tão prudente quanto a mulher que plantou a rosa purgativa. Espero não tê-lo ofendido, por supor que o senhor seja da igreja da Inglaterra. Se o fiz, peço seu perdão. Não é por ofensa ou malícia, lhe garanto, pois não posso supô-lo pior do que posso confessar de mim mesmo.

Às vezes essa punição que o senhor defende é para levar os homens a agirem segundo a razão e um julgamento válido."

"Tertius è cœlo cecidit Cato."

Isto é que é, de fato, reforma. Se o senhor pode nos ajudar com isso, o senhor merecerá que se ergam estátuas para o senhor, como o restaurador de uma religião decaída. Mas se todos os homens não tiverem raciocínio nem julgamento válido, a punição os levará a isso? Além disso, sobre esse assunto a humanidade está tão dividida, que age conforme a razão e o julgamento em Augsburg, onde se seria julgado por fazer justamente o contrário em Edinburg. A punição fará os homens entenderem o que significa razão e julgamento válido? Se não, é impossível que ela os obrigue a agir de acordo. A razão e o julgamento válidos são o próprio elixir, o remédio universal. E o senhor torna tão racional punir os homens, para levá-los a possuir a pedra filosofal, quanto levá-los a agir conforme a razão e o julgamento válidos.

Às vezes é: "levar os homens a examinar imparcial e seriamente a controvérsia entre o magistrado e eles, como o caminho para chegarem ao conhecimento da verdade". Mas e se a verdade não estiver em nenhum dos lados, como posso imaginar que o senhor pensará que não está, se nem o magistrado nem o dissidente forem de sua igreja, como "examinar imparcial e seriamente a controvérsia entre o magistrado e eles, que é o caminho para chegarem ao conhecimento da verdade?" Suponha a controvérsia entre um luterano e um papista ou, se lhe agrada, entre um magistrado presbiteriano e um súdito Quacre. O exame da controvérsia entre o magistrado e o súdito dissidente, neste caso, o levará ao conhecimento da verdade? Se o senhor diz sim, o senhor garante a um deles ter a verdade do seu lado. Pois o exame da controvérsia entre um presbiteriano e um Quacre deixa intocada a controvérsia de cada um deles com a igreja da Inglaterra ou qualquer outra. E assim por diante, afinal. Os que já têm o conhecimento da verdade não deveriam ser expostos à sua disciplina de punição, que é somente para levá-los à verdade. Se o senhor diz não, que o exame da controvérsia entre o magistrado e o dissidente não o levará ao conhecimento da verdade, o senhor confessa que sua regra é falsa e seu método não tem propósito.

Para concluir, seu sistema é este, em resumo: o senhor levaria todos os homens, deixando de lado preconceito, impulso, paixão, etc, a examinar os fundamentos de sua religião e a procurar a verdade. Isto, confesso, deve ser profundamente desejado. Os meios que o senhor propõe para conseguir isso é que os dissidentes devam ser punidos para obrigá-los. É como se o senhor tivesse dito: os homens são geralmente culpados de alguma falta, portanto, que uma seita, que tem a má sorte de ter uma opinião divergente do magistrado, seja punida. Isto, à primeira vista, choca qualquer um com um mínimo de senso, racionalidade ou justiça. Mas, já tendo falado sobre isto e concluindo que, se o senhor refletir novamente sentirá vergonha, consideremos como consistente com o senso comum e com toda a vantagem aí contida e então vejamos o que o senhor pode fazer com isso: "os homens são negligentes ao examinar a religião que adotam, recusam ou nela persistem, portanto, é justo que sejam punidos para o fazerem". Esta é uma conseqüência, de fato, que pode, sem desafiar o senso comum, dele ser derivada. Este é o uso e o único uso que o senhor pensa que a punição possa, indiretamente e à distância ter, em termos de religião. O senhor puniria os homens para refletir. Sobre o quê? Religião. Para quê? Para levá-los a conhecer a verdade. Mas eu respondo:

1. Nem todos têm a habilidade para fazê-lo.
2. Nem todos têm a oportunidade de fazê-lo.

Se todo o protestante pobre, por exemplo, estivesse no Palatino examinando se o papa é infalível, ou cabeça da igreja, se existe o purgatório, se se deve orar aos santos ou aos mortos, se as Escrituras são a única regra de fé, se não há salvação fora da igreja e se não há igrejas sem bispos e uma centena de outras questões controversas entre papistas e esses protestantes e, quando eles tiverem as respostas, continuarão a se fortificar contra as opiniões e objeções de outras igrejas das quais divirjam? Essa, que não é uma tarefa pequena, deve ser realizada antes que um homem leve sua religião às barras da razão e ali faça um julgamento. E se o senhor vai punir os homens até que isso seja feito, os camponeses devem deixar de plantar e colher e se recolher ao estudo do grego e latim e o artesão deve vender suas ferramentas para comprar padres e instrutores e deixar suas famílias com fome. Se algo menos que isso o satisfaz, por favor, diga-me quanto é o bastante. Se eles tiverem refletido e examinado o bastante, se satisfarão com a verdade onde ela estiver? Se este for o limite do seu exame, o senhor achará poucos a punir, a menos que o senhor os puna para fazê-los fazer o que já fizeram pois, embora eles tenham vindo por sua religião, ainda se pode achar um ou outro que não esteja convencido do caminho certo. Ou mais, eles devem ser punidos para refletirem e examinarem até que adotem aquela que o senhor escolheu como verdade? Se for assim, o que foi que o senhor escolheu para eles, se ainda haveria homens a serem punidos "para levá-los a tal cuidado com suas almas, que nenhuma outra pessoa poderia escolher para eles?" Se isso é uma verdade geral, o senhor, pelas punições, os levaria a pesquisar. Isto é assunto para discussão e não uma regra de disciplina, pois para punir alguém para fazê-lo pesquisar até que encontre a verdade, sem o julgamento da verdade, significa punir sem o senhor saber por que. E é como se castigasse um estudante para fazê-lo encontrar a raiz quadrada de um número que o senhor não conhece. Eu imagino, portanto, que o senhor não poderia resolver sozinho que grau de severidade deveria usar, nem por quanto tempo, à medida que o senhor ousa não falar diretamente sobre quem o senhor puniria e, com ainda menos clareza, por que eles seriam punidos.

    Consoante essa incerteza, sobre quem ou o que punir, o senhor nos diz: "não há dúvida sobre o sucesso desse método. A força certamente terá sucesso, se devidamente proporcional ao seu desígnio".

    Qual, por favor, é o seu desígnio? Eu o desafio ou qualquer homem vivo, fora aqueles que o senhor menciona em seu livro, a me dizer diretamente qual é. Em todas as outras punições de que já ouvi, até as que o senhor ensinou ao mundo como novo método, o desígnio de todas era curar o crime denunciado e eu penso que aqui também deve ser assim. Por favor, qual é o crime aqui? Dissensão? Que o senhor diz não ser crime em todo lugar. Além disso, o senhor nos diz: "o magistrado não tem autoridade para compelir alguém à sua religião" e o senhor "não requer que os homens não tenham outra regra além da religião do país". E o poder que o senhor atribui ao magistrado lhe é dado para levar os homens "não à sua própria, mas à verdadeira religião". Se a dissensão não for crime, é crime que o homem não examine sua própria religião e seus fundamentos? Esse é o crime que suas punições tem o desígnio de curar? Nem isso o senhor ousa dizer. O senhor desagrada mais do que satisfaz com sua nova disciplina. E, novamente, como eu disse antes, o senhor deve nos dizer quanto o senhor exige que eles examinem, antes de puni-los por não o fazerem. E eu imagino, se fosse tudo o que queremos do senhor, levaria bastante tempo antes do senhor nos trazer problemas com uma lei que prescreve a cada um quanto deve examinar em assuntos religiosos; então, se falhasse e examinasse menos, ele deveria ser punido; se desempenhasse bem e fizesse seu exame até os limites da lei, ele seria inocentado e liberto. Senhor, quando pensar nisso novamente, o senhor talvez perceba ser este um caso reservado para o grande dia, quando os segredos de todos os corações serão abertos. Pois eu imagino que esteja além do julgamento do homem, na variedade de circunstâncias, em respeito às partes, temperamentos, oportunidades, ajudas, etc, que eles estejam neste mundo para determinar qual o dever de cada um nesta grande busca, questionamento, exame, ou saber quando cada um já o fez. Isso que me faz crer que o senhor perceberá que, onde quer que se esforce para o sucesso desse método, se usado corretamente, ainda é limitado, pois nem tudo é incurável. Assim, quando seu remédio estiver preparado, segundo arte ainda desconhecida, e corretamente aplicado nas devidas doses, todas secretas, então infalivelmente curará. Quem? Todos que não sejam incuráveis por ele. Assim, um enorme beberrão comendo peixe em Lent ou um discurso presbiteriano, certamente curarão todos que não forem incuráveis por eles. Pois eu estou certo de que o senhor não quer dizer que a punição curará a todos, mas aqueles que sejam absolutamente incuráveis. Porque o senhor mesmo admite um meio ainda de cura, quando o seu não funcionar, quer dizer, a graça de Deus. Suas palavras são: "que meio ainda resta (exceto a graça de Deus) para convencê-los, além de deixar espinhos e cardos no seu caminho". E aqui também, na passagem que observamos, o senhor nos diz: "o incurável é deixado para Deus". Quer dizer, se o senhor menciona que eles devem ser deixados aos meios ordenados para a conversão e salvação dos homens, seu método nunca deve ser usado, pois Ele prescreveu oração e ouviu Sua palavra, mas para os que não ouvirão, não encontro nenhuma passagem em que Ele tenha comandado que devam ser compelidos ou espancados para isso.

    Há uma terceira coisa com que o senhor é tão cuidadoso quanto reservado: nomear os criminosos a serem punidos ou positivamente nos dizer por que eles devem ser punidos e que tipo e grau de punição devem ser usados contra eles. O senhor é de fato tão generoso para com eles, que renuncia aos castigos e penas usados até aqui. O senhor nos diz que devem ser penas moderadas. Mas se lhe perguntamos o que sejam penalidades moderadas, o senhor confessa não poder nos dizer. Então a palavra moderada aqui não significa nada. O senhor nos diz: "a força externa a ser aplicada deve ser devidamente temperada". Mas o que é devidamente temperada, o senhor não diz ou não quer dizer e então, com efeito, significa nada. Ainda, se nisso o senhor não é claro e direto, todo o resto de seu desígnio significa nada, pois para punir alguns homens por algo, se não se pode achar quais punições devem ser usadas, isso é, não obstante tudo que disse, inútil. O senhor nos diz modestamente que "determinar precisamente a justa medida da punição requererá alguma reflexão". Se as faltas fossem determinadas com precisão e pudessem ser provadas, requereria não mais reflexão para determinar a medida da pena, do que em qualquer outro caso, onde fossem conhecidas. Mas onde a falta é indefinida e a culpa não provada, como suponho que ocorre nessa presente questão do exame, requererá reflexão, sem dúvida, para equivaler a força com o desígnio. Tanta reflexão quanto será necessário para vestir a lua, ou o tamanho dos sapatos dos seus habitantes, pois para ajustar uma pena à falta que o senhor não nomeia e, por caridade devemos pensar que o senhor ainda não sabe, e uma falta que, quando o senhor a nomear, será impossível provar quem é ou não culpado dela, requererá tanta reflexão quanto ajustar um sapato a um pé cujo tamanho e formato não sejam conhecidos.

Porém, o senhor oferece algumas medidas para regular suas penas que, quando examinadas, serão consideradas tão boas quanto nenhuma, sendo impossível estabelecer alguma regra nesse caso. A primeira diz: "tanta força ou castigos tais que sejam normalmente suficientes para prevalecer sobre homens de senso comum e não incorrigivelmente perversos e obstinados, para pesar assuntos de religião cuidadosa e imparcialmente e que sem essa medida não o fariam". Aí deve-se observar:

1. É tão difícil saber quem são esses homens de senso comum, quanto o grau justo de punição no caso e assim, o senhor regula uma incerteza por outra. Alguns homens poderão pensar que aquele que não pesa assuntos de religião, que deveriam ser sua infinita preocupação, sem punição não pode racionalmente ser entendido como homem de senso comum. Muitas mulheres, com senso comum o bastante para administrar os negócios comuns de suas famílias, não podem ler uma página de um autor comum, ou entender e explicar o significado do texto. Muitos homens de senso comum em suas necessidades não podem julgar quando um argumento é conclusivo ou não, muito menos rastreá-los num longo fluxo de conseqüências. Que penalidades serão suficientes para prevalecer

sobre esses que, temo, se observados, não são a menor parte da humanidade, para refletir e pesar assuntos religiosos cuidadosa e imparcialmente? A lei permite a todos que não receberam guardas ou asilo, terem senso comum; assim, com efeito, seus homens de senso comum são todos os homens não julgados idiotas ou insanos e as penalidades suficientes para prevalecer sobre todos os homens de senso comum são suficientes para prevalecer sobre todos os homens, menos os idiotas e insanos. Permita que todos os homens de senso comum julguem a medida justa para regular as penalidades.

2. Lhe agradaria considerar que todos os homens com mesmo grau de senso comum não possam se comover pelo mesmo grau de penalidades. Alguns são mais propensos, alguns de temperamento mais teimoso; o que for suficiente para prevalecer sobre uns não será a metade do necessário para outros, embora sejam ambos dotados de senso comum; assim, o senso comum não será útil para determinar a medida da punição, especialmente quando, na mesma cláusula, o senhor exclui homens incorrigivelmente perversos e obstinados, difíceis de serem conhecidas, como o senhor procura, as proporções justas dos castigos necessários para prevalecer sobre homens para refletirem, examinarem e pesarem assuntos religiosos. Portanto, se um homem lhe diz que refletiu, pesou, examinou e assim por diante, no curso inicial, lhe será impossível saber se ele cumpriu sua tarefa ou se é incorrigivelmente perverso e obstinado. Portanto, essa exceção nada significa.

Há muitas coisas no uso de sua força e penalidades diferentes do que já vi em qualquer lugar. Uma delas, essa sua cláusula agora em questão sobre a medida das punições assim me parece: o senhor mede suas punições somente em relação aos obedientes e corrigíveis, não aos perversos e obstinados, contrário ao senso comum que até aqui produziu leis para outros casos, com níveis de punição contra ofensores refratários e nunca os isentam por serem obstinados. Não o culpo, porém, por sua idéia geral. Seu novo método, cujos objetivos sobre coisas tão impraticáveis e inconsistentes que a lei não pode alcançar, nem as penas serem úteis, forçaram-no a isto. A inutilidade, o absurdo e a irracionalidade dos grandes castigos, o senhor conheceu nos parágrafos anteriores. O senhor levaria os dissidentes a refletirem com penalidades moderadas. Isto está implícito, mas embora tenham refletido ou não (pois o senhor não pode garantir), continuam dissidentes. O que se deve fazer então? Por que os incuráveis devem ser deixados para Deus, como o senhor nos diz? Suas punições não incluem prevalecer sobre os incorrigivelmente perversos e obstinados, como o senhor nos diz, assim, qualquer que seja o sucesso, suas punições são, todavia, justificadas.

O senhor nos deu em outra passagem outros limites para suas penas moderadas mas, quando examinadas, provam-se, como as demais, somente tolas, em boas palavras, que reunidas não têm significado direto, uma arte em voga entre alguns tipos de homens ilustrados. As palavras são: "penas que não dizem respeito a pessoas que se interessem por sua salvação eterna (e as que não tenham débitos a considerar) para renunciarem a uma religião que acreditem verdadeira ou professarem outra em que não acreditem". Se, por qualquer interesse, o senhor menciona um interesse verdadeiro por sua salvação eterna, por esta regra, o senhor produz penas tão grandes quanto lhe agradem e todos os castigos de que discorda podem ser justificados novamente, pois ninguém pode fazer um homem "realmente interessado em sua eterna salvação renunciar a uma religião que acredita ser verdadeira ou professar uma em que não acredita". Se como interessados, o senhor entende os que tenham algum desejo fantasioso de felicidade daqui para frente e ficariam felizes se as coisas correrem bem no outro mundo, mas não arriscariam nada por isto neste mundo, para esses, as penas mais moderadas que o senhor puder imaginar os farão mudar de religião. Se, por qualquer interesse, o senhor quer dizer qualquer coisa entre esses dois, os graus são tão infinitos, que é impossível ajustar a proporção de suas penas por este conceito.

Uma coisa que não posso deixar de observar nessa passagem, antes de encerrar: o senhor diz aqui: "os que não têm interesse em sua salvação não devem ser considerados". Em outras passagens de sua carta, o senhor finge ter compaixão dos carentes e dá soluções para eles, mas aqui, de repente, sua caridade falha e o senhor os abandona à perdição eterna, sem um único cuidado ou piedade e diz não merecerem ser considerados. A regra do nosso Salvador é: "o doente e não o são precisa de médico". Sua regra aqui é: os carentes não devem ser considerados, mas devem ser deixados a si mesmos. Isto pareceria estranho, se não se observar o que o levou a isso. O senhor percebeu que se o magistrado só devesse usar as punições que não fizessem ninguém mudar de religião, ele não deveria usá-las em ninguém, pois os carentes seriam levados à religião nacional com penas leves e quando a adotassem, o senhor estaria, parece, satisfeito e não mais se interessaria por eles. Assim, por suas próprias medidas, "se o carentes e os que se interessam por sua salvação eterna" devem ser considerados e cuidados, se a salvação de suas almas deve ser promovida, não se deve usar nenhuma punição e, portanto, o senhor os deixa, sem serem considerados.

Resta ainda uma coisa a ser questionada sobre a medida das penas, qual seja, sua duração. As penas moderadas contínuas, que os homens não encontrem fim ou saída são pesadas e se tornam imoderadamente difíceis. O senhor teria punido os dissidentes para fazê-los refletir. Suas penas teriam o efeito que o senhor gostaria. Elas os fariam refletir e eles fariam o melhor para refletirem. O que então deve ser feito com eles? Eles devem ser punidos por ainda serem dissidentes. Se isso fosse justo, o senhor teria primeiramente razão para punir um dissidente para fazê-lo refletir, se o senhor não soubesse se ele já teria refletido. Isto é tão justo e o senhor tem tanta razão para puni-lo, mesmo se ele realizou o que a punição lhe designou, quando já refletiu, mas permanece dissidente. Pois posso supor, com justiça e o senhor pode garantir, que um homem pode permanecer dissidente após toda a reflexão a que suas penas moderadas o levem. Quando vemos penas maiores, mesmo aqueles castigos de que o senhor discorda por serem tão grandes, não podem levar os homens a refletirem para serem convencidos a aderirem à igreja nacional.

Se suas punições não podem ser infligidas aos homens para fazê-los refletir sobre o que já refletiram ou puderam refletir, até seu conhecimento, então os dissidentes não devem jamais ser punidos, não mais que outros tipos de homens. Se os dissidentes devem ser punidos para refletirem, tendo ou não já refletido, então suas punições, mesmo que reflitam, nunca devem cessar, enquanto forem dissidentes, pois se é para puni-los só para levá-los a refletir, permita que os homens julguem. Disso estou certo: as punições, por seu método, nunca devem começar pelos dissidentes ou nunca cessarão. Assim, pretender moderação como o senhor gostaria, as punições que seu método requer devem ser tão imoderadas quanto nenhuma.

E agora que o senhor concorda com nosso autor e pelas boas razões que o senhor anseia, ressaltadas por suas próprias palavras: "para perseguir homens com fogo e espada e privá-los de suas propriedades, submetê-los a castigos corporais, deixá-los à fome e torturá-los em prisões nocivas e ao fim, até mesmo tirar-lhes a vida para torná-los cristãos é um modo ruim de expressar o interesse dos homens pela salvação desses a quem tratam assim. E será muito difícil persuadir os homens de senso que os que, com olhos secos e satisfação de mente podem entregar seu irmão ao carrasco para ser queimado vivo, têm interesse sincero e profundo na salvação do seu irmão das chamas do inferno no mundo do porvir. E esses métodos são tão inadequados, quanto o seu desígnio, que normalmente produz um efeito contrário. Onde o uso da força puder atuar para o avanço da verdadeira religião e a salvação das almas (como já exposto), será por submeter os homens à instrução e ouvirem as razões oferecidas para iluminar suas mentes e descobrir a verdade. Essas crueldades têm o infortúnio de serem vistas como prejuízo para qualquer religião que as use, tornando desnecessário examinar ainda mais esse fato. E produzem a tentação dos homens de rejeitarem-na, como falsa e detestável, sem um voto de confiança para considerarem seus motivos e fundamentos racionais. Raramente esses efeitos são considerados entre seus sofredores e, assim como os espectadores, se não forem de antemão bem instruídos nesses fundamentos e motivos, eles também serão tentados, não apenas a terem a mesma opinião de tal religião, mas também para julgar mais favoravelmente a opinião dos sofredores que poderão pensar, não se exporiam aos extremos que pudessem evitar por concordância, se não estivessem profundamente convencidos da justiça de suas causas". Por essas razões o senhor conclui que "esses castigos são inaptos e impróprios para levar os homens a adotar a verdade que os salvaria". Novamente, o senhor reconhece que a autoridade do magistrado não deve ser exercida para compelir qualquer alguém à sua religião". E, novamente, "que o rigor das leis e a força das penalidades não são capazes de convencer e mudar as mentes dos homens". Ainda, "o senhor não requer que os homens só tenham como regra a religião da corte, ou que devam perceber a necessidade de deixar a luz de sua própria razão se oporem aos ditames de sua própria consciência e cegamente se resignar à vontade de seus governantes, mas o poder que o senhor atribui ao magistrado lhe é dado para levar os homens não à sua própria, mas à verdadeira religião". Afirmo agora que o senhor garantiu isso, que diretamente condenou e aboliu todas as leis que foram feitas aqui ou em outro lugar, que eu jamais tenha ouvido, para compelir os homens ao conformismo, penso que o autor e quem quer que almeje a liberdade de consciência, deve estar satisfeito com a tolerância que o senhor defende, condenando leis sobre religião, agora em vigência e atestadas até que o senhor torne seu novo método consistente e praticável, comunicando-o ao mundo de forma clara e direta:

1. Quem deve ser punido.
2. Por quê?
3. Com que punições.
4. Por quanto tempo.
5. Qual a vantagem para a verdadeira religião, se os magistrados, em todo lugar, punirem tantos por ela.
6. E por último, se os magistrados têm autoridade para isso.

Quando o senhor tiver feito isso de modo claro e inteligível, sem manter a incerteza das expressões gerais e sem supor também que sua igreja é certa e a sua religião, verdadeira, que o senhor não possa mais aceitar nesse caso, qualquer que seja a sua igreja ou religião, seja papista, luterana, presbiteriana ou anabatista, não, o senhor não poderá aceitar mais do que a um judeu ou maometano, até que o senhor tenha estabelecido esses pontos, estruturado as partes do seu novo mecanismo, montado e mostrado que funciona, sem produzir mais dano que bem ao mundo. Acho, então, que os homens ficarão satisfeitos de se exporem a ele. Mas imagine que isso e um motor mostrando um movimento perpétuo, sejam vistos juntos, penso que terei a tolerância em alta conta, apesar de sua resposta, sobre a qual o senhor disse tanto e, por dever, não vejo nada contra, a menos que uma quimera impraticável, em sua opinião, seja algo forte a ser aprendido.

Vimos e examinamos até agora a essência de seu tratado e, portanto, penso dever terminar aqui, sem continuar. Mas, para que o senhor não considere que qualquer dos seus argumentos tenha sido negligenciado, abordarei o remanescente e lhe darei meus pensamentos em cada passagem que encontrar parecendo precisar de uma resposta. Numa passagem, o senhor questiona contra o autor, assim: "se, então, a quarta proposição do autor", como o senhor a chama, isto é, "a força não é útil para promover a verdadeira religião e a salvação das almas" não for verdadeira (como talvez, a essa altura parece não ser), então a última proposição, construída sobre ela, deve cair com ela". A última proposição é esta: "que ninguém pode ter qualquer direito de usar qualquer força externa ou compulsão para levar os homens à verdadeira religião e assim, à salvação". Se essa proposição fosse construída, como o senhor alega, sobre a que o senhor chama de quarta e se de fato a quarta cai, aquela construída sobre ela cai também. Mas, não sendo essa a proposição do autor, como mostrei, nem esta construída totalmente sobre aquela, mas sobre outras razões, como já provei e todos podem ver em várias partes de sua carta, o que o senhor alega como suas próprias falhas.

O assunto do parágrafo seguinte é provar que, se "a força é útil, então alguém deve ter o direito de usá-la". O primeiro argumento que o senhor quase prova é este: "a utilidade é um argumento tão bom para provar que alguém tem o direito de usá-la, quanto a inutilidade o é para provar que ninguém tem tal direito". Se o senhor considera as coisas cuja utilidade ou inutilidade mencionamos, talvez o senhor mude de idéia. É a punição ou a força usada para punir. Agora, toda punição é uma forma de mal, uma inconveniência, um sofrimento, eliminando ou diminuindo algum bem quer o punido tinha o direito de possuir. Agora, para justificar esse mal sobre alguém, duas coisas são necessárias. Primeira: quem o faz tem poder e autoridade para fazê-lo. Segundo, é diretamente útil para procurar um bem maior. Qualquer que seja a punição que um homem use contra outro, sem essas duas condições, o que quer que ele pretenda, prova uma injúria e injustiça, assim, por direito, ele deve ser deixado em paz. E, portanto, embora útil, quem estaria em condições de tornar justos os castigos, quando os castigos corporais estão longe de serem legais em quaisquer mãos humanas. A utilidade, quando existente como uma das condições, não pode produzir a outra, ou seja, a autoridade para punir, sem a qual, o castigo é ilegal. Daí segue-se que, embora o castigo útil seja ilegal para qualquer um, mesmo a punição útil é ilegal por quaisquer mãos. Um homem pode ter uma pedra no seu organismo e ela deve ser retirada, mais que indiretamente e à distância, mas essa necessidade não justificará o mais habilidoso cirurgião no mundo, pela força, fazer o homem sofrer uma dor e o perigo do corte, porque não tem nem autoridade, nem direito, sem o próprio consentimento do paciente a fazê-lo. Nem é um bom argumento, dizer que cortar vai fazer bem a ele, sendo ou não verdade. Será ainda pior argumento para qualquer direito se só houver uma possibilidade de se provar útil indiretamente e por acaso.

Seu outro argumento é este: se a força ou punição é necessária, "então se deve saber que em algum lugar alguém tem o direito de usá-la, a menos que digamos (sem impiedade não podemos dizê-lo) que o sábio e benigno Provedor e Governador de todas as coisas não deu à humanidade meios competentes para promover Sua própria honra no mundo e o bem de suas almas". Se seu argumento for verdadeiro, isto demonstra que a força não é necessária. Pois eu questiono isto, da sua forma: devemos saber que a força não é necessária; "a menos que digamos (o que sem impiedade não se pode dizer) que o sábio Dispensador e Governador de todas as coisas não deu à Sua Igreja, durante mais de trezentos anos depois de Cristo, os meios competentes para promover Sua própria honra no mundo e o bem das almas". O senhor deve considerar se esses argumentos são conclusivos ou não. Estou certo disso: um é tão conclusivo quanto o outro. Mas, se sua suposta utilidade dá o direito em algum lugar para usar a força, por favor me diga em que mãos está o direito na Turquia, Pérsia ou China ou em qualquer país onde cristãos de diferentes igrejas vivem sob uma soberania pagã ou maometana? E se o senhor não pode me dizer em que mãos o direito está nesses locais, como acredito que lhe seja difícil dizer, há então, parece, alguns lugares onde, sob sua suposição da necessária utilidade da força, "o sábio e benigno Provedor e Governador de todas as coisas, não deu à Sua igreja meios competentes para promover Sua própria honra no mundo e o bem de suas almas", a menos que o senhor possa garantir que "o sábio e benigno Provedor e Governador de todas as coisas, por mais de trezentos anos depois de Cristo, para promover Sua própria honra no mundo e o bem de suas almas, deu poder aos maometanos e os príncipes pagãos para punir cristãos, para levá-los a refletir sobre razões e argumentos próprios para convencê-los". Mas esta é a vantagem de uma invenção tão sutil, que a força possa ser útil indiretamente e à distância, cuja utilidade, se pudermos acreditar que o senhor dá o direito a um maometano ou príncipes pagãos a usar a força contra cristãos: por medo de que a humanidade nesses lugares não recebesse meios de promover a honra de Deus e o bem de suas almas. O senhor argumenta assim: "pois se existe grande uso da força, em algum lugar há o direito de usá-la. E se há tal direito em algum lugar, para quem, além do soberano civil? Quem pode negar agora que o senhor teve cuidado, grande cuidado, com a promoção da verdade e da religião cristã? Mas ainda é difícil para mim, confesso e creio também para outros, conceber como o senhor pode pensar em ser útil à verdade e à religião cristã, entregando o direito a mãos maometanas ou pagãs de punir cristãos, da mesma forma que é difícil para o senhor conceber o que o autor pensa "prestar serviço à verdade e à religião cristã", eximindo seus professores de punições em todo lugar, já que há mais príncipes maometanos e errados neste mundo, do que ortodoxos. A verdade e a religião cristã, tomando o mundo como o vemos, têm sido mais punidas e suprimidas que o erro e a falsidade.

O autor tentou mostrar que ninguém, de qualquer tipo e condição, teria o poder para punir, atormentar, ou usar qualquer mal humano, para questões religiosas. Então o senhor nos diz: "o senhor ainda não entende por que o clero não é capaz de tal poder como outros homens". Não me lembro que o autor em qualquer parte, com exceção de eclesiásticos mais que outros, lhe tenha dado ocasião de mostrar qualquer preocupação neste ponto. Ele previu que isto lhe tocaria muito de perto e que o senhor se empenha muito no poder de punição do clero. É como se ele lhe tivesse dito ter pensado que os eclesiásticos são tão capazes disso quanto qualquer homem e que se esforço e diligência no exercício de tal poder os recomenda a ele, os clérigos, na opinião do mundo estão aptos para isso. No entanto, o senhor faz bem de defendê-los, embora o autor os exclua não mais do que seus vizinhos. Não, eles devem poder pretender um título mais justo. Pois eu nunca li sobre severidade para levar homens a Cristo como a da lei de Moisés, que foi, portanto, chamado de pedagogo (Gal III, 21): "É, porventura, a lei contrária às promessas de Deus? De modo nenhum! Porque, se fosse promulgada uma lei que pudesse dar vida, a justiça, na verdade, seria procedente da lei". E o versículo seguinte nos diz: "Mas a Escritura encerrou tudo sob o pecado, para que, mediante a fé em Jesus Cristo, fosse a promessa concedida aos que crêem". Mas, se ainda somos levados a Cristo pela roda, eu não invejo neles o prazer de dominá-lo. Só lhes desejo, quando tiverem o açoite em suas mãos, que se lembrem do nosso Salvador e sigam seu exemplo, quem só o usou uma vez e que eles como Ele, o empreguem mais para banir traficantes vis e escandalosos das coisas desse mundo para fora de sua igreja, do que expulsar quem queira se dirigir a ela. Se este não for um método adequado para fazer de sua igreja o que nosso Salvador pronunciou sobre o templo, os que o usam vêem melhor. Pois, em matéria de religião, ninguém é levado tão facilmente quanto os que nada têm de religiosidade e, seguindo-os, os viciados, os ignorantes, os mundanos e os hipócritas que só conhecem de religião o nome, nem sabem nada sobre igreja, além de sua prosperidade e poder e quem, não diferente dos descritos por nosso Salvador (Lucas XX, 47) como demonstração ou gritam aos padres da igreja "os quais devoram as casas das viúvas e, para o justificar, fazem longas orações; estes sofrerão juízo muito mais severo". Eu não digo isto dos professores sérios de qualquer igreja, sinceros em termos de religião. Esses eu valorizo, os que conscienciosamente e junto com uma sincera persuasão, adotam uma religião, embora diferente da minha e de modo que entendo como errado. Mas ninguém pode ter razão de pensar diferente do que eu disse, entre os que foram instruídos para pertencerem a qualquer igreja, por esperanças e medos seculares. Esses verdadeiramente fazem comércio, acima de qualquer consideração e comercializam com a própria religião, regulando sua escolha pelo lucro e perda mundanos.

O senhor tenta provar, contra o autor, que a sociedade civil não é instituída só para fins civis, isto é, procurar, preservar e desenvolver os interesses civis dos homens. Suas palavras são: "devo dizer que nosso autor só levanta a questão, quando afirma que a comunidade é constituída só para procurar, preservar e progredir os interesses civis de seus membros. Que a comunidade é constituída para esses fins, ninguém o poderá negar. Mas se houver outros fins além desses, atribuível à sociedade e o governo civil, não há razão para afirmar que esses são os únicos fins para os quais são designados. Sem dúvida, as comunidades são instituídas para atender a todos os benefícios que o governo político pode dispor. E, portanto, se os interesses espirituais e eternos dos homens podem, de alguma forma, ser procurados ou desenvolvidos pelo governo político, a busca e o progresso desses interesses devem, por todas as razões, ser reconhecidos entre os fins das sociedades civis e assim, conseqüentemente, caem no compasso da jurisdição do magistrado". Eu registrei suas palavras na íntegra para deixar o leitor ver que o senhor, entre todos os homens, tem a última razão para dizer ao autor que ele só levanta a questão, embora o senhor tente se justificar pela pretensão de seu exemplo. O senhor argumenta assim: "Se houver outro fim atingível pela sociedade civil, então os interesses civis não são os únicos fins da constituição da comunidade". E como o senhor prova que existem outros fins? Por que: "Sem dúvida as comunidades são instituídas para atender a todos os benefícios que o governo político pode dispor". O que é uma demonstração tão clara quanto pode ser sem dúvida. A questão é, se a sociedade civil é constituída só para fins civis? O senhor diz não. E sua prova é, porque sem dúvida ela é instituída para outros fins. Se disser agora, sem dúvida este é um bom argumento, todos não tenderiam, sem mais alvoroço, a admiti-lo? Se não, sem dúvida o senhor corre o risco de ter dado a questão como provada.

Mas o que quer que o senhor diga aqui, que o autor tenha encerrado a questão, nas páginas seguintes o senhor nos diz "que o autor oferece três considerações que lhe parecem abundantemente demonstrando que o poder civil nem pode nem deve, de modo algum se estender à salvação das almas". Ele não encerra, pois, a questão. Pois a questão é: "se o interesse civil é a única finalidade da sociedade civil", ele coloca essa razão como negativa: "que a sociedade civil nada tem a ver com a salvação das almas" e oferece três considerações para prová-lo. Pois sempre será uma boa conseqüência que, se o poder civil não tem nada a ver com a salvação das almas, então "o poder civil é a única finalidade da sociedade". E a razão disso é clara: porque se um homem não tem outro interesse neste mundo ou no mundo do porvir, se a finalidade da sociedade civil não alcança o interesse dos homens no outro mundo, quer dizer, tudo que envolve a salvação de sua alma, é claro que o único fim da sociedade civil é o interesse civil, sob o qual o autor abrange as coisas boas deste mundo.

E agora, examinemos a verdade da sua posição principal, ou seja, "que a sociedade civil é instituída para atender aos benefícios que pode proporcionar de certa forma". Que, se for verdade, essa posição pode ser verdadeira, isto é, "que todas as sociedades, quaisquer que sejam, são instituídas para atender a todos os benefícios que possam proporcionar de certa forma". Que nada havendo de peculiar à sociedade civil, no caso, por que a sociedade seria instituída para atender aos benefícios que possa proporcionar, de certa forma, e outras não. Segue-se desse argumento que todas as sociedades são instituídas para um único e mesmo fim, isto é, "para atender aos benefícios que pode proporcionar de certa forma". Por isso, não haverá diferença entre a igreja e o estado, uma comunidade e o exército, ou entre uma família e a Companhia das Índias Orientais, todas até aqui têm sido consideradas tipos diferentes de sociedades, instituídas para diferentes finalidades. Se sua hipótese se mantém boa, uma das finalidades da família deve ser pregar o Evangelho e administrar os sacramentos e um dos assuntos do exército deve ser o de ensinar idiomas e propagar a religião, porque esses são benefícios que, de um modo ou de outro, atingível por tais sociedades, a menos que o senhor tenha o desejo de representação e autoridade como impedimento suficiente e isso será assim, também em outros casos.

É um benefício ter o conhecimento e a filosofia verdadeiros adotados e instalados numa sociedade e governo civis. Mas, o senhor dirá, portanto, que isso é um benefício à sociedade, ou uma das finalidades do governo que todos aqueles que não sejam peripatéticos devem ser punidos, para fazer os homens encontrarem a verdade e a professarem. Isto, de fato, deve ser considerado um modo justo de fazer alguns homens adotarem a filosofia peripatética, mas não um modo adequado de encontrar a verdade. Pois talvez a filosofia peripatética possa não ser verdadeira; talvez a grande maioria possa não ter tempo ou possibilidade de estudá-la; talvez muitos que a tenham estudado possam não estar convencidos da sua verdade e, portanto, pode não ser um benefício à comunidade nem uma de suas finalidades, que esses membros da sociedade devam ser perturbados e maltratados por nenhum propósito, quando não são culpados de nenhuma falta. Pela mesma justa razão, não pode ser um benefício à sociedade civil, que os homens devam ser punidos na Dinamarca por não serem luteranos, em Genebra por não serem calvinistas e em Viena por não serem papistas, como meios de fazerem-nos descobrir a verdadeira religião. Por isso, sob seus fundamentos, os homens devem ser tratados nesses lugares, tão bem quanto na Inglaterra, por não serem da igreja da Inglaterra. Então eu peço-lhe que considere o grande benefício atribuído aos homens na sociedade por este método e eu suponho que será muito difícil o senhor provar que todos os governos civis foram instituídos para punir os homens por não pertencerem a esta ou aquela seita ou religião. Porém, por acaso ou indiretamente e à distância, pode haver uma ocasião, talvez de um para mil ou para cem, estudar essa controvérsia, que é tudo que o senhor espera dela. Se isso for um benefício, por favor me diga qual é esse benefício. Não pode ser um benefício civil. Pois os interesses civis dos homens são perturbados, injuriados e obstruídos por ela. E que benefício espiritual pode haver para uma multidão de homens serem punidos por divergirem de uma confissão falsa ou errônea; eu peço que o senhor descubra, a menos que seja um benefício espiritual, estar em perigo por ser dirigido ao caminho errado. Pois se em todas as seitas divergentes, só uma for errada, há uma centena de outras das quais alguém é dissidente e é punido por isso e está errado.

    Garanto que é dúvida antiga, que a natureza do homem seja tão ansiosa pelo bem que ninguém gostaria de ser excluído de alguma ação ou de alguma instituição que lhe interesse, ou de algum bem ou benefícios de que possa usufruir. E se essa for sua intenção, não lhe será negada. Mas o senhor fala de maneira imprópria, ou melhor, errada se atribui poder a esse benefício, isto é indiretamente e à distância ou por acaso, atender, por uma sociedade civil ou outra qualquer, aos fins para as quais foi instituída. "Nada pode, na verdade, ser reconhecido como uma das finalidades de uma sociedade", mas pode ser suposto, na verdade, como desejado por aqueles que a ela se associam. Agora, ninguém, na verdade, supõe que alguém entre para uma sociedade civil para procurar, garantir ou ver evoluir a salvação de sua alma, quando ele, para isso não precisa da aceitação da sociedade civil. "A procura, portanto, a garantia e o avanço do interesse espiritual e eterno dos homens não pode, na verdade, ser entendido entre os fins das sociedades civis", embora, talvez, possa ocorrer que, numa circunstância particular, alguns interesses espirituais do homem possam evoluir pelo seu modo, ou algum outro, de usar a força civil. Um nobre que teve sua capela destruída pode oferecer sua sala de jantar para oração e pregação. Mesmo assim, qualquer benefício esperado pelo uso da sala, ninguém pode, na verdade, reconhecer como um dos fins para a qual ela foi construída, não mais do que o ninho acidental de algum pássaro em alguma parte dela, pois se fosse esse um benefício usufruído, poderia, na verdade, ser entendido entre os fins da construção da casa.

Mas, o senhor diz, "sem dúvida, as comunidades são instituídas para atender a todos os benefícios que o governo civil pode usufruir e, portanto, se os interesses espirituais e eternos dos homens podem, de certo modo, serem procurados ou evoluídos pelo governo civil, a procura e a evolução de tais interesses podem, com toda razão, ser reconhecidas entre os interesses da sociedade civil e, conseqüentemente caindo no circuito da jurisdição do magistrado". Sobre os mesmos fundamentos, assim afirmo: sem dúvida as igrejas são instituídas para atender a todos os benefícios que o governo eclesiástico pode usufruir e, portanto, se os interesses temporais e seculares dos homens podem ser, de certo modo, procurados e evoluídos pela política eclesiástica, a procura e o avanço de tais interesses podem, de toda forma serem reconhecidos entre os fins das sociedades religiosas e, conseqüentemente caem no circuito da jurisdição dos homens da igreja. A igreja de Roma abertamente tirou proveito dos "interesses seculares serem procurados e evoluídos, indiretamente e à distância e *in ordine ad spiritualia*", cuja maneira, se não erro minha linguagem, esteja abrangida sob seu "qualquer modo". Mas não me lembro que qualquer das igrejas reformada até aqui diretamente o professou. Mas há um tempo para todas as coisas. E se a comunidade uma vez invade os fins espirituais da igreja, intrometendo-se na salvação das almas de que ela sempre cuidou, quem pode negar que a igreja tenha a liberdade de se fazer algumas reformas como represálias?

Mas, senhor, embora o senhor e eu possamos argüir a partir de suposições erradas, que o apóstolo, em Efésios IV, 12 mesmo tendo reconhecido os oficiais que Cristo instituiu na igreja nos diz que o forma para outros fins além do "aperfeiçoamento dos santos, para o desempenho do seu serviço, para a edificação do corpo de Cristo", o avanço dos seus interesses seculares raramente poderá ser o seu ramo ou estar na sua área de jurisdição. Nem pode ser mostrado que a sociedade civil é instituída para fins espirituais o que o magistrado tem licença para impor sua autoridade ou usar força em assuntos de religião. Sua suposição sobre os "benefícios espirituais indiretamente e à distância atendidos" pelo governo político nunca provará o avanço de tais interesses por força de ser o negócio do magistrado e "cair dentro da área de sua jurisdição". E até então a força dos argumentos que o autor levantou contra ela, nas páginas de sua carta, continuará boa.

Comunidades ou sociedades civis e governos, se o senhor acreditar na justiça do senhor Hooker, como S. Pedro as chama (1 Pedro II,13) "Sujeitai-vos à toda instituição humana, por causa do Senhor, quer seja ao rei, como soberano"... e ele mostra para que, isto é, para a punição dos malfeitores e a honra dos que fazem o bem. Não encontro em lugar algum que seria pela punição daqueles que não estejam em comunhão eclesiástica com o magistrado, para fazê-los estudar controvérsias religiosas ou ouvir os que lhes dizem "terem errado seu caminho e lhes oferecem para reconduzi-los ao caminho certo". O senhor deve mostrar-lhes tal representação, se o senhor diz isso de Deus. E em todas as sociedades instituídas pelos homens, seus fins não podem ser outros que não os que apontaram quem os instituiu que, estou certo não seria seu interesse espiritual e eterno. Pois eles não poderiam estipular esses com outro, não submeter esse interesse ao poder da sociedade ou um soberano que ela lhe impusesse. Há nações nas Índias Ocidentais, que não têm outro fim para a sua sociedade que sua defesa mútua contra seus inimigos comuns. Nessas, seu capitão ou príncipe é soberano-comandante em tempo de guerra, mas em tempo de paz, nem ele, nem ninguém mais tem qualquer autoridade sobre ninguém da sociedade. O senhor não pode negar que outros fins, embora temporais são atendidos por essas comunidades, se tiverem sido instituídas e indicadas a esses fins. Mas todo seu discurso "sem dúvida as comunidades são instituídas para atender a todos os benefícios de que possam usufruir" não dará autoridade a um indivíduo ou mais de um, em tal sociedade, por poder político ou força, a procurar direta ou indiretamente outros benefícios além daqueles para os quais ela foi instituída e, portanto, isso não está na esfera da jurisdição de tais príncipes punir qualquer um da sociedade por ferir outro, pois ele não tem representação para fazê-lo, qualquer razão que o senhor pensar dever ser reconhecida entre os fins de sua sociedade.

Mas, para concluir: seu argumento tem um defeito que se volta contra o senhor, qual seja, que a procura e a evolução dos interesses espirituais e eternos das almas, do seu modo, não é um benefício à sociedade e assim, por sua própria suposição, "a procura e a evolução do interesse espiritual das almas, de qualquer modo, não pode ser um dos fins da sociedade civil", a menos que a procura e a evolução do interesse espiritual das almas, de modo a fazer mais dano que bem pela salvação das almas, seja tido como um benefício tal que se torne um dos fins das sociedades civis. Assim o seu método, de certa forma, eu já provei. Assim, mesmo sendo difícil provar que o governo político, cujo único instrumento é a força, não pode pela força, mesmo se aplicada, avançar mais que prejudicar o interesse espiritual e eterno dos homens, mesmo tendo-o provado contra seu novo modo particular de aplicar a força, eu tenho defendido a doutrina do autor de qualquer coisa que o senhor tenha dito contra isso. O que é o bastante para meu propósito atual.

Sua próxima página nos diz que esse raciocínio do autor, isto é, "o poder do magistrado não pode se estender à salvação das almas, porque o cuidado com as almas não é compromisso do magistrado, o prova por si mesmo". Como se o senhor dissesse, quando lhe digo que o senhor não pode estender seu poder para mesclá-lo com o dinheiro de um jovem cavalheiro com quem o senhor viajou como tutor, porque do dinheiro dele não lhe cabe cuidar, fosse provar o fato por si mesmo. Pois não é necessário que o senhor tenha o poder sobre o dinheiro dele. Isso pode ser atribuído a um mordomo que viaje junto ou a ele mesmo. Se o senhor tem esse poder, é só um poder delegado. E em todos os poderes delegados, penso ser uma prova justa: o senhor não o tem ou não pode usá-lo, que é o que o autor quer dizer com "estendido a", porque não foi indicado ao senhor. No ápice desse argumento, o autor diz: "ninguém, portanto, nem comunidades, etc., têm qualquer intitulação para invadir os direitos civis e os bens terrenos de outro, sob a pretensão religiosa". O que é uma demonstração do que ele quer dizer no começo do argumento, com "o poder do magistrado não pode se estender à salvação das almas". Assim, se tomarmos essas últimas palavras citadas como equivalentes às da passagem anterior, sua prova ficará assim: "o magistrado não tem intitulação para invadir os direitos civis dos bens terrenos de alguém sob a pretensão religiosa, porque o cuidado com as almas não é indicado para ele". Isto é igual ao anterior, no sentido do autor. E outros devem julgar se esse ou aquele argumento provam por si mesmos a mesma coisa.

O senhor mencionou o argumento do autor com que ele prova que o cuidado com as almas não é atribuição do magistrado, com essas palavras: "não é atribuído a ele por Deus, porque não parece que Deus tenha dado tal autoridade de um homem sobre outro para compelir alguém à sua religião". Quando eu li isso pela primeira vez, confesso que entendi como um bom argumento. Mas o senhor diz: "isto está além da questão" e a razão, "pois a autoridade do magistrado não é a de obrigar alguém a adotar alguma religião, mas apenas uma autoridade para tentar que todos os seus súditos busquem os meios de descobrir os caminhos da salvação e procurar, na medida do possível que ninguém continue ignorando". Temo, senhor, que tenha esquecido de si mesmo. O autor não está escrevendo contra sua nova hipótese antes dela ter sido conhecida no mundo. Ele deve ser desculpado, não tendo o dom da profecia, por argumentar contra um conhecimento ainda não iniciado. Ele tinha consigo apenas as leis elaboradas até então e as punições religiosas em uso no mundo. As penalidades, como as tomo são imputadas aos homens por seres de diferentes religiões. O que é isso, a não ser obrigá-los a renunciar à sua própria e a se conformar àquela de que divergem? Se não for para obrigá-los à religião do magistrado, por favor, diga-nos o que é? Isto deve ser necessariamente bem entendido. Embora se possa supor que a lei não quer que isso seja feito, com cujas penas ela comanda sua execução, ou que as punições não são compulsão, nem o autor defende a obrigatoriedade. A lei diz: "faça isso e viva". Abrace essa doutrina, conforme-se com este modo de adoração e tenha conforto e liberdade, ou seja multado, aprisionado, banido, queimado. Se o senhor puder apontar entre as leis feitas na Inglaterra sobre religião, e acho que posso dizer em todo lugar, quem quer que puna homens "por não examinarem imparcialmente a religião que abraçaram ou recusaram", sinto que poderia lhe dar causa ganha. Os legisladores normalmente têm sido mais sábios do que fazendo leis que não possam ser executadas e, portanto, suas leis têm sido contra não-conformistas, que podem ser conhecidos e não para exame imparcial, que não poderia. Não está além do tema do autor levantar um argumento contra as perseguições em moda por aqui. Ele não sabia que qualquer um tão livre para saber que "o magistrado não tem autoridade para obrigar alguém à sua religião" e de imediato, como o senhor o fez, desistiria de todas as leis agora vigentes contra dissidentes e ainda tivesse estoque de rodas para eles e que por um novo truque os levaria pelos laços da lei, quando as antigas pretensões estivessem muito rotas para ainda servirem. O senhor nunca ouviu falar de religião estabelecida por lei? Que é, parece, a religião legal de um país e a ser cumprida como tal. Sendo assim, com tais noções ainda no mundo, não estaria muito longe da realidade a pretensão do autor de alegar que "Deus nunca deu autoridade a um homem para obrigar outro a adotar Sua religião". Garantirei, se lhe agrada, que a "religião estabelecida por lei" é um modo muito excêntrico de falar na boca de um cristão e ainda muito em moda, como se a autoridade do magistrado pudesse adicionar qualquer força ou sanção a qualquer religião, verdadeira ou falsa. Estou contente de descobrir que o senhor considerou a autoridade do magistrado, que concorda com o autor que "ele não tem que obrigar os homens à sua religião". Menos ainda, por uma lei estabelecida, ele pode acrescentar qualquer coisa à verdade ou validade de sua própria religião ou a de qualquer outro.

Resta agora examinar se o argumento do autor não permanecerá bom, mesmo contra as punições do seu modo, "pois se a autoridade do magistrado for, como o senhor diz, só para todos os seus súditos procurarem (note o que o senhor diz, *todos os seus súditos*) os meios de descobrirem o caminho da salvação e procurar, na medida do possível que *ninguém* continue ignorando ou recusando-se a abraçá-la, seja pelo desejo de usar tais meios, ou em função de preconceitos que podem torná-los ineficazes". Se esse for o caso do magistrado, em relação *a todos os seus súditos*, eu gostaria que o senhor ou outra pessoa me dissessem como isso pode ser feito pela aplicação da força só a uma parte deles, embora o senhor ainda suponha de forma vã que ignorância, negligência ou preconceito, só seria a parte deles que, em algum lugar, diverge do magistrado. Se os da igreja do magistrado podem ser ignorantes do caminho da salvação, se for possível que entre eles, aqueles "que se recusam a abraçá-la seja pelo desejo de usar tais meios, ou em função de preconceitos que podem torná-los ineficazes", em que se torna, nesse caso a autoridade do magistrado para tentar com que todos os seus súditos descubram o caminho para a salvação? Esses súditos devem ser negligenciados e deixados sem os meios que ele tem autoridade para fornecer? Ou ele deve usar a força também contra eles? E então, por favor, mostre-me como isso pode ser feito. O magistrado os punirá de sua própria religião "para procurarem os meios de descobrirem o caminho da salvação e tentará, na medida do possível, que eles não continuem ignorando ou se recusem a abraçá-la? Isso é tão contraditório na prática, isso é tão condenatório à própria religião de um homem, que ninguém pode esperar isso do magistrado e eu ousaria dizer que o senhor não deseja isso para ele. E ainda é o que ele deve fazer "se sua autoridade for procurar para todos os seus súditos os meios de descobrirem o caminho da salvação". E se for assim tão necessário que ele a use, como o senhor diz ser, estou certo de que a força só seja usada quando aplicada mais amplamente e a punição seja mais usada do que o senhor o faria, pois "se o magistrado pela força procurar, na medida do possível, que ninguém permaneça ignorante do caminho da salvação", ele não deveria punir todos os que são ignorantes do caminho da salvação? E por favor diga-me como pode ser praticável de outra forma que, supondo que ninguém da igreja nacional seja ignorante e que todos de fora o sejam, do caminho da salvação. O que é punir homens por não ser da religião do magistrado, exatamente o que o senhor nega que ele tem autoridade para fazer? Assim, o magistrado tendo, por sua própria adoção, nenhuma autoridade para usar a força e sendo impraticável "procurar para todos os súditos os meios de descobrirem o caminho da salvação", haverá um fim para a força. E a força, sendo abandonada, seja como ilegal ou impraticável, o argumento do autor permanece bom contra a força, mesmo no seu modo de aplicá-la.

Mas se o senhor diz nas páginas seguintes, que o magistrado tem autoridade para executar penas sobre os que se recusam a abraçar a doutrina dos ministros adequados da religião e submeter seu governo espiritual para fazê-los considerarem-se não afastados da verdade (pois, "temperamento louco e preconceito descaridoso" são só palavras que os partidos opostos usam entre si, como marcas de desacordo e presunção, eu as omito porque nada significam para a questão, pois pela mesma razão serão distorcidas pelo outro lado). Contra isso permanece o argumento do autor, que o magistrado não tem tal autoridade. 1. Porque Deus nunca deu ao magistrado uma autoridade para ser juiz da verdade de outro homem em termos de religião e assim, ele não pode julgar se algum homem está ou não afastado da verdade. 2. Porque o magistrado nunca recebeu autoridade para "aplicar punições àqueles que se recusem a abraçar a doutrina dos ministros da religião ou se submeter a seu governo espiritual", mais do que a qualquer outro homem.

Para o argumento do autor, que o magistrado não pode receber tal autoridade do povo, porque nenhum homem tem poder para deixar à escolha da pessoa escolher uma religião para si, o senhor dá esta agradável resposta: "Como o poder do magistrado, relativo à religião, é ordenado para levar os homens a tomarem todo cuidado com sua salvação, para que não sejam cegamente deixados à própria escolha nem à de outra pessoa, nem aos seus próprios caprichos e paixões, para prescrever-lhes qual fé ou adoração eles adotarão", assim, se supomos que esse poder deve ser investido pelo magistrado pelo consentimento do povo, isto não importará em abandonar o cuidado com sua própria salvação, mas certamente o contrário. Pois, se os homens, ao escolherem sua religião são tão normalmente submetidos, como se mostrou, quando deixados a si mesmos, são tão sacudidos por preconceitos e paixões que nem todos, ou não o bastante vêem as razões e motivos que os levou a determinar sua escolha; então é do verdadeiro interesse de cada homem, não ser deixado só neste assunto, mas deve-se ter cuidado que, numa questão tão preocupante para ele, ele possa ser levado, mesmo contra sua tendência, se não se puder fazer de outra forma (que é normalmente o caso) a agir conforme a razão e bom julgamento. E então, que melhor caminho os homens podem tomar para isto que atribuir o poder que descrevi àquele que carrega a espada?"
— Agora eu lhe peço que considere: 1) Se não é agradável, o que diz – "o

poder do magistrado é ordenado para levar os homens a tal cuidado" e então infere: "então é do interesse de cada homem atribuir tal poder ao magistrado?" Pois, se for o poder do magistrado, é dele. E o que o povo precisa atribuir-lhe, a menos que seja necessário e for o melhor curso a tomar, atribuir um poder ao magistrado que ele já tenha? 2) O senhor diz outra coisa agradável: "o poder do magistrado é levar os homens a tal cuidado com sua salvação, que não deixem cegamente à escolha de qualquer pessoa, a seus caprichos e paixões, para prescrever-lhes qual fé ou adoração adotarão e ainda, é seu melhor caminho atribuir um poder ao magistrado", passível dos mesmos caprichos e paixões, escolher por eles. Pois se eles atribuem ao magistrado poder para puni-los, quando divergem de sua religião, "para levá-los a agir, mesmo contra suas próprias tendências, conforme sua razão e bom julgamento", isto é, como o senhor se explica em outra passagem, para levá-los a considerar as razões e argumentos próprios e suficientes para convencê-los, – como está longe de deixar à escolha de outro homem prescrever-lhes qual fé ou adoração eles abraçarão? Especialmente se consideramos que o senhor pensa ser estranho que o autor deixaria o cuidado com a alma do homem entregue a si mesmo. Assim, o cuidado sendo atribuído "ao magistrado com poder para punir homens para fazê-los considerar as razões e argumentos próprios e suficientes para convencê-los" da verdade de sua religião, a escolha é, evidentemente, a do magistrado, tanto quanto é dado a um homem escolher para outro a religião que deve adotar, que consiste apenas num poder de obrigá-lo por castigos a adotá-la.

Não me refiro nem ao senhor nem ao dano do magistrado, quando digo que o poder que o senhor dá ao magistrado de "punir homens, para fazê-los considerar as razões e argumentos próprios e suficientes para convencê-los" significa convencê-los da verdade de sua religião e levá-los a ela. Pois os homens, em minha opinião, nunca "agirão conforme a razão e bom julgamento", que é o que o senhor diz a que os homens serão levados pelo magistrado, mesmo contra sua "própria tendência", até que adotem sua religião. E se o senhor tem a expressão de um homem honesto, o senhor não diria que o magistrado o puniria, para "levá-lo a considerar outras razões e argumentos, mas que esses são próprios para convencê-los" da verdade de sua religião e levá-los a ela. Assim o senhor oscila para frente e para trás. O senhor diz: "o magistrado não tem poder para punir homens para obrigá-los a adotar sua religião", mas apenas para "obrigá-los a considerar razões e argumentos próprios para convencê-los" da verdade de sua religião, o que é tudo para dizer, ninguém tem poder de escolher seu caminho para Jerusalém, mas ainda o senhor das terras tem poder para puni-lo para "considerar razões e argumentos próprios e suficientes para convencê-lo". De quê? Que o caminho que ele segue é o certo e assim faz o senhor se reunir ao grupo e ir com ele. Assim, com efeito, o que o senhor está fazendo agora, além de chegar, enfim, ao mesmo lugar novamente; e colocar o poder nas mãos dos magistrados, sob outra intenção além de compelir os homens à sua religião? Que o uso da força o autor derrubou suficientemente e o senhor abandonou. Mas estou cansado de segui-lo com tanta freqüência ao redor do mesmo círculo.

Aqui o senhor fala disso como a condição mais deplorável que se possa imaginar, que "os homens sejam deixados a si mesmo e não sejam forçados a considerar e examinar os fundamentos de sua religião e procurar imparcialmente e diligentemente pela verdade". Disto o senhor fez o grande malogro da humanidade. E por isso o senhor parece solícito, ao longo de todo o seu tratado, para encontrar uma solução e há raras páginas em que o senhor não ofereça a sua. Mas e se, depois de tudo, o senhor fosse encontrado prevaricando? "Os homens adotaram para si", diz o senhor, "uma grande variedade de religiões". Isso é garantido. "Eles não procuram a verdade neste assunto com empenho mental e a liberdade de pensamento necessária", se confessa. "Todas as falsas religiões, agora aos pés do mundo, tiveram seu início com uma leve e parcial consideração com que os homens se contentaram, para procurar a verdade; e os homens a tomaram e nela persistiram, por desejo do devido exame". Seja. "É necessário uma solução para isso e eu encontrei uma cujo sucesso não pode ser questionado". Muito bem. Qual é? Vamos ouvi-la. "Por que dissidentes devem ser punidos". Quem o ouve acredita que o senhor é honesto e que o desejo de examinar é o que o senhor acrescentou, quando o desejo de exame não é o que o senhor teria punido? Se o desejo de exame é a falta, o desejo de exame deve ser punido. Se o senhor está, como pretende, totalmente satisfeito, essa punição é o meio adequado e único de remediá-lo. Mas se, em todo o seu tratado, o senhor puder me mostrar um lugar onde o senhor diga que o ignorante, o carente, o desconsiderado, o negligente no exame profundo de sua própria religião e a de outro, etc. deve ser punido, eu considerarei boa a sua solução. Mas o senhor não disse algo assim e mais, eu lhe digo de antemão, o senhor não ousaria dizê-lo. E se não o disse, o mundo tem razão para julgar que, embora o desejo de exame seja uma falha geral, que o senhor enfatizou com tanta veemência, o senhor a usou somente pela pretensão de punir dissidentes e assim destruiu o remédio que não curaria este mal, ou não cuida de tê-lo normalmente curado. Isto evidentemente aparece em todo o desenrolar do seu argumento. E quem lê seu tratado com atenção ainda mais confirmará sua opinião, quando descobrir que o senhor, íntegro a ponto de punir homens para levá-los a considerar e examinar, para que descubram o caminho da salvação, não disse uma palavra de consideração, procurando e ouvindo as Escrituras, que tem sido tão boa regra para um cristão tê-los enviado, como "razões e argumentos próprios para convencê-los", o senhor não sabe de que, "à instrução e governo dos próprios ministros da religião", que estão longe de serem cordatos, "ou à informação daqueles que lhes diz que erraram seu caminho e lhes oferecem para mostrar-lhes o certo, com guias perigosos e incertos que não eram aqueles a quem nosso Salvador e os apóstolos enviaram os homens, mas às Escrituras": "Examinai as Escrituras, porque julgais ter nelas a vida eterna e são elas mesmas que testificam de mim", diz nosso Salvador (João III, 39) aos descrentes em perseguição aos judeus, e são as Escrituras que, diz São Paulo (2 Timóteo, III, 15), "e que, desde a infância sabes as Sagradas letras, que podem tornar-te sábio para a salvação pela fé em Jesus Cristo".

Não diga mais nada, portanto, se tem cuidado com sua reputação, por ser "do interesse do homem ser deixado a si mesmo, sem ser incomodado, sem punições por assuntos religiosos". Não fale de "levar homens a adotarem a verdade que pode salvá-los, colocando-os a examinar". Não fale mais de "força e punição como único meio restante para levar homens a examinar". É evidente que o senhor não quer dizer nada menos que isso. Pois, embora o desejo de examinar seja a única falta que o senhor defende e a punição ser, na sua opinião, o único meio de levar os homens a isso e este sendo o único desígnio do seu livro, nem uma vez o senhor propôs que os que não examinassem imparcialmente, deveriam ser forçados a isso. E o senhor não deve pensar que falo ao acaso, quando digo que o senhor não ousaria. Dar-lhe-ei, se lhe agrada, algumas razões para o que digo.

1. Porque, se o senhor propõe que todos devessem ser punidos, os ignorantes, que não usaram "considerações aptas e próprias para manifestar a verdade, mas que foram determinadas na escolha de sua religião por impressões de educação, admiração das pessoas, respeitos mundanos, preconceitos e outros motivos tão incompetentes e adotaram sua religião sem examinar como deveriam", o senhor proporá que várias pessoas em sua igreja sejam, como serão, punidas, o que seria uma proposta tão capaz de ofender pessoas nela demais para o senhor se aventurar. Pois o que quer que haja nela para ser reformada, ninguém lhe agradecerá por propor que isso se inicie ou alcance a casa de Deus.

2. Porque, se o senhor propusesse que os ignorantes, carentes e negligentes no exame devessem ser punidos, o senhor teria pouco a dizer sobre essa questão de tolerância. Pois se as leis do estado fossem feitas, como deveriam, iguais para todos os súditos, sem distinção de homens de diferentes confissões religiosas e as faltas a serem corrigidas por punição fossem imparcialmente punidas, para todos que fossem culpados delas,

isso imediatamente produziria uma tolerância perfeita ou mostraria a inutilidade da força em questões religiosas. Se, portanto, o senhor pensa ser necessário, como diz, para "promover a verdadeira religião e a salvação das almas, que os homens fossem punidos para fazê-los examinar", ache um modo de aplicar força a todos que não examinaram profunda e imparcialmente, e o senhor terá meu consentimento. Pois, embora a força não seja o meio adequado de promover religião, ainda não há melhor modo de mostrar sua inutilidade do que aplicá-la igualmente a todas as falhas, em quem sejam encontradas, e não a partes diferentes ou persuasões dos homens, só pela sua reforma, quando outros são igualmente culpados.

3. Porque, sem a tolerância ser tão grande quanto o autor propõe, o senhor não pode ser verdadeira e sinceramente a favor do exame imparcial. Pois para examinar deve-se ter a liberdade de julgar e seguir esse julgamento, ou então o senhor o faz examinar sem propósito. E conduzir os homens para sua igreja é tão ao acaso que, pelo seu modo de escrever, é bastante evidente há muito de acaso nisso e, se o senhor é da igreja nacional está claro que seu irmão não o acompanhará na permissão de tal liberdade. O senhor deve, portanto, mudar seu método e, se o desejo de examinar for uma falta tão grande e perigosa que o senhor deveria ter corrigido, o senhor deve punir igualmente todos os que forem igualmente culpados de alguma negligência nesse assunto e então usar seus únicos meios, a sua amada força e tirar o melhor proveito dela, ou então tirar sua máscara e confessar que o senhor não tenciona punir para levar os homens ao exame, mas ao conformismo. Pois a falácia que o senhor usou é muito grosseira para passar por esse crivo.

O que segue, penso já ter considerado suficientemente. Mas o senhor encontrou algo que deve ser observado. Além de abundante gentileza, quando os dissidentes têm suas cabeças quebradas, sem causa, o senhor lhes provê um emplastro. Pois, diz o senhor, "se sob o exame do assunto" (i.é, levado à punição do magistrado) "eles puderem achar que a verdade não está do lado do magistrado, eles ganharam muito, porém, mesmo quando o magistrado abusa da força, que eles saberão mais que sabiam antes, onde está a verdade". Que é tão verdade, como o senhor diria sob exame que encontrei uma que está fora do caminho para York, porque sei mais que sabia antes, que estou certo. Pois nenhum dos senhores pode estar certo. Isto seria verdadeiro, de fato, se houvesse dois caminhos em tudo, um certo e um errado. Mas onde há centenas de caminhos e só um certo, como o senhor sabe, sob exame, que aquele que tomei está errado, não faz o senhor saber nada melhor que antes que o seu está certo. Mas se esta for a melhor razão que o senhor tem para isso, ainda é noventa e oito a um ainda contra o senhor, que o senhor está errado. Além disso, aquele

169

que foi punido pode ter examinado antes e então o senhor está certo que ele nada ganhou. Porém, o senhor pensa fazer bem em encorajar o magistrado a punir e confortar o homem que sofreu injustamente, mostrando o que ele ganhou com isso. Enquanto, ao contrário, num discurso dessa natureza, onde os limites do certo e errado são questionados e devem ser estabelecidos, deve-se mostrar ao magistrado os limites de sua autoridade e advertido do mal que faz quando abusa do seu poder, punindo um homem que não o merecia e não suavizar a injustiça, considerando que se pode atribuir ao sofredor. "Fazemos o mal e o bem pode daí advir?" Há um tipo de gente muito atenta a lembrar a tarefa do magistrado e mostrar os limites do seu poder e a injustiça e as danosas conseqüências do abuso, no mínimo enquanto for abusada a favor dela e seu partido. Não sei se o senhor é desse tipo. Mas estou certo de que o senhor tenha o azar de cair no seu próprio erro. O magistrado, o senhor confessa, pode nesse caso abusar do seu poder e, ao invés de lembrar-lhe sua injustiça e as contas que ele deve prestar ao soberano, um dia, desta grande confiança colocada em suas mãos, para a proteção igualitária a todos os seus súditos, o senhor cria vantagens que o sofredor deve tirar disso assim, ao invés de abominar, o senhor o encoraja ao erro que, por princípio, unido à sede natural no homem por poder arbitrário, pode ser levado a todas as maneiras de exorbitância, com alguma capa de direito.

Pois assim fica seu sistema: "se a força, i.é, a punição, puder ser útil de alguma forma para promover a salvação das almas, há um certo direito de usá-la. E esse direito", diz o senhor, "é do magistrado", que, então, pelos seus fundamentos, pode rapidamente encontrar uma razão, onde seguir sua inclinação ou sua vez, de punir os homens diretamente para levá-los à sua religião. Pois se ele pode usar a força porque "pode ser útil, indiretamente e à distância para a salvação das almas humanas" para procurar algum grau de glória, por que não poderia, pela mesma regra, usá-la onde possa ser útil, pelo menos indiretamente e à distância, para procurar um maior grau de glória? Pois São Paulo nos garante que "as aflições desta vida produzem para nós maior peso de glória". Assim, por que não poderiam ser punidos se, como erro, para levá-los ao caminho certo, como acerto, torná-los "ganhadores do maior peso de glória?" Mas, o que quer que o senhor diga sobre "a punição ser legal porque, indiretamente e à distância, pode ser útil", suponho, após esfriar os pensamentos, que o senhor possa suspeitar que, embora os sofrimentos possam promover a salvação daqueles que fazem deles bom uso e tornar os homens mais certos do caminho certo ou mais altos no estado de glória, ainda os homens que fazem os homens sofrerem injustamente, terão conta mais pesada e maior peso de culpa sobre eles, para mergulharem mais fundo no abismo da perdição e que, portanto, devem ser advertidos quanto ao uso de tal poder. Porque quem quer que sejam os ganhadores, eles mesmos, sem arrependimento e correção, estarão certos de serem perdedores. Mas garantindo que o magistrado abuse do poder, quando pune os que tenham o direito do seu lado, seja para levá-los à sua própria religião, seja para "levá-los a considerar razões e argumentos próprios para convencê-los", o senhor garante tudo que o autor defende. Tudo que ele pretende é mostrar os limites do poder civil e que, punindo outros por religião, o magistrado abusa da força em suas mãos e vai assim além do direito, além dos limites do seu poder. Pois eu não considero tão ignóbil o autor da carta, estou certo da minha parte que não sou, esperando que argumentos, mesmo tão claros, reformem atualmente todos os abusos neste assunto, especialmente quando homens de arte e religião se esforçam arduamente para dar paliativos e disfarces, o que a verdade, ainda, às vezes desconhece sua força.

Não pense que faço uso errado do que o senhor diz "o magistrado abusa de sua força", quando digo que o senhor garante tudo que o autor defende. Pois se o magistrado abusa ou faz uso errado do seu poder, quando pune por questões religiosas alguém que esteja em seu direito, embora seja levado a considerar, como o senhor garante, ele também abusa ou faz uso errado do seu poder, quando pune alguém por questões religiosas, para fazê-los refletir. Pois cada um aqui julgue por si mesmo o que é certo e, em termos de fé e adoração religiosa, outro não pode julgar por ele. Assim, punir alguém por questões religiosas, embora seja para fazê-lo refletir, está, por sua declaração, além do poder do magistrado. E o fato de punir por questões religiosas estar além do poder do magistrado é o que o autor defende.

O senhor nos diz com as seguintes palavras "todo o sofrimento que lhes advenha por isso são apenas inconveniências toleráveis, por seguirem a luz de sua própria razão e os ditames de sua própria consciência, que certamente não é assim tão danoso à humanidade, como torná-la mais elegível do que seria sem um poder atribuído ao magistrado, mas se o cuidado com a alma de cada homem fosse deixado a si mesmo (como o autor gostaria que fosse), isto é, que cada homem sofresse tranqüilo e sem o menor incômodo, por não cuidar de sua alma, se assim o quiser, nem seguindo seus preconceitos sem fundamento, ou humor incontável, ou qualquer sedutor astuto, que ele possa entender como adequado como seu guia". Por que o cuidado com a alma de cada ser humano não poderia ser deixado a si próprio, ao invés do magistrado? O magistrado tem interesse maior nisso? O magistrado teria melhor cuidado com ela? O magistrado normalmente tem melhor cuidado com sua própria alma do que outros homens com as suas? O senhor diria que o magistrado está menos exposto, em termos religiosos, a preconceitos, humores e ardilosos sedutores que outros homens? Se o senhor não pode por jurar e dizer tudo isso, o que se ganha com a mudança? E "por que o cuidado com suas almas não pode ser deixado aos próprios homens?" Especialmente se um homem está em sério perigo de perder a verdade de vista "de sofrer tranqüilo e sem o menor incômodo, por não cuidar de sua alma, se assim o quiser, nem seguindo seus preconceitos", etc. Pois, se o desejo de incomodar for um estado perigoso, onde os homens tendem a perder o caminho certo, deve-se confessar que, de todos os homens, o magistrado é o que mais tende a estar no caminho errado e inadequado, se o senhor deixa para si mesmo o cuidado com as almas. Pois nunca é atingido por aquele seu grande e único antídoto contra o erro que o senhor chama ser incomodado. Ele nunca tem o benefício do remédio do seu soberano, a punição, para fazê-lo refletir, que o senhor entende tão necessário e ser o estado mais perigoso para os homens não tê-lo e, portanto, nos diz: "é do verdadeiro interesse de cada homem não ser deixado a si mesmo em termos de religião".

Assim, senhor, passei por todo o seu tratado e, penso, nada esqueci do seu material. Se o fiz, não duvido de que ouvirei falar disso. E agora o deixo à sua reflexão e ao julgamento do mundo, se o autor da carta, dizendo que ninguém tem o direito, ou o senhor mesmo, de dizer que o magistrado tem o direito de usar a força em assuntos religiosos, tem a maior razão. Nesse meio tempo, deixo-lhe essa solicitação: se o senhor algum dia escrever novamente sobre os meios de "levar as almas à salvação" que certamente é o melhor destino que alguém possa dar à sua caneta, o senhor tenha o cuidado de não prejudicar uma boa causa, ordenando-a como se escrevesse a um partido.

   Sou, senhor,
   Seu mais humilde servo,

PHILANTHROPUS

27 de maio de 1690.

UMA

TERCEIRA CARTA

SOBRE

TOLERÂNCIA

UMA

TERCEIRA CARTA

SOBRE

TOLERÂNCIA

AO AUTOR DA TERCEIRA CARTA SOBRE TOLERÂNCIA*

CAPÍTULO I

Senhor,
    As questões em que sua Carta sobre Tolerância me envolveram, me tomaram tanto do tempo que minha saúde me permitiu, desde então, que duvido se não lhe tenha perturbado ou ao mundo com uma resposta,

---

* O leitor deve, por favor, observar:
L.I. Relativo à Carta sobre Tolerância
A. Relativo à Argumentação da Carta sobre Tolerância, brevemente considerada e respondida.
L.II. A Segunda Carta sobre Tolerância.
P. As páginas da Terceira Carta sobre Tolerância.

não o tenha alguns de meus amigos, suficientemente satisfeitos pela fraqueza de seus argumentos, que por repetidas vezes, me persuadiram da necessidade de usar a verdade num momento tão importante para esclarecer sobre as falácias que podem talvez confundir alguns leitores desavisados e, portanto, prevaleceram sobre mim para mostrar alguns fundamentos errados e raciocínios errôneos para usar o suporte seu novo modo de perseguição. Perdoe-me, senhor, por usar esse nome, pelo qual o senhor se ofende tanto, pois se punição for punição, embora possa parecer modo de fumaça e fogo, é certo que a punição por religião é na verdade perseguição, embora possa ser o tipo de perseguição que o senhor em sua clemência entenda adequado chamar de "penalidades moderadas e convenientes". Mas, embora lhe agrade chamá-las, só duvido de fazê-lo observar que, se o senhor for coerente com seus próprios princípios e defende o que disse, o senhor deve traduzir seus "graus de força", como diz sua frase a todos os graus contra os quais o senhor se declara em palavras.

De fato, nesta sua última carta o senhor alterou a questão, pois, o senhor me diz que a questão entre nós é "se o magistrado tem qualquer direito a usar a força para levar os homens à verdadeira religião". Enquanto o senhor mesmo coloca a questão como "se o magistrado tem o direito de usar a força em termos de religião". Veremos se esta alteração será de todo em benefício da verdade, ou em seu benefício. Mas, uma vez que o senhor teve a chance de me responsabilizar por acusá-lo do absurdo de atribuir aos magistrados o poder de punir homens para levá-los à sua religião, enquanto aqui o senhor nos diz que eles têm o direito de usar a força "só para levar os homens à verdade". Mas se eu muito reclamo para que o senhor fale com sentido e coerência ou por o senhor se expressar tão duvidosamente e sem certeza, onde deveria ser claro e direto, deixarei que seus leitores julguem. Apenas aqui, no início, eu tentarei me libertar desta imputação, que sempre recebo, de atribuir-lhe conseqüências que o senhor não conhece e argüir contra uma opinião que não é sua, em lugares onde mostro as pequenas vantagens para a verdade ou a salvação das almas humanas que os magistrados tenham o direito ao uso da força para levar os homens a adotarem sua religião. Farei isto provando que, por seus fundamentos, o magistrado, como o senhor quer, for obrigado a usar a força para levar os homens à verdadeira religião, será necessário seguir que cada magistrado que acredite em sua religião como verdadeira, é obrigado a usar a força para levar os homens a ela.

O senhor nos diz que "pela lei da natureza, o magistrado recebe o poder coercitivo e é obrigado a usá-lo para todos os bons propósitos a que sirvam e que possa entender necessário, mesmo para restringir religião corrupta e falsa e que é tarefa do magistrado, à qual ele é indicado pela lei da natureza, mas que as Escrituras não propriamente lhe dão".

Suponho que o senhor me garanta que qualquer coisa atribuída ao magistrado como dever é, de uma forma ou de outra, praticável. Agora, o magistrado sendo obrigado a usar a força em questões religiosas, mas só para levar os homens somente à verdadeira religião, ele não poderá desempenhar sua parte deste dever, a menos que a religião que ele deve promover, seja a que ele certamente conheça, ou ainda conheça o bastante para acreditar ser a verdadeira. Seu conhecimento ou sua opinião deve indicar-lhe essa religião que ele deve promover pela força, ou ainda ele deve promover promíscua e indiferentemente qualquer religião e punir homens ao acaso para levá-los da religião que têm para outra qualquer. Penso que ninguém seria tão superficial para afirmar isto.

Se, portanto, for seu conhecimento ou sua persuasão a guiar o magistrado e mantê-lo nos limites de seu dever, se os magistrados do mundo não podem saber, certamente sabem que a verdadeira religião é a verdadeira religião, mas se for de natureza a exercitar sua fé (pois onde houver visão, conhecimento e certeza, não há fé), então o que lhes dá a última determinação, deve ser sua única crença, sua única persuasão.

Para o senhor e eu, a religião cristã é a verdadeira e é construída de forma a não mencionar outros artigos além de que Jesus Cristo foi morto em Jerusalém e se levantou da morte. Agora, o senhor ou eu sabemos disto? Eu não pergunto com que segurança acreditamos nisto, pois no mais alto grau não sendo conhecimento, não é o que questionamos então. Algum magistrado pode demonstrar para si mesmo e se ele o pode, ele não pode fazê-lo mal a outros, não apenas todos os artigos de sua igreja, mas os artigos fundamentais da igreja cristã? Pois o que ele não for capaz de demonstrar, como na verdade os fatos remotos não o são, embora auto-evidentes, capazes de produzir conhecimento, como são bem fundamentados e grande a certeza da fé pode ser amplamente recebida, mas a fé permanece e não o conhecimento; a persuasão e não a certeza. Esta é a mais alta natureza da coisa que nos permite penetrar assuntos da religião revelada, que portanto, são chamados de assuntos de fé: uma persuasão de nossas próprias mentes, com pouco conhecimento é o último resultado que nos determina tais verdades. É tudo que Deus requer no Evangelho para que os homens sejam salvos e seria estranho se mais fosse requerido do magistrado para dirigir outros no caminho da salvação, do que lhe é requerido para sua própria salvação. Então o assim chamado conhecimento, não estando entre as verdades necessárias à salvação, o magistrado deve se contentar com a fé e a persuasão como regra da verdade que ele recomendará e reforçará sobre outros, assim como as que ele usará para sua própria condição eterna. Se, portanto, for dever do magistrado usar a força para levar os homens à verdadeira religião, pode ser somente àquela religião que ele acredita ser verdadeira, assim, se a força for tudo que deve ser usado pelo magistrado em termos de religião, só pode ser para promover só a religião que ele acredita ser verdadeira, ou nenhuma outra. Eu garanto que uma forte certeza de qualquer verdade estabelecida sobre argumentos de probabilidade prevalentes e bem fundamentados é normalmente chamada de conhecimento na linguagem popular, mas para distinguir aqui entre conhecimento e crença, em qualquer grau de confiança que alcance, seus limites, devem ser mantidos e seus nomes não confundidos. Eu não sei que garantia maior um homem pode oferecer numa total persuasão da verdade de alguma coisa, do que empenhar sua alma nisso, como faz quem sinceramente adota uma religião e a recebe como verdade. Mas a que grau de certeza sua fé pode chegar, ainda pouco se conhece. Ninguém pode chegar, penso, a uma evidência maior da verdade da religião cristã, que tiveram os primeiros convertidos e os apóstolos no tempo de nosso Salvador, de quem nada era solicitado além da crença.

Mas, suponha que todas as verdades da religião cristã, necessárias à salvação pudessem ser conhecidas pelo magistrado que, no seu uso da força para levar os homens a adotá-la, ele fosse guiado por infalível certeza. Eu ainda temeria que isto não serviria, por sua vez, nem autorizaria o magistrado a usar a força para levar os homens na Inglaterra ou em qualquer outro lugar para a comunidade da religião nacional, em que cerimônias de instituição humana fossem impostas, que não fossem conhecidas, nem confessadas coisas, por sua natureza, indiferentes ou consideradas desnecessárias à salvação.

Mas sobre isso terei oportunidade de falar em outra passagem. Todo o uso que fiz disto aqui foi mostrar que a cruz no batismo, ajoelhar perante o sacramento e coisas assim, impossíveis de se reconhecer como necessárias à salvação, um certo conhecimento da verdade dos artigos de fé de qualquer igreja não autorizaria o magistrado a obrigar os homens a adotarem a comunhão daquela igreja, como algo tornado necessário à comunhão, que ele não soubesse ser necessário à salvação.

Pelo que já foi dito, suponho como evidente que, se o magistrado deve usar a força só para promover a verdadeira religião, ele não deve ter outro guia que não sua própria persuasão sobre o que é a verdadeira religião e deve ser guiado por isso no seu uso da força, ou não usá-la de forma alguma em questões religiosas. Se o senhor tomar a última dessas conseqüências, o senhor e eu concordamos. Se tomar a primeira, o senhor deve permitir a todos os magistrados, de qualquer religião, o uso da força para levar os homens à sua religião e assim ser envolvido em todas as más conseqüências que o senhor, parece, não pode admitir e esperar desistir de sua inútil distinção da força a ser usada, não por uma qualquer, mas pela verdadeira religião.

"É dever", diz o senhor, "do magistrado usar a força para promover a verdadeira religião". E em várias frases o senhor nos diz, ele é obrigado a isso. Persuada os magistrados em geral sobre isso e então me diga como um magistrado terá limitado seu uso da força, por promover o que ele pensa ser verdade? Pois sendo ele persuadido de ser seu dever usar a força para promover a verdadeira religião e sendo também persuadido que a sua é a verdadeira religião, quem deterá sua mão? Ele deve ser proibido de usar a força até estar além da crença, de certo grau de conhecimento que ele requer que os homens adotem como necessário à salvação? Se for isso que o senhor defende, o senhor tem meu consentimento e penso que não haverá necessidade de outra tolerância. Mas se ele crê que sua religião como verdadeira é suficiente para usar a força para promovê-la, só se professará a religião dos magistrados? E os outros magistrados devem ficar quietos e não cumprirem suas tarefas até terem sua permissão? Se o senhor prega como dever do magistrado usar a força para promover a religião que ele crê verdadeira, será sempre dever do magistrado usar a força para promover a que ele crê como verdadeira e ele peca se não recebê-la e promovê-la como se verdadeira. Se o senhor não aceitar minha palavra, ainda assim desejo que o senhor a aceite sob a forte razão de vir de um prelado muito justo e reverenciado, Dr. John Sharp, arcebispo de York, da atual igreja da Inglaterra. Num discurso sobre consciência, impresso em quarto de página, 1687, página 18, o senhor encontrará as seguintes palavras e muito mais a esse respeito: "quando um homem erra no seu julgamento, mesmo então é pecado agir contra isso. Embora tenhamos como dever o que é na verdade um pecado, até que tenhamos sido persuadidos, será criminoso agirmos em contradição com essa persuasão e a razão para isso é evidente, porque agindo assim agimos de boa vontade contra a melhor luz disponível para dirigir nossas ações. Assim, quando tudo está feito, o guia imediato de nossas ações não pode ser nada além de nossa consciência, nosso julgamento e persuasão. Se um homem, por exemplo, de judeu se torna cristão, embora em seu coração ele acredite que o Messias ainda não tenha chegado e que Nosso Senhor Jesus seja um impostor, ou se um papista renuncie à comunhão da igreja romana e se una à nossa, embora ele ainda seja persuadido que a igreja romana seja a única igreja católica e que nossas igrejas reformadas sejam heréticas ou cismáticas, embora nenhum de nós negue que os homens em ambos os casos tenham feito uma boa mudança, de mudar de uma religião falsa para uma verdadeira, por tudo que ouso dizer, todos concordamos que ambos são grandes vilões por fazerem tal mudança, porque o fizeram não por princípios honestos e pela persuasão de seu julgamento, mas em direta contradição com ambos". Assim, sendo dever do magistrado usar a força para levar os homens à verdadeira religião e ele sendo persuadido que a sua é a verdadeira, suponho que o senhor só questionará ainda que ele seja obrigado a usar a força para levar os homens a ela, se ela for verdadeira. E então, senhor, espero que tenha muito respeito pelos magistrados para não permitir-lhes acreditar que as religiões verdadeiras sejam as que eles professam. – Reunidas essas coisas, desejo que o senhor considere se os magistrados são obrigados a usar a força para levar os homens à verdadeira religião, cada magistrado não seria obrigado a usar a força para levar os homens à religião que eles acreditam ser verdadeira?

Sendo assim, espero não ter questionado muito além do propósito, como o senhor me acusa em toda a sua carta, por atribuir à sua doutrina todas as más conseqüências, todo preconceito que haveria contra a verdadeira religião, que os magistrados devem ter o poder de usar a força para levar os homens às suas religiões. E presumo que o senhor se preocupará de dar em todos essas passagens da primeira e segunda cartas sobre tolerância, mostrando as inconveniências e absurdo de tal uso da força, alguma outra resposta além de: "o senhor só deve punir os que rejeitem a verdadeira religião. Que está claro que a força a que o senhor se refere não é força, do meu modo de aplicá-la, isto é, aplicada somente para promover a verdadeira religião, mas para promover todas as religiões nacionais do mundo". E novamente, ao meu questionamento sobre a força no seu modo de aplicá-la, se puder propagar qualquer religião é mais provável que seja falsa que verdadeira, pois poucos dos magistrados do mundo estão no caminho certo. O senhor responde: "este seria o propósito, se 'o senhor' afirmasse que cada magistrado possa usar a força do 'seu' modo indireto (ou qualquer modo) para levar os homens à sua própria religião, qualquer que seja. Mas se 'o senhor' não afirmou tal coisa (como nenhum homem que o senhor lembre, além de um ateu o afirmaria), então isto estaria fora do assunto". Esta é a grande força da sua resposta e seu refúgio em quase todas as páginas. Assim, presumirei como razoável esperar que o senhor clara e diretamente responda o que eu disse ou encontre outra resposta além da que encontrou na segunda carta sobre tolerância, apesar de enfático na sua defesa, em vários pontos.

No meu argumento contra a força, em que o magistrado tende tanto a errar como o resto da humanidade, o senhor responde que "eu deveria considerar que este argumento só se refere aos que afirmam que cada magistrado tem o direito ao uso da força para promover sua própria religião, qualquer que seja, o que 'o senhor' pensa que nenhum homem que tenha alguma religião afirmará". Suponho que agora o senhor pense que esta resposta dificilmente servirá e que o senhor deva afirmar que nenhum magistrado tenha o direito de promover sua religião pela força, ou ainda ser envolvido na condenação que o senhor determina aos que afirmam isso sobre todos os magistrados. Penso, aqui, que quanto à decisão sobre a disputa entre nós, devo deixar esse assunto. Mas, havendo em sua carta muitos outros erros grosseiros, suposições erradas e questionamentos falaciosos, usando termos gerais e plausíveis em várias passagens, como melhor se adequassem por sua vez, possivelmente se lhe impuseram, assim como o fizeram a outros e, portanto, merecerão ser comentado. Eu me darei o trabalho de examinar sua carta um pouco mais.

Do que digo: "Não é dado ao magistrado, sob qualquer imaginação de sua utilidade, usar outros meios, além do que o Autor e Consumador de nossa fé orientou", o senhor responde, "que, embora verdadeiro não tem, penso, muito a ver com o propósito, pois se ao magistrado só cabe que o ministro que nosso Senhor indicou, usando muito do seu poder coativo para realizar seu serviço como uma experiência comum descubra útil e necessária a este fim, não há fundamento para se dizer que, imaginando sua utilidade ele não usa outros meios para a salvação das almas humanas além dos que o Autor e Consumador de nossa fé orientou. É de fato verdade que o Autor e Consumador de nossa fé não deu ao magistrado nenhum poder ou representação, nem havia necessidade de fazê-lo (se ele tivesse tido poder temporal para dar), pois ele mesmo era, mesmo pela lei da natureza, o ministro de Deus perante o povo para o bem e usar a espada não em vão, isto é, investido de poder coercitivo e obrigado a usá-lo para todos os bons propósitos a que poderia servir e que achasse necessário, mesmo para restringir religiões falsas e corruptas. Como Jó soubesse, muito tempo antes (talvez antes que qualquer parte das Escrituras fosse escrita), quando disse que a adoração ao sol e à lua era uma iniqüidade a ser punida pelo juiz. Mas, embora nosso Salvador não tivesse dado nenhum poder aos magistrados, ainda como Rei dos reis, ele espera e requer que eles deveriam se submeter a seu cetro e usar o poder que sempre lhes pertenceu para seu serviço e para o avanço do reino espiritual no mundo. E mesmo a caridade que nosso grande Mestre tão enfaticamente recomenda e estritamente requer de todos os seus discípulos, como obriga a todos os homens procurarem e promoverem o bem dos outros, assim como o seu próprio, especialmente seu bem espiritual e eterno, com os meios que seus vários lugares e relações os permite usar, assim isso especialmente obriga o magistrado a fazê-lo como magistrado, isto é, com o poder que lhe permite realizar acima da média dos outros homens.

"Assim é, portanto, o magistrado cristão, quando ele dá sua ajuda à disseminação do Evangelho, estabelecendo penalidades convenientes sobre os que os rejeitam, ou alguns deles, usando outros meios para a salvação das almas humanas que não o que o Autor e Consumador de nossa fé orientou, que ele não faz nada além do que seu dever perante Deus, seu Redentor e seus súditos requerem dele."

A soma de suas respostas leva a isso, que pela lei da natureza o magistrado pode usar seu poder coercitivo onde for útil e necessário para o bem do povo. Se for pela lei da natureza, deve ser igualmente a todos os magistrados. E então, pergunto se esse bem que eles devem promover sem nenhum novo poder ou indicação do nosso Salvador é o que pensam ser ou o que certamente sabem ser. Se for o que pensam ser, então todos os magistrados devem usar a força para levar os homens à sua religião. E que bem é esse para os homens, ou qual a utilidade da verdadeira religião que já consideramos. Se for só o bem que eles certamente sabem sê-lo, eles terão pouca habilidade de fazer o que se requer deles, que o senhor aqui nos diz que deve ajudá-los a ministrar o que Nosso Senhor indicou. Quais dos magistrados do seu tempo têm estudado tanto as controvérsias sobre ordenação e governo da igreja, têm sido tão versados em história da igreja e sucessão, que o senhor possa garantir que ele certamente sabia qual o ministério indicado por Nosso Senhor, seja o de Roma ou da Suécia, se o episcopado de um lado da ilha ou os presbíteros do outro seriam os ministros indicados por Nosso Senhor? Se o senhor diz, sendo firmemente persuadido, ser suficiente autorizar o magistrado a usar a força, o senhor, com os ateus, como o senhor os chama, que o sejam, abandonam as pessoas em cada país à força coercitiva do magistrado, empregada para ajudar aos ministros de sua religião e o Rei Luis, em bom direito vem com seus dragões, pois não é de se duvidar que se acredita fortemente em seus padres papistas e jesuítas como os ministros que Nosso Senhor indicou, assim como o Rei Charles e Rei James Segundo acreditaram da igreja da Inglaterra. E qual a utilidade de tal exercício de poder coercitivo de todos os magistrados para o povo ou para a verdadeira religião, o senhor se preocupa em mostrar. Mas isto só é, o senhor sabe, para me dizer que eu estou perdendo tempo e tudo isso já foi respondido.

O que, em outros lugares, o senhor nos diz é fazer os homens "ouvirem, refletirem, estudarem, adotarem e levar os homens à verdadeira religião", o senhor faz muito bem de nos dizer que é para ajudar o ministério e que, é verdade, "a experiência comum prova que a força coercitiva do magistrado é útil e necessária, isto é, para aqueles que levam a recompensa, mas não os sobrecarrega com o cuidado com as almas, descobre para sua facilidade, que o poder coercitivo do magistrado supre seu anseio por cuidado pastoral e usa para levá-los a uma conformidade externa com a igreja nacional que, tanto por um desejo de capacitação que não possuem ou desejo da devida e amistosa aplicação, junto com uma vida exemplar, eles nunca tentaram prevalecer e profundamente adotá-la. Que pode haver tais negligências na igreja nacional mais bem constituída do mundo, evidenciados claramente por um bispo verdadeiramente sábio de nossa igreja (Dr. Gilbert Burnet, bispo de Salisbury), no último discurso do *cuidado pastoral*.

Sem uma autoridade tão grande, eu dificilmente teria tentado, embora estivesse no meu caminho observar o que é tão visível que está em cada boca e que por medo, o senhor me disse novamente "eu me dei a oportunidade de mostrar minha boa-vontade com o clero", pois o senhor não suspeitará, suponho, que o eminente prelado tenha má vontade com eles.

Se não fosse assim, se alguns fossem negligentes, imagino que os que enfatizam a verdadeira religião, que mentem, como o senhor nos diz, de forma tão óbvia e exposta que são facilmente distinguidas da falsa, não precisariam ou desejariam outra ajuda que não a do poder coercitivo do magistrado, mas que seria diretamente oposta à irregularidade das vidas humanas, seus caprichos sendo tão isolados, como o senhor nos diz, que torna necessária a força para ajudar a verdadeira religião, que, não fosse por nossa natureza depravada teria, por sua luz e racionalidade vantagem contra todas as falsas religiões.

O senhor também nos diz que o magistrado pode impor credos e cerimônias. De fato, o senhor fala em credos verdadeiros e cerimônias decentes, mas que não ajuda sua causa, pois quem pode julgar como verdadeira e decente? Se foi um impostor, então essas palavras nada significam, mas os credos e cerimônias que o magistrado impôs entendendo como verdadeiros e decentes que são, com efeito, como ele entende adequados. De fato, o senhor nos falando disso um pouco acima, na mesma página, que é um vício não adorar a Deus da forma prescrita pelos que Deus deixou ordem sobre tais assuntos", o senhor parece fazer outros juízes sobre o que é verdadeiro e decente e o magistrado como executor de tais decretos, com a assistência do poder coercitivo. Um bom fundamento estabelecer credos e cerimônias, que Deus tenha deixado sua ordenança para aqueles que não podem ordená-los! Mas volta a mesma dificuldade, pois, após terem sido prescritos, o magistrado deve julgá-los como verdadeiro e decente, ou deve impô-los, embora ele não os julgue verdadeiros e decentes? Se ele deve julgá-los por si só, voltamos aonde estávamos: se ele deve impô-los quando prescritos, embora ele não os julgue verdadeiros e decentes, é um bom tipo de sobrecarga imposta ao magistrado. E quanto é curta esta fé implícita? Mas se ele não deve julgar o que é verdadeiro e decente, ele deve julgar no mínimo quem são aqueles com quem Deus deixou ordem sobre tais assuntos. E então, o rei da França está novamente pronto com seus dragões para a doutrina verdadeira e cerimônias decentes dos seus prescritores do Concílio de Trento e que, sob esse fundamento, com direito tão bom quanto qualquer outro sobre as prescrições de quaisquer outros. Não me permita errar novamente, senhor. Eu não digo que ele julgue por direito, mas digo que se ele julga o Concílio de Trento ou o clero de Roma como aqueles a quem Deus deixou a ordenança sobre esses assuntos, ele tem tanto direito de seguir seus decretos, como qualquer outro de seguir o julgamento de qualquer conjunto de homens mortais em quem ele acredita.

Mas, pergunto, no caso, quem deve ser julgado sobre o que é verdadeiro e decente?

Qual a utilidade e necessidade de impor credos e cerimônias? Para qual uso e necessidade o senhor pode indicar que o magistrado use seu poder coercitivo para impô-los?

1. Para qual uso e necessidade, os cristãos que possuem as Escrituras como a palavra de Deus e regra de fé, fazem e impõem um credo? Que representação o magistrado tem para isso, pela lei natural? Deus deu uma revelação que contém em si todas as coisas necessárias à salvação e disso todo o seu povo está persuadido. Agora, qual a necessidade? Como seu bem requer que o magistrado identifique, como achar justo, certo número de verdades como mais necessárias à salvação que as demais, se o próprio Deus não o fez?

2. Mas em seguida, esses credos estão nas palavras das Escrituras ou não? Se estiverem, certamente são verdadeiros, pois nada contém em si além da verdade e, como eram antes, assim estão nas Escrituras. Mas, embora nada contenham além de verdades, ainda podem ser regras de fé imperfeitas e, portanto, não verdadeiras, já que podem requerer mais ou menos do que Deus requer que seja crido como necessário à salvação. Pois que maior necessidade, eu pergunto, do que um homem crer que Cristo sofreu sob Pôncio Pilatos e que nasceu em Belém de Judá? Ambos são certamente verdadeiros e nenhum cristão duvida de ambos, mas como um deles pode ser um artigo de fé e imposto pelo magistrado como necessário à salvação (pois de outro modo não há necessidade de imposição) e o outro não?

Não me deixe errar, como se eu pudesse ter o resumo da religião cristã, contido no chamado Credo dos Apóstolos, que, embora ninguém que examine o assunto terá razão para concluir pela compilação dos apóstolos, ainda que de reverenda antigüidade e devendo ainda ser preservado na igreja. Eu não tenciono questionar contra isso, mas contra sua imposição e mostrar que, mesmo esse credo, embora tão antigo, embora contenha toda a *crença* necessária à salvação, não pode, por seus princípios, ser imposto pelo poder coercitivo do magistrado que, mesmo que tenha a representatividade que o senhor encontrou nele, possa usar sua força para nada além do que for absolutamente necessário à salvação.

Mas, se o credo a ser imposto não vier por divina revelação, então, estará escrito com expressões mais simples, claras e inteligíveis, ou não. Se não claras, qual a necessidade de mudar as expressões que os homens, inspirados pelo Santo Espírito usaram? Se o senhor diz, elas são claras, então elas explicam e determinam o sentido de algumas passagens obscuras e dúbias das Escrituras, cuja explicação, não sendo por revelação divina, embora verdadeira para um homem, pode não sê-lo para outro e não pode ser imposta como verdades necessárias à salvação. Mais ainda, isto destrói o que o senhor nos diz sobre a obviedade de todas as verdades necessárias à salvação.

E como ritos e cerimônias, há algum necessário à salvação que Cristo não instituiu? Se não, como o magistrado pode impô-los? Que representação ele tem, pelo cuidado que deveria ter com a salvação das almas humanas, para usar a força coercitiva para o estabelecimento para algumas novas que Nosso Senhor e Salvador, com a devida reverência, deve-se dizer, tenha esquecido? Ele instituiu dois ritos em Sua igreja. Alguém pode acrescentar algum a eles? Cristo comandou simplesmente para se batizar em nome do Pai, do Filho e do Espírito Santo, mas o sinal da cruz, como se tornou necessário? "A autoridade humana, necessária para assistir à verdade contra a corrupção da natureza", o fez. Mas é uma cerimônia "decente". É tão decente que a administração do batismo, simplesmente, como Nosso Salvador instituiu, seria indecente sem ele? Se não, então não há razão para impô-lo por questão de decência, pois não pode haver razão para alterar ou acrescentar algo à instituição de Cristo, ou introduzir qualquer cerimônia ou circunstância na religião, por decência, onde a ação pode ser decente sem ele. O comando para "fazer todas as coisas decentemente e em ordem" não autorizou o acréscimo à instituição de Cristo de qualquer nova cerimônia. Ele só prescreveu a maneira como, o que era preciso ser feito na congregação, se fosse feito, isto é, de forma que, se omitido, pareceria algo indecente, onde a congregação ou corpo coletivo devesse ser julgado, pois para eles a regra foi dada. E se essa regra vai além do que eu disse e dá poder aos homens de introduzir, na adoração religiosa, algo que pensem como decente e impuserem seu uso, não posso ver como a maior parte das infinitas cerimônias da igreja de Roma seriam cumpridas, ou recusadas, se introduzidas em outra igreja e lá impostas pelo magistrado. Mas, se tal poder fosse dado ao magistrado, o que ele entende como uma cerimônia decente, ele pode *de novo* impor, ele precisaria de uma representação expressa de Deus nas Escrituras, já que a representação que o senhor lhe atribui pela lei da natureza, nunca lhe dará um poder para instituir novas cerimônias na religião cristã que, mesmo que decente, nunca será necessária à salvação.

O Evangelho devia ser pregado em suas assembléias. A regra então era que o comportamento, gestos, voz, linguagem, etc., do pregador, pois essas eram circunstâncias necessárias da ação, nada tivessem de ridículo ou indecente. As orações a Deus deveriam ser cantadas. Deveriam sê-lo com posturas e tons tais que se tornassem a solenidade de tal ação. Assim, um convertido deveria ser batizado. Cristo instituiu as partes essenciais dessa ação, que era lavar com água em nome do Pai, do Filho e do Espírito Santo. Com este cuidado, nada deveria ser omitido que preservasse a decência em todas as circunstâncias da ação. Mas ninguém dirá que, se a cruz fosse omitida, que haveria algo indecente no batismo.

O que deve ser feito nas assembléias dos cristãos para a salvação de suas almas está suficientemente prescrito nas Escrituras; mas já que as circunstâncias das ações eram tão variadas e poderiam ter, nos vários países e épocas, diferentes aparências, o que parece decente num país é o oposto em outro. Sobre elas não poderia haver outra regra dada que não fosse, por exemplo: "decentemente, em ordem e para edificação" e, evitando indecências e não acrescentando quaisquer novas cerimônias, mesmo decentes, essa regra permanece.

Eu não julgo um homem por usar a cruz no batismo. Sua imposição ou qualquer outra cerimônia não instituída pelo próprio Cristo é o que argumento contra, e digo: é mais do que o senhor, com seus princípios pode tornar bom.

O senso comum satisfez toda a humanidade, que tem acima de seu alcance determinar que coisas, indiferentes por sua própria natureza, seriam adequadas para uso na religião e aceitáveis pelo Ser Superior para Sua adoração e, portanto, foram consideradas necessárias para derivar o conhecimento da vontade imediata e ditames dos próprios deuses e pensaram que suas formas de religião e modos externos de adoração fossem fundados por revelação. Ninguém ousaria uma coisa tão absurda e insolente como presumir por si mesmo ou prescrever a outros por sua própria autoridade o que teria, dentre essas coisas indiferentes, valor para a deidade e tornar uma parte aceitável de sua adoração. De fato, todos concordam com os deveres da religião natural e os vemos por consentimento comum que a piedade e a virtude, mãos limpas e um coração puro, não-poluído com as brechas da lei da natureza, seria a melhor adoração aos deuses. A razão descobriu para eles que uma boa vida seria a coisa mais aceitável pela deidade. Essa é a luz comum da natureza, sem dúvida. Mas para suas cerimônias e demonstrações externas, eles apelam sempre a uma regra recebida pela orientação imediata dos poderes superiores a si mesmos, onde faziam uso e precisavam de revelação. Uma confissão clara da humanidade de que para essas coisas não temos nem conhecimento para discernir, nem autoridade para prescrever. Que os homens não podem, por sua própria conta descobrir o que é adequado ou por seu próprio poder tornar algo valioso como parte da adoração religiosa. Não cabe a eles inventar ou impor cerimônias que recomendarão os homens à deidade. Era tão óbvio e visível que os homens foram deixados pelo próprio Deus, antes de ousarem oferecer à Sua Divina Majestade qualquer dessas coisas banais, medianas e para Ele, inúteis como parte de gratidão e valiosa de sua adoração. Que ninguém, em lugar algum, entre as várias e estranhas religiões a que os homens foram conduzidos, teve tal desafio ao senso comum e a razão para toda a humanidade, como presumir fazê-lo sem a autoridade da indicação do próprio Deus. Platão, que de todos os descrentes parece ter tido os pensamentos mais sérios sobre religião, diz que o magistrado, ou quem tenha essa função, jamais deverá introduzir de sua própria cabeça quaisquer novos ritos em sua religião, dando sua convincente razão: pois, diz ele, "ele deve saber ser impossível à natureza humana saber qualquer coisa com certeza sobre esses assuntos". Epinom, depois da metade. Não pode, portanto, ser assunto de espanto que os que se denominam cristãos que têm uma revelação tão certa e tão completa, que declara todo o conselho de Deus sobre o modo de alcançar a salvação eterna, ousaria, por sua própria autoridade acrescentar algo ao que foi até aqui descrito e impô-lo a outros como parte necessária à adoração religiosa, sem a observância de quais invenções humanas, os homens não terão permissão para a adoração pública a Deus. Se tais ritos e cerimônias prescritas aos judeus pelo próprio Deus e entregues ao mesmo tempo e pelas mesmas mãos aos judeus junto com a lei moral, fossem chamados elementos menores sob o Evangelho e abandonados como inúteis e opressivos, do que chamaríamos os ritos sem fundamento, mas à vontade e autoridade dos homens que muitas vezes não têm muita consideração com a pureza da religião e pouco a praticam?

Porque o senhor pensa que seu argumento sobre o direito do magistrado de usar a força não teve a devida consideração, eu vou descrevê-los em suas próprias palavras, agora, como se deve e tentarei lhe dar satisfação sobre isso. O senhor diz ali: "se certo grau de força externa como foi mencionada for de grande e mesmo necessária utilidade, para o avanço de tais fins (tomando o mundo como é e, acho, como parece ser), então se deve saber que há o direito em algum lugar para usá-lo para desenvolver tais fins, a menos que digamos (sem impiedade não se pode dizer) que o sábio e benigno Provedor e Governador de todas as coisas não supriu à humanidade meios competentes de promover Sua própria honra no mundo e o bem das almas. E se houver tal direito em algum lugar, só estaria no poder de obrigar, que é principalmente e, com referência ao público, no soberano civil". Suas palavras, se houver algum argumento nelas, assim ficam, em resumo: a força é útil e necessária. O bom e sábio Deus, que sem impiedade não se pode supor que não tenha dado aos homens os meios competentes para sua salvação deu, portanto, o direito a alguns homens de usá-lo e esses homens são os soberanos civis.

Para dar a esse argumento alguma utilidade ao nosso propósito, o senhor deve falar um pouco mais distintamente, pois aqui, o senhor, conforme seu formal e seguro modo de escrever, foi pego na armadilha da incerteza dos termos gerais e deve nos dizer, além do fim para o qual é útil e necessária, para quem é útil e necessária. É útil e necessário para todos os homens? Isto o senhor não dirá, pois muitos são levados a adotar a verdadeira religião por simples pregação, sem qualquer força. Ela é então necessária a todos aqueles, e só àqueles que, como o senhor nos diz, "rejeitam a verdadeira religião levados por suficiente evidência, ou no mínimo manifesta a eles, para obrigá-los a recebê-la e deixá-los sem desculpas se não o fazem?" A todos, portanto, que rejeitem a verdadeira religião assim levados, não têm desculpas e assim, sua força moderada é útil e necessária. Mas esses meios competentes, isto é, suficientes, são para todos? É evidente de fato, que não o são, pois, afinal, muitos permanecem fora. É como o senhor dizer, que é tudo que o senhor tem a dizer, que aqueles são os tais de quem, tendo resistido aos últimos métodos, à força moderada, Deus sempre recusa Sua graça, sem a qual nenhum meio é eficaz. Assim, seus meios competentes, enfim, são só os meios extremos que Deus indicou e que terão sido usados e que, quando os homens resistem, não têm desculpas e jamais terão posterior assistência de Sua Graça para levá-los à verdade a que resistiram e assim, como diz o apóstolo, (2 Timóteo, III, 8) "homens de mentes corruptas e réprobos quanto à fé". Se, então, for assim, que o dia da graça ocorrerá sobre todos os que rejeitaram a verdade manifesta a eles com tal evidência que os deixou sem desculpas e que a simples pregação e exortação será conforme o bom agrado do benigno Provedor de todas as coisas o bastante, quando negligenciadas, "para tornar endurecidos seus corações, seus olhos pesados e fechar seus olhos, para que não percebam, nem entendam, nem sejam convertidos, para que Deus possa curá-los". Eu digo que se esse for o caso, então sua força, como quer que o senhor a imagine, não será competente, útil, nem necessária. Então lhe restará provar que seus moderados graus de força são os instrumentos de Graça que Deus terá, como necessários à salvação, experimentados sobre cada um antes que ele receba a sentença de Isaías "Tornar seus corações endurecidos", etc. e que seu grau de força moderada é aquele além do qual Deus não terá usado outros instrumentos mais poderosos, a não ser os que não funcionem sobre os que foram deixados reprovados quanto à fé. E até que o senhor o prove, em vão pretenderá que sua força moderada, o que quer que o senhor entenda sobre ela, se tivesse comandado esse assunto no lugar de Deus, sejam instrumentos úteis, necessários e competentes. Pois a pregação, exortação, instrução, etc., como parece ao longo das Escrituras (e não parece que Isaías, na passagem acima, tenha tornado seus corações endurecidos com qualquer coisa além das palavras) sejam os instrumentos que, quando rejeitados a um grau que ele entende adequado, Deus o reprovará com mente reprovável e que não haverá outro meio de graça posterior. O senhor deve confessar que qualquer que seja a boa opinião que o senhor tenha sobre sua força moderada após a passagem dessa sentença, ela não pode fazer bem, não tem eficácia, nem diretamente, nem indiretamente e à distância, para levar os homens à verdade.

Se sua força moderada não for aquele preciso instrumento extremo da graça que, quando ineficaz, Deus não sustentará Sua graça a nenhum outro, então sua força moderada não é o meio competente de que o senhor fala. Isto, portanto, o senhor pode provar, que só a pregação não é nada, mas sua força moderada junto com a pregação é o instrumento de graça que, quando rejeitado ou resistido, Deus não assistirá com outros instrumentos com sua graça para levar os homens à obediência da verdade. E isso, deixe-me dizer-lhe, o senhor deve experimentar pela revelação. Pois é impossível saber, fora da revelação que as justas medidas do longo sofrimento de Deus e quais são esses instrumentos que, quando a corrupção dos homens os tornou ineficazes, Seu Espírito não mais lutará com eles, nem sua graça os assistirá para sua conversão ou salvação. Quando o senhor fez isso, haverá algum fundamento para falar sobre sua força moderada, como o instrumento que a sabedoria e a bondade de Deus dão aos homens, mas o senhor para falar disso, como agora, como se fossem instrumentos necessários e competentes, o que seria uma imputação à sabedoria e bondade de Deus se os homens não os recebessem, quando é evidente que a maior parte da humanidade tem sido sempre destituída deles, eu temerei não ser facilmente liberto da impiedade que o senhor menciona. Pois, embora o magistrado tenha o direito de usá-la, onde sua força moderada não for usada, os homens não receberiam seu competente instrumento de salvação.

É necessário, em defesa da justiça e bondade de Deus, que os que fracassarem o façam por suas próprias falhas, que sua destruição venha de si mesmos e que sejam deixados indesculpáveis mas, por favor, como o senhor nos mostrará ser necessário que alguém que tenha resistido à verdade tendo voltado a ela somente pela pregação, possa ser salvo, mais que o necessário que aqueles que resistiram à verdade, quando a força moderada se uniu à mesma pregação, seriam salvos? Eles são indesculpáveis, um como outro e assim, incorreram na ira de Deus, sob a qual ele pode com justiça ser deixado um como o outro e, portanto, ele não pode dizer que não recebeu os instrumentos competentes de salvação que, tendo rejeitado a verdade pregada para ele, nunca tenha recebido as penalidades do magistrado sobre ele, para fazê-lo refletir sobre as verdades que antes rejeitara.

Toda a ênfase da sua hipótese sobre a necessidade da força está sobre isso: que a maioria da humanidade não foi conquistada pela pregação e, portanto, a bondade e a sabedoria de Deus obriga a dar aos homens alguns instrumentos mais eficazes, como o senhor pensa. Mas quem lhe disse que a maioria da humanidade deve ser levada pelo caminho e portão estreitos? Ou que a força em seu grau moderado seria necessária e competente, isto é, o instrumento na medida certa, nem acima nem abaixo, mas este único e tão-somente este poderia fazê-lo? Se, para defender Sua sabedoria e bondade, Deus deve dar à humanidade outros meios, para a maioria ainda não lavrada, dará a algum outro questionador ocasião para indagar: "que outros instrumentos ainda existem?" Ele ainda deve, depois que suas penalidades deixaram a maioria da humanidade inconquistada, tender a dar à humanidade maiores graus de força, sob essa demanda do homem e esses graus de força se provam ineficazes à maioria para torná-los verdadeira e sinceramente cristãos. Deus deve se inclinar a dar ao mundo novamente um novo suprimento de milagres sob a demanda de outro controlador sábio, que dispôs seu coração a milagres, como o senhor tem o seu na força, perguntará que outros instrumentos foram deixados além dos milagres? Pois é como esses últimos cavalheiros o levarão a mal, se o senhor não permitir que este seja um bom e inquestionável modo de argumentar, ou se o senhor negar que, depois que a extrema força for usada, os milagres não sejam de alguma utilidade, afinal, indiretamente e à distância, para levar os homens a abraçarem a verdade. Se o senhor não puder provar que os milagres têm sua utilidade, ele concluirá, como o senhor, que a causa é ele mesmo.

Testemos seu método um pouco mais. Suponha que quando nem as mais gentis admoestações, nem as mais agudas argumentações prevalecerem, algo mais deve ser feito, como o único instrumento restante. O que deve ser feito? Qual é este necessário instrumento competente que o senhor nos descreve? "É para deixar sarças e espinhos em sua passagem." Supondo-se isso como necessário, o senhor diz: "deve haver o direito de usá-lo". Que seja. Suponha que eu diga que esse direito está em Deus que certamente tem o poder de deixar sarças e espinhos no caminho dos que estão no caminho errado, quando Ele graciosamente se agrada que outros meios, além das instruções e admoestações, sejam usados para convencê-los. E podemos também expressar que tais espinhos e sarças deixados em seu caminho pela providência Divina, sem lhes dizer para que, funcionariam sobre eles tão eficazmente, embora indiretamente e à distância, como os deixados no seu caminho pelo magistrado, sem dizer-lhes para que finalidade. Só Deus sabe onde é necessário e para quem será útil, que nenhum homem é capaz de saber, nenhum homem, embora tenha o poder coercitivo nas mãos, pode-se supor com autoridade para usá-lo pela autoridade recebida para fazer o bem, a quem o senhor julgar como de bom e necessário uso; não mais que seu julgamento sobre o bom e necessário uso autorizaria alguém que tivesse um bisturi nas mãos para cortar os que tenham uma pedra dentro de si, que não soubesse da necessidade de cortar ou que o corte pudesse fazer-lhes bem, quando o diretor do hospital não lhes tivesse dado ordem expressa para usar esse bisturi nessa operação. Nem se só fosse conhecido pelo diretor quem precisaria e para quem poderia ser útil. Nem ele mesmo poderia deixar de usar onde fosse considerado necessário.

Se a força tem uma grande e necessária utilidade, como lhe agrada, que seja o instrumento competente para promover a honra de Deus no mundo e o bem das almas, que o direito ao seu uso esteja necessariamente em algum lugar. Esse direito não pode possivelmente estar onde o senhor o colocaria, nos soberanos civis e pela razão que o senhor nos dá, isto é, porque ele deve estar onde está o poder de obrigar. Pois já que os soberanos civis não podem obrigar a si mesmos, nem o poder de obrigar de um soberano civil alcançar outro soberano civil, ele não alcançará, nas mãos dos soberanos civis a maior parte considerável da humanidade e aqueles que, para seu próprio bem e dos seus súditos, tenha mais necessidade dela. Além disso, se isso acompanhar o poder de obrigar, deve estar igualmente nas mãos de todos os soberanos civis, que, por isso, assim como por várias outras razões que dei, sendo inevitavelmente assim, este direito não será tão útil, pois qualquer que seja a eficácia da força, ela será empregada para fazer mais mal que bem. Já que a maior parte dos soberanos civis sendo de religiões falsas, a força será empregada para promovê-las.

Mas possamos garantir o que o senhor nunca provou que, embora todos os soberanos civis tenham poder de obrigar, ainda só os que sejam da verdadeira religião tenham o direito de usar a força em questões religiosas. Seu próprio argumento sobre a humanidade não ter recebido, o que seria uma impiedade dizer, os meios competentes para promover a honra de Deus e o bem das almas, ainda o pressiona. Pois o poder de obrigar de cada soberano civil não alcançando além dos seus próprios domínios, o direito de usar a força somente nas mãos dos soberanos civis ortodoxos deixa o resto, que é a maior parte do mundo destituída do seu instrumento necessário e competente para promover a honra de Deus no mundo e o bem das almas.

Senhor, retorno-lhe meus agradecimentos por me ter dado essa oportunidade de rever seu argumento, que o senhor me disse ter eu errado. Agora espero não ter errado e ter respondido visando sua satisfação.

Confesso ter errado quando disse que cortar, sendo julgado útil, não poderia autorizar mesmo um cirurgião experiente a cortar um homem sem outra adequada autoridade, pois assim seria: que mesmo um homem tendo o instrumento em suas mãos e força suficiente para cortá-lo e, sendo o corte julgado por o senhor com uma grande e necessária utilidade na pedra, este, sem outra representação, não autorizará a ninguém a usar sua força e bisturi para cortar a quem não sabe ter uma pedra em si, nem tenha alguma luz ou parâmetro para julgar para quem o corte pode ser necessário ou útil.

Mas, vejamos o que o senhor diz em resposta ao meu argumento:

1. "Que a pedra nem sempre mata, embora não seja curada, mas os homens podem viver até longa idade com ela e morrer, afinal, por outros desequilíbrios. Mas a aversão à verdadeira religião é certamente e inevitavelmente mortal para a alma, se não curada e assim, tem absoluta necessidade de ser curada". Ela tem absoluta necessidade de ser curada em todos? Se assim for, o senhor não pensaria que isso seria um requisito que o sábio e benigno Provedor e Governador de todas as coisas forneceria os instrumentos competentes para o que fosse de absoluta necessidade? Pois não será impiedade dizer que Deus deixou a humanidade desprovida de competentes, isto é, suficientes instrumentos para o que seja absolutamente necessário? Pois está claro em seu relato que os homens não receberam meios suficientes para o que era absolutamente necessário que fosse curado em todos, se alguns deles tenham sido deixados sem cura. Pois como o senhor não deixa nada como evidência suficiente, mas o que certamente ganha concordância, assim, pela mesma regra, o senhor não pode chamar de meios suficientes, se não tiver sido por sua própria falha que a cura não funcione. É em vão dizer que os meios eram suficientes, se não fosse por sua própria falta, quando sua própria falta é a coisa a ser curada. O senhor continua: "e se pudéssemos supor que a pedra seria certamente destrutiva para sua vida temporal, como a aversão o é para a salvação eterna do homem, mesmo assim, a necessidade de curar seria muito menor que a necessidade de curar essa aversão, já que sua vida temporal tem valor muito menor do que sua vida eterna". Isto é construído sobre a suposição de que a necessidade dos meios aumenta conforme o valor da finalidade que, sendo nesse caso a salvação das almas humanas, que é sua preocupação infinita, o senhor conclui a salvação como absolutamente

necessária. Isso faz o senhor dizer que a aversão, etc., sendo inevitavelmente mortal para a alma tem necessidade absoluta de ser curada. Nada é de absoluta necessidade além de Deus: o que quer que seja entendido como necessário, só o é em relação a algo mais e, portanto, nada pode ser indefinidamente considerado como de absoluta necessidade, onde a coisa for expressa sem necessidade absoluta. Podemos dizer que a sabedoria e o poder de Deus são absolutamente necessários, porque o próprio Deus é absolutamente necessário, mas não podemos dizer cruelmente que curar nos homens sua aversão à verdadeira religião seja absolutamente necessário, porque não é absolutamente necessário que os homens sejam salvos. Mas é muito próprio e verdadeiro dizer que curar essa aversão é absolutamente necessário a todos que serão salvos. Mas temo que não serviria por sua vez, embora seja certo que sua necessidade absoluta, neste caso, só chegue ao fato que ser curado dessa aversão seja absolutamente necessário à salvação e a salvação seja absolutamente necessária à felicidade. Mas nenhuma delas, nem a própria felicidade de um homem pode ser entendida como absolutamente necessária.

Este erro o faz dizer que, supondo que "sendo a pedra certamente destrutiva para sua vida temporal, ainda a necessidade de curá-la é ainda menor que a necessidade de curar a aversão, já que sua vida temporal tem valor muito menor do que sua vida eterna". Isto é bem o oposto, pois se a pedra certamente matará um homem se não a cortar, é absolutamente necessário cortar um homem para tirar a pedra para salvar sua vida, assim como curar a aversão para salvar sua alma. Não, se o senhor só tem ovos para fritar, o fogo é tão absolutamente necessário quanto os ovos, embora o valor do fim seja, nesses casos infinitamente diferentes, pois em um deles o senhor só perde seu jantar, no outro, o senhor perde a vida e no outro, sua alma. Mas ainda, nesses casos, fogo, corte e cura da aversão são, cada um deles, absoluta e igualmente necessários para seus respectivos fins, porque esses fins não podem ser atingidos sem eles.

O senhor diz depois: "cortar a pedra não é sempre necessário para curar, mas as penalidades que menciona são todas necessárias (sem a extraordinária graça) para curar essa perniciosa e intratável aversão". Seja, mas se os cirurgiões sabem quem tem a pedra, essa aversão, eles certamente o destruirão, a menos que seja cortada? O senhor tentará dizer quando a aversão é de tal ordem num homem que seria incurável por pregação, exortação e relacionamento, se seu médico espiritual estiver com ele na oportunidade ou fora dela, mas certamente curável, se for usada força moderada? Até que o senhor esteja certo da forma anterior, o senhor não poderá dizer que sua força moderada é necessária. Até que esteja certo da última, o senhor não poderá chamá-la de instrumento competente. O que o senhor determina sobre graça extraordinária e quando Deus a dispõe, deixo à sua consideração e que o senhor fale livremente quando lhe aprouver.

O senhor acrescenta que, mesmo onde o "corte for necessário, ele ainda é danoso, em minha opinião. Mas suas penalidades não podem ameaçar ou ferir a alma, mas pela falha daquele que a buscou". Se o magistrado usa a força para levar o homem à verdadeira religião, ele deve julgar qual seja a verdadeira religião e ele não pode julgar outra como tal, mas aquela que ele acredita ser a verdadeira religião, qual seja, a sua própria religião. Mas o uso da força pelo magistrado para levar os homens à sua própria religião tem tanto perigo para as almas humanas que, por sua própria declaração, só um ateu dirá que os magistrados podem usar a força para levar os homens à sua própria religião.

Isto eu suponho ser suficiente para tornar bom o que visei no meu exemplo de cortar a pedra, que embora fosse julgado útil e agora acrescento, necessário, cortar o homem por causa da pedra, ainda não bastaria para autorizar um cirurgião a cortar um homem, mas ele deve ter, além do dever geral de fazer o bem, alguma representação especial e que mencionei, seria o consentimento do paciente. Mas, o senhor me diz que "embora, como as coisas estão agora, nenhum cirurgião tivesse qualquer direito para cortar seus pacientes com pedras sem seu consentimento. Ainda, se o magistrado pudesse indicar e autorizar, por uma lei pública alguns competentes e experientes na arte para visitar um trabalhador com essa doença e cortar aqueles (se eles consentirem ou não) cujas vidas unanimemente julgam como impossível de salvar de outra forma, o senhor pode pensar que eu acharia difícil provar que fazendo isso ele excederia os limites do seu poder e o senhor está certo que seria tão difícil provar que tais médicos não teriam o direito nesse caso de cortar as pessoas". Mostre uma lei do grande Governador do universo e eu concordarei que seus cirurgiões realizem o trabalho rápido como o senhor gostaria. Mas onde está a lei pública? "Onde está o número competente de magistrados experientes na arte, que unanimemente julguem a doença e seu perigo?" O senhor não pode mostrar nada a esse respeito, embora o senhor seja tão liberal neste tipo de cura, que alguém pode considerá-lo menos que cortando o próprio Morecraft. Mas, senhor, se houvesse um número competente de homens experientes e imparciais que pudessem usar o bisturi em todos aqueles em quem fossem encontrados essa pedra de aversão à verdadeira religião. O que o senhor acha, eles não achariam trabalho em seu hospital?

O senhor diz que a aversão à verdadeira religião tem absoluta necessidade de ser curada. Qual é, insisto, a verdadeira religião? A religião da Inglaterra? Pois a sua é a única verdadeira religião. E o que quer que diga, o senhor não pode pelos seus princípios nomear outra religião nacional no mundo que considerará como verdadeira. Sendo então de absoluta necessidade que a aversão dos homens à religião nacional da Inglaterra deva ser curada, a humanidade, para quem a cura é absolutamente necessária, receba os meios competentes e necessários para a cura dessa versão?

Em seguida, quais são seus meios necessários e suficientes para essa cura ter absoluta necessidade? E quais são as penalidades moderadas que devem ser usadas pelos magistrados, onde a religião nacional é a verdadeira e instrumento suficiente dado para a instrução de todos os homens na verdadeira religião? E novamente pergunto, todos os homens para quem a cura é absolutamente necessária receberam os meios necessários?

Terceiro, como seu remédio necessário será aplicado? E ele é apresentado de um modo que não pode realizar a cura, embora suponhamos que a verdadeira religião seja a religião nacional em qualquer lugar e que todos os magistrados do mundo zelem por ela. Quanto a essa verdadeira religião, o senhor diz, os homens têm uma grande e natural aversão da absoluta necessidade de serem curados e a única cura é a força aplicada do seu modo, isto é, imporem-se penas a todos os dissidentes da religião nacional até que se conformem a ela. Por que os homens têm aversão à verdade? Porque ela interfere nos lucros e prazeres desta vida. E, pela mesma razão, eles têm aversão às penas. Essas, portanto, se forem opostas umas às outras e as penas sejam impostas de forma a levar os homens a abandonarem seus caprichos e de coração adotarem a verdadeira religião ou endurecer as penalidades, pode haver alguma eficácia na força para levar os homens à verdadeira religião. Mas, se não houver oposição entre uma adoção externa da verdadeira religião e os caprichos humanos, as penas aplicadas aos homens até se conformarem externamente não são um remédio para a doença. As punições assim aplicadas não se opõem aos caprichos humanos nem delas pode-se esperar qualquer cura. Os homens devem ser dirigidos de sua aversão à verdadeira religião por penalidades a que tenham grande aversão. É assim que a força opera. Mas, se entrando para a comunhão da igreja nacional se possa evitar castigos e ainda manter sua corrupção natural e aversão à verdadeira religião, qual foi o remédio usado contra a doença, pelos castigos assim aplicados? O senhor tornaria difícil a vida dos homens, o senhor diz. Isto sem dúvida funciona entre os homens e faz com que se esforcem para se livrar desse estado de dificuldades logo que possam. Mas sempre será desse modo que eles facilitarão suas vidas, pois é só da dificuldade que eles fogem e, portanto, eles não trocarão uma dificuldade pela outra, nem por uma maior, nem por uma igual, nem por qualquer uma, se elas puderem ajudar. Se, portanto, for difícil para um homem mortificar seus caprichos, como o senhor nos diz, que a verdadeira religião lhes exige, se eles a adotarem integralmente, mas que a conformidade externa à verdadeira religião ou a alguma igreja nacional não requeira, qual é a necessidade de usar a força assim aplicada, já que não alcança os caprichos dos homens ou sua aversão à verdadeira religião, mas lhes deixa a liberdade de usufruí-la tranqüilamente, livres de castigos e da força numa conformidade legal e aprovada? Um homem é negligente de sua alma e não será levado a refletir? Obstinado e não adotará a verdade? Sem cuidado e não terá castigo para estudar as questões religiosas? Corrupto e não abandonará seus caprichos, mais caros para ele que seu primogênito? Só adotando a confissão nacional ele pode estar tranqüilo. Se ele se conforma, o magistrado desiste da punição, ele é filho da igreja e não precisa refletir sobre mais nada por medo de castigos. Eles são removidos e tudo fica bem. Assim, afinal, não havendo uma absoluta necessidade, aquela aversão à verdadeira religião seria curada em todos os homens. Nem o magistrado sendo juiz competente que tenha essa pedra de aversão, ou quem a tenha a ponto de precisar de força para curá-la, ou a quem seja curável, a força seria um remédio adequado, mas não é. Nem havendo autoridade para usá-la, apesar do que o senhor respondeu. Ainda não é mais racional para o magistrado, sob a pretensão de sua utilidade ou necessidade, cortar alguém por causa da pedra sem seu consentimento, do que usar a força do seu modo para curá-lo da aversão à verdadeira religião.

Sobre minha questão, em que mãos reside esse direito – de que falávamos um pouco acima – na Turquia, Pérsia ou China? Diga-me e o senhor responde de maneira clara e circular, "nas mãos dos soberanos, para usar castigos convenientes para promover a verdadeira religião". Não vou lhe perturbar com uma questão que outros lhe farão sobre quem, nesses países, deve julgar a verdadeira religião? Mas lhe pergunto: se o senhor ou algum homem sábio colocaria o direito do uso da força nas mãos de um maometano ou um príncipe pagão para promover o Cristianismo? Quais dos meus pagãos ou maometanos fariam de outra forma?

Mas Deus o fez, o senhor diz, e o senhor fez bem de me contar isso com as seguintes palavras: "Se isso me espanta, então o senhor precisa me contar mais, que o senhor visa que o poder supremo seja o mesmo em todo o mundo, em quaisquer mãos que seja colocado e esse direito aí contido. E, se aqueles que o detém não o usarem como deveriam, mas, ao invés de promoverem a verdadeira religião por castigos adequados, reforçarem o islamismo ou paganismo ou outra falsa religião, tudo que pode ou precisa ser dito sobre o assunto é que Deus um dia os chamará a prestar contas sobre a negligência em seu dever, pela desonra a Ele e pelas almas que pereceram por suas falhas". Eu não vejo o senhor provar levar em conta esse direito, como parte do poder supremo de todos os soberanos civis, que é o assunto em pauta. Mas deixemos assim, uma vez. Qual seria então sua resposta? "Deus um dia chamará esses soberanos para prestarem conta da negligência em seus deveres." A questão não é o que Deus fará com tais soberanos que negligenciaram seus deveres, mas como a humanidade recebe seus meios próprios de promover a honra de Deus no mundo e o bem das almas nos países onde o soberano pertence a uma religião errada? Pois lá, como pode estar claro o direito do soberano de usar a força, já que se ele não a usa para levar os súditos à verdadeira religião, eles ficam destituídos do seu competente instrumento. Pois eu imagino que o senhor não produz o direito de usar a força, mas sua aplicação real por leis penais, como seu útil e necessário instrumento. Pois, se o senhor pensa que simplesmente considerando o direito como suficiente, se seu instrumento for suficiente sem o uso real da força, prontamente o apóio. E, como lhe digo em outro lugar, não consigo perceber sua necessidade de milagres "para suprir o desejo de assistência dos magistrados até que o Cristianismo fosse apoiado e encorajado pelas leis imperiais", pois, por sua própria regra, os magistrados do mundo durante os três primeiros séculos após a publicação da religião cristã, tinham o mesmo direito, se fosse suficiente, que têm agora na Turquia, Pérsia ou China. Posso garantir facilmente que isso é tudo que pode ser dito sobre o assunto, mas se é tudo que precisa ser dito para tornar boa sua doutrina, eu peço desculpas.

Na mesma frase que o senhor declara, eu deveria ter acrescentado a necessidade da utilidade, eu chamo de necessária utilidade, que eu imagino não seja muito diferente. Mas, as palavras seguintes, onde está meu argumento, tiveram a má sorte de terem sido superficialmente examinadas, mas se lhe agrada considerar meu argumento, como novamente coloco à sua disposição, servirá por minha vez.

No seu próximo parágrafo o senhor me diz, que o que eu disse tem a mesma ingenuidade que usei em outras passagens. Minhas palavras nessa passagem foram: "tendo o autor se esforçado para mostrar que ninguém, de nenhum nível ou condição, teria nenhum poder para punir, atormentar ou maltratar nenhum homem por questões religiosas, o senhor nos diz ainda não entender por que o clero não é capaz de tal poder como os outros homens". Essas minhas palavras só contêm fatos e isso não lhe dá razão para me atribuir ingenuidade, nem o que o senhor alega além desse poder, pois se o poder que o senhor menciona fosse um poder coercitivo externo, não seria o mesmo poder a que o autor se refere que usa para os fins que ele menciona de tormenta e punição? E o senhor não defende que os que detêm o poder deveriam punir aqueles que ofendem ao rejeitar a verdadeira religião? Como na parte restante desse parágrafo, eu deixarei ao leitor julgar se em alguma ocasião mencionei o clero ou se a agitação dos seus dedos ao manejar a roda não guiou sua caneta ao que não seria do propósito, pois o autor não disse qualquer coisa que visasse excluir o clero dos esforços seculares, mas somente, se o senhor considerar somente seu relato sobre isso, que nenhum eclesiástico tem qualquer poder coercitivo externo, embora o senhor grite que "o senhor ainda não entende por que os clérigos não são capazes de tal poder como os outros homens". Se o senhor tivesse permanecido condestável de sua paróquia ou das centenas, o senhor teria uma razão para reivindicar sua capacidade, se o senhor tivesse recebido ordens para, ou se seu objetivo fosse a justiça da paz, ou se mais ainda, fosse senhor chefe da justiça da Inglaterra. Embora o senhor possa ser considerado como um homem de previsão, limpando o caminho para o poder secular, se o senhor se conhece, ou algum dos seus amigos o desejem, por outro lado, eu confesso que o senhor tem razão para estar fora do seu humor, como está por levar este assunto em pauta tão totalmente fora de equilíbrio. Temo que nem a desculpa mal ajustada que o senhor levanta lhe dê, ou a alguém que consulte as passagens na sua carta e na do autor, uma opinião melhor sobre isso. No entanto, eu devo lhe agradecer por sua desejada ingenuidade, ao dizer que "parece uma oportunidade desejada para mostrar minha boa-vontade ao clero e assim o fiz". E para dar melhor uso ao excelente presente que o senhor assim recebeu, eu desejo que leia novamente o meu parágrafo e me diga se descobre nele algo que não seja verdade? Ou alguma recomendação que o senhor mesmo não defenderia? Ou algo que qualquer clérigo de valor, que honre seu cargo se preocupe? E quando o senhor tiver estabelecido minhas palavras, o mundo julgará se mostrei alguma má-vontade com o clero. Até então devo tomar a liberdade de defender que sou mais um amigo deles e de sua chamada do que aqueles entre os quais que mostram sua tendência a deixar a palavra de Deus servir a outros propósitos. O ofício de um ministro do Evangelho requer que todo homem que se preocupe com seus pobres, pela voz conjunta dos doze apóstolos "entregando a palavra de Deus e servindo as mesas" (Atos IV, 2). Mas, se o senhor entende que não se deve falar sobre as faltas dos homens sem má-vontade, o senhor será um pregador muito ruim, ou se o senhor pensa que é assim só por falar dos erros de qualquer dos clérigos, deve haver algo, em sua opinião, muito peculiar, no caso deles, que torna uma falta tão grave para mencionar uma delas. Disso devo ser perdoado pois, já que não sabia disso e deverá haver uma reflexão fria para convencê-lo de que, se a igreja da Inglaterra não tiver um número maior, proporcionalmente a outra época da igreja, daqueles que por suas vidas piedosas e trabalhos nos seus ministérios, honrem suas profissões. Esses homens ocupados não podem se satisfazer de serem divinos sem também serem leigos, manteriam um pouco sua reputação que deveria diferenciar o clero, ou preservar a estima devida a uma ordem santa, isto é, separada. Que ninguém mostre maior boa-vontade com eles do que pondo um fim a qualquer previsão de interferir em sua chamada. Suponho que isso coloque um sábio prelado de nossa igreja, fora a gentileza do clero, pensar sobre sua ordenação e deveres num tratado posterior e dizer-lhes que "o cuidado pastoral é todo o negócio de um homem e que deve ocupar todos os seus pensamentos e seu tempo". *Discurso sobre Cuidado Pastoral* p. 121.

Pelas suas palavras, "o magistrado deve estabelecer penas sobre aqueles que se recusam a adotar a doutrina dos ministros adequados da religião ou serem afastados da verdade", respondo: "Deus nunca deu ao magistrado uma autoridade para julgar sobre a verdade de outro homem". Isso o senhor garante, mas sem dizê-lo "que se o magistrado conheça a verdade, embora não tenha autoridade para julgar a verdade de outro homem, ele ainda pode julgar se o outro homem está ou não afastado da verdade e assim, tenha autoridade para estabelecer penalidades sobre os que assim considera, para levá-los a julgar mais sinceramente para si mesmos". Por exemplo, a doutrina dos ministros adequados da religião é que os três Credos, de Nice, de Atanásio e o comumente chamado de Credo dos Apóstolos deveriam ser profundamente recebidos e cridos, assim como o Antigo e Novo Testamento contêm todas as coisas necessárias para a salvação. Uma dessas doutrinas um súdito papista não adota e um sociniano a outra. O que deve fazer o magistrado sob sua representação? Ele deve estabelecer penas sobre eles e deixá-los ir? Por quanto tempo? Até que se conformem, isto é, até que professem, adotarão essas doutrinas como verdadeiras. Em que caso ele não deve julgar a verdade de outro homem? Ele só julga se o outro homem está afastado da verdade. Agora o senhor não admira sua própria sutileza e precisão? Eu, que não consigo compreender isso, fale-me sobre minha estupidez nisso. Aquele que pensa que outro homem está em erro, o julga, como diz sua frase, como afastado da verdade e então julga sobre a verdade e a falsidade só por si mesmo. Mas se ele estabelece alguma pena sobre outros, que ele manter até que ele adote a verdade, que ele julga como tal, ele é, pois, um juiz da verdade sobre outros. Isso é o que entendo como julgar a verdade por outros meios. Se o senhor me disser o que mais isto significa, estou pronto a aprender.

"O senhor garante", diz, "Deus nunca deu ao magistrado qualquer autoridade para ser juiz da verdade de outro homem", e então acrescenta: "mas como segue que ele não possa ser juiz se um homem está ou não afastado da verdade?" E eu lhe pergunto: quem já disse tal coisa, tirada de onde? Isso eu digo e o senhor deve discordar, que quem quer que puna outros por não pertencer à religião que ele julga verdadeira, é juiz da verdade de outros. Mas o senhor prova que um homem pode ser juiz da verdade, sem ter autoridade para julgar sobre isto a outros homens, ou prescrever-lhes o que acreditaria, que o senhor poderia ter poupado, até encontrar alguém que o negue. Mas sua prova ainda é válida, lembrando: "*rectum*", o senhor diz, "*est index sui et obliqui*". E certamente, quem quer que só conheça a verdade pode facilmente julgar se outro homem está ou não afastado dela. Mas, embora "*rectum est index sui et obliqui*", um homem pode ignorar o que é certo e errar pensando ser verdade. A verdade da religião, quando conhecida mostra que a contradição é falsa, mas ainda essa verdade pode ser desconhecida pelo magistrado, assim como por outro homem. Mas o senhor conclui, eu não sei sobre que fundamento, como se o magistrado não pudesse esquecer ou tivesse mais certeza de encontrá-lo que outros homens. Suponho assim que o senhor seja mais favorável ao magistrado de sua própria religião, como sem dúvida, em civilidade um papista ou um presbiteriano seriam aos seus. E assim infere: "e, portanto, se o magistrado conhece a verdade, embora não tenha autoridade para julgar a verdade de outros homens, ele ainda pode julgar se outros homens estão ou não afastados da verdade". Se duvida! Quem o nega? É um privilégio que ele e todos os homens têm que, quando conhecem a verdade ou acreditam na verdade, ou tenham adotado um erro como verdadeiro, eles podem julgar se outros homens estão ou não afastados da verdade, se esses outros homens têm suas opiniões nesse assunto.

O senhor continua com sua inferência: "e assim ter autoridade para estabelecer algumas penalidades sobre aqueles que entende como tais". Agora senhor, o senhor vai um pouco mais rápido. Isso ele não pode fazer sem se tornar juiz da verdade sobre eles. O magistrado, ou qualquer outro, pode julgar quanto lhe agrade sobre as opiniões e erros dos homens. Ele julga isso só por si mesmo, mas logo que ele use a força para levá-los de sua própria opinião para a dele, ele se torna juiz de sua verdade. Seja para levá-los a julgar mais sinceramente por si mesmos, como o senhor aqui os chama, ou sob que pretensão ou característica, pois o que o senhor se refere é só uma pretensão, a própria expressão demonstra. Pois se alguém julgar por si mesmo sem sinceridade, ele precisaria ser punido para fazê-lo julgar mais sinceramente por si mesmo? Um homem pode julgar por si mesmo erroneamente e pode ser conhecido ou considerado dessa forma, mas quem pode saber ou supor que outro não seja sincero no julgamento que faz por si mesmo ou, o que é a mesma coisa, que alguém conscientemente misture falsidade no julgamento que faça? Pois, se falar sem sinceridade significa falar de modo diferente do que se pensa, seja verdadeiro ou falso, então julgar sem sinceridade deve ser julgar diferente do que se pensa, o que imagino não ser muito viável. Mas por ser impróprio falar sobre julgamento sem sinceridade por si mesmo, seria melhor, naquela passagem, o senhor ter falado que os castigos levariam os homens a julgar mais sinceramente, do que dizer, mais certamente ou verdadeiramente, pois se o senhor dissesse que o magistrado deveria usar penalidades para levar os homens a julgarem mais verdadeiramente, essa mesma palavra claramente descobriria que ele fez de si mesmo um juiz da verdade para eles. O senhor, portanto, sabiamente escolheu dizer o que deve abranger melhor essa contradição para si mesmo, fazendo ou não sentido, o que, talvez, se soar bem, ninguém se deteria a examinar.

Uma coisa me permitiu aqui lhe observar: que quando o senhor fala sobre os súditos assistentes receberem a verdade, isto é, a verdadeira religião, o senhor chama de crença, mas para os magistrados o senhor chama de conhecimento. Agora me permita perguntar-lhe se um magistrado, que estabelece castigos para quem divirja do que ele julga como a religião verdadeira ou, como o senhor a chama aqui, estão afastados da verdade, seriam ou poderiam ser determinados em seu julgamento dessa verdade por uma garantia maior do que a crença? Quando o senhor tiver resolvido isso, o senhor então verá qual o propósito de tudo que disse sobre o conhecimento do magistrado sobre a verdade, que, afinal, não chegando a mais que a certeza com que um homem certamente acredita e recebe uma coisa como verdade, porá o magistrado sob a mesma, se houver, obrigação de usar a força, se ele acredita em sua própria religião. Além disso, se um magistrado conhece sua religião como verdadeira, ele não usará meios de fazer seu povo acreditar, mas também conhecer. Seu conhecimento, sendo o modo de divulgar as verdades da religião é necessário tanto para os súditos quanto ao magistrado. Eu nunca ouvi de um mestre de matemática, que tivesse o cuidado de informar a outros sobre essas verdades, que nunca se esforçou para fazer alguém acreditar nas proposições de Euclides.

O prazer de sua resposta, não obstante o que diz, ainda permanece o mesmo, pois se o senhor faz como parece, que "o poder do magistrado é *ordenado* para levar os homens a tomar o cuidado devido com sua salvação", a razão para o interesse de cada homem em atribuir esse poder ao magistrado supõe que esse poder foi assim ordenado antes do povo o atribuir, ou ainda, poderia não ser um argumento para atribuí-lo ao magistrado. Pois se o senhor não tivesse construído sobre sua suposição fundamental, que esse poder do magistrado seja ordenado por Deus para esse fim, o modo adequado e inteligível de expressar seu sentido, não seria dito como o senhor disse: "como o poder do magistrado é ordenado para levar, etc., da mesma forma se supormos este *poder* atribuído pelo povo", cujo sentido seria supor esse poder do magistrado já ordenado. Mas um modo claro de tornar seu sentido compreensível, seria dizer que ordenar tal poder ao magistrado ou atribuir tal poder ao magistrado, o que é a mesma coisa, seria o verdadeiro interesse do povo. Mas deixarei para o leitor julgar se seu sentido ou expressão é culpado de absurdo.

Outra coisa agradável de sua resposta, ainda aparece meramente recitando-a. O senhor diz: "o poder do magistrado é levar os homens a tal cuidado com sua salvação que eles não possam cegamente deixar à escolha de qualquer pessoa, ou a seus caprichos ou paixões, para prescrever-lhes qual fé ou adoração devem adotar" e ainda, que esse é o melhor caminho "para atribuir poder ao magistrado", sujeito aos mesmos caprichos e paixões que eles mesmos, para escolher por eles. A isso o senhor responde, perguntando, qual o senhor diz ser o melhor caminho para o povo atribuir poder ao magistrado para escolher por eles? O que o senhor me diz, eu não pretendo mostrar. Se o senhor se desse ao esforço de continuar até o final do parágrafo, ou lhe agradasse lê-lo como estabeleci novamente para seu exame, o senhor encontraria o que eu, afinal, tentei mostrar. Minhas palavras são: "Se eles atribuem poder ao magistrado para puni-los quando divergem de sua religião, para levá-los a agir mesmo contra sua própria inclinação, conforme a razão e justo julgamento", que, como o senhor se explica em outra passagem, "para levá-los a considerar as razões e argumentos próprios e suficientes para convencê-los, como isto está longe de deixá-los à escolha de outro homem para prescrever-lhes a fé e adoração que devem adotar!" Assim, o senhor cita minhas palavras, às quais me permita juntar a parte restante do parágrafo, para fazê-lo ver que pretendo mostrar que o curso que o senhor propõe ao povo, como o melhor para eles seria atribuir ao magistrado poder para escolher por eles. Minhas palavras, que seguem as que o senhor deixou são essas: "especialmente se considerarmos sua estranheza com o fato pensar ser estranho que o autor recomende deixar o cuidado com cada alma humana para si mesmo. Assim, esse cuidado sendo deixado para o magistrado, com poder para punir homens para fazê-los considerar razões e argumentos próprios e suficientes para convencê-los da verdade de sua religião, a escolha é evidentemente ao magistrado, já que ele pode ter o poder de um homem escolher para outro sua religião, que consiste somente no poder de obrigá-lo por castigos a adotá-la". "Mas tudo isso", o senhor me diz, "nada acrescenta ao propósito". Por que, indago-lhe? "Porque o senhor não fala sobre a religião do magistrado, mas da verdadeira religião e aquela proposta com suficiente evidência".

Em resumo, é este o caso: os homens podem ser mal conduzidos por suas paixões, caprichos e outros homens, na escolha de sua religião. Para este grande mal, o senhor propõe um remédio, qual seja, que os homens (o senhor deve lembrar que aqui o senhor fala das pessoas colocando este poder nas mãos do magistrado) escolheriam alguns dos seus parceiros e lhes dá poder pela força de guardá-los, para que não sejam afastados da verdade por suas próprias paixões, caprichos ou por outros homens. Assim é, no primeiro esquema, ou como o senhor tem agora, de puni-los, quando rejeitarem a verdadeira religião e aquela proposta com suficiente evidência de sua verdade. Um bom remédio e manifestamente eficaz à primeira vista, porque os homens seriam todos promiscuamente aptos a serem mal conduzidos em seu julgamento ou escolha de sua religião, por paixão, caprichos ou outros homens, portanto eles deveriam escolher alguns entre eles para eles e seus sucessores, homens como eles, puni-los por rejeitarem a verdadeira religião.

"Se o cego conduz o cego, ambos cairão no fosso!, diz Nosso Salvador. Se os homens, aptos a serem mal conduzidos por suas paixões e caprichos, evitarem cair em erro pelos castigos impostos a eles por homens tão capazes de serem mal conduzidos por paixões e caprichos como eles mesmos, como estarão mais salvos de cair em erro? Agora, ouça o infalível remédio para essa inconveniência e admire: os homens para quem deram esse poder não devem usá-lo até que encontrem em erro aqueles que lhes deram o poder. Um amigo, a quem mostrei esse expediente, disse: Isso não é nada, pois por que um homem não pode julgar por si mesmo quando está errando, como outro julgar por ele, que é ele também passível de erro? Respondi: esse poder, porém, no outro, pode não lhe causar dano, mas pode, indiretamente e à distância, fazer-lhe bem, porque o magistrado, que tem esse poder para puni-lo, nunca deve usá-lo, a não ser quando esteja certo e o punido esteja em erro. Mas, diz meu amigo, quem julgará se ele está errado ou não? Pois os homens em erro se julgam certos e com tanta certeza quanto os que estão realmente certos. Ao que respondo: ninguém deve ser juiz, mas o magistrado deve saber quando está certo. E assim, o súdito, disse meu amigo, assim como o magistrado e, portanto, seria um bem-estar livre de castigo, que daria a um homem maior segurança contra o erro do que se não o tivesse. Além disso, ele disse, quem deve julgar se o magistrado sabe ou não? Pois ele pode errar e pensar ser conhecimento e certeza, o que é somente opinião e crença. Isso não é importante nesse esquema, eu respondi. Sabemos que o magistrado pode conhecer o que é a verdadeira religião e ele só deve usar a força para levar os homens à verdadeira religião e, se ele o faz, Deus um dia o chamará para prestar contas e assim, todos serão salvos. Tão certo quanto bater no ar pode transformar algo, respondeu meu amigo, pois se a crença, sendo garantida, em confiança sendo persuadida que eles saibam que a religião que professam é verdadeira, ou algo próximo do verdadeiro conhecimento, servirá, por sua vez, todos os magistrados terão esse mesmo poder e então os homens serão bem cuidados ou recuperados das falsas religiões, colocando nas mãos do magistrado puni-los quando se afastaram delas.

Se o magistrado só tiver que punir os homens quando ele souber, isto é, tiver certeza infalível (assim é o homem quando sabe) de que sua religião nacional é toda verdadeira e também sabe que foi proposta àqueles que está punindo com suficiente evidência de sua verdade, esse poder seria tão bom que nunca lhe teria sido dado, pois ele nunca estaria em condições de exercê-lo. E, no melhor não o levaria a nenhum propósito, já que os que lho deram estariam indispostos um com o outro para considerar imparcialmente, examinar diligentemente, estudar, descobrir e infalivelmente conhecer a verdade, como ele. Mas, ele disse ao partir, para falar assim sobre a punição dos homens que rejeitam a verdadeira religião pelo magistrado, sem nos dizer quem são esses magistrados, que têm o poder de julgar qual é a verdadeira religião, é colocar esse poder igualmente nas mãos de todos os magistrados, ou de nenhum, pois dizer que a única coisa a ser julgada é qual a verdadeira religião significa começar novamente a rodada de questionamentos, que pode terminar na suposição individual de que a sua própria é a verdadeira. Mas, diz ele, se o senhor continuar a falar disso, nada há mais a ser feito além de sentir pena ou rir do senhor e assim, ele me deixou.

Eu lhe garanto, senhor, esforcei-me nessa parte de sua hipótese com toda a vantagem que pensei sua resposta poderia me apoiar e se errei nisso ou se houver uma forma de sair do gargalo (se a força puder ser usada do seu modo) tanto da punição dos homens pelo magistrado por rejeitarem a verdadeira religião ou ainda que o magistrado julgue qual a verdadeira religião, qual caminho dos dois o senhor determinará, não vejo qual a vantagem possa haver para as pessoas, para mantê-las sem escolher errado, para que esse poder de puni-las tenha que ser colocado nas mãos do magistrado.

E então é difícil descobrir se o magistrado deve julgar qual a verdadeira religião, como ele poderia, sem julgamento, punir alguém que a rejeite. E punir homens que a rejeitem até adotá-las, seja para fazê-los refletir, ou o que lhe agrade, ele, penso eu, escolhe sua religião por eles. E se o senhor não tiver a destreza de escolher a religião nacional, qualquer que seja, eu não duvido que o senhor também pensaria assim na França, embora só houvesse penas estabelecidas para o senhor, para levá-lo, mesmo contra sua inclinação, a agir conforme o que eles chamariam razão e julgamento correto.

Esse parágrafo e o meu, para os quais são uma resposta, ficariam assim:

C.II, p. 128 - "Nem eu, nem o senhor, nem o magistrado ofendemos quando digo que o poder que o senhor dá ao magistrado de punir os homens para fazê-los considerar as razões e argumentos próprios e suficientes para convencê-los, é para convencê-los da verdade de sua religião e levá-los a ela. Pois os homens nunca, em sua opinião, agem conforme a razão e correto julgamento, que é para o que os homens deveriam ser levados pelo magistrado, mesmo contra sua própria inclinação, até que adotem sua religião. E se o senhor tem a fronte de um homem honesto, o senhor não dirá que o magistrado o punirá para levá-lo a refletir sobre outras razões e argumentos, mas só os que forem próprios para convencê-lo da verdade de sua religião e levá-lo a isso. Assim, o senhor anda para frente e para trás. O senhor diz que o magistrado não tem poder para punir os homens para compeli-los à sua religião, mas apenas obrigá-los a considerar razões e argumentos próprios para convencê-los da verdade

C.III p. 167 - "Mas parece que o senhor não o fez ainda, pois o senhor diz: 'nem o senhor, nem eu, nem o magistrado ofendemos quando o senhor diz que o poder que eu dou ao magistrado de punir os homens para fazê-los considerar as razões e argumentos próprios e suficientes para convencê-los, é convencê-los da verdade de sua religião, qualquer que seja e levá-los a ela'. Que parece um pouco estranho e agradável também. Mas se o senhor o prova: 'pois os homens nunca, na opinião dele, agirão conforme a razão e julgamento, até que adotem sua religião. E se o senhor tem a fronte de um homem honesto, o senhor não dirá que o magistrado poderá puni-lo para levá-lo a considerar somente outras razões e argumentos próprios para convencê-lo da verdade de sua religião e levá-los a ela. Que (além da agradável conversa sobre razões e argumentos próprios e suficientes para convencer os homens da verdade da religião do magistrado, embora seja falsa) é suficiente dizer. É assim porque, na opinião do magistrado é assim e porque não se deve esperar que ele aja contra sua própria opinião". Como se a opinião do magistrado pudesse mudar a natureza das coisas e transformar o poder de promover a verdadeira religião no poder de promover uma falsa. Não, senhor, a opinião do magistrado não tem tal virtude. Ele pode, de fato, mantê-lo fora do exercício do poder de promover a verdadeira religião e pode levá-lo a abusar de sua pretensão para promover uma falsa, mas não pode nem destruir esse poder, nem fazer qualquer coisa além disso. E portanto, qualquer que seja a opinião do magistrado, esse poder lhe foi dado (como o poder dos apóstolos foi para eles) só para edificação, não para destruição e pode sempre ser dito dele (o que São Paulo disse de si mesde sua religião, o que é o mesmo que dizer que ninguém tem o poder de escolher seu caminho para Jerusalém, mas ainda que o senhor das terras tem poder para puni-lo, para levá-lo a refletir sobre razões e argumentos próprios e suficientes para convencê-lo. De quê? Que o caminho que ele segue é o certo e assim, tê-lo em sua companhia e seguirem juntos. Para que, com efeito, toda a sua caminhada só faça o senhor, afinal, chegar ao mesmo lugar novamente e, colocar poder nas mãos do magistrado, sob outra pretensão, compelir os homens à sua religião? Qual uso da força o autor tem suficientemente extrapolado e o senhor mesmo abandonado. Mas estou cansado de segui-lo dando voltas no mesmo círculo.

mo) que ele nada pode fazer contra a verdade, só pela verdade. E, portanto, se o magistrado me pune para levar-me a uma religião falsa, não é sua opinião que irá desculpá-lo, quando ele prestar contas perante seu Juiz. Pois certamente os homens são cobrados por suas opiniões (as que, quero dizer, que influenciam sua prática) como por suas ações.

"Aqui, portanto, não se está andando para frente ou para trás, como o senhor pretende. Nem em um círculo, mas na sua imaginação. Pois embora possa ser verdade o que digo: 'o magistrado não tem poder para punir os homens para compeli-los à sua religião', ainda digo aqui nem é conseqüente a algo que digo" 'Que ele tenha poder para compeli-los a considerar razões e argumentos próprios para convencê-los da verdade de sua religião'. Mas eu não imagino que o senhor queira se esforçar para me convencer disso'. Pois a essa altura, penso estar bem claro, que de outra forma o senhor teria pouco a dizer e essa é uma arte muito em voga entre alguns tipos de homens cultos, quando não podem refutar o que diz um adversário, fazê-lo dizer o que não disse, que ele possa ter algo que ele possa refutar".

O começo desta resposta é parte da velha canção de triunfo. "O quê! Razões e argumentos próprios e suficientes para convencer os homens da verdade da falsidade?" Sim, senhor, o magistrado pode usar a força para fazer os homens considerar, razões e argumentos que ele entende próprios e suficientes para convencer os homens da verdade de sua religião, embora sua religião seja falsa. E isto é tão possível para ele fazer, como para um homem letrado como o senhor escrever um livro e usar argumentos que ele entenda como próprios e suficientes para convencer os homens da verdade de sua opinião embora ela seja uma falsidade.

Para a parte restante de sua resposta, a questão não é se "a opinião do magistrado pode mudar a natureza das coisas, ou o poder que tem, ou desculpá-lo perante seu Juiz pelo mau uso dele?" Mas isto: que já que todos os magistrados, na sua opinião, têm representação e são obrigados a promover a verdadeira religião pela força, e pode ser guiado para cumprir seu dever, por nada além de sua própria opinião sobre a verdadeira religião, qual a vantagem para a verdadeira religião, qual o benefício para seus súditos, ou se isso conta para algo além do uso da força para promover sua própria religião? Em relação a essa questão, portanto, o senhor fará bem de aplicar sua resposta, que um homem de menor capacidade que o senhor dificilmente será apto a fazê-lo.

O senhor nos diz, de fato, que "qualquer que seja a opinião do magistrado, seu poder lhe foi dado (como os apóstolos o receberam) somente para edificação e não para destruição". Mas se o poder dos apóstolos lhes foi dado para um fim e São Paulo e São Pedro e mais nove dos doze nada tinham a lhes guiar além de sua própria opinião, que os levou a outro fim, pergunto-lhe se a edificação da igreja seria conduzida como foi?

O senhor nos diz depois que "pode sempre se dizer do magistrado (que São Paulo disse de si mesmo) que ele não pode dizer nada contra a verdade, mas pela verdade". Testemunha o rei da França. Se o senhor diz isso no mesmo sentido que São Paulo disse sobre si mesmo que, em todos os requisitos para edificação, teve a imediata direção e guia do incorrigível Espírito de Deus, e assim infalível, não precisamos ir a Roma para termos um guia infalível: todo país tem seu próprio magistrado. Se o senhor aplicar essas palavras com sentido diferente do que São Paulo falou a eles sobre si mesmo, os homens sóbrios poderão pensar que o senhor tenha um grande cuidado ao insinuar a outros uma alta veneração pelo magistrado, mas que o senhor mesmo não tem grande reverência pelas Escrituras, que o senhor usa, nem pela verdade, que o senhor assim defende.

Para negar ao magistrado o poder de compelir os homens à sua religião, mas ainda dizer que o magistrado tem o poder e a tendência a punir os homens para fazê-los refletir, até que cessem de rejeitar a verdadeira religião, de cuja verdadeira religião ele deve ser juiz, ou nada mais pode ser feito para cumprir esse dever, é como rodar e chegar ao mesmo lugar, o que será sempre um círculo na minha imaginação e na de outras pessoas e não apenas aí, mas também na sua hipótese.

Tudo que o senhor diz volta sobre a verdade ou falsidade desta proposição: "quem puna alguém em questões religiosas para fazê-lo refletir, toma para si o julgamento de outro sobre o que é certo em termos de religião". Isso que o senhor pensa envolve claramente uma contradição e seria, se esses termos gerais tivessem, como o senhor os usa seu sentido comum e habitual. Mas, senhor, se lhe agradar unir a isso que, quem quer que puna algum homem do seu modo em termos religiosos para fazê-lo refletir, como o senhor usa a palavra refletir, toma para si ser juiz de outro sobre o que é certo em termos religiosos e o senhor descobrirá que isso não é contradição, mas a pura verdade. Pois seu modo de punir é peculiar, assim: o magistrado, onde a religião nacional é a verdadeira, puniria os dissidentes dela, para fazê-los considerar como deveriam, isto é, até que cessassem de rejeitá-la ou, em outras palavras, até que se conformassem a ela. Se, portanto, ele só punir até que se conformem àquela que ele julga ser a verdadeira religião, ele não estará tomando para si julgar para eles qual a verdadeira religião?

De fato é verdade o que o senhor diz, não há outra razão para punir outro para fazê-lo considerar, mas ele deveria julgar por si mesmo e isto sempre é assim considerado verdade entre os que, quando falam sobre refletir, querem dizer refletir e nada mais. Mas disso se seguirá que: 1. Infligindo penalidades para fazê-los considerar, o magistrado de um país onde a religião é falsa, não aplica mal seu poder, mais do que aqueles cuja religião é verdadeira, pois um deles tem tanto direito quanto o outro de punir os negligentes para fazê-los refletir, considerar, estudar e examinar assuntos religiosos. 2. Se o magistrado pune os homens em assuntos religiosos, verdadeiramente para fazê-los refletir, ele punirá todos que não refletirem, sejam conformistas ou não-conformistas. 3. Se o magistrado pune em assuntos religiosos para fazê-los considerar é, como o senhor diz, "para fazê-los julgar por si mesmos, pois não há utilidade em refletir, mas para julgar". Mas então, quando um homem julgou por si mesmo, as penalidades por não considerar devem ser retiradas, pois quando o senhor diz "que um homem é punido para fazê-lo refletir, para julgar por si mesmo" é uma clara brincadeira. Assim, ou o senhor deve reformar seu esquema ou fazer com que essa proposta seja verdadeira, isto é: "quem quer que puna um homem por assuntos religiosos, para fazê-lo considerar, em seu sentido, toma para si o julgamento de outro sobre o que é certo em termos de religião" e com isso, a conclusão, isto é, "portanto, quem punir alguém por assuntos religiosos, para fazê-lo refletir, toma para si fazer o que nenhum homem pode fazer e, conseqüentemente aplica mal seu poder de punir, se ele tiver esse poder, cuja conclusão, o senhor diz, o senhor poderia prontamente admitir como suficientemente demonstrada, se a proposta antes mencionada fosse verdade".

Mas depois, se pudesse entrar na cabeça de qualquer legislador além de o senhor para punir os homens por omissão, ou fazê-los realizar algum ato interno às suas mentes, tais como refletir, quem estabelecesse, em termos religiosos, uma injunção sobre os homens para fazê-los refletir, não o poderia sem julgá-los em termos religiosos, a menos que não tivessem nenhuma religião e então não estariam dentro da tolerância do autor, que seria apenas uma tolerância com homens de religiões diferentes ou de diferentes opiniões sobre religião. Pois, supondo o senhor que o magistrado tenha poder total e, como o senhor imaginou, o direito de punir alguém sobre questões religiosas, como o senhor possivelmente poderia punir alguém para fazê-lo refletir, sem julgar por ele o que é certo em termos religiosos? Imaginarei eu mesmo sendo levado perante sua adoração, sob o caráter que lhe agrada e então eu desejarei saber qual ou quais perguntas o senhor me fará, por cujas respostas o senhor me julgará como próprio a ser punido para fazer-me refletir, sem considerar julgar-me sobre o que é certo em termos religiosos? Pois concluo pelo modelo do meu casaco ou pela cor dos meus olhos. O senhor não julgaria que eu devesse ser punido em questões religiosas para me fazer considerar. Se assim fosse, eu o consideraria não apenas capaz, mas muito mais capaz de poder coercitivo que os outros homens.

Mas, já que o senhor não pode me julgar como precisando de punição por questões religiosas, para fazer-me refletir, sem conhecer meus pensamentos sobre religião, suporemos que o senhor, sendo da igreja da Inglaterra, me questionará sobre catecismo e liturgia dessa igreja sobre questões que, possivelmente eu não poderia falar nem responder corretamente. É como se o senhor pudesse me julgar para ser punido para fazer-me refletir. Aqui é evidente que o senhor julgou, no meu lugar, que a religião da igreja da Inglaterra é a certa, pois, sem esse seu julgamento o senhor não me puniria. Suponhamos que o senhor vá além e me examine sobre o Evangelho e a verdade dos princípios da religião cristã e o senhor me verá respondendo não do seu modo. Aqui, sem dúvida, o senhor me punirá para me fazer refletir, mas não será por que o senhor julga no meu lugar que a religião cristã é a correta? Continuando dessa forma e, até que o senhor descubra que eu não tenho nenhuma religião, o senhor não poderia me punir para fazer-me refletir, sem tomar para si julgar por mim, qual a verdade em questões religiosas.

Punir sem falta é injustiça e punir um homem sem julgá-lo culpado dessa falta também é injustiça. E punir um homem que tenha alguma religião para fazê-lo refletir ou, o que é o mesmo, por não ter refletido o suficiente é, nem mais nem menos, puni-lo por não ter a religião que o senhor entende como melhor para ele. Essa é a falta de que o senhor o culpa. Chame-a de refletir, se lhe agrada, pois se ele cai nas mãos do magistrado a cuja religião ele é adepto, ele o julgará como tendo refletido suficientemente. Daí está claro que é a religião que está sendo julgada e não a reflexão ou querer a reflexão. E é vão pretender que ele seja punido para fazê-lo juiz de si mesmo, pois o adepto de uma religião já julgou por si próprio e se o senhor o pune depois disso, sob a pretensão de fazê-lo refletir que pode julgar por si mesmo, é claro que o senhor o pune para fazê-lo julgar de modo diferente da que ele teria julgado e julgar como o senhor teria julgado em seu lugar.

Seu próximo parágrafo reclama por eu não ter contradito suas seguintes palavras, que citei fora do seu item A, que o leitor poderá julgar e descrevo aqui novamente: "E todo o dano que lhe possa advir por isso é apenas sofrer algumas inconveniências toleráveis por seguirem a luz de sua própria razão e os ditames de suas próprias consciências, o que certamente não é incompreensível para a humanidade, como para fazê-la mais entender que não haveria um poder atribuído ao magistrado, mas o cuidado com cada alma humana seria deixado para ele mesmo (como o autor requer que seja feito), isto é, que cada homem deveria sofrer tranqüilamente, sem ser nem um pouco molestado, por não ter nenhum cuidado com sua alma, se assim lhe agrada, nem, ao fazê-lo, seguir seus próprios preconceitos sem fundamento, ou imprevisível humor ou algum sedutor astucioso que ele possa aceitar como seu guia". A isto eu acrescento minha resposta e sua réplica:

C.II, p. 136. "Por que o cuidado com cada alma humana não deveria ser deixada a si mesmo, ao invés de ao magistrado? O magistrado está mais interessado nisso? O magistrado tomaria mais cuidado com isso? O magistrado tem mais cuidado com sua própria, do que os homens das suas? O senhor diria que o magistrado estaria menos exposto, em termos religiosos a preconceitos, humores e astuciosos sedutores que os outros homens? Se o senhor não pode jurar sobre essas coisas, o que se ganha com a mudança?

C.III, p. 76. "Cujas palavras o senhor escreveu em geral, mas ao invés de contradizê-las ou oferecer-se para mostrar que o erro apontado é para torná-lo mais elegível, etc. o senhor só requer: 'por que o cuidado com cada alma humana não deveria ser deixado a si mesmo, ao invés do magistrado? O magistrado tem mais interesse nela? O magistrado cuidaria melhor dela?', etc. Como se não deixar o cuidado com a alma de cada homem a si mesmo fosse, como o senhor o expressa depois, tomar a si mesmo o cuidado com as almas humanas para si mesmos, ou como se atribuir poder ao magistrado para procurar, como puder, (isto é, quanto se possa procurar por convenientes castigos) que os homens tomem cuidado com suas almas como deveriam, fosse deixar o cuidado com suas almas 'mais ao magistrado que a si mesmos', o que ninguém além de o senhor mesmo imaginaria. Eu percebo tão livremente quanto

E por que o cuidado com a alma de cada homem não pode ser deixada para si mesmo? Especialmente, se um homem corre um sério perigo de esquecer a verdade, 'quem está sofrendo em silêncio e sem ser nem um pouco molestado, por não tomar cuidado com sua alma, se lhe agrada, ou seguir seus próprios preconceitos', etc. Pois se o desejo de molestar for o estado mais perigoso em que os homens possam esquecer o caminho certo, deve-se confessar que, de todos os homens, o magistrado é quem mais está em perigo de estar errado e assim, o mais inadequado, se o senhor atribui a cada homem o cuidado com suas próprias almas, para receber esse encargo. Pois ele nunca alcança esse seu grande e único antídoto contra o erro, que aqui o senhor chama de molestar. Ele nunca tem o benefício do seu soberano, o remédio, a punição, para fazê-lo refletir, que o senhor pensa ser tão necessário, que o senhor pensa ser o mais perigoso estado dos homens não tê-lo e, portanto, nos diz ser do verdadeiro interesse de cada homem o senhor que, como todo homem está mais interessado do que outro homem poderia estar, assim, ele seria mais obrigado a cuidar de sua alma e nenhum homem poderia de forma alguma se descuidar de sua alma que, quando tudo estiver feito, só será salvo pelo seu próprio cuidado com ela. Mas eu contradigo alguma coisa, quando digo que o cuidado com cada alma humana não deveria ser deixado só a si mesmo? Ou, que é do interesse da humanidade que o magistrado receba a atribuição e seja obrigado a cuidar, como possa, para que nenhum homem negligencie sua própria alma? Eu penso, confesso, que cada homem foi, de certa forma, encarregado do cuidado com a alma do seu vizinho. Mas no seu modo de pensar, quem o afirma, tira o cuidado com a alma de cada homem de si mesmo e o deixa aos cuidados do seu vizinho, ao invés de si mesmo. Mas, se isso for um claro absurdo, como todos o vêem, como também o será dizer que quem atribui tal poder, como citamos aqui, ao magistrado, elimina o cuidado com as almas humanas de si mesmo e o coloca ao magistrado, ao invés de em si mesmos".

"Que bobagem é dizer aqui 'se o senhor não pode jurar e dizer tudo isso, isto é, que o magistrado deve estar mais interessado nas outras almas humanas que eles mesmos, etc. O que se ganha com essa mudança?' Pois está claro aqui que não há essa mudança que o senhor insinua, mas o cuidado com as almas que atribuo ao magistrado está tão longe de descomprometer um homem com o cuidado com sua alma, ou diminuir sua obrigação com isso, que isso não serve a outro propósito no mundo, do que levar os homens a refletirem e fazerem o que o interesse por suas almas os obriga.

"É, portanto, manifesto, que o que aqui deve ser considerado não é, se o magis-

não ser deixado totalmente a si mesmo, em assuntos religiosos". trado seja 'mais interessado nas outras almas humanas ou cuida melhor delas do que os próprios homens, nem se ele cuida melhor de sua própria alma que os outros homens das suas, nem se ele está menos exposto em termos de religião, a preconceitos, humores e astuciosos sedutores, que outros homens, nem mesmo, se ele não estiver mais em perigo de estar errado que outros homens, quanto a não ter acesso ao meu grande e único antídoto (como o senhor o chama) contra o erro, que eu aqui chamo de molestar'. Mas o ponto para onde se volta esse assunto é apenas que, se a salvação das almas não seria mais bem fornecida, se o magistrado fosse obrigado a procurar, quanto possível para ele, que cada homem cuidasse como deveria de sua própria alma, do que se ele não fosse obrigado, mas o cuidado com cada alma humana fosse deixado a si mesmo? O que certamente, qualquer homem com senso comum pode facilmente determinar. Pois o senhor não negará, suponho, que Deus deu mais amplamente a salvação da sua própria alma, obrigando seu vizinho, assim como o senhor mesmo, a tomar conta dela, embora seja possível que seu vizinho possa não ter mais interesse que o senhor mesmo com sua alma, ou possa não ter mais cuidado com sua própria alma que o senhor da sua, ou possa não estar menos exposto, em questões religiosas a preconceitos, etc. que o senhor. Porque, se o senhor quer cuidar de sua própria alma, é mais possível o senhor ser levado a cuidar dela, se seu vizinho for obrigado a lhe admoestar e exortar, do que se ele não for, embora ele possa falhar se não fizer o que foi obrigado nesse caso. Assim, eu penso que não se pode negar que a salvação da alma dos homens é mais bem cuidada se, além da obrigação de cada homem com o cuidado com sua própria alma (e que seu vizinho também tenha essa obrigação), o magistrado também seja encarregado e obrigado a prover que nenhum homem negligencie sua alma, o que ocorreria se cada homem fosse deixado só neste assunto, porque, embora possamos admitir que o magistrado não deveria ou que não teria normalmente mais interesse nas outras almas humanas que eles próprios, etc. é, não obstante, inegavelmente verdade que quem negligencia sua alma pode ser mais facilmente levado a isso, se o magistrado for obrigado a fazer o que possa para levá-lo a isso. Isso é suficiente para mostrar que é do interesse de cada homem que o cuidado com sua alma não seja deixado somente ao indivíduo, mas que o magistrado seja tão firmemente encarregado disso, como eu defendo que o seja".

Sobre sua reclamação por eu não ter formalmente contradito as palavras acima citadas, como se nelas tivessem algum forte argumento, eu devo informar ao meu leitor, que elas estão reunidas àquelas em que o senhor recomenda o uso da força em assuntos religiosos, pelo ganho que terão os que serão punidos, embora seja mal usada pelos magistrados que os levem à religião errada. Assim, suas palavras: "todo o mau que lhes advém" é o mal que advém aos homens pelo mau uso do poder do magistrado que, sendo de uma religião falsa, usa a força para levar os homens para ela. E então sua proposição fica assim: "O sofrimento que o senhor chama inconveniências toleráveis por seguirem a luz de sua própria razão e os ditames de suas próprias consciências não é tão mal para a humanidade como torná-la mais elegível que não haja poder atribuído ao magistrado" para usar força para levar os homens à verdadeira religião, embora o magistrado use mal esse poder, isto é, use-o para levar os homens à sua própria religião, quando falsa.

Este é o resumo do que o senhor diz, se aí houver algum sentido coerente, pois não tem outro sentido mostrar a utilidade de tal poder atribuído ao magistrado, sobre a prática comum da má-conduta e o mau uso. Mas, eu tendo provado que, se tal poder for, pela lei da natureza, atribuído ao magistrado, cada magistrado é obrigado a usá-lo para promover sua religião, na medida que ele acredita nela como verdade, não me traga problema se, como homem de cultura o senhor usar seu talento para dar-lhe outro sentido. Pois é seu talento natural ou forte tendência, gostar de falar indefinidamente e, embora raro, deixe-o atento a qualquer proposta com sentido claro e determinado. Mas, sob palavras de significado duvidoso embora aparentemente plausível, esconde um significado que claramente expressa, à primeira vista pareçam contradizer com suas próprias posições ou senso comum, exemplos onde, mais de um temos aqui em suas frases. Pois: 1) As palavras "inconveniências toleráveis" portam uma demonstração de superficial abordagem e ainda, quando as examinamos, podem abranger alguns daqueles castigos usados mais tarde na França, pois essas inconveniências toleráveis são as mesmas que o senhor, nessa mesma página e em outra passagem chama de penalidades convenientes. Conveniente para quê? Nessa mesma passagem elas devem ser tais que possam afastar os homens de "seguir seus próprios preconceitos sem fundamento, humores incontáveis e astuciosos sedutores". E o senhor nos diz, o magistrado pode querer que os homens "sob convenientes penalidades esqueçam suas religiões falsas e adotem a verdadeira". Quem agora pode ser juiz, nesses casos, sobre o que são penalidades convenientes? O senso comum nos dirá: o magistrado que as usa. Mas além disso, temos sua palavra sobre isso: A prudência do magistrado e sua experiência permitem julgar melhor quais penalidades estão de acordo com sua regra de moderação que, como já mostrei, não tem nenhuma regra. Assim, no mínimo, suas inconveniências toleráveis são as que o magistrado julgar convenientes para se oporem aos preconceitos humanos, impulsos e sedutores, da forma que julgarmos convenientes para afastar os homens de suas falsas religiões ou punir os que rejeitem a verdadeira, que, se não atingirem as propriedades e liberdades dos homens ou façam qualquer das coisas que o rei da França usou, é mais do que o senhor pode garantir. 2) Outro conjunto de boas palavras que temos aqui que, ouvidas pela primeira vez podem induzir ao interesse dos homens, se pouco se puder fazer para afastar os homens de estado tão pernicioso como parecem descrever. E essas são: "homens que seguem seus próprios preconceitos sem fundamento, indescritíveis impulsos ou astuciosos sedutores". Essas expressões não mostram uma condição deplorável e comovem a todos que as ouvem? O bastante para tornar um leitor desatento pronto para gritar Socorro, em nome do Senhor! E fazer algo melhor do que sofrer a perdição eterna dessas pobres, preconceituosas e seduzidas pessoas! Onde aquele que examina que pessoas essas palavras podem descrever em seu esquema, descobrirá que elas só são dissidentes nos artigos de fé e cerimônias externas de adoração, que o magistrado, ou no mínimo o senhor como seu diretor, os aprova, pelas quais o senhor fala da verdadeira religião em geral e tão geral, que o senhor não pode se permitir descer tão de perto a detalhes, para recomendar a procura e o estudo das Escrituras para encontrá-lo. E que o poder nas mãos do magistrado para usar a força é para levar os homens à verdadeira religião. Pergunto: o senhor não pensa que ele ou o senhor devam julgar qual é a verdadeira religião antes dele exercer tal poder? E então ele deve usar sua força sobre todos os dissidentes, preconceituosos, impulsivos e seduzidos, de quem o senhor fala. A menos que assim seja e o magistrado seja juiz, pergunto: quem resolverá quem seja a pessoa preconceituosa, o príncipe com suas políticas ou os que sofrem por sua religião? Quem é o sedutor mais perigoso, Luis XIV com seus dragões, ou Mr. Claud com seus sermões? Não será uma dificuldade pequena descobrir as pessoas culpadas dos seguintes preconceitos sem fundamento, indescritíveis impulsos ou astutos sedutores, a menos que em tais lugares onde o senhor seja graciosamente agradado para decidir a questão e, fora da plenitude do seu poder e infalibilidade para declarar quais dos soberanos civis agora reinando esposam e quais não esposam a única religião verdadeira e então certamente saberemos que aqueles que divergem da religião de tais magistrados, são as pessoas preconceituosas, indescritivelmente impulsivas e seduzidas.

Mas de verdade, como o senhor coloca, o senhor deixa o assunto muito perplexo, quando defende a elegibilidade de atribuir poder às mãos do magistrado, para curar por castigos os homens que seguem seus próprios preconceitos sem fundamento, incontáveis impulsos e astutos sedutores quando, na mesma frase, o senhor supõe que o magistrado, que recebe a atribuição do seu poder, pode infligir tais penalidades aos homens "por seguirem a luz de sua própria razão e os ditames de suas próprias consciências" que, quando o senhor refletiu, talvez o senhor não pense na minha resposta tão completamente fora do assunto, embora tenha lhe mostrado somente o absurdo, sem uma contradição formal a uma proposição tão superficial e indeterminada que requeira mais sofrimento para esclarecer o sentido do que está coberto sob expressões enganosas, que o valor do peso do assunto nelas contido.

Pois fora o que já foi dito, como é visível a qualquer um, que tivesse uma boa mente no mundo de contradição, para negá-lo como mais provável que tal poder fosse atribuído ao magistrado, até que ele saiba para quem o senhor afirma como mais provável? É mais provável para aqueles que sofrem por ele, por seguir a luz de sua própria razão e os ditames de suas próprias consciências? Pois esses, o senhor conhece, são por ele ganhadores, pois sabem melhor que antes onde a verdade realmente está. É mais elegível para aqueles que não tenham outros pensamentos religiosos, além de ser a religião do seu país, sem mais considerações? Ou é mais elegível àqueles que pensam em seu dever de examinar assuntos religiosos e seguir aqueles que após exame lhes parecem a verdade. Os primeiros dois desses, acho, forma a maioria da humanidade, embora o último é o melhor conhecedor. Mas é difícil imaginar sobre quais fundamentos, qual seria mais provável que o magistrado tivesse um poder a ele atribuído, para usar a força para levar homens à verdadeira religião, quando só pode ser usada para levar os homens ao que ele pensa ser verdade, isto é, à sua própria religião. Ou seria mais elegível aos padres e ministros das religiões nacionais em toda parte, que o magistrado tivesse a atribuição desse poder? Que tendo por certa sua ortodoxia, terá o direito de reivindicar a assistência do poder do magistrado para levar aqueles cujos argumentos não podem prevalecer para adotarem sua verdadeira religião e a adoração a Deus de maneiras decentes prescritas por aqueles a quem Deus deixou ordenado tais assuntos. Ou, por último, seria elegível para toda a humanidade? E os magistrados do mundo são tão cuidadosos a ponto ou têm tanta sorte na escolha de sua religião que seria uma vantagem para a humanidade se tivessem o direito de fazer o que pudessem, isto é, usar toda a força que tivessem, se achassem conveniente para levar os homens à religião que achassem verdadeira? Quando o senhor nos disser para quais desses ou que outros, ela é mais elegível, suponho que o leitor poderá ver, sem eu contradizê-lo, como é pequena a verdade nela contida, ou como é pequena para o seu propósito.

Se o senhor me perdoar por não ter contradito sua passagem que considerávamos, me esforçarei por fazê-lo melhorar o que diz, em réplica à minha resposta e dizer-lhe que, não obstante tudo que o senhor diz em contrário, tal poder que o senhor atribui ao magistrado, elimina o cuidado das almas humanas por si mesmos e o coloca nas mãos do magistrado, mais que em si mesmos, pois se, quando os homens refletiram e sob exame, o magistrado tem o direito de tratá-los como mal conduzidos por preconceitos, impulso ou sedutores, se ele usar tal força e infligir tais punições, ele pensará conveniente até que se conformem à religião que o magistrado julgue verdadeira. Acho que o senhor não negará que o cuidado com suas almas está, por esse poder, mais nas mãos do magistrado que nas deles e tomado como pode ser pela força e autoridade. Este, o que quer que o senhor pretenda, é o poder que seu sistema atribui ao magistrado. Ele não pode, por seus princípios exercê-lo de outra forma, como eu imagino ter mostrado.

Aqui o senhor fala como se esse poder, que o senhor tivesse que atribuir ao magistrado, não eliminasse, mas ajudasse o cuidado que cada um tivesse ou devesse ter com sua própria alma. Garanto que se fosse dado poder ao magistrado da mesma forma que todo homem cuidasse da alma do seu vizinho, o que seria expresso somente por conselhos, argumentos e persuasão, ele ainda teria a liberdade de julgar por si mesmo e assim, o cuidado com sua alma ainda permaneceria em suas mãos. Mas se os homens fossem persuadidos de que o sábio e bom Deus tivesse dado poder ao magistrado para julgar por eles qual a verdadeira religião, para puni-los por rejeitar a religião que o magistrado pensa ser verdadeira, quando oferecida com tal evidência que julgue suficiente para convencê-los e puni-los até que reflitam de forma a adotá-la, o que permanece além de se renderem ao cuidado e a direção de um guia que Deus em sua bondade lhes indicou, que tem autoridade e representação de Deus para julgar por eles qual a verdadeira religião e os argumentos próprios e suficientes para convencer qualquer um sobre ela, por que eles seriam tão tolos de sofrer castigos por se oporem a um poder que está no direito e a quem deveriam se submeter? A que propósito eles, sob o peso dos castigos desperdiçariam tempo e dores para examinar, já que o que quer que julguem sob exame, o magistrado julgando argumentos e razões que ofereça pela verdade de sua religião próprios e suficientes para convencê-los, eles ainda estão sob a punição que o magistrado pensa ser conveniente para eles se conformarem?

Ainda mais, quando são assim punidos pelo seu magistrado por não se conformarem, o que eles precisam examinar, já que o senhor lhes diz: "Não é estritamente necessário para a salvação que todos os fundamentos da verdadeira religião sejam compreendidos". O magistrado, pertencendo à única verdadeira religião, sabe disso e sabe que a religião foi revelada a ele com suficiente evidência e, portanto, é obrigado a puni-los por rejeitá-la. Isto é o que os homens sob seu esquema devem supor, pois é que o que o senhor mesmo deve supor, antes que o magistrado possa exercitar o poder a ele atribuído, que o senhor defende, como é evidente a qualquer um que reúna seu sistema e particularmente pese o que o senhor diz.

Quando, portanto, os homens são colocados nesse estado, que o magistrado possa julgar qual a verdadeira religião, o magistrado possa julgar a evidência suficiente dessa verdade, o magistrado possa julgar a quem é revelada com suficiente evidência e punir os que rejeitam suas propostas com castigos que julgar conveniente e tudo com a aprovação de Deus e a autoridade recebida do sábio e benigno Governador de todas as coisas, eu pergunto se o cuidado com as almas humanas não foi tomado de Suas próprias mãos e colocado nas do magistrado? Se em tal estado eles podem ou pensarão haver alguma necessidade, ou serve a algum propósito para eles examinar? E se essa for uma cura para a versão natural dos homens por considerar e pesar questões religiosas e o modo de forçar ou pelo menos de encorajá-los a examinar?

Mas, diz o senhor, "a salvação de toda a alma humana é mais bem dada se, além da obrigação que cada homem tem com o cuidado com sua alma, o magistrado também tenha a atribuição e a obrigação de verificar que nenhum homem seja deixado por sua conta nesse assunto". Qualquer outro fundamento que alguém tenha para dizê-lo, o senhor não tem nenhum. O senhor que dá boas razões por que conformistas, embora tão ignorantes e negligentes para examinar assuntos religiosos, não podem ser punidos para fazê-los refletir, devem saber que "a salvação de *todos* os homens não é mais bem dada pelo poder atribuído ao magistrado", que não pode alcançar a maior parte dos homens, que são em toda parte conformistas com a religião nacional. O senhor que defende tão bem que o magistrado não deve examinar se aqueles que se conformam o fazem por razão e convicção, mas diz ser normalmente presumível que o façam, onde, eu lhe pergunto, onde o senhor coloca a salvação dos homens sob encargo do magistrado, mesmo levando-os a uma conformidade externa com a religião nacional e então os deixando. E as almas da humanidade estariam mais bem providas se os magistrados do mundo tivessem o poder de usar a força para levar os homens a uma adoção externa do que entendem como religião verdadeira, sem outro cuidado com sua salvação? Pois até aí vai, e não mais, seu uso da força no seu modo de aplicá-la.

Permita-me, portanto, de discutir com o senhor novamente e desejar que o senhor ponha a mão no coração e me diga o que a humanidade ganhará com essa mudança? Pois eu desejo por ora que não seja um paradoxo para o senhor que o magistrado seja autorizado por Deus para cuidar das almas humanas da sua forma, ele elimina o cuidado com as almas humanas por si mesmo em todos os que tenham necessidade de ajuda do magistrado, isto é, todos que negligenciam a reflexão e têm aversão ao exame.

Permita-me observar-lhe mais uma coisa: cuidar das almas humanas ou cuidar que os homens não negligenciem suas almas e castigar-lhes para levá-los à adoção externa da religião nacional são duas coisas diferentes, embora cá e lá o senhor os confunda e lhes impute penas legais exigindo conformidade com a igreja, sob o nome de cuidado com as almas humanas, pois é o máximo que seu modo de aplicar força pode atingir e, que cuidado é obtido das almas humanas podem ser vistos pelas vidas e conhecimento observáveis em não poucos conformistas. Isto não é dito para culpar a conformidade, mas para mostrar como o senhor fala de forma inadequada quando o senhor convoca leis penais feitas para promover conformidade e a força usada para levar a ela os homens, ao cuidado com as almas humanas, quando mesmo os observadores mais exatos e os mais zelosos defensores do avanço da conformidade podem ser tão sem religião, ignorantes e viciados quanto outros homens.

No primeiro tratado não ouvimos uma sílaba de qualquer outro uso ou finalidade da força em assuntos religiosos, mas apenas para fazer os homens refletirem. Mas em seu segundo, sendo forçado a enfrentar frente a frente à punição dos homens por sua religião, o senhor chama a isso "o vício de rejeitar a verdadeira fé e recusar a adorar a Deus de maneira decente prescrito por aqueles a quem Deus deixou Sua ordenança" e nos diz que "é uma falta a ser punida com justiça pelo magistrado, não ser da religião nacional, onde a verdade é a religião nacional". Para fazer sua doutrina de perseguição parecer limitada e voltar ao melhor, pelo seu discurso deve ser apenas onde a religião nacional é a verdadeira e que as penas devam ser moderadas e convenientes, – ambas as limitações não tendo outro juiz além do magistrado, como já mostrei, não tem nenhuma limitação – mas em palavras o senhor adicionou uma terceira que, com efeito significa tanto quanto as outras duas e que é: "se houver meios suficientes de instrução para todos, para instruí-los sobre a verdade", cuja provisão, também o magistrado devendo ser julgado, suas limitações o deixam livre para punir todos os dissidentes de sua própria religião como qualquer perseguidor pode desejar: pois será difícil o senhor dizer o que ele pensa ser meios suficientes de instrução.

Enquanto isso, o que puder ser reunido do que o senhor diz em outra passagem, examinaremos o que o senhor entende como provisão suficiente para instruir os homens, que o senhor assim expressou: "pois se o magistrado provê instrução suficiente para todos os seus súditos na verdadeira religião e então requer que todos, sob penalidades convenientes, ouçam os professores e ministros e professem e exerçam-na de acordo com sua direção nas assembléias públicas", - o que espanta a gente à primeira vista sobre esse seu método de instrução é sua incerteza se os dissidentes devem primeiro ser instruídos e então professem, ou ainda, primeiro professem e então sejam instruídos na religião nacional. O senhor faria bem em ser mais claro da próxima vez, pois se o senhor só menciona instrução em assembléias públicas e talvez significando isso em um país onde haja outros poucos sofrimentos aos dissidentes além da sua vergonha e condenação nas assembléias onde eles não estejam presentes. Eles devem deixar de ser dissidentes se puderem compartilhar esses meios suficientes de instrução.

E agora, para os que concordam em se colocar sob a direção dos ministros da religião nacional e ouvir os mestres da verdadeira religião, pergunto se metade dos que participam das assembléias conseguem ou fingem, já que são ignorantes, entender o que ouvem do púlpito? E então, e se um homem entende o que, em muitas assembléias normalmente é exposto uma vez por semana como instrução, ele não poderia ainda, ao final de três anos, deixar de ser ignorante dos fundamentos e princípios da religião cristã? Tendo o senhor mencionado tantas vezes em sua carta sobre provisão suficiente de instrução, me forçaram a essas duas pequenas perguntas. Mas eu evitei dizer-lhe o que ouvi de pessoas muito sóbrias, mesmo da igreja da Inglaterra, sobre essa ocasião, pois o senhor já me avisou que isso será interpretado como uma disputa contra o clero em geral, se algo de valor for observado para corrigi-los. Eu deixo isso para aqueles cuja adoção deve ser julgada, se a divindade é uma ciência na qual os homens devem ser instruídos em uma arenga ou duas uma vez por semana, em qualquer assunto ao acaso, que não tenha coerência com o que o precedeu ou com o que o seguirá e isso, com pessoas ignorantes dos seus princípios primários e incapazes de compreender tais discursos. Estou certo de que quem pense que elas são meios suficientes para instruir pessoas em qualquer outra ciência, ao final de sete ou vinte anos os descobrirá muito pouco desenvolvidos nela e, conhecendo talvez, alguns termos e frases pertinentes, embora seja um conhecimento tão verdadeiro e útil sobre ela quanto no início do seu aprendizado. Se for assim em termos religiosos, os que têm oportunidade de observar devem julgar e, se parece que entre os da igreja nacional haja tantos ignorantes, que não há nada mais freqüente que para os próprios ministros concordarem com isso. Isso se manifesta entre os da igreja nacional, o que quer que se conclua dos dissidentes, que os meios de instrução dados pela lei não são suficientes, embora haja meios de instrução suficientes, cujos homens de suficiente capacidade para outras coisas podem viver durante anos e ainda saberem pouco sobre isso. Se o senhor diz que é por vontade de reflexão, seu remédio de força não deveria ser usado para levá-los a isso? Ou como o magistrado responde a isso se ele usar a força para fazer os dissidentes refletirem e se deixar os de sua própria igreja perecem por querê-lo?

Sendo isso tudo que alguém pode entender como seus meios suficientes de instrução, como o senhor aí o explica, eu só vejo os homens que não tenham aversão a serem instruídos, possam ainda falhar, apesar de tal provisão. Talvez, "exercitando a verdadeira religião com um acordo, sob a direção dos seus ministros em assembléias públicas", o senhor queira dizer algo mais, mas não sendo uma frase comum, precisará de sua explicação para se fazer entendida.

CAPÍTULO II

Da Autoridade do Magistrado para usar Força em Questões Religiosas

Embora, no próximo capítulo, examinando sua doutrina sobre os magistrados que podem ou não usar a força em questões religiosas, temos em várias passagens observado que você autoriza magistrados a agirem, e neste capítulo vamos considerar mais detalhadamente essa representação. Você nos diz: "usar força em questões religiosas é um dever do magistrado tão antigo quanto as leis da natureza, onde fica a autoridade do magistrado: pois as Escrituras não propriamente lhe dão, mas a supõe". E, mais amplamente, você nos mostra a representação do magistrado com essas palavras: "É verdade, de fato, que o Autor e Consumador de nossa fé não deu ao magistrado nenhum novo poder ou representação, nem haveria necessidade dele receber um poder coercitivo (se Ele tivesse poder temporal a dar), pois ele já se vê para o bem, mesmo pela lei da natureza, como ministro de Deus para as pessoas e não portando a espada em vão, isto é, investido de poder coercitivo e obrigado a usá-lo para todos os bons propósitos a que pudesse servir e para os quais fosse necessário, mesmo para restringir religiões falsas e corruptas. Como Jó sabia, tanto tempo antes (talvez antes que as Escrituras fossem escritas), quando diz (Jó XXXI, 26-28) que a adoração ao sol e à luz são uma iniqüidade a ser punida pelo juiz. Mas, embora nosso Salvador não tenha dado aos magistrados qualquer novo poder, como Rei dos reis, Ele espera e requer que eles se submetessem a Seu cetro e usassem o poder que sempre lhes pertenceu a Seu serviço e pelo avanço do reino espiritual no mundo. E mesmo a caridade que nosso Mestre tão enfaticamente recomenda e tão estritamente requer de todos os seus discípulos, obriga a todos os homens procurar e promover o bem dos outros, como o seu próprio, especialmente o bem espiritual e eterno, pelos meios próprios de seus vários lugares e relações que os permite usar. Assim Ele obriga especialmente o magistrado a fazê-lo como magistrado, isto é, pelo poder que o permite fazê-lo acima da média dos outros homens.

"Assim é, portanto, o magistrado cristão, quando dá sua ajuda à disseminação do Evangelho, estabelecendo castigos convenientes sobre os que o rejeitam, ou parte dele, por usar outros meios para a salvação das almas humanas que não o que o Autor e Consumador da nossa fé orientou, que ele não faz mais que o dever que Deus, o Redentor e seus súditos dele requerem.

"Cristo" você diz, "não deu nenhum novo poder ao magistrado", e você assim o justifica:

1) "Não havia nenhuma necessidade disso". Ainda parece estranho que só os magistrados cristãos teriam o exercício do poder coercitivo em questões religiosas e ainda nosso Salvador nada tivesse dito sobre isso, mas deixá-las à representação comum a outros magistrados. A religião cristã, em casos de momentos negativos, não o requer em suas regras e não sei se você não atribuirá ao Novo Testamento um grande defeito, se só a lei que ensina a única verdadeira religião, a lei que todos os magistrados que pertencem à verdadeira religião, a recebem e adotam, nada diriam sobre um dever tão necessário e importante só àqueles que têm capacidade para realizá-lo, mas deixá-los entregues apenas à lei da natureza que outros, não qualificados a usar essa força, têm em comum com eles.

Isto no mínimo parece necessário, se uma nova representação não o for, que os magistrados cristãos fossem instruídos sobre que grau de força deveriam usar e estando limitados às suas moderadas penalidades, desde esses mil e duzentos anos, embora prontamente tivessem descoberto sua representação para usarem a força, eles nunca descobriram seu uso moderado, que é o que você garante como útil e necessário.

2) Você diz: "se Nosso Salvador tivesse um poder temporal a dar", onde você parece dar isto como razão por que ele não deu ao **magistrado civil** poder para usar a força em questões religiosas, que ele não o deu. **Você nos diz**, no mesmo parágrafo, que "ele é o Rei dos reis" e Ele mesmo nos diz "todo o poder foi dado por Ele no céu e na terra" (Mateus XXVIII, 18). Assim, Ele poderia ter dado o poder, a quem e para o propósito que Lhe agradasse e sobre isso não há dúvida.

3) "Pois Ele já o encontrou, pela lei da natureza, investido com poder coercitivo e obrigado a usá-lo para todos os bons propósitos a que possa servir e entenda necessário". Ele também encontrou pais, maridos, mestres, investidos com seus diferentes poderes pela mesma lei e com a mesma obrigação e ainda entendeu necessário prescrever-lhes o uso de tais poderes. Mas não havia necessidade de fazer o mesmo aos magistrados civis no uso de seus poderes em questões religiosas porque, embora pais, maridos, mestres estejam sujeitos a se excederem no uso dos seus, os magistrados cristãos não se excedem, como parece pois sempre mantém somente medidas moderadas que você nos garante como necessárias e úteis.

E qual, afinal, é sua representação? "Mesmo a da caridade, que obriga todos os homens a procurar e promover o bem dos outros, especialmente seu bem espiritual e eterno, usando seus vários lugares e relações que os permita usá-los, especialmente magistrados como magistrados". Esse dever de caridade é bem cumprido pelo magistrado como magistrado, não é?, para levar os homens a uma adoção externa de alguma, mesmo da verdadeira religião e deixá-los lá? Mas, senhor, pergunto-lhe quem deve ser juiz sobre o que é para o bem espiritual e eterno dos seus súditos, o próprio magistrado ou não? Se não ele, quem por ele? Ou pode ser cumprido sem nenhum julgamento? Se ele, o magistrado deve julgar por si em todo lugar qual é o bem espiritual e eterno dos seus súditos – como não vejo nenhuma ajuda para isso, se o magistrado está, em todo lugar pela lei da natureza, obrigado a promover seu bem espiritual e eterno – não é a verdadeira religião que parece terá grande vantagem no mundo pelo uso da força nas mãos do magistrado? E isso não é uma clara demonstração de que Deus, pela lei da natureza, deu representação ao magistrado para usar força para promover a verdadeira religião, já que, como é evidente, a execução de tal representação fará muito mais mal que bem?

Para mostrar que sua utilidade indireta e à distância, com a necessidade geral de força, autoriza o poder civil ao seu uso, você usa as seguintes palavras: "a força cumpre algum serviço para transformar estudantes e artistas, suponho que você facilmente garante. Permita-me, portanto, perguntar, como ela faz isso? Suponho que você dirá, não por sua eficácia própria e direta (pois a força não é mais capaz de trabalhar ensinando artes, do que a crença dos homens na verdadeira religião, por sua eficácia própria e direta), mas prevalecendo sobre os que são designados como estudantes e artistas para receberem instrução e se aplicarem ao uso dos meios e ajudas próprias para torná-los o que estão designados a ser, isto é, ela o faz indiretamente e à distância. Então, bem, se toda a utilidade da força para levar estudantes e aprendizes ao aprendizado ou habilidade a quem estão designados for uma utilidade indireta e à distância, eu indago o que garante e autoriza os mestres, tutores ou professores a usarem a força sobre seus estudantes e aprendizes para levá-los a aprender ou à habilidade de suas artes e comércio, se tal utilidade da força indireta e à distância, junta com sua necessidade, que a experiência constata, não o faria? Acredito que você perceberá que, mesmo tal utilidade junto com sua necessidade servirão por sua vez, nesses casos. Mas, então sou forçado a saber por que o mesmo tipo de utilidade, junto com a tal necessidade, não o farão igualmente neste caso diante de nós? Confesso não ver razão por que não o faria, nem posso crer que você o designaria. Você aqui pergunta o que autoriza os professores ou mestres a usar a força em seus alunos e aprendizes, se tal utilidade indireta e à distância junto com a necessidade, não o faz?" Respondo, nem sua utilidade indireta e à distância, nem a necessidade que você supõe. Pois não penso que você dirá que um professor tem o poder de ensinar, menos ainda de usar a força numa criança, sem o consentimento e autoridade do pai; mas um pai, você dirá, tem o poder do uso da força para corrigir seu filho, para levá-lo a aprender ou se habilitar no comércio a que está designado e para isso, o pai está autorizado pela utilidade e necessidade da força. Eu nego que a mera suposta utilidade e necessidade da força autorize o pai a usá-la, pois, então, quando ele julgar útil e necessário a seu filho, ele poderá usar nele a força para esse propósito, que eu penso nem você nem ninguém dirá que um pai tem o direito de fazê-lo em seu filho ocioso e talvez casado de trinta ou quarenta anos de idade.

Há, então, algo mais no caso e o que quer que autorize o pai a usar a força sobre seu filho para torná-lo proficiente em sua profissão, o autoriza também a escolher que comércio, arte ou ciência em que ele deve se tornar proficiente, pois o pai não pode mais usar a força sobre seu filho para fazê-lo atuar em uma arte ou comércio do que lhe prescrever a arte ou comércio em que ele deva atuar. Coloque seu paralelo, se lhe agrada: o pai, pela utilidade e necessidade da força é autorizado a usá-la no seu filho, para fazê-lo atuar em alguma arte ou ciência, portanto o magistrado é autorizado a usar a força para levar os homens à verdadeira religião, porque é útil e necessária. Assim, quanto mais o senhor a usar, mais o senhor acha que funciona. Mas continuemos com o paralelo, essa utilidade e necessidade de força autorizam seu pai a usá-la, para fazer seu filho se aplicar a usar os meios e ajudas próprias para fazer o que lhe foi designado, não mais do que autoriza o pai a determinar o que seu filho será e escolher para ele a arte ou profissão em que ele atuará. Assim, a utilidade e necessidade que o senhor supõe que a força terá para levar os homens a alguma igreja, não pode autorizar o magistrado a usar a força, da mesma forma que ele tem o direito de escolher a que igreja ou religião quer pertencer.

Assim, se o senhor mantiver esse argumento e permitir o paralelo entre um magistrado e um pai e o direito que têm de usar força para instruir seus súditos sobre religião e filhos em artes, o senhor também deve permitir ao magistrado ter o poder de escolher a que religião seus súditos deverão pertencer, o que o senhor negou, ou ainda, que ele não tem poder para usar força para fazê-los usar os meios para isso.

Tendo um pai sido investido com o cuidado e provisão para seu filho, tem também o dever, pelo amor e ternura naturais, suprir os defeitos de sua tenra idade. Quando nasce, o filho não pode se mover para aliviar e resolver suas necessidades naturais. As mãos dos pais devem suprir tal inabilidade e alimentá-lo e limpá-lo e trocá-lo. Com mais idade e força e o controle dos esfíncteres, os pais ficam desincumbidos do problema de dar comida na boca da criança, vestido, despi-lo ou carregá-lo em seus braços. O mesmo dever e afeto que suscita tais ajudas ao filho, os faz estender seus pensamentos a outros cuidados, quando ele cresce um pouco mais; não é somente um apoio presente, mas uma confortável subsistência futura começa a ser pensada. Para isso, alguma arte ou ciência é necessária, mas a ignorância e falta de prospecção do filho o tornam incapaz de escolher. Assim, o pai tem o poder de escolher por ele, para que a parte flexível e doce da vida não se dissipe e o tempo de instrução e aperfeiçoamento não se perca por falta de direção. A profissão ou arte escolhidas pelo pai equivale ao exercício e esforço que o filho deve adquirir por si mesmo, mas o esforço que normalmente falta no filho, o estímulo que a razão e antevisão dá ao esforço dos adultos, o castigo e a correção do pai de bom grado suprem essa carência, para fazê-lo aplicar-se a usar os meios e ajudas, próprios para torná-lo o profissional a que está destinado. Mas quando o filho se torna adulto, dono e livre usuário de seus bens e propriedades, ele está livre da disciplina dos pais e esses não têm mais qualquer direito de escolher a arte, ciência ou curso de vida para ele ou, pela força, fazê-lo se esforçar ao uso dos meios próprios para fazê-lo cumprir seu destino. Assim, a falta de conhecimento para escolher um chamado adequado e a falta de conhecimento da necessidade de dores e esforço para conseguir a habilidade para ele, instala poder nas mãos dos pais para usar a força onde necessária para buscar a aplicação e diligência de seus filhos no caminho que seus pais pensaram adequado para seus filhos. Mas isso dá esse poder só aos pais, a ninguém mais, enquanto viverem e, se morrerem enquanto seus filhos precisarem deles, a seus substitutos, se forem seguramente indicados, pois já que sua falta de conhecimento durante sua infância os faz carentes de direção – e a falta de razão os faz precisar de castigos e força para estimular seus esforços e mantê-los atentos ao uso dos meios que os levam ao fim a que foram dirigidos – o carinho e ternura dos pais os comprometerá a usar a força só para seu bem, que normalmente abandonarão também, quando o título de adulto estiver acima da direção e disciplina dos filhos. Mas como isso prova que o magistrado tem direito de forçar os homens a se aplicarem ao uso dos meios e ajudas próprios para levá-los a alguma religião, mais do que prova que o magistrado tem direito de escolher por eles a religião que adotarão?

Quanto à sua questão anterior, "o que garante e autoriza professores, tutores e mestres a usarem a força sobre seus alunos e aprendizes?" Respondo, a representação do pai e da mãe, ou aqueles que ocupam seus lugares, pois sem isso, nenhuma utilidade indireta e à distância ou suposta necessidade poderia autorizá-los.

Mas então o senhor perguntará: "não é essa utilidade e necessidade que dá esse poder ao pai e mãe?" Eu garanto. "De bom grado o saberia, então", o senhor diz, "por que a mesma utilidade, junto com a equivalente necessidade não funcionará também no caso perante nós?" E eu, senhor, prontamente lhe direi: porque o entendimento dos pais é suprir sua falta durante a infância dos filhos e, portanto, eles têm o direito não apenas de usar a força para fazer seus filhos se aplicarem nos meios de adquirirem uma arte ou profissão, mas também escolher a profissão ou chamado a que atenderão. Mas quando chegarem à maioridade, supõe-se anos de aprendizado para escolher o que determinarão ser e também terão a liberdade de julgar que dedicação e esforço usarão para consegui-lo. Então, se forem negligentes no uso dos meios e avessos à instrução e aplicação, eles terão a correção do professor e seus pais não mais poderão escolher ou determinar para eles o que serão, nem "usar a força para prevalecer sobre eles para se dedicar a usar os meios adequados para fazerem o que lhes foi determinado". Quem imaginar um pai ou tutor enviando seu filho à escola aos trinta ou quarenta anos de idade e ordenar que lá sejam castigados e que sua utilidade indireta e à distância o autorizará a usá-la, deverá ser enviado, ele mesmo à escola e lá, receber correção.

Quando o senhor tiver refletido, este é o caso do magistrado usar força do seu modo por questões religiosas. Pois aí, seu entendimento não é suprir a falta de entendimento de seus súditos e durante algum tempo. É que ele não pode escolher para qualquer dos seus súditos que religião eles deverão ter, como o senhor mesmo confessa e que esse poder do magistrado, se houver, como o senhor defende, sobre homens de todas as idades, locais e dotes. O senhor verá talvez "alguma razão por que isso não funciona no caso perante nós, assim como no caso dos professores, tutores, embora o senhor creia que não posso garanti-lo". Mas, senhor, sua utilidade indireta e à distância, junto com sua suposta necessidade, autoriza o mestre da empresa de sapateiros de usar qualquer um que lhe chegue às mãos e puni-lo por não ser daquela empresa de sapatos e não vir para sua corporação quando ele, que tem o direito de escolher que profissão e empresa ele quer ser, pensa não estar interessado em ser sapateiro? Nem ele ou qualquer outro imagina que essa força, essa punição é usada para torná-los bons sapateiros, quando é visto e declarado que os castigos cessam e eles estão livres deles quando entrarem para a empresa, sejam eles realmente bons sapateiros ou se esforcem muito para serem ou não. Quando difere disso, que o magistrado puna os homens por não serem de sua igreja, quem escolhe não sê-lo e que quando tenham entrado para sua comunidade não mais sofrerão punições, embora sejam ignorantes, sem habilidade e sem prática nessa religião como eram antes. Quanto, digo, isso difere do caso que propus, deixo-o considerar. Pois após toda a sua pretensão de usar a força para a salvação das almas e, conseqüentemente tornar os homens verdadeiramente cristãos, de boa-vontade o senhor permite e justifica que a força seja usada só para os que estejam fora da sua igreja. Mas quem esteja nela estão livres da força, sejam eles realmente cristãos e se apliquem ou não às coisas que sejam para a salvação de suas almas.

Como o senhor diz, que se eles escolhem ou não, eles devem escolher, pois a questão entre o senhor e eu é se a religião do magistrado é a verdadeira, mas se for, se a força for usada no caso, eu provei que a religião do magistrado, verdadeira ou falsa, ele, enquanto crer que ela é verdadeira, tem a obrigação de usar a força, como se ela fosse verdadeira.

Mas já que o senhor pensa que o exemplo dos filhos é muito pesado e enfático, permita-me devolver-lhe sua pergunta: pergunto então: os pais não estão autorizados a ensinar a seus filhos sua religião como o estão para ensinar-lhes a profissão, quando forem designados a ela? Se eles não podem legalmente corrigi-los para fazê-los aprender seu catecismo ou os princípios de sua religião, como o fazem para aprenderem a gramática de Clenard? Ou podem não usar a força para fazê-los ir à missa, ou o que eles acreditem ser a adoração da verdadeira religião, como ir à escola, ou aprender qualquer arte ou profissão? Se o podem, como acho que o senhor não negará, a menos que o senhor diga que somente os pais ortodoxos possam ensinar seus filhos qualquer religião, se eles podem, eu digo, então, diga-me, por favor, a razão, se seus argumentos sobre a disciplina dos filhos forem bons, por que o magistrado não pode usar a força para levar os homens à sua religião, assim como os pais podem usar a força para instruir os filhos e levá-los à sua? Quando o senhor tiver pensado nisto, o senhor talvez encontre alguma diferença entre a condição dos filhos e dos homens adultos, entre aqueles sob tutela e os que estão livres e à sua própria disposição. E tenderá a pensar as razões para o uso da força que submetem as crianças em sua infância não podem submeter nem interessar os homens na idade adulta.

O senhor nos diz mais tarde "que as comunidades são instituídas para obter todos os benefícios que o governo político pode dispor e, portanto, se os interesses espirituais e eternos dos homens podem, de alguma forma, ser procurados e desenvolvidos pelo governo político, a procura e o desenvolvimento desses interesses devem, por qualquer razão, ser recebidos entre as finalidades da sociedade civil e, conseqüentemente cair na esfera da jurisdição do magistrado". Sobre a extensão da jurisdição do magistrado, se o senhor ou o autor levantaram a questão, deixarei aos leitores julgar e fazer do assunto um resumo. A questão é se o magistrado tem algum poder para interpor força em questões religiosas ou para a salvação das almas? O argumento contra isso é que as sociedades civis não são constituídas para essa finalidade e o magistrado não pode usar força para fins para os quais a comunidade não foi constituída.

Não se pode supor que a finalidade de uma comunidade constituída seja outra que não os que os homens que a constituíram e que a adotaram propuseram e, nada seria além da proteção contra ofensas de outros homens, que gostariam de evitar, quando nada além da força pudesse prevenir ou remediar. E todas essas coisas menos essa sendo igualmente atingível pelos homens que vivam na vizinhança sem os limites da comunidade, eles nada poderiam se propor, além disso, para deixar sua liberdade natural e se colocar sob o comando de um soberano civil que, portanto, tem a força de todos os membros da comunidade em suas mãos para fazer seus decretos para esse fim serem obedecidos. Agora, já que nenhum homem ou sociedade pode, por suas opiniões sobre religião ou modos de adoração fazer a um homem que dele divirja qualquer ofensa, que ele não possa evitar ou revidar se o desejasse sem ajuda da força, punir uma opinião religiosa ou por modos de adoração pela força dada ao magistrado, não pode ser realizada pelos que constituíram ou adotaram a comunidade e assim não haveria fim para isso, mas o contrário. Pois a força por uma mão mais forte para levar um homem a uma religião que outro pensa ser verdadeira, sendo uma ofensa que, no estado natural todos evitariam e cuja proteção é um dos fins da comunidade, assim todo homem tem o direito à tolerância.

Se o senhor disser que as comunidades não são sociedades voluntárias constituídas por homens e por homens que livremente a adotaram, eu desejarei que o senhor o prove.

Enquanto isso, permitindo-lhe para o bem, que as comunidades sejam constituídas por Deus para os fins que Ele indicou, sem o consentimento e a concordância dos homens, se o senhor diz que um desses fins é a propagação da verdadeira religião e a salvação das almas humanas, eu desejarei que o senhor me mostre uma dessas finalidades expressamente indicadas por Deus na revelação que, como o senhor não pode fazê-lo, usa como recurso a lei geral da natureza. E qual é? A lei da razão, onde quer que alguém seja indicado para fazer o bem. E a propagação da verdadeira religião para a salvação das almas humanas tendo feito o bem, o senhor diz, os soberanos civis são indicados e solicitados por essa lei a usar a força para tais fins. Mas já que por essa lei, todos os soberanos civis são indicados e obrigados da mesma forma a usar seu poder coercitivo para a propagação da verdadeira religião e a salvação das almas e não é possível para eles executar tal dever ou obedecer tal lei sem usar a força para levar os homens a essa religião que eles julgam verdadeira e, que pelo uso da força muito mais danos que bem pode ser feito para a propagação da verdadeira religião no mundo, como mostrei em outro lugar, não há, portanto, indicação cujo cumprimento faria mais mal que bem, mas ocultaria que promoveria a finalidade supostamente dada, mesmo sendo uma indicação de Deus pela lei da natureza. E suponho que isto possa satisfazê-lo sobre a finalidade das sociedades civis ou comunidades e responda ao que o senhor diz sobre os fins atingíveis por elas.

Mas o senhor não pode pensar que sua grande posição, tão freqüentemente defendida sem dúvida, pela qual o senhor imagina ter suficiente garantia por uma máxima escolar mal aplicada, tenha passado tão suavemente e não suficientemente respondida. Sobre isso ainda lhe darei satisfação.

O senhor diz: "as sociedades civis são instituídas para atender a todos os benefícios que a sociedade civil ou governo político pode obter". A razão que dá a isso é "porque até aqui tem sido percebido que nenhum poder é dado em vão" e, portanto, "se eu eximo algum desses benefícios, serei obrigado a admitir que o poder de obtê-los foi dado em vão". E se eu o admito, não seguirá nenhum mal nos negócios humanos, ou, se posso emprestar uma das suas elegantes expressões fora dessa página, "a sorte da Europa não muda com isso". Na instituição voluntária e uso do poder não há qualquer absurdo ou inconveniência que o poder, suficiente para vários fins, deva ser limitado pelos que dão o poder para um deles ou parte deles. O poder de um general comandante de um potente exército pode ser suficiente para tomar várias cidades, não uma só do inimigo, ou para suprimir uma sedição doméstica e ainda, o poder de atingir esses benefícios, que está em suas mãos não o autoriza a empregar a força do exército para isso, se ele for indicado somente para defender e tomar um determinado lugar. Assim é na comunidade. O poder mantido pelo soberano civil é a força de todos os súditos da comunidade que, supondo-a suficiente para outros fins além de preservar a paz dos membros da comunidade contra ofensas e violência, se os que lhe outorgaram o poder, limitaram sua aplicação a esse único fim, nenhuma opinião sobre qualquer outro benefício por ele alcançável o autoriza a usá-lo de outra forma.

Nosso Salvador nos disse expressamente que "todo o poder Lhe foi dado no céu e na terra" (Mateus XXVIII, 11). Por esse poder eu imagino que o senhor não dirá que o "interesse espiritual e eterno" dos homens que o senhor pensa precisarem da ajuda da força política e de todos os outros homens, não poderia de alguma forma ser procurado ou desenvolvido e, se o senhor o ouvir em outro lugar, o senhor encontrará esse poder que, sendo um poder total, certamente o teria forjado em todos os homens, limitados a certo número. Ele diz: "tu Lhe destes (a Seu Filho) poder sobre toda carne, para que Ele dê vida eterna a tantos quantos Lhe destes" (João XVII, 2). Se o senhor percebeu universalmente sua máxima de lógica como bastante verdadeira para autorizá-lo a dizer que qualquer parte desse poder foi-Lhe dado em vão e lhe permitir delinear suas conseqüências, o senhor deveria ver melhor.

Mas se sua máxima fosse tão verdadeira que provasse que já que poderia ser útil "indiretamente e à distância" para "procurar desenvolver o interesse espiritual" de alguns poucos indivíduos de uma comunidade, portanto, a força seria empregada para esse fim, embora dificilmente tornaria boa sua doutrina: "sem dúvida, as comunidades são instituídas para atender a todos os benefícios que o governo político pode alcançar. Portanto, se os interesses espirituais e eternos dos homens podem de alguma forma ser procurados e desenvolvidos pelo governo político, a procura e o desenvolvimento desses interesses deve por qualquer razão ser reconhecido entre os fins das sociedades civis e assim, conseqüentemente cair na esfera da jurisdição do magistrado". Para garantir como verdade que "as comunidades são instituídas para atender aos benefícios que o governo político pode alcançar", não segue que a procura e o desenvolvimento do interesse espiritual e eterno de alguns poucos membros da comunidade por uma aplicação do poder que, indiretamente e à distância ou por acaso, pode ser útil dessa forma, enquanto ao mesmo tempo, prejudica um número muito maior de seus interesses civis. Isso pode, com razão ser reconhecido entre os fins da sociedade civil.

"Essas comunidades são instituídas para esses fins, isto é, para procurar, preservar e desenvolver os interesses civis dos homens, o senhor diz, ninguém o negará." Sacrificar, portanto, esses interesses civis de um grande número de pessoas, que são os fins acordados das comunidades, a uma certa expectativa de algum serviço realizado indiretamente e à distância a um número menor, como a experiência sempre mostrou serem os realmente convertidos pela força à verdadeira religião, se de todo houver, não pode ser um dos fins da comunidade. Embora o avanço do interesse espiritual e eterno seja uma infinita vantagem para as pessoas que recebem esse benefício, se ele pode ser considerado um benefício para a comunidade quando procurado através da diminuição e destruição dos interesses civis de grande número de seus concidadãos, então, pode-se ver a devastação de um inimigo, a praga, a fome como benefício para a comunidade, pois cada um deles pode, indiretamente e à distância ser útil para o avanço ou procura do interesse espiritual e eterno de alguns dos que sofrem com isso.

Nos dois últimos parágrafos o senhor foge do meu pedido de exatidão e eu questiono contra o senhor estabelecer sua opinião. Se houvesse um modo de excluir a força do que o senhor diz, ou que o leitor pudesse ter sido mal conduzido por minhas palavras em alguma parte da questão que eu levantava contra, o senhor teria razão para reclamar. Se não, o senhor teria feito melhor se mantivesse o leitor com uma resposta mais clara ao meu argumento, do que gastar sua tinta e o tempo dele desnecessariamente para mostrar tal superficialidade.

Meu argumento é tão bom contra seu dogma em suas próprias palavras, como no meu, que o senhor se exime contra. Suas palavras são: "sem dúvida as comunidades são instituídas para atender a todos os benefícios que o governo político pode alcançar e, portanto, se o interesse espiritual e eterno dos homens pode ser procurado ou desenvolvido pelo governo político, a procura e o desenvolvimento desses interesses deve com toda razão ser reconhecido entre os fins das sociedades civis".

Ao que respondo que, se for assim, "então essa posição deve ser verdadeira, isto é, que todas as sociedades são instituídas para atender a todos os benefícios que possam de alguma forma alcançar, não havendo nada peculiar à sociedade civil no caso, por que essa sociedade devesse ser instituída, para atender a todos os benefícios que possa de certa forma alcançar e outras sociedades não. Por que argumento segue que todas as sociedades sejam instituídas para um único e mesmo fim, isto é, atender a todos os benefícios que possa de certa forma alcançar. Em relação a isso não haverá diferença entre Igreja e Estado, uma comunidade e o exército, entre uma família e a Companhia das Índias Ocidentais, todas elas até aqui têm sido consideradas tipos diferentes de sociedades, instituídas para fins diferentes. Se sua hipótese permanece boa, uma das finalidades da família deve ser pregar o Evangelho e administrar os sacramentos e um dos assuntos do exército seria ensinar idiomas e propagar a religião, porque esses são benefícios que, de uma forma ou outra, são alcançáveis por essas sociedades, a não ser que o senhor entenda a falta de representação e autoridade como suficiente impedimento e isso ocorrerá em outros casos". Ao que o senhor responde: "não segue a isso que todas as sociedades sejam instituídas para um único e mesmo fim (como o senhor imagina), a menos que o senhor suponha que todas as sociedades que recebem a mesma atribuição de poder para atender ao mesmo fim, que acredito, nenhum homem até aqui o afirmou. E, portanto, apesar dessa posição, pode haver ainda grande diferença, como lhe agrada, entre a Igreja e o Estado, uma comunidade e o exército ou entre uma família e a Companhia das Índias Ocidentais, que várias sociedades, como são instituídas para diferentes fins, da mesma forma recebem diferentes poderes proporcionais a suas respectivas finalidades". Pela razão que o senhor dá para destruir minha inferência, eu lhe agradeço, se o senhor entende sua força, sendo o mesmo que mostrei, que minha inferência pelo seu modo de questionar, é boa. Digo que, pelo seu modo de raciocinar sobre os fins do governo: "Segue que todas as sociedades foram instituídas para um único e mesmo fim, a não ser que o senhor entenda a falta de representação e autoridade como suficiente impedimento". E o senhor me diz aqui que não segue "a menos que eu suponha que todas as sociedades recebam a mesma atribuição de poder para atender ao mesmo fim" que, em outras palavras, a menos que eu suponha que todos os que têm a força em suas mãos tenham, todas a mesma representação.

 A força natural de todos os membros de uma sociedade, ou aqueles que, pela sociedade podem ser procurados para ajudar é em certo sentido chamado de poder dessa sociedade. Este poder ou força é geralmente colocado nas mãos de algumas pessoas com direção e autoridade para usá-los. Isto, em outro sentido é chamado também do poder da sociedade e esse é o poder de que o senhor fala, com essas palavras: "várias sociedades, como são instituídas para outros fins, da mesma forma recebem diferentes poderes proporcionais a seus respectivos fins". O poder, portanto, de uma sociedade, nesse sentido, é nada além da autoridade e direção aos que têm a administração da força ou poder natural da sociedade, como e para que fins ele será usado, por que representação os fins das sociedades são conhecidos e diferenciados. Assim, todas as sociedades em que os que receberem a atribuição da administração da força ou poder natural da sociedade tem a representação e autoridade para usar a força ou poder natural da sociedade para obter os mesmos benefícios são instituídos para o mesmo fim. E, portanto, se em todas as sociedades os que tenham a administração da força ou poder natural da sociedade são indicados ou autorizados a usar essa força para obter todos os benefícios alcançáveis por ele, todas as sociedades são instituídas para o mesmo fim e assim, o que eu disse ainda será verdade, isto é, "que uma família e um exército, uma comunidade e uma igreja, têm todos o mesmo fim. E se sua hipótese permanece boa, um dos fins de uma família pode ser pregar o Evangelho e ministrar os sacramentos e um assunto de um exército pode ser ensinar idiomas e propagar a religião, porque esses são benefícios, de um modo e de outro alcançável por essas sociedades. A menos que o senhor tome a falta de representação e autoridade como um impedimento suficiente e isso será assim em outros casos". Sobre o que o senhor não disse nada além de confirmar, o que o senhor verá um pouco melhor, quando considerar que qualquer benefício alcançável pela força ou poder natural de uma sociedade não prova que a sociedade foi instituída para aquele fim. Até que o senhor também mostre que os que detêm a administração da força da sociedade são indicados para usá-la para aquele fim.

Portanto, seu próximo parágrafo, penso, responde o bastante para ser impresso aqui lado a lado, o meu parágrafo que o senhor entende como resposta.

C. II, p.118. "Esse é um benefício para qualquer sociedade civil ou governo com o conhecimento e filosofia verdadeiros adotados e estabelecidos. Mas o senhor dirá, portanto, que é um benefício para a sociedade, ou um dos fins do governo, que todos que não sejam peripatéticos deveriam ser punidos para fazê-los descobrir a verdade e professá-la? Isto, de fato, deve ser pensado como um modo adequado de fazer alguns homens adotarem a filosofia peripatética, mas não um modo próprio para descobrir a verdade. Pois, talvez, a filosofia peripatética pode não ser verdadeira; talvez muitos não tenham tempo ou condições de estudá-la; talvez muitos que a estudaram podem não ser convencidos de sua verdade e, portanto, pode não ser um benefício para a comunidade, nem uma de suas finalidades, que esses membros da sociedade devam ser perturbados e afrontados sem propósito, sejam culpados ou não. Pois, pela mesma razão, pode não ser um benefício para a sociedade civil que os homens sejam punidos na Dinamarca por não serem luteranos, em Genebra por não serem calvinistas e em Viena por não serem papistas, como meio de fazerem-nos descobrir a reli-

C. III, p. 58. No seu próximo parágrafo, depois do que já foi dito, penso que pode ser suficiente dizer o que segue. Embora talvez, a filosofia peripatética possa não ser verdadeira (e talvez não seja um grande assunto), ainda a verdadeira religião é indubitavelmente verdadeira. E embora talvez muitos não tenham tempo ou condições de estudar essa filosofia (e talvez não tenha importância que eles não a estudassem), ainda teriam a verdadeira religião em suas tendências, tempo e todos menos os idiotas e loucos teriam condições equivalentes para estudá-la quanto for necessário para conhecê-la. E embora talvez muitos que estudaram essa filosofia não possam ser con-

gião verdadeira. Por isso, sob seus fundamentos, os homens devem ser tratados nesses lugares, da mesma forma que na Inglaterra, por não serem da igreja da Inglaterra. Então, peço-lhe, considere o grande benefício que será atribuído aos homens em sociedade por esse método e suponho será difícil o senhor provar que se os governos civis fossem instituídos para punir os homens por não serem desta ou daquela seita religiosa, no entanto por acaso, indiretamente e à distância, pode ser uma ocasião para um em mil, talvez, ou uma centena, estudar essa controvérsia, que é tudo que o senhor espera disso. Se for um benefício, por favor diga-me qual é o benefício. Um benefício civil não pode ser. Pois os interesses civis dos homens foram perturbados, ofendidos e impedidos por ele. E que benefício espiritual pode haver para uma multidão de pessoas, serem punidos por divergir por uma adoção falsa ou errônea, eu gostaria que o senhor descobrisse, a menos que seja um benefício espiritual estar em perigo de ser levado a um caminho errado. Pois se, em todas as diferentes seitas, uma é a errada, há cem por uma além daquela da qual alguém diverge e é punido por divergir, esteja errada.

vencidos de sua verdade (que talvez não seja difícil de imaginar), ainda ninguém teria estudado a verdadeira religião com tanto cuidado e dedicação que pudesse e devesse usar e com mente honesta, além dos que estivessem convencidos de sua verdade. E os que não pudessem, por outro lado, ser levados a isso, seriam um pouco incomodados para levá-los a isso. Eu entendo como sendo de interesse, não apenas dos indivíduos que assim possam ser levados ao caminho da salvação, mas também da comunidade, sob esses dois aspectos:

1. Porque a verdadeira religião, que esse método propaga, produz bons homens e bons homens são sempre os melhores súditos ou membros da comunidade, não apenas por mais sincera e zelosamente promoverem o bem público que outros homens mas, da mesma forma em relação ao favor de Deus, que eles sempre procuram para as sociedades das quais são membros. E,

2. Porque esse cuidado em qualquer comunidade com a honra de Deus e a salvação dos homens, lhe atribui Sua especial proteção e bênção. Assim, onde esse método é usado, se prova como um benefício espiritual e civil para a comunidade.

O senhor nos diz: "a verdadeira religião é indubitavelmente verdadeira". Se o senhor nos tivesse dito também, quem julga isso indubitavelmente, o senhor teria colocado toda a dúvida do passado, mas até que lhe agrade determiná-lo, seria indubitavelmente verdade, que o rei da Dinamarca seja indubitavelmente juiz disso em Copenhagen e o imperador em Viena, como o rei da Inglaterra nessa ilha. Não digo que eles julguem como certo, mas eles são juízes muito corretos e, portanto, têm muito direito de punir o que diverge do luteranismo e do papismo nesses países, como outro magistrado civil tem que punir dissidentes da religião nacional em qualquer outro lugar. E quem pode negar que esses espinhos e cardos deixados no seu caminho pelas leis penais desses países, podem ser úteis para, indiretamente e à distância, levar os homens severa e imparcialmente a examinar questões religiosas e assim, adotarem a verdade que pode salvá-los que a mera confissão externa de qualquer religião no mundo não o faça?

"Esta verdadeira religião, que é indubitavelmente verdadeira, o senhor também nos diz, ninguém jamais estudou com tal cuidado e dedicação que pudesse e devesse usar e com mente honesta, até estar convencido de sua verdade."

Se o senhor o resolver do seu modo circular e me disser que essa dedicação é tal que pode levar alguém a se convencer, é uma questão fácil de ser formulada. Se eu desejasse saber claramente o que deve ser entendido com isso, seria uma questão muito difícil para o senhor responder, portanto não vou perturbá-lo perguntando qual a dedicação que um homem pode e deve usar, nem o que o senhor entende como mente honesta. Só lhe pergunto se a força, aplicada do seu modo é apta a produzi-lo? Que assim a comunidade teria os benefícios que o senhor propõe sobre os homens serem convencidos e conseqüentemente adotem a verdadeira religião, que o senhor diz que ninguém pode esquecer, quem for levado a essa dedicação e essa mente honesta.

Os benefícios para a comunidade são: 1. "Que a verdadeira religião que esse método propaga faz um bom homem e bons homens são sempre os melhores súditos e freqüentemente procuram o favor de Deus para a sociedade de que são membros". Estando à frente o bastante para garantir que nada contribua tanto para o benefício de uma sociedade que possa ser constituída de bons homens, comecei nesse momento a me aprofundar no seu método, cujas promessas com tanta certeza fazem os homens estudarem a verdadeira religião que não possam deixar de se convencer de sua verdade e evitar arduamente ser da verdadeira religião e conseqüentemente bons homens. Mas, para que eu não possa errar numa coisa com tal conseqüência, comecei a pesquisar os países em que a força foi usada para propagar o que o senhor entende como verdadeira religião e encontrei a mesma raridade de bons homens como em quaisquer outros locais. Um amigo com quem discuti esse assunto disse: é possível que o mundo não tenha tido ainda o benefício do seu método, porque os legisladores não foram aptos ainda a encontrar que a medida justa das penalidades em que sua forma de propagação da verdadeira religião foi construída e que portanto seria uma pena que o senhor não tivesse ainda descoberto este grande segredo, mas esperava que eu o tivesse. Outro amigo que estava ao lado disse não saber como seu método poderia fazer os homens serem forjados e levados à conformidade, melhor que outros, a menos que a natureza corrupta pela impunidade pudesse produzir melhores homens numa adoção religiosa que outra. Ao que repliquei: não procuramos conformistas através do meio devido, pois se presumíssemos, com o senhor que todos os que se conformam o fizessem com convicção, não haveria concordância justa sobre a raridade dos homens bons e assim passamos pelas dificuldades.

O segundo benefício que o senhor diz que o uso da força traria para a comunidade é "que este cuidado em qualquer comunidade com a honra de Deus e a salvação dos homens, lhe atribui especial proteção e bênção". – Então, certamente, todas as comunidades com alguma relação com a proteção e bênção de Deus não negligenciará com a proteção e bênção de Deus, usando a força para promover a religião que acreditam ser a verdadeira. Mas eu lhe indago, que cuidado é esse com a honra a Deus e a salvação dos homens de que o senhor fala? Seria, como o senhor o coloca, um cuidado por castigos, para fazer os homens se conformarem externamente e sem qualquer cuidado ou indagação se eles o fazem por convicção e com adoção sincera e obediência à verdade? Mas, se a honra de Deus e a salvação dos homens consistem não apenas numa conformação externa a qualquer religião mas em algo mais, que bênção eles podem esperar, cujo cuidado vai tão longe e presume o resto, que é a parte mais difícil e, portanto, no mínimo a se presumir, como o profeta Jeremias nos dirá (Cap. XLVIII, 10): "Malditos são os que fazem o trabalho do Senhor negligentemente", pois aqueles que dizem ser o trabalho do magistrado usar a força para levar os homens adotarem de coração a verdade que os salvará, deveriam considerar mais seriamente.

Se próximo parágrafo só contém suas posições, que o senhor supõe provará mais tarde e eu examinei em outro lugar e não se mostrou justo que o leitor deveria mais ser perturbado com elas.

Conheci uma vez um cavalheiro que tendo se destruído por uma ambição incontrolável, nunca mais ouviu falar na posição que visava, sem mostrar marcas de sua destemperança. Não sei qual seu problema pois, quando surge no seu caminho a menção do poder secular nas mãos dos seus clérigos, o senhor não pode se conter. Há exemplos disso em outras passagens da sua carta e aqui, novamente, o senhor cai nessa, que como ela produz mais marcas de sua criação que argumentos em sua defesa, eu as deixo ao leitor como são, pela razão das pessoas sérias ou por uma resposta sóbria, respondendo nesse e no próximo parágrafo.

Muito parecida com isso é sua ingênua resposta ao que digo no parágrafo seguinte: "que as comunidades ou sociedades civis e governos, se o senhor acredita no ponderado Sr. Hooker são, como São Pedro as chama (1 Pedro II, 13-14), ἀνθρωπίνη κτίσις, "sujeitai-vos a toda autoridade humana por causa do Senhor, quer ao rei, como soberano, quer aos governadores, como por Ele enviados para castigo dos malfeitores e para louvor dos que fazem o bem". A que o senhor inteligentemente replica, pois sua cólera extrapolou: "seria bom para São Pedro ter um Mr. Hooker do seu lado". E teria sido bom para o senhor também ter visto que a autoridade do Mr. Hooker preferiu não confirmar a autoridade de São Pedro, mas confirmar o sentido que dei às palavras de São Pedro, que não estão claras em nossa tradução, mas que não duvido que o senhor saiba que existem as pessoas não o permitem. Mas dizendo quando sua paixão prevalece sobre seu julgamento, embora nada tendo a ver com o propósito, talvez possa ser útil indiretamente e à distância.

E agora, senhor, se o senhor puder imaginar que os homens no estado corrupto da natureza possa ser autorizado e solicitado pela razão, a lei da natureza, a evitar as inconveniências desse estado e para aquele propósito colocar o poder de governá-los na mão de um indivíduo ou vários, na forma e sob acordos que eles possam julgar justos (cujos governadores colocados sobre eles para uma boa finalidade por sua própria escolha, embora eles tenham recebido todo seu poder daqueles que, pela lei da natureza tinham o poder de conferi-los, podem ser justamente chamados poderes ordenados por Deus, sendo escolhidos e indicados pelos que têm a autoridade de Deus para fazê-lo, pois aquele que recebe a indicação, limitada conforme o critério de quem a dá, de outro que tinha a autoridade do seu príncipe para isso, pode-se dizer em verdade, até onde vai sua representação, ser indicado ou ordenado pelo próprio príncipe). Isso pode servir como uma resposta aos seus dois parágrafos seguintes e mostrar que não há oposição ou dificuldade em tudo que São Pedro, São Paulo e o ponderado Mr. Hooker dizem, nem alguma coisa que qualquer deles diz, em relação a seu propósito. E, embora seja verdade, os poderes existentes são ordenados por Deus, ainda que possam ser verdade, que o poder de alguém e para que, possa ser por invenção dos homens.

Como digo: "as finalidades das comunidades nomeadas por quem as instituiu, não poderiam ser seu interesse espiritual e eterno, porque não poderiam estipular sobre um, com o outro, nem submeter esse interesse ao poder da sociedade ou a algum soberano que pudessem estabelecer sobre eles". O senhor responde: "bem verdade, senhor, mas eles podem se submeter a serem punidos em seu interesse temporal, se desprezarem ou negligenciarem aqueles interesses maiores". Como podem se submeter a serem punidos por qualquer homem nos seus interesses temporais, se não podem se submeter a serem julgados por qualquer homem. Quando o senhor puder mostrar isso, eu admirarei sua política. Além disso, se o resumo das questões religiosas, que devem ser punidos em seus interesses temporais os que negligenciarem ou desprezarem seu interesse eterno, quem, lhe pergunto, deve ser punido sob esse acordo, um sóbrio dissidente, que parece interessado por religião e sua salvação, ou um conformista ateu, profano ou devasso? Como desprezo ou negligência dos interesses maiores, o senhor aqui menciona somente dissidentes da religião nacional. Somente esse o senhor pune, embora o senhor os represente sob uma descrição que não lhes pertence peculiarmente, mas isso não importa, porque bem se adapta à sua oportunidade.

No seu próximo parágrafo o senhor imaginou minhas notícias das Índias Ocidentais. Suponho que, porque o senhor não as viu em seus livros sobre Europa ou Ásia. Mas, o que quer que possa pensar, garanto-lhe que o mundo todo não é Londres. Mas, para que o senhor não fique muito surpreso com notícias, deixe-me perguntar-lhe se não seria possível que os homens, a quem os rios e florestas sustentaram as espontâneas provisões da vida e assim, sem posses privadas de terra, não tinham maiores desejos de riqueza e poder, poderiam viver juntos em sociedade, tornar um povo de mesmo idioma sob um comando, que não terá outro poder além de comandá-los em tempo de guerra comum contra seus inimigos comuns, sem quaisquer leis municipais, juízes ou qualquer pessoa com superioridade estabelecida entre eles, mas terminavam todas as suas diferenças privativas, se surgisse alguma, pela determinação extemporânea de seus vizinhos ou árbitros escolhidos pelas partes. Pergunto-lhe se em tal comunidade, o comandante que seria o único homem com autoridade entre eles, teria o poder do uso da força da comunidade para outro fim além de defendê-la contra um inimigo, embora outros benefícios poderiam também ser obtidos?

Meu parágrafo para o qual o senhor estabelece seu próximo, como resposta, responderá por si mesmo:

C.II p. 123: "O senhor citou o argumento do autor, em que ele prova que o cuidado das almas não é compromisso do magistrado, nessas palavras: 'não é indicado ao magistrado por Deus, porque não parece que Deus teria dado tal autoridade a um homem sobre outro para obrigar alguém à Sua religião'. Quando li isto pela primeira vez, confesso que pensei

C.III p.63: "Sobre seu próximo parágrafo, acho que devo passar totalmente por ele. Só lhe direi que tenho ouvido muitas vezes e espero sempre ouvir sobre "religião estabelecida por lei". Pois

ser um bom argumento. Mas o senhor diz: 'isto está bem além da questão' e sua razão é: 'a autoridade do magistrado não é autoridade para obrigar alguém à sua religião, mas apenas autoridade para procurar para todos os súditos os meios para descobrir o caminho para a salvação e também procurar, até certo ponto, que ninguém o ignore', etc. Temo, senhor, que o senhor esqueça de si mesmo. O autor não está escrevendo contra sua nova hipótese antes que fosse conhecida no mundo. Ele pode ser desculpado, se não tiver o dom da profecia, por questionar contra uma noção que ainda não começou. Ele tinha em mente apenas as leis feitas até então e as punições por questões religiosas em uso no mundo. embora a autoridade do magistrado "não possa acrescentar força ou sanção a qualquer religião, seja verdadeira ou falsa, nem algo à validade ou verdade da sua própria ou de qualquer outra religião", ainda penso que se pode fazer muito para manter e preservar a verdadeira religião dentro de sua jurisdição e, por isso pode-se adequadamente dizer que a estabelece.

As penas, como as tomo, são impostas aos homens por serem de diferentes correntes religiosas, que não é diferente de compeli-los a renunciar à sua própria e a se conformarem com aquela da qual divergem. Se isso não for compeli-los à religião do magistrado, então o que é? Isto deve ser necessariamente compreendido, embora se possa supor que a lei não tenciona fazê-lo. Com a qual comanda a aplicação das penas, ou que as penas não sejam compulsão, nem a compulsão que o autor defende. A lei diz: 'faça isto e viva'. Adote essa doutrina, adapte-se a esse modo de adoração e facilite sua viva e seja livre, ou seja multado, aprisionado, banido, queimado. Se o senhor puder mostrar entre as leis elaboradas na Inglaterra sobre religião (e penso poder dizer em qualquer outro lugar), alguém que puna homens 'por não terem examinado imparcialmente a religião que adotaram ou recusaram', penso poder lhe atribuir a causa. Legisladores não são normalmente mais sábios para fazer leis que não possam ser cumpridas. Portanto, suas leis eram contra não-conformistas, que pudessem ser conhecidos e não pelo exame imparcial, que não poderiam. Não foi, então, além do assunto do autor, levantar um argumento contra as perseguições aqui em moda. Ele não sabia que alguém, tão livre para saber que o magistrado não tenha autoridade para compelir alguém à sua religião e, portanto, imediatamente, como o senhor fez, desistir de todas as leis agora vigentes contra os dissidentes, ainda tinham estoque de rodas para eles e por um novo truque os levaria sob o chicote da lei, quando os velhos disfarces estariam muito rotos para ainda servir. O senhor nunca ouviu sobre religião estabelecida por lei? Que é, parece a religião legal de um país e a ser cumprida como tal. Com tais coisas, tais noções ainda no mundo, não estaria além das questões do autor alegar que Deus jamais teria dado autoridade para um homem sobre outro para compeli-los à sua religião. Garanto, se lhe agrada, que a religião estabelecida por lei e um modo torpe de falar na boa de um cristão e ainda muito em moda, como se a autoridade do magistrado pudesse adicionar alguma força ou sanção a qualquer religião, verdadeira ou falsa. Estou contente de perceber que o senhor considerou a autoridade do magistrado, que o senhor concorda com o autor, que ele não tem ninguém que possa compelir à sua religião. Muito menos, pelo estabelecimento da lei, acrescentar algo à verdade dou validade da sua própria religião ou de outra qualquer."

O acima anexado é toda a resposta que o senhor pensa que este meu parágrafo merece. Mas ainda assim o senhor diz que deve me permitir perceber que se, como diz, "a autoridade do magistrado pode fazer muito para manter e preservar a verdadeira religião dentro de sua jurisdição", assim ela pode fazer muito para manter e preservar uma falsa religião e, sobre isso, se o senhor diz a verdade, pode-se dizer, estabelecê-la. Pois penso que não preciso lembrá-lo novamente que isso deve depender inevitavelmente de sua opinião o que será estabelecido como verdade, ou rejeitado como falsidade.

Assim o senhor tem meus pensamentos sobre boa parte do material sobre a questão do da autoridade do magistrado para usar a força em questões religiosas, junto com algumas passagens incidentais em sua resposta, que percebi pois surgiram diante de mim.

CAPÍTULO III

Quem deve ser punido por seu Esquema

Para justificar a amplitude da tolerância do autor que não teria judeus, maometanos e pagãos excluídos dos direitos civis da comunidade, por causa de sua religião, eu disse: "temi que fosse profundamente crido que oramos de coração por sua conversão, se o excluirmos dos meios normais e eficazes para isso, dirigindo-os ou perseguindo-os quando estiverem conosco". O senhor responde: "agora confesso ter pensado que os homens pudessem viver bastante tranqüilos entre nós e usufruir a proteção do governo contra toda violência e ofensas, sem serem perturbados ou obrigados a se tornarem membros da comunidade que podem dar-lhes condição de direitos civis e privilégios da cidadania. Mas se judeus, maometanos e pagãos não quiserem viver entre nós, a menos que possam ser convidadas a participarem dos direitos e privilégios da comunidade, suas recusas ao favor não é, suponho, vista como os afastando de nós, ou excluindo-os dos meios comuns e prováveis de conversão, mas como um cuidado justo e necessário numa comunidade cristã, a respeito dos seus membros, que, se professam o judaísmo, o Islamismo ou o paganismo tinha permissão para usufruir os mesmos direitos estariam em maior perigo de serem seduzidos por eles. Vendo que não perderiam vantagem mundana por tal mudança de religião, pois, se não mudassem para alguma dessas religiões, sem terem negado os direitos civis da comunidade por fazê-lo, eles pensariam bastante antes de o fazerem, que fundamente haveriam de esperar conseguir algo com a mudança que pudessem compensar a perda que teriam por ela." Pensei que a proteção e impunidade dos homens não ofensores das coisas civis pudessem ser considerados entre os direitos civis da comunidade, mencionados pelo autor, mas o senhor, para parecer mais, adicionou a palavra privilégios. Deixe estar. Que vivam entre vós então judeus, maometanos e pagãos, mas não devem ser perturbados. Mas por quê? Não existem aqueles que são membros de sua comunidade, que não adotam a verdade que pode salvá-los, mais que eles? O que o senhor pensa dos socinianos, papistas, anabatistas, quacres, presbiterianos? Se eles não rejeitam a verdade necessária à salvação, por que o senhor os pune? Ou se alguns que estejam no caminho da perdição são membros da comunidade, por que esses devem ser excluídos por causa de religião? Pois penso que não há grande estranheza em salvar almas, que é o único fim para o qual são punidos, entre essas religiões, cada uma por aqueles que carecem de salvação. Só se houver algum medo de seduzir os que sejam da igreja nacional, o perigo é maior para a religião que estiver mais perto dela e mais se parecer com ela. No entanto, o senhor pensa num "justo e necessário cuidado na comunidade cristã com seus membros". Suponho, pelo seu gosto de falar de forma obscura, esses membros de uma comunidade cristã de quem o senhor cuida, também são membros da igreja nacional, cuja religião é a verdadeira. E portanto, o senhor os chama, no parágrafo seguinte, súditos do reino de Cristo, por quem Ele tem um cuidado especial. Pois os dissidentes, que são punidos para se tornarem bons cristãos em quem é usada força "para levá-los à verdadeira religião e à comunhão da igreja de Deus" é claro não ser sua opinião bons cristãos ou da verdadeira religião, a menos que o senhor os puna para torná-los o que já são. Com os dissidentes, portanto, que já estão pervertidos e rejeitam a verdade que pode salvá-los, o senhor não tem tanto cuidado, que possam ser seduzidos. Os que já têm a praga, não precisam ser vacinados contra a infecção, nem o senhor pode temer que com homens tão desesperadamente perversos, castigos e punições reunidas sob a luz e força da verdade, não tenham podido levá-los a opiniões desposadas na comunhão da igreja, seriam seduzidos ao judaísmo, islamismo ou paganismo, nem que a vantagem da verdade ou interesse teriam prevalecido. É, portanto, aqueles da igreja nacional, como conclui do fechamento desse parágrafo, onde o senhor fala do próprio povo peculiar de Deus, de quem o senhor pensa que estaria muito mais em perigo de ser seduzido por eles, se fossem perturbados, já que não perderiam vantagens mundanas por tal mudança de religião, isto é, deixando a igreja nacional para se tornar judeus, maometanos ou pagãos.

Isto mostra, o que quer que diga sobre os meios suficientes de instrução dados pela lei, quão bem o senhor pensa que os membros da igreja nacional são instruídos na verdadeira religião. Isto mostra também, o que quer que diga sobre ser presumível que eles a adotem com convicção, quanto o senhor está satisfeito que os membros da igreja nacional estão convencidos da verdade da religião que professam, ou envolvidos com ela. Já que o senhor os vê em grande perigo de mudar para o judaísmo, islamismo ou o próprio paganismo, em termos iguais e porque não perderão vantagens terrenas por tal mudança. Mas se perder direitos civis da comunidade for o remédio apropriado para manter os homens na comunhão da igreja, por que é usado para manter os homens fora do judaísmo ou paganismo e não do fanatismo? Sobre isso, por que judeus, pagãos e maometanos não poderiam ser admitidos aos direitos da comunidade, tanto quanto papistas, independentes e quacres? Mas o senhor distribui a cada um segundo seu bel-prazer e, sem dúvida, estão completamente justificados por essas seguintes palavras: "e se esse não for um cuidado racional e necessário, qualquer homem pode julgar, quem pode considerar dentro de pouco tempo após o dilúvio, que a superstição e idolatria prevaleceram sobre o mundo, e quão apto estava o próprio povo peculiar de Deus para receber a infecção mortal, apesar de tudo que Ele fez para mantê-lo longe dela".

O estado da religião nas primeiras épocas após o dilúvio é tão imperfeitamente conhecido agora que, como lhe mostrei em outra passagem, o senhor pode ter pouca vantagem para sua causa. E já que era da mesma corrupção, então que, como a sua, priva os homens agora da verdadeira religião e impede que eles prevaleçam por sua própria luz, sem a assistência da força. E é a mesma corrupção que mantém os dissidentes, assim como judeus, maometanos e pagãos longe de adotar a verdade. Por que diferentes graus de castigos deveriam ser usados neles, até que se encontrassem neles diferentes níveis de obstinação, precisa ter uma razão melhor. Por que essa depravação comum na natureza humana faria o judaísmo, islamismo ou paganismo mais atraente que outro tipo de não-conformidade que impede os homens de adotarem a verdadeira religião. Assim, judeus, maometanos e pagãos devem, por medo de infectar outros, serem expulsos da comunidade quando outros não o seriam, isso eu gostaria de saber. O que quer que expusesse os judeus à idolatria antes do cativeiro, é certo que eles resistiram firmemente e se recusaram a mudar, não apenas onde poderiam ter feito em termos iguais, mas teria havido uma grande vantagem para ambos e, portanto, é possível que haja algo nessa questão, que nem o senhor nem eu compreendemos totalmente e possamos com humildade nascente sentar e confessar que nisso, assim como em outras partes de Sua providência, os modos de Deus foram reveladores. Mas disso podemos estar certos, desse exemplo dos judeus que não é razoável concluir que, porque eles foram uma vez inclinados à idolatria que, portanto, eles ou outro povo qualquer estão em perigo de se tornarem pagãos, se não perderem vantagens terrenas por tal mudança. Mas se podemos contrapor exemplos mais próximos e conhecidos a outros mais remotos e incertos, olhe no mundo e me diga, desde que Jesus Cristo trouxe a vida e a imortalidade à luz, através do Evangelho, onde a religião cristã encontra o judaísmo, islamismo ou paganismo em termos iguais, perderam tão claramente para ela, é que o senhor tem razão para suspeitar que os membros de uma comunidade cristã estariam em perigo de serem seduzidos para qualquer delas, mais por não perderem vantagens terrenas por tal mudança de religião, do que aumentar entre eles? Até que o senhor descubra uma razão melhor para excluir judeus, etc. dos direitos da comunidade, o senhor deve nos permitir olhar para isso como mera pretensão. Além disso, acho que o senhor está cometendo um erro que mostra que sua pretensão contra admitir judeus, maometanos e pagãos nos direitos da comunidade mal fundamentada. Pois qual lei, pergunto, existente na Inglaterra, que aquele que muda para uma dessas religiões perde os direitos civis da comunidade? Desejo que o senhor me mostre tal lei e se o senhor não pode, toda essa pretensão está fora das portas e os homens de sua igreja, já que por isso eles não perderiam vantagem terrena pela mudança estão em perigo de serem seduzidos, sejam ou não perturbados os judeus, maometanos e pagãos.

Mas o senhor nos diz não pensar nisso tão graciosamente: "para pagãos, particularmente, o senhor está longe de pensar que não deveriam ser excluídos dos direitos civis da comunidade por sua religião, pois o senhor não pode ver como sua religião poderia ser abalada por uma comunidade que conhece e adora o único Deus verdadeiro, se eles pudessem ser considerados mantendo algum zelo por sua honra ou mesmo pela natureza humana". Assim o senhor ordena a questão: judeus e maometanos devem poder viver numa comunidade cristã, exercendo sua religião, sem serem perturbados. Os pagãos também podem viver nessa comunidade, mas não podem exercer sua religião, nem serem perturbados.

Esse, segundo o melhor da minha apreensão, é o sentido de suas palavras. Para clareza dos seus pensamentos ou pela sua causa, nem sempre o senhor se dispõe a falar clara e diretamente, como aqui, tendo falado uma página inteira antes sobre o tratamento que judeus, maometanos e pagãos deveriam receber, de repente, o senhor nos diz que sua religião não deve ser tolerada, mas não diz o que deve ser feito com essas pessoas. Pois o senhor pensa ser razoável que os homens que tenham uma religião poderiam viver junto com o senhor, sem exercê-la para se converterem? Isso não é outra coisa senão fazê-los se tornar irreligiosos e tornar a mesma noção de uma deidade insignificante e sem influência para eles, para sua conversão. Sendo menos perigoso para a religião em geral ter homens ignorantes de uma deidade e assim sem qualquer religião, do que fazê-los conhecer um Ser superior, mas ensinar-lhes ou permitir-lhes negligenciar ou recusar Sua adoração do modo que acreditam que Ele requer, para tornar aceitável a Ele. Sendo isso um crime menor (e do qual cada um de nós já foi culpado antes) não O conhecer, do que, conhecendo Deus, não Lhe prestar a honra que pensamos Lhe ser devida. Não vejo, portanto, como aqueles que mantêm algum zelo pela honra de Deus pode permitir que os homens vivam entre eles para sua conversão e requerer que eles não honrem a Deus, conforme o melhor de seu conhecimento. A menos que o senhor pense ser isto uma preparação para sua verdadeira religião, requerer que os homens com sensibilidade e conhecimento enfrentem a deidade e os persuada de que a religião para a qual estão sendo levados permita aos homens enfatizarem o sentido que têm da deidade e recusar-lhe a honra que em suas consciências estão convencidos lhe ser devida e que muitos deles e para todos parecem inconsistente com todas as religiões. Já que, portanto, admitir as pessoas sem o exercício de sua religião não pode ser racional, nem conduz à sua conversão, se o exercício de sua religião, como o senhor diz, não deve ser tolerado entre nós até que eles sejam convertidos, não vejo como essas pessoas podem ser toleradas entre nós, se essa exceção deve ser acrescentada, até que sejam convertidos e, se então, deixo ao senhor considerar que eles não sejam excluídos dos meios normais de conversão.

Imagino se essa necessidade não o fez pensar em outra forma de ter para eles outros meios de conversão, sem viver conosco, cujo modo, no início do Cristianismo, foi levado ao mundo ateu pelas viagens e pregações dos apóstolos. Mas os sucessores dos apóstolos não são, parece, sucessores dessa parte da representação "Ide e ensinai a todas as nações". E, de fato, uma coisa é ser embaixador de Deus para as pessoas já convertidas e já provaram os bons benefícios; outra é ser embaixador do Paraíso num país onde o senhor não tenha, nem a continência do magistrado, nem a devota obediência do povo. E quem não consegue ver como alguém pode zelar pela propagação da verdadeira religião e convencer, converter e salvar almas num país onde ela é estabelecida por lei? Quem pode duvidar que quem fala tanto sobre isso esteja sendo sincero? Embora alguns homens arduamente reprimirão suas dúvidas que, apesar de orarem para isso, não estão muito interessados pela conversão dos pagãos, nem os procurará para instruí-los, nem os tolerarão se vierem a nós em busca dos meios de conversão.

É verdade o que o senhor diz: "o que os pagãos chamam de religião é abominação para o Todo Poderoso". Mas, se isso requer algo dos que mantêm algum zelo pela honra de Deus é algo mais que o local onde as abominações ocorrem. O verdadeiro interesse pela honra de Deus não é que a idolatria seja varrida da Inglaterra, mas que seja reduzida em todo lugar e, à luz da pregação do Evangelho, seja banida do mundo. Se pagãos e idólatras são, como o senhor diz, "a maior desonra concebida ao Deus Todo Poderoso", ela está do lado do avesso, ou do mar, como nesse lado, pois Ele, do Seu trono, abençoa todos os moradores da Terra. Aqueles, portanto, verdadeiramente zelosos pela honra de Deus, por essa honra não estarão interessados por estarem neste ou naquele lugar, enquanto houver idólatras no mundo. Mas aqueles que são uma desonra para Ele, deveriam ser a cada dia reduzidos, tanto quanto possível, e serem levados a dar-Lhe o devido tributo de honra e louvor do modo certo de adoração. É nisto que o zelo sincero pela honra de Deus, verdadeiramente se mostra, desejando e se esforçando para reduzir a abominação e conduzir a idolatria para fora do mundo, não para conduzir idólatras para fora de um país ou mandá-los embora de lugares ou empresas, onde acharão mais encorajamento para isso. É um zelo estranho pela honra de Deus que não olha além da montanha e rio que divide um país cristão e pagão. Qualquer idolatria cometida, o interesse é a honra de Deus e para ali, o zelo dos homens por Sua honra, se for de fato sincero, seguirá e se esforçará para diminuir e eliminar a provocação. Mas o lugar onde Deus foi provocado e desonrado, aliás, uma estreita consideração a respeito do Senhor de toda terra, de nenhuma outra forma usará seu zelo sincero além de mais ou menos conduzir à conversão dos ofensores.

Mas se seu zelo pela honra de Deus o envolve tanto contra a idolatria cometida pelos homens em certos lugares, a ponto de o senhor pensar excluí-los dos direitos da comunidade e não serem tolerados como estrangeiros que, segundo a passagem em Romanos colocada pelo senhor, são "sem desculpas, porque quando conheceram Deus, eles O glorificaram não como Deus, mas se tornou vão em sua imaginação e mudaram a glória do incorruptível Deus numa imagem feita como um corruptível homem". Só mudarei algumas das palavras do texto que o senhor cita de Isaías: "eu assei parte deles nos carvões e os comi e farei dos resíduos deixados um Deus? Eu me dobrarei àquilo que vem de uma planta?" e assim deixo-os com o senhor para que considerem se seu zelo sincero o leva tão longe quanto diz e se o senhor tiver refletido, o senhor ainda concordaria que os que ainda ajam assim seriam desligados e expulsos e o exercício de nenhuma religião assim seja permitido entre nós? Pois essas coisas são abominação para Deus para um cristão, tanto quanto para um nome pagão. Devo dizer mais uma palavra sobre seu zelo pela honra de Deus: se houver algo mais do que falar, isso se colocará não menos sinceramente contra outra abominação e seus praticantes, que contra uma idolatria.

Como em Jó XXXI, 26-28, onde ele diz "a idolatria deve ser punida pelo juiz", só esta passagem e nem uma outra é suficiente para confirmar sua opinião, que conclui ser este livro escrito por um judeu. E a punição da idolatria naquela comunidade interessa pouco ao presente caso. Eu o refiro pela informação ao autor da carta. Mas como seu zelo pela honra de Deus o leva a uma exclusão da religião pagã dentre os seus, mas ainda admite judeus e maometanos? Ou pela honra de Deus não interessa sua negação ao nosso Salvador?

Se olhássemos para Jó, que foi escrito antes do tempo de Moisés, como o autor entende, e assim por um estranho à comunidade de Israel, fica claro a apostasia geral que ele tanto enfatiza não foi tão disseminada, mas que havia um governo por sua própria confissão estabelecido fora da Judéia livre e zeloso contra a idolatria e, por que não deveria haver muitos outros como esse, de que só ouvimos ao acaso. Isso ele deve ter interesse em mostrar.

O senhor continua: mas para converter judeus, maometanos e pagãos ao cristianismo, temo que não haja progresso, até que os cristãos cheguem a um acordo e união melhores entre si. Estou certo que nosso Salvador pediu que todos os que Nele crescem fossem um no Pai e Nele" (isto é, suponho que nessa santa religião que Ele lhes ensinou do Pai) que o mundo deve crer que o Pai o enviou "e, portanto, quando Ele vier indagar por que não mais judeus, maometanos e pagãos foram convertidos à Sua religião, temo que uma grande parte da culpa cairá sobre os autores e promotores das seitas e divisões entre seus mestres que, portanto, penso, todos que sejam culpados e os que não o seriam, deveriam considerar melhor".

Facilmente garanto que "Nosso Salvador pediu que todos fossem ser um na santa religião que Ele lhes ensinou" e nesse verdadeiro pedido, ensina o que é essa religião: "essa é a vida eterna, que eles devam conhecê-lo como único verdadeiro Deus e Jesus Cristo, que vós enviastes" (João XVII, 3). Mas deve-se esperar que, assim, todos fossem ser da mesma opinião em coisas não necessárias à salvação? Pois qualquer que fosse a união que nosso Salvador pedisse, é certo que os próprios apóstolos não concordavam todos entre si em tudo, mas mesmo o chefe deles tinha diferenças entre eles em questões religiosas, como aparece em Gálatas II, 11.

Um acordo sobre as verdades necessárias à salvação e à manutenção da caridade e gentileza fraterna com a diversidade de opiniões sobre outras coisas é o que realmente consistirá a unidade cristã e isso é possível ter neste mundo, numa fraqueza incurável e diferença da compreensão humana. Isto provavelmente contribuiria mais para a conversão de judeus, maometanos e pagãos se se propusesse a eles e outros, por sua admissão na igreja, somente as claras e simples verdades do Evangelho necessárias à salvação e assim, todos os infrutíferos discursos sobre unir cristãos em questões menores, conforme o desígnio e prescrições de certo conjunto de homens em algum lugar.

"Que culpa estará sobre os autores e promotores das seitas e divisões" e, deixe-me acrescentar animosidades entre os cristãos, "quando Cristo vier indagar por que não mais judeus, maometanos e pagãos foram convertidos, os interessados deverão considerar melhor". E para evitar em grande medida esse dano para o futuro, os que falam muito sobre seitas e divisões, também deveriam considerar se não são esses autores e promotores de seitas e divisões, que impõem credos e cerimônias e artigos de fabricação humana e fazem coisas não necessárias à salvação, os termos necessários à comunhão, excluindo e tirando deles algo como inconsciência e persuasão sem poder expor e submeter-lhes e tratá-los como se fossem totalmente alienados da igreja de Deus e como se merecidamente expulsos por serem inadequados para serem membros dela. Que cristianismo estreito, dentro de limites de fabricação própria, que o Evangelho nada cita sobre isso e, muitas vezes, por coisas, por eles mesmos, confessadas como indiferentes, eliminam homens de sua comunhão e os pune por não pertencerem a ela.

Quem não vê que a tendência à unidade deva ser preservada, nas diferentes persuasões dos homens sobre coisas não necessárias à salvação, se não fossem necessárias à comunhão da igreja? Por que dois pensadores da igreja da Inglaterra estão lá, sem divergir um do outro em vários pontos materiais sobre religião que, não obstante são membros da mesma igreja e unidos entre si? Se um desses pontos for a pedra de toque partido e construído sobre ela um artigo de fé para a igreja nacional, eles estarão divididos e aquele dos dois que não concordar com a ortodoxia nacional é imediatamente cortado da comunidade. Quem, pergunto nesse caso elabora a seita? Não são os que mantêm a igreja de Cristo dentro dos limites de sua própria concordância? Quem, por artigos e cerimônias de seu próprio formato, aliena de sua comunhão todos os que não aceitam persuasões que simplesmente surgem com seu modelo?

É frívolo aqui pretender autoridade. Nenhum homem tem ou pode ter autoridade para eliminar alguém da igreja de Cristo, pois o próprio Cristo não o expulsaria do paraíso. Quem o faça é verdadeiramente o autor e promotor de cisma e divisão, estabelece uma seita e quebra em pedaços a igreja de Cristo, da qual cada um que crê e pratica o necessário para a salvação é parte e membro e não pode, sem a culpa de cisma, ser separado dela ou mantido fora de sua comunhão externa. Na passagem de São Pedro (1 Pedro v. 2,3), "o senhorio está acima da herança de Deus" e assim observando por imposição dos maldosos e não consentindo (que parece ser o sentido da passagem de São Pedro), muitas das últimas seitas que tanto laceram o cristianismo do seu original e continuam a ter seu suporte e não foram por essas seitas estabelecidas sob nomes especiais de igrejas nacionais que, por seus limites de comunhão contratados e arbitrários, justificar contra si mesmos a separação e estreiteza de outros. A diferença de opiniões que não começam a ser, como parece sob tolerância, não produziria nem seita nem divisão, ou mais, se fossem tão extravagantes para se oporem ao que é necessário para a salvação e tão necessitado de separação, a clara luz do Evangelho, junto com uma restrita disciplina de modos, rapidamente os perseguiria para fora do mundo. Mas como essas desnecessárias imposições e pontos de debate sobre a divindade são estabelecidas pelas leis penais dos reinos e as especiais pretensões de autoridade, que esperança resta que haja tal união entre cristãos em qualquer lugar, que possa convidar um turco ou infiel a adotar a religião, enquanto ele diz ter recebido uma revelação de Deus, que ainda em alguns lugares não foi lida e em lugar nenhum será permitido entender por si mesmo, ou seguir conforme o melhor de sua compreensão quando, em todos os bancos (fora nas coisas confessadas como não necessárias à salvação), alguns desses pontos selecionados de doutrina, disciplina ou adoração exterior, em que a igreja nacional teve o prazer de produzir seus artigos, política e cerimônias? E pergunto, que sóbrio ateu sensível deve pensar das divisões entre cristãos que não aceitam a tolerância, se ele encontra numa ilha onde o cristianismo parece estar em sua maior pureza, as regiões sul e norte estabelecendo igrejas sobre o governo das divergências de alguns poucos, escolhidos aqui e ali, embora a revelação que eles pretendem ter como regra, nada diz diretamente de um modo ou de outro. Cada lado com tanta ferocidade que negam que o outro possa ser a igreja de Cristo. Esses são, com efeito, verdadeiros cristãos? Para eles, se um acrescenta transubstanciação, consubstanciação, presença real, artigos e distinções estabelecidos pelos homens sem a autoridade das Escrituras e outras diferenças menores, que bons cristãos podem divergir sem pôr em risco sua salvação, estabelecida por lei nos vários locais da cristandade, pergunto se a interposição dos magistrados em questões religiosas e o estabelecimento de igrejas nacionais pela força e castigos da lei civil, com suas distintas confissões e cerimônias (e em casa tidas como necessárias), não autorizaria e perpetuaria por lei seitas entre os cristãos, para grande prejuízo do cristianismo e escândalo para os infiéis, mais que qualquer coisa que surja de uma mútua tolerância, com a caridade e uma vida reta?

Os que têm muito em suas bocas "os autores de seitas e divisões", com pouca vantagem para sua causa, desejo considerar se as igrejas nacionais, estabelecidas como são agora não são seitas e divisões do cristianismo, como coletâneas menores, sob o nome de igrejas distintas, estão em relação às igrejas nacionais? Só com essa diferença, que essas subdivisões e seitas incontidas, buscando poder para reforçar suas doutrinas e disciplina peculiares, normalmente vivem mais amistosamente como cristãos e parecem somente demandar a liberdade cristã. Entre eles parece ter menos divisão não cristã, onde essas seitas nacionais sendo freadas pelo governo civil, que nunca falha de usar seu poder, no mínimo sob a pretensão de autoridade sobre seus irmãos, usualmente respiram força e perseguição para grande reprovação, vergonha e desonra da religião cristã.

Eu disse que "se o magistrado se colocar séria e imparcialmente contra o pecado em quem quer que seja encontrado e deixar os homens às suas próprias consciências em seus artigos de fé e modos de adoração, a verdadeira religião se disseminaria mais frutífera e amplamente nas vidas dos seus adeptos que nunca foi, ao impor credos e cerimônias". Aqui eu chamo o pecado de imoralidade de maneiras. O senhor, ao contrário, em sua resposta, dá o nome de pecado a erros de opinião e diferenças da igreja nacional em modos de adoração. Pois esse é o assunto em questão entre nós, expresso como lhe agrada. Sendo esta uma disputa apenas sobre o significado de uma pequena sílaba na língua inglesa, o senhor deve deixar aos mestres desse idioma julgarem qual das duas é seu uso adequado. Mas ainda, pelo meu uso da palavra pecado, o senhor conclui presentemente, tomando no seu sentido, não no meu, que o magistrado tem poder na Inglaterra, pois a Inglaterra está falando nisso, de punir dissidentes da religião nacional, porque isto é um pecado. No que digo, por favor, mudarei a palavra pecado para o que quero dizer com ela: se os magistrados, severa e imparcialmente se colocam contra a desonestidade e a depravação das vidas humanas e tais imoralidades que eu contradistingo de erros nas opiniões especulativas da religião e modos de adoração. Então, por favor, diga como ficará sua resposta, se assim ela está: "Parece, segundo o senhor, que rejeitar a verdadeira religião e se recusar a adorar a Deus nos modos decentes prescritos por aqueles a quem Deus deixou ordens nesse assunto não estão abrangidos pelo nome de pecado". Mas diga-me: "se isento essas coisas e não permito que sejam chamados de pecado, talvez outros homens pensem ser razoável isentar também outras coisas (isto é, de também serem chamadas de pecados) a quem tenham certa propensão. Por exemplo, alguns isentariam o divórcio arbitrário, a poligamia, a concubinagem, a simples fornicação ou o casamento em níveis considerados proibidos". Se eles os isentam e o senhor isenta o alcoolismo, o roubo e também o assassinato do nome de pecado, então os chame virtudes. Chamando-os assim, estarão isentos do poder do magistrado de puni-los? Ou podem reclamar impunidade pelo que eu disse? Essas imoralidades, pelo nome que alguém lhes deu ou tentou dar-lhes "se tornam artigos de fé ou modos de adoração?" Que é tudo, como disse expressamente nas palavras que o senhor cita como minhas, que eu pediria aos magistrados deixarem os homens às suas próprias consciências. Mas, senhor, para mim o senhor tem liberdade de consciência para usar palavras no sentido que lhe agradar. Só penso onde há outro interesse, tem mais sabor de ingenuidade e amor à verdade para entender o sentido de quem fala, do que fazer pó e barulho por uma palavra errada, se tal vantagem lhe fosse dada.

O senhor diz: "que alguns homens nunca perceberiam, por descuido, as verdades que podem salvá-los, sem serem forçados a isso que (o senhor supõe) podem ser reais, embora alguns (como digo), podem ser chamados na terceira hora, alguns na nona e alguns na undécima hora e, quando o forem, adotarão todas as verdades necessárias à salvação. No mínimo não mostro por que pode não ser e, portanto, não pode haver deslize para algo que eu tenha provado como tal". Eu não tomo isso como uma resposta ao meu argumento, que foi que alguns não foram chamados na undécima hora e ninguém sabe quem são os que "nunca saberiam das verdades que os salvaria, sem força", que é, portanto, necessária, e pode indiretamente e à distância ser útil. Se esse foi ou não meu argumento, deixo ao leitor julgar, mas digo isso agora para o senhor não cometer erros novamente. E isso precisa de outra resposta.

Seu modo de usar castigos, em resumo, é que todos que não se ajustam à igreja nacional, a verdadeira, como na Inglaterra, devem ser punidos. Para quê? "Para fazê-los refletir". Eu lhe digo que isso é algo impraticável. Ao que o senhor responde que usa a palavra apenas em outro sentido, que eu me engano. Se eu me engano ou não com o sentido do seu uso dessa palavra, ou se é natural tomá-la, ou se a opinião que lhe atribuo por esse erro, quando o senhor nos diz: "não examinar é de fato o próximo fim pelo qual eles são punidos", não é nossa opinião, deixemo-lo ao leitor, pois, quando o senhor toma a palavra no sentido que lhe agrada, o que eu disse será, porém, verdade, isto é: "que punir dissidentes, como dissidentes, para fazê-los refletir é algo impraticável em si, a menos que não ser da religião nacional e não refletir sejam a mesma coisa". Essas palavras o senhor não responde tendo, como pensa, uma grande vantagem de falar só sobre o erro da minha palavra. Mas, a menos que o senhor suponha que não ser da igreja nacional e não refletir sejam a mesma coisa, segue que punir dissidentes, como dissidentes para fazê-los considerar, tem em si algo de impraticável.

A lei pune todos os dissidentes. Para quê? Para fazer todos se ajustarem, isso é evidente. Para que fim? Para fazer todos refletirem, o senhor diz: Isso não pode ser, pois isso não diz nada. Não é que todos os dissidentes não refletiram, nem há qualquer cuidado tomado pela lei para indagar se eles refletiram, quando devem se ajustar. Esse é o fim pretendido pelo magistrado. Então, com o senhor é praticável e permitido fazer leis para o legislador estabelecer punições em homens por uma questão de que podem ser ignorantes, pois não quer dizer nada. Em homens, que ele nunca cuidou de indagar se o fizeram ou não, antes de relaxar o castigo, que não tinha finalidade próxima além de obrigá-los a fazer isso. Mas embora ele não fale nada sobre refletir, em estabelecer os castigos, nem pergunta algo sobre quando o castigo termina, todos devem entender o que tudo isso quer dizer. Senhor, Sancho Pança, no governo de sua ilha, não esperava que todos os homens entendessem o significado de sua diferença, mas em outra ilha parece, se o senhor a gerenciasse, o senhor não pensaria ter lá algo de impraticável ou de má política, pois veremos em outro lugar, quanto isso está longe de prover os meios de instrução. E, por fim, estabelecer punições em homens por finalidades que já foram obtidas, pois alguns dissidentes já refletiram é o que outros legisladores chamam de impraticável, ou no mínimo injusto. Mas a isso o senhor responde, no seu jeito usual de circundar. Que "se" eu "suponho que o senhor quer punir dissidentes se refletirem ou não" eu "cometo grande erro, pois os dissidentes (minha palavra, não sua) que" o senhor "quer punir são apenas os que rejeitam a verdadeira religião que lhes foi proposta, com razões e argumentos suficientes para convencê-los de sua verdade que, portanto, nunca se pode supor que considerem razões e argumentos como deveriam, se persistirem em rejeitar essa religião ou (minha linguagem) continuem dissidentes. Pois, se refletissem, não continuariam dissidentes". Ou a falta pela qual os homens deveriam ser punidos, diferente da finalidade pela qual deveriam ser punidos, não ouvi nada, como me lembro pelo primeiro desenho do seu esquema, que tivemos em "o argumento considerado", etc.. Mas não duvido, nos seus termos gerais, que o senhor possa descobri-lo ou o que mais lhe agrade, pois agora, tendo falado que os homens que sejam de religião diferente da verdadeira, que receberam suficiente evidência (e são esses para quem o sábio e benigno Provedor e Governador de todas as coisas não deu meios competentes de salvação) sejam criminosos e devem ser punidos pelo magistrado, é necessário para completar seu esquema e se isso o responsabiliza é fácil ver.

Mas por favor, senhor, não existem conformistas que rejeitam a religião verdadeira? E o senhor não os teria punido também, como aqui defende? Torne-o praticável no seu esquema e o senhor terá feito algo para persuadir-nos que sinceramente sua finalidade para o uso da força é fazer os homens refletirem, entenderem e estarem na verdadeira religião e que rejeitá-la, providos de suficiente evidência é um crime que de *bona fide* o senhor teria punido e, ainda que o senhor o faça, tudo que pode dizer sobre punir homens "para fazê-los refletir como deveriam, para fazê-los receber a verdadeira religião, para fazê-los adotar a verdade que pode salvá-los," etc. fará os leitores sóbrios, ponderados e imparciais passarem pela marca de grande zelo se escapar entre os homens como entusiástico e sagaz como o senhor é, um nome rude. Se esses conformistas que negligenciam questões religiosas, que rejeitam as verdades salvadoras do Evangelho, tão visível como certamente quaisquer dissidentes, ainda não tiveram penalidades estabelecidas sobre eles.

O senhor fala muito de "refletir e não refletir como se deve, de adotar e rejeitar a verdadeira religião" e muito mais com este fim e tudo, embora sendo palavras boas e saborosas de boa aparência quando o senhor fala sobre aplicação da força para buscar os fins nelas expressos, nada somam além de conformidade e não-conformidade. Se o senhor não vê isso, tenho-lhe pena, pois eu poderia pensar de bom grado que o senhor é um homem justo, que pensa bem, embora não tenha se colocado na direção certa ao fim que se propõe, mas se o senhor o percebe e persiste no uso dessas boas expressões para conduzir os homens a erro nesse assunto, pense o que meus pagãos e maometanos poderiam fazer de pior para servir a uma causa ruim.

O que quer que imagine, escrevo assim nesse argumento por ter diante dos meus olhos a conta que prestarei por minha intenção e sobre a verdade ao lidar com ela. Vejo-me tão passível de erro quanto outros, mas aquilo de que estou certo, nem o imporia ao senhor, a mim mesmo, a ninguém e ficaria muito feliz de ter a verdade sobre esse ponto claramente estabelecida e, portanto, desejo que o senhor reflita se todas as finalidades que o senhor cita para seu uso da força são eficazes, quando a força deve ser seu modo de colocá-las em prática, alcança alguém ou simplesmente obtém conformidade externa? Considere, por favor, se não é isso que o torna tão envergonhado com a palavra dissidentes que o senhor diz ser minha, não sua. Já que só devem ser punidos, por seu esquema, os que não se ajustam à religião nacional, dissidentes, acho, é a palavra certa para chamá-los e não vejo razão para o senhor hesitar sobre isso, a menos que sua opinião tenha algo de que o senhor não gostaria de falar e chamar pelo seu nome certo, mas o senhor gostando ou não, perseguição e perseguição de dissidentes são nomes que pertencem a isso como está agora.

E agora penso que devo deixar que o senhor mesmo responda sua pergunta: "Mas os dissidentes não podem ser punidos pela falta de não serem da religião nacional e apenas para fazê-los refletir?" Ou a use novamente, onde o senhor entenda a necessidade de uma distinção tão agradável entre a falta pela qual os homens devem ser punidos por leis e a finalidade pela qual devem ser punidos. Pois para mim, confesso, é difícil encontrar outro fim imediato de castigo sob a pretensão de leis humanas, além da emenda das faltas punidas, embora possam estar subordinadas a outros e remotos fins. Se a lei for a punição da não-conformidade, alguém pode dizer verdadeiramente que curar a falta ou produzir conformidade seria a finalidade dessa lei e não há nada imediatamente visada por essa lei além da conformidade e qualquer coisa além da conformidade deve ser conseqüência da conformidade, seja edificação, aumento da caridade ou salvação das almas ou qualquer outra conseqüência da conformidade. Assim, numa lei, que por castigos requer conformidade e nada mais, pode-se dizer, penso adequadamente que a reflexão é a finalidade da lei, a menos que reflexão seja uma conseqüência da conformidade e a ela seja conduzida naturalmente ou o que mais seja necessário.

Ao meu argumento de ser injusto e impraticável, o senhor responde: "onde a igreja nacional for a verdadeira igreja de Deus, à qual todos os homens deveriam se unir e onde se oferece suficiente evidência para convencer os homens de sua verdade, é uma falta não estar convencido de que a igreja nacional é a verdadeira igreja de Deus. E, portanto, pelo fato de ainda haver homens não convencidos só se pode imputar à sua não reflexão devida sobre a evidência a eles oferecida para convencê-los, não pode ser injusto puni-los para fazê-los refletir". Por favor, me diga, qual o dever de um homem, primeiro ser da igreja nacional ou primeiro ser convencido de que sua religião é verdadeira e então pertencer a ela? Se for seu dever primeiro ser convencido, por que então o senhor o pune por não pertencer a ela, quando é seu dever estar convencido da verdade de sua religião, antes do dever de pertencer a ela? Se o senhor diz ser seu dever primeiro pertencer a ela, por que a força não é usada nele depois, embora ele ainda seja ignorante e não convencido? Mas, o senhor responde: "É uma falta não estar convencido". O que, qualquer falta em qualquer lugar? Não. Seu limite é afirmar que "suficiente evidência é oferecida para convencer os homens de que a igreja nacional é a verdadeira igreja de Deus". Ao que me permita acrescentar: a igreja nacional é a verdadeira igreja de Deus, que ninguém fora de sua comunhão pode adotar a verdade que pode salvá-lo ou estar no caminho da salvação. Pois se um homem pode estar no caminho da salvação fora da igreja nacional, ele está bastante na igreja verdadeira e não precisa de força para levá-lo a qualquer outra. Pois quando um homem está no caminho da salvação, não há necessidade de força para levá-lo a qualquer igreja de qualquer denominação para sua salvação. Assim, não ser da igreja nacional, embora verdadeira, não será uma falta que o magistrado tenha o direito de punir, até ser oferecida suficiente evidência para provar que um homem não possa ser salvo fora dela. Agora, já que o senhor nos diz que por suficiente evidência o senhor traduz as que certamente ganharão concordância, quando o senhor tiver oferecido tal evidência que convença os homens que a igreja nacional, em qualquer lugar é a igreja nacional que os homens não podem ser salvos fora de sua comunhão, penso que posso lhes permitir ser tão culpados que mereçam a punição que o senhor achara justa. Se o senhor espera consertar o assunto com as palavras seguintes, onde diz: "onde tais evidências são oferecidas que os homens que não se convencerem só podem ser imputados aos homens que não refletirem como deveriam", elas não o ajudarão. Pois "considerar como deveriam" sendo, por sua interpretação, "refletir para não rejeitar", então sua resposta resulta assim: "é uma falta não ser convencido que a igreja nacional é a igreja de Deus, onde suficiente evidência é oferecida para convencer os homens disso. Suficiente evidência é tal que certamente ganhará concordância com os que refletem como deveriam, isto é, que refletem para não rejeitar, ou se comovem sinceramente para adotar", que entendo, é ser convencido. Quem pode garantir negar isso? Pode haver algo mais certo que se os homens não estão convencidos, devem lhes ser imputado esse fato, onde tal evidência para esse fim lhes foi oferecida? E para punir a todos esses, o senhor tem meu consentimento.

Apelo a meus leitores se tudo que diz tem algo mais em si e apelaria ao senhor, de boa-vontade, se não temesse que a superficialidade de suas boas e plausíveis palavras em sua cabeça "suficiente evidência", "refletir como deveriam", etc. fizessem um nó em seus pensamentos e levasse o senhor a rodar em seus círculos já batidos. É um perigo para os já muito expostos e acostumados a termos relativos e duvidosos e reunidos de forma tal que, embora signifiquem algo, quando seu significado é avaliado como são colocados, resultam em nada.

O senhor continua: "que justiça haveria para o magistrado punir alguém por não ser cartesiano, haverá tempo suficiente para refletir quando eu tiver provado ser tão necessário aos homens serem cartesianos, quanto cristãos ou membros da igreja de Deus". Será uma resposta melhor ao que eu disse, quando o senhor tiver provado que para ser cristão ou membro da igreja de Deus é necessário que o dissidente seja da igreja da Inglaterra. Se não for justo punir um homem por não ser cartesiano, porque não é necessário ser um cartesiano ou cristão, temo que o mesmo argumento será defendido contra punir um homem por não usar a cruz no batismo ou não se ajoelhar na Ceia do Senhor. E cabe ao senhor provar ser necessário usar a cruz no batismo ou se ajoelhar perante a Ceia do Senhor, como ser um cristão. Pois se não for tão necessário quanto ser cristão, o senhor não pode, por sua própria regra, sem injustiça, punir os homens por não se ajustarem a uma igreja onde essas coisas sejam parte indispensável do ajustamento e, por essa regra será injustiça punir um homem por não ser dessa igreja onde algo não necessário à salvação seja requerido, pois essa, penso eu, é a necessidade de ser cristão.

Para mostrar a irracionalidade de punir dissidentes para fazê-los refletir, digo, "que assim eles foram punidos por não terem ofendido a lei, pois não há lei na terra que exija que eles reflitam". Sua resposta é, "o senhor pensa que o contrário está bastante claro: pois onde as leis provêem meios suficientes de instrução na verdadeira religião e então exigem que todos os homens a adotem, o senhor acha que a elaboração mais natural dessas leis é que requeiram que os homens as adotem sob instrução e convicção, como não se pode esperar que eles o fizessem sem refletir sobre seus fundamentos". Sua resposta é muito verdadeira, se eles não pudessem adotar sem reflexão e convicção. Mas já que há um caminho mais curto para adotar que não custa nenhum sofrimento além de caminhar para a igreja, sua resposta não mais prova que a lei requer refletir que, se um homem em Harwich seja submetido a aparecer em Westminster Hall no próximo período, o senhor diria que a submissão requer que ele venha por mar, porque haveria meios suficientes para sua passagem em barco comum com horários constantes de Harwich a Londres, mas ele, achando mais fácil e rápido vai pelo caminho mais curto por terra e acha que aparecendo na corte como foi exigido, a lei está cumprida e não há questionamento sobre como ele chegou.

Se, portanto, os homens podem adotar para satisfazer a lei sem reflexão e for verdade que eles, tendo "percorrido os meios de correta informação, forem negligentes e avessos à reflexão", então haverá necessidade de castigo para que o façam, como o senhor tanto nos diz. Como é uma elaboração natural dessas leis, que exigem que os homens reflitam que, tendo fornecido meios suficientes de instrução, requer que os homens só se conformem, sem falar nada sobre reflexão? Especialmente quando a causa determinada por o senhor para a negligência da reflexão dos homens é "não querer os meios de instrução, mas querer os castigos que superem sua aversão" a usar tais meios, que o senhor mesmo confessa, onde diz: "quando a melhor provisão é dada para a instrução das pessoas, o senhor teme que grande parte delas ainda precisará de castigos para levá-los a ouvir e receber instrução". E portanto, talvez o restante desse parágrafo, quando o senhor o considerar novamente, não parecerá tão impertinente como uma declamação como lhe agrada pensar. Pois ele atribui ao seu método, como é apresentado, de punir os homens por não refletirem e examinarem, com esses absurdos, que é punir os homens por não fazerem o que a lei não exige deles, nem declara sua negligência como uma falta. Contrário às finalidades de todas as leis, contrário ao senso comum da humanidade e à prática de todos os legisladores, que sempre primeiro declaram a falta e então determinam as penas contra aqueles que, após certo tempo forem declarados culpados dela. Isso atribui ao seu método que não permite impunidade ao inocente, mas pune tribos inteiras, o inocente como culpado. E o fato designado na lei não foi mencionado, mas deixado às pessoas, cuja falta foi querer refletir e ser, por reflexão considerado fora.

Para evitar esses absurdos, o senhor mudou seu esquema e agora em sua própria resposta, com os mais francos perseguidores, o senhor pune os homens direto por sua religião e ser um dissidente da verdadeira religião é uma falta a ser castigada pelo magistrado. Isto de fato lida claramente com a coisa e limpa seu método dos absurdos enquanto o senhor o mantiver. Mas, onde quer que o senhor nos diga que suas leis são feitas para os homens ouvirem, refletirem e examinar, onde a própria lei nada nos diz sobre ouvir, refletir e examinar, o senhor ainda é culpável por todos esses absurdos. Nem a distinção que, sem qualquer diferença que o senhor estabeleça, entre a falta pela qual os homens devem ser punidos e o fim pelo qual devem ser punidos, o senhor presta algum serviço, como mostrei em outra passagem.

Ao que disse (L.II páginas 88 a 95) sobre os que, pelo seu esquema, devem ser punidos, o senhor considerando justo não responder nada, ofereço-lhe aqui novamente para sua reflexão:

"Indaguemos primeiro quem o senhor teria punido. Na passagem citada acima são os que seguiram o caminho errado e estão surdos à persuasão. Se forem esses os homens a serem punidos, que haja uma lei contra eles. O senhor tem meu consentimento e esse é o caminho adequado para punir ofensores. Pois o senhor não quer, espero, punir uma falta com uma lei que o senhor não identifica na lei, nem produz uma lei contra uma falta que o senhor não teria punido. E agora, se o senhor é sincero e honesto, como um homem deve ser, com o significado claro de suas palavras e nada mais, para que servirá tal lei? Os homens no caminho errado devem ser punidos, mas a questão é quem está no caminho errado. O senhor não tem mais razão para determiná-lo contra alguém que diverge de o senhor, quanto ele de concluir contra o senhor. Não, não obstante o senhor tenha o magistrado e a igreja nacional do seu lado. Pois, para divergir deles por estarem no caminho errado, o senhor, que está no caminho certo na Inglaterra estará no caminho errado na França. Cada um aqui deve ser juiz por si mesmo. E sua lei não atinge ninguém até que o senhor o tenha convencido de estar no caminho errado e então não haverá necessidade de qualquer punição para fazê-lo refletir. A menos que o senhor afirme novamente o que o senhor negou e puna os homens por adotarem a religião que acreditam ser verdadeira, quando difira da sua ou do público.

"Além de estar no caminho errado, aqueles que o senhor teria punido devem ser os que sejam surdos a qualquer persuasão. Mas esses, suponho, o senhor dificilmente encontrará, que não ouve a ninguém, nem os de seu próprio caminho. Se o senhor entende por surdo a toda persuasão, toda persuasão do partido contrário, ou de uma igreja diferente que, suponho, o senhor pode encontrar em sua própria igreja, ou em qualquer outro lugar. E presumo a eles o senhor é tão caridoso que não os teria punido por dar ouvidos a sedutores. Pois a constância na verdade e a perseverança na fé deve, espero, ser mais encorajada que checadas por castigos na ortodoxia. E sua igreja, sem dúvida, como todas as outras, é ortodoxa para si mesma em todos seus aspectos. Se o senhor traduz por toda persuasão, toda a sua persuasão, ou toda persuasão dos da sua comunhão, o senhor só distorce a questão e suponho que o senhor tenha o direito de punir os que divergem e não concordam com o senhor.

"Suas próximas palavras são: 'quando os homens fogem dos meios da correta informação e não refletem sobre como é razoável examinar profunda e imparcialmente uma religião, que adotam após induzir como deveriam, para não terem dúvidas sobre o assunto e, portanto, com pouco ou nenhum exame dos seus fundamentos, que método humano pode ser usado para levá-los a agir como homens numa questão de tamanha conseqüência e fazer uma escolha mais sábia e racional que não seja de aplicar-lhes castigos, que possa equilibrar o peso de tais preconceitos que os leva a preferir um caminho falso, antes da verdade e recuperá-los a uma sobriedade e reflexão que seriamente coloquem para si mesmo a questão. Se valer mesmo a pena enfrentar tais inconveniências para aderir a uma religião que, pelo que sabem, pode ser falsa, ou por rejeitar outra (se for o caso) que, por algo que saibam, possa ser verdadeira, até que sejam levados à barra da razão e ali dar a elas um julgamento justo?'Aqui, o senhor novamente, de certo modo, prefere um caminho falso a um verdadeiro, ao qual já tendo respondido, nada mais direi, mas que, já que nossa igreja não aceitará os que estejam no caminho errado, fora da igreja de Roma, porque a igreja de Roma que se pretende infalível, se declara como o único caminho verdadeiro, certamente ninguém de nossa igreja nem ninguém mais, que não pretende infalibilidade, pode requerer de ninguém o testemunho de alguma igreja, como prova suficiente da verdade de sua própria doutrina. Assim, verdadeiro ou falso, como acontece comumente, quando os supomos pelo nosso lado, ou nosso partido, com efeito significa nada, ou nada serve ao propósito. A menos que pensemos que o verdadeiro ou falso na Inglaterra, que não o será em Roma ou Genebra, e vice-versa. Como para o resto da descrição daqueles a quem o senhor está castigando, peço-lhe que considere se isso não pertence a alguma de suas igrejas, deixe estar. Considere, digo, se não há ninguém em sua igreja 'que adotou sua religião sob induções tais como deveriam para não ter dúvidas sobre o assunto e, portanto, com pouco ou nenhum exame dos seus fundamentos, quem não tendeu a preconceitos, quem não aderiu a uma religião que, por algo que saibam, pode ser falsa e os que rejeitaram outra que, por algo que saibam, possa ser verdadeira'. Se o senhor tem alguém assim em sua comunhão e isso será admirável, embora eu tema um pouquinho que não haja ninguém assim lá, considere bem o que o senhor fez. O senhor preparou rodas para eles, para o que eu imagino que eles não o agradecerão. Pois, para fazer algum sentido tolerável o que o senhor aqui propõe, deve-se entender que o senhor teria homens de todas as religiões punidos, para fazê-los refletir 'se vale realmente enfrentar tais inconveniências por aderir a uma religião que, por algo que sabem, possa ser falsa'. Se o senhor espera evitar que, sua consideração de verdadeiro e falso e pretende que a suposta preferência do caminho verdadeiro da sua igreja deveria preservar seus membros da sua punição, o senhor se ilude manifestamente. Pois o testemunho de toda igreja, que escolheu o verdadeiro caminho, pode ser tomado por si mesmo e ninguém será livrado e sua nova invenção de castigo chega a nada, ou ainda, os diferentes testemunhos das igrejas podem ser tomados um pelo outro. E quando todos estiverem fora do caminho verdadeiro, sua igreja precisará de castigos, tanto quanto o resto. Assim, por esses princípios, devem todos ou nenhum ser punidos. Escolha o que lhe agrada. De um deles, acho, o senhor não pode escapar.

"O que o senhor diz nas palavras seguintes: 'quando a instrução, recusada obstinadamente e todas as admoestações e persuasões se provam vãs e ineficazes' em nada diferem além do modo de expressar sobre surdo a toda persuasão, assim isso já está respondendo.

"Em outra passagem, o senhor nos dá uma descrição dos que o senhor pensa deverem ser punidos, nessas palavras: 'os que se recusam a adotar a doutrina e se submeterem ao governo espiritual dos ministros adequados da religião, que por desígnio especial são indicados para exortar, admoestar, reprovar, etc. Aqui, então, os que devem ser punidos 'são os que se recusam a adotar a doutrina e se submeter ao governo dos ministros adequados da religião'. Embora estejamos ainda sob as incertezas que tínhamos antes, esses, pelo seu esquema e leis adequadas, devem ser punidos, já que cada igreja tem, como pensa, seus próprios ministros da religião. E se o senhor menciona os que se recusam a adotar a doutrina e se submeter ao governo dos ministros de outra igreja, então todos os homens serão culpados e devem ser punidos, mesmo os de sua igreja, tanto quanto os demais. Se o senhor se refere aos que se recusam, etc. os ministros de sua própria igreja, muito poucos incorrerão em suas penalidades, mas se por 'ministros adequados da religião' o senhor inclui os ministros de alguma igreja particular, por que o senhor não os mencionou? Por que o senhor é tão reservado num assunto, se o senhor não fala claro, todo o resto do que diz não terá qualquer propósito. Os homens devem ser punidos por se recusar a adotar a doutrina e se submeter ao governo dos ministros da igreja de Genebra? Nesse momento, já que o senhor declarou nada ao contrário, deixe-me supor que sejam dessa igreja e então, estou certo de que é ela que o senhor nomeia. Pois qualquer que seja sua igreja, se o senhor acha que os ministros de alguma igreja deveriam ser ouvidos e obedecidos, devem ser os da sua própria igreja. Há pessoas a serem punidas, o senhor diz. Isso o senhor defende em todo o seu livro e enfatiza tanto isso que coloca a preservação e propagação da religião e a salvação das almas dependendo disso e ainda os descreve com marcas tão gerais e equívocas que, a menos que sejam suposições que ninguém pode garantir, ouso dizer que nem o senhor nem ninguém mais conseguirão achar alguém culpado. Por favor, encontre-me, se puder, um homem que o senhor possa juridicamente provar (pois se ele deve ser punido pela lei deve ser julgado com justiça) estar em caminho errado, a respeito de sua fé. Quero dizer, "seja surdo a toda persuasão, que foge de todos os meios da informação correta, que se recuse a adotar a doutrina e se submeter ao governo dos pastores espirituais". E quando o senhor tiver feito isso, acho que devo lhe dar o poder que lhe agrada para puni-lo, sem qualquer prejuízo à tolerância proposta pelo autor da carta.

"Mas, por que, pergunto, toda essa falação, toda essa conversa tola, se o senhor não sabe do que está falando, ou não se atreve a falar claramente? O senhor defenderia a punição sem saber a quem? Não acho o senhor tão mau. Deixe-me falar claro em seu lugar. A evidência do argumento o convenceu que os homens não devem ser perseguidos por causa de sua religião; que os castigos em moda entre os cristãos não podem ser defendidos, que o magistrado não tem autoridade para compelir ninguém à sua religião. O senhor foi obrigado a concordar com isso. Mas o senhor ainda defende manter algum poder nas mãos do magistrado para punir dissidentes, sob uma nova pretensão, isto é, não por ter adotado a doutrina e adoração que acreditassem ser verdadeira e certa, mas por não ter considerado bastante sua própria religião e a do magistrado. Para lhe mostrar que não falo sem total fundamento no livro, permita-me lembrar-lhe uma das suas passagens: 'penalidades para levá-los a examinar séria e imparcialmente a controvérsia entre os magistrados e eles'. Embora essas palavras não pretendam nos dizer quem o senhor teria punido, ainda podem ser claramente inferidas deles. E eles ainda claramente indicam mais quem o senhor visa, do que todos os lugares onde o senhor parece descrevê-los. Pois são os lugares onde haja controvérsia entre eles e o magistrado. Em resumo, os que divergem do magistrado por religião. E agora, de fato, o senhor nos deu uma nota pela qual os que o senhor teria punido devam ser conhecidos. Achamos, sem dúvida, enfim quem podemos presumir o senhor teria punido. Que, em outros casos, comumente não teria sido difícil, pois as faltas a serem corrigidas facilmente indicam as pessoas a serem corrigidas. Mas o seu é um método novo e diferente de tudo que veio antes dele.

"Na próxima passagem, vejamos por que o senhor os teria punido. O senhor nos diz e isso facilmente lho garantirá, que não examinar e pesar imparcialmente e sem preconceito ou paixão, tudo que, para resumir, expressaremos por essa única palavra 'refletir', a religião que alguém adota ou recusa, é uma falta muito comum e muito prejudicial à verdadeira religião e à salvação das almas humanas. Mas as penas e punições são muito necessárias, o senhor diz, para remediar esse mal."

"Vejamos agora como aplicar esse remédio. Portanto, o senhor diz, que todos os dissidentes sejam punidos. Por quê? Os dissidentes não refletiram sobre religião? Ou todos os conformistas refletiram? Isso o senhor mesmo não pode dizer. Seu projeto, portanto, é tão razoável como, havendo o crescimento de uma letargia epidêmica na Inglaterra, o senhor propusesse uma lei para produzir bolhas e arranhar e raspar a cabeça de todos que usassem gorros, embora seja certo que nem todos que usam gorros sejam letárgicos e nem todos os letárgicos usam gorros."

"Dil te, Damasippe Deæque
Verum ob consilium donent tonsore".

Pois não poderia haver um conselho mais sábio que um homem pudesse absorver pelas orelhas porque outro esteja dormindo. Isto, quando o senhor tiver refletido novamente (pois acho, conforme seu princípio, todos os homens têm que ser estimulados agora e então), acho que estará convencido de não ser como um médico que aplica um remédio a uma doença, mas como um inimigo irado, que dá um soco no peito do outro. O senso comum, assim como a justiça comum, requer que os remédios das leis e as penas devam ser dirigidos contra o mal que deve ser removido, onde quer que esteja. E se a punição que o senhor pensa tão necessária, como pretende, para curar o erro que defende, o senhor deve perseguir e cair sobre o culpado e só aqueles, em cuja companhia ele esteja. E não, como aqui o senhor propõe e é a maior injustiça, punir o inocente considerado dissidente, junto com o culpado. E, por outro lado, deixar escapar o conformista não considerado culpado, junto com o inocente. Pois podemos racionalmente presumir que a igreja nacional tem alguns, não mais, em proporção, desses que pouco refletiram ou se interessam sobre religião, do que qualquer congregação de dissidentes. Por consciência, ou deixando de lado o cuidado com suas almas, o interesse, claro, levou os homens àquela sociedade, onde a proteção e amparo do governo e esperança de destaque anularam todos os seus desejos remanescentes. Assim, se homens descuidados, negligentes, irrefletidos em questões religiosas que, sem serem forçados, não refletiriam, devem ser levados a um cuidado com suas almas e uma procura da verdade, por punições. A religião nacional, que em todos os países, certamente tem o direito à maior parte dessas punições, no mínimo, não pode ser isenta delas.

"Isso é o que o autor da carta, como me lembro, defende justamente: que o pretendido cuidado com as almas dos homens sempre se expressa naqueles que teriam forçado de alguma forma para alcançar seu objetivo, por métodos desiguais, algumas pessoas sendo tratadas com severidade, enquanto outros culpados da mesma falta, não tendo sido tocadas. Embora o senhor tenha bem conseguido sair do lodo profundo e renunciar às punições diretamente por religião, o senhor ainda firma pé nessa parte do lodo. Enquanto ainda teria dissidentes punidos para fazê-los refletir, mas não teria feito nada contra conformistas, embora tão negligentes quanto nesse ponto de reflexão. A carta do autor me agradou porque é igual para toda a humanidade. É direta e a mesma, acho, em todos os lugares, o que penso ser uma boa marca da verdade. Pois eu sempre suspeitei que nem a concordância com a verdade da religião ou o desígnio do Evangelho seja adequada somente a uma parte de um país ou grupo. O que é verdadeiro e bom na Inglaterra, será bom e verdadeiro também em Roma, na China ou em Genebra. Mas julgue o senhor se seu grande e único método de propagar a verdade, levando os irrefletidos a refletir por punições, segundo seu modo de aplicar seus castigos só a dissidentes da religião nacional seria usado nesses países ou em qualquer lugar onde o senhor suponha que o magistrado tenha esse direito. Por favor, senhor, reflita um pouco se o preconceito não tem uma parcela do seu modo de argumentar, pois essa é a sua posição: Os homens são em geral negligentes ao examinar os fundamentos de sua religião. Isso eu garanto. Mas poderia haver uma conseqüência disso mais selvagem e incoerente que essa: portanto, dissidentes devem ser punidos?"

Tudo isso lhe agrada distribuir sem uma reflexão mínima. Mas talvez pense ter me dado completa satisfação em sua resposta à minha demanda sobre quem deve ser punido? Consideraremos, portanto, que como o senhor nos diz: "Os que devem ser punidos segundo todo o conteúdo de sua resposta são os que, tendo suficiente evidência ensinada a eles sobre a verdadeira religião, ainda a rejeitam. Se por último se recusarem a refletir sobre tal evidência, ou não refletir como deveriam, isto é, com cuidado e diligência tais como o assunto merece e requer e com honestidade e sem mente confusa e que dificuldade há nisso, o senhor diz, o senhor não pode imaginar". O senhor prometeu dizer ao mundo quem seriam, clara e diretamente. E embora nos diga, não pode imaginar a dificuldade que existe na sua identificação de quem deve ser punido, pois ainda há alguma coisa nisso que para meu entendimento ainda não está claro ou direto. Pois, primeiro, devem ser só aqueles a quem foi ensinada a verdadeira religião com suficiente evidência, enquanto me parece difícil saber quem julgará sobre a verdadeira religião e para isso, em todo país é mais provável que seja o magistrado. Se o senhor pensa em outra pessoa, por favor nos diga. Ainda, há alguma dificuldade em saber quem julgará o que seria "suficiente evidência". Pois onde um homem deve ser punido pela lei, ele deve estar convencido de ser culpado, que já que nesse caso ele não pode estar, a menos que se prove que ele recebeu ensinamento sobre a verdadeira religião com suficiente evidência, é necessário que alguém seja juiz do que é a verdadeira religião e o que significa suficiente evidência e os que vão julgar tenham recebido esse ensinamento. Se o senhor fosse do júri, sabemos qual seria seu veredicto sobre suficiente evidência, por suas palavras: "Dizer que um homem que tem a verdadeira religião proposta a ele com suficiente evidência de sua verdade pode considerá-la como deve ou ter feito o melhor para refletir e ainda não perceber sua verdade, é nem mais nem menos dizer que a evidência suficiente não foi suficiente. Pois o que um homem pode dizer por suficiente evidência, além daquilo que terá a concordância onde for devidamente considerado?" Sob o que, sua conformidade ou não-conformidade, determinaria, sem dúvida, esse ponto. Mas, a questão é se o resto do júri poderia, sob esse argumento, declarar um homem culpado e passível de punição. Pois, se suficiente evidência for apenas a que certamente receber concordância, onde um homem fizer o melhor para refletir, será muito difícil provar que um homem que rejeita a verdadeira religião foi ensinado com evidência suficiente, porque será muito difícil provar que ele não tenha feito o melhor para considerá-la. Assim, apesar de tudo que o senhor disse, punir um homem por seu método não é tão praticável.

Mas o senhor esclarece tudo nas suas palavras seguintes: "não há nada mais evidente que os que rejeitem a verdadeira religião sejam culpáveis e mereçam ser punidos". Por quem? Por homens. Isso está tão longe de ser evidente, como diz, que precisará de provas melhores do que as que já vi. Em seguida, o senhor diz: "É bastante fácil saber quando os homens rejeitam a verdadeira religião". Sim, quando a verdadeira religião é conhecida e se concorda sobre o que será tomado como procedimentos jurídicos, o que só ocorrerá quando todos concordarem sobre quem determinará o que é e o que não é a verdadeira religião. Suponha que se aplique um castigo na universidade sobre os que rejeitem a verdadeira doutrina peripatética. A lei poderia ser executada em qualquer um, a menos que houvesse concordância sobre quem julgaria se a doutrina peripatética é verdadeira? Se o senhor disser que isso pode ser obtido pelos escritos de Aristóteles, eu responderei que deveria haver uma lei mais razoável para aplicar a lei em alguém que rejeite a doutrina contida nos livros atribuídos a Aristóteles e impressos sob seu nome. O senhor pode aplicar isso à verdadeira religião e os livros das Escrituras, se lhe agrada, embora, enfim, deva haver um juiz que concorde em determinar que doutrinas estão contidas em cada um dos escritos, antes que a lei possa ser praticável.

Mas o senhor continua a provar que "é fácil saber quando os homens rejeitam a verdadeira religião, pois, diz o senhor, isso não requer mais que sabermos que essa religião lhes foi ensinada com suficiente evidência de sua verdade. E o senhor pode supor que ela foi ensinada com plena evidência e pode ser conhecida quando foi ensinada". O senhor então supõe mais do que se lhe permite. Pois o que eu nego é que se possa saber que a verdadeira religião foi ensinada a alguém com suficiente evidência e que, pelas razões mencionadas acima, que não havendo em si outra dificuldade, seria suficiente para mostrar a impraticabilidade do seu método.

O senhor conclui assim seu parágrafo: "É tudo que precisa ser dito sobre esse assunto para mostrar a consistência e praticabilidade desse método. E o que o senhor diz em qualquer lugar contra isso?" Se digo ou não algo contra isso, levarei um amigo seu que dirá que os dissidentes devem ser punidos por estarem fora da igreja da Inglaterra. Pergunto-lhe então, como se pode provar que alguém é culpado por rejeitar a única verdadeira religião? Talvez seja porque ele duvida da cruz do batismo ou dos padres e freiras como são usados, ou se ajoelhem na Ceia do Senhor. Talvez seja porque ele não consegue pronunciar todas as danações em que não acredita no Credo de Atanásio, ou não consegue aceitar algumas das repetições em nossa Oração Comum. Pensando neles ajustados a proibição do Nosso Salvador, cada um que expulsar um homem da comunidade da igreja da Inglaterra, tanto quanto se ele negasse Jesus Cristo como Filho de Deus. Então, senhor, eu lhe indago, como saber que mesmo essa suficiente evidência foi ensinada a esse dissidente a prova que o que ele rejeita é parte da única verdadeira religião que, mesmo pertencendo a ela, não pode ser salvo? Ou, de fato, como saber, que um dissidente que rejeite a única verdadeira religião, quando for punido meramente por não se conformar, nunca é perguntado que parte dela ele discorda ou rejeita? E assim são muitas das coisas que imagino demandarão sempre suficiente evidência para que eles provem ser partes da única verdadeira religião, sem adotar sinceramente, sem a qual nenhum homem pode ser salvo.

CAPÍTULO IV

Quais Níveis de Punição

Quanto o senhor se esforçou para reformar a doutrina da perseguição para servir a seu propósito e dar cores de cuidado e zelo pela verdadeira religião no país onde sozinho estava preocupado em usá-la. O senhor ainda trabalha em vão e não fez mais que dar ao velho motor um novo verniz para deixá-lo melhor e fazer parecer menos temível. Pois, pelo que já foi dito nos capítulos anteriores, acho que parecerá que, se um magistrado tem poder para punir homens por questões religiosas, todos têm. E dissidentes da religião nacional devem ser punidos em todo lugar ou em lugar algum. As horríveis crueldades que, em todas as épocas e ultimamente, ao nosso ver, foram cometidas sob o nome e à guiza de religião, ofendem e aborrecem justamente todos que ainda retêm traços não apenas de religião mas de humanismo, que o mundo se envergonha de ter. Essa objeção, portanto, assim como fazem as palavras ou confissões, o senhor trabalhou para se defender contra e isentar seu desígnio da suspeita de qualquer brutalidade, o senhor cuida quase em cada página, para nos fazer ouvir sobre força moderada, penalidades moderadas, mas tudo em vão. E só duvido sobre quando também essa parte for examinada, parecerá que o senhor nem tem nem pode limitar o poder de punir de qualquer tipo de magistrado, nem isentar da punição os dissidentes de qualquer religião nacional. Então o senhor nem tem nem pode limitar a punição a qualquer grau, baixo ou alto, se usar punições a todas as questões religiosas. Examinarei agora o que o senhor fez sobre isso, além de nos dar boas palavras.

O senhor me diz: "tomei uma liberdade que precisa de perdão", porque digo: "o senhor defendeu claramente a questão, suscitando essas severidades maiores como impróprias e injustas". Mas se eu concordar que essas sejam adequadas e justas como suas penalidades moderadas e se o senhor usar uma delas, deve usar a segunda, como parecerá do que o senhor mesmo diz. O que quer que pense, não imagino que outros leitores concluirão que tomei uma liberdade tão ampla ou precisarei de perdão. Pois se, como diz na página seguinte "a autoridade deve racional e justamente usar alguns níveis de força onde for necessária", digo que eles também podem usar alguns níveis de força onde for necessária. Agora, sobre seus fundamentos, o fogo e a espada, a tormenta e a paralisia e os outros castigos que o senhor condena, serão necessários, mesmo os tormentos mais severos e são tão necessários como as moderadas penalidades que o senhor não mencionará. Pois eu pergunto, a que propósito o senhor usa níveis de força? É para prevalecer com os homens para fazerem algo que esteja em seu poder, ou que não esteja? Esse último, suponho que o senhor não dirá, até que seu amor pela força tenha aumentado tanto até que pensará necessário usar a força para produzir impossibilidades. Se a força deve ser usada apenas para levar os homens a fazerem o que está em seu poder, qual a necessidade de o senhor designá-lo? Só isso, eu lembro: "quando gentis admoestações e sincera troca de idéias não prevalecem, que outros meios restam além da força?" E eu, sobre os mesmos fundamentos, respondo: se níveis menores de força não prevalecerem, que outros meios restam além de níveis maiores? Se os níveis mais baixos de força são necessários onde meios mais gentis não prevalecerem, é porque não há outros meios. Níveis mais altos de força são necessários onde níveis mais baixos não prevalecerão, pela mesma razão. A menos que o senhor diga que todos os níveis de força trabalhem parecido e igualmente os levará a fazer o que está em seu poder. Se for assim, um peteleco na testa ou um centavo de multa pode ser castigo suficiente para levar os homens ao que o senhor propõe. Mas se o senhor ri disso, sendo tão pequeno quanto insuficiente e, portanto, pensará ser necessário reforçá-los, digo, onde quer que a experiência mostre qualquer nível de força como insuficiente para prevalecer, ainda haverá a mesma necessidade de aumentá-la. Pois onde quer que o fim seja necessário e a força for o meio, o único meio de atingi-lo, ambos supostos no seu caso, sempre será necessário aumentar o nível de força, onde o mais baixo se provou ineficaz, e assim o senhor chega ao máximo como quando começa com o mínimo. Assim, neste seu caso atual, não imagino quantos artifícios o senhor usa, como mostrarei um por um, para evitar nomear o grau máximo do que o senhor chama de moderado. Se qualquer grau for necessário, o senhor não pode designar nenhum, condenar em palavras como gostaria, pois pode não ser assim e que o senhor não deve usar. Se não há essa necessidade de usar força, como o senhor justifica seus graus mais altos, que são as brutalidades que o senhor condena, também não justificará o uso de seus graus mais baixos.

Se, como o senhor nos diz, "falsas religiões prevalecem contra a verdade, meramente pela vantagem que têm na corrupção e depravação da natureza humana deixada a si mesmo não freada pela autoridade". Se não receber a verdadeira religião for um sinal e efeito meramente da prevalência da corrupção da natureza humana, não pode, não, não deve o magistrado, se menos não for feito, usar sua força máxima para levar os homens à verdadeira religião? Sua força lhe sendo dada para suprimir essa corrupção, especialmente já que o senhor a dá como medida da força a ser usada, que deve ser "tanta que sem ela, normalmente eles não adotarão a verdade que pode salvá-los". O que aqui significa normalmente para se tomar uma medida determinada, é difícil supor. Mas qualquer significado que tenha, deve ser usada tanta força que "sem ela os homens não adotarão a verdade". Que, se isso significa algo inteligível, requer que onde os graus mais baixos não funcionem, mais altos devem ser usados, até chegar ao que normalmente funcionará. Mas o que é esse normalmente, ninguém pode dizer. Se um homem não for forjado por pouca força como outro, maiores graus de força não podem ser usados nele? O magistrado, obrigado a fazer o que lhe cabe, poderá ser desculpado por deixá-lo se danar sem o uso de todos os meios que estavam em seu poder? E será suficiente para ele pleitear que, embora não tenha feito tudo que lhe cabia, fez o que normalmente prevalece ou que prevalece em vários outros? A força, se for o remédio, deve ser proporcional à oposição. Se a dose que freqüentemente funciona em outros, não curará um homem cuja vida depende dela. Ela não deverá, portanto, ser dada de modo suficiente e eficaz, porque será mais do que o tal normal? Ou alguém pode dizer que o médico cumpriu seu dever, deixando seu paciente extraordinário morrer pelo uso só de remédios moderados e determiná-lo como incurável, antes de tentar o máximo que possa com os remédios mais poderosos que estiver ao seu alcance?

Tendo renunciado à perda de propriedades, castigos corporais, prisão e tais tipos de brutalidades como injustas para serem usadas em questões religiosas, o senhor pergunta: "segue-se daí que o magistrado não tenha direito a usar qualquer tipo de força?" Sim, segue, até que o senhor tenha alguma outra resposta ao que digo, no lugar dessa, ou: "que se o senhor dá punições de homem em sua pessoa, liberdade e propriedade, penso não poder estar do seu lado por qualquer punição a ser usada". Mas o senhor passa por isso sem observar. Eu não duvido que o senhor dirá pensar ter uma resposta pronta, dizendo-me que mencionou apenas "privar os homens de suas propriedades, ferindo-os com castigos corporais, fome e tormentos em prisões nocivas" e outras brutalidades cujos nomes o senhor omitiu, mas punições mais brandas ainda podem ser usadas, pois penalidades é a palavra que o senhor usa cuidadosamente e descarta a palavra punição, como se não a defendesse. Eu gostaria que o senhor também nos dissesse o nome das penalidades que o senhor usaria, assim como o nome das brutalidades que proibiria. Eles não podem mutilar um homem com castigos corporais. Eles podem usar outros castigos corporais? Eles não podem deixar famintos e atormentá-los em prisões nocivas por religião. Isso o senhor condena tanto quanto eu. Eles podem colocá-los numa prisão qualquer? Eles não podem privá-los de suas propriedades. Suponho que o senhor entenda como todas as suas propriedades. Eles poderiam tirar deles a metade, um quarto, a centésima parte? É estranho que o senhor possa nomear os graus de severidade que mais ameaçarão que promoverão o progresso da religião e não possa nomear os graus que a promoverão, mais que a ameaçarão. Que os que tomarão as medidas por o senhor e seguirão seu esquema, devam saber como proceder para não causar mais mal que bem, pois já que o senhor está tão certo, de que há graus de punições ou castigos que farão bem e outros graus que farão mal, o senhor não deveria nos dizer, qual é esse grau verdadeiro, ou como pode ser conhecido, sem o que, seu bom esquema não teria utilidade? Pois aceitando como verdade tudo que o senhor disse como gostaria, nenhum bem pode ser feito sem mostrar a justa medida de castigo a ser usada.

Se o nível for muito alto, o senhor confessa, fará mal. Pode alguém não errar do outro lado, usando muito pouco? Se o senhor o diz, concordamos e não desejo tolerância maior. Se, portanto, nível muito alto pode fazer mal e muito pouco, na sua opinião, não fará bem, o senhor deve nos dizer a justa medida. Já lhe pressionei por isso e já que o leitor deve julgar, eu o perturbarei com a repetição:

"Há uma terceira coisa que o senhor tanto expõe quanto reserva, somente nomeando os criminosos a serem punidos ou positivamente nos dizendo o fim a que eles devem ser punidos. É a que tipo de castigos, que grau de punição eles devem ser forçados. O senhor, de fato, é tão misericordioso com eles que renuncia às severidades e penas até aqui aplicadas. O senhor nos diz que elas deveriam ser somente penas moderadas. Mas se lhe perguntamos o que são penas moderadas, o senhor confessa não poder nos dizer. Assim, por moderada aqui, o senhor não quer dizer nada. O senhor nos diz: a força externa a ser aplicada deve ser devidamente equilibrada. Mas o que é esse devido equilíbrio, o senhor não diz ou não pode dizer. Assim, não significa nada. Ainda, se nisso o senhor não é claro e direto, todo o resto das suas intenções nada significarão. Pois se alguns homens, por algumas razões forem punidos, se ainda não se souber que punição deve ser usada, apesar de tudo que o senhor disse, ela será completamente inútil. O senhor nos diz modestamente que determinar precisamente a justa medida da punição requererá alguma consideração. Se as faltas fossem precisamente determinadas e pudessem ser provadas, não requereria mais consideração para determinar a medida de sua punição do que em outro caso qualquer, onde fossem conhecidas. Mas onde a falta não é definida e a culpa não provada, como suponho deve-se achar neste exame, sem dúvida requererá consideração para proporcionar a força ao desígnio. Tanta consideração quanto necessária para ajustar uma cobertura para a lua ou calcular o tamanho dos sapatos dos seus habitantes. Pois para ajustar uma punição para uma falta a que o senhor não dá nome e, por caridade, devemos pensar que o senhor ainda não sabe, e uma falta que quando o senhor a tiver nomeado será impossível provar que é ou não culpado dela. Eu suponho requerer tanta reflexão quanto ajustar um sapato a um pé cujo tamanho e formato não sejam conhecidos".

"No entanto, o senhor oferece algumas medidas para regular suas punições que, quando examinadas em profundidade, serão tão boas quanto nenhuma, sendo impossível estabelecer qualquer regra neste caso. A primeira é: 'a força ou pena normalmente suficiente para prevalecer sobre homens de senso comum e não irrecuperavelmente perversos e obstinados, para pesar questões religiosas cuidadosa e imparcialmente e que sem isso, normalmente não o farão'. Onde se deve observar:

"Primeiro, quem são esses homens de senso comum é difícil saber, como saber qual o grau justo de punição neste caso e assim, o senhor só regula uma incerteza pela outra. Alguns homens poderão pensar que quem não pesar questões religiosas, de infinito interesse para eles, sem punição, não pode com razão ser considerado um homem de senso comum. Muitas mulheres de bastante senso comum para administrar os negócios rotineiros de suas famílias não conseguem ler uma página de um autor comum e entender e explicar o que significa quando as lê. Muitos homens de senso comum em seus ofícios não conseguem julgar quando um argumento é ou não conclusivo, muito menos rastreá-lo ao longo de um trem de conseqüências. Que penalidades serão suficientes para prevalecer sobre eles que, se calculados, temo, não somam a mínima parte da humanidade, a examinar e pesar questões religiosas cuidadosa e imparcialmente? A lei considera que todos têm senso comum, a não ser os que tenham guardiões ou estejam no hospício. Então, com efeito, seus homens de senso comum são todos os homens não julgados idiotas ou loucos e as penas suficientes para prevalecerem sobre homens de senso comum são penas suficientes para prevalecerem sobre todos os homens menos os idiotas e loucos. Deixe, pois, aos homens de senso comum julgarem com que medida se deve regular as penalidades.

"Segundo, deve lhe agradar considerar que nem todos os homens com mesmo grau de senso podem se comover pelo mesmo grau de castigos. Alguns são mais submissos, outros de temperamento mais enrijecido e o que é suficiente para convencer uns, não têm metade do efeito para comover os outros, embora ambos sejam homens de senso comum. Assim, o senso comum não tem utilidade aqui para determinar a medida da punição, especialmente quando na mesma cláusula o senhor mostra como exceção os irremediavelmente perversos e obstinados que são difíceis de serem conhecidos, como o senhor procura, isto é, as proporções justas de castigos necessários para prevalecer sobre os homens, para considerarem, avaliarem e pesarem questões religiosas. Então, quando um homem lhe disser que refletiu, pesou e examinou e continua em seu antigo curso, é impossível o senhor saber que ele cumpriu seu dever ou se ele é irremediavelmente perverso e obstinado. Assim, esta exceção nada significa.

"Há muitas coisas em seu uso da força e castigos diferentes de tudo que já vi em qualquer lugar. Uma delas, sua cláusula sobre a medida dos castigos, agora sob consideração: a proporção de suas punições apenas aos submissos e corrigíveis, não aos perversos e obstinados, contrário ao senso comum que até aqui produziu leis em outros casos, cujos níveis de punições contra ofensores refratários e nunca os toca por serem obstinados. Isto, porém, não lhe atribuo como visão geral. Seu novo método que visa coisas tão impraticáveis e inconsistentes que a lei não pode sustentar, nem as penalidades podem ser úteis, o forçaram a isso. A inutilidade, absurdo e irracionalidade das grandes brutalidades o senhor percebeu nos parágrafos seguintes. Os dissidentes que o senhor levaria a considerar com penalidades moderadas estão sob elas. Mas se eles refletiram ou não, o senhor, pois, não pode dizê-lo; eles continuam dissidentes. O que deve ser feito então? Por que os incuráveis devem ser deixados para Deus, como o senhor nos diz? Suas punições não mencionam prevalecer sobre os incorrigivelmente obstinados e perversos, como o senhor nos diz. E então, qualquer que seja o sucesso, suas punições são porém, justificadas."

A amplitude de sua resposta à minha pergunta "com que castigos?" torna possível o senhor passar por essas duas ou três páginas sem dar uma resposta específica a qualquer coisa que nelas eu tenha dito. Vamos examinar sua resposta, onde o senhor nos diz: "tendo declarado em sua resposta que considera as brutalidades tão mencionadas (que tanto destrói os homens quanto os torna miseráveis) completamente inaptas e impróprias (pelas razões dadas) para levarem os homens a adotarem a verdade que os pode salvar, até onde se estende os limites da própria força, que sejam úteis para esse fim, o senhor não presume poder determinar". Não se pode presumir até onde alcança essa força moderada, quando seria necessário à sua causa que isso fosse determinado. Com razão o senhor consideraria presumível falar sobre penalidades moderadas e não poder determinar o que isso significa. Ou prometer, como faz, que dirá clara e diretamente, com que castigos. E aqui, para não nos dizer, o senhor não presume poder determinar. Mas dá uma razão para sua modéstia, no que segue, onde me diz que eu não mostrei qualquer razão por que o senhor deveria. E ainda pode achar, no que acima lhe foi repetido, essas palavras: "se nisso o senhor não foi claro e direto, todo o resto do seu desígnio nada significará". Mas se eu tivesse falhado em mostrar uma razão por que o senhor deveria e sua caridade não nos iluminasse, a menos que guiada por minhas razões. Ainda ouso dizer, se não tivesse mostrado qualquer razão por que o senhor deveria determinar esse ponto, posso lhe mostrar uma razão por que o senhor não deveria. Pois lhe serei responsivo, que o senhor não possa indicar qualquer grau de punição, que não será tão grande para agir entre os que o senhor condena e mostrar o que é sua moderação e sua aversão à perseguição, ou muito pouco atender aos fins para que o senhor os propõe. Mas o que quer que me diga, que não lhe mostrei razão porque o senhor deve determinar, pensei ter lhe passado uma razão por que o senhor deveria determinar mais especificamente que, como o senhor verá nessas páginas, provei que as medidas que o senhor oferece para regular suas punições são tão boas quanto nenhuma.

Suas medidas no seu "argumento considerado" que aqui o senhor novamente repete, são essas palavras: "tanta força ou tais castigos que normalmente sejam suficientes para prevalecer sobre homens de senso comum e não desesperadamente perverso, para pesar questões religiosas cuidadosa e imparcialmente e sem as quais normalmente não o fariam, força ou penalidades tais que justa e racionalmente sejam usadas para promover a verdadeira religião no mundo e a salvação das almas. E a que justa exceção ela é passível, o senhor não pode entender". Algumas das exceções a que ela está ligada, o senhor pode ter visto na reimpressão que novamente provoquei, se o senhor a tivesse considerado como válido observar. Mas o senhor continua a nos dizer que "quando fala de homens de senso comum e não incorrigivelmente perversos e obstinados, o senhor pensa ser claro o bastante que como senso comum o senhor exclui não apenas os idiotas e os que comumente chamados loucos, mas também os incorrigivelmente perversos e obstinados, que talvez possam merecer bastante o nome, embora não sejam encaminhados ao hospício.

Deixo o leitor julgar se com isso o senhor eliminou toda a dificuldade e mostrou que sua medida é fácil quanto ao uso da força. Pergunto, já que grandes medidas são injustas, que graus de punição ou força devem ser usados? O senhor responde: "Tanta força e castigos quanto necessários para prevalecer sobre homens de senso comum". Digo que é difícil saber quem são esses homens de senso comum, como que grau de punição o senhor deve usar, a menos que o senhor tome "a determinação da lei, que considera a todos como de senso comum, fora os que possuem guardiões e os internos no hospício". Assim, com efeito, seus homens de senso comum são todos menos os idiotas e loucos. Para esclarecer isto, o senhor nos diz: "quando o senhor fala de homens de senso comum e não desesperadamente perversos e obstinados, o senhor pensa estar claro o bastante, pois por senso comum o senhor exclui não apenas os idiotas e os normalmente chamados de loucos, mas da mesma forma, os desesperadamente perversos e obstinados". Pode ser que o senhor o tenha feito, pois sabe melhor o que queria dizer em seus escritos, mas se, por homens de senso comum o senhor exclui os desesperadamente perversos e obstinados, vamos analisar o que o senhor quis dizer com as palavras homens de senso comum, no lugar das próprias palavras e então, segundo seu significado, sua regra assim fica: as penas normalmente suficientes para prevalecer sobre homens não desesperadamente perversos e obstinados e sobre homens não desesperadamente perversos e obstinados, enfim, sobre homens de senso comum, mesmo o senhor excluindo apenas idiotas e loucos, ou se tomarmos suas palavras, que com elas o senhor excluiu da mesma forma os desesperadamente perversos e obstinados, assim nada significando, está claro que isso significa apenas uma tautologia inútil e insignificante.

O senhor continua e nos diz: "se as penalidades de que fala tenciona curar a irracionalidade e a recusa dos homens contra a verdadeira religião, então a razão por que os desesperadamente perversos e obstinados não devem ser considerados na medida dessas penas é muito aparente. Pois como não são fornecidos remédios aos incuráveis, assim sua preparação e tempero, em relação apenas àqueles para quem foram designados". Que, verdadeiro ou falso, nada tem a ver com o propósito, na passagem onde o senhor confessa nos ter informado que punições devem ser usadas. Indagamos quem são os desesperadamente perversos e obstinados e não se eles devem ser punidos ou não. O senhor pretende nos dar uma regra para saber quais graus de força devem ser usados e nos diz: "o suficiente para prevalecer sobre homens de senso comum e não os desesperadamente perversos e obstinados". Novamente perguntamos, quem são seus homens de senso comum? O senhor nos diz: "os que não sejam loucos ou idiotas ou desesperadamente perversos e obstinados". Muito bem, mas quem são os desesperadamente perversos e obstinados, como podemos conhecê-los? E o senhor nos responde: eles não devem ser considerados na medida dessas penalidades". Com isso, certamente o senhor consegue uma medida clara de suas penalidades moderadas. Não, não ainda. O senhor continua no seu parágrafo seguinte a aperfeiçoá-lo, onde diz: "Para evitar um pequeno sofisma, pode ser necessário notar que há graus de perversidade e obstinação sem serem incorrigíveis". Então, temos sua medida completa e para determinar os graus justos de punição e esclarecer a dúvida sobre quem é desesperadamente perverso e obstinado, só precisamos dizer "há graus de perversidade e obstinação" e que os homens podem ser perversos e obstinados sem o serem desesperadamente e que, portanto, "algumas pessoas perversas e obstinadas podem ser consideradas curáveis, embora as desesperadamente não o sejam". Mas tudo isso nos diz quem são os desesperadamente perversos e obstinados? Isso é o que queremos saber. Até que o senhor nos tenha dito isso, o senhor removeu a objeção.

Mas se por desesperadamente perversos e obstinados, o senhor nos diz mencionar os que não sejam educáveis por suas penalidades moderadas, como o senhor parece intimar na sua razão por que os desesperadamente perversos e obstinados não são considerados na medida dessas penalidades, "pois", diz, "os remédios não são fornecidos aos incuráveis, assim, preparando-os e temperando-os, são dados apenas àqueles para quem foram designados". Assim, por desesperadamente perversos e obstinados, o senhor talvez diga estar claro que menciona os incuráveis, pois o senhor normalmente elimina a dúvida de um lugar, apelando a uma duvidosa expressão em outro. Se o senhor diz, então que, desesperadamente perversos e obstinados significa o mesmo que incuráveis, eu lhe pergunto novamente: incuráveis com quê? Com seus níveis mais baixos de força? Pois espero que, onde a força funciona, os que não forem corrigidos por graus mais baixos ainda podem sê-lo por graus mais altos. Se for isso que o senhor quer dizer, sua resposta resultará assim: penalidades moderadas são aquelas suficientes para prevalecer sobre os que não sejam desesperadamente perversos e obstinados. Os desesperadamente perversos e obstinados são os incuráveis e os incuráveis são aqueles sobre quem as penas moderadas não são suficientes para prevalecer. Então, enfim temos uma medida segura do que seja pena moderada, como se tivéssemos uma medicina universal soberana em suas mãos, que nunca falhará se o senhor acertar na dose, cujo inventor lhe diz que deve ser moderada. O senhor deve lhe perguntar qual a quantidade moderada que o senhor deve aplicar e ele deve responder, em quantidades normalmente suficientes para funcionar em constituições orgânicas comuns e não desesperadamente perversos e obstinados. E o senhor pergunta novamente quais são as constituições orgânicas desesperadamente perversas e obstinadas? E ele deve responder, os que sejam incuráveis. E quem seriam os incuráveis? Aqueles para quem uma dose moderada não funcione. E assim, para sua satisfação, o senhor sabe qual a dose moderada pelos desesperadamente perversos e obstinados e sobre os desesperadamente perversos e obstinados por serem incuráveis e sobre os incuráveis pela dose moderada. Pois se, como o senhor diz, os remédios não são fornecidos aos incuráveis e nada além de penas moderadas deve ser aplicado, não está claro que o senhor quer dizer que todos que não sejam corrigidos por suas penas moderadas sejam, no seu sentido, incorrigíveis?

Para facilitar, senhor, justificar-se e mostrar que me enganei quanto ao senhor, diga-nos positivamente quais entre as penas é o mais alto grau de moderação, quem é desesperadamente perverso e obstinado ou quem é incurável, sem esse modo relativo e circular de definir um pelo outro e concordarei de ter errado consigo, como o senhor gostaria.

Se por incurável, o senhor menciona aqueles que nenhuma pena, punição, nem força é suficiente para funcionar, então sua medida de penas moderadas será a que for suficiente para prevalecer sobre homens não incuráveis, isto é, que não possa ser vencido por qualquer punição, qualquer força que seja; o que será uma medida de punições moderadas, que (o que quer que o senhor faça) alguns não conseguirão aprovar.

Mas suponhamos por essas marcas, já que o senhor não nos dá nada melhor, que possamos identificar quem são os desesperadamente perversos e obstinados, ainda estaremos longe como sempre de descobrir as medidas das suas penas moderadas, até que possamos saber qual é seu grau de força normalmente suficiente para prevalecer sobre homens de senso comum e não desesperadamente perversos e obstinados, pois o senhor sabe que todos os homens com mesmo grau de senso não podem ser comovidos pelo mesmo grau de penalidades, mas também a isso o senhor nada responde. Assim, ainda estamos sem qualquer regra ou meios de conhecer como ajustar sua punição normalmente suficiente para prevalecer sobre alguém, se o dobro da dose não será suficiente para prevalecer sobre outro.

Digo-lhe na mesma passagem que "o senhor nos deu em outro lugar algo como outro limiar para suas penas moderadas, mas quando examinadas, prova, como o resto, nos divertindo apenas com palavras boas que, reunidas, não têm um significado direto, uma arte muito em voga entre alguns homens de cultura. As palavras são: 'Castigos quer não tentem pessoas que tenham interesse em sua eterna salvação (e os que não tenham nenhum não devem ser considerados) para renunciar a uma religião que eles acreditam ser verdadeira ou professarem uma em que não acreditam sê-lo'. Se por interesse, o senhor traduz os que os homens devem ter por sua eterna salvação, com essa regra, o senhor cria castigos no grau que lhe agrade. E todas as brutalidades de que discorda podem voltar à pauta. Pois nada disso fará um homem realmente interessado em sua salvação eterna renunciar a uma religião que acredite verdadeira ou professar em que ele não acredite. Se, como interessados, o senhor traduz os que tenham alguma fantasia sobre felicidade futura e estariam contentes de ver as coisas irem bem com eles no outro mundo, mas nada fariam nesse mundo por isso, para esses as penas mais moderadas que o senhor imaginar farão eles mudarem sua religião. Se por qualquer interesse, o senhor menciona qualquer coisa entre esses dois, os graus são tão infinitos que para mensurar suas penas por esse critério é não ter medida alguma". Toda a resposta que posso achar para isso é: "há graus de falta total de cuidado dos homens com sua salvação, assim como interesse por ela. Assim, pois, como há algum interesse pela salvação, também pode haver falta de cuidado em alto grau. Portanto, se os que têm interesse por sua salvação merecem atenção e piedade, da mesma forma, pessoas negligentes. Embora os que não têm cuidado com sua salvação não mereçam ser considerados, que estragam a pequena arenga que o senhor nos dá". Se o senhor pensa nisso como resposta ao que eu disse, ou que isso possa satisfazer alguém sobre o modo de saber que graus de punição devem ser usados, por favor nos diga. A questão é: "a que graus de punição pode um homem chegar, com interesse em sua salvação eterna, para renunciar uma religião que ele acredita ser verdadeira?" E se responde: "Há graus de negligência nos homens por sua salvação, assim como interesse". Uma feliz descoberta: para que serve? "Os que têm interesse em sua salvação pode ser negligente em maior grau". Certamente verdade: por isso podemos saber que grau de força deve ser usado. Não, nem uma palavra sobre isso, mas a inferência é: "e, portanto, se os que têm algum interesse por sua salvação merecem atenção e piedade, assim também pessoas negligentes, embora os que não têm nenhum interesse em sua salvação não mereçam ser considerados". E, a essa altura, sabemos que grau de força fará um homem, que tenha algum interesse em sua salvação, renunciar uma religião que acreditava ser verdadeira e professar outra em que não acredita. Isso pode funcionar em questões cruzadas. Mas o senhor está satisfeito com o que fez e o que é isso, o senhor me diz nas próximas palavras: "que estraga a pequena arenga que o senhor nos deu". A arenga, suponho, está contida nessas palavras:

"Uma coisa eu posso observar nessa passagem antes de deixá-la: que o senhor diz aqui: os que não têm interesse em sua salvação não merecem ser considerados. Em outras passagens de sua carta, o senhor pretende ter compaixão dos negligentes e lhes provê remédios, mas de repente sua caridade falha e o senhor desiste deles para a eterna perdição, sem a menor atenção, a menor piedade e diz: não merecem ser considerados. A regra de Nosso Salvador é: o doente e não o são precisa de médico. Sua regra aqui é: os negligentes não devem ser considerados, mas devem ser entregues a si mesmo. Isso pareceria estranho se não se observar o que o levou a isso. O senhor percebeu que se o magistrado só usasse punições que não levasse ninguém a mudar sua religião, ele não deveria usar nenhuma. Pois os negligentes seriam levados à igreja nacional com leves punições e quando lá estiverem, o senhor estará, parece, satisfeito e não mais cuidaria deles. Assim, por suas próprias medidas, se os negligentes e aqueles sem interesse em sua própria salvação eterna devem receber atenção e cuidado, se a salvação de suas almas deve ser promovida, não deve haver nenhuma punição e portanto, o senhor os entrega a si mesmos e não os considera".

O que o senhor disse está tão longe de estragar essa arenga, como lhe agrada chamar que, nada mais tendo a dizer, concorda com o que é dito sobre o senhor.

O senhor finaliza tudo sobre as medidas da sua força com essas palavras: "E, como os remédios considerados seguros e recomendáveis, que normalmente curam, embora nem sempre (como nenhum), assim as penalidades ou punições, normalmente consideradas suficientes (assim como necessárias) para os fins a que foram designadas podem, justa e racionalmente, serem usadas para ajustar esses fins". Aqui o seu "normalmente" vem novamente em seu socorro e aqui se poderia pensar que o senhor traduziria para cura às vezes, não sempre. Alguns, embora não todos. E nesse sentido, as piores brutalidades não caberiam em sua regra? Pois o senhor pode dizer se as punições devem ser usadas para prevalecer sobre alguns, quanto maiores forem, onde menores falham por prevalecerem sobre ninguém? Pelo menos, o senhor pode estar certo disso, até terem sido experimentados para ajustar esses fins? Que, como veremos em outra passagem, o senhor designou vários. Só observarei dois ou três deles sempre repetidas por o senhor e são para fazer os homens ouvirem, para fazê-los refletir como deveriam, isto é, como o senhor explica, para fazer os homens refletirem para não rejeitarem. O tamanho da força então, segundo essa medida, deve ser suficiente para fazer os homens ouvirem, suficiente para fazê-los refletir e suficiente para fazê-los adotar a verdadeira religião.

E agora o magistrado tem todas as suas regras sobre as medidas das punições a serem usadas e pode confiante e seguramente trabalhar para estabelecê-las como lei, pois tendo essas marcas para guiá-lo, que devem ser fortes o bastante para normalmente prevalecer sobre os não idiotas e loucos, nem desesperadamente perversos e obstinados, fortes o bastante para normalmente sobre os homens para ouvirem, refletirem e adotarem a verdadeira religião e ainda não fortes o bastante para levar pessoas, com algum interesse em sua salvação eterna, a renunciar uma religião que acreditem ser verdadeira ou professar outra em que não acreditem, o senhor acha que os instruiu o suficiente no seu significado e lhes habilitou a encontrar o equilíbrio justo de suas punições conforme seu esquema, nem muito nem pouco? Mas, apesar de estar satisfeito com eles, suponho que outros, quando postos em prática, por essas medidas, que é tudo que posso encontrar em seu esquema, pouco poderão definir sobre as punições que o senhor teria usado.

Em Utopia há um remédio chamado *hiera picra* que, suponho, curaria uma doença problemática daquele país, mas só podia ser dada nas doses prescritas por lei e no ajuste da dose estava toda a ciência, pois, se o senhor desse muito, aumentaria o desequilíbrio e disseminaria o contágio mortal e, se pouco, não faria nenhum bem. Com essa dificuldade, os legisladores ficaram durante muito tempo perplexos e não conseguiram descobrir a dose certa que traria a cura, até que veio enfim um empreendedor que lhes mostraria como não errar. Ele se ofereceu para prescrever-lhes a dose que normalmente seria eficaz para todos que não fossem idiotas ou loucos ou em quem, cujo humor não fosse desesperadamente perverso e obstinado, produzisse o fim designado, mas nem tanto que faria um homem saudável, com interesse por sua vida, caísse com doença mortal. Essas eram boas palavras e ele foi recompensado por elas, mas quando eles foram fixar a dose, não puderam dizer que se trataria de um grão, um dracma ou uma onça, ou uma libra, mais que antes. Assim, sua dose de hiera picra, apesar do sofrimento deste cavalheiro é tão incerta e seu remédio soberano inútil como nunca.

No próximo parágrafo o senhor nos diz: "O senhor não vê o que mais pode ser necessário para justificar a regra dada". Uma percepção tão rápida não requer demonstração. "Se eu requeiro que isso deveria expressar quais penas específicas podem-se dizer justas e razoáveis para serem usadas, devo permitir-lhe me dizer que essa é uma solicitação irracional." É uma solicitação irracional, se sua regra for tal que por ela posso saber, sem dúvida, quais as justas penalidades específicas. Por outro lado, não é irracional solicitar seus nomes, se suas marcas não são suficientes para conhecê-las. Mas deixe-nos ouvir suas razões: "pois qual regra expressa as situações específicas que com ela concordem?" E é uma regra admirável com que não se pode encontrar detalhes que se ajustem. Pois lhe desafio a exemplificar: "uma regra, o senhor diz, visa uma medida comum, através da qual as situações específicas devem ser examinadas e, portanto, devem necessariamente ser geral". Tão geral, vaga e inconsistente que nenhuma situação específica possa lhe ser comparada. Pois novamente eu o desafio ou qualquer homem vivo, para mensurar uma punição por essa sua medida comum e estabelecê-la como lei. O senhor continua: "E se supõe que aqueles para quem ela é dada estejam aptos a aplicá-la e julgar situações específicas por ela. Não, vê-se com freqüência que eles estão mais aptos a fazerem isso que os que a fornecem e assim é no caso presente. A regra aqui é aquela pela qual supõe que governadores e legisladores deveriam examinar as penas usadas para promover a religião verdadeira e a salvação das almas". Tal deveria ser a regra, garanto, e assim se deseja. Mas a sua é tal que os magistrados podem tomar qualquer medida, pois as punições que eles devem estabelecer por lei são negadas e novamente o senhor é chamado a mostrar. O senhor prossegue: "Mas certamente ninguém duvida que sua prudência e experiência os habilitam a usá-la e aplicá-la melhor que outros homens e julgar mais precisamente que penalidades a ela se ajustam e as que não se ajustam. Assim o senhor pensa que devo excusá-lo de não ensiná-los, ao invés de aprender com eles". Se só devemos duvidar da prudência e experiência que habilita os magistrados a julgar as penas mais justas, o senhor de fato nos deu no mínimo um modo de saber a medida das punições a serem usadas. Mas será tal que porá um fim à sua distinção de penalidades moderadas, pois nenhum magistrado que conheço, quando começa a usar força para levar os homens à sua religião, nunca parou até chegar às brutalidades que o senhor condena. E se o senhor pretende ensinar-lhes moderação no futuro, com esperança de sucesso, o senhor deveria mostrar-lhes os limites justos, além dos quais eles não deveriam ir, num modelo tão completamente novo e a par de toda experiência. Mas se eles devem ser determinados por sua prudência e experiência, quaisquer graus de força que usarem estarão sempre certos.

Legisladores e governadores, embora agradecidos ao senhor por sua boa opinião quanto à sua prudência e experiência, ainda não têm razão para agradecer-lhe por seu cumprimento dando tanto valor à sua prudência e experiência que por elas define as medidas justas de punições, pelas regras que o senhor fornece, tais que nem o senhor, nem mais ninguém pode descobrir quais sejam essas medidas. A outra parte do seu cumprimento será suspeito de não estar isento quanto ao seu excessivo respeito a legisladores e governadores assim como à grande consideração que tem sobre si mesmo. Pois o senhor em vão pretende evitar declarar punições específicas, porque não quer se responsabilizar por ensinar governadores e legisladores, quando o senhor sabe, ao mesmo tempo, estar estabelecendo regras com que eles devem proceder para o uso das penalidades para promover religião, que é um pouco diferente de ensinar. E todo seu livro nada mais trata que sobre o poder e o dever do magistrado. Eu lhe desculpo, em seu benefício, por nomear qualquer punição por suas regras, pois o senhor tem o direito de fazê-lo, como todos os homens têm o direito de serem isentos de fazer o impossível.

Já que, portanto, o senhor garante que tais brutalidades que nomeou "podem mais prejudicar que promover a verdadeira religião" e não pode designar quaisquer medidas de punição, em lugar das grandes que o senhor condenou, que sejam justas para promovê-la, acho que é argumento bastante para provar contra o senhor, que nenhuma punição é justa, até que tenha mostrado outras, por nome ou sinais como devam ser conhecidas, que sejam justas para promover a verdadeira religião. E, portanto, nada que o senhor tenha dito ali ou em qualquer outro lugar, serve para mostrar que "é com pouca razão, como me diz, que digo que sua utilidade indireta e à distância pode autorizar o magistrado a usar a força na religião, todas as crueldades usadas pelos pagãos contra cristãos, pelos papistas contra protestantes e toda a perseguição dos cristãos entre si, são todas justificáveis". Ao que o senhor acrescenta: "não para observar presentemente como isso soa excessivo que autoriza os magistrados a usarem penas moderadas para promover a verdadeira religião, deveria justificar todas as crueldades usadas para promover o ateísmo ou o papismo.

Tão excessivo como lhe soa, será evidentemente verdade, quem autoriza um autoriza todos os magistrados de qualquer religião que acreditem verdadeira, a usarem a força para promovê-la e, como o senhor não pode determinar limites às suas punições moderadas, em lugar das grandes, que o senhor não pode fazer por seus princípios, o que quer que suas palavras neguem, o senhor será responsável pelos graus de crueldade que condena. E isso, o que quer que faça ouso dizer que será visto por cada leitor consciente. Assim, essa imputação não é tão irracional, por ser evidente que deva renunciar a todas as punições, quaisquer que sejam ou usar as que condena. Pois, na página seguinte o senhor nos diz: "todos os que tenham acesso a meios suficientes de instrução, podem com justiça serem punidos por não serem da religião nacional, onde a verdadeira for a religião nacional, porque é uma falha não ser da religião nacional". Na Inglaterra, por exemplo, não ser da religião nacional é uma falha e uma falha a ser punida pelo magistrado. O magistrado, para curar essa falha, estabelece aos dissidentes um grau mais baixo de punição, uma multa de um dia por mês. Provando-se insuficiente, como diz, que faz o magistrado? Se ele for obrigado, como o senhor diz, a consertar essa falha com penalidades e essa pequena de 1 din por mês não for suficiente para obter sua correção, não cabe a ele aumentar a pena? Ele, portanto, dobra a pena para 2 libras por mês. Se isso também se prova ineficaz e, portanto, pela mesma razão ela for dobrada, então vem 1 shiling, 5 shilings, 10 libras, 100 l, 1000 l. Nenhuma dessas penas funcionando, mas sendo ainda constantemente elevada, deixando o delinqüente sem mais condições de pagar, a prisão e outros castigos corporais se seguem para forçá-lo à obediência até que, enfim, esse aumento gradual de penas e força, cada grau corrigindo um pouco, chega à mais alta crueldade contra os que permanecem rígidos. Pois o magistrado, obrigado a corrigir esse vício, como o senhor o chama e fazer o que lhe cabe para corrigir essa falha que se opõe à sua salvação e quem (se eu acerto, diga-me) e responde à conseqüência de sua negligência, não tem razão aumentar a multa de um dia a dois dias, mas porque a primeira foi ineficaz e se essa era razão suficiente para aumentar do primeiro ao segundo grau, por que não é suficiente prosseguir do segundo ao terceiro e assim gradualmente? Eu gostaria que alguém me mostrasse onde e sobre que fundamento esse aumento gradual de força pararia, até que chegue a últimos extremos. Se, portanto, ser dissidente da igreja da Inglaterra é uma falta a ser punida pelo magistrado, desejo que o senhor me diga, onde ele detém sua mão. Para dar nome ao tipo de grau de punição, além do qual ele não deve ir no uso da força para curá-los dessa falta e levá-los à conformidade. Até que o senhor o tenha feito, o senhor deve eliminar o parágrafo onde diz "O senhor deve deixar que os homens julguem com que ingenuidade eu o levei a condenar a força em geral, só porque o senhor percebe os efeitos maléficos de perseguir os homens com espada e fogo, etc." E deixo aquele que o senhor julgará, se pelos seus princípios não é conseqüência inevitável que, se o senhor condena alguma penalidade, o senhor deve condenar todas, como mostrei. Se o senhor mantém alguma delas, deve manter todas. O senhor deve usar ou eliminar todas juntas. Pois, como eu disse e o senhor não nega, "onde não há falta, nenhuma punição é moderada". Então acrescento: onde há uma falta a ser corrigida pela força do magistrado, que seja ineficaz e não suficiente para corrigi-la, não pode ser imoderada, especialmente se for uma falta de grande drama em suas conseqüências, como certamente deve ser que traz consigo a perda da felicidade eterna do homem.

O senhor, da mesma forma, está pronto a dizer novamente (pois um bom subterfúgio nunca é deixado de lado) que isenta os "desesperadamente perversos e obstinados". Desejo saber por que razão o senhor os isenta? É por que eles pararam de ser faltosos? Em seguida lhe pergunto: quem é, no seu sentido, os desesperadamente perversos e obstinados? Os de 1 shilings ou 5 shilings ou 5 libras ou 100 libras, ou nenhuma multa funcionará com eles? Os que podem agüentar perda de propriedades, mas não a perda da liberdade? Ou perda da liberdade e propriedades, mas não castigos corporais e tormentos? Ou tudo isso, mas não a perda da vida? Pois para esses graus os homens agüentam diferentemente. E já que há homens corrigidos pelo avanço do fogo e FAGGOT, que outros graus de crueldade não prevaleceriam, onde o senhor põe os limites dos desesperadamente perversos e obstinados? O rei da França, embora o senhor diga não ter a verdade do seu lado, quando veio com seus dragões, encontrou poucos tão desesperadamente perversos e obstinados que não poderiam ser corrigidos. E por que a verdade que, em sua opinião pede a força e nada além da força para ajudá-la, não teria a assistência desses graus de força, quando menos não prevaleceria, que consegue levar os homens a falsas religiões, que não têm luz e força própria para ajudá-los? O senhor fará bem, portanto, de considerar se o que chama de crueldades, em oposição às punições moderadas de que fala, tem feito ou pode prestar algum serviço. Se a distinção entre poder de compelir e coercitivo, é útil ou faz diferença. Pois o senhor nega que o magistrado tenha poder de compelir e o senhor defende que ele use seu poder coercitivo. Será uma boa distinção quando o senhor puder achar um modo de usar o poder coercitivo ou, o que é o mesmo, o poder de compelir, sem compulsão. Desejo também que considere se, em questões religiosas as punições devem ser aplicadas porque podem ser úteis. Se o senhor pode parar num grau ineficaz à finalidade do seu propósito, deixe que a finalidade seja o que vier a ser. Se for meramente ouvir, como em algumas passagens o senhor parece dizer, acho que essas pequenas punições prevalecerão e o senhor faz bem de colocá-las juntas com penas moderadas. Se for para fazer os homens refletirem, como diz em outras passagens, o senhor não pode dizer quando alcançou o objetivo. Mas se sua finalidade for, que parece o senhor insiste em conseguir, fazer os homens refletirem como deveriam, isto é, para adotarem, há muitos para quem suas penas moderadas, todas sob crueldades que o senhor condena, são muito fracas para prevalecer. Assim o senhor deve confessar, não considerar "adotar a verdadeira religião", isto é, "não refletir como deveria" como uma falta a ser punida pela força coercitiva do magistrado, ou ainda, re-assumir tais crueldades a que renunciou. Escolha entre as duas, a que mais lhe agrada.

Portanto, não há muito alternativa no que eu disse. "A que ponto, enfim, a perseguição deve chegar?" De fato, pelo que o senhor disse sobre cair sob combate de espada, que nada tem a ver com o propósito, eu acrescentei: "que com isso o senhor quis dizer algo sobre a questão em pauta, o senhor parece ter uma reserva de outras punições, quando menos não forem suficientes para levar os homens a se convencerem". O que produziu essa sua resposta enraivecida: "E o senhor pretende consciência ou modéstia depois disso? Pois eu lhe advirto que as palavras que usei mais expressam ou efetivamente significam que, em minha opinião, nenhum dissidente da verdadeira religião deveria ser punido pela espada, mas os que escolhem se rebelar contra o magistrado ao invés de se submeterem a menores penas? (Pois suponho que o senhor não vai me dizer como alguém pode se recusar a se submeter a essas penalidades, sem se rebelar contra o magistrado). Foi com esse propósito que usei tais palavras para evitar cavilação (pois eu era tão simples que achava que podia) e ouso apelar a homens de senso comum e honestidade comum, se forem capazes de outro sentido. E ainda, o que pretendo não lhes atribuir, o senhor pretende obter deles (sem se oferecer para dizer como). Ao ponto, o senhor diz, enfim, tirar vidas humanas para salvar suas almas, deve haver perseguição. Como o senhor teme, apesar da minha fala sobre punições moderadas, eu mesmo intimo com essas palavras. E se quero dizer algo sobre a questão em pauta, pareço ter uma reserva para punições maiores, quando menores não forem suficientes para levar os homens a se convencerem. Senhor, eu esperaria que lidasse com isso de modo mais justo que um dos seus pagãos ou islamitas. Mas só acrescentarei que jamais desejaria que um homem que abraçasse uma causa ruim a confessasse claramente servindo-lhe, como aqui (e não só aqui) o senhor serve à sua". Bem, senhor, não fique zangado, já que observando os homens o senhor aumenta a suspeita. Pode-se, sem fingir modéstia ou consciência, temer o que ameaça os princípios dos homens, embora suas palavras os desobriguem. A não-conformidade com a igreja nacional, quando verdadeira, como na Inglaterra, é uma falta, um vício, diz o senhor, a ser corrigida pelo poder coercitivo do magistrado. Se é assim, e a força for o remédio adequado, ele deve aumentá-la, até ser forte o bastante para curar e não deve negligenciar seu dever. Assim o senhor o coloca, quando ele tiver bastante poder nas mãos para tornar esse remédio ainda mais poderoso. Pois qualquer que seja a força que funcione com os homens e os leve à aceitação, o fato de não produzir tal efeito só pode ser atribuído à fraqueza da pena e assim, a conformidade só acontece pelos métodos extremos e, como a maior realeza cristã a chama, salvação das almas, na França ou crueldades como essas, quando penas mais moderadas podem obtê-lo? Pois contínuas e ineficazes penas, insuficientes por julgamento para acertar a falta a que são aplicadas, são de injustificável crueldade, que ninguém deve ter o direito de usar, servindo apenas a deixar as pessoas doentes e feridas, sem corrigi-las. Pois o senhor nos diz, devem ser penalidades tais que as torne refratárias.

Quem envergonha e causa dor numa ferida já existente, colocando sobre ela emplastros moderados, dolorosos e ineficazes, que não promovam a cura, deve ser considerado não apenas um cirurgião ignorante mas desonesto. Se o senhor está nas mãos do cirurgião e sua ajuda é exigida e a cura dessa forma funcione, mais misericordiosos são os corrosivos e o fogo, como o único modo de cura justificável, quando o caso os exige. Portanto, espero ainda poder pretender modéstia e consciência, embora ainda o considere um homem racional, a ser conduzido por seus próprios princípios e tão honesto, caridoso e zeloso pela salvação das almas humanas que não os envergonhe ou os fira com remédios ineficazes sem nenhum propósito e os deixe sem salvação por querer perseguições mais vigorosas. Pois se a conformidade com a igreja da Inglaterra for necessária à salvação, que outra necessidade haverá de se pretender punir os homens para levá-los a ela? É crueldade para suas almas (se o senhor tiver autoridade para usar tais meios), para usar alguns e não usar força suficiente para levá-los a se conformar. E ouso dizer que o senhor está satisfeito que a disciplina francesa dos dragões teria tornado conformistas muitos ingleses, sobre quem suas penalidades mais brandas não teriam prevalecido.

Mas para lhe informar que minhas apreensões não estão fora de questão, peço-lhe que leia aqui o que o senhor escreveu: "pois embora o senhor me fale confiantemente, que é mais que posso dizer por minhas punições políticas, que foram úteis para promover a verdadeira religião, apelo a todas as pessoas observadoras, se qualquer que seja a verdadeira religião ou onde o verdadeiro cristianismo tenha sido recebido nacionalmente e estabelecido por leis penais moderadas não tenha perdido terreno pelo relaxamento de tais leis. Se seitas e heresias (mesmo as mais selvagens e absurdas) e mesmo o epicurismo e o ateísmo, não se disseminaram continuamente e se o verdadeiro espírito e a vida da cristandade não decaiu sensivelmente, assim como seus vários verdadeiros mestres diariamente ensinaram, isto é, não falar sobre o que, a essa altura nossos olhos só podem ver por medo de ofender, embora eu espero que isso não seja nada para os que têm um interesse justo pela verdade e piedade, perceberem os livros e panfletos que agora vagam tão densamente por esse reino, manifestamente tendendo a multiplicar as seitas e divisões e mesmo promovendo o ceticismo religioso entre nós". Aqui o senhor censura o estado decadente entre nós atualmente, pela retirada das penas dos dissidentes protestantes e eu lhe pergunto quais eram as penas? Tais pelas quais muitos foram arruinados em suas propriedades. Tais pelas quais muitos perderam suas liberdades e alguns suas vidas nas prisões e outras pelas quais alguns foram banidos, esvaziados de tudo que tinham. Essas eram as leis penais pelas quais a religião nacional foi estabelecida na Inglaterra e a isso o senhor chama de moderado, pois o senhor diz: "onde o verdadeiro cristianismo tenha sido recebido nacionalmente e estabelecido por leis penais moderadas" e espero que aqui o senhor não exclua que a Inglaterra teve sua religião estabelecida por lei, do que ouvimos tão freqüentemente. Ou, para servir à presente ocasião o senhor também negaria que nas palavras seguintes o senhor fala do presente relaxamento na Inglaterra? Onde depois de apelar a todas as pessoas observadoras para as pequenas conseqüências, que o senhor supõe se seguem a tais relaxamentos, o senhor acrescenta essas palavras patéticas: "não para falar sobre o que, a essa altura nossos olhos só podem ver por medo de ofender" o atual relaxamento está tão pesado em sua mente, que são as leis penais que o senhor chama de moderadas, lhe mostrarei o que elas são.

No primeiro ano da Rainha Elizabeth, houve uma penalidade de 1 shiling, por domingo e feriado sobre cada um que não viesse à oração comunitária quando estabelecida. Essa penalidade de 1 shiling, uma quantia que não prevaleceu como desejado, no vigésimo terceiro ano do reinado tinha aumentado para 20 libras por mês e prisão pelo não-pagamento dentro de três meses após dada a sentença. No vigésimo nono ano de Elizabeth, para tornar mais próximo e mais forçado, foi decretado que quem sob decreto de culpa não continuasse a pagar 20 libras mensais, sem outra acusação ou procedimento contra ele até se submeter e se conformar teria tomado todos os seus bens e dois terços de suas terras por toda a sua vida. Mas como isso ainda não foi considerado suficiente, ao completar o trigésimo quinto ano daquela rainha, as leis penais moderadas, sobre as quais nossa nação foi estabelecida e cujo relaxamento o senhor não pode suportar, a partir daquela data, a decadência do verdadeiro espírito e vida do cristianismo foi levada à perfeição. Naquele momento, ir a reuniões ou um mês de ausência da igreja seria punido com prisão até o ofensor se conformar e, se ele não se conformasse em três meses, ele deveria renunciar às suas terras, renunciar a todos os seus bens e propriedades para sempre e suas terras e posses durante sua vida. E se ele não abjurasse ou, abjurando, não partisse de suas terras dentro do tempo prefixado, ou retornasse, ele sofreria a morte como criminoso. Assim suas moderadas leis penais permaneceram para a religião estabelecida, até que suas penalidades fossem mais tarde, para os dissidentes protestantes, retiradas. E agora, que o leitor julgue entre sua pretensão sobre leis moderadas e minha suspeita do que um homem com seus princípios pode ter guardado para dissidentes tenha mais de modéstia ou consciência, desde que o senhor declara abertamente de sentir pena que esse estabelecimento tenha sido retirado, que como o gradual aumento de penalidades atingiu as propriedades, liberdades e vidas dos homens e o senhor pode presumir permitir e aprovar, até que o senhor nos diga claramente onde, conforme suas medidas, tais penalidades deveriam ou, conforme seus princípios, deveriam ter parado.

O senhor nos diz que onde essa única verdadeira religião, isto é, a igreja da Inglaterra, é recebida, outras religiões "deveriam ser desencorajadas de alguma forma". Uma boa expressão para impedimento, aprisionamento e banimento, pois esses foram alguns dos desencorajamentos dados aos dissidentes aqui na Inglaterra. Novamente, o senhor sem dúvida protestará, pois me diz que os condena tanto quanto eu. Se o senhor sinceramente os condena, imagino que o senhor diria pouco para desencorajá-los. Imagino que o senhor seja silencioso para representar, perante o magistrado, a ilegalidade e perigo de usá-los, num discurso em que trata do poder do magistrado e o dever em questões religiosas, especialmente sendo esse o lado em que, quanto podemos imaginar por experiência, sua prudência é à prova de erro. Por sua modéstia, o senhor sabe, deixa tudo à prudência e experiência do magistrado daquele lado, embora mais e mais novamente os encoraje a não negligenciar seu dever no uso da força, à qual o senhor não estabelece limites.

O senhor nos diz: "certamente nenhum homem duvida que a prudência e experiência dos governantes e legisladores os habilita a usá-la e aplicá-la", isto é, sua regra para a medida das punições, que eu mostrei não ser nenhuma regra. "E a julgar mais exatamente com que penas o senhor concorda e, portanto, o senhor deve ser desculpado por não assumir ensinar-lhes o que lhe cabe aprender com eles." Se sua modéstia é tal e então ser o que se tornou, o senhor só pode aprender com seus governantes e legisladores e assim aceitar que, dentro de um ano ou dois, essas penalidades que eles determinam para o estabelecimento da verdadeira religião, embora atinjam propriedades, liberdade e vidas humanas sejam justas. Mas o que o senhor aprendeu dos seus legisladores e governantes desde o relaxamento ou qual sua opinião sobre sua experiência e prudência agora, não é tão fácil dizer.

Talvez o senhor diga novamente que o senhor, em palavras expressas declarou contra "fogo e espada, perda de propriedade, castigos corporais, fome e tormenta em nocivas prisões" e não se pode em modéstia ou consciência desacreditá-lo. Ainda na mesma carta o senhor fala, com tristeza e arrependimento sobre o relaxamento de tais penas estabelecidas sobre o inconformismo, pelos quais os homens perderam suas propriedades, liberdades e vidas também em nocivas prisões e, também nisto não devemos crer no senhor? Ouso dizer, há muito poucos que lêem essa sua passagem com tanto sentimento de pena, que querem modéstia ou consciência para acreditar no senhor, com sinceridade. E melhor, porque o que vem do homem por acaso quando não estão sob guarda é sempre entendido como a melhor interpretação de seus pensamentos.

O senhor fala sobre "perda de propriedade, liberdade e tormentos, isto é, castigos corporais, como se fosse contra eles". Certamente o senhor sabe o que quer dizer com essas palavras, quando diz que as condena. É o grau de perda de liberdade ou propriedade ou qualquer grau de castigo corporal que o senhor condena ou apenas a conseqüência ou algum grau entre eles? A menos que faça algum sentido e a menos que o senhor tenha o prazer de nos dizer qual seu sentido, onde está a sua opinião, o magistrado deve parar. Quem pode acreditar então, na sua sinceridade? Acho que o senhor pode e deve fazer para nossa informação sobre seu sistema, sem qualquer apreensão que os governantes e legisladores lhe dêem muita importância, de que sua modéstia cuida tanto. Se o senhor se recusa a isso e mantém sua máscara de força e penas moderadas, convenientes e suficientes e outras punições incertas e indeterminadas como essas, penso que um dissidente consciencioso e sóbrio pode esperar consideração mais justa de um de meus pagãos ou islamitas, como lhe agrada chamá-los, de que de alguém que professa moderação, sobre que graus de força, que tipo de punições os satisfarão, ele nem sabe nem declarará. Pois seu modo moderado e conveniente pode, quando o senhor os interpretar, significar quais lhe agradem. Pois se a cura deve funcionar pela força, isso será conveniente, que a estupidez do mal requeira e que moderado seja o que for suficiente para obter a cura. E, portanto, volto ao seu cumprimento: "que nunca deveria desejar que alguém que tenha empreendido uma causa ruim, a confessasse mais claramente do que servindo a ela, como o senhor aqui (e não só aqui) serve à sua". Eu lhe peço perdão por esse tipo de linguagem que não é a sua. E que direito o senhor tem a ela, a habilidade que o senhor mostra ao lidar com palavras e expressões gerais e duvidosas, de significado incerto e indeterminado, eu não duvido que venha a convencer o leitor. Um exemplo que temos quanto ao argumento diante de nós. Pois eu apelo a um homem sóbrio, que leia cuidadosamente o que o senhor escreve, onde o senhor pretende dizer ao mundo clara e diretamente que punições devem ser usadas por seu esquema se, após ter pesado tudo que diz sobre o assunto, ele possa dizer o que um não-conformista deve esperar de o senhor ou achar algo além de tal agudeza e força que está na incerteza e reserva do seu modo de falar. Deixo-o considerar, se for adequado à sua modéstia e consciência, onde o senhor tentou nos dizer quais são as punições, onde o senhor conseguiu levar os homens a adotar a verdadeira religião.

Se tendo dito: "Se a verdadeira religião ou o cristianismo real foi nacionalmente recebido e estabelecido por leis penais moderadas", o senhor para sua defesa do estabelecimento da religião na Inglaterra por lei, diz que tudo que lhe foi permitido dizer, que embora fossem feitas leis severas, foi só pela execução de leis penais moderadas que foi estabelecida e apoiada. Mas que aquelas leis severas que mexeu com propriedades, liberdades e vidas dos homens nunca foram executadas. Por que então o senhor reclama tão fortemente sua perda? Mas eu lhe aconselho não fazer uso disso, pois há exemplos na memória de centenas de pessoas que ainda vivem de cada uma dessas leis da rainha Elizabeth colocadas em execução. E, por favor, lembre-se: se negando-o, o senhor requer que essas leis se tornem boas, é o senhor que força a publicação de um catálogo de homens que perderam suas propriedades, suas liberdades e vidas nas prisões, que seria mais vantajoso para a religião estabelecida por lei esquecer.

Mas, para concluir essa sua grande acusação, se o senhor não tivesse consciência de alguma tendência a isso, por que tal clamor? Por que a modéstia e a consciência foram chamadas à pauta? Por que seria menos justo do que esperaria de um pagão ou islamita, para mim dizer, se nessas palavras "o senhor quis dizer algo sobre o assunto em questão, o senhor parecia ter uma reserva de punições maiores?" Sendo seu assunto provar que houve um poder investido ao magistrado para usar a força em questões religiosas, o que poderia ser mais afastado do assunto em pauta do que nos dizer, como o senhor interpreta aqui seu sentido, que o magistrado tinha o poder para usar a força contra os que se rebelassem. Pois quem negaria que, dissidentes ou não-dissidentes foram questionados pelo autor ou por mim que "quem se rebelasse deveria cair sob o combate da espada do magistrado?" E, portanto, sem a ajuda da modéstia ou consciência, devo dizer, o que aqui repito: "Se nessas palavras o senhor quer dizer algo sobre o assunto em pauta, o senhor parece ter uma reserva para maiores punições".

Permita-me acrescentar ainda uma coisa em defesa da minha modéstia e consciência, ou ainda me justificar de ter pensado de forma tão ampla sobre o assunto, se eu tivesse dito, o que não fiz, "que eu temia que o senhor tivesse uma reserva para maiores punições". Pois eu tendo trazido o exemplo de Ananias e Safira, para mostrar que os apóstolos não queriam poder para punir, se entendessem necessário usá-lo, o senhor infere que, portanto que "as punições são às vezes necessárias". Que punições, eu lhe indago, pois elas custam suas vidas? Aquele que, como o senhor, conclua disso que, portanto, "as punições podem ser às vezes necessárias", evitará fortemente, o que quer que diga, concluir que as penas capitais sejam necessárias e quando forem necessárias, o senhor entende que caiba ao dever do magistrado usá-las. O senhor vê como é natural aos homens seguirem seus princípios, embora à primeira vista, talvez eles pensassem mais além.

Para evitar isso, o senhor diz agora ter se referido à punição do coríntio incestuoso que também mencionei na mesma passagem. Acho que, supondo que o senhor minta sob a imputação de uma reserva de maiores punições, que o senhor devesse por prudência ter dito isso. Além disso, o senhor não sabe que punição foi aplicada ao coríntio incestuoso. Mas sendo "para a destruição da carne" não parece ser muito leve e se o senhor tomar a palavra de Santo Agostinho sobre isso, como ele, na mesma epístola que o senhor menciona, foi muito severa, fazendo muita diferença entre ela e as crueldades que os homens usualmente sofrem nas prisões, como há entre a crueldade do demônio e a do mais bárbaro carrasco. Assim, se suas punições moderadas atingem as aplicadas ao coríntio incestuoso, para a destruição da carne, podemos entendê-las como o que outras pessoas chamam de crueldades.

CAPÍTULO V

Por quanto tempo suas punições devem continuar

Estimando-se a medida das punições assim como a extensão de sua duração, como a intensidade de seu grau, é adequado ter uma visão também do seu esquema nessa questão.

"Disse-lhe que as punições moderadas contínuas, que os homens não encontram fim, não acham caminho de saída, são pesadas e se tornam imoderadamente difíceis. O senhor puniria os dissidentes para fazê-los refletir. Suas punições tiveram o efeito desejado. Elas os fizeram refletir e eles fizeram o melhor de si para considerar. O que então deve ser feito com eles? Eles devem ser punidos, pois ainda são dissidentes. Se isso fosse justo e o senhor tivesse razão, por princípio para punir um dissidente para fazê-lo refletir, quando o senhor não soubesse se ele já teria refletido. É tão justo e o senhor tem tanta razão para puni-lo, mesmo se ele fez o que sua punição almejava e refletiu, mas ainda permaneces um dissidente. Pois eu posso justamente supor e o senhor deve garantir que um homem pode permanecer um dissidente após toda a reflexão a que suas penas moderadas podem levá-lo. Quando vemos grandes penas, mesmo as que o senhor discorda por serem muito severas, não são aptas a fazerem os homens refletirem ao ponto de se convencer e serem levados à igreja nacional. Se suas punições não podem ser infligidas nos homens para fazê-los refletir, quem já refletiu ou já pode ter refletido, pelo que o senhor sabe. Então os dissidentes nunca deveriam ser punidos, não mais que os outros tipos de homens. Se os dissidentes devem ser punidos para fazê-los refletir, se refletiram ou não, então suas punições, embora reflitam, nunca devem cessar enquanto eles forem dissidentes. Deixe que os homens julguem se é para puni-los só para fazê-los refletir. Disto estou certo: as punições por seu método nunca devem começar nos dissidentes ou nunca cessarem. E assim, a moderação, se lhe agrada, as penas que seu método requer devem ser ou muito imoderadas ou nenhuma". Mas a isso o senhor nada diz, só para o ajuste do cumprimento de suas penas e então visar a consistência e a praticabilidade do seu esquema, o senhor nos diz: "que enquanto os homens rejeitarem a verdadeira religião devidamente proposta a eles, enquanto eles ofenderem e merecerem punição e portanto é justo que por tanto tempo eles a recebam". O senhor prometeu responder a essa questão, entre outras, "clara e diretamente". A questão é durante quanto tempo eles devem ser punidos? E sua resposta é: "é justo que por tanto tempo eles a recebam". Esse extraordinário cuidado ao falar, se não fosse natural ao senhor, faria alguém suspeitar que acomodaria melhor algumas dificuldades do seu esquema do que a prometer responder clara e diretamente. Ou possivelmente seu pensamento não esteja de acordo com esse caráter de moderação que o senhor assume defender, que todas as leis penais vigentes ultimamente e cujo relaxamento o senhor deplora, seria constantemente posto em execução. Mas sua moderação neste ponto veio muito tarde. Pois como sua caridade, como nos diz no parágrafo seguinte "requer que eles sejam mantidos submissos às penas". Assim, a atenta caridade dos outros nessa época encontrou modos de encorajar informantes e deixado fora da moderação do magistrado interromper a execução da lei contra dissidentes, se ele tender a isso.

Vamos considerar como feito que, se as leis penais tiverem interesse na religião (pois mais zelo normalmente as anima mais que outras) eles as porão em execução e, de fato, a ouvi ser questionada como absurdo para fazer ou manter leis que não sejam constantemente executadas. E agora, para lhe mostrar quanto sua resposta é consistente com outras partes do seu esquema, precisarei apenas lhe lembrar que se os homens devem ser punidos enquanto rejeitarem a verdadeira religião, os que os punem devem ser juízes do que é a verdadeira religião. Mas essa objeção, com outras, a que essa parte de sua resposta é obscura, tendo feito pelo senhor mais que outras, eu omitirei e prosseguirei com outras partes de sua resposta.

O senhor começa com sua razão para a resposta que mais tarde o senhor nos dá nas palavras que mencionei por último: suas razões assim estão descritas: "pois certamente nada é mais razoável que esses homens sejam punidos enquanto continuem a ofender. E enquanto os homens rejeitarem a verdadeira religião, indique-lhes suficiente evidência de sua verdade, enquanto for certo de que estejam ofendendo". É certamente muito razoável que os homens sejam submetidos a punições por aqueles a quem ofenderam, enquanto continuarem a ofender. Mas daí não se segue que os que ofendem a Deus sejam sempre submetidos a punições pelos homens. Pois se assim for, por que o magistrado não pune a inveja, o ódio, a malícia e toda a falta de caridade? Se o senhor responder: porque essas coisas não permitem provas judiciais, penso que devo dizer que é tão fácil de provar a culpa de um homem por inveja, ódio e falta de caridade, como provar sua culpa por "rejeitar a verdadeira religião indicada a ele com suficiente evidência de sua verdade". Mas se for seu dever punir todas as ofensas contra Deus, por que o magistrado nunca pune a mentira, que é uma ofensa contra Deus e é uma ofensa capaz de ser judicialmente provada? Está claro, portanto, que não é senso comum de toda a humanidade ser dever do magistrado punir todas as ofensas contra Deus e onde não for dever dele usar força, o senhor deve garantir-lhe não usá-la em questões religiosas, porque onde for necessário, é seu dever usá-la. Mas onde não for necessária, o senhor diz, não é legal. Seria conveniente, portanto, o senhor reformular sua proposição daquela generalidade superficial e então prová-la antes que lhe seja atribuída como seu propósito, embora ela seja tão verdadeira que "o senhor não conhece um crime maior de que um homem possa ser culpado do que rejeitar a verdadeira religião".

O senhor continua com sua prova que, enquanto os homens rejeitarem a verdadeira religião, etc., enquanto ofenderem e conseqüentemente seja justo puni-los. "Porque, o senhor diz, é impossível para qualquer homem, inocentemente, rejeitar a verdadeira religião tão ensinada. Pois quem quer que rejeite essa religião tão ensinada, aprendeu e percebeu sua verdade, ou não. Se o fez, não conheço nenhum crime maior de que alguém possa ser culpado. E ele não percebeu sua verdade, não há nenhuma conta a prestar, mas ou ele fechou os olhos à evidência que lhe foi oferecida e não a considerará de todo ou não refletiu como deveria, isto é, com tal cuidado como exigido e com desejo sincero de aprender a verdade. Qualquer das duas possibilidades o envolve em culpa. Para dizer que um homem que recebeu a proposta da verdadeira religião com suficiente evidência de sua verdade, pode refletir sobre ela como deveria" ou dá o melhor de si para refletir e "ainda não percebe sua verdade", isso é nem mais nem menos dizer que a suficiente evidência não foi suficiente evidência. Pois o que um homem quer dizer com suficiente evidência, que não certamente obtenha aceitação sendo ou não devidamente considerado?"

Não me preocuparei aqui em examinar quando o necessário cuidado, devidamente considerado e outras palavras tais, que leva um homem de volta ao mesmo lugar de onde saiu, são desnecessárias, se todo esse fino raciocínio não chegará a nada, mas indagar o que está em questão. Mas apenas lhe direi que o que diz aqui e em outras passagens sobre evidência suficiente é construído sobre isso, que a evidência com que um homem propõe a verdadeira religião, ele pode entender como suficiente, pois não falhará em ganhar aceitação de quem já tiver a tendência de considerá-la. Esta é a suposição sem a qual toda a sua fala sobre evidência suficiente não lhe prestará serviço, seja onde for. Mas é uma suposição que está longe de portar evidência suficiente para ser admitida sem prova.

O que quer que ganhe aceitação de um homem, pode-se estar certo de que teve evidência suficiente em relação àquele homem. Mas isso está longe de prová-lo como evidência suficiente para prevalecer sobre outro, mesmo que este reflita tanto quanto possa. Os temperamentos das mentes humanas, os princípios ali estabelecidos pelo tempo e a educação estão além do poder do próprio homem de alterá-los. As diferentes capacidades da compreensão dos homens e as estranhas idéias que lhes injetam são tão várias e incertas que é impossível encontrar essa evidência, especialmente em coisas de dosagem mista, dependendo do comprimento da cadeia de conseqüências, como ocorre com alguns pontos da verdadeira religião, que alguém pode dizer com confiança será suficiente para todos os homens. É uma demonstração que 31876 é o resultado de 9467172 divididos por 297 e ainda assim eu o desafio a encontrar um homem em mil a quem o senhor possa ensinar essa proposição com evidência demonstrativa ou suficiente para convencê-lo de sua verdade num quarto escuro, ou mesmo fazer essa evidência aparecer a um homem que não possa ler e escrever, para fazê-lo adotar isso como verdade, se outro, em quem ele tem mais confiança, lhe diz que não é assim. Toda a evidência demonstrativa da coisa, todo o ensinamento que o senhor possa lhe dar sobre isso, toda a reflexão que ele possa fazer sobre isso, nunca poderá descortinar-lhe a evidência que o convencerá da verdade, a menos que o senhor em três por dez, pois pode ser esse o caso, o deixou negligenciar sua chamada, ir à escola e aprender a escrever e ler e fazer contas, sem o que nunca será apto a fazer.

O senhor fala mais de uma vez sobre os homens serem levados a deixar de lado seus preconceitos para fazê-los refletir como deveriam e julgar direito os assuntos religiosos. E eu garanto que sem fazê-lo, eles não conseguem. Mas é impossível pela força levá-los a fazê-lo, a menos que se lhes mostrasse quais seriam os preconceitos em suas mentes e distingui-los da verdade. Quem não tem seus preconceitos que não sabe sê-los? E o que a força pode fazer nesses casos? Ela não pode removê-los para abrir caminho para a verdade, mais que remover uma verdade para abrir caminho a outra, ou ainda remover uma verdade estabelecida ou que seja vista como um princípio inquestionável (pois muitas vezes assim são os preconceitos dos homens) para abrir caminho para uma verdade ainda não conhecida, nem parecendo tal. Não é do conhecimento de todos ou se poder levar ao modo Cartesiano de duvidar e desnudar seus pensamentos de todas as opiniões, até ele levá-los a princípios auto-evidentes e então sobre eles construir todos os seus futuros argumentos.

Não pense que no mundo todo, quem não for de sua igreja, se abandona a uma extrema falta de cuidado com sua futura propriedade. O senhor tem que aceitar que muitos turcos que sinceramente buscam a verdade, a quem o senhor ainda não levou evidência suficiente para convencê-lo da verdade da religião cristã, os verá como um princípio não questionável que o Alcorão é revelação divina. Possivelmente o senhor dirá que isso é um preconceito e assim é. Mas se esse homem lhe disser que não há mais preconceito nele, que preconceito entre os cristãos que não o examinaram como um princípio inquestionável de sua religião, que as Escrituras são a palavra de Deus, o que o senhor lhe responde? E ainda levaria muitos cristãos à sua religião, se pudessem ser levados por esse preconceito e suspender seu julgamento, até que recebessem evidência suficiente para convencer alguém de não ter sido prejudicado por ela. Isso requereria mais tempo, livros, linguagens, aprendizado e habilidade do que cabe à maioria dos homens para estabelecê-la. Isso, se o senhor não concorda com eles neste ponto tão distinto e fundamental, para confiar no aprendizado, conhecimento e julgamento de algumas pessoas a quem reverenciam ou admiram. Este pensamento que o senhor condena como um modo doentio, o senhor ainda pode ver em pessoas de sua própria religião, mesmo se ele ignorar os fundamentos de sua religião. E por que o senhor não pode atribuí-lo a um turco, não como uma boa maneira ou levando-o à verdade, mas do modo mais adequado a ele como para alguém de sua igreja para obter sua aquiescência. E adequado também para isentá-lo de sua força como para isentar qualquer pessoa de sua igreja?

Para evitar seu comentário sobre isso, em que o senhor mostrou tanta destreza, gostaria de ouvir do senhor que para tudo isso, eu não penso que todas as religiões sejam igualmente verdadeiras ou igualmente certas. Mas isso eu digo: é impossível para o senhor ou para mim ou a qualquer homem saber se outro cumpriu seu dever ao examinar a evidência de ambos os lados quando adota aquele lado da questão que nós, talvez sob outro ângulo julguemos falso. E, portanto, não temos direito de puni-lo ou persegui-lo por isso. Nisso, se e quanto alguém é culpado, deve ser deixado ao Buscador de corações o grande e correto Juiz de todos os homens, que conhece todas as suas circunstâncias, todos os poderes e trabalhos de suas mentes, ao que eles seguem sinceramente e por que falha, em algum momento eles perderam a verdade. E Ele, estou certo, julgará com justiça.

Mas quando um homem pensar em si mesmo como juiz competente, que a verdadeira religião é proposta com suficiente evidência a outro e por isso se atribuir direito de puni-lo como ofensor porque ele não a adotou, sob a evidência que o próprio propositor julga suficiente a religião que ele julga verdadeira, ele deve ser capaz de ver dentro dos pensamentos dos homens e conhecer suas várias habilidades. A menos que ele tome sua própria compreensão e faculdades como medida para toda a humanidade. Que, se ele não for mais elevado ou maior em sua compreensão, não mais capaz de discernimento que os outros homens, ele não será adequado para julgar não só sobre isso, mas em qualquer outro caso.

Mas já que: 1. O senhor coloca como condição determinar como ofensor um homem que não seja da verdadeira religião que lhe tenha sido ensinada com evidência suficiente. 2. Já que o senhor pensa ser tão fácil para os homens determinar quando a religião foi ensinada a alguém com evidência suficiente e 3. Já que o senhor declara ser "impiedade dizer que Deus não deu à humanidade meios capazes para promover sua própria honra no mundo e o bem das almas". Deixe-me fazer-lhe uma pergunta ou duas: 1. Alguém pode ser salvo se não adotar a única verdadeira religião? 2. Algum dos americanos era da única verdadeira religião quando os europeus chegaram entre eles pela primeira vez? 3. Algum dos americanos, antes dos cristãos chegarem entre eles, havia cometido ofensa por rejeitar a verdadeira religião ensinada com evidência suficiente? Quando o senhor tiver pensado sobre isso e respondido com justiça a essas perguntas, o senhor poderá determinar mais adequadamente quão competente um juiz é para julgar o que é evidência suficiente, quem comete ofensa por não ser da verdadeira religião e que punições eles devem sofrer.

Mas pense um pouco, onde o senhor gasta quase uma página inteira sobre o crime de rejeitar a verdadeira religião devidamente ensinada e as punições justamente devidas pelo magistrado, o senhor esquece de o senhor mesmo e os fundamentos de sua pretensão de força, que é necessária quando o senhor está longe de provar como sendo nesse caso de punição a ofensa de rejeitar a verdadeira religião que, nessa mesma página o senhor diferenciou do que é necessário, onde o senhor nos diz "seu desígnio mais o obriga a considerar durante quanto tempo os homens podem precisar de punição, do que qual a duração justa de sua punição". Assim, embora eles sejam ofensores, ainda que não precisem de punição, o magistrado não pode usá-la, se seu fundamento, como o senhor propaga, a legalidade da força para promover a verdadeira religião sobre a necessidade de fazê-lo. Nem o senhor pode dizer que representado pela lei natural de fazer o bem, o magistrado, além de levar seus distraídos súditos a endireitarem seu caminho, é indicado como o vingador da raiva de Deus sobre os descrentes ou os que erram por questões religiosas. Isto, enfim, o senhor pensa não ser justo no seu primeiro esboço do seu esquema. Pois eu não me lembro em toda a Consideração da Argumentação, uma palavra sobre crime ou punição. Não, ao escrever esse segundo tratado, o senhor estava tão envergonhado de abordar qualquer coisa sobre punição que, pela minha lembrança, o senhor evitou escrupulosamente o uso dessa palavra até chegar a essa passagem e sempre que minhas palavras repetidas não o obrigaram a isso, usou cuidadosamente o termo penalidades, como pode observar quem lê a parte precedente dessa sua carta, que agora examino. E o senhor foi tão gentil nesse ponto que três ou quatro páginas antes, onde eu disse: Por sua regra, os dissidentes devem ser punidos, o senhor corrigiu e disse: "ou se preferir, sujeitos a penalidades moderadas". Mas aqui, onde o questionamento sobre quanto tempo deve durar a força sobre os homens, mostrou o absurdo dessa pretensão que eles devessem ser punidos continuamente sem fim, para fazê-los refletir, mais que partilhar de sua amada força, o senhor abre uma questão logo depois e professa diretamente a punição dos homens por sua religião. Pois, embora o senhor faça o que pode para encobri-lo sob o nome de rejeição à verdadeira religião devidamente proposta, ainda não é, na verdade, mais que uma religião diferente da sua que o senhor defende que os homens sejam punidos. Pois tudo que o autor defende e o senhor se opõe ao escrever contra ele é tolerância religiosa. Seu esquema, portanto, sendo assim corrigido, sua hipótese ampliada, sendo uma religião diferente da nacional considerada como criminosa e as punições entendidas como justas, deve-se esperar que no tempo próprio suas punições também possam crescer e avançar a todos os níveis que o senhor, de início, condena. Quando considerar um pouco mais, o senhor não pode deixar de achar que a obstinação dos criminosos não diminuem seu crime e, portanto, a justiça irá requerer execução mais severa sobre eles.

Mas aqui o senhor nos diz: "Porque seu desígnio mais lhe obriga a considerar por quanto tempo os homens precisam de punição, do que quanto tempo pode ser justo puni-los. Assim o senhor acrescentará que, enquanto os homens se recusarem a adotar a verdadeira religião, as penalidades serão necessárias para eles se disporem a refletir e adotá-la. E que, portanto, como defende a justiça, assim requer a caridade: que eles sejam submetidos a penas até que adotem a verdadeira religião." Vejamos, pois, a consistência disso em outras passagens de sua hipótese e a examinemos um pouco mais.

Sua doutrina é que, onde conselhos e admoestações sob julgamento não prevalecerem, as punições devem ser usadas, mas devem ser moderadas. Punições moderadas foram tentadas mas não prevaleceram. O que deve então ser feito? Não há maiores para serem usadas? Não. Por que razão? Porque aqueles em quem penas moderadas não prevaleceram por serem desesperadamente perversos e obstinados e remédios não são dados para os incuráveis, como o senhor nos diz na página imediatamente anterior.

Punições moderadas foram tentadas sobre um homem antes e novamente e uma terceira vez, mas não prevaleceram. Isso não impressiona. Elas são repetidas muitas vezes mais, mas ainda sem efeito. Diga-me, por favor, uma razão por que tal homem foi declarado então como desesperadamente perverso e obstinado, que maiores graus não funcionam sobre ele. Mas, embora não sejam desesperadamente perversos e obstinados, os mesmos graus repetidos podem funcionar sobre ele? Não insistirei aqui, que se pretende saber o grau justo de punição que vai funcionar ou não sobre alguém. Quem poderia imaginar uma questão tão intrincada?! Mas devo dizer que se o senhor pode entender razoável e útil manter um homem continuamente durante vários anos, ou sua vida inteira sob as mesmas punições repetidas, sem aumentá-las, embora de todo não funcionem, porque é possível que em dado momento ela funcione, por que não seria razoável e útil, estou certo que mais justificável e caritativo, deixá-lo por toda a sua vida submetido aos meios que todos concordam que Deus indicou, sem intensificar o castigo, porque não é impossível que algum momento ou uma pregação e uma palavra dita no momento certo, possa funcionar sobre ele? Por que o senhor deveria perder a esperança com o sucesso da pregação e persuasão sobre um julgamento infrutífero e então se julgar autorizado a usar a força e ainda não perder a esperança do sucesso da força moderada se, após anos de julgamentos infrutíferos continuar e não prosseguir com níveis mais altos de punição. O senhor se preocupa em mostrar uma razão para a reivindicação de seu sistema.

Menciono o julgamento da pregação e persuasão, para mostrar a irracionalidade de sua hipótese, supondo um julgamento feito. Não que no seu método ou no comum, não possa haver um julgamento justo de que a pregação e a persuasão podem fazer. Pois se toma cuidado com as punições e o mau tratamento para indispor e mudar as mentes dos homens e acrescentar aversão a seus escrúpulos. Um excelente modo de abrandar as inclinações dos homens e prepará-los para a impressão dos argumentos e diálogos, embora apenas se falem desses também. Pois eu só posso imaginar que o senhor mencione, como faz, dando ouvidos a admoestações, diálogos e persuasões quando esses são raros, e só são usados em situações onde se sabe que os que devem ser corrigidos por eles não ouvem, nem se pode esperar que, por esses meios eles sejam corrigidos.

Não é sem razão que, portanto, o senhor não possa partir com suas penas e que não tenham fim, mas que continuem, já que o senhor confia tanto em seu funcionamento e faz pouco uso de outros meios sobre os dissidentes.

CAPÍTULO VI

Sobre a Finalidade para que a Força deve ser Usada

Aquele que lesse no início de seu Argumento Considerado pensaria sinceramente ser seu desígnio empregar a força para fazer os homens refletirem seriamente e nada mais. Mas quem olha um pouco mais à frente e que acrescenta sua defesa, encontrará a variedade de finalidades a que o senhor designa sua força, que nem o senhor sabe bem, ou ainda, o que quer que almejasse, o senhor ainda o chamaria pelo nome que melhor se ajustasse à ocasião e melhor serviria no local que recomendasse seu uso.

O senhor me pergunta "se a brandura e gentileza do Evangelho destrói o poder coercitivo do magistrado?" Eu respondo, como o senhor supõe: Não. Do que o senhor infere: "Então parece que o magistrado pode usar seu poder coercitivo sem ofender a brandura e gentileza do Evangelho". Sim, onde ele tem representação e autoridade para usá-la. "E assim, o senhor diz, isso comporá bem com a brandura e gentileza do Evangelho para o magistrado usar seu poder coercitivo para buscá-los". [Suponho que o senhor se refira aos ministros e pregadores da religião nacional], "ouvir onde as orações e intercessões não o farão". Não, não consistirá do método brando e gentil do Evangelho, a menos que o Evangelho o dirija, ou algo além dele para suprir sua vontade, até que ele seja convencido. Como pelos milagres, que o senhor pretende ter suprido o desejo de força nas primeiras eras do Cristianismo, o senhor verá que isso foi considerado em outra passagem. Mas, senhor, mostre-me um país onde os ministros e mestres da verdadeira e nacional religião busquem um ouvinte com orações e intercessões e não o encontrem e penso não precisar concordar consigo para que o magistrado use a força para procurá-los. Porém, temo que isso não sirva para seu intento.

Para mostrar a impraticabilidade e inconsistência de seu método, eu disse: "Vejamos agora por que fim eles devem ser punidos. Algumas vezes é: para levá-los a refletir sobre as razões e argumentos próprios e suficientes para convencê-los: de quê? De que não é fácil colocar o campanário de Grantham na igreja de Paulo? Do que quer que o senhor os tenha convencido, o senhor não quer nos dizer, assim, pode ser qualquer coisa. Às vezes é inclina-los a dar ouvidos a quem lhes diga que estão errados em seu caminho e oferecer-lhes para mostrar o certo. O que significa dar ouvidos a todos que diferem deles em religião, sedutor astucioso como qualquer outro. Julgue o senhor mesmo se isso é para procurar a salvação de suas almas, a finalidade que o senhor defende que a força seja usada. Mas estou certo de que quem der ouvidos a todos que lhe disserem que estão no caminho errado, não terão mais tempo para qualquer outro assunto.

"Às vezes é para tornar os homens mais sérios e reflexivos e seriamente considerarem a questão se vale a pena usar tempo para enfrentar as inconveniências de aderir a uma religião que, pelo que sabem, pode ser falsa, ou rejeitar uma outra (se for o caso) que, pelo que sabem, possa ser verdadeira; até que sejam levados à barra da razão e puderem então fazer um julgamento justo. Que, em resumo, chega a isso: fazê-los examinar se sua religião é verdadeira e se vale mantê-la, sob os castigos a ela anexados. Os dissidentes estão em débito consigo por seu grande cuidado com suas almas. Mas se, eu lhe suplico, se tornarem os da igreja nacional em todo lugar, que perfazem a maior parte da humanidade que não têm tais punições para fazê-los considerar, que não têm o único remédio que lhes seja dado, mas sejam deixados nessa deplorável condição, que o senhor menciona, de sofrerem quietos e sem serem molestados, de não cuidarem de suas almas, ou fazendo-os, seguirem seus próprios preconceitos, humores ou alguns astutos sedutores? Esses da religião nacional não precisariam, assim como outros, serem levados à barra da razão e lhe dar bom julgamento? E se precisam fazê-lo, como devem, se não se pode supor que todas as religiões nacionais sejam verdadeiras, eles sempre precisarão do que o senhor entende ser o único meio de levá-los a agir corretamente. Assim, se o senhor tem certeza, como nos diz, que seu método é necessário, estou certo de que é tão necessário nas igrejas nacionais como em qualquer outra. Assim, até onde posso ver, o senhor deve tanto puni-los como deixá-los em paz, a menos que o senhor pense ser razoável que a grande parte da humanidade fique constantemente sem a supervisão do único remédio que necessitam, em igualdade com outros povos.

"Às vezes a finalidade porque os homens devem ser punidos é dispô-los a se submeterem à instrução e darem ouvidos às razões oferecidas para a iluminação de suas mentes e descobrirem sua verdade. Se as próprias palavras deles podem ser usadas, há tão poucos dissidentes quanto conformistas, em qualquer país, que não confessarão tê-lo feito e fazem. E se suas próprias palavras não podem ser tomadas quem, pergunto, deve julgar? O senhor e seus magistrados? Se assim for, está claro puni-los por não se disporem a se submeter à instrução, mas à sua instrução. Não dispô-los a dar ouvidos às razões oferecidas para iluminar suas mentes, mas dar ouvidos obedientes às suas razões. Se for isso que o senhor quer dizer, teria sido mais justo e rápido falar claramente do que em bonitas palavras ou com significado indefinido, sobre coisas que chegam a nada. Pois qual o sentido de punir um homem para dispô-lo a se submeter à instrução e dar ouvidos às razões oferecidas para iluminar sua mente e descobrir sua verdade, àquele que anda duas ou três vezes por semana alguns quilômetros com esse propósito e, sob o risco de sua liberdade e bolsa, a menos que o senhor se refira às suas instruções, suas razões, sua verdade? O que nos traz de volta ao que o senhor discorda, à clara perseguição dos que discordam de sua religião.

"Às vezes isso deve ser feito: prevalecer sobre homens para pesarem questões religiosas cuidadosa e imparcialmente. A incontinência e a punição colocadas em escala com a impunidade e esperança de preferência colocadas em outra é um modo certo de fazer um homem pesar imparcialmente, como seria para um príncipe forçar e ameaçar um juiz para fazê-lo julgar com justiça.

"Às vezes é fazer os homens pensarem por si mesmos e se colocarem fora do poder de um humor tolo ou preconceito irracional, aliená-los da verdade e de sua própria felicidade. Só acrescente isso: colocá-lo fora do poder de seus próprios humores e preconceitos ou de outros homens e eu garanto que o fim é bom, se o senhor puder achar os meios de encontrá-lo. Mas por que não deveria ser colocado fora do poder do humor e preconceito de outros homens, assim como dos seus próprios, quero e sempre desejarei uma razão para prová-lo. Se não parecesse, pergunto-lhe, a um espectador indiferente, humor ou preconceito ou algo assim tão ruim, ver homens que professem uma religião revelada pelo céu e que contém todo o necessário para a salvação serem excluídos do convívio e perseguidos com as penas da lei civil por não aderirem a cerimônias que devem ser encontradas nessa religião revelada? Não pareceria humor e preconceito ou algo assim, a um ouvinte sóbrio e imparcial, ver cristãos da mesma fé excluídos e perseguidos, por coisas que confessam lhe serem indiferentes e não valer a contenda? Preconceito, humor, paixão, caprichos, impressões de educação, reverência e admiração por pessoas, respeitos mundanos, amores de sua própria escolha e coisas assim, que o senhor justamente atribuem a que muitos homens adotam e persistem em sua religião, são de fato boas palavras. Assim, por outro lado, as palavras seguintes: verdade, caminho certo, iluminação, razão, julgamento justo, não significam nada para seu propósito, até que possa evidente e inquestionavelmente mostrar ao mundo que as últimas, verdade e caminho certo, etc. só são, sempre e em todos os países, encontradas na igreja nacional e as anteriores, isto é, paixão e preconceito, etc. somente entre os dissidentes. Mas continuando:

"Às vezes é: levar os homens a tomarem o devido cuidado com sua salvação. Que cuidado é esse que os homens devem tomar se estiverem fora da igreja, será difícil o senhor me dizer. Mas o senhor tenta se explicar com as seguintes palavras: que eles não podem deixar cegamente nem à escolha de outra pessoa, nem de seus próprios caprichos e paixões, prescrever-lhes que fé ou adoração eles adotarão. O senhor faz bem em usar a punição para eliminar a paixão da escolha, porque o senhor sabe que o medo do sofrimento não é paixão. Mas deixe passar. O senhor puniria os homens para levá-los a tal cuidado com sua salvação que não possam cegamente deixar à escolha de outra pessoa prescrever-lhes. O senhor é sincero? Fala em verdade? Então, diga-me, de verdade: o magistrado ou a igreja nacional, em qualquer lugar, ou a sua em particular, já puniu um homem para levá-lo a esse cuidado que, o senhor diz, ele deveria ter com sua salvação? O senhor já puniu algum homem para que ele não deixe cegamente à escolha do seu pároco ou bispo ou a convocação, qual fé ou adoração ele deveria adotar? Isso será suspeito como sendo partidarista, ou algo diferente de cuidado com a salvação das almas humanas. Se esse remédio, sendo entendido como útil e necessário, o único método restante, o senhor só aplicará parcialmente e o experimentará somente naqueles por quem o senhor tem real e mínimo interesse, isto nos dá inevitavelmente uma razão para imaginar que o senhor não considera seu remédio assim tão bom como pretende, que distribui tão pouco dele para os amigos e tanto dele para os estrangeiros que, em outros aspectos foram entendidos como inimigos. Mas seu remédio é como o heléboro que cresce no jardim das mulheres para a cura dos vermes das crianças dos vizinhos, pois, na verdade, ele é muito ruim para ser dado às suas próprias. Acho que sua caridade, na sua atual perseguição, é tão prudente quanto justificável como a daquela boa mulher. Espero não lhe ter feito nenhuma injúria por ter suposto o senhor fora da igreja da Inglaterra. Se o fiz, peço-lhe perdão. Não é ofensa ou malícia, garanto-lhe. Pois não o suponho pior do que me confesso.

"Às vezes essa punição que o senhor defende é levar os homens a agirem conforme com a razão e bom julgamento:

Tertius è coelo cecidit Cato

"Isto é de fato reforma. Se o senhor pode nos ajudar com ela, o senhor merecerá que sejam erigidas estátuas como o restaurador da religião decadente. Mas se todos os homens não tenham razão e bom julgamento, a punição os convencerá deles? Além disso, sobre esse assunto, a humanidade está tão dividida que, quem age conforme a razão e bom julgamento em Augsburgo seria julgado de forma totalmente contrária em Edimburgo. A punição fará os homens saberem o que é razão e bom julgamento? Se não, é impossível que isso os faça agir conforme. A razão e o bom julgamento são o próprio elixir universal. E o senhor pode racionalmente tanto punir os homens para levá-los a buscar a pedra filosofal quando agirem conforme a razão e o bom julgamento.

"Às vezes é: colocar os homens sob sério e imparcial exame da controvérsia entre o magistrado e eles, que é o modo de fazê-los chegar ao conhecimento da verdade. E se a verdade não estiver em nenhum dos dois lados, como posso imaginar que o senhor dirá que não é assim, pois se nem o magistrado nem o dissidente forem de sua igreja, como o exame da controvérsia entre o magistrado e ele poderá ser o caminho para se chegar ao conhecimento da verdade? Suponha a controvérsia entre um luterano e um papista, ou, se lhe agrada, entre um juiz presbiteriano e um súdito quacre. O exame da controvérsia entre o magistrado e o súdito dissidente, nesse caso, o levará ao conhecimento da verdade? Se o senhor disser sim, então o senhor garante que um deles tem a verdade do seu lado. Pois o exame da controvérsia entre um presbiteriano e um quacre deixa intocada a controvérsia que ambos têm com a igreja da Inglaterra. E assim um, pelo menos, dos que já tenham o conhecimento da verdade, não devem ser submetidos à punição só para levá-los à verdade. Se o senhor disser não e que o exame da controvérsia entre o magistrado e o dissidente, nesse caso, não o levará ao conhecimento da verdade, o senhor confessa sua regra como falsa e seu método sem propósito.

"Para concluir, seu sistema é, em resumo: O senhor levaria todos os homens, deixando de lado preconceito, humor, paixão, etc. a examinarem os fundamentos de sua religião e a busca da verdade. Isso, confesso, deve ser desejado de coração. Os meios que o senhor propõe para levar os homens a fazê-lo é que os dissidentes devem ser punidos para o fazerem. É como se o senhor dissesse que os homens geralmente são culpados de uma falha. Portanto, uma seita que teve a má-sorte de ter uma opinião diferente da do magistrado deve ser punida. Isso, à primeira vista, choca a qualquer um que tenha um mínimo de senso, razão ou justiça. Mas, já tendo falado sobre isso e concluindo que, pensando novamente o senhor se envergonhará disso, consideremos colocar isso em consistência com o senso comum e com toda a vantagem que possua e vejamos o que o senhor pode fazer com isso. Os homens são negligentes ao examinar a religião que adotam, recusam ou mantêm. Portanto, é justo que eles sejam castigados por isso. É uma conseqüência de fato, que pode, sem perder o senso comum, disso ser derivado. Este é o uso, o único uso que o senhor pensa para a punição indiretamente e à distância, por questões religiosas. O senhor quer homens castigados para refletirem. Sobre o quê? Religião. Para que fim? Para levá-los ao conhecimento da verdade. Mas eu respondo:

"Primeiro, todos têm a habilidade para fazer isso".

"Segundo, todos têm a oportunidade para fazê-lo".

"O senhor teria um protestante pobre, por exemplo, no palatino, examinando profundamente se o papa é infalível ou cabeça da igreja, se há um purgatório, se os santos devem receber oração ou os mortos, se as Escrituras são a única regra de fé, se não há salvação fora da igreja e se não há igreja sem bispos e uma centena de outras coisas controversas entre os papistas e esses protestantes e, quando ele tivesse resolvido essas questões, fortificar a si mesmo contra as opiniões e objeções de outras igrejas de que diverge? Essa, que não é tarefa pequena, deve ser cumprida antes que um homem possa levar sua religião às barras da razão e lhe dado justo julgamento. E se o senhor vai punir um homem até que ele tenha feito isso, o campesino deve deixar de plantar e colher e procurar o estudo do grego e do latim e o artesão deve vender suas ferramentas para comprar padres e mestres e deixar sua família com fome. Se algo menos que isso satisfaz ao senhor, diga-me, por favor, o que é bastante. Eles refletiram e examinaram o bastante se se satisfizerem sobre onde esteja a verdade? Se esse for o limite de sua investigação, o senhor encontrará poucos a castigar, a menos que o senhor os puna para fazerem o que já fizeram. Pois, embora ele defenda sua religião, há muito poucos que não estejam satisfeitos com a sua. Ou ainda, eles devam ser punidos por considerar e investigar até que adotem a que o senhor escolheu como verdade? Se assim for, o que o senhor de fato escolheu para eles? Quando o senhor deve punir homens para levá-los a tal cuidado com suas almas que ninguém possa escolher por eles? Se for uma verdade geral que o senhor deve levá-los sob castigo a pesquisar, isto é oferecer matéria de disputa e não uma regra de disciplina. Pois punir alguém para fazê-lo pesquisar até encontrar a verdade, sem o julgamento da verdade é punir pelo que o senhor não conhece; é como bater num aluno para ele encontrar a raiz quadrada de um número que o senhor não identificou. Não imagino, portanto, que o senhor não possa resolver consigo mesmo que grau de severidade o senhor usaria nem por quanto tempo, quando o senhor não ousa falar diretamente sobre quem puniria e está muito pouco claro por que eles seriam castigados.

"Consoante essa incerteza sobre quem, ou por que punir, o senhor nos diz que não há dúvida quanto ao sucesso desse método. A força certamente produz o sucesso, se devidamente proporcional a ele.

"Qual, lhe pergunto, o propósito disso? Eu o desafio ou qualquer homem vivo, fora do que o senhor disse em seu livro, a me dizer diretamente qual seja. Em todas as outras punições de que ouvi até agora que o senhor ensinou ao mundo um novo método, seu propósito era curar o crime contra o qual foram acusados e penso que aqui deveria ser assim. Qual é, lhe pergunto, o crime nesse caso? Dissidência? Isso o senhor não diz em nenhuma passagem ser uma falha. E nos diz também que o magistrado não tem autoridade para compelir alguém à sua religião. E que o senhor não requer que os homens só tivessem como regra a religião do seu país. E o poder que o senhor atribui ao magistrado lhe é dado para levar os homens, não à sua própria, mas à verdadeira religião. Se dissidência não é a falha, seria que os homens não examinem sua própria religião e seus fundamentos? Esse é o crime que seus castigos pretendem curar? Nem isso o senhor ousa dizer, embora o senhor desagrade mais que satisfaz com sua nova disciplina. E novamente, como eu disse antes, o senhor deve nos dizer agora, quão longe o senhor almeja que eles examinem, antes de os punir por não o fazerem. E imagino, se fosse tudo que queremos do senhor, se passaria muito tempo antes do senhor nos perturbar com uma lei que prescreveria a todos quanto devem examinar questões religiosas, enquanto, se falharem ou o fizerem menos, devem ser punidos. Se desempenharem e realizarem seu exame até os limites estabelecidos pela lei, ficarão livres e em paz. Senhor, quando considerar isso novamente, talvez pense ser esse um caso reservado para o grande dia, quando os segredos de todos os corações serão abertos. Pois imagino que isso esteja além do poder de julgamento do homem, naquela variedade de circunstâncias, em relação às partes, temperamentos, oportunidades, ajudas, etc. em que os homens estão envolvidos neste mundo, para determinar qual o dever de cada homem nesse grande empreendimento da busca, questionamento, exame ou saber quando alguém o fez. O que me faz acreditar que o senhor concorda é que onde o senhor se esforça para o sucesso desse método, se corretamente usado, é com a limitação sobre os não totalmente incuráveis. Assim, quando seu remédio é preparado com arte (cuja arte ainda é desconhecida) e corretamente aplicado e dado na devida dose (todas secretas) ele será infalível. Quem? Todos que por ela não forem incuráveis. Assim será com um pescador comendo peixe em Lent ou um pregador presbiteriano. Certamente curará a todos que não sejam incuráveis por ele. Pois estou certo que o senhor entende que não curará a todos, mas aos que forem absolutamente incuráveis, pois o senhor deixa um meio para sua cura, quando o seu não funcionar: a Graça de Deus. Suas palavras são: que meios restam (exceto a Graça de Deus) para conduzi-los além de cardos e espinhos em seu caminho? E aqui também, na passagem que considerávamos, o senhor nos diz que os incuráveis são deixados para Deus. Onde então, o senhor explica que eles devem ser deixados aos meios que Ele ordenou para a conversão e salvação dos homens, os seus meios nunca devem ser usados, pois Ele de fato prescreveu a pregação e o ouvir Sua palavra, mas aqueles que não a ouvirão, não encontro em nenhuma passagem que Ele tenha comandado que devam ser compelidos ou castigados para isso".

Devo pedir perdão aos meus leitores por uma repetição tão longa a que fui forçado, para que possam julgar se o que disse não mereça resposta ou ser tolamente respondido nesse parágrafo, onde o senhor pretende defender seu método de toda a impraticabilidade e inconsistência a ele atribuídas, com referência à finalidade de castigar os homens. Suas palavras são: Para quê? Pelo que diz, o senhor "percebe que digo duas coisas: pois às vezes falo da falha e às vezes, da finalidade a que os homens devem ser punidos (e às vezes claramente as confundo). Agora, se for questionado por que falhas os homens devem ser punidos, o senhor responde, por rejeitar a verdadeira religião, após evidência suficiente a eles ensinada sobre sua verdade, que certamente é uma falha e merece castigo. Mas se pergunto para que finalidade o rejeitar a verdadeira religião deva ser punido, o senhor diz: para levá-los a adotar a verdadeira religião e para levá-los a refletir cuidadosa e imparcialmente sobre a evidência que lhes é oferecida para convencê-los de sua verdade, que são fins inegavelmente excelentes e que, através da bênção de Deus, procurem e procurem por convenientes castigos infligidos para esse propósito. Nem o senhor sabe de algo, digo contra qualquer parte disso, que já não tenha sido respondido".

O leitor deve julgar, pelo que eu disse em algum lugar, se eu nisso confundir duas coisas distintas, ou o senhor perceber que não haja diferença. Aqui eu só considero as finalidades do castigo que o senhor novamente determina em sua resposta e essas são, como eu descrevo:

Às vezes o senhor fala dessas finalidades, como se fossem "meramente dar ouvidos aos que por orações e intercessões não podem" e esses podem ser pregadores de qualquer religião. Mas suponho que o senhor se refira aos pregadores da verdadeira religião. E quem, pergunto, pode ser julgado por isso?

"Onde a lei provê meios suficientes de instrução a todos, assim como castigos para dissidentes, está claro a todos os interessados que os castigos propõem fazê-los considerar". O quê? Os meios que a lei provê para sua instrução. Então quem é o juiz sobre que instrução devem receber e quais os meios de instrução, além do legislador?

"É levá-los a ouvir a instrução". De quem? De qualquer um? "E considerar e examinar questões religiosas como deveriam e levar os que estão fora do caminho certo a ouvir, refletir e adotar a verdade". Quando esse fim é alcançado e quando o castigo, que é o meio de alcançá-lo termina? Quando um homem se conforma com a igreja nacional. E quem então é o juiz da verdade a ser adotada, além do magistrado?

"E levar os homens a refletir sobre as razões e argumentos próprios e suficientes para convencê-los, que, sem a força, eles não consideram". E quando eles o terão feito? Quando se conformarem, pois depois disso não haverá força a ser usada.

"E para fazê-los considerar como deveriam" e que, o senhor nos diz, significa considerar "até se comoverem profundamente e adotarem e não rejeitarem a verdade necessária à salvação". E quando o magistrado que cuida das almas humanas e faz tudo isso pela sua salvação fica satisfeito com sua reflexão? Quando eles externamente adotam a comunhão da igreja nacional.

"E levar os homens a refletirem e examinarem as controvérsias que tendem a considerar e examinar, isto é, as que não podem errar sem desonrar a Deus e ameaçar sua própria salvação e a de outros homens. E estudar a verdadeira religião com tal cuidado e diligência que possam e devam usar e com mente honesta." E quando, em sua opinião, se presume que alguém fez tudo isso? Quando ele está em comunhão com a sua igreja.

"É curar dos homens seus preconceitos irracionais, refratariedade e aversão contra à verdadeira religião." Onde ninguém retenha a menor tintura ou suspeita que alguma vez tenha tido sobre sua igreja.

"É levar os homens ao caminho certo, ao caminho da salvação" que a força faz quando os conduz ao pórtico da igreja e lá os deixa.

"É levar os homens a adotarem a verdade que pode salvá-los." E aqui no parágrafo onde o senhor pretende nos dizer que força deve ser usada, o senhor diz: "É levar os homens a adotar a verdadeira religião e levá-los a refletir, cuidadosa e imparcialmente sobre a evidência oferecida para convencê-los sobre sua verdade que, o senhor diz, são fins inegavelmente justos e excelentes". Mas tal força, pelo seu método, nunca pode na prática se tornar um meio para isso, sem supor que o que diz o senhor não precisa supor, isto é, que sua religião seja verdadeira. A menos que o senhor prefira em todo lugar deixar ao magistrado julgar qual o caminho certo, qual a verdadeira religião, cuja suposição, imagino, acomodará menos o senhor que o outro. Mas tome qual quiser, o senhor deverá acrescentar essa outra suposição, mais garantida que a primeira, isto é, que os que se conformem com sua igreja, se o senhor se fizer de juiz ou à igreja nacional em qualquer lugar, se o senhor fizer o magistrado juiz da verdade que pode salvar os homens, e só esses, o senhor alcançou esses fins.

O magistrado, o senhor diz, é obrigado a fazer o que lhe cabe para levar todos os seus súditos "a examinarem cuidadosa e imparcialmente questões religiosas e considerá-las como devem, isto é, para adotar a verdade que deve salvá-los". Os meios próprios e necessários, o senhor diz, para atingir esses objetivos é a força. E seu método de usar essa força é punir todos os dissidentes da religião nacional e nenhum dos que externamente se conformam a ela. Torne isso praticável em qualquer país do mundo, sem que o magistrado seja juiz da verdade que deve salvá-los e sem supor também, que quem adotar externamente a religião nacional também a adota no íntimo, isto é, acreditam e obedecem à verdade que deve salvá-los. Então penso que nada no governo poderá lhe ser difícil de empreender.

O senhor conclui esse parágrafo me dizendo: "O senhor não sabe de nada, digo, de qualquer parte, que já não tenha sido respondida". Diga-me, por favor, onde respondi às objeções que fiz aos vários fins que o senhor determina em seu Argumento Considerado e pelo qual o senhor usaria força e que aqui reimprimi, pois não vi o senhor dar muita importância a eles. Portanto, o leitor deve julgar se eles precisam ou não de resposta.

Mas, para mostrar que, onde o senhor prometeu e pretendeu fazer, não nos disse clara e diretamente que força e castigos devem ser usados, no próximo capítulo examinarei o que o senhor entende por "levando os homens a adotarem a verdadeira religião".

CAPÍTULO VII

De Como O Senhor Leva os Homens à Verdadeira Religião

A verdadeira religião é, em todo lugar, preocupação e interesse de toda a humanidade e nada pode ser lembrado com tanto efeito sobre a aprovação e favor do público. Só de nomear alguém nela coloca um homem do lado certo. Quem ousa questionar tal causa ou se opor à que é oferecida para promover a verdadeira religião? Esta vantagem o senhor deve ter garantido a si mesmo pelos leitores desatentos, tanto quanto repetir a menção da verdadeira religião torna possível. Havendo raras páginas onde a verdadeira religião não apareça, como se o senhor nada tivesse em seus pensamentos além de levar os homens à salvação de suas almas. Veremos agora se isso é assim tão sincero.

O senhor nos diz: "qualquer que seja os danos que algumas falsas religiões possam impor, será sempre, porém, mais fácil aos homens carnais e de mente mundana, dar nascedouro às suas transgressões, do que mortificar seus caprichos quando surgem, que nenhuma religião além da verdadeira lhes exige". Daí seu fundamento sobre a necessidade da força para levar os homens à verdadeira religião e atribuir ao magistrado o dever de usá-la para esse fim. O que agora aparentemente expressa maior cuidado para levar os homens à verdadeira religião? Mas vejamos o que o senhor nos diz e encontraremos que no seu esquema não significa nada menos. O senhor nos diz: "O magistrado inflige os castigos só sobre os que quebram as leis" e se essa lei só requer conformidade com a religião nacional, só os não-conformistas são punidos. Assim, apesar da adoção externa da religião nacional ser pela mortificação dos caprichos humanos, mais do que dar nascedouro às suas transgressões, todos os castigos que o senhor defende pelo desinteresse, não podem pretender levar efetivamente os homens à verdadeira religião, já que eles os deixam antes de chegarem às dificuldades, qual seja, mortificar seus caprichos, como requer a verdadeira religião. Então, levar os homens à verdadeira religião significa levar os homens à conformidade com a religião nacional, pois isso o senhor faz pela força. A distância entre a conformidade externa de ser sinceramente da verdadeira religião pode ser conhecida como a distância entre a coisa mais fácil e a mais difícil no mundo. Pois nada é mais fácil que a confissão por palavras. Nada mais difícil que subjugar o coração e levar os pensamentos e deveres à obediência da verdade. O último é necessário para ser da verdadeira religião. O outro só requer aplicação de castigos, do seu modo. Se o senhor diz que dos conformistas à religião nacional se exige, pela lei civil e eclesiástica, levarem vidas corretas, que é a parte difícil da verdadeira religião, respondo: não é dessa lei que falamos, nem as leis dos que defendem a tolerância, mas as leis que estabelecem uma diferença entre os conformistas externos e os não-conformistas. E sobre esses, dizem: o que se diga sobre a verdadeira religião nunca poderá significar levar realmente os homens à verdadeira religião, enquanto a verdadeira religião for e se confessar como uma coisa tão mais difícil que a conformidade externa.

Milagres, o senhor diz, supriram o desejo de força no começo do cristianismo e, portanto, enquanto suprirem esse desejo, devem ser subservientes ao mesmo fim. A finalidade então era levar os homens à igreja cristã, à qual eram admitidos e recebidos como irmãos, quando reconheciam que Jesus era o Cristo, o Filho de Deus. Isso servirá à finalidade? Não. A força deve ser usada para fazer os homens adotarem credos e cerimônias, isto é, se conformarem externamente à doutrina e forma de adoração de sua igreja. Nada mais do que é requerido por seus castigos, nada menos será desculpa para punições. Isso e somente isso servirá ao propósito. Isso, portanto, e somente isso é o que o senhor entende por verdadeira religião para a qual o senhor usa a força sobre os homens.

Quando lhe digo "o senhor tem má opinião sobre a religião da Igreja da Inglaterra e deve achar que ela só pode ser propagada apoiada pela força, se o senhor não pensa que ela pode vencer, por uma tolerância geral, a todo o mundo", o senhor pergunta: "Por que o senhor não pode ter uma boa opinião sobre a Igreja da Inglaterra, como o senhor tem da religião de Noé, embora o senhor pense que ela não pode ser propagada ou apoiada sem usar alguns graus de força". Quando o senhor provou que a religião de Noé se disseminou a partir de oito pessoas e continuou até os tempos dos apóstolos e eu provei em outra passagem que ela foi propagada e apoiada em todo esse tempo por diferentes tipos ou graus de força, o senhor pode ter alguma razão para pensar tão bem sobre a religião da Igreja da Inglaterra quanto sobre a religião de Noé, embora o senhor pense que ela não pode ser propagada e apoiada sem alguns tipos ou graus de força. Mas até que o senhor o prove, não pode, nessa base, dizer que tem razão por bem dizê-la.

O senhor me diz: "se eu tomar sua palavra sobre isso, o senhor me garante pensar que há muitos países no mundo além da Inglaterra, onde minha tolerância seria tão pouco útil à verdade como na Inglaterra". Se o senhor nomear esses países, o que não provocará muito sofrimento, eu usarei suas palavras, com que acredita que a tolerância seria prejudicial à verdade. Mas se não o fizer, nem eu nem ninguém pode acreditar no senhor. Dar-lhe-ei o motivo por que o digo: porque ninguém pode acreditar que, sob seus princípios, pode aceitar como verdade uma religião nacional, divergente da Igreja da Inglaterra. E onde a religião nacional não for verdadeira, já temos seu consentimento (como na Espanha, Itália, etc.) para a tolerância. Mas é evidente que o senhor não pode, sem renunciar a seus princípios, aceitar uma religião nacional divergente da aqui estabelecida por lei como verdadeira. Pois por que o senhor pune aqui os não conformistas? "Para levá-los, diz o senhor, à verdadeira religião. Mas e se eles não defendem nada além do que faz as outras igrejas nacionais, eles nunca serão punidos se não se conformarem? Certamente o senhor dirá sim. Se o fizer, também deve dizer: eles não são da verdadeira religião. Ou ainda, deverá puni-los para levar à verdadeira religião os que o senhor já aceitou como seus adeptos".

O senhor me diz: "se eu concordar com o autor que só existe uma verdadeira religião e eu me entendo como adepto da Igreja da Inglaterra, o senhor não vê como posso evitar supor que a religião nacional agora na Inglaterra, amparada pela autoridade pública da lei, é a verdadeira religião". Se eu concordo, como é fato, tudo que o senhor espera de mim ainda não servirá para chegar à sua conclusão, isto é, que a religião nacional agora na Inglaterra é a única verdadeira religião, no sentido que dou e o senhor deveria dar. Garanto que só há uma verdadeira religião no mundo, que é aquela cuja doutrina e adoração são necessárias à salvação. Garanto também que a verdadeira religião, necessária à salvação, é ensinada e professada na Igreja da Inglaterra, mas não quer dizer que a religião da Igreja da Inglaterra, estabelecida por lei é a única verdadeira religião. Se há algo estabelecido na Igreja da Inglaterra por lei e que faça parte de sua religião, que não seja necessário à salvação e que outra igreja, ensinando e professando tudo que seja necessário à salvação, não o receba.

Se a religião nacional agora na Inglaterra, apoiada na autoridade da lei, for como o senhor a tem, a única verdadeira religião, que um homem não possa ser salvo se não pertencer a ela, por favor, reconcilie isto com o que disse no parágrafo imediatamente anterior, isto é, "que há muitos outros países no mundo onde minha tolerância seria tão pouco útil como na Inglaterra". Pois se houver outras religiões nacionais que difiram da da Inglaterra, que o senhor aceita como verdadeiras, e pelas quais os homens possam ser salvos, a religião nacional da Inglaterra, conforme estabelecida agora pela lei, não é a única verdadeira religião e os homens podem ser salvos sem pertencerem a ela. E então o magistrado não pode ter, por seus princípios, qualquer autoridade para usar a força para obrigar os homens a adotarem-na. Pois o senhor nos diz: a força não é legal, a menos que seja necessária e, portanto, o magistrado só poderá legalmente usá-la para levar os homens a acreditarem e praticarem o que for necessário à salvação. O senhor pode, portanto, sustentar que não há nada na doutrina, disciplina e cerimônias da igreja da Inglaterra, conforme estabelecida por lei, além do necessário à salvação. Ou ainda, o senhor pode reformular seu significado de comunhão, antes que o magistrado, por seus princípios, possa usar castigos para levar os homens a refletir até se conformarem, ou o senhor pode dizer que a religião nacional da Inglaterra é a única verdadeira religião, pois contém a única verdadeira religião em si, como possivelmente a maioria, se não todas as diferentes igrejas cristãs hoje no mundo o fazem.

O senhor nos diz mais tarde, no parágrafo seguinte que "onde essa verdadeira religião agora na Inglaterra for recebida, todas as outras religiões deveriam ser desencorajadas". Por que, pergunto-lhe, desencorajadas, se são verdadeiras todas elas? Pois se são verdadeiras, qual a intenção de forçar os homens dessas religiões à verdadeira religião? Se o senhor diz que todas as outras religiões, diferindo completamente da igreja da Inglaterra, são falsas, saberemos então sua medida sobre a única verdadeira religião. Mas seu cuidado somente quanto à conformidade à igreja da Inglaterra e que para o senhor, verdadeira religião só significa isso, aparece muito pelo seu modo de se expressar nessa passagem, onde o senhor mostra supor que, como essa única verdadeira religião, tornada agora a única religião nacional na Inglaterra, apoiada pela autoridade pública da lei, "deveria ser recebida onde fosse pregada, assim, onde for pregada, portanto, onde for recebida, todas as outras religiões deveriam ser desencorajadas em alguma medida pelos poderes civis". Se a religião estabelecida por lei na Inglaterra é a única verdadeira religião, não deveria ser pregada e recebida em qualquer lugar e todas as outras desencorajadas por todo o mundo? E os magistrados de todo os países não deveriam cuidar disso? Mas o senhor só diz onde for pregada deveria ser recebida e onde for recebida, outras religiões deveriam ser desencorajadas, o que é bastante conveniente ao seu esquema: forçar a conformidade na Inglaterra. Mas dificilmente isso sairia de um homem cujos pensamentos estivessem na verdadeira religião e em sua promoção em outras partes do mundo.

A força, então, deve ser usada na Inglaterra e os castigos, sobre os dissidentes. Para quê? "Para levá-los à verdadeira religião", embora esteja claro que o senhor não mencione apenas a doutrina, mas a disciplina e as cerimônias da igreja da Inglaterra e faz delas uma parte da única verdadeira religião. Para que mais o senhor puniria todos os dissidentes por rejeitarem a verdadeira religião e usaria a força para levá-los a ela, quando grande parte, se não a maior parte dos dissidentes da Inglaterra aceitam e professam a doutrina da igreja da Inglaterra, tão firmemente quanto os da comunidade da igreja da Inglaterra. Eles, portanto, embora acreditem na mesma religião que o senhor são excluídos da verdadeira igreja de Deus, à qual o senhor pretende levar os homens e estão entre os que rejeitam a verdadeira religião.

Pergunto se não estão, em sua opinião, fora do caminho da salvação os que não se unem em comunhão com a verdadeira igreja e se pode haver alguma verdadeira igreja sem bispos? Se assim for, todos menos os conformistas na Inglaterra que sejam de qualquer igreja na Europa, além dos luteranos e papistas estão fora do caminho da salvação. Assim, segundo seu sistema têm que haver a força para levá-los a ela. E esses, também, por sua doutrina da transubstanciação e também pela da consubstanciação, para omitir outras coisas amplamente divergentes da igreja da Inglaterra, que o senhor, suponho, não admitiria como da verdadeira religião e quem então resta na verdadeira religião, além da igreja da Inglaterra. Pois imagino que os abissínios divirjam amplamente em muitos pontos, pois é um dos lugares que o senhor menciona onde a tolerância produz dano como na Inglaterra. Penso que dificilmente o senhor suporia que a religião dos gregos seja verdadeira. Pois se fosse, seria um forte exemplo contra sua asserção que a verdadeira religião não pode subsistir, mas seria rapidamente extirpada sem a assistência da autoridade, embora tenha subsistido sem qualquer assistência, há mais de duzentos anos. Eu o garanto, assim como outros comigo, até que o senhor nos diga qual outra religião há em qualquer igreja, além da igreja da Inglaterra, que o senhor aceita como verdadeira, que o senhor queira dizer que levar os homens à verdadeira religião signifique apenas levá-los à religião da igreja da Inglaterra. Se lhe ofendo com isso, seria capaz de uma alternativa muito fácil: seria só afirmar que outra igreja divergente da da Inglaterra, que o senhor diz abrigar a verdadeira religião e me convencerei e adotarei essas palavras: "a religião nacional agora na Inglaterra, apoiada pela autoridade pública da lei, é a única verdadeira religião", só com uma ligeira ironia sobre seu zelo. Enquanto isso eu argumentarei com o senhor sobre o uso da força para levar os homens à religião da igreja da Inglaterra, estabelecida por lei, pois é mais fácil saber o que é, do que o que o senhor entende por verdadeira religião, se o senhor não mencionar nada mais.

Para prosseguir, na passagem seguinte, digo-lhe que usar a força do seu modo para levar os homens à verdadeira religião da igreja da Inglaterra, o senhor entende somente levá-los a uma profissão externa dessa religião e que, como lhe disse em outra passagem, porque a força usada do seu modo, sendo aplicada só a dissidentes e cessada logo que se conformem (se for da intenção dos legisladores algo mais ou não, que examinamos em outra passagem) não pode ser levar os homens a algo mais que a conformidade externa. Pois, se a força deve ser usada contra dissidentes e só contra eles, para levar os homens à verdadeira religião, sempre, logo que tenha levado os homens à conformidade, será cancelada e deixada de lado, por ter feito tudo que se espera dela. É claro que levar os homens à verdadeira religião e levá-los à conformidade externa para o senhor é a mesma coisa. O senhor usa e insiste na força contra os dissidentes, porque espera disso algum efeito. Quando o senhor a retira, ela fez surtir esse efeito ou ainda, estando em seu poder, por que o senhor não a continua? Se o efeito que o senhor chama de adotar a verdadeira religião e aquilo que lhe satisfaça, sem qualquer outro castigo, expectativa ou questionamento, é a conformidade externa, fica claro que adotar a verdadeira religião e conformidade externa são para o senhor a mesma coisa.

O senhor nem pode dizer ser presumível que os que se conformam externamente realmente entendem e sinceramente adotam uma fé viva e uma obediência sincera à verdade que os salvarão.

1) Porque sendo, como o senhor nos diz, o dever do magistrado fazer tudo que lhe cabe para a salvação dos seus súditos e, estando em seu poder examinar se eles conhecem e vivem de acordo com a verdade que deve salvá-los, assim como se conformar, ele não poderia ou deveria presumir fazê-lo, sem levar em conta seus conhecimentos ou vidas, assim como não poderia ou deveria presumir que se conformam, sem levar em conta sua vinda para a igreja. O senhor pensaria que os médicos teriam cumprido seu dever e manifestariam cuidado com a vida dos homens, se os tivessem tido em suas mãos e não sabendo mais sobre eles além de suas idas à farmácia, para ouvir o que lá lhes prescreveram e sentarem lá por algum tempo, poderia dizer que se recuperaram, sem saber se o que lhes foi prescrito teve algum efeito, ou reestabeleceram sua saúde?

2) Não se pode presumir, onde há tantos exemplos visíveis em contrário. Ele deve passar por um admirável adivinho que seriamente lhe afirmará ser presumível que todos que se conformem à religião nacional, onde for verdadeira, entenderão, acreditarão e a praticarão, como modo de salvação.

3) Não é presumível que os homens usem de sua corrupção e caprichos para evitar a força, quando acatam a conformidade, com que se abriguem da força sem abandonar seus caprichos. O que é mais caro aos homens que seus primogênitos, o senhor nos diz, são seus caprichos e mortificá-los ainda mais difícil que os danos das falsas religiões. Aqui está a dificuldade da verdadeira religião, que requer a mortificação desses caprichos e até que o tenham feito, os homens não serão da verdadeira religião nem estarão no caminho da salvação e é nisso que o senhor pretende que a força seja necessária. A força é usada para fazê-los ouvir. Ela prevalece. Os homens ouvem. Mas isso não é o bastante, porque a dificuldade não está

nisso. Eles podem ouvir argumentos sobre a verdade e ainda manterem sua corrupção. Eles devem fazer mais. Devem refletir sobre tais argumentos. Quem lhe pede isso? Não a lei, que inflige tais castigos, mas podemos estar certos do seu amor por seus caprichos e seu medo do castigo lhes pede e os levará a isso, isto é, refletir sobre como reter seus amados caprichos e ainda evitar o desconforto do castigo a que se submetem. Isso é o que presumivelmente fazem, portanto eles avançam um passo fácil adiante: eles se conformam e então estão salvos da força e ainda podem manter sua corrupção. É, portanto, presumível que eles deixaram sua corrupção, porque a força os levou a se esconder do castigo pela conformidade, porque a força não deve molestá-los mais ou tirá-los de suas queridas inclinações? A dificuldade na religião é, o senhor diz, os homens abandonarem seus caprichos. Isto torna a força necessária. Os homens acham um modo de evitar a força pela conformidade, sem abandonar seus caprichos. Portanto é presumível, quando eles se conformam, que a força, que podem evitar sem abandonar seus caprichos, os fez abandoná-los, que de fato, não é abandonar seus caprichos por causa da força, mas abandoná-los gratuitamente, que se o senhor pode chamar de presumível, o fundamento de sua necessidade de força, que o senhor faz prevalecer à corrupção e a adesão dos homens a seus caprichos desaparece, assim, não haverá nenhuma necessidade de força. Se a grande dificuldade da religião é os homens abandonarem ou mortificarem seus caprichos e o único contrapeso na outra balança para ajudar a verdadeira religião a prevalecer contra seus caprichos, é a força. Que, lhe pergunto, é presumível, se eles puderem evitar a força e manter seus caprichos, que eles possam deixar seus caprichos e sinceramente adotar a verdadeira religião, que é incompatível com eles? Ou ainda, se eles pudessem evitar a força, evitariam a força e manteriam seus caprichos? Afirmar o anterior é ter como presumível que eles deixarão seus caprichos e, de coração, adotariam a verdadeira religião espontaneamente, pois daquele que adotar a verdadeira religião por causa de uma força que sabe poder evitar com prazer, sem deixar seus caprichos, não se pode dizer que a adotou por essa força. Já que ele pode evitar a força sem abandonar seus caprichos, não se pode dizer que ela ajuda a verdade, para fazê-lo mudar, pois nessa verdade não há qualquer assistência. Assim deve-se dizer que não há nenhuma necessidade de força.

  Tome um patife ambicioso, cujo coração está no dinheiro, que daria a vida por sua bolsa, que seja perseguido pela força do magistrado até a prisão e obrigado a ouvir o que foi alegado contra ele e a execução da lei ameaçando-o de prisão ou outro castigo, se não pagar o justo débito do que lhe é demandado, se ele se colocar sob a proteção do Rei, onde pode usufruir sua liberdade sem pagar o débito e perder seu dinheiro, o senhor dirá ser presumível que ele o fez para pagar o débito e não para evitar a força da lei? O desejo da carne e o orgulho da vida são tão fortes e dominantes quanto o desejo dos olhos e, se o senhor deliberadamente disser novamente ser presumível que os homens são levados pela força a refletir como a abandonar seus caprichos, quando nada mais se sabe deles, mas que fazem o que lhe mandam pela força, sem qualquer necessidade de abandonar seus caprichos, penso que devo enviá-lo aos meus pagãos e islamitas, mas não preciso lhe dizer mais nada sobre isso.

Concordo consigo que só haja uma verdadeira religião. Concordo também que essa única verdadeira religião é a mantida e professada na igreja da Inglaterra. E nego, ainda que, se a força pode ser usada para levar os homens à verdadeira religião que, sob seus princípios, possa legalmente ser usada para levar os homens à religião nacional da Inglaterra, estabelecida por lei. Porque a força, conforme sua própria regra, só sendo legal porque é necessária e, portanto, inadequada para ser usada onde não necessária, isto é, necessária para levar os homens à salvação, nunca poderá ser legalmente usada para levar os homens a nada que não seja necessário à salvação, o que mostrei mais amplamente em outra passagem. Se, portanto, na religião nacional da Inglaterra, houver algo posto como necessário à comunhão, embora verdade, ainda não é necessário à salvação. A força não pode legalmente ser usada para levar os homens a essa comunhão, embora a coisa requerida dessa forma, em si possa talvez ser verdadeira.

Há inúmeras verdades contidas nas Escrituras que um homem pode ignorar e conseqüentemente não acreditar, sem qualquer perigo para sua salvação ou ainda, que poucos seriam capazes de salvação, pois eu penso poder dizer em verdade, nunca houve alguém além daquele que foi a Sabedoria do Pai, que não ignorasse algumas e se enganasse em outras. Levar os homens a adotarem tais verdades, o uso da força, por sua própria regra, não pode ser legal: porque a crença ou conhecimento das próprias verdades não necessárias à salvação, não há necessidade dos homens serem levados a adotá-las, nem necessidade de usar a força para levá-los a adotá-las.

A única verdadeira religião necessária à salvação pode ter que ser unida à igreja nacional, que em si seja manifestamente falsa e repugnante à salvação. Em tal comunidade, nenhum homem pode se reunir sem abandonar o caminho da salvação. Em outra igreja nacional com essa única verdadeira religião podem se unir o que não é nem repugnante nem necessário à salvação e dessas há várias igrejas divergindo umas das outras em orações, cerimônias e disciplina que normalmente são chamadas de religiões diferentes, sendo que em cada uma, um bom homem, se mentalmente satisfeito pode se comunicar sem perigo, enquanto outro que não esteja satisfeito na sua consciência sobre algo da doutrina, disciplina ou adoração não pode em segurança nem sem pecar se comunicar sobre isto ou aquilo com outros. Nem a força pode legalmente ser usada, por seus princípios a levar os homens a qualquer delas, porque tais coisas são necessárias à sua comunhão que, não sendo requisitos para a salvação, os homens podem seriamente e conscientemente divergir e estar em dúvida a respeito, sem ameaçar suas almas.

Aquele que faz barulho e dá crédito a ele, onde muitos são levados a um zelo não garantido é quem chama de religiões diferentes e cada um que pensa que a sua é a verdadeira religião condena todas as outras como falsas religiões. Assim aqueles que têm todas as coisas necessárias à salvação e não acrescenta nada à doutrina, disciplina ou adoração inconsistente com a salvação são da mesma religião, embora divididos entre diferentes sociedades ou igrejas sob diferentes formas, pois se a paixão ou polidez do desígnio ou a sóbria e pia intenção dos homens bem centrados se estabelecem, não há nada além das divergências dos homens e esses deveriam ser avaliados no que se requeira deles, que Deus não tenha tornado necessário à salvação, embora em sua própria natureza possa ser indiferente, legal ou verdadeiro. Pois nenhum dos artigos ou confissões de qualquer igreja que conheço, contendo em si todas as verdades da religião, embora contenham algumas não necessárias à salvação, alardeiam as verdades da religião e por sua própria autoridade usem algumas não necessárias à salvação e os tornam condições da comunhão e deixam de fora outras que precisam ser conhecidas e cridas. Isto são apenas discordâncias entre os homens. Deus nunca indicou um sistema discordante, nem, como mostrei, a força pode, por seus princípios, ser legalmente usada para levar os homens a adotá-la.

Sobre cerimônias, aqui só lhe perguntarei se o senhor pensa que se ajoelhar perante a Ceia do Senhor ou a cruz no batismo são necessárias à salvação? Eu cito essas, pois foram assunto de grande escrúpulo. Se o senhor não diz que sejam, como pode dizer que a força possa ser legalmente usada para levar os homens a uma comunhão à qual se fizeram necessários? Se o senhor diz que ajoelhar é necessário para uma uniformidade decente (pois sobre a cruz no batismo eu falei em outra passagem), embora possa ser verdade, ainda é um argumento que o senhor não pode usar com essa finalidade, se o senhor for da igreja da Inglaterra. Pois se uma decente uniformidade pode ser bem preservada sem se ajoelhar na oração, onde a decência o requer no mínimo ao receber o sacramento, por que não pode ser bastante bem preservada sem se ajoelhar perante o sacramento? Agora que a uniformidade é entendida como suficientemente preservada, sem ajoelhar para orar, é evidente, pelas várias posturas que os homens usam livremente e geralmente se observa em todas as nossas congregações durante a oração sacerdotal no púlpito, antes e depois do sermão, que parece haver bastante decência e uniformidade, embora a oração seja dirigida ao grande Deus do céu e da terra, a cuja majestade devemos expressar reverência com devidos gestos, quando dirigimo-Lhe nossas petições, invariavelmente pelas mesmas palavras que Lhe ofertamos.

O prefácio do Livro da Oração Comunitária nos diz: "Os ritos e cerimônias indicados para uso na adoração divina são coisas, por sua própria natureza, indiferentes e mutáveis". Aqui lhe pergunto se algum poder humano pode fazer algo em sua própria natureza indiferente, necessário à salvação. Se não, também nenhum poder humano pode ser justificado no uso da força para levar os homens a se conformarem no uso de tais coisas. Se o senhor pensa que os homens têm autoridade para tornar algo, de natureza indiferente, como parte necessária à adoração a Deus, desejo que o senhor considere o que diz nosso autor sobre este assunto, que ainda não mereceu sua observação.

"A má aplicação do seu poder, o senhor diz, é um pecado do magistrado e o deixa aberto à vingança divina". E não é a má aplicação do seu poder e um pecado para si, usar a força para levar os homens ao cumprimento de algo indiferente que, na adoração religiosa, possa ser pecado para eles? A força, o senhor diz, pode ser usada para punir os dissidentes da comunidade da igreja da Inglaterra. Suponhamos que todas as suas doutrinas sejam não apenas verdadeiras, mas necessárias à salvação, mas que ali é colocada nos termos de sua comunhão alguma ação indiferente que Deus não aceita nem seja parte de Sua adoração, que algum homem entenda em sua consciência como não-legal. Suponha ajoelhar-se perante o sacramento, que foi supersticiosamente usado na adoração do pão como o corpo real de Cristo, pode agora dar ocasião para escrúpulo de alguns, assim como comer a carne ofertada a ídolos o fez no tempo dos apóstolos que, embora legal em si mesmo, ainda o apóstolo disse que "E, por isso, se a comida serve de escândalo a meu irmão, nunca mais comerei carne, para que não venha a escandalizá-lo" (I Coríntios VIII, versículo 13). E se levar, pelo exemplo, a escrúpulos em qualquer ação em si indiferente que eles pensaram ilegal, como pecado, como aparece várias vezes em Romanos XIV, quanto mais é adicionar a força ao nosso exemplo e levar os homens sob castigos, a atos que, além de indiferentes em si, não possam realizar sem pecar! Desejo que me mostre como a força pode ser necessária nesse caso, sem o que seu conhecimento não seja legal. Não se ajoelhar perante a Ceia do Senhor, não tendo sido ordenado por Deus, não é um pecado. E como os apóstolos a recebiam na posição sentada ou deitada, como se usava nas refeições na época, é uma evidência de que pode ser recebida não ajoelhado. Mas quem pensa que se ajoelhar é ilegal, certamente peca.

Por isso o senhor deve tomar a autoridade de um prelado muito justo e reverendo de nossa igreja, por suas palavras: "quando um homem erra em seu julgamento, mesmo então, é sempre pecado agir contra, pois ele agia de boa-vontade e sob a melhor luz que no momento possui para dirigir suas ações". (Discurso da Consciência, página 18.) Não preciso aqui repetir suas razões, já o tendo citado algumas vezes, embora toda a passagem escrita como costuma, com grande força e clareza, mereça ser lida e considerada. Se, portanto, o magistrado adota uma cerimônia tão desnecessária e usa a força para levar um homem a uma pecaminosa comunhão com nossa igreja, deixe-me perguntar-lhe, ele peca e aplica mal seu poder ou não?

Religiões verdadeiras ou falsas são nomes que facilmente conseguem as afeições dos homens ao ouvi-las. Uma pela aversão, a outra pelo desejo, no mínimo enquanto se convencem delas, de toda a humanidade. Isso faz os homens continuamente dar-lhes esses nomes, onde quer que se encontrem com elas. E quando a menção é para levar os homens de uma religião falsa para a verdadeira, muitas vezes sem saber o que significa esses nomes, eles pensam que nada pode ser feito sobre isso, a que eles intitulam a honra de Deus e a salvação das almas humanas.

Desejo, portanto, que o senhor, se for amante justo e sincero da verdade que professa, quando escrever novamente, nos diga o que entende por religião verdadeira e falsa, para que conheçamos seu significado. Pois, como as palavras que agora usou em seu tratado, uma delas parece ser usada apenas para a religião da igreja da Inglaterra e a outra, para as de todas as outras igrejas. Espero que o senhor reaja contra mim com a mesma ênfase da carta anterior, impondo um sentido em suas palavras contrário ao seu significado e, para isso, o senhor apele para suas palavras em algumas outras passagens. Mas deixarei o leitor julgar sobre isso e dizer-lhe, esse é um modo muito fácil e comum para os homens que, não tendo noções consistentes e claras, se mantêm enquanto podem sob o abrigo de termos gerais e amplamente aplicáveis, para se salvarem dos absurdos ou conseqüências de uma passagem, com a ajuda de alguma expressão geral ou contrária em outra. Seja um desejo de vitória ou um zelo muito enfático por uma causa a que tenha sido persuadido até então, que o tenha levado a esse modo de escrever. Só lhe recordarei que a causa de Deus nada requer além do que deve ser dito claramente, num claro e determinado sentido, sem qualquer reserva ou disfarce. Enquanto isso, lhe declaro como evidente que a força, sob seu fundamento, não pode ser legalmente usada para levar os homens à comunhão da igreja da Inglaterra. (Que, sendo tudo que posso ver que o senhor claramente por verdadeira religião), até que o senhor tenha provado que tudo o que é pedido por alguém dessa comunidade, seja necessário à salvação.

No entanto, o senhor nos diz que "a força conveniente, usada para levar os homens à verdadeira religião é tudo que o senhor defende e tudo que o senhor aceita". Ou ainda, para "promover a verdadeira religião". Ou ainda, para "levar os homens a refletirem para não rejeitarem a verdade necessária à salvação. Levar os homens a adotarem a verdade que deve salvá-los". E muito mais com esse propósito. E toda essa fala sobre verdadeira religião chegando a nada além da religião nacional estabelecida por lei na Inglaterra. E o senhor levando os homens a ela, a nada mais que levá-los à sua confissão externa. Seria melhor ter seguido essa condição, isto é, sem preconceito e com a mente honesta que o senhor requer nos outros, ter falado claramente o que o senhor almeja, melhor que condicionar as mentes dos homens em favor de sua causa pelas impressões de um nome que, em verdade, não pertence propriamente a ela.

Não foi portanto sem fundamento que eu disse "suspeitei que o senhor construiu toda essa suposição superficial, que a religião nacional agora na Inglaterra, fundada pela autoridade pública da lei seja a única verdadeira religião e, portanto, nenhuma outra deve ser tolerada. Pois é uma suposição igualmente inevitável e igualmente justa em outros países. Embora possamos imaginar que em todo lugar menos na Inglaterra, os homens acreditam no que ao mesmo tempo pensam ser uma mentira". Aqui o senhor erige suas plumas e com isso sua lógica triunfante não lhe dá paciência para responder, sem um ar de vitória na entrada: "Como, senhor, essa suposição é igualmente inevitável e igualmente justa em outros países, onde as falsas religiões são as nacionais? (pois isso o senhor deve dar significado ou nada tem a ver com o propósito)". Espere, senhor. O senhor vai muito rápido. Leve seu próprio sistema consigo e perceberá que será suficiente para o meu propósito, se eu entender essas religiões que o senhor tem por falsas. Pois se houver outras religiões nacionais que, concordando com a igreja da Inglaterra no que é necessário à salvação, ainda estabeleceram cerimônias diferentes das da igreja da Inglaterra, os dissidentes da igreja da Inglaterra nesse aspecto, preferindo o modo de adoração deles e não os nossos, não deveriam ser justamente punidos? Se o forem, então os castigos por questões religiosas sendo apenas para levar os homens à verdadeira religião, o senhor deve supor que eles ainda não pertençam a ela e assim, a igreja nacional que ele entende como não sendo da verdadeira religião. E ainda, não é igualmente inevitável e igualmente justo que essa igreja suporia sua religião como a única verdadeira religião, como a sua o faria. Se ela concorda com a sua em assuntos necessários à salvação e tendo feito algumas coisas, indiferentes por sua própria natureza, como requisitos de conformidade pela decência e ordem, como o senhor o fez? Então minha fala "igualmente inevitável e justa em outros países" se manterá boa, sem significar que o senhor me atribui que essa suposição seja igualmente inevitável e igualmente justa, onde a religião nacional é absolutamente falsa.

Mas nesse sentido amplo, também, o que eu disse se manterá bom e o senhor teria retido suas inúteis sutilezas contra isso, se tivesse tido a boa-vontade de usar meu significado e respondido ao meu argumento, como foi para torcer o que eu disse para um sentido que as próprias palavras mostram que eu nunca quis usar. Meu argumento em resumo foi esse: que garantindo a força como útil para propagar e apoiar a religião, ainda não seria vantajosa para a verdadeira religião que o senhor, um membro da igreja da Inglaterra, supondo a sua como verdadeira religião, reivindicaria o direito de usar a força, desde que tal suposição sobre os membros de outras igrejas e crentes de outras religiões, seria igualmente inevitável e igualmente justa. E a razão que anexei mostra que ambos são o meu significado e minha afirmação da verdade. Minhas palavras são: "A menos que possamos imaginar que em qualquer lugar menos na Inglaterra, os homens acreditem no que ao mesmo tempo eles pensem ser uma mentira". Nunca tendo dito, portanto, nem pensado ser igualmente inevitável ou igualmente justo que os homens em todo país deveriam acreditar na religião nacional do país, mas que é igualmente inevitável e igualmente justo que os homens acreditem que a religião nacional do seu país seja verdadeira ou falsa, a suponham como verdadeira. E permita-me acrescentar, se esforçassem para propagá-la, embora o senhor continue a replicar: "Se assim o for, então ouço que será igualmente verdade também e igualmente racional. Pois de outra forma não vejo como possa ser igualmente inevitável ou igualmente justo, pois se não for igualmente verdadeira não pode ser igualmente justa. E se não for igualmente racional, não pode ser igualmente inevitável. Mas se for igualmente verdadeira e igualmente racional, então ou todas as religiões são verdadeiras ou nenhuma o é. Pois se forem todas igualmente verdadeiras e uma delas não for verdadeira, então nenhuma delas pode ser verdadeira". Eu desafio qualquer pessoa a reunir mais igualmente essas quatro palavras: inevitável, justo, racional e verdadeiro, ou a fazer uma dedução melhor construída. Mas depois de tudo, meu argumento continuará bom, o que não é vantagem para sua causa, pois o senhor ou alguém mais supõe que a sua é a verdadeira religião, já que é igualmente inevitável e igualmente justo para qualquer um, que acredite em outra religião, supor a mesma coisa. E isso sempre será assim, até que o senhor possa mostrar que os homens não podem receber religiões falsas que lhes parecem boas, ou que tendo recebido a falsidade sob a aparência da verdade, podem, embora assim pareça, não avaliá-la e agir por ela, como se fosse verdade. Pois a igualdade aqui em questão, não depende da verdade da opinião adotada, mas de que a luz e a persuasão que um homem tenha no momento seja o guia que ele deve seguir e que seja o julgamento da verdade cujo governo ele não pode evitar. E, portanto, as terríveis conseqüências que o senhor enfatiza na parte seguinte da página, eu lhe deixo para seu uso particular em alguma ocasião mais adequada.

O senhor, portanto, tão apto, sem causa, a reclamar do desejo de ingenuidade em outros, fará bem daqui para frente em consultar a sua própria e em outro momento mudar seu estilo e não sob o nome não definido de verdadeira religião, porque será mais vantajoso para seu argumento, entender somente como a única religião estabelecida por lei na Inglaterra, eliminando todas as outras agora professadas no mundo. Embora quando o senhor definiu o que seja a verdadeira religião, que o senhor apoiaria e propagaria pela força e nos tivesse dito dever ser encontrada na liturgia e nos trinta e nove artigos da igreja da Inglaterra e se concordasse consigo que ela seja a única verdadeira religião a prevalecer contra os caprichos dos homens e a corrupção de sua natureza. Do seu modo de aplicar à verdadeira religião, como quiser, só levará os homens a uma conformidade externa à igreja nacional. Mas levá-los até aí e não além, não tendo oposição aos seus caprichos, nenhuma inconsistência com sua natureza corrupta, não é de todo necessário nem ajuda, onde apenas, no seu fundamento, o senhor diz haver necessidade da assistência da força para sua salvação.

CAPÍTULO VIII

Da Salvação a ser Procurada pela Força, ao seu Modo

Não se pode imaginar um desígnio mais louvável que promover a salvação das almas humanas, por qualquer um que se esforçar para isso. Mas se isso for um pretexto para ocultar algum outro interesse paralelo, nada pode ser mais odioso aos homens, nada mais provocativo ao grande Deus do céu e da terra, nada mais ofensivo ao nome e caráter de um cristão. Com que intenção o senhor tomou a caneta para defender e encorajar o uso da força na atividade da salvação dos homens é justo por caridade que saibamos por suas palavras. Mas a culpa do seu sistema, como o senhor o descreve, é meu dever observar e lhe apresentá-la.

Quando digo que "se a perseguição, como pretendido, fosse para a salvação das almas humanas, a mera conformidade não serviria a esse fim, mas os homens deveriam ser examinados para se saber se o fazem por razão e convicção", a isso o senhor responde: "o senhor não sabe quem pretende que a perseguição seja para a salvação das almas humanas". Se o senhor não o sabe, eu conheço alguém que, na carta em que considera a defesa da força como útil para promover "a salvação das almas humanas, e que o uso da força nada significa além da salvação das almas humanas, do que o Autor e Consumador de nossa fé direcionou. Esse é o magistrado, quando ajuda na disseminação do Evangelho, aplicando castigos convenientes sobre os que o rejeitam ou parte dele, de usar outros meios para a salvação das almas humanas do que o Autor e Consumador de nossa fé ordenou, que ele nada faz além do seu dever para promover a salvação das almas e como o meio pelo qual os homens podem ser levados ao caminho da salvação". Ei, mas onde o senhor diz que a perseguição é para a salvação das almas? Eu pensei que o senhor estava questionando contra o meu significado e contra as coisas que digo e não contra minhas palavras sobre o seu significado.o que não depõe contra mim. O senhor sabe que usei a palavra perseguição para o que o senhor chama força e castigos, pois na página que precede imediatamente a esta, o senhor o observa, com um pouco de fantasia, nessas palavras: "perseguições que o senhor parece nomear todos os castigos por motivos religiosos". O senhor não ignora que eu então o faço, adequada ou inadequadamente. Assim, lhe peço, use sua resposta aqui, em relação ao que digo. Minhas palavras são: "se a perseguição, como se pretende, fosse para a salvação das almas humanas, os homens que se conformassem seriam examinados se o são por razão e convicção". Mude minha palavra perseguição por castigo por questões religiosas e então considere a verdade ou ingenuidade de sua resposta, pois, nesse sentido da palavra perseguição, o senhor conhece alguém que pretenda que perseguição seja para a salvação das almas humanas? Muito por sua ingenuidade e os artifícios que usa para servir a uma boa causa. O que o senhor pensa de um dos meus amigos islamitas ou pagãos? Eles teriam feito melhor? Pois eu tive ocasiões de pensar que o senhor poderia ser um deles. Agora, sobre seu argumento, eu disse: "eu pensei que os legisladores que usam a força para levar os homens à conformidade religiosa da igreja, procuram apenas a conformidade, mas não se preocupam com a convicção daqueles que punem e assim nunca usam a força para convencê-los. Então, por favor me diga, quando algum dissidente se conforma e entra para a comunhão da igreja ele é examinado para se saber se ele por razão e convicção e por fundamentos que o tornariam um cristão preocupado com religião? Se a perseguição, como se pretende, fosse para a salvação das almas humanas, isso seria feito e os homens não seriam levados a tomar o sacramento para manter suas cadeiras ou obter licença para vender cerveja. Por tão pouco as coisas sagradas foram prostituídas". O senhor responde a isso: "Dos magistrados que, tendo fornecido instrução suficiente para os que estão sob seus cuidados, na verdadeira religião, fazem leis e usam castigos moderados para levar os homens à comunhão da igreja de Deus e à conformidade com suas regras e ordenanças, penso que seu comportamento fala claramente que eles devem procurar e se preocupar com a convicção dos que punem e com sua concordância apenas como fruto de sua convicção". Se os meios de instrução fossem todo o necessário para convencer pessoas e prover suficiente instrução fosse uma evidência de que os que o fazem, realmente procurariam e se preocupariam com a convicção dos homens. Mas se há algo necessário à convicção como meios de instrução e sem o que tais meios nada significariam, isso seria um exame severo e imparcial e, se a força é, como diz, tão necessária para fazê-los examinar, que eles, por nenhum outro meio além da força, seriam levados a isso, se os magistrados não aplicam suas penas em não examinar, assim como prevê meios de instrução, o que o senhor possa dizer que pensa, poucas pessoas vão ter razão para acreditar que o senhor pensa que esses magistrados procuram e se preocupam pelas convicções dos que punem, quando essa punição não é nivelada com isso, que é um obstáculo à sua convicção, isto é, contra sua aversão ao exame severo e imparcial. Contra essa aversão, nenhum castigo pode pretender remediar, pois não atinge ou combate a aversão, que é claro, nenhum castigo consegue, que pode ser evitada sem parti-la ou abater a prevalência dessa aversão. Este é o caso, quando os homens aplicam punições por não se conformarem, do que podem ser libertos, sem examinar severa e imparcialmente questões religiosas.

Para mostrar que o que mencionei não é sinal de despreocupação do magistrado pela convicção, o senhor acrescenta: "Nem parece contrário por não examinar dissidentes quando se conformam, para ver se o fizeram por razão e convicção, pois onde houve instrução suficiente, normalmente se presume que, quando os dissidentes se conformam, eles o façam por razão e convicção". Aqui, se a palavra "normalmente" significa alguma coisa (pois deixe o leitor julgar se é uma palavra que o senhor usa para expressar ou cobrir seu sentido) então o senhor supõe que haja casos em que ela pode não ser presumível e lhe pergunto se nesses ou em outros casos é examinado se os dissidentes, quando se conformam, o fazem por razão e convicção? No melhor, se for normalmente presumível, só o é por *gratis dictum*, especialmente se o senhor supõe que é a corrupção de sua natureza que os impede de refletir como deveriam, de adotar a verdade por razão e convicção. Penso ser presumível que eles possam reter a corrupção da natureza com a conformidade. Mas se for assim, estou certo de que é normalmente e sempre presumível que se os que usam a força, buscam tanto a convicção dos homens quanto sua conformidade, não se contentam totalmente com a primeira, sem realmente examinar e procurar a outra.

Outra desculpa que o senhor dá para negligenciar isso é que "para as pessoas não-religiosas que apenas buscam sua vantagem secular, como é fácil fingir convicção e oferecer provas (se forem solicitados) de terem se tornado cristãos interessados em religião. A isto, nenhum cuidado humano pode certamente evitar". Esta é uma admirável justificativa da sua hipótese. Os homens devem ser punidos. Para que fim? Para fazê-los refletir séria e imparcialmente sobre questões religiosas, para se convencerem e assim, sinceramente adotarem a verdade. Mas qual a necessidade da força ou castigo para isso? Porque seus caprichos e corrupção os manterão afastados de refletir como deveriam e adotar a verdadeira religião e, portanto, devem receber castigos até refletirem como deveriam, que é quando adotarem por convicção. Mas como o magistrado saberá quando eles adotam por convicção, para se livrarem de seus castigos? Isso, de fato, não se pode saber e não deve ser questionado depois, porque as pessoas irreligiosas, que apenas buscam sua vantagem secular ou, em outras palavras, todos os que desejam seu conforto para manter seus amados caprichos e corrupção, podem "facilmente fingir convicção e oferecerem provas (se solicitados) de terem se tornado cristãos interessados em religião. Isto é o que nenhum cuidado humano pode certamente evitar". O que é razão suficiente por que nenhum acompanhamento intenso do homem para perturbar seu irmão deveria usar a força com a pretensão de prevalecer contra as corrupções dos homens que os impedem de refletir e adotar a verdade sob convicção, quando se confessa não se poder saber se eles refletiram, se estão convencidos ou realmente adotaram ou não a verdadeira religião. Assim, o senhor nos mostrou um admirável remédio que não serve, parece, aos irreligiosos (pois é fácil para eles, o senhor diz, fingir convicção e assim evitar o castigo), mas somente aos que seriam religiosos sem ela.

Mas aqui, neste caso, conforme a intenção do magistrado, como se pode dizer que a força que ele usa é designada, subjugando as corrupções humanas, para permitir refletir e adotar a verdade, quando ela é aplicada, como se confessou aqui, que um homem pode se livrar das penas sem romper com a corrupção contra as quais se pretende usar os castigos? Mas o senhor tem uma resposta pronta: "Nenhum cuidado humano pode certamente evitar isso". Isto, em outras palavras proclama o ridículo do seu uso da força e prova que seu método nada pode fazer. Se pela expressão "não certamente" o senhor quer dizer "pode evitar até certo ponto ou de certa forma", por que não é dito assim? Se não, por que uma palavra que nada significa é ali inserida, a menos que seja para abrigar uma ocasião? Um benefício que o senhor sabe tirar desse modo de escrever. Mas aqui, tomado como queira, só servirá para acusar o magistrado ou, na sua hipótese, escolher seu "se". Eu, de minha parte, tenho uma opinião melhor sobre a habilidade e comando do magistrado. O que ele visa com suas leis, que eu acredito que ele nelas mencione e, como os homens sábios o fazem em seus negócios, falam claro sobre o que acham que deve ser feito. Mas certamente um caráter mais ridículo não pode ser colocado nos legisladores, do que dizer ao mundo que sua intenção é fazer os homens refletirem, examinarem, etc., além de solicitarem ou nomearem qualquer coisa em suas leis além da conformidade. Embora se os homens devam ser punidos por não adotarem realmente a verdadeira religião, deveria haver certas comprovações em que os que adotassem e os que não adotassem a verdade pudessem ser diferenciados e pelo que lhe consta, é verdade, um critério claro e estabelecido, isto é, conformidade e não-conformidade que certamente distingue o inocente do culpado, os que realmente adotam a verdade que deve salvá-los dos que não adotam.

Mas, senhor, para resolver a questão, se a convicção da compreensão humana e a salvação de suas almas forem a questão e o objetivo dos que usam a força para levar os homens à profissão da religião nacional, pergunto, se for assim, se haveria, como há, não apenas nas paróquias do país, mas, penso poder dizer, em todos os lugares da Inglaterra, pessoas pesadamente ignorantes das doutrinas e princípios da religião cristã, se fosse feito um questionamento rígido sobre elas. Se for necessário usar a força para levar os homens à salvação, certamente parte dela encontraria alguns dos ignorantes e irrefletidos na igreja nacional, assim como colocam tão diligentemente os não-conformistas fora dela, tendo eles refletido, sabido, ou não. Mas a isso, o senhor responde rápido: "o senhor pediria ao magistrado para punir indiferentemente a todos que obedecessem à lei, assim como os que não o fizessem?" O que a obediência à lei requer? O senhor responde a isso com essas palavras: "Se o magistrado provê instrução suficiente para todos os seus súditos na verdadeira religião e então requer de todos, sob penas convenientes que ouçam seus professores e ministros e a adotem e exercitem conforme sua orientação nas assembléias públicas", o que, em outras palavras é só conformidade que aqui o senhor expressa com um pouco mais de clareza com essas palavras: "mas aos magistrados que, tendo dado suficiente instrução sobre a verdadeira religião a todos sob seus cuidados, fazem leis e usam penas moderadas para levar os homens à comunhão da igreja de Deus e se conformarem com suas regras e ordenanças". O senhor acrescenta: "há alguma pretensão de dizer que assim fazendo, o magistrado aplica força a apenas uma parte dos seus súditos, quando a lei é geral e não isenta ninguém?" Não há pretensão, confesso, em dizer que assim fazendo ele aplica a força a apenas uma parte dos seus súditos para torná-los conformistas. Daí fica claro que a lei não isenta ninguém. Mas se os conformistas forem ignorantes ou pesadamente ignorantes dos princípios e doutrinas do Cristianismo, se não houver castigos usados para fazê-los refletir como deveriam para entender, se convencer, acreditar e obedecer as verdades do Evangelho, eles não seriam isentos da força que o senhor diz "ser para fazer os homens refletirem e examinarem questões religiosas como deveriam?" A força é aplicada a todos de fato, para torná-los conformistas, mas uma vez conformistas e freqüentando os lugares públicos de adoração e lá mostrando um cumprimento externo das cerimônias prescritas (pois isso é tudo que a lei requer de todos, chame como quiser), eles estão isentos de qualquer força ou castigo, embora ainda sejam tão ignorantes e estejam tão longe de entender, acreditar, receber a verdade do Evangelho. Penso ser evidente que então a força não é aplicada a todos "para procurarem a convicção do entendimento. – Para levar os homens a refletirem sobre as razões e argumentos próprios para convencer a mente e que, sem serem forçados, não refletiriam. – Para levar os homens à consideração que nada além da força (a par da extraordinária graça de Deus) os levaria a fazê-lo. – Para tornar os homens bons cristãos. – Para fazer os homens receberem instrução. – Para curar sua aversão à verdadeira religião. – Para levar os homens a refletirem e examinarem as controvérsias que eles tendem a considerar e examinar, isto é, as que eles não podem cometer sem desonrar a Deus e ameaçar sua própria salvação eterna e a de outros. – Para pesar questões religiosas cuidadosa e imparcialmente. – Para levar os homens à verdadeira religião e à salvação". – O senhor então não pode negar que a força não é aplicada a todos os súditos com essas finalidades. Essas são as finalidades para as quais o senhor nos diz, nos locais citados, que a força deve ser usada em questões religiosas. É por sua utilidade e necessidade quanto a esses fins, que o senhor nos diz que o magistrado está autorizado e obrigado a usar a força em questões religiosas. Agora, se esses fins não são obtidos pela mera conformidade e ainda, se pela mera conformidade os homens são isentos de toda força e castigos por questões religiosas, o senhor diria que para esses fins a força é aplicada a todos os súditos do magistrado? Se o disser, devo enviá-lo aos meus pagãos e islamitas para aprender um pouco de consciência e modéstia. Se o senhor confessa que a força não é aplicada a todos por esses fins, apesar das leis que obrigam todos à conformidade, o senhor também deve confessar que o que diz sobre a generalidade das leis nada tem a ver com o propósito, já que todos que estejam sob penas por não se conformarem, não estão penalizados por ignorância, irreligiosidade ou o desejo dos fins aos quais o senhor entende as penas como úteis e necessárias.

O senhor continua: "Portanto, se tais pessoas profanam o sacramento para manter seus lugares ou obter licenças para vender cerveja, esta é uma fraqueza horrível". Eu não os desculpo. "Mas só cabe a eles uma resposta." Sim, e os que ameaçam os pobres ignorantes e irreligiosos vendedores de cerveja, com esse único meio de vida, de lhes tomar suas licenças se não se conformarem e receberem o sacramento, pode-se pensar, talvez, que tenham resposta para isso. O senhor acrescenta: "é injusto imputar aos que fazem tais leis e usam essa força ou dizer que prostituem as coisas sagradas e levam os homens a profaná-las". Nem é justo insinuar em sua resposta, como se tivesse sido dito o que não o foi. Mas se for verdade que um pobre, ignorante, perdido, irreligioso pecador deveria ser ameaçado de ser tirado seu trabalho e sustento se não tomar o sacramento, não se pode dizer que as coisas sagradas foram prostituídas por tão pouco? E se elas não as estejam profanando, diga-me o que é, por favor.

Penso poder dizer sem injustiça a qualquer um que não parece que os que produzem leis rígidas para a conformidade e não cuidam de tê-las examinado sobre que fundamentos os homens se conformam, não estão muito preocupados que a compreensão humana possa ser convencida. E assim o senhor continua dizendo que eles "almejam por suas leis fazer o que lhes cabe para tornar os homens bons cristãos", o que dificilmente será crido, se o que disser for verdade, que a força é necessária para levar "os que, de outra forma, não seriam levados a estudar a verdadeira religião, com tal cuidado e aplicação que possam e devam usar e com mente honesta". E ainda vemos uma grande parte ou alguns dos ignorantes da verdadeira religião que não recebem a aplicação da força, especialmente se o senhor nos diz, na mesma passagem que "nenhum homem que tenha estudado a verdadeira religião com tal cuidado e diligência como poderia e deveria e com mente honesta, não se convenceu dela". Se, então, a força e os castigos podem produzir esse estudo, cuidado, diligência e mente honesta, que produzirão conhecimento e convicção e que (como diz nas palavras seguintes) os tornam bons homens, eu lhe pergunto, se for encontrado na comunidade da igreja, isenção da força por conta da religião, homens ignorantes, irreligiosos, doentes e que, para falar moderadamente, não em grande desproporção, menos que entre os não-conformistas, o senhor acreditaria em si mesmo, quando diz que "os magistrados com suas leis fazem o que lhes cabe para torná-los bons cristãos", quando não usam a força neles que o senhor, não eu, diz ser necessária e que eles são, quando necessário, obrigados a usar? Portanto, permito-lhe repetir novamente as palavras que aqui submete: "Mas se, apesar dos magistrados poderem fazê-lo, os homens fracos e sem Deus ainda decidirem sê-lo, ainda o serão e não sei quem, além do Todo Poderoso, pode ajudá-los". Mas isso sendo dito sobre os conformistas, a quem os magistrados não aplicam castigos e não usam a força pela religião, permita-me lembrá-lo da ingenuidade de um dos meus pagãos e islamitas.

O senhor nos diz que a utilidade da força para fazer os alunos aprenderem autoriza os professores a usá-la. E o senhor não julgaria um professor bem desincumbido de seu dever e com grande interesse pelo aprendizado se usar seu chicote apenas para levar os meninos à escola. Mas se eles forem só uma vez por semana, se eles dormirem ou apenas ocuparem seu lugar e nunca examinarem que resultado tiverem ou usar o castigo para os fazerem estudar e aprender, embora não se apliquem sem isso?

Mas para mostrar quanto o senhor está interessado na salvação das almas pelo seu método, descreverei o que eu disse, p. 129, na minha carta sobre o assunto e o que o senhor respondeu na sua, p. 68.

C. II p. 129. "O senhor menciona como a condição mais deplorável que se possa imaginar que os 'homens sejam deixados por si sós e não serem forçados a refletir e examinar os fundamentos de sua religião e buscar imparcial e diligentemente a verdade'. O senhor a julga como a grande irresponsabilidade da humanidade e por isso o senhor parece solícito ao longo de todo o seu tratado para descobrir um remédio e há poucas páginas em que o senhor não ofereça o seu. Mas o que ocorreria se, enfim, o senhor fosse visto prevaricando? 'Os homens adotaram muitas religiões', o senhor diz. Isso é verdade. 'Eles não procuram a verdade nessa questão com dedicação mental e liberdade de julgamento que é requisito, confessa-se'. Todas as falsas religiões atualmente no mundo surgiram de reflexão leve e parcial com que os homens debateram entre si ao procurar a verdade e os homens as tomaram e nelas persistiram, pelo desejo

C. III p. 68. Seu parágrafo seguinte é enfático e me acusa de nada menos que prevaricação. Pois, como me diz, eu menciono como a condição mais deplorável que se possa imaginar, que os homens sejam deixados à sua própria conta e não serem forçados a refletir e examinar os fundamentos de sua religião e procurar imparcial e diligentemente a verdade, etc. Parece que o remédio que vendo é somente este: "Dissidentes devem ser punidos". Com isso o senhor insulta: "pode alguém que o ouve dizer isso, acreditar em sua sindo devido exame'. Seja. 'Há a necessidade de um remédio e eu encontrei um cujo sucesso não pode ser questionado'. Muito bem. Qual é? Ouçamos. 'Por que dissidentes devem ser punidos? 'Alguém que o ouça dizê-lo acredita na sua sinceridade e o desejo de reflexão é o que o senhor teria corrigido, enquanto esse desejo não seria aquilo que o senhor teria punido? Se o desejo de reflexão é a falta, esse desejo deve ser punido, se o senhor estiver, como pretende, plenamente satisfeito que a punição seja o meio único e adequado para isso. Mas se, em todo o seu tratado, o senhor puder me mostrar uma única passagem onde diz que o ignorante, o descuidado, o irrefletido, o negligente no exame profundo da verdade de sua própria religião e a de outros, etc. devam ser punidos, eu aceito, eu aceitarei seu remédio como bom. Mas o senhor não disse nada assim e mais, digo-lhe de antemão, o senhor não ousaria. E se o senhor não o faz, o mundo terá razão para julgar que, embora o desejo de examinar seja uma falta geral que o senhor enfatizou com grande exagero, ainda o senhor o usa somente pela pretensão de punir dissidentes e ainda desonra seu remédio que não curará esse mal ou ainda, não cuidará que seja em geral curado. Isso evidentemente aparece de toda a sua lida com o argumento. E quem lê seu tratado com atenção confirmará sua opinião quando descobrir que o senhor, tão sinceramente interessado em ter homens punidos para levá-los a refletir e examinar, que podem descobrir o modo de salvação não disse uma palavra sobre refletir, buscar e ouvir as Escrituras que tem sido uma boa regra para um cristão ser levado por 'razões e argumentos próprios para convencê-los' do que o senhor não sabe o que, 'como instrução e governo dos ministros próprios da religião' que pelo que são, os homens estão longe de ceridade", etc. Agora sei que embora querer ou negligenciar o exame seja uma falta geral, o método que proponho para curá-la não alcança todos os culpados, mas está limitado aos que rejeitam a verdadeira religião, proposta com suficiente evidência. Mas, para lhe fazer ver como é pequeno seu fundamento para dizer que eu prevariquei sobre esse assunto, só gostaria que considerasse o que o autor e eu questionávamos: não é o curso a ser tomado para confirmar e estabelecer os que já adotaram a verdade, nem como eles se tornam aptos a propagá-la a outros (ambas as propostas já reconheci como muito úteis e algo a ser desejado, que todas as pessoas, tanto quanto possam procurem os fundamentos em que suas religiões se baseiam e desafiem sua crença). Mas o assunto de nosso questionamento é apenas qual método deve ser usado para levar os homens à verdadeira religião. Agora, se esse for o nosso único debate (como o senhor pode negar) então todos vêem que falando sobre isso, nada tenho a ver

concordar ou 'pela informação dos que lhes dizem terem errado seu caminho e se oferecem para lhes mostrar o caminho certo e semelhantes guias incertos e perigosos, que não eram aos que Nosso Salvador e os apóstolos enviaram homens, mas às Escrituras': 'Examinais as Escrituras porque julgais ter nelas a vida eterna e são elas mesmas que testificam de Mim', (João V, 39) diz Nosso Salvador aos descrentes, perseguindo judeus. E são as Escrituras que, diz Paulo (2 Timóteo, capítulo III, versículo 15): 'E que, desde a infância, sabes as sagradas letras, que podem tornar-te sábio para a salvação, pela fé em Cristo Jesus'.

"Não fale mais, portanto, se o senhor cuida um pouco de sua reputação, quanto 'é do interesse de todo homem não ser deixado por si só, sem ser molestado, sem punição por questões religiosas'. Não fale de 'levar os homens a adotarem a verdade que pode salvá-los, colocando-os sob exame'. Não fale mais de 'força e punição como o único meio restante de levar os homens a examinar'. É evidente que o senhor não quer dizer nada menos, pois embora o desejo de examinar seja a única falha que o senhor defende e a punição seja, em sua opinião, o único modo de levar os homens a ela e este ser o único desígnio de seu livro, ainda nele o senhor não propõe que os que ainda não examinaram imparcialmente, devam ser forçados a isso. E que o senhor não pode pensar que eu falo ao acaso quando digo que o senhor não ousa. Dar-lhe-ei, se lhe agrada, algumas razões para o dizer.

"Primeiro, porque se o senhor propõe que devessem ser punidos todos os ignorantes, que não usaram a 'reflexão apta e própria para manifestar a verdade, mas foram determinados na escolha de sua religião por impressões de educação, admiração de pessoas, respeitos mundanos, preconceitos e outros motivos com alguém que já adotou a verdadeira religião, porque ele não deve ser levado a essa religião, mas apenas ser nela confirmado e edificado, mas apenas considerar como aqueles que a rejeitam podem ser levados a adotá-la. Assim quanto os que possuem a verdadeira religião podem ser culpados de negligenciar o exame, é evidente que eu estava interessado somente em mostrar como isso pode ser curado nos que, por essa razão, rejeitam a verdadeira religião que lhes foi devidamente proposta ou ensinada. E certamente deter-me a isso não é prevaricar, a menos que me manter dentro dos limites da questão em debate me atribua prevaricação.

Dizendo-me, portanto, que "não ouso dizer que o ignorante, o descuidado, o irrefletido, o negligente no exame, etc. (isto é, todos esses semelhantes) devam ser punidos", o senhor apenas me diz que não ouso ser impertinente. E, portanto, espero que o senhor me perdoe se não observo as três razões que o senhor me oferece em sua próxima página para dizê-lo. E ain-

incompetentes, e tomaram sua religião sem examinar como deveriam', o senhor proporá que várias pessoas de sua própria igreja, seja como for, sejam punidas, o que seria uma proposta certa demais para ofender a muitos, para que o senhor se aventure. Pois o que quer que nela precise de reforma, nem todos lhe agradecerão por começar ou, no mínimo alcançar, a casa de Deus.

"Segundo, porque, se o senhor propuser que devam ser punidos todos os ignorantes, descuidados e negligentes no exame, o senhor teria pouco a dizer sobre a questão da tolerância, pois se as leis do Estado fossem feitas como deveriam, iguais para todos os súditos, sem distinção de homens ou diferentes adoções religiosas e as faltas a serem corrigidas por punição fossem imparcialmente punidas em todos os culpados, isso produziria imediatamente uma perfeita tolerância, ou mostra a inutilidade da força em questões religiosas. Se, portanto, o senhor pensa ser tão necessário, como diz, para a 'promoção da verdadeira religião e a salvação das almas, que os homens devam ser punidos para fazê-los examinar' só encontrem um modo de aplicar força a todos que não examinaram profunda e imparcialmente e o senhor terá meu consentimento. Embora a força não seja o meio adequado de promover religião, ainda não há modo melhor de mostrar sua utilidade do que aplicá-la igualmente aos erros, em quem quer que sejam encontrados e não distinguir partidos ou persuasões de homens para sua própria reforma, enquanto outros sejam igualmente faltosos.

"Terceiro porque, se a tolerância não for tão ampla como o autor propõe, o senhor não pode verdadeira e sinceramente defender um exame livre e imparcial. Pois quem quer que examine deve ter a liberdade de julgar e seguir seu julgamento ou então o senhor o

da se eu concordasse em falar de forma impertinente, não sei porque não ousaria, assim como outros homens.

Há mais uma coisa nesse parágrafo que, embora não mais pertinente que o resto, não deixarei passar. Nessas palavras: "Quem lê seu tratado com atenção confirmará ainda mais essa opinião (isto é, que uso o desejo de exame apenas com a pretensão de punir dissidentes, etc.) "quando descobrir que o senhor, tão sinceramente interessado em ter homens punidos para levá-los a refletir e examinar, que poderão descobrir o caminho da salvação, não disse uma palavra sobre refletir, buscar e ouvir as Escrituras, que tem sido uma boa regra para um cristão a ela ser levado, como razões e argumentos próprios para convencê-los do que o senhor não sabe o que", etc. Não vejo como isso confirma essa opinião, nem o senhor achou adequado instruir-me. Mas em relação à própria questão, isto é, "eu não dizer uma palavra sobre refletir, buscar e ouvir as Escrituras", qualquer que seja a vantagem coloca sob exame sem nenhum propósito. E se isso também não levar os homens à sua igreja, seria um risco que, por seu modo de escrever, é bastante evidente o senhor hesita em deixar ao acaso; e se o senhor é da igreja nacional, fica claro que seu irmão não concordará com o senhor em permitir-lhe tal liberdade. O senhor deve, portanto, mudar seu método e se o desejo de exame for a grande e perigosa falta que o senhor corrigiu, o senhor deve igualmente punir todos que sejam igualmente culpados de alguma negligência neste assunto e então usar só seus meios, sua amada força, o senhor só acha um modo de aplicar a força e faz o melhor para isso. Ou ainda o senhor deve tirar sua máscara e confessar que não deseja que sua punição leve os homens ao exame, mas à conformidade. Porque a falácia que usa é muito grosseira para passar desse momento".

que um capcioso adversário possa imaginar ter nisso, espero que não pareça estranho a uma pessoa indiferente e judiciosa, que só irá considerar que ao longo do meu tratado, falo da verdadeira religião só genericamente, isto é, não limitado a uma dispensação particular ou sobre a época das Escrituras, mas abrangendo desde a queda de Adão até o fim do mundo e assim, as épocas que precederam as Escrituras. Deus não ficou sem testemunho, mas deu a humanidade os meios suficientes de conhecê-Lo e a sua vontade, para sua eterna salvação. Pois eu apelo aos homens de conhecimento se, falando sobre a verdadeira religião assim genericamente, eu teria permissão de descer às suas regras, pertencentes a épocas particulares ou dispensações, como o senhor terá que reconhecer no Velho e Novo Testamentos.

Nessa sua resposta, o senhor diz: "o assunto de nosso questionamento é somente qual o método a ser usado para levar os homens à verdadeira religião". Quem lê o que o senhor diz, várias vezes, "que o magistrado tem o poder e é obrigado a procurar que, no que lhe couber, isto é, enquanto possa ser buscado por castigos, que *nenhum homem* negligencie sua alma" e lembrará quantas páginas o senhor usa para mostrar que é a corrupção da natureza humana que impede os homens de fazerem o que podem e devem pela salvação de suas almas e que, portanto, o uso das penas da força, pelo magistrado, não restando outros meios, para remover esses grandes obstáculos de caprichos e corrupções, que "nenhum dos seus súditos pode permanecer ignorante do caminho da salvação ou recusar a adotá-lo". Alguém pensaria que "seu questionamento seria sobre os meios de *curar a aversão dos homens* pela verdadeira religião (que "o senhor nos diz: "se não curada é certamente destrutiva à salvação eterna dos homens") que assim, eles podem sinceramente adotá-la para sua salvação.

Mas aqui o senhor nos diz: "seu questionamento é apenas que método deve ser usado para levar os homens à verdadeira religião", onde o senhor evidentemente nada diz além da conformidade externa àquela que o senhor pensa ser a verdadeira igreja, como parece pelas palavras posteriores: "Agora, se isso for o que questionávamos, então todos vêem que falando disto, nada tenho a ver com os que já adotaram a verdadeira religião". E também todos vêem que já que entre aqueles com quem (já tendo adotado a verdadeira religião) o senhor e seus castigos nada têm a ver, há os que não refletiram e examinaram questões religiosas como deveriam, cujos caprichos e natureza corrupta os mantêm afastados da crença e avessos à real obediência à verdade que deve salvá-los, como aos outros homens. É manifesto que adotando a verdadeira religião no seu sentido é apenas adotá-la externamente, que é nada além da conformidade externa. E sendo isso o máximo que o senhor pode obter perseguindo os homens com castigos e então deixá-los com sua ignorância da verdade e descuido com suas almas lhes agrada, quem pode negar sua impertinência ao considerar quanto dos seus exames imparciais ou aversão à verdadeira religião deveriam ser neles curados? Porque não há nenhum súdito da comunidade cujos interesses espirituais e eternos devam ser procurados ou desenvolvidos pelo governo político. Nenhum desses súditos cuja salvação o magistrado deve cuidar.

E, portanto, eu o desculpo, como deseja, por não observar minhas três razões, mas se o leitor o fará ou não, é mais do que posso fazer. Espero que o senhor também me perdoe por ter usado uma palavra tão dura como prevaricar e atribuí-la ao meu desejo de habilidade na língua inglesa. Mas quando encontro um homem com tal interesse na salvação das almas humanas e a torna um dos grandes fins do governo civil que o magistrado deva usar a força para levar todos os seus súditos a considerar, estudar e examinar, acreditar e adotar a verdade que pode salvá-los, quando eu tenho que fazê-lo com um homem, que por esse propósito escreveu dois livros para descobrir e defender os remédios adequados para o resguardo e aversão em que a natureza humana depravada mantém os homens, a uma busca imparcial e sincera adoção da verdadeira religião. Não, que tornou necessário à salvação dos homens, que ele fale como se a sabedoria e a bondade de Deus fosse trazida à questão, se os que delas precisam fossem delas destituídos e ainda, apesar de toda essa demonstração de interesse pela salvação dos homens, usasse a aplicação desse único remédio de modo que muitos homens que possuem essa doença ficassem fora do alcance e benefício de sua cura e nunca pudessem receber a aplicação desse remédio. Quando digo isso é tão claro em seus pensamentos todo o tempo, que ele é forçado a confessar que "embora o desejo ou a negligência do exame seja uma falta geral, o método que ele propõe para curá-la não alcança a todos os culpados". Mas francamente aceita que não estava interessado em mostrar como a negligência do exame possa ser curada naqueles que se conformam, mas apenas nos que por essa razão rejeitam a verdadeira religião a eles devidamente proposta. Que rejeitar a verdadeira religião precisará de um homem de conhecimento para mostrar haver aqui algo mais que a não-conformidade à religião nacional. Quando, digo, encontro um homem em outra época que o faça, que seja um homem de conhecimento, que fale de tudo e só parte faça sentido, falar sobre adoção da verdadeira religião e significar nada além da conformidade com a religião nacional, pretender uma coisa e significar outra, por favor me diga que nome dar a isso, para eu não errar. Pois quem sabe quando eu terei novamente outra oportunidade?

Se eu punisse homens pela não-conformidade sem concordar com isso, não poderia usar melhor pretensão que dizer que foi para fazê-los ouvir razões e argumentos próprios para convencê-los ou fazê-los se submeter à instrução e governo dos ministros próprios da religião, sem algo mais, supondo ainda, no fundo dos argumentos e sendo esses os ministros da minha religião que, até que eles externamente concordem, eles deveriam ser punidos. Mas se, ao invés da conformidade externa com a minha religião, coberta por esses termos indefinidos, eu lhes dissesse que devam examinar as Escrituras, que foi a regra fixada para eles e para mim, não examinar não me dá a pretensão de puni-los, a menos que eu também puna os conformistas, como ignorantes e não versados nas Escrituras como eles, o que não estaria ao meu alcance.

Mas, que necessidade tenho de usar argumentos para mostrar que sua punição para fazê-los refletir é designada somente contra dissidentes quando, em sua resposta ao meu parágrafo, com claras palavras, o senhor "reconhece que, embora o desejo de refletir seja uma falta geral, o método que o senhor propõe para a cura não alcança os que dela são culpados?" Se lhe agrada acrescentar o que nos diz que, quando os dissidentes se conformam, o magistrado não sabe e, portanto, nunca examina se eles o fazem por razão e convicção ou não, embora seja certo que se diante da conformidade, as penas, meios necessários, cessam, será óbvio, o que quer que se diga, que a conformidade é o que se almeja e que o desejo de reflexão é só uma desculpa para punir dissidentes.

E eu lhe disse que se convence quem observar que o senhor, tão sincero para querer punir os homens para levá-los a refletir e examinar para descobrirem o caminho da salvação, não disse uma palavra sobre considerar, buscar e ouvir as Escrituras que, o senhor ouviu ser boa regra para um cristão, aonde orientar os homens, como "a instrução e governo dos ministros próprios da religião ou para a informação dos que lhes dizem que erraram seu caminho e se oferecem para mostrar o certo". Para essa omissão das Escrituras o senhor nos dá essa razão: "que ao longo de todo o seu tratado o senhor fala da verdadeira religião somente em geral, isto é, não limitada a uma dispensação particular ou à época das Escrituras, mas indo desde a queda de Adão até o fim do mundo", etc. E então o senhor apela a todos os homens de conhecimento, se falando da verdadeira religião sob essa generalidade, o senhor pudesse descer às suas regras, pertinentes a épocas ou dispensações específicas como reconheço serem o Antigo e Novo Testamentos.

O autor que o senhor critica faz deste seu assunto e ninguém pode duvidar se ler pelo menos a primeira página de sua carta, que mostra ser a tarefa dos cristãos tolerarem cristãos e outros que deles divirjam em religião. É estranho, afirmando contra ele que o magistrado possa e deva usar a força para levar os homens à verdadeira religião, o senhor fala de outro magistrado, não do magistrado cristão, ou de alguma outra religião, que não a cristã. Mas parece que o senhor dá pouca importância do designio do seu adversário, que seria provar que os cristãos não deveriam usar a força para levar alguém à religião cristã, que o senhor provaria que os cristãos deveriam agora usar a força, não para levar os homens apenas à religião cristã, mas também à religião judaica ou à igreja verdadeira perante a lei ou a alguma religião geral que não seja nenhuma dessas. "Pois", o senhor diz, "ao longo de todo o seu tratado o senhor fala da verdadeira religião só em geral, isto é, não limitado a alguma dispensação", embora alguém que não seja um homem de conhecimento suspeitaria que o senhor pense diferente, quando nos disse que a eliminação dos judeus dos direitos da república "é um cuidado justo e necessário numa república cristã", que o senhor diz justificar sua exceção no começo de seu "argumento" contra a amplitude da tolerância do autor, que não excluiria os judeus. Mas falar sobre a verdadeira religião só em geral, como lhe agrada, se sua religião for aquela pela qual os homens podem ser salvos, o senhor pode enviar um homem a um guia melhor da verdadeira religião agora, que as Escrituras?

Se, quando o senhor estava em suas alturas, escrevendo o primeiro livro, seus homens de conhecimento não poderiam permitir que o senhor descesse a alguma regra das Escrituras (embora mesmo então que os castigos que critica são os usados para tornar os homens cristãos), porque então (por uma arte própria para si), o senhor deveria falar da verdadeira religião genericamente que nada tem a ver com o dever dos cristãos, em referência à tolerância. Ainda, quando no seu segundo livro, o senhor concorda em falar da *Religião Cristã* e nos diz "que o magistrado tem autoridade para fazer leis para promover a religião cristã e por suas leis desejar contribuir no que lhe cabe para tornar os homens bons *cristãos*" e concorda com a tolerância como o verdadeiro veneno da vida e espírito do *Cristianismo*, etc., e concedeu particularmente em mencionar o Evangelho, por que aqui, sendo chamado a isso, o senhor não encaminharia os homens às Escrituras e lhes diria diretamente que deveriam estudar diligentemente, deveriam imparcial e cuidadosamente examinar, para levá-los à verdadeira religião e ao caminho da salvação, ao invés de lhes falar, como o faz sobre receber instrução e considerar as razões e argumentos próprios e suficientes para convencê-los, mais que lhes propor, como o faz, objetos de exame e questionamento em termos gerais, difíceis de serem encontrados como a coisa em si pela qual eles devem ser examinados. Por que, digo, o senhor evitou levar os homens a examinarem as Escrituras, é um assunto para questionamento. E para isso, o senhor apela novamente aos seus homens de conhecimento para lhe darem outra razão.

    Se o senhor voltar seus olhos para sua próxima página, o senhor descobrirá que o senhor constrói sobre isso que seu assunto e o questionamento do autor "é apenas que método usar para levar os homens à verdadeira religião". Se for assim, seus homens de conhecimento, que não aceitam que o senhor desça às regras das Escrituras, porque o senhor fala em geral da verdadeira religião, isto é, não limitada a alguma dispensação particular, ou à época das Escrituras, devem aceitar que o senhor mereça ser o cabeça de seu grupo, já que o senhor é tão rigidamente observador de suas regras pois, embora seu questionamento seja "que método usar para levar os homens à verdadeira religião", agora sob a dispensação específica do Evangelho e na época das Escrituras, o senhor pensa ser uma falta imperdoável ceder tanto da sua generalidade, para admitir o estudo e exame das Escrituras no seu método. Por medo, parece, seu método seria muito particular, se agora não servisse para levar os homens à verdadeira religião a quem vivesse antes do dilúvio. Mas se o senhor tivesse boa-memória, como geralmente considerada necessária a um homem de conhecimento, acredita-se que o senhor teria substituído essa razão por ser tão retrógrado ao colocar os homens a examinar as Escrituras. E ninguém, além de um homem de conhecimento, que ler que o senhor nos diz que o dever do magistrado é, e considerar quão conveniente seria, que os homens recebessem nenhuma instrução além da do ministro, que o senhor nos diz ser assistido pelo magistrado, não examine argumentos, não ouça nada do Evangelho, não receba outro sentido do Evangelho além do que o ministro propõe (que se só tivesse o poder coercitivo, o senhor pensaria serem tão capazes quanto quaisquer outros homens) pudessem assistir a si mesmos. Aquele, digo, que só reflete nessas coisas pode talvez encontrar uma razão que possa melhor satisfazer o ignorante e iletrado que não tem tido a boa-sorte de chegar a ser um desses homens de conhecimento, porque o senhor não pode aceitar propor aos homens o estudo das Escrituras.

Permita-me supor o senhor em ordens sagradas (pois nós, que não somos *adepti*, podemos ser vistos como ignorantes das meticulosidades da escrita, observadas pelos homens de conhecimento) e permita-me perguntar que conhecimento é esse, cujas regras têm a autoridade daquele que recebeu do Paraíso a missão de pregar o Evangelho na época e fora da época para a salvação das almas, não pode se permitir propor a leitura, estudo, exame das Escrituras que, pelo menos nesses mil e seiscentos anos tem contido a única verdadeira religião no mundo. Por temer que tal proposta ofenderia as regras desse conhecimento, sendo muito detalhada e confinada à dispensação do Evangelho e, portanto, não poderia passar revista, nem ser admitida num tratado onde o autor declara que sua única preocupação é "questionar que método deve ser usado para levar os homens à verdadeira religião?" O senhor esperaria outra dispensação, que o senhor tanto teme ser muito detalhada, se recomendasse o uso e o estudo das Escrituras para levar os homens à verdadeira religião agora, nos tempos do Evangelho? Por que o senhor não os enviaria às Escrituras, como aos ministros e professores da verdadeira religião? Esses ministros têm outra religião a ensinar diferente da contida nas Escrituras? Mas talvez o senhor o faça sem gentileza e cuidado, porque possivelmente as Escrituras não possam ser encontradas, mas quem são os ministros da verdadeira religião, os homens não podem esquecer. De fato, o senhor se permitiu descer ao que pertence a épocas específicas e dispensações, em seu benefício, quando fala dos ministros do Evangelho. Mas se isso for plenamente aceito entre os cristãos, quem são os ministros do Evangelho que os homens devem ouvir e por eles serem guiados. Como os escritos dos apóstolos e evangelistas que, se estudados, os instruirá no caminho do Paraíso. Isso é mais que o senhor ou seus homens de conhecimento podem afirmar. Onde encontrar os cânones desse conhecimento acima das regras, a que o senhor tanto reverencia? Pode um homem de caráter não íntegro ter acesso aos seus privilégios? Pois eu vejo sua notável utilidade no seu leito de morte e eliminar suas ilusões coloridas, quando a verdade e a razão podem lhe prestar pouco serviço. A forte proteção nos poderes que o senhor defende e quando o senhor se empenhar ainda mais, o seguro arrependimento que sempre tem à mão, apelando aos homens de conhecimento, quase me convenceu de repente, se eu não me tivesse apercebido de alguém com tais auxiliares. Um amigo meu, assim me vendo falar, replicou bruscamente, dizendo ser uma questão religiosa que não requer homens de conhecimento. E a assistência de tal conhecimento recende tão pouco da simplicidade do Evangelho que mostra pouco e enfraquece a causa. Assim continuei nos seus próximos dois parágrafos.

Neles, para buscar um argumento estranho para o uso da força pelo magistrado, o senhor pensa ser conveniente repetir e assim, concordando com o senhor, o farei novamente. Lá o senhor nos diz: "O poder que o senhor atribui ao magistrado lhe é dado para levar os homens, não à sua própria, mas à verdadeira religião e assim, (como nosso autor nos convence) a religião de cada príncipe é ortodoxa para si mesmo. Ainda, se esse poder permanece nos seus limites, não pode servir ao interesse de nenhuma outra religião além da verdadeira, entre as que tenham interesse na sua eterna salvação (e as que não tenham nenhum interesse, não merecem ser consideradas) porque as penas que ele pode infligir não são as que tentariam as pessoas a renunciar a uma religião em que acreditam como verdadeira, nem a adotar outra em que não acreditem. Mas somente as que podem colocá-los sob sério e imparcial exame da controvérsia entre o magistrado e eles, que é o modo deles virem a conhecer a verdade. E se, examinando a questão, eles conseguirem perceber que a verdade não está do lado do magistrado, eles terão ganho muito, mesmo que o magistrado use mal seu poder. Pois eles saberão melhor que antes onde está a verdade e todo o sofrimento que vem junto é somente algumas inconveniências toleráveis para seguir a luz de sua própria razão e os ditames de sua própria consciência, que certamente não faria tão mal à humanidade a ponto de tornar mais provável que não haja poder investido ao magistrado, mas que o cuidado com a alma de cada homem seja deixado a si mesmo (como o autor o demanda)."

A isso lhe digo que "com abundante gentileza, quando os dissidentes, sem motivo, têm suas cabeças cortadas, o senhor lhes prové um emplastro". Pois, diz o senhor, "se examinando a questão (isto é, levados pela punição do magistrado) eles chegam a perceber que a verdade não está do lado do magistrado, eles terão ganho muito, mesmo que o magistrado use mal seu poder. Pois eles saberão melhor que antes onde está a verdade. O que é tão verdade quanto se o senhor tivesse dito: examinando, eu percebi que alguém está fora do caminho de York, portanto, sei mais que antes que estou no caminho certo. Pois nenhum dos senhores pode estar no caminho certo. Isso seria de fato verdade se só houvessem dois caminhos: o certo e o errado". A isso o senhor responde: "quem considerar os castigos, o senhor se convence, não encontrará cabeças quebradas, assim alguns só precisarão de um emplastro. As penas, como o senhor diz devem ser tais que não os levarão a ter qualquer interesse por sua salvação eterna, renunciando a uma religião em que acreditam como verdadeira ou professando outra em que não acreditam, mas que tendo pesado com pesos de ouro, sejam bastante justos ou, como o senhor o expressa, podem examinar imparcial e seriamente a controvérsia entre o magistrado e eles". Se lhe agradasse nos dizer quais são esses castigos, poderíamos imaginar se teria havido ou não cabeças quebradas, mas já que o senhor não teve a boa-vontade de fazê-lo e, se não me engano, apelará novamente a seus homens de conhecimento para outra inspiração, ao invés de fazê-lo, temo que ninguém possa se certificar que essas penas não chegarão a algo pior que uma cabeça quebrada, especialmente se o magistrado observar que o senhor atribui o surgimento e crescimento de falsas religiões (que é dever do magistrado impedir) à depravação da natureza humana, não freada pela autoridade. Que daí segue ele pode ter razão para pensar em usar a força para contrabalançar a loucura, perversidade e fraqueza dos homens e, se ele não puder estabelecer penas suficientes, se não quebrar cabeças humanas, arruína-los em suas propriedades e liberdades, será mais que o senhor possa suportar. E já que o senhor concorda, que o magistrado possa errar tanto no uso do seu poder, a ponto de se enganar sobre a quem aplicará seus castigos, o senhor estará seguro que ele também não errará na sua proporção e não os aplicaria em quem os homens trocariam por uma cabeça quebrada? Toda a garantia que o senhor nos dá sobre isso é que: "se o poder se mantiver nos seus limites, isto é, como o senhor explica, se as penas que o magistrado usa para promover uma falsa religião não exceder a medida do que ele pode com certeza usar para promover a verdadeira", o magistrado pode, não obstante o que o senhor tenha dito ou possa dizer, usar algum tipo de penas, qualquer grau de punição. O senhor, nem mostrou sua medida, nem pode mostrar a medida extrema que não deva ser ultrapassada, se alguma puder ser usada.

Mas o que vejo aqui? "Se os castigos que o magistrado usa para promover uma *falsa religião*." É possível que o magistrado possa usar penas para promover uma falsa religião, ou de quem o senhor falou três páginas antes, "quem sempre se possa falar dele (o que São Paulo disse de si mesmo) que ele não possa falar nada contra a verdade, mas pela verdade?" Por isso alguém teria pensado que o senhor nos disse que o magistrado não poderia mais usar a força para promover uma falsa religião, mais do que São Paulo poderia pregar para promover uma falsa religião. Se o senhor diz, o magistrado não tem autoridade para promover uma falsa religião e, portanto, sempre se pode dizer dele que o que São Paulo disse de si mesmo, etc., digo que nenhum ministro jamais teve autorização para pregar falsidade e, portanto, pode-se dizer de cada ministro (o que São Paulo disse de si mesmo) que ele nada pode fazer contra a verdade, mas pela verdade": assim teremos comodamente um guia infalível em cada paróquia, assim como em cada república. Mas se o senhor usa as Escrituras, imagino que o senhor terá razão para convocar novamente seus homens de conhecimento se, embora não concorde em recomendar a outros o exame e o uso das Escrituras para encontrar a verdadeira religião, o senhor não use as Escrituras para esse propósito e, no sentido que lhe agrada, pela defesa de sua causa.

Para lembrar o que eu disse naquele parágrafo, sua resposta foi só uma exceção a uma inferência que fiz. Seu argumento foi para justificar a aplicação de penas pelo magistrado para levar os homens a uma falsa religião, pelo ganho que receberiam os que as sofressem.

Se ganho seria: "que eles saberiam mais que antes onde estaria a verdade". Ao que respondo: "que é tão verdade, como se o senhor dissesse que, examinando eu descubro que alguém está fora do caminho para York, portanto sei melhor que antes que estou no caminho certo". Esta conseqüência o senhor considera falha e diz que deveria ser assim: "Portanto sei melhor que antes onde está a verdade". Isto, o senhor diz, teria sido verdade, o que não seria para meu propósito". Essas conseqüências uma ou outra, são meias verdades. Pois aquele, de centenas de caminhos entre os quais só há um certo, trilha um que ele descobre certamente ser errado, sabe muito melhor que antes estar no certo, como sabe melhor que antes, onde está o caminho certo. Pois antes era noventa e nove para um que ele não estava no caminho certo e agora ele sabe que é noventa e oito para um que ele não está no certo. E, portanto, sabe mais que antes estar no caminho certo, tanto quanto sabe mais que antes onde está o caminho certo. Pois que ele continue, sob sua suposição e a cada dia, examinando a controvérsia com alguém, num dos caminhos restantes, descubra que ele está no caminho errado. Ele, a cada dia sabe melhor que antes, igualmente, onde está o caminho certo e o que há nele, até que enfim, ele vir a descobrir o caminho certo, por si mesmo. E, portanto, sua inferência, o que quer que pense, é igual à outra, para meu propósito, que era mostrar o ganho notável que um homem teve, na variedade de falsas opiniões e religiões no mundo, descobrindo que o magistrado não tinha a verdade do seu lado e que gratidão ele deve ao magistrado por infligir castigos sobre ele para seu aperfeiçoamento e por lhe permitir tanto conhecimento por tão pouco. E um homem não teria razão para comprar a idéia se, por castigos fosse levado a ouvir e examinar todos os argumentos propostos pelos detentores do poder por todas as suas tolices e falsas religiões? Ainda esse ganho é o que o senhor propõe como justificativa para os magistrados infligirem castigos para promover falsas religiões. E um "exame imparcial da controvérsia entre eles e o magistrado, o senhor nos diz, é o caminho para quem tenha algum interesse em sua salvação eterna para vir a conhecer a verdade".

Ao que digo: "quem é punido pode ter examinado antes e então estou certo que ele nada ganhou", o senhor responde: "mas ele também não perde muito se for verdade o que o senhor acrescenta que todo o sofrimento a que se submeteu é apenas sofrer alguma inconveniência tolerável para ele seguir a luz de sua própria razão e os ditames de sua consciência". Assim, portanto, o senhor recompensaria um homem por ser honesto (pois assim é aquele que segue a luz de sua própria razão e os ditames de sua consciência), apenas sofrendo algumas inconveniências toleráveis. E ainda, essas inconveniências toleráveis são as que contrabalancem os caprichos humanos e a corrupção da natureza depravada que o senhor sabe um castigo leve ser suficiente para dominar. Mas que a disciplina do magistrado se detenha nas suas inconveniências toleráveis é o que o senhor não pode garantir, pois toda a garantia que o senhor nos da é: "se for verdade o que o senhor acrescenta". Mas vejo que se fosse de outro modo, o sofrimento pode ser maior do que o senhor pode responder.

C. II, p. 133. "No entanto, o senhor pensa agir bem encorajando o magistrado a punir e confortando o homem que sofre injustamente mostrando o que ele ganha com isso. Enquanto que, ao contrário, num discurso desta natureza, onde os limites do certo e errado são questionados e deveriam ser estabelecidos, deveria mostrar ao magistrado os limites de sua autoridade e avisar-lhe do mal que faz quando usa mal seu poder e pune um homem que não o merece e não ser consolado com injustiça considerando o ganho que possa ser atribuído ao sofredor.

C. III, p. 71: Conforme o senhor diz aqui sobre a natureza do meu discurso, só o lembrarei que a questão ali debatida é se a autoridade do magistrado tem algum direito ou autoridade para usar a força visando promover a verdadeira religião, que claramente supõe a ilegalidade e injustiça de usar a força para promover uma religião falsa, garantido em ambos os lados. Assim eu não poderia de modo algum ser obrigado a observá-lo em meu discurso, mas só como se surgisse a oportunidade.

E deixe que uma pessoa indiferente julgue se não mostrei os limites da autoridade do magistrado se fosse obrigado a fazê-lo. Mas para falar aqui de "um tipo de gente que tem muito empenho de tocar no dever do magistrado e cuidado sobre os limites do seu poder", onde digo ao magistrado que o poder que lhe atribuo, relativo à reli-

'Fazemos o mal quando o bem daí advém?' Há um tipo de gente que tem muito empenho de tocar no dever do magistrado e cuidado sobre os limites do seu poder e a injustiça e conseqüências de sua má-aplicação dele, no mínimo enquanto for mal aplicado em seu favor ou seus parceiros. Não sei se o senhor está entre esses, mas estou certo de que aqui o senhor teve a má-sorte de cair no erro deles. O magistrado, o senhor confessa poder, nesse caso usar mal seu poder e ao invés de apresentar-lhe a injustiça disso e a conta que ele deve prestar ao seu Soberano um dia, por essa grande confiança colocada em suas mãos para a proteção igualitária de todos os seus súditos, o senhor inventa vantagens que o sofredor pode receber. Assim, ao invés de desanimá-lo, o senhor o encoraja ao mal feito, que, por seu princípio, unido à sede natural no homem pelo poder arbitrário, pode ser levado a todo tipo de exorbitância, com alguma pretensão de direito".

gião, lhe é dado para levar os homens 'não à sua própria, mas à verdadeira religião' e que ele o usa mal quando se empenha com ele a promover uma falsa religião é, assim entendo, no mínimo um pouco irracional.

Nem estou mais interessado sobre o que o senhor diz sobre o magistrado usar mal seu poder em favor de um partido. Pois como o senhor ainda não provou que, aplicar seu poder para promover a verdadeira religião (que é tudo que defendo) é mal usá-lo; assim, o senhor pode provar ainda menos o mal uso do poder em favor de um partido.

Mas que 'eu encorajo o magistrado a punir homens para levá-los a uma falsa religião (pois esta é a punição de que falamos) e consolá-lo da injustiça, mostrando que os que sofrem injustamente ganharão com isso', quando no mesmo fôlego eu lhe digo que assim punindo, ele aplica mal seu poder é um achado que ninguém além de o senhor mesmo teria feito. Quando digo que o magistrado usa mal seu poder assim punindo, suponho que todos os outros homens me entendem ao dizer que ele peca ao fazê-lo e por isso se coloca diante da divina vingança. E pode ele ser encorajado por isso, ouvindo o que outros podem ganhar (sem arrependimento) com o que para ele é tão caro?

Aqui, seus homens de conhecimento farão bem de estar ao alcance novamente. Pois para o senhor pode ser conveniente apelar para eles, se a natureza do seu discurso lhe permitir discorrer para mostrar "ao magistrado os limites de sua autoridade e avisá-lo do mal que faz se usar mal seu poder".

O senhor diz que "a questão aí debatida é se o magistrado tem algum direito ou autoridade para usar a força visando promover a verdadeira religião, que claramente supõe a ilegalidade e a injustiça de usar a força para promover uma religião falsa, garantido em ambos os lados". Nem é essa a questão em debate. Nem, se fosse, supõe o que o senhor pretende. Mas a questão em debate é, como o senhor a coloca, se alguém tem o direito para usar a força por questões religiosas. O senhor diz, de fato, "o magistrado a possui, para levar os homens à verdadeira religião". Se, daí, o senhor pensa que o magistrado não a tem para levar os homens a uma religião falsa, o que quer que pensem seus homens de conhecimento, é provável que outros homens não pensariam que isso estivesse além da natureza do seu discurso lembrar ao magistrado que ele devesse refletir bem e examinar os fundamentos de sua religião, antes de usar a força para levar os homens a ela. Isto é tão importante para os interesses temporais e eternos dos homens, que mereceria algum cuidado particular dirigido ao magistrado, que deveria ser solicitado a fazer um exame imparcial como as outras pessoas. E deveria, o que quer que pensem seus homens de conhecimento, ser justamente esperado de o senhor, que pensa não haver desvios das regras do conhecimento dizer aos súditos que devam se submeter às penas a eles aplicadas, ou cair sob a espada do magistrado, que, mesmo verdade, dificilmente alguém entenderia como próprio do seu discurso, do que seria se o senhor tivesse dito ao magistrado sobre a má-conseqüência sobre ele e seu povo ao usar mal seu poder e avisá-lo para ter cuidado com seu uso. Mas nem uma palavra sobre isso foi dita assim. Não, nem mesmo quando o senhor menciona a conta que ele deverá prestar sobre isso, ainda é para satisfazer aos súditos que eles deverão receber e não serão deixados sem os meios da salvação, pelo direito que Deus colocou nas mãos do magistrado de usar seu poder para levá-los à verdadeira religião. E, portanto, eles deveriam estar contentes porque, se o magistrado usar mal seu poder, o Grande Juiz o punirá. Veja, senhor, se o que diz em algum lugar se o mau uso do poder pelo magistrado tem outra tendência. Então apelo ao sóbrio leitor, se o senhor tivesse muito interesse pelos limites, como pelo exercício da força nas mãos do magistrado, se o senhor não teria dito isso de outra maneira.

A próxima coisa que o senhor diz é "que a questão (se o magistrado tem algum direito de usar a força para levar os homens à verdadeira religião) supõe a ilegalidade do uso da força para promover uma religião falsa, garantida de ambos os lados", o que é tão longe da verdade que posso supor o contrário, isto é, que se o magistrado tem o direito à força para promover a verdadeira, ele deve ter o direito à força para promover sua própria e, pelas razões que já lhe dei em outra passagem. Mas a suposição de uma suposição serve para desculpá-lo de falar qualquer coisa diretamente sobre estabelecer limites ao poder do magistrado ou lembrar-lhe do seu dever sobre esse ponto. Embora o senhor mencione com freqüência seu dever sobre isso, que os homens não queiram a assistência de sua força e como ele é responsivo se alguém erra por querê-lo, embora não haja o mínimo sopro de cuidado a ser tomado que ninguém se conduza mal por isso. E agora eu me recolho. Penso que seu método não o aceita. Pois se o senhor tivesse colocado o magistrado sob exame, poderia supor o magistrado tão propenso ao erro como outros homens, enquanto que, para garantir que o magistrado aja no direito, sob seu fundamento de só usar a força para a verdadeira religião, não vejo como ajudar, mas ele ou o senhor (que lhe permite fazê-lo) deve ir além do exame de certo conhecimento e infalibilidade.

De fato, como diz, "o senhor diz ao magistrado que o poder que o senhor lhe atribui relativo à religião, lhe é dado para levar os homens não à sua própria, mas à verdadeira religião". Mas o senhor o coloca sob exame severo e imparcial que, entre as muitas falsas, ele deve usar a força para levar seus súditos à verdadeira religião. Que ele não deve errar e usar mal seu poder numa questão dessa conseqüência? Nem uma sílaba sobre isto. Então o senhor lhe diz o que ele deve fazer, sem examinar e promover com a força, se na Inglaterra, França ou Dinamarca? Isso, acho, é tudo que o papa, com toda a sua infalibilidade, requereria dos príncipes. E ainda, o que é menos do que o senhor faz, quando supõe a igreja da Inglaterra como a única verdadeira e, sob essa suposição, diz ao magistrado ser seu dever, pela força, levar os homens a ela, sem nunca colocá-los sob exame ou submetê-los ou alguém mais à questão se ela ou não é a única religião verdadeira. Pois se o senhor sustentar o que diz em outra passagem: "que é o bastante supor que só há uma e somente uma verdadeira religião e que ela pode ser conhecida pelos que a professam", que autoridade esse conhecimento da verdadeira religião dá ao rei da Inglaterra, mais do que ao rei da França para usar a força, se ele realmente não conhece a religião que professa como verdadeira, ou ao magistrado, mais que ao súdito, se ele não examinou os fundamentos de sua religião? Mas se ele acredita no senhor ao dizer-lhe que sua religião é a verdadeira, tudo bem. Ele tem autoridade suficiente para usar a força e não mais precisa examinar. Se esse não for o caso, precisará das habilidades de um homem de conhecimento para descobrir por que o senhor não deveria ter o cuidado de preparar uma pequena orientação para fazer o magistrado examinar, assim como o senhor é solícito para prover a força para fazer o súdito examinar.

Se o senhor não está entre os homens que mencionei (pois deve ter havido tais exemplos de homens no mundo), pode-se duvidar de seus princípios. Pois se, sob a suposição que a sua é a verdadeira religião, o senhor pode dar autoridade ao magistrado para infligir castigos em todos os seus súditos que divirjam da comunidade da igreja nacional, sem examinar se a deles também possam não ser a verdadeira religião, necessária à salvação? Não é essa a demanda, que o poder do magistrado seja usado somente em favor de um partido? E pode alguém ser confirmado nessa suspeita quando lê essa sua ampla insinuação, como se nossos magistrados não tivessem interesse na verdade ou piedade, porque garantiram um relaxamento dos castigos que o senhor usaria em favor de seu partido? Para isso deve ser convocado e não a igreja de Deus, exclusiva de outros, a menos que o senhor diga que os homens não podem ser salvos fora da comunidade de sua igreja específica, seja ela nacional, onde lhe agrade.

O senhor diz não encorajar o magistrado a usar mal seu poder, porque, "no mesmo fôlego o senhor diz que ele aplica mal seu poder". Eu respondo: que os homens entendam, como lhe agrada, que ele peca ao fazê-lo. Que isso não o desculpa de encorajá-lo, a menos que seja impossível que um homem possa ser encorajado a pecar. Se o dizer ao magistrado que seus súditos ganham por seu mau uso da força, não é um encorajamento para ele mal usá-la, fazer o bem a outros pode deixar de ser um encorajamento a qualquer ação. E que outros julguem se não é um grande encorajamento, nesse caso, para o magistrado continuar a usar a força, sem examinar imparcialmente e ele ou seus súditos forem da verdadeira religião – quando ouvir que, seja sua religião verdadeira ou falsa, seus súditos, que sofrem, terão certeza de ganharem com isso. Pois o encorajamento não é, como o senhor coloca, para o magistrado usar a força para levar os homens ao que ele pensa ser uma falsa religião, mas é um encorajamento para o magistrado, que presume ser a sua a religião verdadeira, punir seus súditos dissidentes, sem o devido e imparcial exame de que lado está a verdade. Por nunca ter dito ao magistrado que negligenciar o exame é seu pecado, se o senhor lhe mostra milhares de vezes que, quem usa o poder para levar os homens a uma falsa religião o usa mal, ele nunca entenderia que estaria pecando por isso e assim não haveria restrição ao seu mau uso do poder.

E assim temos alguma perspectiva de sua admirável máquina inventada para a salvação das almas.

O magistrado deve usar a força para levar os homens à verdadeira religião. Mas e se o magistrado usar o poder para levar os homens a uma falsa religião? Ainda será bom para os súditos, pois eles ganharão com isso. Mas isso pode encorajá-lo ao seu mau uso. Não. O senhor lhe diz que se ele usar o poder para levar os homens a uma falsa religião, ele o usa mal e, portanto, ele só deve entender que o senhor diz: "ele peca e se dispõe à divina vingança". Não. Ele acredita estar certo e pensa como São Paulo, enquanto perseguidor, que está prestando um bom serviço a Deus. E o senhor lhe garante que faz dos seus súditos ganhadores e assim segue confortavelmente como fez São Paulo. Não há remédio para isso? Sim, um remédio pronto, que é: "a única religião verdadeira pode ser conhecida pelos que a professam como a única religião verdadeira".

À qual, se acrescentarmos como sua moderação, assim como a direção da mão do magistrado no castigo, fazendo a última lei sobre suas convenientes penas jazerem na prudência e experiência dos próprios magistrados, encontraremos vantagens no seu método. Mas seus necessários meios de salvação, que jazem em penas moderadas usados para levar os homens à verdadeira religião, não foram levados a uma situação feliz. Pois o que deve guiar o magistrado no conhecimento da verdadeira religião é que "a verdadeira religião deve ser conhecida pelos que a professam como a verdadeira religião" e as convenientes penas devem ser usadas para promovê-la e devem ser tais que o magistrado em sua prudência julgará justas e que, se o magistrado as aplica certo ou errado, o sujeito sairá ganhando. Desejo que o senhor me mostre se, em seus discursos, o senhor tem dado ao magistrado qualquer orientação melhor que esta para conhecer a verdadeira religião que ele deve promover pela força, ou alguma outra medida conhecível para moderar suas penalidades, ou algum outro cuidado para restringir o mau uso do seu poder; então pensarei ter razão para acreditar que neste debate o senhor tem tido mais cuidado com a verdadeira religião e com a salvação das almas do que com o encorajamento ao magistrado para ele usar seu poder, por sua orientação e sem exame e ao nível que ele achar justo, em favor de um partido. Pois a questão colocada assim, se não me engano, servirá a qualquer magistrado para usar qualquer grau de força contra qualquer dissidente de sua religião nacional.

Tendo recomendado aos súditos a perseguição do magistrado por uma demonstração de ganhos, que por isso lhes serão atribuídos, o senhor faz bem lembrando o exemplo de Juliano que, o que quer que dissesse aos cristãos, mostrava ser, não mais que o senhor, perseguição, mas para sua vantagem no outro mundo. Mas se sua pretensão de ganho para eles, sob fundamentos em que ele não acreditava, ou sua pretensão de ganhos para eles, em que ninguém acredita, for uma grande brincadeira, o senhor seria bem visto. Parece razoável que a fala dele sobre filantropia e a sua de moderação, poderiam ser atadas juntas. Pois enquanto o senhor lhes diz claramente que eles podem acreditar, a vantagem que seus perseguidos devem receber de sua clemência pode, imagino, fazer uma parte secundária do que os cristãos daquela época receberam dele. Mas o senhor é solícito pela salvação das almas e os dissidentes encontrarão o benefício disso.

CAPÍTULO IX

Sobre a Utilidade da Força em Questões Religiosas

Tendo o senhor garantido que em todas as solicitações de qualquer coisa, por causa de sua utilidade, não é suficiente dizer que pode servir para algo, mas deve-se considerar não apenas o que pode, mas o que parece irá produzir e o maior bem ou dano que provavelmente advenha deve determinar seu uso. Penso que nada mais precisa ser dito para mostrar a inutilidade da força nas mãos do magistrado para promover a verdadeira religião, após ter sido provado que, se algum, então todos os magistrados, que acreditam ser verdadeira a sua religião, são obrigados a usá-la. Mas desde que a utilidade e necessidade da força são o principal fundamento em que o senhor baseia sua hipótese, examinaremos nos dois capítulos restantes especialmente o que o senhor disse deles.

Quando o autor diz que: "a verdade raramente tem recebido, e teme nunca receberá, muita assistência do poder dos grandes homens, por quem ela só é raramente conhecida e ainda mais raramente bem-vinda", o senhor responde: "e o próprio Deus previu e prometeu que os reis alimentariam padres e as rainhas as freiras de sua igreja". Se julgarmos que essa profecia é passado ou presente, teremos razão para pensar que não interessa aos nossos dias ou, se Deus não quisesse que a igreja não sustentasse padres e freiras, que devesse alimentá-los com penas moderadas se eles tivessem que ser a proteção de seu protetorado. Talvez, se o senhor ler este capítulo, o senhor pensará ter pouca razão para fazer muito com essa promessa, até a restauração de Israel. E quando o senhor vê os gentios sendo encaminhados (isto é, como o estilo desse capítulo parece indicar os filhos dos israelitas) "filhos em suas armas e filhas carregadas sobre seus ombros" como é prometido nas palavras imediatamente precedentes, o senhor pode concluir que então "os reis serão seus (isto é, de Israel) pais adotivos e as rainhas, suas mães adotivas". Este parece ser, para mim, o tempo dessa profecia e imagino, de muitas outras, sob uma atenta leitura desse capítulo de Isaías. E em todo esse texto o senhor pouco poderá fazer, até que esclareça seu significado, mais que meramente citá-lo, o que dificilmente provará que Deus prometeu que tantos príncipes sejam amigos da verdadeira religião, que será melhor para a verdadeira religião que príncipes usem a força para impor ou propagar suas religiões. Pois, a menos que isso seja provado, não responde ao argumento do autor, como um leitor indiferente pode precisar ver. Pois ele não diz que "a verdade nunca, mas ela raramente tem recebido e ele teme nunca receberá (com alguma exceção) muita assistência do poder dos grandes homens, de quem ela é *raramente conhecida e mais raramente bem-vinda*". E, portanto, a essa fala de Isaías se reúne a de São Paulo, em I Coríntios, capítulo. 6: "Irmãos, reparai, pois, na vossa vocação; visto que não foram chamados muitos sábios segundo a carne, nem muitos poderosos, nem muitos de nobre nascimento".

Supondo que muitos reis deveriam sustentar padres para a igreja e que esta profecia devesse ser cumprida nesta época e a igreja não devesse ser seu protetorado, penso ser mais adequado entender esta promessa figurativa, que suas dores e disciplinas devessem ser empregadas nos da igreja e que eles devessem alimentar e cuidar deles, mais do que as palavras significariam que eles devessem açoitar os que estivessem fora dela. E, portanto, sob justa reflexão sobre isso, esse texto significará muito pouco contra a conhecida questão que o autor enfatiza, a menos que o senhor possa encontrar um país onde o porrete e o açoite sejam melhores símbolos e instrumentos de bons cuidados que peito e babador e que ela seja considerada boa enfermeira para seus próprios filhos, que se ocupa com crianças choronas de outras mães, não pertencentes à sua creche.

"Os frutos que não o encorajam a esperar qualquer vantagem da tolerância do autor, que quase todas as igrejas, menos a da Inglaterra usufruíram nos tempos da abençoada reforma, como foi chamada, o senhor nos diz, eram seitas e heresias". Aqui seu zelo se estreita um pouco à sua luz. Não é a tolerância do autor que o senhor acusa. Essa, o senhor sabe, é universal. E sua universalidade é a que um pouco antes o senhor desejou e defendeu. Se fosse a tolerância do autor, não seria de todos, menos a igreja da Inglaterra, mas foi a igreja da Inglaterra e todas as outras. Mas tomemos que as seitas e heresias fossem ou sejam o fruto de uma livre tolerância, isto é, os homens sejam divididos por suas opiniões e modos de adoração. As diferenças nos modos de adoração, em que nada é misturado de forma inconsistente com a verdadeira religião, não impedirão a salvação dos homens que sinceramente seguirem a melhor luz que tiverem, sob tolerância, assim como sob força. E assim como as diferenças de opinião, as opiniões especulativas sobre religião, penso poder seguramente dizer que dificilmente se possa encontrar três homens (por cujo desejo de reflexão o senhor poderia punir) que tenham a mesma opinião. Considerando nessa amplitude, se a caridade for preservada (onde é mais provável onde a tolerância mais do que onde exista perseguição), embora sem uniformidade, não vejo maior razão para enfatizar os maus frutos da tolerância.

Mas os homens agirão, como fizeram nos últimos tempos com "perigosos e destrutivos erros e extravagantes modos de adoração". Como por erros de opinião, se os homens sob tolerância variam tanto de opiniões e se afastar tanto um de outro, é evidente que eles não são avessos a pensar no que o senhor defende. Pois é difícil para os homens, não submetidos à força, deixar uma opinião e adotar outra, sem pensar nelas. Mas, se houver perigo nisso, provavelmente a religião nacional pescaria para si a parte dos homens perdida e irrefletida que, sem pensar, assim como sem contestar sua corrupta natureza pode adotar da religião de contenção e se unir externamente à comunidade dos legisladores e grandes homens da nação. Pois quem de todo não perturba sua cabeça sobre religião, o que outros podem convencê-lo como a religião nacional, que acompanha a liderança e as primazias e onde, sendo como diz presumível que ele faz sua adoção sincera sob convicção, ele está certo de ser ortodoxo com as dores da reflexão e tem a lei e o governo do seu lado para dar-lhe a certeza de estar em seu direito?

Mas os sedutores, se tolerados, estarão prontos e diligentes e os homens os ouvirão. Os sedutores certamente não têm a força ao seu lado para fazer os homens ouvirem. E se assim for, há um remédio à mão, melhor que a força, se o senhor e seus amigos o usarem, que só pode prevalecer, qual seja: faça com que os ministros da verdade sejam tão diligentes quanto. Como trazem a verdade consigo, a verdade óbvia e fácil de ser entendida, como o senhor diz o que é necessário à salvação, eles só podem prevalecer.

Mas os sedutores são também ouvintes, porque ensinam opiniões favoráveis aos caprichos humanos. Faça com que o magistrado, como é do seu dever, impeça as práticas aonde seus caprichos os levariam e a vantagem permanecerá do lado da verdade.

Enfim, senhor, como diz o apóstolo aos coríntios em I Coríntios, capítulo XI, versículo 19: "Porque até mesmo importa que haja partidos entre vós, para que também os aprovados se tornem conhecidos em vosso meio", o que, lhe pergunto, é melhor para a salvação das almas humanas, que eles questionem, ouçam, reflitam, considerem e então tenham a liberdade de adotar aquilo a que foram persuadidos, ou que, tendo refletido, que não sejam forçados nem a concordar nem a seguir suas persuasões, ou ainda que, sendo da religião nacional, eles continuariam ignorantes ou sem nenhuma reflexão? Em um caso, se seus castigos prevalecem, os homens são forçados a agir contrário às suas consciências, que não é o caminho para a salvação e, se as penas não prevalecerem, o senhor tem os mesmos frutos, seitas e heresias, como se sob tolerância. Do outro lado, é verdade, os ignorantes, perdidos, conformistas irrefletidos não quebram a companhia dos que adotam a verdade que os salvará. Mas temo que nada mais possa ser dito para ter parte nisso, do que os que abertamente divergem disso. Pois não é estar na companhia, mas vestir o traje nupcial que mantém o homem longe de ter mãos e pés amarrados e de serem jogados na nociva e eterna prisão.

O senhor nos diz: "a força tem sua eficácia própria para buscar a iluminação do entendimento e a produção da crença", isto é, fazendo os homens considerarem. Mas quanto à aversão dos homens, que o senhor descreve, a refletir sobre questões religiosas relativas à corrupção de sua natureza, a força, aplicada do seu modo (isto é, para que os homens evitem os castigos através da conformidade externa) não pode ter eficácia adequada para obter reflexão, já que os homens podem se conformar externamente e manter a corrupção e a aversão à reflexão, e por isso, a força, aplicada do seu modo, é absolutamente impertinente.

Mas, além disso, se a força tiver uma eficácia adequada para produzir da crença, ela fará mais mal que bem, empregada por magistrados não ortodoxos. Mas a dificuldade é como colocá-la somente nas mãos de magistrados ortodoxos. Pois penso ter provado que se os magistrados ortodoxos podem e devem usar a força para promover sua religião, todos que se entendem ortodoxos também a ela são obrigados. E isto pode servir como resposta a tudo que o senhor disse.

Eu tendo dito: "qualquer que seja a eficácia indireta da força aplicada ao seu modo pelo magistrado, ela age contra o senhor. A força usada pelo magistrado para levar os homens a refletirem sobre razões e argumentos próprios e suficientes para convencê-los, mas que, sem serem forçados, eles não considerariam, pode, o senhor diz, ser útil indiretamente e à distância para fazê-los adotarem a verdade que pode salvá-los. E assim, digo, pode ser útil para levar os homens a receberem e adotarem a falsidade que os destruirá". A isso o senhor, com grande triunfo, responde: "Como, senhor, pode a força ser usada pelo magistrado, para levar os homens a refletirem sobre razões e argumentos, próprios e suficientes para convencê-los e ser útil para levar os homens a adotarem a falsidade, se a falsidade os destruirá? Parece então que há razões e argumentos próprios e suficientes para convencer os homens da verdade ou falsidade, que destruirá. O que certamente é uma descoberta muito extraordinária, embora nenhum homem pode ter razão para agradecer-lhe por isso".

Em primeiro lugar, deixe-me perguntar-lhe, onde o senhor achou, ou em quais das minhas palavras o senhor inferiu essa notável proposição "que há razões e argumentos próprios e suficientes para convencer os homens da verdade ou da falsidade?" Se um magistrado da verdadeira religião pode usar a força para convencer os homens da verdade de sua religião, um príncipe da falsa religião não poderia usar a força para levar os homens a considerarem razões e argumentos próprios e suficientes para convencê-los do que acredita ser verdade? E a força não pode assim ser útil para levar os homens a receber e adotar a falsidade?

Na passagem seguinte, o senhor, que argumenta com tanta sutileza acadêmica, como se tivesse bebido na verdadeira fonte, nunca ouviu um modo doentio de argumentar como "*a conjunctis ad divisa?*" Não há argumentos próprios e suficientes para levar um homem à crença naquilo que ele pensa ser falso em si mesmo, se ele souber ou acreditar ser falso. Portanto, não há argumentos próprios e suficientes para levar um homem à crença naquilo que ele pensa ser falso em si, se ele nem souber nem acreditar ser falso. Um velho sofista daria risada de tal lógica. E assim é tudo que o senhor diz na sentença que o senhor ergue como um troféu, "para convencer os homens da verdade ou da falsidade", que embora não as minhas palavras, mas o senhor, do seu modo supre pelo que eu disse, que excessivamente lhe agrada e pensa ser o repetido triunfo deles. Mas embora não haja argumentos próprios e suficientes para convencer os homens da verdade ou falsidade, como falsidade, ainda espero que o senhor concorde que haja argumentos próprios e suficientes para fazer os homens receberem falsidades como verdades. O que mais o senhor reclama dos sedutores? E os que adotam as falsidades como verdades, o fazem sob a aparência de verdade, mal conduzidos por esses argumentos que os fazem assim parecer e assim os convencem. E os magistrados, que tomam sua religião como verdadeira, embora não o sejam, podem pela força usar argumentos que o senhor, acho, garantirá.

Mas o senhor fala como se ninguém pudesse ter argumentos próprios e suficientes para convencer outro, mas somente os de seu modo ou sua igreja. Esta, de fato, é uma nova e extraordinária descoberta e, como seu irmão, se o senhor puder convencê-lo disto, terei razão para agradecer-lhe. Pois se alguém fosse levado por argumentos e razões ou seduzido pela sua igreja a ser um dissidente, então haveria, penso, razões e argumentos próprios e suficientes para convencê-lo. Não lhe lembrarei do Sr. Reynolds, porque o senhor tem caridade suficiente para questionar sua sinceridade. Embora ele tenha deixado o país, amigos, em consciência, pode-se presumir como bom sinal de seu convencimento e sinceridade, que será um a escrever sobre a religião nacional num país onde ela seja a principal. Só negarei ainda que, para o senhor, possa haver zelo puro pela verdadeira religião que o senhor teria ajudado com a força do magistrado. E já que o senhor se preocupa tanto com a sua sinceridade no argumento, deve-se garantir que o senhor merece ser considerado como homem de bom senso, que defende sua sinceridade de forma tão pouco vantajosa para seu julgamento.

Mas, se o Sr. Reynolds, na sua opinião, foi mal conduzido por fins corruptos ou interesse secular, o que o senhor pensa de um príncipe [James II] vivendo agora? O senhor duvidaria de sua sinceridade? Ou que ele se convenceu da verdade da religião que professou, que entregaria três coroas por ela? O que o senhor pensa do Senhor Chillingworth, quando deixou a igreja da Inglaterra para a confissão Romana? Ele o teria feito sem se convencer de que estava certo? Ou ele se convenceu por razões e argumentos não próprios ou suficientes para convencê-lo?

Mas certamente isso não pode ser verdade porque, como o senhor diz, as Escrituras não ensinam nada sobre isso. Ou talvez os que deixam sua comunidade o fazem sem estar convencidos e só pensem estar convencidos quando não estão. Ou estejam convencidos com argumentos não próprios e suficientes para convencê-los. Se ninguém pode convencer a outro, além daquele que tem a verdade do seu lado, o senhor honra mais a "primeira e segunda cartas sobre a tolerância" do que poderia para a vantagem de sua causa, quando lhes atribui ou aumento de seitas e heresias entre nós. E há alguns, mesmo na igreja da Inglaterra que se confessam tão completamente satisfeitos com as razões e argumentos da primeira delas que, embora me atreva a não ser afirmativo com o senhor, cujo privilégio é convencer os homens que eles estão convencidos, ainda posso dizer que é tão provável que eles estejam convencidos, tendo concordado, como presumível que todos esses conformistas o fizeram por razão e convicção.

Isto, suponho, pode servir como resposta às suas próximas palavras, que "Deus em seu justo julgamento enviará os que não recebam o amor pela verdade, para que possam ser salvos, mas o rejeitem pelo prazer de serem errados, ἐνέργειαν πλάνης, forte ilusão, isto é, razões e argumentos que prevaleçam sobre homens, assim dispostos a acreditar na mentira que eles possam ser condenados por isso que o senhor confessa as Escrituras claramente nos ensina. Mas que haja razões e argumentos próprios e suficientes para convencer e satisfazer alguém além de pecadores decididos e teimosos da verdade de falsidade tal que os destruirá, é uma posição que o senhor garante que as Escrituras não nos ensina e que, o senhor me diz, quando eu refletir melhor, o senhor espera que eu não procure manter. E ainda, se não for possível manter, o que digo aqui não tem propósito, pois se não há tais razões e argumentos de que aqui falamos, é inútil falar sobre o uso da força pelo magistrado para fazer os homens refletirem".

Mas deixarei que usufrua uma opinião tão caritativa, se o senhor ainda pensa que só os magistrados da verdadeira religião podem ter argumentos fundados na força, próprios e suficientes para convencer e que, na Inglaterra, só os pecadores decididos e teimosos se recusam a procurar ou suportar a comunidade da igreja da Inglaterra sob razões e argumentos que os satisfaçam ou convençam.

Mas sobre a utilidade da força, aplicada ao seu modo, eu lhe deixarei novamente o mesmo argumento que usei antes, embora em palavras menos adequadas ao seu modo de raciocinar, agora conheço seu talento. Se houver alguma eficácia na força para levar os homens a qualquer persuasão, no seu modo de aplicá-la, ela levará mais homens ao erro que à verdade. Se modo de usá-la é apenas para punir os homens por não serem da religião nacional, que é o único modo de o senhor aplicar a força, sem uma tolerância. A não-conformidade é a falta punida. Esta falta, quando cessa, cessa também a punição. Mas ainda para fazê-los refletir, é o fim pelo qual eles são punidos, mas se for ou não para fazer os homens refletirem, isso em nada altera o caso. Digo agora que já que todos os magistrados que acreditam em sua religião como verdadeira são obrigados a usar a força para levar a ela seus súditos, como se fosse verdadeira e, já que muitas das religiões nacionais do mundo são erradas, se a força usada para levar os homens à religião nacional, punindo dissidentes, tiver alguma eficácia, seja como for, indiretamente e à distância, se lhe agrada, parece que isso faria vinte vezes mais mal que bem porque, entre as religiões nacionais do mundo, para falar pouco, há mais de vinte erradas para uma certa.

De fato, se a força for direcionada para levar os homens indiferentemente, negligentes e defensivos a estudar, examinar e considerar seriamente questões religiosas e procurar a verdade e, se se permitisse aos homens, sob estudo e reflexão, seguir a que lhes parecesse certa, o senhor poderia ter alguma pretensão à força, como útil à verdade para levar os homens a refletirem. Mas isso só é possível sob tolerância. E duvido que, mesmo assim, a força possa ser aplicada para fazer os homens refletirem e examinarem imparcialmente o que é verdadeiro nas religiões professadas no mundo e a adotarem. No mínimo é certo que, se as punições perseguem os homens como cordeiros perdidos, só para levá-los ao seio da igreja nacional e, quando dentro dela, os deixa livres e soltos, isso não é útil à verdadeira religião, mesmo num país onde a nacional é a verdadeira. Pois se as penas cessam logo que os homens entraram no pátio e na comunidade da igreja, isso em nada ajudará aos homens contra o que o senhor entende como o grande impedimento à verdadeira religião e que, portanto, na sua opinião, torna necessária a força para ajudá-la.

Pois, não havendo necessidade que os homens possam deixar seus vícios ou corrupção, ou sua ignorância para entrar na paliçada da igreja, a força, aplicada ao seu modo, só serve para levá-los, mesmo nos poucos países cristãos e ortodoxos, à profissão, não ao conhecimento, à crença ou prática da verdadeira religião.

O senhor diz que a natureza corrupta inclina os homens da verdadeira religião às falsas. E a força moderada é necessária para fazer os homens refletirem. Mas esses homens, fora de suas naturezas corruptas e por seu conforto e prazeres carnais escolhem uma religião errada sem considerar, novamente, logo que perceberem suas escolhas perturbadas por tais castigos, consultarão a mesma natureza corrupta e apetites carnais e, sem considerar qualquer coisa, se conformarão à religião que melhor lhes convier. É apenas a parte consciente dos dissidentes, dissidente que não esteja fora da indulgência da natureza corrupta, mas fora da persuasão, que não se conformará se refletir como deveria. E, portanto, seu argumento sobre a natureza corrupta está fora de questão. Se castigos moderados servem apenas para operar nos que são levados pela natureza corrupta, eles só são úteis para encher a igreja com hipócritas, isto é, tornar esses homens mais hipócritas do que eram antes, por um novo ato de hipocrisia e corromper o comportamento do resto da igreja por sua conversa com eles. E peço que se reflita se isso é para a salvação das almas, como se pretende, ou para outro fim, que os sacerdotes de todas as religiões tão sinceramente têm defendido. Pois para aqueles que divergem fora da persuasão, suspeito que seus castigos moderados terão sobre eles pouco efeito. Pois se tais homens forem convencidos por medo do fogo do inferno, se esse medo não os fizer refletir melhor do que já fizeram antes, castigos moderados serão muito fracos para operar sobre eles. Será bom que perseguição e martírio possam fazê-lo.

Mas, o senhor acrescenta: "Não poderia, no entanto, ser verdade que a força, aplicada ao seu modo, pode ser útil, indiretamente e à distância, para levar os homens a adotarem a verdade que pode salvá-los? Que é tudo que lhe interessa para fazer o bem?" Assim, se ocorresse levar dois homens a adotar a verdade, o senhor ganharia seu ponto e superaria a tolerância pela utilidade e necessidade da força. Pois sem serem forçados, eles jamais teriam refletido, o que é mais do que o senhor sabe, a menos que convivesse com eles, que apenas dirá quando passar o tempo da graça e vier o tempo em que a pregação, o diálogo, a instrução e a persuasão nunca prevaleçam sobre um homem. Mas mesmo o senhor estando interessado em fazer o bem, não está também interessado em lembrar o que disse, onde se declara contra o magistrado ter o poder de usar o que quer que seja, de qualquer modo, a qualquer momento, sobre qualquer pessoa, em qualquer caso, o que seja útil para promover a verdadeira religião, o senhor diz: "quem não vê que embora tais meios possam ter a chance de funcionar em alguns poucos casos, em toda a questão eles fariam muito mais mal que bem e em todos os argumentos (usando minhas palavras) sobre algo em função de sua utilidade, não basta dizer que pode ser útil, mas deve-se considerar não apenas o que pode, mas o que é provável que produza; e o maior bem ou mal que possa advir não deve determinar seu uso?"

O senhor prossegue e me diz que eu, "não contente em dizer que a força, no seu modo de aplicá-la (isto é, para levar os homens a adotar a verdade que pode salvá-los) pode ser útil para levar os homens a adotar a falsidade que pode destruí-los e assim própria para fazer tanto mal quanto bem (o que parece bastante estranho), a isso acrescento (para aumentar o espanto) que do seu modo indireto, e muito mais próprio e provável que faça os homens receberem e adotarem o erro que a verdade e que: 1. Porque os homens fora do caminho certo são aptos e, penso poder dizer, mais aptos a usar a força que outros; o que é sem dúvida e incontestável demonstração de que a força usada pelo magistrado para levar os homens a receberem e adotarem a verdade que deve salvá-los é muito mais adequada e provável para fazer os homens receber o erro que a verdade". E então o senhor me pergunta: "como falarmos sobre o que um homem fora do caminho certo está apto a fazer para levar outros ao seu, isto é ao caminho errado, onde estamos apenas questionando o que pode ser feito para levar os homens ao caminho certo? Pois o senhor deve me lembrar, o senhor diz, que essa é nossa questão, isto é, se o magistrado tem o direito a usar a força para levar os homens à verdadeira religião". Confesso que a principal questão entre nós é se o magistrado tem o direito a usar a força por questões religiosas, como o senhor verdadeiramente estabelece. Mas a questão aqui entre nós e sobre a utilidade da força, aplicada do seu modo que, sendo punir dissidentes enquanto dissidentes, para fazê-lo refletir, mostrei fazer mais mal que bem. E a isto o senhor estava respondendo. Onde, suponho, está claro que a questão aqui é sobre a utilidade da força, assim aplicada. E só duvido se meus leitores que não estão interessados quando a questão em debate não sirva no momento para ser substituída, usá-la como modo regular e natural de argumentação, isto é, "que a força, no seu modo de aplicá-la, é mais adequada e provável que faça os homens adotarem o erro que a verdade porque os homens fora do caminho certo são aptos e, penso poder dizer mais aptos a usar a força que outros". Então o senhor não precisa perguntar como eu: "Como falarmos aqui sobre homens fora do caminho certo?" O senhor vê como. Se não, não sei como isso ajuda aos seus olhos. E deve me satisfazer que outro leitor, que tenha olhos, não o esqueça. E imagino que o senhor também não, já que sabe que em várias ocasiões contestei o uso da força em questões religiosas, sob a suposição, se houver, que todos os magistrados que tenham a pretensão e o direito a seu uso, que lhe serviram em algumas passagens de assunto de grande reprovação e, em outras, de esporte e diversão. Mas porque uma coisa tão clara como essa lhe é estranha que o senhor pensa ser um ridículo paradoxo dizer: "que para todos os magistrados que suponham a religião que acreditam verdadeira fosse justa e razoável" e porque o senhor não deu atenção às palavras adicionadas que o provam, isto é, "embora possamos imaginar que só na Inglaterra [ou onde a religião nacional seja verdadeira] os homens acreditem que ao mesmo tempo eles pensam ser uma mentira", tomei a defesa para prová-lo ao senhor mais amplamente em outra passagem e, portanto, enfatizar usá-lo aqui como argumento contra a força, isto é, que se ela tem alguma eficácia, ela fará mais mal que bem. "Porque os homens fora do caminho certo são tão aptos ou mais aptos a usá-la." E penso ele ser um bom argumento até que o senhor lhe responda.

É um caminho bom e garantido e mostra zelo à causa, até que chegue à conclusão e, o que quer que esteja em debate, volta à posição antiga. Eu contesto o que diz sobre o uso da força, isto é, que a força não usada para convencer por sua própria eficácia, mas apenas para levar os homens a refletirem pode, indiretamente e à distância, ser um pouco útil para levar os homens a adotarem a verdade", em face de outros argumentos contra isso, digo que "qualquer eficácia que haja na força no seu modo de aplicá-la, isto é, punindo a todos e a ninguém mais além dos dissidentes da igreja nacional, o faz contra o senhor". E a primeira razão que dou a isto está nessas palavras: "Porque os homens fora do caminho certo são tão aptos ou mais aptos a usar a força que outros", que é o que o senhor responde aqui. E o que pode-se fazer melhor para responder a isso que com as palavras que mencionei acima para submeter o que segue? "Agora, onde nosso autor diz que castigos ou força são absolutamente impertinentes nesse caso, porque não são próprios para convencer a mente, ao que o senhor responde que, embora a força não seja própria para convencer a mente, não é absolutamente impertinente nesse caso porque pode, no entanto, ter alguma utilidade para levar os homens a adotarem a verdade que pode salvá-los, levando os homens a refletirem sobre razões e argumentos próprios para convencer a mente e que, sem serem forçados, não refletiriam". Aqui lhe digo. "Não, mas é muito mais própria e adequada para fazer os homens receberem e adotarem o erro que a verdade, porque os homens fora do caminho certo são aptos e talvez mais aptos a usar a força que outros". Que, o senhor me diz, "é uma boa prova, o senhor acredita, que a coisa admite". Pois de outro modo, o senhor supõe, eu lhe daria uma melhor". E assim o senhor certamente ganharia a causa. Pois eu tendo provado que a força, aplicada ao seu modo, qualquer que fosse sua eficácia, faria mais mal que bem, não provaria suficientemente que não teria sua utilidade para levar os homens a adotarem a verdade e, portanto, isso não é absolutamente impertinente. Mas já que o senhor pensa que isso é apto o bastante para provar ser impertinente o uso da força em questões religiosas, eu lhe mostrarei depois que a força, aplicada ao seu modo para fazer as pessoas refletirem e adotarem a verdade, é impertinente.

Seu modo de estabelecer penas aos homens pelo não-conformismo, como diz, para fazer os homens refletirem, deixe-me perguntar só ao senhor, se não é excessivamente impertinente estabelecer castigos aos homens para fazê-los refletir, quando podem evitar tais penas sem refletir? Mas por não ser o bastante provar que a força, aplicada ao seu modo, superimpertinente, lhe mostrarei na próxima passagem que, onde uma lei feita para punir não meramente a não-conformidade, mas a não-reflexão, cujos castigos, estabelecidos por não-reflexão seriam muito impertinentes. Porque nunca se poderá provar que um homem não considerou os argumentos que lhe foram oferecidos. E, portanto, todos os legisladores até o senhor, em todas as suas leis penais sobre religião, estabeleceram suas penas sobre a não-adoção. E é contra isso que nosso autor contestava, quando disse que as penas, neste caso, são absolutamente impertinentes. Porque não são próprias para convencer a mente. Pois nesse caso, quando as penas são impostas aos homens por não adotarem, está claro que são usadas como meio de levar os homens a adotá-la. Que, já que os que são descuidados de questões religiosas podem fazê-lo sem refletir e os conscientes não o podem ser convicção e, já que as penas não podem convencer o sábio, o uso delas é absolutamente impertinente e sempre o será até que o senhor possa mostrar o modo como podem ser usadas na religião, não como motivo para adotar, mas meramente como motivo para fazer os homens refletirem. Pois se o senhor os pune quando lhe dizem que refletiram sobre seus argumentos, mas não foram convencidos por eles e o senhor julga que eles não refletiram por nada além do fato que não adotaram, está claro que o senhor usa os castigos ao invés dos argumentos para convencê-los. Já que, sem convicção, aqueles que nosso autor defende não podem adotar e os que adotam sem convicção é tudo como se de todo não adotassem, nada sendo além de um nada no caminho da salvação. Assim, as penas são absolutamente impertinentes. Mas adotar no sentido da lei e a sua também, quando diz que os homens não refletiram como deveriam enquanto rejeitam, nada é além de conformidade externa ou uma confissão externa de adoção, com que a lei se satisfaz e com que cessam as penas. Agora, as penas usadas para fazer os homens adotarem nesse sentido são absolutamente impertinentes para levar os homens a adotarem sinceramente ou, como o autor o chama, acreditar. Porque uma confissão externa que, nesse caso, é o fim imediato a que se dirigem as penalidades e além do que nada alcançam, não é o meio próprio para produzir nos homens reflexão, convicção ou crença.

O que pode ser mais impertinente do que envergonhar e maltratar pessoas com o uso da força, sem nenhum propósito? E que a força precise ser sem propósito, aplicada deixando-se o fim a que se pretende usá-la sem os meios, qual seja, sem o conhecimento necessário para sua obtenção. No seu modo de usar a força, isso aparecerá a partir de sua hipótese. O senhor nos diz amplamente no seu Argumento considerado que os caprichos dos homens os impedem de pelo menos imparcial reflexão e exame sobre questões religiosas e, portanto, a força é necessária para remover esse impedimento. O senhor nos diz também amplamente em sua carta que a natureza corrupta dos homens e seus amados caprichos também os impedem de adotar a verdadeira religião e que a força é necessária para remover este obstáculo. Agora, no seu modo de usar a força, ela é aplicada de forma que os castigos são impostos aos homens até que, e não além, deles terem se conformado externamente e, apesar da intenção dos legisladores, qualquer que seja, nem o obstáculo ao exame imparcial, surgindo dos caprichos humanos, nem a aversão à adoção da verdadeira religião, surgindo da natureza corrupta dos homens podem ser removidos, a menos que possam ser removidos sem o que o senhor considera necessário à sua remoção. Pois já que um homem se conforma, sem a necessidade de adoção ou exame imparcial, por um lado, ou sofrendo castigos, por outro, é inevitável que ele nem examine imparcialmente nem adote, se os castigos forem necessários para ele fazer ambos. Porque os castigos, remédios necessários para remover tais impedimentos nunca foram aplicados a eles e assim, esses obstáculos, não sendo removidos do remédio necessário, devem continuar a impedir o exame e a adoção. Pois os castigos não podem ser usados como meios para algum fim ou serem aplicados a obter a ação a ser executada a que um homem, por seus caprichos ou outra razão, tenha aversão. Mas, colocando-os numa escala em contraposição a essa aversão e a ação na outra ponta e, colocando o homem em posição de escolha entre uma e outra, onde nada houver sido feito, o castigo pode ser evitado, a aversão ou obstáculo nada tem a remover e assim, a ação permanece não realizada. Assim, se os castigos são necessários para fazer os homens examinarem imparcialmente e realmente adotarem, se os castigos não são impostos aos homens como alternativa entre sofrê-los ou se conformarem, é impossível que os homens que, sem castigos, não examinariam imparcialmente ou realmente adotariam a verdadeira religião fariam uma ou outra. Assim, lhe imploro que considere se os castigos, aplicados ao seu modo, são ou não impertinentes.

A necessidade de castigos é apenas onde haja alguma inclinação ou tendência num homem, onde quer que surja, que o impeça de fazer algo em seu poder, a que ele não possa ser levado sem as inconveniências de alguma aflição legal. A eficácia das penas está nisso, que a inconveniência a ser sofrida pelos castigos contrabalancem a tendência ou inclinação que conduz o homem ao outro caminho, e assim, remova o obstáculo, e a aplicação desse remédio está apenas em colocar o homem diante da escolha necessária para realizar a ação ou sofrer a pena. Assim, em qualquer caso se um homem não for colocado diante da necessidade, então as penas nunca deveriam ser aplicadas para obter essa ação, pois o obstáculo ou sua aversão nunca teria um remédio necessário.

Talvez o senhor diga que não é absolutamente impertinente porque pode possivelmente "prestar algum serviço indiretamente e à distância" e ser ocasião para alguns refletirem e adotarem. Se algo que por acaso pode contribuir para algum fim, pode ser usado de forma não impertinente como meio para esse fim, nada que conheço pode ser impertinente e uma penalidade de doze centavos por semana imposta por estar bêbado pode ser um meio pertinente para transformar homens em cartesianos e conformistas. Porque pode indiretamente e à distância prestar algum serviço, sendo uma ocasião para fazer alguns homens considerarem seu gasto de tempo. Onde ocorra que alguém queira se dedicar ao estudo da filosofia, onde possa encontrar argumentos próprios e justos para convencê-lo da verdade dessa filosofia, como outro, que se dedique ao estudo da divindade, possa considerar argumentos próprios e justos para torná-lo da religião nacional, na Inglaterra, Holanda e Dinamarca, que não era antes.

Assim e não de outra forma, doze centavos por semana ou outra penalidade, imposta pela não-conformidade, fazem os homens estudarem e adotarem a verdadeira religião e o que quer que o senhor fale sobre o serviço que presta, direto ou indireto, perto ou à distância, está claro que produza tal efeito e conduza a tal fim, meramente por acidente e, portanto, deve ser aceito como impertinente, se usado com esse propósito.

Mostrar-lhe-ei, a partir de sua própria posição, que é absolutamente impertinente seu modo de usar a força por questões religiosas, mesmo num país onde o magistrado é da verdadeira religião.

Aqui, na introdução, permita-me observar-lhe que o senhor confunde duas coisas muito diferentes, isto é, seu modo de aplicar a força e o fim ao que o senhor pretende usá-la. Isso, talvez, é o que contribui para produzir a confusão em seus olhos, que o faz sempre voltar ao mesmo lugar e repetir o mesmo erro grosseiro. Pois aqui o senhor diz: "a força, no seu modo de aplicá-la, isto é, para levar os homens a adotarem a verdade que pode salvá-los", mas senhor para levar os homens a adotarem a verdade, não é seu modo de aplicar força, mas o fim a que pretende que seja aplicada. Seu modo de punir os homens, como diz, moderadamente, por serem dissidentes da igreja nacional, esse é seu modo de usar a força. Agora, se nesse modo de usá-la, a força pode ser útil meramente por acaso, o senhor então aceitará, suponho, que ela é absolutamente impertinente. Pois o senhor diz: "se sendo útil por acaso, quero dizer só fazê-lo raramente e, a par da intenção do agente, o senhor me garante não ser isso que o senhor quer dizer que a força pode, indiretamente e à distância, prestar algum serviço". Pois nesse uso da força que o senhor defende, o efeito é buscado por quem o usa e pelo senhor, "que não duvida de que sua utilidade é tão esperada quanto abundantemente manifesta". Onde fica claro que essas duas marcas, onde o senhor distingue sua utilidade indireta e à distância da utilidade por acaso, é que se for por acidente só raramente é útil e pelo contrário, está além da intenção do agente, mas da sua.

Primeiro, em relação à intenção, o senhor nos diz, no uso da força que o senhor defende, "o efeito é visado por quem a usa", isto é, os que fazem leis para punir não-conformistas, designaram tais penas para fazer todos os homens sob tal poder "refletirem para se convencerem e adotarem as verdades que podem salvá-los". Se alguém perguntar como o senhor saberia ser essa a intenção deles, o senhor pode dizer, eles lhe disseram? Se não, então o senhor e eu conhecemos a possibilidade da intenção deles. Eles o disseram em suas leis? Nem mesmo isso. Os versados, então, na interpretação das leis, lhe dirão que nada se pode saber sobre a intenção dos legisladores em qualquer lei, quando a lei silencia. Assim, portanto, o senhor não pode saber se foi sua intenção se a lei nada disse. Qualquer que tenha sido a intenção dos legisladores anteriores, se o senhor tivesse lido com atenção o Ato sobre uniformidade de Carlos II, impresso antes do livro comum de oração, concluo que o senhor teria ficado mais satisfeito com a intenção dos legisladores sobre a lei. Pois eu penso que nada pode ser mais claro para alguém que olhar aquele estatuto, pois a única finalidade daquela lei era o que ele expressou nessas palavras: "E para que a uniformidade na adoração pública a Deus (que é tanto desejada) possa ser rapidamente realizada" que foi dirigida com tanta rapidez pois, se todos os interessados tivessem a oportunidade de obter e usar a então estabelecida liturgia, certamente eles não levariam tanto tempo para considerar séria e deliberadamente todas as suas partes antes do dia estabelecido para seu uso.

Mas o senhor acha que eles deveriam ter desejado e portanto o fizeram e eu penso que nunca deveriam ou poderiam fazer tais leis, com uma intenção tão impraticável. E, portanto, não o fizeram. Pois o seu, sendo um certo modo de conhecimento, se o senhor sabe desse modo, é possível que o senhor e eu ao mesmo tempo saibamos de coisas contrárias.

Mas o senhor sabe disso, com a fala deles: "tendo dado suficientes meios de instrução para todos sob seus cuidados, na verdadeira religião", desses meios suficientes, temos algo a dizer em outra passagem. As penas impostas expressamente por uma falta não têm evidência de terem sido designadas a corrigir outra, embora haja meios suficientes dados para corrigi-la, se os homens fizessem uso suficientes delas. A menos que essas duas faltas sejam tão ligadas que uma não pode ser corrigida sem a outra. Agora, se os homens não podem se conformar sem refletirem até se convencerem e adotarem a verdade que deve salvá-los, o senhor pode saber que as penas impostas à não-conformidade tiveram a intenção de fazer os homens refletirem, mas se os homens podem se conformar sem refletir, não se pode saber nem concluir que tais castigos foram impostos para fazê-los considerar, o que quer que tenha sido dado como meio de instrução.

Mas, o senhor dirá, é evidente que as penas sobre os não-conformistas tiveram a intenção de fazê-los usar esses meios de instrução, porque tinham a intenção de levar os homens à igreja, o lugar de instrução. Que tiveram a intenção de levar os homens à igreja, o local de pregação, isso eu garanto, mas se as penas foram-lhe impostas por não virem à igreja pode-se saber daí como designada para fazer os homens refletirem até se convencerem e adotarem a verdadeira religião, isso eu nego. E é completamente impossível que assim seja, se o que o senhor diz for verdade, onde nos diz que "os magistrados se preocupam com concordância ou conformidade, só como fruto de sua convicção". Se, portanto, os magistrados se preocupam com a conformidade dos homens, só como fruto de sua convicção e vir para a igreja for essa conformidade, vir à igreja não pode ser desejado como meio dessa convicção, a menos que se pretenda que eles estejam convencidos antes de se convencerem.

Mas para lhe mostrar que o senhor não pode pretender que as penas das leis por conformismo proceda de um cuidado com as almas de todos aqueles submetidos ao poder do magistrado e que pretende fazê-los considerar, em qualquer sentido, o senhor ou alguém pode saber ou supor que as penalidades, impostas pela lei sobre o não-conformismo, pretendem fazer todos os homens refletirem. Como se sabe que um grande número, sob o poder do magistrado estão dispensados e privilegiados com tais penalidades? Quantos há, omitindo os judeus, por exemplo, nos domínios do rei da Inglaterra, sob o cuidado e poder da igreja de Gales e da França, a quem a força nunca foi aplicada e que vivem seguros contra ela! Quantos pagãos há lá nas plantações, muitos dos quais nascidos nos seus domínios, de quem nunca se teve cuidado para levá-los à igreja ou no mínimo instruí-los na religião cristã! E ainda devemos acreditar, ou o senhor pode pretender que o uso da força pelo magistrado contra não-conformistas é para fazer todos os seus súditos refletirem "para se convencerem e adotarem a verdade que deve salvá-los?" Se o senhor diz, do seu modo o senhor não traduz qualquer indulgência: respondo, a questão não é a sua intenção, mas a do magistrado, embora seja bastante visível qual seja sua intenção sobre quem teria o desejo de reflexão ou conhecimento sobre os conformistas isentos da força.

Novamente, não se pode querer tais castigos para fazer os homens refletirem, impostos sobre quem já refletiu ou se supõe terem refletido, e o senhor garante que essas sejam penas impostas na Inglaterra sobre não-conformistas, a menos que o senhor negue que um não-conformista tenha refletido ou possa refletir até ser convencido, ou acreditar e adotar a verdade que pode salvá-lo. Assim o senhor não pode atribuir a intenção do magistrado onde sua lei nada diz e ainda menos afirma que a força tem a intenção de produzir certo efeito em todos os seus súditos, que não se aplica a todos eles e é aplicada a alguns que já alcançaram sua finalidade. A menos que o senhor tenha o privilégio de afirmar, contra qualquer aparência, o que quer que sirva à sua causa. Mas para aprender nisso alguma moderação, vou lhe enviar aos meus pagãos e islamitas. Pois quaisquer desejos caritativos que os magistrados possam ter às vezes em seus pensamentos, com que não concordo, ninguém pode dizer que, ao fazer as leis, ou no uso da força, de que falamos, eles pretendam fazer os homens refletirem e examinarem até "serem convencidos e sinceramente adotarem a verdade que pode salvá-los", mas somente aquele que se dá a liberdade de dizer qualquer coisa.

O serviço que a força presta, indiretamente e à distância, o senhor nos diz na página seguinte, é fazer as pessoas "se empenharem no uso dos meios e ajudas, próprios para fazê-los o que precisam fazer". No caso diante de nós, a que os homens estão designados? Santos crentes no Evangelho neste mundo, sem o que não haverá salvação ou visão de Deus no outro mundo. Vejamos agora, se a força, aplicada ao seu modo, pode ser útil a tal designio e assim pretendida com essa finalidade.

O senhor defende que todos os que estão fora da igreja nacional, onde a religião da igreja nacional seja a verdadeira, devam ser punidos e deve-se usar a força contra eles. E novamente o senhor garante que quem estiver na comunidade da igreja nacional não deve ser punido ou estar sob o rigor da força. De fato, ao seu modo, não poderão estar. Se então o efeito for prevalecer sobre os homens para refletirem como deveriam, eles podem se tornar aquilo para que estão designados. Como pode alguém pensar que o senhor e aqueles que usam a força pretendam, com seu uso, que os homens possam realmente ser cristãos, em persuasão e prática, sem o que não há salvação, se eles abandonam a força antes de atingirem esse efeito? Ou como eles podem imaginar que pretendam algo além do conformismo por seu uso da força, se abandonam seu uso, assim que os homens se conformam? A menos que o senhor diga que um conformismo externo à igreja nacional, cuja religião seja a verdadeira religião é o mesmo que adotar a verdade como suficiente para a salvação, ou que uma profissão externa à religião cristã seja o mesmo que ser um verdadeiro cristão. Isso provavelmente o senhor não poderá acompanhar, quando reúne o que encontra com os sermões e discursos impressos sobre o divino na igreja da Inglaterra, sobre a ignorância e irreligiosidade dos próprios conformistas. Pois as penas não podem ser pensadas por ninguém, além daquele que puder pensar contra o senso comum e o que lhe agrada, pretenda esse fim. Que por essa constituição e lei por onde elas são impostas, devem cessar perante a obtenção da finalidade. E o senhor dirá que todos os conformistas potenciais têm considerado tão bem que acreditam e sinceramente adotam as verdades do Evangelho que devem salvá-los. Quando talvez será percebido que grande número de conformistas não fazem muito para entendê-las? Mas sobre a ignorância e irreligiosidade que devem ser percebidas entre conformistas, que seu modo de falar me força a observar, em algumas passagens, deixe-me lhe dizer de uma vez por todas, não culpo o conformismo, mas seu uso da força para fazer os homens se conformarem. Pois qualquer que seja a religião, verdadeira ou falsa, é natural pela força e castigo aplicado, levar o irreligioso e os descuidados e despreocupados com a verdade, à adoção nacional, mas se for mais adequado para eles serem mantidos fora, ao invés de levados pela força à comunidade de alguma igreja e aceitos como seus membros, aqueles que tenham o devido cuidado e respeito pelos conformistas verdadeiramente religiosos e pios devem refletir melhor.

Mas além disso, se, como diz, a oposição à verdadeira religião está apenas nos caprichos dos homens, havendo luz e força o bastante, onde não houver aceitação, para prevalecer, a força será necessária apenas por essa questão. Não há nenhuma necessidade de usar a força sobre os homens. Somente até que se conformem e não mais, já que penso que o senhor não negará que a corrupção da natureza humana é tão grande em conformistas quanto em não-conformistas, nos adeptos quanto nos dissidentes da religião nacional. E, portanto, a força não era necessária antes como não o é ainda, agora que os homens são conformistas. A menos que o senhor diga que é pior para um homem ser adepto que um cristão de fato. E que a verdadeira religião, por sua própria luz e força possa, sem a ajuda da força, prevalecer sobre as corrupções humanas e a corrupção de sua natureza. Mas precisa da ajuda da força para torná-lo um conformista e um adepto externo. É muito pelo efeito desejado por quem a usa que o senhor defende o uso da força.

 O outro argumento que o senhor demonstra, da utilidade da força indireta e à distância, aplicada ao seu modo, não é por acaso seu freqüente sucesso, que eu penso não ser a verdadeira prova do que não é por acaso. Pois um efeito pode não ser por acaso, embora só se tenha produzido uma vez e é certamente por acidente na primeira vez como se fosse produzido mil vezes. Então, pela razão porque um fato não ocorreu por acaso, não é a freqüência do evento, mas de que depende a freqüência do evento, quando freqüente experimentos são feitos e é a eficácia própria, natural e direta da causa ou dos meios que produzem o efeito. Como na causa diante de nós, as penas são a causa ou os meios usados para produzir um fim. O efeito próprio e imediato das penas é produzir alguma dor e inconveniência e o efeito natural disso é fazer um homem, que naturalmente foge de qualquer dor ou inconveniência, se esforçar para evitar, assim funciona naturalmente e diretamente sobre a vontade do homem, propondo-lhe a inevitável escolha de fazer algo ou agüentar a dor e a inconveniência do castigo imposto à sua omissão. Quando a dor de empreender a ação sobrepesa na razão de quem está submetido à pena, a dor, imposta pela lei à omissão, opera sobre sua vontade naturalmente como doze quilos num lado da balança contra dez quilos no outro. A balança se inclina e abaixa este lado. E isto, por eficácia direta e natural, contra o que não há nenhuma chance.

 Vejamos como isso vai longe na sua utilidade indireta e à distância. No seu método, a ação que o senhor propõe é uma reflexão, ou um exame sério e imparcial sobre questões religiosas de que, o senhor nos diz, os homens, por sua grande negligência ou aversão, se afastam. Quais são, então, os meios adequados para produzir isso? "Castigos, sem os quais, o senhor nos diz, isso não será feito". Como isso se aplica ao seu método? O conformismo e a negligência e aversão dos homens ficam de um lado da balança e o castigo, somado à sua omissão ficam do outro lado. Nesse caso, se a inconveniência da pena sobrepesa a dor ou a aversão ao conformismo, isso produz o conformismo por uma eficácia direta e natural. Mas se produzir um exame sério e imparcial é meramente por acaso. Porque a inconveniência da pena não é imposta contra a aversão do homem ou a defesa de examinar imparcialmente, como contrapeso a ela, mas contra sua aversão e defesa contra o conformismo. Assim, o que quer que obtenha, indiretamente e à distância, é certamente fazer os homens examinarem séria e imparcialmente. Se isso ocorrer, é mais por acaso, como seria por acaso se um pedaço de chumbo em um lado da balança, como contrapeso a plumas colocadas no outro lado, movesse ou pesasse o ouro colocado num dos pratos de outra balança, que não tivesse nenhum contrapeso. A menos que o senhor diga haver uma ligação necessária entre o conformismo e um exame sério e imparcial.

Mas o senhor dirá, talvez que, embora não seja possível que as penas produziriam o exame a não ser por acaso, porque o exame não tem ligação necessária com o conformismo ou a adoção de qualquer religião, já que ainda haverá alguns que nada adotarão sem um exame sério e imparcial, as penas pelo não-conformismo produzirão a reflexão em todos eles, por uma eficácia direta e natural. A isso, respondo: se pudermos acreditar no que diz, esses são tão poucos que esse seu remédio que coloca nas mãos do magistrado para levar todos os seus súditos a refletir e examinar, só funcionará em uma parte por mil. Não, ele só funciona em alguém para fazê-lo examinar séria e imparcialmente, meramente por acaso. Pois se há homens que com exame leve e parcial que, por seus princípios, o senhor deve entender suficiente para produzir não-conformistas, um exame leve e parcial também servirá para torná-los conformistas. Assim, os castigos impostos a eles para produzir um exame sério e imparcial em tais homens, que podem adotar qualquer religião sem um exame sério e imparcial, também podem, também por acaso produzir o exame nos que, sem qualquer exame, podem adotar qualquer religião.

E nesses poucos que não adotam uma religião com um exame sério e imparcial é que os castigos podem ser úteis para levarem-nos à verdade que pode salvá-los, assim como ao conformismo, mas meramente por acaso, o que também é evidente. Porque esses, num país onde divirjam da religião nacional, já devem ter necessariamente examinado séria e imparcialmente, ou o senhor destrói a suposição em que esse argumento se fundou, isto é, que esses são homens que examinam séria e imparcialmente antes de escolherem. E se o senhor impõe ou mantém suas penalidades em homens que assim examinaram, está claro que o senhor as usa ao invés de razões e argumentos. Que em seu uso, o senhor confessa não terem eficácia adequada e, portanto, se tem alguma utilidade, é meramente por acaso.

Mas, vejamos agora o sucesso que o senhor alardeia e, pelo que nos diz, que não duvida que seja "respondido com tanta freqüência e tão abundantemente se manifesta sua utilidade". O senhor fala aqui como de algo experimentado e tão conhecido que não tem dúvida. Diga-nos, por favor, onde suas penalidades moderadas (pois as grandes o senhor reconhece inúteis e só fazendo o mal) foram usadas com tanto sucesso, para que também eliminemos nossa dúvida. Se o senhor não pode indicar tal lugar, não estaria indicando a experiência que não tem e mostrando uma vontade de não duvidar se não tem nenhuma certeza? Em todos os países onde qualquer força foi usada para levar os homens a adotar uma religião nacional e ao conformismo externo, não se deve duvidar que a força, unida à sua corrupção natural, levando-os ao caminho das promoções, da continência, do protecionismo, do conforto e da impunidade, facilmente levou os perdidos e descuidados em questões religiosas, que sempre foram a maioria. Mas serão esses com quem conta e usa como exemplos do que a força obteve para fazê-los refletir, estudar e adotar a verdadeira religião? As penas impostas sobre o não-conformismo o fazem "refletir para estudar, se convencerem e adotarem a verdadeira religião? Ou o senhor pode dar um exemplo de alguém em quem ela produziu esse efeito? Se o senhor não pode, o senhor terá razão para duvidar do que disse e não confiar tanto no efeito que considera tão freqüente. Não nego que Deus pode às vezes usar essas punições como oportunidades para os homens se tornarem mais sérios ao considerar a religião. Assim, eles podem ter vindo para a religião nacional sob convicção real. Mas acredito que os exemplos disso são tão poucos que o senhor terá razão para lembrar suas próprias palavras quando fala de coisas como "de qualquer modo, a qualquer momento, sobre qualquer pessoa, por acaso, pode ser útil para promover a verdadeira religião. Se os homens tiverem a oportunidade de aplicar tais coisas genericamente, quem não vê que, embora tivessem a chance de agir corretamente em alguns poucos casos, sobre toda a questão eles certamente fariam mais mal que bem". O senhor e eu conhecemos um país onde, não há muito tempo, foram usadas maiores brutalidades do que as que o senhor pretende aprovar. Se não fosse, por tudo isso, grande número de conversões não teriam ocorrido, quem, por sua regra, não aceitaria tentar suas moderadas penalidades sobre eles? E o senhor acha que menores graus de força funcionariam e prevaleceriam com freqüência, como diz, onde maiores não puderam? Mas talvez elas possam prevalecer para fazer retornar muitos daqueles que tendo sido levados à comunidade da igreja por leis penais anteriores, sob o relaxamento da lei a deixaram novamente. Não é uma demonstração manifesta que "sua aceitação foi fruto de sua convicção e que o magistrado tinha interesse em sua aceitação somente como fruto de sua convicção", quando eles, logo que o relaxamento dessas leis lhes retirou os castigos, deixaram novamente a comunidade da igreja nacional? Pois a diminuição do número de conformistas é, suponho, uma das coisas que o senhor diz "seus olhos só podem ver neste tempo" e que o senhor, com interesse, imputa ao último relaxamento uma clara evidência de como se pode presumir que, mesmo em sua própria opinião, os que se conformam o fazem por sua real convicção.

Para concluir, essas provas, embora eu não pretenda tê-las como boas, como os fatos admitirão, servirão na minha vez para mostrar que a força é impertinente, já que, por sua própria confissão não tem eficácia direta para convencer os homens e, por sua utilidade indireta e à distância não é separável do mero acaso, já que nem o senhor pode provar que pretendeu esse fim, nem teve freqüente sucesso, que são as duas marcas com que o senhor estabelece a diferença entre indireta e à distância e por acaso. Isto, digo, é suficiente para mostrar que o que disse o autor é verdade: que o uso da força é totalmente impertinente que, o que quer que outros façam, o senhor deve concordar por outra razão.

O senhor professa com a igreja da Inglaterra e, se posso adivinhar, está longe de ter subscrito os XXXIX Artigos. E se o tivesse feito e assinado o que subscreveu, necessariamente deveria aceitar que toda força, usada para levar os homens à verdadeira religião é "absolutamente impertinente"; pois então, deve ser absolutamente impertinente usá-la como meio que em nada contribui para a finalidade a que é usada. A finalidade aqui é tornar um homem um verdadeiro cristão, para que ele possa ser salvo. E ele é então, e só então, um verdadeiro cristão e estará no caminho da salvação quando acreditar e com sinceridade obedecer ao Evangelho. Pelo décimo terceiro artigo da igreja da Inglaterra, o senhor defende que "as obras realizadas antes da graça de Cristo e a "inspiração do Seu Espírito não agradam a Deus pois, "à medida que eles não disseminam a fé em Jesus Cristo, "nem fazem os homens se reunirem para receber graça ou, "como dizem os autores acadêmicos, merecem a graça da congruência, "ainda, por não terem feito como Deus "quis e os comandou a fazer, "não duvidamos que eles tenham a natureza do pecado". Agora, se for pertinente usar a força para fazer um homem fazer mais que pode e um homem nada pode fazer para obter graça, a menos que o pecado a obtenha e, sem a graça um homem não pode crer ou viver como bom cristão, é certamente totalmente impertinente usar a força para levar um homem a ser verdadeiramente um cristão. Ouvir e refletir está no poder dos homens, o senhor dirá e para isso, a força pode ser pertinente. Garanto fazer um homem ouvir, mas não fazê-lo refletir, no seu sentido que é, o senhor nos diz, "refletir para adotar". Se o senhor traduz por adotar algo além do conformismo e que, conforme seu artigo em nada contribui para obter a graça, porque sem a graça o que seu artigo diz é um pecado, e se conformar, e adotar externamente uma religião que um homem não entenda e acredite profundamente, cada um, penso, julga como pecado e um meio não adequado para obter a graça de Deus.

Mas o senhor nos diz que "Deus não nega Sua graça a quem a busca seriamente". Se assim for, acho que a força deveria, de modo mais adequado e pertinente ser usada para fazer os homens pedirem seriamente a graça de Deus. Mas como, lhe pergunto, isto se adequará ao seu décimo terceiro artigo? Pois, se o senhor entende seriamente como o que fará sua busca aceitável para Deus, isso não pode ser, porque se supõe que ele queira a graça que só por ela sua busca é aceitável e, se seu pedido tem a natureza do pecado, como no seu artigo o senhor duvida que tenha, o senhor pode esperar que o pecado obtenha a graça de Deus? Aqui, temos que o senhor, sem uma grande ajuda de boa distinção feita pelos autores acadêmicos, ser forçado a renunciar a seu artigo no seu claro sentido e assim se tornar um dissidente da igreja da Inglaterra ou ainda reconhecer a força como totalmente impertinente para a questão da verdadeira religião e salvação.

Outra razão que dei contra a utilidade da força em questões religiosas foi que: "porque os magistrados do mundo, estando poucos deles no caminho certo – nem um entre dez, de qualquer lado que o senhor esteja, talvez nem um entre cem sendo da verdadeira religião – provavelmente seu modo indireto de usar a força faria cem ou no mínimo dez vezes tanto mal quanto bem". Ao que o senhor responde que: "viria a propósito se o senhor afirmasse que cada magistrado pode usar a força, do seu modo indireto (ou de qualquer modo) para levar os homens à sua própria religião, qualquer que seja. Mas se o senhor não o afirma (que nenhum homem além de um ateu o afirmará) então isso está fora de questão". Penso ter provado que, se os magistrados da verdadeira religião podem usar a força para levar os homens à sua religião, cada magistrado pode usar a força para levar os homens à sua própria religião, quando pensa ser a verdadeira e então o senhor percebe onde o ateísmo vai chegar.

No parágrafo seguinte, tendo citado essas minhas palavras, onde digo: "com outro objetivo, o senhor coloca nas mãos do magistrado força bastante para levá-los à religião dele, como qualquer dos perseguidores mais abertos pode pretendê-lo. Pergunto qual a diferença entre puni-los para levá-los à missa e puni-los para fazê-los refletir sobre razões e argumentos próprios e suficientes para convencê-los que deveriam ir à missa?" O senhor responde: "uma questão que o senhor então se obriga a responder, quando produzi tais razões e argumentos, próprios e suficientes para convencer os homens de que devem ir à missa". Mas se o senhor não omitiu as três ou quatro linhas imediatamente precedentes (uma arte para servir a uma boa causa, que me lembra meus pagãos e islamitas), o leitor teria visto que sua resposta nada tem a ver com meu argumento. Minhas palavras foram:

"Especialmente, se o senhor considerar que, como o magistrado certamente a usará [a força] para forçar os homens a ouvir os ministros próprios de sua religião, seja qual for, então o senhor não estabeleceu nem tempo nem limites a essa reflexão sobre argumentos e razões visando ser convencido, o senhor por outro, etc.". Meu argumento é para mostrar por qual vantagem a força, aplicada ao seu modo, pode ter para a verdadeira religião, já que coloca muita força nas mãos do magistrado, como os perseguidores mais abertos podem pretender, que também os magistrados com persuasões erradas podem e usarão a força, assim como os da verdadeira. Porque seu modo não estabelece outros limites a considerar, antes de aceitar. Então, pergunto: "qual é a diferença entre punir o senhor para levá-lo à missa, ou puni-lo para refletir sobre razões e argumentos próprios e suficientes para convencê-lo de que deve ir para a missa?" Ao que o senhor responde que "é uma questão que o senhor se obriga a responder, quando produzi razões e argumentos próprios e suficientes para convencer os homens que devem ir para a missa". Enquanto a objeção é a mesma, havendo ou não razões e argumentos próprios para convencer os homens de que eles devam ir à missa. Pois os homens devem ser punidos até que tenham considerado para concordarem. E qual a diferença entre punir os homens para levá-los à missa e puni-los para fazê-los refletir para irem para a missa? Mas embora eu não pretenda produzir razões e argumentos próprios e suficientes para convencê-lo ou a todos os homens, de que devam ir para a missa, o senhor ainda pensa não haver nada próprio e suficiente para convencer a qualquer homem? E que todos os papistas do mundo vão à missa sem acreditar em seu dever? E quem acredite ser seu dever, faça sob razões e argumentos próprio para convencê-lo disso (embora talvez não convencer a outro), ou ainda, imagino que ele nunca teria crido. O que o senhor pensa do grande número de japoneses que resistiram a toda sorte de tormentos, até mesmo à morte, pela própria religião romana? E se o senhor tivesse ido à França há alguns anos e então saberia se os argumentos que o rei da França produziu eram próprios e suficientes para convencê-lo de que deveria ir à missa? Não acho que por isso o senhor confia menos na verdade da religião que o senhor professa. Mas os argumentos, estabelecidos pela força, têm uma estranha eficácia sobre a fragilidade humana e deve estar certo de sua própria força quem afirma peremptoriamente ter se mantido firme onde mais de um milhão de pessoas afundaram, entre os quais, se pode dizer com grande confiança que não houve ninguém tão bem persuadido da verdade de sua religião, como o senhor é da sua, embora alguns deles tenham dado grande prova de sua persuasão por seu sofrimento por ela. Mas o que o método necessário da força deve poder fazer para levar alguém, no seu sentido, a qualquer religião, isto é, à sua adoção externa, quem pensa estar seguro contra, deve ter maior segurança pessoal que a fraqueza da natureza decaída e depravada também permitirá. Se o senhor tem alguma arma contra a força dos argumentos, dirigidas com penalidades e punições, o senhor fará bem em ensiná-la ao mundo, pois este é o azar das pessoas de bom senso serem muitas vezes mal conduzidas por eles. E mesmo os autoconfiantes não raro caíram diante deles e traíram suas fraquezas.

Quando solicitei para o senhor traduzir "razões e argumentos próprios e suficientes para convencer os homens da verdade", por que o senhor não disse isso? O senhor respondeu: "Se fosse possível a qualquer homem que leia sua resposta pensar de outra forma". Quem ler essa passagem, possivelmente não possa pensar que o senhor queria falar e possivelmente o senhor encontrou alguma dificuldade em acrescentar algo às suas palavras (quais sejam: "a força usada para levar os homens a refletir sobre razões e argumentos próprios e suficientes para convencê-los") que possam determinar seu significado. Pois se o senhor dissesse convencê-los da verdade, então o magistrado deveria ter leis e usar a força para fazer os homens procurarem a verdade em geral, o que não serviria à sua finalidade. Se o senhor tivesse dito: convencê-los da verdade da religião do magistrado, isso teria também expressamente colocado o poder nas mãos do magistrado que, o senhor nos diz "só um ateu o dirá". Se o senhor tivesse dito, para convencê-los da verdade de sua religião isto soaria ridículo demais para ser aceito, embora fosse o que o senhor queria dizer. E, portanto, nesse resumo, onde nada que o senhor dissesse serviria à sua finalidade, o senhor sabiamente escolheu deixar imperfeito o significado e não determinou nada de que eles devam ser convencidos. Mas deixe que seu leitor perceba isso pelo seu discurso, ao invés de acrescentar três palavras para melhorar a gramática e seu sentido inteligível.

Quando digo que: "se você pretende que haja argumentos para convencer os homens da verdade, nesse caso isso lhe prestaria algum serviço, pois a missa na França é tão aceita como verdade como a liturgia aqui". A isto você responde: "parece que, em minha opinião, o que se supõe verdade, é verdade, pois de outro modo minha razão serve a nada". Se, na minha opinião, a suposição da verdade autoriza o magistrado a usar o mesmo meio para levar os homens a ela, como se fosse verdade, meu argumento se manterá bom, sem tomar tudo como verdadeiro o que alguns supõem verdadeiro. Conforme essa sua resposta, supor ou crer que sua religião é verdadeira, não basta para autorizar o magistrado a usar a força. Ele deve saber, isto é, estar infalivelmente certo, que a sua é a verdadeira religião. Suponhamos uma vez que você seja nosso magistrado, com a força promovendo a religião nacional. Não lhe perguntarei se sabe se tudo que é exigido dos conformistas é necessário à salvação, mas suporei um dos meus pagãos perguntando-lhe se você sabe que o Cristianismo é a verdadeira religião. Se você responde sim, ele lhe perguntará como você sabe disso? E sem dúvida você lhe dará a resposta que nosso Salvador provou sua missão, conforme João, capítulo V, versículo 36: "Mas eu tenho maior testemunho do que o de João; porque as obras que o Pai me confiou para que eu as realizasse, essas que eu faço testemunham a meu respeito de que o Pai me enviou". Os milagres que Cristo fez são prova d'Ele ter sido enviado por Deus, assim, sua religião é a verdadeira religião. Mas então ele lhe perguntará novamente se você sabe que Ele fez esses milagres, assim como os que os viram serem feitos? Se você responder sim, está claro que os milagres ainda não ocorreram, mas ainda acompanham a religião cristã com toda a eficácia e evidência que tinham sob testemunho ocular, então, pelo seu fundamento, não haverá necessidade da ajuda do magistrado. Os milagres ainda suprem seu desejo. Se você responde, que se os fatos ocorrerem fora da sua vista, longe em tempo e lugar, você não pode saber com a mesma certeza que se fosse testemunha ocular, mas que por bons fundamentos, você firmemente acredita neles, tendo por isso crido que a sua é a verdadeira religião e se isso for suficiente para autorizá-lo a usar a força, isso autorizará outro magistrado de outra religião a também usar a força. Pois quem acredita em algo, o toma como verdadeiro e à medida que ele pensa estar bem embasado. E os que crêem com bases fracas tem a mais forte confiança. Assim, todos os magistrados que acreditam ser sua religião verdadeira serão obrigados a usar a força para promovê-la, como se fosse verdadeira.

Quando falo que a utilidade da força aplicada ao seu modo chega a nada além de que não é impossível que possa ser útil, você responde: "deixo que seja julgado pelo que já foi dito" e deixo que você julgue, mas para que não esqueça, eu o lembrarei em resumo algumas das razões: 1. Você garante que a força não tem eficácia direta para levar os homens a adotarem a verdade. 2. Você distingue a utilidade indireta e à distância de sua força, da utilidade meramente por acaso, por essas duas marcas: primeira: que a punição dos dissidentes pelo não-conformismo é, pelos que a usam, fazer os homens refletirem e, segundo: que suas punições moderadas, por experiência, tem bom resultado e, se você não tem nenhuma dessas provas, deve-se concluir ser útil apenas por acaso e essa utilidade, como eu disse, "não se pode negar à confissão auricular, fazer penitência, fazer peregrinação aos santos e o que não? Nossa igreja não acha justo usá-las, embora não se possa negar que possam ter alguma utilidade indireta e à distância, que talvez possa ser útil indiretamente e ao acaso". Se a intenção dos que a usam e o sucesso que relatarem sobre seu uso, for uma prova de sua utilidade maior do que o acaso, não se pode negar a eles mais que aos castigos, aplicados do seu modo. A isso, me permita acrescentar que a facilidade e dificuldade que há para se identificar o nível justo de força que, por sua hipótese, não pode ser tanto para causar dano nem tão pouco para ser ineficaz – pois você não pode determiná-lo – torna sua utilidade ainda mais incerta e casual. E enfim, que sua eficácia para funcionar sobre a mente humana, seja qual for, grande ou pequena, possa com certeza em dez ou possivelmente cem vezes conduzir os homens a erro, pois uma vez usada para levar os homens à verdade, e onde houver chance de ser usada do lado da verdade, possa tornar centenas ou talvez milhares de conformistas externos, com uma verdadeira e sincera conversão. Deixo que seja julgado qual sua utilidade.

Para mostrar a utilidade da força, no seu modo de aplicá-la, eu disse: "onde a lei pune dissidentes sem lhes dizer que é para fazê-los refletir, eles podem por ignorância e visão superficial negligenciá-la". Sua resposta é: "mas quando a lei provê meio suficiente de instrução para todos, assim como punição para dissidentes, fica claro a todos os interessados que a punição visa fazê-los considerar que você não vê perigo na negligência humana, através da ignorância ou visão superficial". Espero que você queira dizer por reflexão não apenas adotar externamente, pois então tudo que diz será uma pobre falácia, pois tal reflexão não leva a nada além de um conformismo externo. Mas, considerar, estudar e examinar questões religiosas seja realmente adotar aquilo que se convenceu como verdade, com fé e obediência. Se for tão claro e fácil entender que uma lei que nada explica sobre isso, visa fazer os homens refletirem, buscarem e estudarem para descobrirem a verdade que os salvará. Espero que você tenha nos mostrado essa clareza. Pois confesso que muitos dos graus sobre os quais perguntei propositalmente, não alcançam, nem em sonho, que o ato de uniformidade ou contra reuniões, ou os castigos em ambos, visaram fazer os homens estudarem seriamente religião e se concentrarem em descobrir a verdade que deve salvá-los, mas meramente fazê-los se conformarem. Mas talvez você possa ter se encontrado com artesãos e fazendeiros, domésticos e diaristas com entendimento mais rápido e raciocinando melhor sobre a intenção da lei, por estarem, assim como outros, interessados. Se não, deve-se temer o que diz: "está claro que você não ver perigo na negligência humana, através da ignorância e visão superficial" é mais para servir ao seu propósito que pela sua experiência adquirida.

Quando você questionar esse assunto, imagino que considerará as pessoas tão ignorantes por entre a grande clareza com que fala que nem um de vinte de qualquer grau, entre os conformistas e não-conformistas nunca entenderam a pena de doze centavos por domingo, ou outra de nossas penas legais contra o não-conformismo visando os homens estudarem a verdadeira religião e imparcialmente examinarem o que for necessário à salvação. E se você tomar a decisão de Hudibras, acredito que ganharíamos um bom salário com isso, se conseguirmos um guinéu por cada um que assim pensar e só receber um centavo por cada um que não pensar assim. De fato você não diz se está claro em qualquer lugar ou apenas "onde a lei provê meios suficientes de instrução para todos, assim como castigos aos dissidentes". Daí, penso, concluir que isso em nada contribui para tornar claro ou ainda, que a lei não proviu meios suficientes de instrução na Inglaterra, onde tão poucos consideram isso tão claro. Se, por essa provisão suficiente de meios de instrução para todos, você quer dizer pessoas mantidas às custas do público para pregar e oficiar no exercício público da religião nacional. Suponho que você não precisaria dessa restrição, havendo poucos lugares que tenham uma religião nacional estabelecida, onde não haja provimento de tais meios de instrução. Se você visa outros meios de instrução, não conheço nenhum que seja fornecido na Inglaterra além dos XXXIX Artigos, a liturgia e as Escrituras. E seria bom que você mostrasse como cada um deles individualmente ou em conjunto, com um clero nacional, torna claro que as penas impostas sobre o não-conformismo visam fazer os homens refletirem, estudarem e imparcialmente examinarem questões religiosas. Pois os magistrados normalmente sabem (e portanto assim fazem suas leis) que as pessoas raramente levam suas interpretações ou prática além do que a carta expressa ou a lei exige delas. Também seria bom que você mostrasse que uma provisão suficiente de meios de instrução deve ser entendida exigindo seu efetivo uso, sobre cuja lei que produz tal provisão nada diz, mas, ao contrário, se contenta com algo mais resumido: pois o conformismo ou a vinda à igreja está no mínimo longe de refletir, estudar e imparcialmente examinar questões religiosas, assim como adotar a verdade sob convicção e com coração obediente, como estar presente num discurso sobre matemática para se tornar um conhecido matemático são diferentes um do outro.

As pessoas geralmente pensam terem cumprido plenamente seus deveres se vierem à igreja, se pensarem em qualquer coisa ocorrida por lá. A isso chamam servir a Deus, como se tivessem cumprido toda a tarefa. No fundo querem entender mais, embora esteja claro que a lei de Deus requer expressamente mais. Mas que eles tenham satisfeito completamente a lei da terra, ninguém duvida, nem é fácil responder ao que me foi replicado nessa ocasião, isto é, se o magistrado visava algo em suas leis além do conformismo, ele não o diria? Ao que me permita acrescentar, se o magistrado visava o conformismo como fruto da convicção, ele não teria o cuidado de instruí-los antes de se conformarem e examinarem quando o fizessem? Mas se presume que sua ignorância, corrupção e caprichos, tudo caiu no pórtico da igreja e eles se tornaram perfeitamente bons cristãos logo que tomaram seus assentos na igreja.

Se houver alguém que seu exemplo ou escritos o tenham inspirado com bastante agudeza para descobrir isso, suspeito que o vulgo, com pouco tempo e pensamento suficiente para fazer inferências da lei, com um entre dez deles que possa ler ou talvez entender quando lê, ainda sejam e serão ignorantes da lei. E os que tenham tempo e habilidades para questioná-la, encontrarão razão para pensar que esses castigos não visavam fazer os homens examinarem a doutrina e cerimônias da religião, já que os que examinariam são proibidos por tais leis de seguir seus próprios julgamentos (que é o verdadeiro fim e utilidade do exame) se eles de todo divergissem da religião estabelecida por lei. Nem pode parecer "claro a todos os interessados que o castigo visa fazê-los considerar e examinar", quando vêem o castigo que você diz visar fazer as pessoas refletirem e examinarem questões religiosas tão pouco quanto os dissidentes mais ignorantes e descuidados.

Quando digo: "alguns dissidentes podem já ter considerado e então a força usada contra eles deve ser inútil, a menos que você entenda útil punir um homem para fazer o que já fez", a isso você responde: "nenhum homem que rejeite a verdade necessária à sua salvação já refletiu como deveria". As palavras "como deveria" não estão, como as tomo, em questão; assim, respondo: "nenhum homem que rejeite a verdade necessária à sua salvação refletiu, estudou ou examinou questões religiosas". Mas deixaremos assim e ainda, com essa aceitação, sua resposta nada terá a ver com o propósito, a menos que você ouse dizer que todos os dissidentes rejeitem a verdade necessária à salvação. Pois sem a suposição que todos os dissidentes rejeitam a verdade necessária à salvação, o argumento e resposta ainda ficarão assim: pode ser inútil punir todos os dissidentes para fazê-los refletir, porque alguns deles já podem ter refletido. Ao que a resposta é: sim, alguns já podem ter refletido, mas os que rejeitam a verdade necessária à sua salvação não refletiram como deveriam.

Eu disse: "a maior parte da humanidade não tendo habilidade para discernir entre a verdade e a falsidade que depende de longas e muitas provas e remotas conseqüências, não tendo bastante habilidade para descobrir falsos fundamentos e resistir a argumentos capciosos e falaciosos de homens cultos versados em controvérsias, estão muito mais expostos, pela força usada para fazê-los ouvir a informação e instrução dos homens indicados para isso pelo magistrado, ou os de sua religião, a serem conduzidos à falsidade e erro, do que poderiam por esse modo de serem levados a adotar a verdade que deve salvá-los, por tantos das religiões nacionais do mundo que são, fora de comparação, em sua maioria falsos ou errados, do que os que têm Deus como seu autor e a verdade como seu padrão". Você responde: "se a primeira parte disso for verdade, então um guia infalível e uma fé implícita são mais necessários do que você jamais pensou sobre eles". Se você concluir disso ou não, que haverá necessidade de um guia infalível e uma fé implícita, é verdade que a maior parte dos homens são inaptos para discernir, como eu disse, entre a verdade e a falsidade, dependentes de longas e muitas provas, etc. Mas se isso implica ou não na necessidade de um guia infalível, a imposição de questões religiosas certamente implica. Já que não existe nada mais absurdo imaginável que um homem assuma impor a outros questões de seu eterno interesse sem ser, ou apenas pretendendo ser infalível, colorindo isso com o nome de reflexão, como lhe agrada, enquanto fazer os homens refletirem como deveriam e, refletir como deveriam ser o mesmo que refletir para adotar. O uso da força para fazer os homens refletirem e o uso da força para fazê-los adotar uma doutrina ou opinião é a mesma coisa. E para mostrar a diferença entre impor uma opinião e usar a força para fazê-la ser adotada requereria tal sutileza, como ouvi de um homem culto fora do púlpito, que nos disse que, embora duas coisas, ele citou, fossem a mesma, por diferenciação ele as dividiria. Sua razão para a necessidade de um guia infalível é: "pois se a grande maioria da humanidade não está apta a discernir entre a verdade e a falsidade em questões concernentes à sua salvação (que devo citar se falo a propósito) sua condição deve ser de risco, se eles não tiverem um guia ou juiz, a cuja determinação e direção eles devem certamente se submeter". E, portanto, eles devem se submeter à determinação e direção do magistrado civil, ou serem punidos. Aqui parece que novamente você terá algo a dizer à minha modéstia e consciência, por imputar-lhe o que diz. Garanto com palavras diretas e com efeito, como claramente pode ser. O magistrado pode impor credos impactantes e cerimônias decentes, isto é, as que julga adequados, e se ele julga o que é impactante e decente, ele não vai além do que ele julga adequado e, se não for o que ele pensa ser adequado, por que uma cerimônia é preferida à outra? Por que uma doutrina das Escrituras é colocada no credo e em artigos e outra tão impactante quanto é deixada de lado? Elas são verdades necessárias à salvação. Veremos isso a tempo. Aqui só pergunto: o magistrado só acredita nelas como verdades e cerimônias necessárias à salvação, ou ele certamente as conhece como verdades? Se você diz que ele apenas acredita serem e que isso é bastante para autorizá-lo a impô-las, você, por sua própria confissão, autoriza os magistrados a imporem o que pensam ser necessário à salvação das almas dos seus súditos. E assim, o rei da França fez o que era obrigado, quando disse que teria todos os seus súditos salvos e assim cedeu à violência.

Se você diz que o magistrado certamente as conhece como necessárias à salvação, por sorte teremos um guia infalível. Bem, então o credo enfático está acordado. A confissão e a liturgia estão estruturadas, as cerimônias determinadas e os termos da comunhão assim estabelecidos. Você tem uma religião estabelecida por lei. Agora, o que os súditos devem fazer? Ele deve se conformar. Não, ele primeiro deve refletir. Quem o obriga? Ninguém. Ele pode, se lhe agrada. Mas a lei nada lhe diz sobre isso. Refletir ou não refletir, se ele se conformar, está bem e é aprovado e admitido. Ele reflete o melhor que pode, mas encontra algumas coisas que não entende e outras em que não acredita, aceita ou consente. O que então deve ser feito com ele? Ele deve ser punido por isso ou se submeter à determinação e direção do magistrado civil para o que, até que você ache um nome melhor para isso, chamaremos de fé implícita. E assim, você proviu um remédio para a arriscada condição de fraca compreensão do que, o que quer que você suponha necessário no caso, isto é, um guia infalível e fé implícita, em questões concernentes à salvação humana.

Mas você diz: "da sua parte, você não conhece nenhum guia indicado por Deus". Se for essa sua regra, o magistrado com seu poder coercitivo também será deixado de fora. Você pensa não haver necessidade disso, porque, não obstante as longas e muitas provas e remotas conseqüências. Os falsos fundamentos dos homens cultos versados em controvérsias "com os quais eu (assim como os da comunidade romana) me esforço para lhe distrair. Através da bondade de Deus, a verdade necessária à salvação fica tão óbvia e exposta a todos que sinceramente e diligentemente a buscam, que ninguém deixará de atender a seu conhecimento". Esta é então sua resposta: que "as verdades necessárias à salvação são óbvias". Assim, os que as buscam sinceramente e diligentemente não têm o risco de serem mal conduzidos ou expostos ao erro, pela fraqueza de sua compreensão. Esta será uma boa resposta ao que eu objetei sobre o risco que muitos correm de serem conduzidos ao erro, pelo acréscimo de força pelo magistrado aos argumentos sobre suas religiões nacionais estabelecidas por lei, quando você mostrou que nada deve ser imposto nas religiões nacionais, além do que for necessário à salvação ou o que acomodará melhor sua resposta, quando você puder mostrar que nada é imposto ou exigido para a comunhão com a igreja da Inglaterra, além do que for necessário à salvação e conseqüentemente é muito fácil e óbvio se conhecer e distinguir da falsidade. E de fato, além do que você disse aqui, sob sua hipótese, que a força é legal só porque é necessária para levar os homens à salvação, não pode ser legal usá-la para levar os homens a qualquer outra coisa que não seja absolutamente necessária à salvação. Pois se a legalidade da força for apenas pela necessidade dos homens para levá-los à salvação, não pode ser legalmente usada para levar os homens à salvação, não pode legalmente ser usada para levar os homens ao que eles não precisam ou não seja necessário à sua salvação, pois em tal aplicação, ela não é necessária à sua salvação. Você pode, portanto dizer que não se exige que nada seja crido e professado na igreja da Inglaterra, além do que está "tão óbvio e exposto a todos que sinceramente e diligentemente o buscam, que ninguém falharia de atender ao seu conhecimento?" O que você acha do credo de Atanásio? Seu sentido é tão óbvio e exposto a quem o busca, que tantos homens cultos o explicaram de modos diferentes e que grande número professa o que não pode entender? Ou ele é tão necessário à sua ou minha salvação que você ou eu deveríamos crer e pronunciar a todos os condenados que não acreditam nesse credo, isto é, cada uma de suas proposições? Temo que isso se estenda a não poucas igrejas da Inglaterra, a menos que pensemos que as pessoas acreditem, isto é, aceitem a verdade das proposições que eles de todo não entendem. Se você conhecesse um pároco rural, você deve ter uma opinião estranha dele, se você imaginar todos os lavradores e leiteiros na igreja entendendo o Credo de Atanásio. É mais, verdadeiramente, do que eu poderia pensar sobre qualquer deles. E eu ainda não posso pensar em ser autorizado a julgar ou declarar a todos como condenados. É muito eficaz entrincheirar-se na prerrogativa do Todo Poderoso. Frente ao Mestre, eles permanecem ou caem.

A doutrina do pecado original é a que é professada e deve ser aceita pelos membros da igreja da Inglaterra, como é evidente nos XXXIX Artigos e várias passagens da liturgia e ainda lhe pergunto se isso é "tão óbvio e exposto a todos que diligentemente e sinceramente buscam a verdade", que alguém que esteja na comunhão da igreja da Inglaterra e sinceramente busca a verdade, não possa trazer para si mesmo dificuldades sobre a doutrina do pecado original que possa perturbá-lo, embora seja um homem de estudo, e se ele não pode levar tão longe seu questionamento, a ponto de hesitar sua opinião?

Se você me garante isso, como posso imaginar que o fará, então questiono se não é verdade, não obstante o que você diz sobre a clareza e obviedade das verdades necessárias à salvação, que uma grande parte da humanidade não está apta a discernir entre verdade e falsidade, em vários pontos, consideradas de interesse para sua salvação, tornadas partes necessárias da religião nacional?

Se você diz que assim pode ser, então nada mais tenho a questionar, mas apenas o avisarei para não ser tão severo em sua censura ao Sr. Reynolds, como quando me diz que "o famoso exemplo que dou sobre os dois Reynolds não é nunca para provar o contrário, a menos que eu possa entender que quem erra era sincero em seu questionamento pela verdade como o supus apto a examinar e julgar".

Você será, suponho, mais caritativo novamente, quando considerar que nem a sinceridade nem a liberdade do erro, mesmo nas doutrinas estabelecidas de sua própria igreja, é privilégio dos que se reúnem numa profissão externa a uma igreja nacional qualquer. E não é impossível que alguém que adotou os XXXIX Artigos, ainda possa perguntar "se se pode dizer verdadeiramente que Deus imputou o primeiro pecado de Adão à sua posteridade?", etc.. Mas estamos tão aptos a defender nossas opiniões e quase infalibilidade que não aceitaremos que eles sejam sinceros ao deixar nossa comunhão, enquanto, ao mesmo tempo, dizemos ao mundo ser presumível que todos que a adotam o fazem sinceramente e sob convicção, embora saibamos que muitos deles sejam pessoas perdidas, desconsideradas, e ignorantes. Essa é toda a razão que você tem, quando fala dos Reynolds, para suspeitar mais de um irmão que de outro; e pensar que o senhor Chillingworth não é tão sincero quando deixou, assim como quando voltou à igreja da Inglaterra é uma parcialidade nada justificável sem pretensões à infalibilidade.

Para mostrar que você não alardeia sua força como útil, mas que "julga sob fundamentos justos e suficientes, você nos diz que a forte probabilidade do seu sucesso é baseada na consideração sobre a natureza humana e o temperamento geral da humanidade, apta a ser submetida pelo método de que fala e pelo indiscutível atestado de experiência". A consideração sobre a natureza humana e o temperamento geral da humanidade ensinará isso a alguém: que os homens são aptos em coisas sob seu poder, a serem submetidos pela força e serem mais submetidos, quanto maior for a força e os castigos. Assim, onde castigos moderados não funcionarem, maiores rigores funcionarão. Considerar a natureza humana, se houver um fundamento justo para julgar útil qualquer força lhe atribuirá, em seu julgamento, rigores além das penas moderadas tantas vezes mencionadas em seu sistema, sob forte probabilidade do sucesso de maiores punições, onde menos não prevaleçam.

Mas para considerar como você requer, que adotar e acreditar não está em seu poder, então qualquer força, grande ou pequena, é ou pode ser útil. Você deve, portanto, (considere de que forma) renunciar a qualquer força como útil ou retire sua máscara e aceite todas as rigores dos perseguidores mais cruéis.

A outra razão para você julgar a força como útil, você diz, é baseada na indiscutível comprovação da experiência. Por favor, diga-nos onde obteve tal comprovação de experiência para sua força moderada, a única com utilidade. Indique o país onde a verdadeira religião ou o nítido Cristianismo foi recebido nacionalmente e estabelecido por leis penais moderadas, que os observadores que você consulta podem saber onde empregar sua observação. Diga-nos por quanto tempo isso foi tentado e qual seu sucesso? E onde houve relaxamento dessas leis penais moderadas, os frutos continuaram a ser epicurismo e ateísmo? Até que o faça, temo que todo mundo pensará haver uma comprovação indiscutível de experiência para o sucesso da perseguição e os rigores que você condena do que do seu método moderado. Isso nós compararemos com o rei da França e veremos o que tem mais sucesso para fazer prosélitos à conformidade com a igreja (pois o seu método e o dele não vão além disso), quando você produz seus exemplos: uma fala confiante, boa para conter uma causa, embora a experiência nada tenha a ver com o caso.

Mas você diz "apelar a todas as pessoas observadoras se onde a verdadeira religião ou enfático Cristianismo tem sido nacionalmente recebido e estabelecido por leis penais moderadas, não tem sempre visivelmente perdido terreno com o relaxamento de tais leis?" Religiões verdadeiras ou falsas, Cristianismo enfático ou não, se estabelecido em religiões nacionais por leis penais, sempre têm perdido e sempre perderão terreno, isto é, têm perdido vários dos seus adeptos conformistas, com o relaxamento de tais leis. Mas isso não interessa à verdadeira, mais do que a outras religiões, nem a prejudica, mas só mostra que muitos, pelas penas da lei, são mantidos na comunhão da igreja nacional, que não estão realmente convencidos ou persuadidos e, portanto, logo que a liberdade é dada eles retomam a não aceitação que muitos tinham anteriormente e, fora da persuasão, curiosidade, etc. buscam e se engajam em alguma outra confissão. Isso não deve espantar os magistrados de qualquer religião, menos ainda os da religião verdadeira, se eles tiverem a certeza de manter os que, mais vinculados ao interesse secular que à verdade religiosa, que são o maior número em todo lugar, pelas vantagens da continência e preferência. E se for da verdadeira religião, eles manterão os que sejam sinceros sobre isso, pelo forte laço da consciência e convicção.

Você continua: "se as seitas e heresias (mesmo a mais selvagem e absurda e mesmo o Epicurismo e ateísmo) não têm continuamente se disseminado e se a verdadeira vida do Cristianismo não decaiu sensivelmente, assim como o número dos seus adeptos tem diminuído?" Como o ateísmo e o Epicurismo, se eles se disseminaram mais sob tolerância ou pelas religiões nacionais estabelecidas por leis penais moderadas, quando você nos mostrar os países onde um julgamento justo foi feito de ambos, podem compará-los em conjunto, poderemos julgar melhor.

"A disseminação do Epicurismo e ateísmo", você diz, "é encontrada constantemente com o relaxamento das leis penais moderadas". Suponhamos sua história cheia de exemplos de tais relaxamentos, que você, em tempo hábil comunicará ao mundo, que pede a assistência de sua observação. Mas se isso fosse justificado fora da história, ainda não haveria qualquer argumento contra a tolerância, a menos que sua história possa fornecer um novo tipo de religião fundada no ateísmo. No entanto, você faz bem de atribuir a disseminação do ateísmo à tolerância em questões religiosas, como um argumento contra os que negam ao ateísmo, que anula qualquer religião, o direito a qualquer tolerância. Mas talvez, como é normal para os que pensam que todo mundo deveria ver com seus próprios olhos e receber seus sistemas por inquestionáveis verdades, o zelo pelo seu próprio modo faz você chamar de ateísmo tudo que discorda dele. O que me faz duvidar disso são as seguintes palavras: "Não falar do que a essa altura nossos olhos podem ver, por medo de ofender, embora espero que nada seja para alguém que tenha interesse justo pela verdade e piedade, para observar os livros e panfletos que agora parecem tão volumosos no seu reino, tendendo expressamente à multiplicação de seitas e divisões e mesmo à promoção do ceticismo na religião entre nós. Até que ponto, o senhor diz, o senhor precisará do meu perdão, se reconhece a Primeira e Segunda Cartas sobre Tolerância". Onde, por uma ampla insinuação, o senhor atribui a disseminação do ateísmo entre nós ao atual relaxamento feito em favor dos dissidentes protestantes e ainda, tudo que o senhor pode observar como prova disso é: "os livros e panfletos que agora parecem tão volumosos no seu reino, tendendo expressamente à multiplicação de seitas e divisões e mesmo à promoção do ceticismo na religião entre nós" e, por exemplo, você indica a Primeira e Segunda Cartas sobre Tolerância. Se alguém puder adivinhar sobre outros com isso, o ateísmo e o ceticismo de que o senhor os acusa será pouco mais que uma oposição à sua hipótese. À qual toda a questão religiosa deve se voltar, que mesmo não concordando com seu sistema deve-se atualmente, por interpretação, concluir que tende a promover o ateísmo ou ceticismo na religião. Pois eu o desafio a mostrar, em cada uma das duas cartas que o senhor menciona, uma palavra que tenda ao Epicurismo, ateísmo ou ceticismo em religião.

Mas, senhor, em relação à próxima vez que o senhor observar os livros e panfletos que tendam a promover o ceticismo religioso entre nós, lembro-lhe da Terceira Carta sobre Tolerância, a ser acrescentada ao catálogo que afirmando e argumentando que: "a verdadeira religião deve ser conhecida pelos que a professam como a única verdadeira religião", não é um pouco como entregar a religião cristã a céticos. Pois que maior vantagem pode lhes ser dada que ensinar, que alguém possa conhecer a verdadeira religião, colocando em suas mãos o direito de exigir que se lhes demonstre que a religião cristã é a verdadeira e levando aos seus adeptos a necessidade de fazê-lo. Eu a ouvi ser acusada de, como grande artífice de céticos, requerer demonstrações onde não poderia haver nem seria necessário. Mas se a verdadeira religião deve ser conhecida pelos homens como tal, um cético pode requerer e o senhor não pode acusá-lo se não aceitar sua religião, sob os argumentos prováveis mais fortes, sem demonstração.

E se alguém exigir de o senhor demonstração das verdades de sua religião que, lhe peço, o senhor faria sem renunciar à sua afirmativa que pode ser conhecida como verdade, ou ainda se esforçar para lhe demonstrá-lo

E, sobre a decadência da verdadeira vida e espírito do Cristianismo e a disseminação do Epicurismo entre nós, pergunto, o que pode mais tender a promovê-los que essa doutrina, encontrada na mesma carta, isto é, que é presumível que os que se conformam, o fazem por razão e convicção? Quando o senhor pode exemplificar com algo que tenda a promover o ceticismo religioso e o Epicurismo, na primeira e segunda cartas sobre tolerância, teremos razão para pensar que o senhor tem alguma base para o que diz.

Assim como o Epicurismo, a disseminação que o senhor parece atribuir ao relaxamento das suas leis penais moderadas que, enquanto diferente do ateísmo, penso que se preocupa com as vidas humanas mais que suas religiões, isto é, as opiniões religiosas especulativas e modos de adoração, que é o que entendemos por religião, relativo à tolerância. E para a tolerância às maneiras corruptas e os deboches da vida, nem nosso autor nem eu o desejamos, além de dizer que é propriamente o dever do magistrado reprimi-los e suprimi-los por punições. Portanto, não o acuso por seu zelo contra o ateísmo e o Epicurismo. Mas o senhor encontra um grande zelo contra algo mais quando lhes atribui tolerância, quando está no poder do magistrado restringir e suprimi-los com leis mais eficazes que as feitas para o conformismo com a igreja. Pois existem os que lhe dirão que uma adoção externa da religião nacional, mesmo quando ela é a verdadeira religião, não é mais oposta a ou inconsistente com o ateísmo ou Epicurismo, que aceitar outra religião, especialmente uma adoção do Cristianismo, que difira. E, portanto, em vão o senhor atribui o ateísmo ou Epicurismo ao relaxamento das leis penais que não requerem mais que uma conformidade externa à igreja nacional.

Já lhe mostrei em outra passagem que assim como as seitas e divisões não-cristãs (pois podem haver outras divisões sem prejuízo para o Cristianismo), em cuja porta eles deveriam ser deixados.

Não devo deixar de observar aqui que, tendo indicado "seitas, heresias, Epicurismo, ateísmo e uma decadência do espírito e vida do Cristianismo", como os frutos do relaxamento, para o qual o senhor tem a certificação da experiência prévia, o senhor acrescenta essas palavras: "Não falar do que a essa altura nossos olhos podem ver, por medo de ofender".

A quem, lhe pergunto, o senhor teme ofender, se fala do "Epicurismo, ateísmo e decadência do espírito e vida do Cristianismo" entre nós? Mas vejo que quem é tão moderado em uma parte de sua carta que não se atribuirá ensinar aos legisladores e governantes, mesmo o que não podem saber sem serem ensinados por ele, isto é, o que ele chama de penas moderadas ou força, ainda pode, em outra parte da mesma carta, por insinuações amplas, usar censura, onde é assunto delicado pensar que os legisladores e governantes não questionam. Mas quem quer que o seja, é menos aconselhável em acusações mais facilmente sugeridas que executadas, atribuir ao caluniador em geral e deixar que outros a apliquem, por temer os indicados e com justiça ofendidos com uma falsa imputação, podem indagar, como nesse caso, como parece que "seitas e heresias têm se multiplicado e o Epicurismo e ateísmo têm se disseminado e que a vida e o espírito do Cristianismo está decadente", mais dentro desses dois anos, do que antes e que todo esse mal é aceito como o recente relaxamento das leis penais contra os dissidentes protestantes?

O senhor continua: "e se esses têm sido sempre os frutos do relaxamento das leis penais moderadas, feitas para preservar e desenvolver a verdadeira religião, o senhor pensa que só essa reflexão é completamente satisfatória para mostrar a utilidade e benefício de tais leis". Pois se esse mal tem constantemente disseminado pelo relaxamento dessas leis, é evidente que antes foram evitados por tais leis. Poder-se-ia pensar, por sua expressão: "sempre têm sido os frutos e constantemente disseminado" que as leis penais moderadas, por preservar a verdadeira religião, têm sido a prática constante de todas as comunidades cristãs e que seu relaxamento, em favor da livre tolerância, tem freqüentemente ocorrido e que houve exemplos de um e de outro, comuns e conhecidos de como os príncipes que perseguiram por religião e ensinaram aos homens quem empregou suas habilidades para torná-lo bom. Mas até que o senhor nos mostre em que épocas ou países suas moderadas determinações estavam em moda e aonde eles foram novamente eliminados para dar espaço à tolerância do autor o senhor, por pequeno propósito fala dos seus frutos, como de um fruto de uma árvore que ninguém plantou ou cresceu até que alguém pudesse ver que fruto dela adviria.

Tendo sido estabelecido como uma das condições para um bom debate sobre essa controvérsia, "que seria sem supor o direito de toda a sua igreja e sua religião verdadeira". Acrescento essas palavras: "que isso não pode mais ser aceito por o senhor, neste caso, qualquer que seja sua religião ou igreja, mais do que por um papista ou um luterano, um presbiteriano ou um anabatista. Não, não mais para o senhor, do que por um judeu ou islamita". Ao que o senhor responde: "Não, senhor? Independente de qual seja a igreja ou religião? Parece algo difícil. E o senhor pensa que eu deveria lhe dar alguma razão para o que disse, pois certamente não há nada mais evidente e que não precise de prova. Mas o senhor acha que não é uma questão difícil pensar na minha razão, embora eu não achasse justo aceitá-lo expressamente. Pois é bastante óbvio que não possa haver outra razão para essa minha afirmação, mas tanto a verdade igual ou no mínimo a certeza (ou incerteza) igual de todas as religiões. Pois quem considerar minha afirmativa deve ver que para torná-la boa, serei obrigado a manter uma dessas duas possibilidades: 1. que nenhuma religião é a verdadeira religião, em oposição a outras religiões, que torna todas as religiões verdadeiras ou falsas e assim, de qualquer modo indiferente. Ou 2. que embora uma religião seja a verdadeira, ainda assim nenhum homem pode ter mais razão que outro homem de outra religião para acreditar que a sua é a verdadeira religião. Isso torna todas as religiões igualmente certas (ou erradas, se me agrada), tornando em vão e inútil questionar a verdadeira religião e apenas uma questão de boa sorte, se algum homem a tiver e uma boa sorte tal que ele nunca pensou ter, até que chegue ao outro mundo. O senhor não sabe se aceitarei esses dois princípios. Mas certamente um deles está no fundo do meu ser e é uma suposição oculta sobre a qual desenvolvo o que digo".

Certamente, não, senhor, nenhuma dessas razões que o senhor encontrou em mim ingênua e amistosamente, estão no fundo, além desta: que qualquer privilégio ou poder que o senhor reivindica, por sua suposição que a sua seja a verdadeira religião, é igualmente devido a outro, que supõe a religião dele como verdadeira, pela mesma reivindicação e, portanto, não é mais aceitável para o senhor do que para ele. Pois qualquer que seja a verdadeira religião, a sua ou a dele, sendo o assunto em conflito entre vocês, sua suposição não pode mais determiná-lo, do seu lado, do que a suposição dele, a menos que o senhor pense ter o direito de julgar em causa própria. O senhor acredita que a sua é a verdadeira religião. Ele também. O senhor diz ter certeza. Ele também. O senhor pensa ter "argumentos próprios e suficientes" para convencê-lo, se eles os considerar. Ele pensa o mesmo. Se essa disputa, igual em ambos os lados for aceita por ambos, sem qualquer prova, fica claro que ele, em cujo favor isso é aceito, é aceito que seja juiz em causa própria, que ninguém que não seja no mínimo infalível tem o direito de ser. Se o senhor usa argumentos e provas, que deve fazer antes de determinar qual seja a verdadeira religião, é claro que sua suposição não é aceita.

No nosso caso atual, usar punições por religião, o senhor supor ser a sua a verdadeira religião, não lhe dá ou ao seu magistrado mais vantagem sobre um papista, presbiteriano ou islamita ou mais razão para punir cada um deles por sua religião, do que a mesma suposição de um papista, presbiteriano ou islamita lhes dá ou a um magistrado de suas religiões, vantagem sobre o senhor, ou razão para puni-lo pela sua religião. Portanto, essa suposição, por qualquer privilégio ou uso da força não deve ser mais aceito para o senhor que para alguém de qualquer outra religião. Essas palavras, *no caso*, que usei então, teriam satisfeito a qualquer um que tivesse entendido meu significado, mas se sua caridade o fez ignorá-las, ou a alegria da vantagem não lhe permitiu entendê-las, é certo que o senhor resolveu não perder a oportunidade de estar em situação de apoio para mostrar seu dom de comentar e supor astutamente sobre as razões de um homem, quando ele não se sente manifestamente justo de possuí-las.

Devo concordar que o senhor tem muita sorte e como o senhor a usa aqui sob o mesmo fundamento, foi com o mesmo sucesso que o senhor em outro lugar exercitou sua lógica quando eu disse algo com o mesmo propósito que uso aqui. Mas, senhor, se o senhor acrescentar só uma do seu estoque de distinções e observar a diferença entre o fundamento de alguém que diz ser a sua a verdadeira religião e o privilégio que ele visa, supondo-a verdadeira, o senhor não tropeçará nisto novamente, mas perceberá que apesar dos primeiros argumentos, não se pode aceitar que os homens de todas as religiões as supõem igualmente verdadeiras, ainda com referência aos últimos argumentos, a suposição pode e deve ser aceita ou negada igualmente para todos os homens. E a razão disso é clara, porque a garantia pela qual um homem supõe que a sua religião é verdadeira, sendo somente um argumento de sua verdade para outro e vice-versa, nenhum deles pode reclamar pela garantia, com que supõe sua religião como verdadeira, não implica em prerrogativa ou poder sobre o outro, quando o outro não tenha, pelo mesmo título, uma idêntica reclamação sobre ele. Se isso não servir para partilhar com o senhor em outro momento as dores de tais raciocínios, como o fizemos duas vezes sobre isso, penso ser forçado a levar o senhor aos meus islamitas ou pagãos e duvido se não possa ser menos civilizado com seus partidários do que seria se não o enviasse a eles agora.

O senhor continua e diz: "mas tão irracional quanto essa condição, o senhor não vê necessidade de recusá-la, nem ocasião que eu possa ter para impô-la ao senhor. Pois certamente tornar o que eu chamo de seu novo método consistente e praticável, de modo algum lhe obriga a supor que tudo em sua religião seja verdadeiro, como imagino". E assim imagino: pois sem essa suposição, eu suplicaria que o senhor me mostrasse, como seria praticável em qualquer país punir os homens para levá-los à verdadeira religião, sem supor que a sua o seja. O senhor se encontrará em alguma dificuldade como essa que então primeiro seja determinado (e o senhor exigirá que assim o seja) qual a verdadeira religião, antes de alguém ter o direito de usar a força para levar os homens a ela. Que, se todos não o determinarem para si mesmo, supondo a sua como a verdadeira, ninguém, acho, desejará tolerância até que seja estabelecida.

O senhor continua: "Não, senhor, é bastante, para esse propósito que só haja uma única verdadeira religião". Suponha outra religião, que não a nacional, estabelecida por lei na Inglaterra como sendo essa e, mesmo sob seus princípios, sendo útil, e que o magistrado tenha autoridade para o uso da força para promover a verdadeira religião, prove, se lhe agrada, que o magistrado tenha o poder de usar a força para levar os homens à religião nacional na Inglaterra. Então o senhor deve provar que a religião nacional, estabelecida por lei na Inglaterra, seja essa verdadeira religião e assim, a verdadeira religião que ele rejeita como a verdadeira religião, que diverge de alguma parte dela e, assim, rejeitando a verdadeira religião, não possa ser salvo. Mas há mais sobre isso em outra passagem.

Suas outras duas suposições, reunidas às seguintes são: "a religião deve ser conhecida pelos que a professam como a única verdadeira religião e pode também ser manifesta como tal a outros, no mínimo para obrigá-los a recebê-la e deixar outros sem desculpas, se não o fizerem".

Essas, o senhor diz, são suposições "suficientes para tornar seu método consistente e praticável". Elas são, imagino, mais que suficientes, para o senhor com elas provar que qualquer religião no mundo é a única religião verdadeira. E até que tenha provado (pois aqui o senhor declara ter abandonado a suposição de a de alguém ser verdadeira, como necessário à sua hipótese), eu ficaria feliz em saber como seria praticável em qualquer lugar usar a força para levar os homens à verdadeira religião.

O senhor supõe que "só haja uma e tão-somente uma verdadeira religião". Nisto ambos concordamos: e daí, penso, se segue, que quem for desta verdadeira religião será salvo e sem o ser, nenhum homem pode ser salvo, que sob sua segunda e terceira suposição será difícil mostrar qualquer religião nacional como a única religião verdadeira. Pois quem disser que sabe ou que se possa saber que qualquer religião nacional (onde seja abrangido todas que por leis penais, se exija a adoção) seja somente a verdadeira religião, que se os homens a rejeitam perderão a salvação e se a adotarem não a perderão? Ou o senhor pode tentar fazer com que uma religião nacional no mundo possa ser manifesta como tal, isto é, em resumo, conter todas as coisas necessárias à salvação e nada além disso? Pois ela e só ela é a **única verdadeira religião**, sem a qual ninguém pode ser salvo e que é suficiente para a salvação de todos que a adotarem. E portanto, o que for menos ou mais que isso, não será a única verdadeira religião ou se houver uma necessidade de sua salvação, os homens devem ser forçados a adotar.

Não nego, portanto, que haja uma religião nacional que contenha todo o necessário à salvação, pois assim é a religião romana, que não é, por tudo isso, tanto assim uma verdadeira religião. Nem nego que haja uma religião nacional que contenha todas as coisas necessárias à salvação e nada inconsistente com ela e assim possa ser chamada de verdadeiras religiões. Mas já que todas elas juntam ao necessário à salvação muitas coisas que não o são e as tornam tão necessárias à comunhão quanto as que realmente o são, não impondo a ninguém pertencer à sua comunhão, sem reuni-las, nem viver entre eles livres de punição, fora de sua comunhão, o senhor afirmaria que qualquer das religiões nacionais do mundo, impostas por leis penais e às quais os homens são levados pela força, podem ser consideradas como a única verdadeira religião, que adotando eles podem ser salvos e não serão condenados? E, portanto, suas duas suposições, verdadeiras ou falsas, não são suficientes para tornar praticável, sob seus princípios de necessidade, usar a força sobre os dissidentes da religião nacional, embora nada contenha em si além da verdade. A menos que o que seja necessário à comunhão também o seja para a salvação. Pois o que não for necessário à salvação não precisa ser adotado por ninguém. Assim, quando o senhor fala sobre a verdadeira religião, para dirigi-la ao seu propósito, o senhor deve falar apenas do que é necessário à salvação, a menos que o senhor diga que, para a salvação das almas humanas, seja necessário usar a força para levar os homens a adotarem algo que não seja necessário à sua salvação. Eu creio que nem o senhor nem ninguém afirmarão ser necessário usar a força para levar os homens a receberem todas as verdades da religião cristã, embora sejam verdades que Deus achou por bem revelar. Pois então, por sua própria regra, o senhor, que professa a religião cristã deve conhecer todas elas, pois está aqui no seu fundamento a necessidade e racionalidade das penas usadas para levar os homens a adotarem a verdade. Mas suspeito é a boa palavra religião (como em outros lugares, outras palavras) conduziram o senhor mal, enquanto o senhor se contenta com bons sons e algumas noções confusas que normalmente os acompanham, sem anexar-lhes significado preciso e determinado. Para convencê-lo de que não é sem fundamento que lhe digo, só desejo que o senhor estabeleça o que entende por verdadeira religião, para que entendamos seu sentido e o que não está contido nisso. Se o senhor fizer isso de boa vontade e definir suas palavras, ou usá-las com um sentido constante, penso que nossa controvérsia chegaria ao fim, sem mais problemas.

Tendo mostrado a vantagem para o senhor tornar seu método praticável, em seguida consideremos suas próprias suposições. Pela primeira "há uma e tão-somente uma religião verdadeira", concordamos. Mas o que o senhor diz a seguir, que "essa religião verdadeira deve ser conhecida pelos que a professam", precisará de breve exame. Primeiro, será necessário indagar o que o senhor entende por ser conhecida. O senhor entende conhecimento, assim propriamente chamado, em contraposição à crença, ou somente a garantia de uma crença firme? Se este último, eu o deixo usar sua suposição, apenas com um pedido que, para evitar erros, quando o senhor usá-la, chame-a de crença. Se o senhor entende que a verdadeira religião pode ser conhecida com a certeza do conhecimento, assim propriamente chamado, pergunto-lhe então, se a verdadeira religião deve ser conhecida à luz da natureza ou precisa da divina revelação para se descobri-la? Se o senhor responde, como suponho que o fará, pelo último, então pergunto se o surgimento da revelação divina não dependeria de certezas de que o senhor não foi testemunha, mas ocorreram muitas eras antes de o senhor ter nascido. E se assim for, por quais princípios científicos elas podem ser conhecidas de alguém que vive agora?

Os artigos da minha religião e a grande maioria de pessoas de curta visão como eu, são artigos de fé, que penso haver tantos bons fundamentos para acreditar, que somos persuadidos a investir nossa felicidade eterna nessa crença e esperar estar entre os que nosso Salvador disse: "Bem-aventurados os que não viram, mas ainda assim creram". Mas nem pensamos o que Deus requer, nem nos foram dadas faculdades capazes de conhecer neste mundo várias das verdades que devem ser cridas para a salvação. Se o senhor tem uma religião, todas essas verdades gerais são tão auto-evidentes ou passíveis de demonstração (pois os fatos só podem ser conhecidos pelos espectadores) o senhor fará bem de torná-las conhecidas para o fim das controvérsias e banir o erro relativo a tais pontos, para fora do mundo. Pois o que possa vir a ser conhecido, além dos fatos, é capaz de demonstração e quando o senhor tiver demonstrado a alguém qualquer ponto sobre religião, o senhor terá meu consentimento para puni-lo se ele não concordar com ele. Mas deixe-me ainda lhe dizer: há muitas verdades, mesmo na matemática, evidências visíveis que se demonstram por si só e assim os homens podem conhecê-las. Essas evidências não podendo ser repassadas (as que se demonstram a ele) eles não as podem tornar conhecidas, embora o aluno o deseje e ele tenha toda a força aplicada sobre ele para aprender.

Mas, garantindo sua suposição que "a única verdadeira religião deve ser conhecida pelos que a professam como a única religião verdadeira", segue-se daí que por ser conhecida como a única verdadeira religião, se conclui que o magistrado que a professa realmente a conhece como tal? Sem esse conhecimento, sob seus princípios, ele não pode usar a força para levar os homens a ela. Mas se o senhor permanece garantindo-lhe qual seja a verdadeira religião, pela qual ele deve usar a força, ele tende a acreditar no senhor. E isso ocorrerá tanto quanto se ele tivesse avaliado e conhecido por si mesmo, ou ainda melhor. Pois o senhor não parece satisfeito com o que os magistrados têm feito ultimamente, sem seu consentimento, sobre religião na Inglaterra. E confesso que o modo mais fácil de remover todas as dificuldades no caso, é o senhor ser o guia infalível dos magistrados, em termos de religião. E, portanto, o senhor faz bem em manter aqui seu estilo seguro, mas se seu sentido fosse claro e determinado, estaria mais exposto a exceções e, portanto, o senhor nos diz que a verdadeira religião deve ser conhecida pelos que a professam. Pois não sendo dito por alguns ou por todos, o erro no que o senhor diz não é tão facilmente observado e requer mais problemas. Poupo-me, me contentando que o magistrado que tanto dedica seus pensamentos aos cuidados com seu governo, não se sobrecarregue com o conhecimento que o senhor requer e assim se contente com a crença.

Sua próxima suposição é que "a única verdadeira religião também possa se manifestar como tal, por eles, a outros, assim, no mínimo para obrigá-los a recebê-la e deixá-los sem desculpas se não o fizerem". Que ela se manifeste a alguns para obrigá-los, isto é, forçá-los a recebê-la, é evidente, porque é recebida. Mas porque isso parece ter sido dito mais em referência aos que não a recebem, como aparece nas suas palavras: "então, tudo junto, está tão claro que pode ser bastante razoável e necessário para alguns homens mudar sua religião e pode-se fazer parecer a eles assim. E então, se eles não refletirem sobre o que lhes for oferecido para convencê-los da racionalidade e necessidade de fazê-lo, pode ser justo e racional", o senhor me diz, "por algo que eu tenha dito em contrário, para levá-los a refletir, exigir que eles, sob penalidades convenientes, rejeitem suas falsas religiões e adotem a verdadeira". O senhor supõe que a verdadeira religião pode ser tão manifesta por um homem que a professe, a todos os homens, a ponto de deixá-los, se não a adotarem, sem desculpas. Sem desculpas a quem, eu lhe indago? A Deus, de fato, mas não ao magistrado, que nunca poderá saber se ela foi tão manifesta a um homem, que é por sua falta que ele não foi convencido e não pela falta daquele a quem o magistrado delegou a tarefa de convencê-lo e essa é uma desculpa suficiente para o magistrado, para qualquer um que lhe disser: "não negligenciei em refletir sobre os argumentos que me foram oferecidos pelos encarregados de me manifestá-la". Mas que a sua seja a única verdadeira religião, não estou convencido. Essa é uma desculpa tão direta e suficiente para o magistrado que, se ele fosse encarregado expressamente pelo céu de punir todos os que não refletissem, ele não poderia punir justamente alguém que ele não pudesse convencer que não tenha refletido. Mas o senhor tenta evitar isso, pelo que infere dessa suposição, isto é, "que então pode ser justo e racional por algo que eu tenha dito em contrário, exigir que os homens, sob penas convenientes, rejeitem suas falsas religiões para adotarem a verdadeira, para levá-los à reflexão". Se eu disse algo em contrário ou não, os leitores devem julgar e não preciso repetir. Mas agora, digo, não é justo nem racional exigir que os homens, sob punição, atinjam um fim, para levá-los a usar meios não necessários a isso, mas para outro fim. Pois onde está ele, o senhor pode dizer (a menos que volte à sua antiga suposição de o senhor ser da verdadeira religião, que o senhor diz não ser necessário para seu método) que se exija por lei que os homens "rejeitem suas falsas religiões e adotem a verdadeira?" O máximo é isso em todos os países onde a religião nacional é imposta por lei, se exige que os homens sob as penas dessas leis, um conformismo externo a ela, que o senhor diz ser para fazê-los refletir. Assim, suas punições são para atingir um fim, o conformismo, para fazer os homens usarem a reflexão, que é um meio não necessário para isso, mas para outro fim: descobrir e adotar a única verdadeira religião. Pois embora a reflexão possa ser um meio necessário para descobrir e adotar a única verdadeira religião, não é de todo o meio necessário para o conformismo externo à comunhão de qualquer religião.

Para manifestar a consistência e praticabilidade do seu método à questão, qual vantagem teria para a verdadeira religião, se os magistrados punissem em qualquer lugar. O senhor responde que "pela punição do magistrado, se falo com propósito, devo entender punir os homens por rejeitar a verdadeira religião (assim submetida a eles, como tem sido dito) para levá-los a refletir e adotá-la. Agora, antes de supormos que os magistrados de todo lugar castiguem, devemos supor que a verdadeira religião seja, em todo lugar, a religião nacional. E se fosse esse o caso, o senhor pensa ser bastante evidente qual seria a vantagem para a verdadeira religião, se os magistrados de todo lugar assim castigassem. Assim devemos racionalmente esperar que todas as religiões falsas logo se desvanecessem e que a verdadeira se torne mais uma vez a única religião no mundo. Enquanto isso, se os magistrados não punirem, seria de se temer (especialmente considerando o que já aconteceu) que, ao contrário, as falsas religiões e o ateísmo, mais de acordo com a terra, diariamente conseguisse raízes mais profundas e se propagassem, até que não houvesse espaço para a verdadeira religião (que é somente uma planta estrangeira) em algum canto do mundo".

Se o senhor pode tornar praticável que o magistrado puna os homens por rejeitarem a verdadeira religião, sem julgar qual seja ela – ou se a verdadeira religião possa aparecer em pessoa, tome o assento do magistrado e ali julgue todos que a rejeitaram – algo deve ser feito. Mas o engano disto é que é um homem que deve condenar os homens que devem ser punidos e os homens só podem fazê-lo se julgarem quem é culpado do crime pelo que são punidos. Um oráculo ou um intérprete da lei da natureza que fala claramente, diz ao magistrado que ele pode e deve punir os que "rejeitam a verdadeira religião" e receberam suficiente evidência. O magistrado está satisfeito com sua autoridade e acredita que este encargo é bom. Agora, eu gostaria de saber como ele pode executar isso sem se colocar primeiro como juiz do que é a verdadeira religião, a menos que a lei da natureza ao mesmo tempo entregou-lhe os XXXIX Artigos da única verdadeira religião e outro livro que contenha todas as cerimônias e adoração externa. Mas sendo certo que a lei natural não o fez e certo que os artigos, cerimônias e disciplina dessa única verdadeira religião sempre variaram em tantas épocas e países, já que a autoridade do magistrado primeiro lhe foi dada pela lei natural, não restou remédio além de que o magistrado deve julgar o que seja a verdadeira religião, se deve punir os que a rejeitam. Suponha que o magistrado é autorizado a punir os que abandonam a razão correta. O magistrado nunca pode puni-los, a menos que possa julgar o que seja razão correta e então julgar que assassinato, roubo, adultério, rodas estreitas ou armas domésticas sejam contra razão correta, e faça leis para punir os homens culpados desses crimes, como rejeitando a razão correta.

 Então, se o magistrado na Inglaterra ou França, tendo autoridade para punir os que rejeitam a única verdadeira religião, julga a religião de sua igreja nacional como tal, é possível para ele estabelecer penas aos que a rejeitam, conforme sua autoridade. De outra forma, sem julgá-la como sendo a única verdadeira religião, é totalmente impraticável para ele punir os que não a adotem, por rejeitarem a única verdadeira religião.

 Para salvaguardar isso o melhor possível, o senhor diz com as seguintes palavras: "antes de podermos supor os magistrados punindo em todo lugar, devemos supor a verdadeira religião como religião nacional em todo lugar". Isso é verdade para a punição real, mas não para estabelecer penas por lei. Pois seria de se supor que a religião nacional faça ou escolha o magistrado e não o magistrado escolhendo a religião nacional. Mas vemos o contrário, pois fosse qual fosse a religião nacional anterior, o magistrado nem sempre a adota, mas se ele não a aceita, mas adota alguma outra, na primeira oportunidade que tiver, ele muda a religião nacional para aquela que ele julga verdadeira e então pune seus dissidentes. Onde seu julgamento sobre qual a verdadeira religião sempre necessariamente proceder, e é o que ultimamente tem ocorrido e deve determinar os que têm rejeitado a verdadeira religião e assim são passíveis de punição. Assim sendo, eu saberia alegremente como seu método pode ser praticado em benefício da verdadeira religião, onde o magistrado em qualquer lugar não possa julgar ou punir ninguém.

O senhor me diz que onde digo que para justificar a punição é requisito ser diretamente útil à descoberta de um bem maior do que aquele que ele leva embora. O senhor "desejaria que eu lhe tivesse dito porque precisa ser diretamente útil ao propósito". Embora o senhor possa ser correto ao exigir as razões do que eu disse, pensei que o senhor não tem razão para reclamar, mas deixou escapar de sua memória as seguintes palavras dessa passagem, que juntas ficam: "a punição é um mal, uma inconveniência, um sofrimento por eliminar ou reduzir um bem a que o punido tem direito. Então, para justificar a imposição desse mal a um homem, duas coisas são exigidas: 1. Que quem o faça tenha a autoridade para fazê-lo. 2. Que seja diretamente útil para promover um bem maior". É evidente, por essas palavras, que a punição leva o mal direto sobre um homem e portanto, só pode ser usada onde for diretamente útil para obter um bem maior. Nesse caso, o significado da palavra diretamente carrega em si uma razão manifesta, a qualquer um que entenda o que significa diretamente. Se o eliminar um bem de um homem não puder ser justificado, mas fazê-lo for um meio de se obter um bem maior, não está claro que deve ser um meio de ter, na operação das causas e efeitos, uma tendência natural para este efeito? Então é chamado de diretamente útil para tal fim e isso pode lhe dar uma razão "porque a punição deve ser diretamente útil para tal propósito". Sei que o senhor é muito enfático da sua utilidade indireta e à distância da força, que eu mostrei, em outra passagem, só ser útil por acaso, nem a questão que aqui o senhor submete a exime de o ser: "por que as penas não são diretamente úteis para levar os homens à verdadeira religião, como a roda do castigo o é para re-orientar as tolices de uma criança ou nela induzir sabedoria?" Porque a roda trabalha na vontade da criança, para obedecer a razão do pai, enquanto sob sua tutela e assim a submete aos ditames de sua própria razão e o dispõe a obedecer à sua luz, quando cresce e se torna homem, isso será seu guia e isso é sabedoria. Se suas penas são usadas assim, nada tenho a dizer sobre elas.

Seu modo é tido como impraticável aos fins que o senhor propõe, o que o senhor pretende esclarecer na pág. 63. Para que haja justiça para ambos os lados, o leitor terá ao mesmo tempo o que ambos dizemos:

| C. II, p. 125. "Resta agora examinar se o argumento do autor não ficará bom, mesmo contra as punições do seu modo. Pois se a autoridade do magistrado for, como o senhor diz aqui, apenas para conseguir para todos os seus súditos (marque o que | C. III, p. 63. Mas vai aparecer rápido quão pouco essa sua exigência tem a ver com o propósito. Pois se o magistrado fornece recursos suficientes para a instrução de todos os seus súditos na verdadeira religião e então exige |

o senhor diz, *todos os seus súditos*) os meios de descobrir o caminho da salvação e fazer com que, no que lhe couber, que *ninguém* permaneça ignorante ou recuse a adotá-la, seja querendo usar tais meios ou por motivo de tais preconceitos que possam torná-los ineficazes. Se essa for a tarefa do magistrado, com referência a *todos os seus súditos*, gostaria que o senhor ou alguém me dissesse como isso pode ser feito, pela aplicação da força a apenas uma parte deles. A menos que o senhor ainda inutilmente suponha a ignorância, negligência ou preconceito, apenas entre a parte que difere do magistrado em algum ponto. Se os da igreja do magistrado podem ser ignorantes do caminho da salvação, se for possível que haja entre eles os que se recusam a adotá-lo, seja usando tais meios, ou por motivo de preconceitos tais que possam torná-los ineficazes, o que, nesse caso se torna a autoridade do magistrado para dar a todos os seus súditos os meios de descobrir o caminho da salvação? Esses seus súditos devem ser negligenciados e deixados sem os meios de obtê-los? Ou ele deve usar a força sobre eles também? E então, por favor me mostre como isso pode ser feito. O magistrado punirá os de sua própria religião, para dar-lhes os meios de descobrir o caminho da salvação e conseguir, no que lhe caiba que eles não permaneçam ignorantes ou se recusem a adotá-lo? Essas são contradições na prática e uma condenação da própria religião de um homem, que ninguém pode esperar de um magis-

de todos eles, sob convenientes penas, que ouçam aos seus professores e ministros e professem e a exerçam em harmonia, sob sua direção em assembléias públicas, há alguma pretensão de dizer que assim fazendo ele aplica força somente a uma parte de seus súditos, quando a lei é geral e não isenta ninguém? É verdade que o magistrado inflige as penas, nesse caso, apenas sobre quem quebra a lei. Mas é isso que o senhor entende por "aplicar a força somente numa parte dos seus súditos?" O senhor os teria punido indiferentemente, os que obedecessem a leis e os que não obedecessem?

Como para a ignorância, negligência e preconceito, desejo que o senhor ou alguém, me diga, qual a melhor direção para curá-las que a que mencionei. Pois se, depois que os ministros de Deus e o magistrado o fizerem, alguns ainda permanecerem ignorantes, negligentes ou preconceituosos, não posso entender isso como um descrédito para isso, pois certamente esse é um remédio extraordinário, que infalivelmente cura todas as pessoas doentes a quem for aplicado.

trado e ouso dizer-lhe, não desejo dele. E isso é o que ele deve fazer, se sua autoridade for para conseguir para *todos* os seus súditos os meios de descobrir o caminho para a salvação. E se for tão necessário, como o senhor diz ser, que ele possa usá-lo, estou certo de que a força não pode fazê-lo até que seja aplicada amplamente e a punição seja imposta a mais pessoas do que o senhor teria feito. Pois, se o magistrado procurar pela força, no que lhe caiba, fazer com que *ninguém* permaneça ignorante, ele não deveria punir todos que ignorem o caminho da salvação? E por favor me diga como isso pode ser praticado, além de supondo que ninguém da igreja nacional seja ignorante do caminho da salvação e todos fora dela o sejam? O que é isso, além de punir homens meramente por não ser da religião do magistrado. O que o senhor realmente nega ele tem autoridade para fazê-lo? Assim, o magistrado, não tendo, por sua própria confissão, autoridade para usar a força e, sendo de outro modo impraticável para obter para todos os seus súditos os meios de descobrir o caminho para a salvação, há um fim da força. Assim, a força sendo deixada de lado, seja como ilegal ou impraticável, o argumento do autor permanece bom contra a força, mesmo no seu modo de aplicá-la".

A defesa e os caprichos que impedem um exame imparcial, como o senhor o descreve, é geral. À corrupção da natureza, que impede uma adoção real da verdadeira religião, que o senhor também nos diz ser universal, eu peço um remédio para isso, do seu modo. O senhor diz que a lei para a conformidade é geral, não isenta ninguém. Provavelmente, ninguém que não se conforme. Mas não pune ninguém que se conformando, não examine imparcialmente, nem realmente adotem a verdadeira religião. Do que concluo que não há corrupção da natureza nos que foram levados a se unir a uma comunhão externa com a igreja da Inglaterra. Mas em relação à ignorância, negligência e preconceito, o senhor diz "gostaria que o senhor ou alguém mais me dissesse o melhor caminho para curá-los, do que o que o senhor mencionou". Se sua igreja não encontra modo melhor de curar a ignorância e o preconceito e a negligência existentes nos homens para examinar questões religiosas e adotarem a verdade de coração, do que o que é impraticável sobre conformistas, então, de todos os outros, os conformistas estão no mais deplorável estado. Mas, se me lembro, alguém lhe falou de um modo melhor, qual seja, conversar com os homens séria e amistosamente sobre questões religiosas com aqueles cuja profissão é o cuidado com as almas, examinar o que eles realmente entendem e onde, seja por preguiça, preconceito ou dificuldade, eles se mantêm e aplicar às suas várias doenças, as curas adequadas, o que é impossível fazer por uma arenga geral, uma ou duas vezes por semana fora do púlpito, ajustando todos os homens a uma única medida ou curar todos os males dos homens com uma única genérica beberagem. Sendo "próprio da estação e fora da estação", alguns homens pensaram um modo melhor de cura, do que somente o desejo de levar os homens debaixo de chicote, pelas suas mãos ou as do magistrado, para o aprisco, onde, uma vez reunidos, tendo entendido ou não os sermões dos seus ministros, sejam ou possam ser melhores para eles ou não, sejam eles conformistas ignorantes e hipócritas e, dessa, forma, provavelmente assim se mantendo, ao invés de se tornarem conhecedores e convertidos sinceros, alguns bispos pensaram não terem sido suficientemente inquiridos, mas isso ninguém menciona, pois quem o faça, "se dá a oportunidade de mostrar sua boa-vontade com o clero".

 Eu não disse isso aqui e agora vejo como o senhor se destempera com qualquer coisa desse tipo, pois embora isso esteja em boca de qualquer homem sério, o senhor não quis que eu lhe mostrasse um meio melhor que a força, aplicada a seu modo. E, usando seu modo de questionar, já que a mera pregação, usada agora, é claro que não o fará, não resta outro meio além desse para lidar com a natureza corrupta dos conformistas, pois os milagres cessaram e eles estão livres das penas, portanto, pelo seu modo de concluir, não restando outro meio, um é necessário: a visita doméstica, pregando e instruindo e admoestando ali os homens e outros meios semelhantes, propostos pelo reverendo autor de Cuidados Pastorais. E os homens, cujo trabalho é o cuidado com as almas, são obrigados a usá-los, pois "o senhor não pode provar que ele não seja útil". Penso não precisar dizer, "indiretamente e à distância". E se isso for próprio e suficiente para levar conformistas, não obstante a corrupção de sua natureza, a "examinar imparcialmente e realmente adotar a verdade que deve salvá-los", resta mostrar por que não pode obter o mesmo de não-conformistas cuja corrupção comum da natureza, imagino, os leva a examinar e adotar a verdade que deve salvá-los? E embora não seja um remédio tão extraordinário que infalivelmente cure todas as pessoas doentes, a quem seja aplicado, ainda assim, já que a corrupção da natureza, que é a mesma doença e impede o "exame imparcial e a adoção profunda da verdade que deve salvá-los", é dado igualmente para ambos, conformistas e não-conformistas. É razoável pensar que para ambos deve haver a mesma cura, seja como for.

CAPÍTULO X

Da Necessidade da Força em Questões Religiosas

O senhor nos diz: "o senhor não fundamenta a legalidade de tal força, como o senhor toma como útil para promover a verdadeira religião, pela mera utilidade de tal força, mas pela necessidade, assim como sua utilidade e, portanto, o senhor a declara como meio injusto para ser usado para esse propósito ou outro qualquer, onde não seja necessário ou útil".

Como a força pode ser útil nas mãos do magistrado, para levar os homens à verdadeira religião, já mostramos no capítulo anterior, em resposta ao que o senhor disse a respeito. Assim tendo sido provado não ser útil, é impossível ser necessária. No entanto, examinaremos o que diz para provar sua necessidade. Temos o fundamento em que o senhor baseia sua necessidade em seu Argumento considerado, onde descrevendo extensamente sobre a desconsideração dos homens na escolha de suas religiões e sua persistência na religião que escolheram, sem o devido exame, o senhor conclui: "Se esse é o caso, se os homens são tão avessos à devida consideração, se eles normalmente assumem sua religião sem examiná-la como deveriam, que outros meios restam?" Então o senhor supõe que a força é necessária ao invés de prová-lo, pois a pregação e a persuasão não prevalecendo sobre os homens, o senhor, por sua própria autoridade pensa ser justo que algo mais seja feito e que isso sendo resolvido, o senhor pensa na força, porque diz não ter encontrado nada mais, o que, com efeito é só para nos dizer, se a salvação das almas dos homens fossem deixadas só ao seu critério, como o senhor organizaria o assunto.

E em sua resposta para mim, o senhor nos diz com muita confiança: "a verdadeira religião não pode prevalecer sem a assistência de milagres ou da autoridade". Aqui só observo uma ou duas coisas e então continuo a examinar como o senhor torna isso bom.

A primeira coisa que observarei é que em seu Argumento considerado, etc., o senhor supõe a força necessária apenas para administrar a aversão dos homens a refletir e examinar e aqui, em sua resposta para mim, o senhor coloca a força como necessária para vencer a aversão dos homens para adotar e obedecer à verdadeira religião. O que é muito diferente, pois enquanto o primeiro argumento justifica o uso da força somente para fazer os homens refletirem, o outro justifica o uso da força para fazer os homens adotarem a religião. Se o senhor mencionasse a mesma coisa quando escreveu seu primeiro tratado, não seria muito ingênuo se expressar em palavras impróprias para dar ao seu leitor seu verdadeiro significado. Sendo muito diferente usar a força para fazer os homens refletirem, que é uma ação que está em seu poder fazer ou omitir e usar a força para fazê-los adotar, isto é, acreditar em uma religião, que não é algo que esteja no poder de alguém fazer ou reprimir conforme lhe agrade. Se o senhor diz ter mencionado meramente considerando seu primeiro discurso, como todo seu conteúdo faz-se crer, então vejo que sua hipótese pode melhorar, como vimos em outras passagens e, com o tempo, pode crescer para sua completa estatura.

De outra coisa devo lembrá-lo, que no seu primeiro artigo, além da pregação e persuasão e da graça de Deus, nada além da força é necessário. Aqui no seu segundo, consideraremos se são milagres ou autoridade, como o senhor realiza o bem.

O senhor tendo dito não ter "razão por qualquer experiência de esperar que a verdadeira religião ganharia com a tolerância", exemplifiquei com a prevalência do Evangelho, por sua própria beleza, força e racionalidade nas primeiras eras do Cristianismo. O senhor responde que agora não tem a mesma beleza, força e racionalidade que tinha antes, a menos que "eu inclua também os milagres que agora cessaram e, como o senhor nos diz, não foram eliminados, até que com sua ajuda, o Cristianismo prevaleceu, sendo recebido como a religião do império e encorajado e apoiado por suas leis".

Se, portanto, acreditarmos no senhor por suas palavras, sendo a força necessária (pois o senhor não pode prová-la como necessária), o senhor entrou para o conselho de Deus e nos diz que quando não se podia ter a força, os milagres eram usados para suprir seu lugar: "só posso pensar, o senhor diz, ser altamente provável (se podemos aceitar imaginar os conselhos da infinita sabedoria) que a Deus agradaria continuá-los até então", isto é, até que as leis do império apoiassem o Cristianismo "não pela necessidade deles em todo aquele tempo, para evidenciar a verdade da religião cristã, mas para atender ao desejo de assistência do magistrado". O senhor se permite imaginar muito livremente, quando o senhor fará Deus usar milagres para fornecer o meio que Ele agora autoriza e indica. Veremos em seguida por quanto tempo os milagres continuaram.

O senhor diz "se nos fosse permitido imaginar". Essa sua modéstia, onde confessa imaginar, se refere somente ao tempo da continuidade dos milagres, mas para fornecer o desejo de força coercitiva que o senhor defende positivamente, aqui e quando o senhor nos diz: "Já se mostrou por que os castigos não eram necessários antigamente, para fazer os homens darem ouvidos ao Evangelho" e, pouco depois, "as maiores maravilhas que foram feitas para evidenciar a verdade do Evangelho foram abundantemente suficientes para obter atenção", etc.. O senhor faria bem em mostrar como veio a saber sem dúvida que os milagres foram usados para suprir autoridade ao magistrado, já que Deus lhe disse.

Mas, na sua opinião, a força foi necessária, mas não podia ser usada na época e assim Deus usava milagres. Pois, o senhor diz, "Nosso Salvador não era magistrado e, portanto, não podia infligir castigos políticos sobre qualquer homem, menos ainda poderia dar poder a seus apóstolos para o fazer". Nosso Salvador não poderia dar poder a seus apóstolos para denunciar ou infligir castigos nos descuidados ou descrentes obstinados, para fazê-los ouvir e refletir? O senhor alardeia com muita ênfase, parece, o poder de Cristo e estabelece limites muito estreitos ao que, em outros tempos, não negaria ser infinito. Mas foi conveniente aqui, para seu propósito, que fosse assim limitado. Mas eles não sendo magistrados, "ele não poderia dar poder a seus apóstolos para infligir castigos políticos". Como de repente, eles se tornaram castigos políticos? O senhor nos diz tudo que é necessário para "impor cardos e espinhos nos caminhos dos homens para perturbar-lhes e incomodá-los para fazê-los refletir". Espero que isso Nosso Salvador tenha o poder de fazer, se achar necessário, sem a assistência do magistrado. Ele sempre poderia ter feito por seus apóstolos e ministros, se achasse adequado, o que fez através de S. Pedro, derramando cardos e espinhos em suas mentes, para que fossem picados, perturbados e incomodados o bastante. Mas às vezes é somente cardos e espinhos o que o senhor quer. Às vezes devem ser meios humanos e às vezes, como aqui, nada servirá para o senhor, além dos castigos políticos, tal como melhor servir ao seu propósito, no argumento que tem diante de si.

Vemos em Ananias e Safira que os apóstolos poderiam aplicar castigos, tão problemáticos e tão grandes como castigos políticos, quando fossem necessários e aquele que tivesse "todo poder dado a ele no céu e na terra" poderia, se julgasse adequado, imposto cardos e espinhos no caminho de todos que não recebessem sua doutrina.

O senhor acrescenta: "Mas se ele não poderia punir os homens para fazê-los ouvi-lo, nem haveria qualquer necessidade disso. Ele veio como um profeta enviado por Deus para revelar uma nova doutrina ao mundo e, portanto, para provar sua missão, ele deveria fazer coisas que só poderiam ser feitas por um poder divino e suas obras foram muito suficientes para obter audiência e para obrigar o mundo a receber sua doutrina". Assim, o desejo de força e castigos está suprido. Quanto? Quanto fosse necessário para obter audiência e quanto fosse necessário para obrigar o mundo a receber a doutrina de Cristo. Onde, como suponho, o senhor entende como suficiente para impor-lhes a obrigação de receber sua doutrina e tornar indesculpável não fazê-lo. Mas penso ser evidente que eles não foram suficientes para tornar todos que os viram como eficazes para receber e adotar o Evangelho. E o senhor não dirá, imagino, que todos que viram os milagres de Cristo acreditaram n'Ele. Assim, os milagres não foram para suprir o desejo dessa força, mas para perpetuar nos homens para fazê-los refletir como deveriam, isto é, até que adotem a verdade que deve salvá-los. Pois temos poucas razões para pensar que Nosso Salvador ou seus apóstolos, lutaram contra suas negligências ou recusas por uma corrente constante de milagres, que continuaram naqueles que não foram rebeldes contra o Evangelho que lhes fora pregado. S. Mateus nos diz, no capítulo XIII, versículo 58, que Ele "não fez ali (sua cidade) muitos milagres, por causa da incredulidade deles". Menos ainda os milagres supriram o desejo da força, no sentido que o senhor usa, onde nos diz que se deve punir a falta de não ser da verdadeira religião, pois não encontramos ninguém miraculosamente punido para trazê-lo ao Evangelho. Assim, o desejo da força para qualquer desses propósitos, não sendo suprido por milagres, fica claro que o Evangelho subsistiu e se disseminou sem o uso da força e sem milagres para suprir seu desejo e, portanto, permanece verdade que o Evangelho, tendo a mesma beleza, força e racionalidade agora como no princípio, não precisa de força para suprir a falta de milagres para o que agora seriam usados. Assim, no mínimo o experimento é bom e essa afirmativa verdadeira: que o Evangelho pode prevalecer por sua própria luz, sem a continuidade da força na mesma pessoa ou punição aos homens por não serem da verdadeira religião.

O senhor diz: "Nosso Salvador, não sendo magistrado, não poderia infligir castigos políticos, menos ainda dar poder aos apóstolos para fazê-lo". Não sei qual a necessidade de ser um castigo político, pois havia tanto castigo usado, como o senhor diz ser suficiente para fazer os homens refletirem, que não é necessária que venha dessa ou daquela mão, ou se houver alguma vantagem nisso, deveríamos poder pensar que virá melhor e mais eficazmente, daqueles que pregam o Evangelho e lhes diria ser para fazê-los refletir, do que pelo magistrado que nem diz, nem, segundo seu esquema, pode dizer-lhes para fazê-los refletir. E esse poder o senhor não pode negar ter sido dado pelo Nosso Salvador aos apóstolos.

Mas se houvesse uma necessidade absoluta de castigos políticos, Tito ou Trajano deveriam ser convertidos como o foi Constantino. Pois sendo verdade que os milagres supriram o desejo de força daqueles dias até os dias de Constantino e então cessaram, veremos de quando em vez. Não digo isso para penetrar enfaticamente nos conselhos de Deus ou assumir a censura à direção do Todo-Poderoso ou levar em conta Suas providências, mas para responder ao que o senhor diz: "Nosso Salvador não era magistrado e, portanto, não podia infligir castigos políticos". Pois ele poderia ter magistrados e castigos políticos ao seu serviço, se achasse adequado e não precisaria continuar mais tempo com os milagres "além do tempo necessário para evidenciar a verdade da religião cristã, como imagina para suprir o desejo de assistência do magistrado, pela força necessária".

Mas como o senhor veio a saber que a força é necessária? Deus o revelou em Suas palavras? Em lugar algum. Isso lhe foi revelado em particular? Isso o senhor não dirá. Que razão o senhor tem para isso? Nenhuma além dessa: que tendo estabelecido os princípios, que os homens devem adotar e neles persistir em sua religião, o senhor conclui: "que meios restam além da força?" Portanto, o senhor conclui que a força é necessária porque, sem qualquer autoridade além da sua própria imaginação, o senhor é peremptório que outros meios, além da pregação e persuasão devem ser usados e, portanto, ela é necessária porque o senhor não consegue pensar em outra.

Quando lhe digo que há outros meios e que, por sua própria confissão, a graça de Deus é outro meio e que, portanto, a força não é necessária, o senhor replica: "embora a graça de Deus seja outro meio e o senhor achou adequado mencioná-lo para evitar cavilações, ainda não é o meio de que o senhor falava, na passagem a que me refiro. Naquele parágrafo, qualquer um que o leia o achará o único meio humano e, portanto, embora a graça de Deus seja um meio tão adequado quanto suficiente e que pode funcionar por si mesma e sem a qual, nem os castigos ou outros meios podem fazer nada, ainda pode ser verdade, no entanto, que quando as admoestações e diálogos falham, não resta outro meio humano além dos castigos para levar pessoas preconceituosas a ouvir e refletir sobre o que lhes pode convencer de seus erros e descobrir sua verdade. E então os castigos serão necessários em relação a esse fim, como meio humano".

Nessas palavras, se o senhor busca uma resposta ao meu argumento, é essa: que a força é necessária porque para levar os homens ao caminho certo há outros meios humanos necessários além das admoestações e persuasões. Pois, o que mais podemos fazer com os homens, no caso? Mas não há vantagem lógica que, onde o senso e a razão falham, deve-se acrescentar uma diferença pronta à mão. A força é necessária, quando a persuasão não prevalecer, diz o senhor, porque é o único meio que resta. Quando o senhor ouve que não é o único meio restante e não pode ser necessária quanto a isso, o senhor responde que "quando admoestações e diálogos falham, não há meios humanos restantes, além dos castigos, para levar pessoas preconceituosas a ouvirem e refletirem sobre o que pode lhes convencer dos seus erros e descobrir sua verdade e então os castigos serão necessários a essa finalidade, como um meio humano".

Suponha ser imprescindível para o senhor, quando seus castigos moderados falham, que não haja meios humanos restantes além da perseguição e outras rigores, que o senhor diz condenar tanto quanto eu, "para levar pessoas preconceituosas a ouvir e refletir sobre o que lhes pode convencer dos seus erros e descobrir a verdade deles" e então, a perseguição, a prisão, o açoite, as multas, etc. serão necessários para essa finalidade, como meios humanos. O que o senhor pode dizer além disso? Que o senhor se deu o poder de julgar que graus de meios humanos são necessários e outros não. Pois sem tal confiança em seu próprio julgamento, quando Deus não disse quanto nem que alguma força fosse necessária. Penso ser esse um bom argumento para as grandes, assim como para as suas menores penalidades. Quando "admoestações e diálogos não prevalecerem, então os castigos brandos e alguns níveis de força serão necessários, diz o senhor, como meios humanos". E quando suas penalidades brandas, seus níveis de força não prevalecerem, então níveis mais altos serão necessários, digo, como meios humanos. E minha razão é a mesma que a sua, porque não resta outro meio, isto é, meio humano. Mostre-me como seu argumento conclui pela necessidade de punições mais brandas e o meu, por punições mais fortes, não, mesmo a perseguição, "*et eris mihi magnus Apollo*".

Mas deixe-nos aplicar isso ao seu sucedâneo de milagres e então isso será mais admirável. O senhor nos diz, admoestações e diálogos não prevalecendo para levar os homens ao caminho certo, "a força é necessária porque não resta outro meio". A isso se diz, sim, resta outro meio: a graça de Deus. Sim, mas, o senhor diz, isso não funciona, porque o senhor só fala de meios humanos. Assim, conforme seu modo de questionar, outro meio humano é necessário, pois o senhor mesmo nos diz que o meio de que o senhor falava quando diz que "quando admoestações e diálogos não funcionam, que outros meios restam além da força? eram meios humanos". Suas palavras são: "que qualquer um que leia esse parágrafo, entenderá apenas como meios humanos". Por este argumento então, outros meios humanos são necessários além da pregação e persuasão e tais meios humanos o senhor encontrou como sendo a força e os milagres. Os últimos são certamente notáveis meios humanos. E sua distinção dos meios humanos lhe serve a bom propósito, considerando os milagres como um dos seus meios humanos. Pregação e admoestação, diz o senhor, não são suficientes para levar os homens ao caminho certo. Algo mais é necessário. Sim, a graça de Deus. Não, diz o senhor, isso não funciona, não são meios humanos. É necessário ter outros meios humanos; portanto, nos três ou quatro primeiros séculos do Cristianismo, a insuficiência da pregação e admoestações foi suprida com milagres e assim, a necessidade de outros meios humanos foi boa. Mas para refletir um pouco mais sobre seus milagres para suprir o desejo de força.

A questão entre nós aqui é se a religião cristã não prevaleceu, nas primeiras eras da igreja, por sua própria beleza, força e racionalidade sem a assistência da força. Digo que sim, portanto a força externa não é necessária. A isso o senhor replica que "não pode prevalecer por sua própria luz e força sem a assistência de milagres ou de autoridade e, portanto, a religião cristã não sendo mais acompanhada de milagres, a força agora é necessária". Tanto que, para tornar a equivalência de milagres correspondente com seu necessário meio de força, o senhor parece requerer uma aplicação real de milagres ou de força para prevalecer sobre os homens para receberem o Evangelho, isto é, os homens não podem ser conquistados para receberem o Evangelho sem verem realmente milagres. Pois quando o senhor nos diz que "estou certo de que não posso dizer que a religião cristã ainda é acompanhada de milagres, como era em sua implantação", espero que o senhor não entenda que o Evangelho ainda não seja acompanhado de um testemunho indubitável de que os milagres foram feitos pelos seus primeiros editores, pois foram tantos os milagres, como suponho que a maior parte deles teve, com quem a religião cristã prevaleceu até ser "apoiada e encorajada, como o senhor nos diz, pela lei do império". Pois eu penso que o senhor não dirá ou se dissesse, o senhor não esperaria ser acreditado de todo, ou a maioria dos que adotaram a religião cristã, antes de ser apoiada pelas leis do império, o que não ocorreu até o quarto século, tiveram realmente milagres feitos diante de si, funcionando sobre eles. E é claro que todos os que não foram testemunhas oculares de milagres feitos em suas presenças, não tiveram mais milagres que temos, quer dizer, relatados. E é provável que não muitos, nem bem atestados, como temos. A maior parte, então, dos que foram convertidos, no mínimo em algumas épocas, antes do Cristianismo ser apoiado pelas leis do império, acho que o senhor concorda, foram levados pela simples pregação e esses milagres como que ainda temos, milagres à distância, milagres relatados. Em outros, os de maior número, o preconceito não foi tão removido, que prevaleceram para refletir, refletir como deveriam, isto é, em sua linguagem, refletir para adotar. Se não tivessem assim refletido em nossos dias, sobre o que, segundo seu esquema, deveria ter sido feito a eles, eles não refletiriam como deveriam? A força lhes deve ter sido aplicada. O que, portanto, na igreja primitiva deve ter sido feito a eles? Por quê?! Seus milagres sucedâneos, milagres reais, que o senhor nega ainda acompanharem a religião cristã, devem ter sido feitos na presença deles, para funcionar sobre eles. O senhor diria que foi assim e produz uma nova história da igreja para nós e supera os escritores considerados muito independentes de milagres? Se não, o senhor deve confessar que os milagres não substituíram a força. E assim, deixar cair por terra todo seu fino artifício sobre a necessidade da força ou dos milagres e talvez o senhor pense nisso, enfim, com mais modéstia, para não impor o funcionamento do poder e a providência divina através de regras e ao serviço de sua hipótese, sem ter algo de história autêntica muito menos na divina e infalível revelação, para justificá-lo. Mas a força e o poder merecem algo mais que a ordinária e aceitável arte ou argumento, para obter e mantê-los: "*si violandum sit jus, regnandi causa violandum est*".

Se o testemunho de milagres realizados fosse suficiente para fazer prevalecer o Evangelho, sem a força, naqueles que não os testemunharam, ainda temos que levar em conta que não precisamos da força para suprir seu desejo, mas se a verdade deve ter a lei do país ou milagres reais para apoiá-la, o que resta dela após o reino de Constantino, o Grande, sob todos aqueles imperadores errôneos e heréticos? Ele se apoiou em Piemont e na França e na Turquia, durante muitas épocas, sem força ou milagres e se disseminou em várias nações e reinos do norte e do leste, sem qualquer força ou outros milagres além dos que foram realizados muitas eras anteriores. Assim penso que o senhor não negará, por uma segunda reflexão, que a verdadeira religião pode prevalecer agora, como no início, e desde então em muitos lugares, sem assistência dos poderes existentes, por sua própria beleza, força e racionalidade, dos quais os bem atestados milagres são só uma parte.

Mas a importância que o senhor nos dá aos milagres merecerá um pequeno exame. Nós a temos nas seguintes palavras: "considerando que esses meios extraordinários não foram desvanecidos até que com sua ajuda, o Cristianismo conseguiu ser recebido como a religião do império e ser apoiado e encorajado por suas leis, o senhor só pode pensar, o senhor diz, ser muito provável (se aceitamos imaginar os conselhos da infinita sabedoria) que a Deus agradou continuá-los até então, nem tanto pela necessidade que havia em todo aquele tempo, de evidenciar a verdade da religião cristã, como para suprir a necessidade de assistência do magistrado". Os milagres, então, se o que diz for verdade, continuaram até que o "Cristianismo foi recebido como a religião do império, nem tanto para evidenciar a verdade da religião cristã, mas para suprir a necessidade de assistência do magistrado". Mas nisso o ilustre autor, cujo testemunho o senhor menciona, lhe falhou. Pois ele lhe diz que o principal uso dos milagres na igreja, após a verdade da religião cristã ter sido suficientemente confirmada por eles no mundo, era para opor aos falsos e pretensos milagres dos heréticos e pagãos. E os milagres até então responsáveis cessaram e voltaram novamente à medida que tais oposições os tornaram mais ou menos necessários. Milagres semelhantes, que antes foram depreciados nos tempos de Trajano e Adriano, que ocorreu no fim do primeiro e início do segundo século, foram revividos para confundir as ilusões mágicas dos heréticos daqueles tempos. E no século três, os heréticos não podendo usar tais truques e a fé sendo confirmada, eles foram cessando aos poucos, pois não foram tendo, ele diz, necessidade imaginável. Suas palavras são: "*Et quidem eo minus necessária sunt pro veterum principiis recentiora illa miracula, quod hæréticos, quos appellant, nullos adversários habeant, qui contraria illis dogmata astruant miraculis. Sic enim vidimus, apud veteres, dum nulli ecclesiam exercerent adversarii, seu hæretici, seu Gentiles; aut satis illi præteritis miraculis fuissent refutati; aut nullas ipsi præstigias opponerent quæ veris essent miraculis oppugnandæ; subductam deinde paulatim esse mirificam illam spiritus virtutem. Ortos sub Trajano Hadrianoque haereticos ostendimus præstigiis magicis fuisse usos, et proinde miraculorum verorum in ecclesiâ usum uma revixisse. Ne dicam præstigiatores etiam Gentiles eodem illo seculo sane freqüentissimos, Apuleium África, in Ásia Alexandrum Pseudomantim, multosque alios quorum meminit Aristides. Tertio seculo orto, hæretici Hermógenes, Praxeas, Noetus, Theodotus, Sabellius, Novatianus, Artemas, Samosatenus, nulla, ut videtur, miracula ipsi venditabant, nullis propterea miracullis oppugnandi. Inde vidimus, apud ipsos etiam catholicos, sensim defecisse miracula. Et quidem, hæreticis nulla in contrarium miracula ostentantibus, quæ tandem fingi potest miraculorum necessitas traditam ab initio fidem, miraculisque adeo jamdudum confirmatam prædicantibus? Nulla certe prorsus pro primævo miraculorum exemplo. Nulla denique consciis vere primævam esse fidem quam novis miraculis suscipiunt confirmandam*". Dodwell. Dissertat. In Iræn. Diss. II. Sect. 65.

A história dos milagres, portanto, que o senhor tem dele, serve para a hipótese dele, mas nem toda para a sua. Pois se fosse para ele continuar a suprir a intenção de força, que era para lidar com a corrupção da natureza humana depravada. Que sendo, sem grande variação no mundo, constantemente a mesma, não poderia haver razão por que eles depreciariam e falhariam e então retornariam e reviveriam novamente. Assim, não havendo necessidade de milagres, como o senhor supõe, para outros fins, além de suprir o desejo da assistência do magistrado, eles devem, para atingir tal fim, ser constante e regularmente os mesmos como o senhor forçaria a ser, que devem ser aplicados constante e ininterruptamente, como um remédio constantemente necessário à natureza corrupta da humanidade.

Se o senhor aceita as razões do ilustre Dodwell para a continuidade dos milagres, até o quarto século, sua hipótese de que eles continuaram para suprir a assistência do magistrado, só será precária. Pois se houvesse necessidade de milagres até aquele tempo para outros propósitos, sua continuidade na igreja, embora o senhor possa prová-los como freqüentes e certos como os do Nosso Salvador e os apóstolos, não seria vantajoso à sua causa, pois não haveria evidência de que tenham sido usados para aquele fim, que enquanto houvesse outros usos visíveis para eles, o senhor não poderia, sem revelação, garantir-nos ter usado da Divina Providência "para suprir o desejo de assistência do magistrado". Portanto, o senhor deve refutar a hipótese dele, antes de tirar qualquer vantagem do que ele diz, sobre a continuidade dos milagres para estabelecer a sua hipótese. Pois até que o senhor possa mostrar que o que ele determina não era a finalidade para a qual eles continuaram na igreja, o máximo que o senhor pode dizer é que se pode imaginar que uma razão para sua continuidade seria suprir o desejo da assistência do magistrado. Mas o que o senhor pode imaginar possível sem provas, espero que o senhor não espere ser recebido como prova inquestionável de que assim era. Posso imaginar possível eles não terem continuado por essa finalidade e a imaginação pode ser uma prova tão boa quanto outra qualquer.

Para tornar correta sua modéstia, portanto, devo aceitar que o senhor ofereça superficialmente algum tipo de razão para provar que os milagres continuaram para suprir o desejo de assistência do magistrado e, já que Deus declarou então que era para esse fim, o senhor nos teria persuadido nesse parágrafo que assim o era, por duas razões: Uma, que a verdade da religião cristã, sendo suficientemente evidenciados pelos milagres realizados por Nosso Salvador e seus apóstolos e talvez seus sucessores imediatos, não houve outra necessidade da continuação de milagres até o quarto século e, portanto, eles foram usados por Deus para suprirem o desejo de assistência do magistrado. Assim entendo o significado de suas palavras: "penso ser altamente provável que a Deus agradava continuá-los até então, nem tanto por qualquer necessidade deles para, naquele tempo, evidenciar a verdade da religião cristã, mas para suprir o desejo de assistência do magistrado". Daí, suponho, o senhor não tenciona meramente contar ao mundo sua opinião sobre o caso, mas usar isso como um argumento, para tornar provável a outros que essa foi a finalidade da continuidade dos milagres, que, no melhor será somente uma probabilidade muito duvidosa para construir uma assertiva tão enfática como essa sua, isto é, que "a religião cristã não consegue subsistir e prevalecer no mundo por sua própria luz e fortalecimento, sem a assistência da força ou milagres reais". E, portanto, o senhor tanto pode produzir uma declaração do Céu que o autorize a dizer que os milagres foram usados para suprir o desejo de força ou mostrar que não houve outro uso deles além desse. Pois se outro uso pode lhes ser atribuído, enquanto continuaram na igreja, alguém pode seguramente negar que eles deveriam suprir o desejo da força e caberá ao senhor prová-lo de outra forma que não dizendo que pensa ser altamente provável. Pois eu suponho que o senhor não espera que, pensar em algo altamente provável poderia ser uma razão suficiente para outros aquiescerem quando, talvez, a história dos milagres considerados, ninguém poderia dizer pensou ser provável, além de alguém cuja hipótese precisou de um suporte tão fraco.

A outra razão sobre a qual o senhor se apóia é que, quando o Cristianismo foi recebido como a religião do império, os milagres cessaram porque não houve mais necessidade deles, o que tomo como o argumento insinuado nessas palavras: "Considerando que esses meios extraordinários não foram eliminados até que por sua ajuda o Cristianismo prevaleceu e foi recebido como a religião do império". Se então o senhor pode fazer parecer que os milagres permaneceram até que o Cristianismo prevaleceu e foi recebido como a religião do império, sem qualquer outra razão para sua continuidade, além de suprir o desejo de assistência do magistrado e que cessaram logo que os magistrados se tornaram cristãos, seu argumento terá algum tipo de probabilidade que, dentro do império romano este foi o método que Deus usou para propagar a religião cristã. Mas não servirá para tornar boa sua posição "que a religião cristã não consegue subsistir e prevalecer por sua própria fortaleza e luz, sem a assistência de milagres ou autoridade", a menos que o senhor possa mostrar que Deus usa milagres para introduzi-la e apoiá-la em outras partes do mundo não sujeitas ao império romano, até que os magistrados também lá se tornem cristãos. Pela corrupção da natureza sendo a mesma sem milagres, como dentro dos limites do império romano, sob sua hipótese, foi tão necessário suprir o desejo de assistência do magistrado em outros países como no império romano. Pois não acho que o senhor descobrirá que os soberanos civis foram os primeiros convertidos em todos esses países, onde a religião cristã foi implantada após o reinado de Constantino e, em todos esses, será necessário o senhor mostrar-nos a assistência de milagres.

Mas vejamos quanto sua hipótese é favorecida pela história da igreja. Se os escritos dos pais de grande nome e crédito devem ser acreditados, os milagres não foram eliminados quando o Cristianismo prevaleceu e foi recebido como a religião do império. Atanásio, o grande defensor da ortodoxia católica, escreveu a vida do seu contemporâneo, Santo Antonio, cheia de milagres que, embora alguns tenham questionado, ainda o ilustre Dodwell aceita ter sido escrito por Atanásio e o estilo o evidencia, o que foi também confirmado por outros escritores eclesiásticos.

Paládio nos diz que "Amon fez muitos milagres mas que particularmente Santo Atanásio relatou na vida de Santo Antonio que Amon andando com alguns monges que Antonio lhe enviou, quando vieram ao rio Licos, quando deviam passá-lo, tinha medo de tirar a roupa por medo de ver-se nu e, enquanto estava em conflito sobre o assunto ele foi levado num êxtase, carregado por um anjo, enquanto o resto dos monges nadava pelo rio. Quando voltou para Antonio, este lhe disse que foi enviado a ele, porque Deus lhe revelou muitas coisas a respeito dele e, particularmente essa tradução. E quando Amon morreu em seu retiro, Antonio viu sua alma sendo carregada ao céu por anjos". Paládio em *Vita Ammonis*.

Sócrates nos diz que "Antonio viu a alma de Amon carregada por anjos, como Atanásio escreve na vida de Antonio".

E novamente, diz ele, "parece supérfluo para mim relatar os muitos milagres que Antonio realizou, como ele lutou abertamente com demônios, descobrindo todos os seus truques e artimanhas, pois Atanásio, bispo de Alexandria me preveniu sobre o assunto, tendo escrito um livro particularmente sobre sua vida".

"Antonio foi considerado merecedor da visão de Deus e levou uma vida perfeitamente conforme as leis de Cristo. Isto, quem ler o livro que contém a história de sua vida, facilmente saberá, onde também verá o brilho da profecia, pois ele muito claramente profetizou sobre os que estavam infectados com o contágio ariano e previu como suas ações ameaçariam as igrejas. Deus realmente lhe revelou essas coisas, sendo certamente a principal evidência da fé católica que nenhum desses homens fosse encontrado entre os heréticos. Mas não leve em consideração minhas palavras, mas leia e estude o próprio livro."

O senhor pode ter este relato e, São Crisóstomo*, que o senhor Dodwell chama de eliminador de fábulas.

São Hierom, no seu tratado *De Viro Perfecto*, fala da freqüência de milagres realizados nesse tempo como fato não questionável. Além disso, não poucos ele registrou nas vidas de Hilário e Paulo, dois monges sobre cujas vidas ele escreveu. E aquele que tem a mente capaz de ver a quantidade de milagres desse tipo, só precisa ler a coletânea sobre as vidas dos padres, escrita por Rosweydus.

Ruffin nos conta que Atanásio guardou os ossos de São João Batista na parede da igreja, sabendo pelo espírito de profecia o bem que fariam à próxima geração e a eficácia e uso que teriam pode ser concluída pela igreja com telhado dourado, construída para eles logo após, no local do templo de Serapis.

São Austin nos conta (+) que "conheceu um homem cego que recuperou a visão pelos ossos dos mártires de Milão e outros tantos fatos do mesmo tipo ocorridos naquele tempo, que muitos escaparam ao seu conhecimento. E os que ele soube foram mais do que ele poderia numerar". Mais sobre isto o senhor pode ver na Epístola 137.

---

* Crisóst. Hom. 8. in Mateus, capítulo II.
(+) *Cæcum illuminatum fuisse jam noveram. Nec ea quæ cognoscimus, enumerare possumus.* Aug. Retract. Lib. 1. c. 13.

Mais tarde ele nos garante que, pelas simples relíquias de Santo Estevão, "um homem cego recebeu de volta sua visão". Luculus foi curado de uma antiga fístula. Eucário de uma pedra. Três homens com gota se recuperaram. Um jovem morto por uma roda de carro que voou sobre ele retornou à vida são e salvo, como se não tivesse nenhum ferimento. Uma freira à beira da morte teve seus trajes levados para o templo, mas morrendo antes que retornassem, voltou à vida por deitarem seus trajes sobre ela. Semelhante fato ocorreu em Hippo à filha de Bassus e dois outros", cujos nomes ele escreveu, onde, pelas mesmas relíquias voltaram da morte.

Após esses e outros detalhes estabelecidos, de milagres realizados nesse tempo pelas relíquias de Santo Estevão, o santo padre disse: "O que farei? Pressionado por minha promessa de realizar esse trabalho, não posso aqui determinar tudo e, sem dúvida, muitos quando lerem isso serão perturbados por eu ter omitido tantos detalhes, que eles verdadeiramente sabem tanto quanto eu.** Pois se eu escrevesse, esquecendo o resto, só sobre as miraculosas curas realizadas por esse glorioso mártir Estevão na colônia de Calama e na sua, eu encheria muitos livros e não contaria todos eles, mas somente aqueles sobre os quais existem coletâneas publicadas (++), lidos pelo povo, pois eu cuidei que isso fosse feito, quando vi que os sinais do poder divino, como os antigos, eram freqüentes em nossos tempos (***). Fazem agora dois anos que o templo estava em Hippo e muitos dos livros que eu certamente conhecia como tal, não tendo sido publicados, os que foram publicados sobre tais miraculosas operações, somaram perto de cinqüenta quando escrevi este. Mas em Calama, onde esse templo antes estava, há mais publicados e seu número é incomparavelmente maior. Em Uzal, também uma colônia e perto de Utica, conhecemos muitos milagres famosos realizados pelo mesmo mártir".

Dois dos livros que ele menciona são impressos no apêndice do décimo tomo das obras de Santo Austin da edição Plantin. Um deles contém dois milagres; outro, se me lembro, em torno de dezessete. Assim, só no Hippo, em dois anos, podemos contar, além dos omitidos, foram publicados mais de 600 milagres e, como ele diz, incomparavelmente mais em Calama. Além do que foi realizado pelas relíquias do mesmo Santo Estevão, em outras partes do mundo, que não se supõe ter tido menos virtude que os enviados a essa parte da África. Pois essas relíquias de

---

** Quæ utique mecum sciunt.
(++) Libelli dati sunt.
(***) Cum viderimus antiques similia divinarum signa virtutum etiam nostris temporibus frequentari. Aug. De Civ. Dei, lib. XXII, c. 8.

Santo Estêvão, descobertas pelo sonho de um monge, foram divididas e enviadas a países distantes e lá distribuídas a várias igrejas.

Isto deve ser suficiente para mostrar que se os pais da igreja de grande nome e autoridade devem ser cridos, os milagres não foram abolidos, mas continuaram até o final do quarto século, muito tempo depois do "Cristianismo ter prevalecido e recebido como a religião do império".

Mas se os testemunhos de Atanásio, Crisóstomo, Paládio, Rufino, Santo Hierom e Santo Austin, não servir por sua vez, o senhor pode encontrar mais com esse fim nos mesmos autores. E, se lhe agrada, pode consultar São Basílio, Gregório Nazianzen, Gregório Nyssen, Santo Ambrósio, Santo Hilário, Teodoreto e outros.

Sendo assim, ou o senhor nega a autoridade desses padres ou garante que os milagres continuaram na igreja após o "Cristianismo ter sido recebido como a religião do império e então, eles não poderiam ter suprido o desejo de assistência do magistrado", a menos que eles devessem suprir o desejo do que não estava sendo desejado e, portanto, eles continuaram para algum outro fim. Qual a finalidade da continuidade dos milagres, quando o senhor foi tão instruído para poder nos garantir que aí foi diferente de quando Deus os usou no segundo e terceiro séculos, quando o senhor foi admitido nos segredos da Divina Providência para poder convencer o mundo que os milagres entre as épocas dos apóstolos e de Constantino, ou qualquer outro período que escolher, foram para suprir o desejo de assistência do magistrado e os posteriores, para algum outro propósito que o senhor diz merecer ser considerado. Até o senhor fazê-lo, o senhor só mostrará a liberdade que toma para afirmar com grande convicção, embora sem nenhum fundamento, o que quer que sirva ao seu sistema e que o senhor não vacila em enfatizar os conselhos da infinita sabedoria, para torná-los subservientes à sua hipótese.

Assim eu lhe deixo dispor dos créditos dos escritores eclesiásticos como o senhor achar adequado e por sua autoridade estabelecer ou invalidá-las, se lhe agrada. Mas isso, acho, é evidente que quem constrói sua fé ou pensamentos sobre milagres descritos pelos historiadores da igreja, não achará razão para ir além do tempo dos apóstolos ou ainda, não parar nos tempos de Constantino. Já que os escritores após esse período, cuja palavra prontamente tomamos como inquestionável em outras coisas, falam de milagres no seu tempo com não menos certeza que os padres antes do quarto século e grande parte dos milagres dos séculos dois e três ficam no crédito dos escritores do século quatro. Assim, esse tipo de argumento que toma e rejeita o testemunho dos anciãos à vontade, conforme melhor se adequar, não terão muita força com os que não estão dispostos a adotar a hipótese, sem qualquer argumentação.

O senhor garante que "a verdadeira religião tem sempre sua própria luz e fortaleza, isto é, sem a assistência da força dos milagres, suficiente para prevalecer sobre todos que a considerarem seriamente e sem preconceito, que, portanto, porque a assistência da força é desejada é para fazer os homens refletirem seriamente e sem preconceito". Agora, deixo que o mundo julgue se os milagres que ainda persistem, milagres realizados por Cristo e seus apóstolos, atestados como são, é uma história inegável, não é mais adequado para lidar com os preconceitos humanos que a força e então a força que só requer um conformismo externo. Tudo que a assistência à verdadeira religião precisa é somente a liberdade de ser verdadeiramente pensada, mas raramente o foi pelos poderes vigentes na sua primeira entrada nos seus domínios, desde o abandono dos milagres. Então ainda desejo que o senhor me diga em que país o Evangelho, acompanhado como agora apenas dos milagres passados foram trazidos pelas pregações dos homens que nele trabalharam após o exemplo dos apóstolos, onde não prevaleceu sobre os preconceitos dos homens, que tanto quanto foi ordenado para a vida eterna", consideraram e acreditaram nele. Que, como o senhor pode ver em Atos, capítulo XIII, versículo 28 ("os gentios, ouvindo isto, regozijavam-se e glorificavam a palavra do Senhor e creram todos os que haviam sido destinados para a vida eterna"), foi todo o avanço feito, mesmo quando assistido pelo dom dos milagres. Pois nem todos ou a maioria foram levados a refletir e adotá-lo.

Mas ainda o Evangelho "não pôde prevalecer por sua própria luz e força" e, portanto, os milagres deveriam suprir o lugar da força. Como a força foi usada? Tendo-se elaborado uma lei, houve a contínua aplicação de punições a todos os que não fossem levados a adotar a doutrina proposta. Então os milagres foram usados até que a força tomasse seu lugar? Para isso eu gostaria de conhecer melhor a história da nova igreja e penso o contrário do que lemos na parte inquestionável dela, quero dizer, nos Atos dos Apóstolos, onde encontraremos que os então promulgadores do Evangelho, quando pregaram e fizeram os milagres que o Espírito de Deus orientou, se não prevaleceram, eles muitas vezes os deixaram: "Então, Paulo e Barnabé, falando ousadamente, disseram: Cumpria que a vós outros, em primeiro lugar, fosse pregada a palavra de Deus, mas, posto que a rejeitais e a vós mesmos vos julgais indignos da vida eterna, eis aí que nos volvemos para os gentios" (Atos, capítulo XIII, versículo 46). "E estes, sacudindo contra aqueles o pó dos pés, partiram para Icônio" (Atos, capítulo XIII, versículo 51), "Visto que alguns deles se mostravam empedernidos e descrentes, falando mal do Caminho perante a multidão, Paulo, apartando-se deles, separou os discípulos, passando a discorrer diariamente na escola de Tirano" (Atos, capítulo XIX, versículo 9). "Opondo-se eles e blasfemando, sacudiu Paulo as vestes e disse-lhes: Sobre vossa cabeça, o vosso sangue! Eu dele estou limpo e, desde agora, vou para os gentios". (Atos, capítulo XVIII, versículo 6) Os magistrados cristãos teriam feito assim, quem pensava ser necessário apoiar a religião cristã pelas leis? Teriam eles desistido, enquanto puniam aqueles cujas persuasões e pregação não tivessem prevalecido, e os deixado a si mesmos e teriam experimentado suas punições em outros? Ou esse é o seu método de força e punição? Se não, o seu método não é o que veio para substituir os milagres e assim, não é necessário. Pois o senhor nos diz que eles são punidos para fazê-los refletir e nunca se pode supor que eles refletiriam "como deveriam enquanto persistem na rejeição" e, portanto, eles são punidos com justiça para fazê-los refletir, então, não refletir assim sendo a falta pela qual são punidos e a correção dessa falta, a finalidade para a qual a punição é designada e assim, a punição deve continuar. Mas os homens nem sempre foram derrotados pelos milagres. A isso, talvez, o senhor responda que ver um milagre ou dois, ou meia dúzia, seria suficiente para dar ouvidos, mas ser punido uma vez ou duas ou meia dúzia de vezes não o é, pois o senhor nos diz: "o poder dos milagres transmitido aos apóstolos serviram em conjunto, assim como a punição, para darem ouvidos", onde, se o senhor traduzir dar ouvidos somente por dar atenção, quem duvida que a punição pode também conseguir isso? Se o senhor, por dar ouvidos, quer dizer receber e adotar o que é proposto, mesmo os próprios milagres não foram eficazes sobre todas as testemunhas oculares. Por que então, lhe pergunto, se um deve substituir o outro, um deve continuar naqueles que o rejeitaram, quando o outro não mais continuou, nem, como penso poder seguramente dizer, muitas vezes se repetiu sobre os que persistiram nas suas persuasões anteriores?

Enfim, portanto, não se poderia justamente duvidar, que os milagres tenham substituído a punição? Não, se o senhor mesmo, se o senhor for sincero em relação a seus próprios princípios, pode pensar assim? O senhor nos diz que não se unir "à verdadeira igreja, era evidência suficiente oferecida para convencer os homens de assim o ser, é uma falta que não pode ser injusto punir". Deixe-me perguntar-lhe agora, os apóstolos, por sua pregação e milagres, oferecem suficiente evidência para convencer os homens que a igreja de Cristo era a verdadeira igreja ou, o que no caso é a mesma coisa, que a doutrina que pregaram era a verdadeira religião? Se sim, os que persistiram em não crer não seriam culpados de uma falta? E se alguns dos milagres realizados naqueles dias agora se repetissem e ainda assim os homens não adotassem ou se unissem à igreja que acompanha tais milagres, o senhor não os consideraria culpados de uma falta que o magistrado com justiça deveria punir? Se o senhor responder com verdade e sinceridade a esta questão, duvido que considerasse necessárias suas amadas punições, não obstante os milagres, "não restando outro humano". Não o julgo por má opinião sobre sua boa natureza, mas consoante seus princípios, pois se não professar a verdadeira religião, onde suficiente evidência for oferecida pela mera pregação, for uma falta e uma falta a ser punida com justiça pelo magistrado, o senhor certamente pensará como tarefa mais para ele punir uma falta mais grave como, o senhor deve aceitar, a rejeição da verdade proposta com argumentos e milagres do que com meros argumentos, já que o senhor nos diz que o magistrado é "obrigado a buscar, no que lhe couber, que cada homem cuide de sua alma, isto é, reflita como se deve, o que não se supõe que nenhum homem faça, enquanto persiste na rejeição", como o senhor nos diz.

Milagres, o senhor diz, substituem o desejo da força, "até que com sua ajuda, o Cristianismo prevaleceu e foi recebido como a religião do império". Não que os magistrados não tivessem tanta autoridade então, pela lei da natureza, para usar a força para promover a verdadeira religião, desde então, mas porque os magistrados, então, não sendo da verdadeira religião não suportavam a assistência do seu poder político. Se assim for e houver a necessidade da força ou dos milagres, não haverá então a mesma razão para milagres, mesmo até esse dia e assim por diante, até o fim do mundo em todos os países onde o magistrado não for da verdadeira religião? "A menos que, como o senhor insiste o senhor diga (o que sem impiedade não se pode dizer) que o sábio e benigno Dispensador de todas as coisas não tenha fornecido à humanidade os meios competentes para promover sua própria honra no mundo e o bem das almas".

Mas para pôr um fim na sua pretensão de milagres como substituto para a força, deixe-me perguntar se, desde o abandono dos milagres, seu grau moderado de força tem sido usado para apoiar a religião cristã? Se não, os milagres não foram usados para substituir o desejo de força, a menos que fosse para substituir uma força que o Cristianismo nunca teve, que é suprir nenhuma força de todo, ou ainda para suprir as gravidades que foram usadas entre os cristãos, pior que nenhuma. A força. O senhor diz, é necessária. Que força? "nem fogo e espada, nem perda de propriedades, nem lesões por castigos corporais, nem fome ou tormenta em nocivas prisões"; essas o senhor condena. "Nem compulsão. Esses rigores", o senhor diz, "são mais aptas a impedir que a promover a verdadeira religião, mas penalidades mais moderadas, inconveniências toleráveis, tais como pequena perturbação ou incômodo aos homens". Essa assistência não tendo que ser dada pelos magistrados, nos primeiros tempos do Cristianismo, os milagres, diz o senhor, continuaram até que o "Cristianismo se tornou a religião do império, nem tanto por alguma necessidade que eles tivessem, enquanto isso, para evidenciar a verdade da religião cristã, como para suprir o desejo de assistência do magistrado. Pelo fato da verdadeira religião não estar apta a se apoiar em sua própria luz e força, sem a assistência de milagres ou de autoridade", houve a necessidade de um ou de outro e, portanto, enquanto os poderes vigentes não deram assistência com a necessária força, os milagres supriram sua necessidade. Os milagres sendo então para suprir a força necessária e a força necessária sendo apenas "penas moderadas, algumas inconveniências, como somente perturbar e incomodar um pouco", se o senhor não pode mostrar que em todos os países onde os magistrados foram cristãos, eles deram assistência com essa força, está claro que os milagres não substituíram o desejo da necessária força, a menos que suprir o desejo da sua necessária força, durante algum tempo fosse suprir o desejo de uma assistência, que a verdadeira religião não abandonasse os milagres e, penso poder dizer, nunca foi pensado por qualquer autoridade, em qualquer época ou país, até que o senhor, agora, mais de trezentos anos depois, fez esta feliz descoberta. Não, senhor, já que a verdadeira religião, como o senhor nos diz, não pode prevalecer ou subsistir sem milagres ou autoridade, isto é, sua força moderada, necessariamente se segue que a religião cristã tem sido, em todas as épocas e países, acompanhada de milagres reais e de tal força que deixo ao senhor e aos homens sóbrios considerarem se assim é ou não. Quando o senhor puder mostrar que assim tem sido, teremos razão para nos satisfazer com sua enfática afirmativa, que a religião cristã, conforme o Novo Testamento não pode "prevalecer por sua própria luz e força, sem a assistência" de seus moderados castigos, ou de milagres reais que a acompanhe. Mas se desde o abandono dos milagres em todos os países cristãos, onde a força foi considerada necessário pelo magistrado para apoiar a religião nacional ou, como em todo lugar é chamada, a verdadeira religião, tais rigores têm sido usadas, que o senhor, por boa razão "condena como mais apta a obstruir que a promover a verdadeira religião", fica claro que os milagres substituem o desejo de tal assistência do magistrado, como fora mais apta a obstruir que a promover a verdadeira religião. E sua substituição da força para suprir o desejo de força moderada, nada mostrará, para sua causa, além do zelo de um homem tão ligado à força que mesmo sem a garantia das Escrituras, entrará no conselho do Todo-Poderoso e sem a autoridade da história, falará de milagres e administração política, como melhor se ajuste ao seu sistema.

Quando digo, uma religião que venha de Deus não requer a assistência de autoridade humana para fazê-la prevalecer, o senhor responde: "Isto não é nem simplesmente nem sempre verdade. De fato, quando Deus toma o assunto totalmente em Suas mãos, como no início, revelando uma religião, não há necessidade de qualquer assistência da autoridade humana, mas quando Deus estabeleceu suficientemente Sua religião no mundo, de forma que se os homens a partir de então venha a fazer o que pode e deve em suas várias capacidades para preservá-la e propagá-la, pode subsistir e prevalecer Sua extraordinária assistência, que foi necessária para primeiro estabelecê-la". Por essa sua regra, por quanto tempo haveria necessidade de milagres para fazer o Cristianismo subsistir e prevalecer? Se o senhor a mantiver, verá que não há necessidade de milagres, após a promulgação do Evangelho por Cristo e seus apóstolos, pois lhe pergunto: ela não estava "suficientemente estabelecida no mundo de forma que se os homens a partir de então venha a fazer o que pode e deve em suas várias capacidades", teria subsistido e prevalecido sem essa extraordinária assistência de milagres? Embora o senhor retrate nessa ocasião o que diz em outras passagens, isto é, ser uma falta não receber a "verdadeira religião, onde suficiente evidência foi oferecida para convencer os homens de assim o ser". Se, então, no tempo dos apóstolos, a religião cristã teve suficiente evidência de ser a verdadeira religião e os homens cumpriram sua tarefa, isto é, de recebê-la, ela teria certamente subsistido e prevalecido, mesmo no tempo dos apóstolos, sem essa extraordinária assistência e então, os milagres depois disso não seriam necessários.

    Mas talvez o senhor dirá que "homens com suas várias capacidades" significa os magistrados. Um bom modo de falar, próprio só para o senhor. Mas, mesmo nesse sentido, não servirá ao seu propósito. Pois então haverá necessidade de milagres, não apenas no tempo que o senhor propõe, mas em todas as épocas posteriores. Pois se o magistrado, tanto quanto os outros homens, tem a ver com a corrupção da natureza humana, razão porque o senhor nos diz que as falsas religiões prevalecem contra a verdadeira, não fizesse o que pode e deve para ser da verdadeira religião, como vantagem se não o fizer, o que então se tornará da verdadeira religião que, segundo o senhor, não pode subsistir ou prevalecer sem a assistência de milagres ou da autoridade? Os súditos não podem ter a assistência da autoridade, onde o magistrado não for da verdadeira religião e o magistrado, desejando a assistência da autoridade para levá-lo à verdadeira religião, esse desejo ainda deve ser suprido com milagres ou ainda, pela sua hipótese, tudo se arruína e a verdadeira religião, que não pode subsistir por sua própria luz e força deve se perder pelo mundo. Pois eu presumo que o senhor seja um adorador tão incomum dos poderes do mundo que diz que os magistrados são isentos da corrupção comum da humanidade, cuja oposição à verdadeira religião o senhor supõe não poder ser vencida sem a assistência de milagres ou da força. O bando pode se desviar, a menos que o guia os conduza corretamente. O próprio guia se desviará, a menos que o cajado do pastor que ele precisa tanto quanto qualquer dos animais do bando, o mantenha no caminho certo. *Ergo*, todo o bando se desviará, a menos que o guia tenha a assistência necessária para conduzi-lo bem. Aqui o caso é o mesmo. Assim, por sua própria regra, ou não há necessidade de milagres para suprir a necessidade da força após o tempo dos apóstolos, ou ainda precisamos deles.

Mas sua resposta, quando observada de perto tem algo em si excelente. Digo: uma religião que vem de Deus não precisa da assistência da autoridade humana para fazê-la prevalecer. O senhor responde: "verdade, quando Deus toma o assunto em Suas próprias mãos. Mas uma vez Ele tendo suficientemente estabelecido a religião, de forma que os homens façam o que podem e devem, deve subsistir sem essa extraordinária assistência do céu, então Ele a deixa aos seus cuidados". Onde o senhor supõe que, se os homens cumprirem suas tarefas em suas várias capacidades, a verdadeira religião, uma vez estabelecida, pode subsistir sem milagres. E não é verdade que se eles fizerem, por suas várias capacidades, o que podem e devem, a verdadeira religião também subsistirá sem a força? Mas o senhor tem certeza de que os magistrados farão o que podem e devem para preservar e propagar a verdadeira religião e os súditos não o farão. Se não, o senhor deve pensar em como responder à antiga questão:

——— "*Sed quis custodiet ipsos Custodes?*" ———

Quando eu disse que prevalecer sem a assistência da força, pensei usar isso como argumento pela verdade da religião cristã. O senhor responde que espera que "eu esteja errado. Pois com certeza esse é um mau argumento, que a religião cristã, tão contrária à sua natureza, assim como carne e sangue, como os poderes das trevas, prevaleceriam como ocorreu e isso, não apenas sem qualquer assistência da autoridade, mas mesmo apesar de toda oposição cuja autoridade e um mundo perverso, junto com esses poderes infernais poderiam fazer contra ela. Reconheço que os cristãos têm o mérito de arduamente insistir nisso, como prova muito boa de sua religião. Mas para questionar a verdade da religião cristã, por sua mera prevalência no mundo, sem qualquer ajuda da força, ou a assistência dos poderes vigentes, como se qualquer religião que prevalecesse deva ser a verdadeira religião, o que quer que se deseje, não é realmente defender a religião cristã, mas revelá-la". Não examinarei como o senhor corrigiu o argumento acrescentando "mera", palavra que não usei. A questão é se a religião cristã, tal como era (pois eu não conheço nenhuma outra religião cristã) e ainda o é "contrária à carne e sangue e aos poderes das trevas" não prevaleceu sem a assistência da força humana, como tais ajudas ainda se mantém? Penso que o senhor não negará que esse é um argumento usado pelos cristãos e alguns de nossa igreja, por sua verdade. Não me importa quanto pode lhe agradar ou não aquele que usar esse argumento. Todo o uso que dele fiz foi para mostrar que se confessa que a religião cristã prevaleceu sem os meios humanos do poder coercitivo do magistrado, que o senhor afirma ser necessário. E penso que isso torna bom o experimento que fiz. Nem sua busca, do seu modo um refúgio em milagres, o ajudará a eliminá-lo, como já mostrei.

Mas o senhor dá uma razão para o que diz, nas seguintes palavras: "pois a verdadeira religião nem sempre prevaleceu sem a assistência dos poderes vigentes, nem foi sempre tão disseminada e vencedora". Os que usam o argumento de sua prevalência sem a força, pela verdade da religião cristã, provavelmente lhe dirão que, se for verdade como diz, que a religião cristã em outros tempos prevaleceu, e às vezes não, sem a assistência dos poderes vigentes. Porque quando falha, deseja a devida assistência e diligência dos seus ministros. "Como eles ouvirão se não houver um pregador?" Como o Evangelho será disseminado e prevalecerá se aqueles que assumem ser seus ministros e pregadores negligenciam em ensiná-lo a outros como deveriam ou confirmá-lo em suas vidas? Se, portanto, se esse argumento for de alguma utilidade para o senhor, o senhor deve mostrar onde os ministros do Evangelho, cumprindo sua tarefa pela pureza de suas vidas e seu trabalho ininterrupto, presente a tempo e fora de tempo, não têm sido aptos para fazê-lo prevalecer. Dificilmente o senhor encontrará um exemplo disso, acredita-se e, se for o caso do Evangelho não deixar de prevalecer onde seus encarregados não negligenciem em ensinar e disseminá-lo com o cuidado, assiduidade e aplicação devidos, o senhor deve saber a quem culpar, não desejando que a luz e a força suficiente do Evangelho prevaleçam (onde, penso, o senhor é muito enfático), mas desejando o que o apóstolo Paulo requer dos seus ministros, na passagem onde se lê nessas palavras a Timóteo: (I Timóteo, capítulo 6, versículo 11) "Tu, porém, ó homem de Deus, foge destas coisas; antes, segue a justiça, a piedade, a fé, o amor, a constância, a mansidão". E em II Timóteo, capítulo 4, versículo 2: "Prega a palavra, insta, quer seja oportuno, quer não, corrige, repreende, exorta com toda a longanimidade e doutrina" e mais sobre isso em suas epístolas a Timóteo e Tito.

O senhor pode garantir que a religião cristã prevaleceu e se apoiou no mundo nesses mais de mil e seiscentos anos e está demonstrado que não tem sido pela força. Pois onde a religião cristã prevaleceu, ela o fez, tanto quanto sabemos dos meios de sua propagação e apoio, sem a ajuda dessa força, força moderada que o senhor diz ser sozinha útil e necessária.

Assim, as rigores que o senhor condena, como confessa, mais aptas a obstruir que a promover o Evangelho e que aqui tem tido a assistência de seus castigos moderados, segue-se que ele prevaleceu sem força, apenas por sua própria luz e fortaleza, expôs e abriu espaço ao entendimento e coração do povo por pregações, diálogos e exortações dos seus ministros. No mínimo isso o senhor deve garantir, que a força de modo algum possa ser necessária para fazer o Evangelho prevalecer em qualquer lugar, até que enfim possa ser percebido que pode ser feito por argumentos e exortações, orações e diálogos e todos os modos amistosos de persuasão.

Conforme a outra parte de sua afirmativa, "não é fato que sempre que a verdadeira religião, é tão disseminada e vencedora", provavelmente eles demandarão exemplos, onde as falsas religiões prevaleceram contra o Evangelho sem a assistência da força de um lado, ou traída pela negligência e descuido dos seus mestres do outro? Assim, se o Evangelho em algum lugar quiser a assistência do magistrado, é apenas para fazer seus ministros cumprirem seu dever. Ouvi falar dos que, e possivelmente há exemplos deles, por suas vidas pias, pacífica e amistosa atitude e diligente aplicação às várias condições e capacidades de seus paroquianos e examinando-os como possível frente às penas da lei, em curto prazo, raramente deixaram um dissidente na paróquia onde, apesar da força usada anteriormente, dificilmente encontraram qualquer outra. Mas quanto isso recomendou tais ministros aos que deveriam encorajar ou seguir o exemplo, gostaria que o senhor se informasse e depois me contasse. Mas, quem não vê que a garantia da justiça pacífica é um caminho mais curto e muito mais fácil para o ministro, do que este afã de instruir, debater e de particular aplicação. Outros poderão questionar se é também mais cristão ou mais eficaz para produzir convertidos reais. Isto, estou certo, não tem uso justificável, mesmo por seus próprios princípios, até que o outro tenha sido intensamente tentado.

Quanto Nosso Salvador aprovaria esse método naqueles que Ele enviou? Que recompensa Ele poderia outorgar aos ministros de Sua palavra, que preferem trazer seus irmãos sob tais castigos. Esses que se autodenominam sucessores dos apóstolos devem bem refletir sobre o que Ele próprio diz deles em Lucas, capítulo XII, versículo 42: "Disse o Senhor: Quem é, pois, o mordomo fiel e prudente, a quem o Senhor confiará os seus conservos para dar-lhes o sustento a seu tempo?" Pois isso que foi dito particularmente aos apóstolos e pregadores do Evangelho, é evidente não apenas pelas próprias palavras, mas pela questão de São Pedro. Nosso Salvador tendo, nos versos seguintes, declarado em parábola a necessidade de estar atento, São Pedro, no versículo 41, perguntou-Lhe: Senhor, proferes esta parábola para nós ou também para todos? A esta pergunta, nosso

Salvador respondeu com essas palavras: "Quem é, pois, o mordomo fiel e prudente, a quem o senhor confiará os seus conservos para dar-lhes o sustento a seu tempo? Bem aventurado aquele servo a quem seu senhor, quando vier, achar fazendo assim. Verdadeiramente vos digo que lhes confiará todos os seus bens. Mas, se aquele servo disser consigo mesmo: Meu senhor tarda em vir e passar a espancar os criados e as criadas, a comer, a beber e a embriagar-se, virão senhor daquele servo, em dia em que não o espera e em hora que não sabe e castigá-lo-á, lançando-lhe a sorte com os infiéis. ("Ou com os hipócritas", como está em Mateus XXIV, versículo 51).

Mas, se há algo no argumento pela verdade do Cristianismo (como Deus proibiu que não houvesse), que há e conseqüentemente pode prevalecer sem força, penso que dificilmente pode ser verdade, de fato que as falsas religiões também prevaleçam contra a religião cristã, quando se equivale os termos em disputa e quando é usado tanta diligência e esforço por seus mestres, como pelos sedutores das falsas religiões, sem que o magistrado use da força em nenhum dos lados. Pois se nesse caso, que seria um experimento justo, o Cristianismo possa prevalecer e também as falsas religiões, é possível que contradições possam prevalecer uma contra a outra. Portanto, para tornar boa sua afirmativa, o senhor deve nos mostrar, onde qualquer outra religião seja tão disseminada e vencedora que consiga eliminar o Cristianismo de um país, sem a força, onde seus ministros cumprem seu dever de ensinar, embelezar e apoiá-la.

Pelas seguintes palavras: "não é fato que sempre que a verdadeira religião, é tão disseminada e vencedora", não duvido que o senhor reconheça comigo, quando considerar quão poucas gerações após o dilúvio a adoração dos falsos deuses prevaleceu contra o que Noé professou e ensinou a seus filhos, que era sem dúvida a verdadeira religião, quase até sua exclusão (embora esta fosse a única religião no mundo), sem qualquer ajuda da força ou da assistência dos poderes vigentes". Isto precisará de algo mais do que uma prova negativa, como ainda veremos.

Onde digo: "As invenções dos homens precisam da força e da ajuda dos homens. Uma religião que venha de Deus, não precisa da ajuda da autoridade humana", a primeira parte dessas palavras o senhor não repara; nem garante nem nega como tal, embora talvez provem grande parte da controvérsia entre nós.

À minha pergunta: "Se a tolerância proposta pelo autor da primeira carta se estabelecesse na França, Espanha, Itália, Portugal, etc., a verdadeira religião não ganharia com isso?" o senhor responde que "a verdadeira religião sairia perdendo com isso nos lugares onde agora está estabelecida como a religião nacional" e, particularmente o senhor cita a

Inglaterra. Então parece que, pelo seu método de moderada força e leves castigos que em todos os países onde ela é nacional, a verdadeira religião prevaleceu e subsiste. Pois a controvérsia é entre o autor da tolerância universal do autor e seu novo método de força, pois o senhor condena níveis mais graves de força como danosos. Diga então que na Inglaterra e onde quer que a verdadeira religião seja nacional, ela foi atribuída à sua força pelas vantagens e apoio que teve e lhe atribuirei a causa. Mas sobre as religiões nacionais e particularmente a da Inglaterra, terei ocasião de falar mais a respeito em outro lugar.

Em seguida o senhor responde supor que eu não espero persuadir o mundo para consentir sobre a minha tolerância. Penso, por sua lógica, que uma proposta não é menos verdadeira ou falsa, porque o mundo será ou não persuadido a consenti-lo. E, portanto, embora ele não consinta com uma tolerância geral, apesar disso, pode ser verdade que seria vantajoso para a verdadeira religião e, se ninguém deva falar a verdade até que ele pense que todo o mundo seja persuadido por ela, o senhor deve ter uma opinião muito boa de sua oratória ou ainda, o senhor terá uma boa desculpa para mudar de personagem, quando tiver uma, para um sinecura. Mas embora eu não tenha uma boa opinião sobre meu dom de persuasão, como talvez o senhor tenha do seu, ainda penso poder esperar, sem grande presunção, que logo poderei persuadir a Inglaterra, o mundo, ou algum governo nele para aceitar minha tolerância, como o senhor o persuade de se satisfazer com castigos moderados.

Sua próxima resposta, se tal tolerância lá estabelecida permitiria a doutrina da igreja da Inglaterra de ser verdadeiramente pregada e sua forma de adoração estabelecida num país papista, islamita ou pagão, o senhor pensa que a verdadeira religião "ganharia com isso durante algum tempo, mas o senhor também pensa que uma tolerância universal arruinaria a ambas lá e em qualquer lugar no fim". O senhor garante ser possível, apesar da corrupção da natureza humana, que a verdadeira religião possa ganhar em algum lugar e por algum tempo, pela tolerância: poderá ganhar sob nova tolerância, o senhor pensa, mas decair sob outra antiga, o senhor teria nos contado a razão porque o senhor pensa assim. "Mas o senhor acha que existe uma grande razão para temer que, sem a extraordinária providência de Deus, a prazo muito mais curto do que alguém que não refletir bem sobre o assunto imaginará, será mais efetivamente extirpado através do mundo". Se o senhor considerou correto e o assunto for realmente assim, demonstra-se que a religião cristã, desde o tempo de Constantino, assim como a religião verdadeira antes do tempo de Moisés deve ter sido totalmente extinta do mundo e assim continuou, a menos que por milagre e revelação imediata tenha restaurado. Para esses homens, isto é, os magistrados, por quem ser da verdadeira religião e sua preservação, segundo o senhor, depende, vivendo todos sob livre tolerância, deve precisar perder a verdadeira religião efetivamente e rapidamente dentre eles e, tendo deixado a verdadeira religião, a assistência da força que poderia apoiá-la contra uma debandada geral, seria enfim perdida.

Os príncipes do mundo são, suponho, tão infectados pela natureza depravada do homem quanto o resto dos seus irmãos. Esses, sejam cem ou mil, supondo que, convivendo na mesma sociedade com a verdadeira religião, houvesse uma livre tolerância e nenhum poder coercitivo do magistrado sobre questões religiosas. A verdadeira religião seria logo extirpada dentre eles? Se o senhor diz que não, o senhor deve garantir que a tolerância não seria tão destrutiva para a verdadeira religião, como diz, ou deve pensar neles como de outra raça, diferente do resto dos homens corruptos e livre dessa mancha geral. Se o senhor garante que a verdadeira religião seria rapidamente extirpada dentre eles pela tolerância vivendo juntos em uma sociedade, o mesmo ocorrerá a eles, vivendo como príncipes, onde sejam livres de todo o poder coercitivo do magistrado em questões religiosas e ter tanta tolerância quanto se imagine. A menos que o senhor diga que a natureza humana depravada funcione menos num príncipe que num súdito e seja mais submissa, mais mortificada onde haja mais liberdade e tentação. Não deve então ocorrer, se sua máxima for verdadeira, que a tolerância rapidamente retire os poucos príncipes ortodoxos no mundo (onde quer que o senhor os identifique) da verdadeira religião e, com eles, elimine a assistência da autoridade, necessária para apoiá-la entre seus súditos? Então a tolerância não faz, quaisquer que sejam seus medos, esse nocivo estrago na verdadeira religião de que o senhor fala.

Dar-lhe-ei outra evidência disso e então examinarei sua grande razão tomada da corrupção da natureza humana e do exemplo que o senhor tanto repete e usa, a apostasia após o dilúvio. A tolerância, o senhor diz, rápida e efetivamente extirparia do mundo a verdadeira religião. Qual será então o meio de preservar a verdadeira religião no mundo? Se se acreditar em o senhor, é a força, mas nem toda força, grande brutalidade, fogo, pauladas, prisão, perda de propriedade, etc.. Esses fariam mais mal que bem. Somente castigos mais brandos e moderados, algumas inconveniências toleráveis podem funcionar. Se então a força moderada não ocorreu ao longo do tempo, não, em lugar algum foi usada para a preservação da verdadeira religião. A manutenção e apoio à verdadeira religião no mundo não é devida à sua oposição à tolerância, assim, seu argumento contra a tolerância está fora de propósito.

O senhor nos dá, nesta e nas páginas seguintes, os fundamentos para seu temor: é a corrupção da natureza humana que se opõe à verdadeira religião. O senhor o expressa assim: "A idolatria prevalece contra ela (a verdadeira religião) não por sua própria luz e força, pois não tem nenhuma delas, mas meramente pela vantagem sobre a corrupção e depravação da natureza humana, descobrindo-se religiões mais agradáveis que a verdadeira. Pois, o senhor diz, quaisquer dificuldades que algumas religiões possam impor, ainda sempre será mais fácil aos homens carnais de mente mundana entregar seus primogênitos às suas transgressões, do que mortificar seus caprichos no nascedouro, o que nenhuma religião requer, além da verdadeira". Imagino, dizendo isso, como o senhor poderia ainda se enganar quanto ao dever do magistrado em relação à religião e não vê onde a força verdadeiramente pode e deve ser útil a ela. O que o senhor disse mostra claramente o que a assistência da autoridade do magistrado pode dar à verdadeira religião para subjugar os caprichos e ser dirigida contra o orgulho, a injustiça, a rapina, a luxúria e a devassidão e outras imoralidades que venham propriamente ao seu conhecimento e possam ser corrigidas por castigos e não pela imposição de credos e cerimônias, como o senhor nos diz. Mesmo que soe enfático e decente, a vaidade e não a lei de Deus sempre será o juiz e, conseqüentemente, a regra.

O caso entre a verdadeira e as falsas religiões, como o senhor declarou é, em resumo: "a verdadeira religião tem sempre luz e força próprias suficientes para prevalecer sobre todos que refletirem seriamente e sem preconceito. A idolatria ou falsas religiões não têm nenhuma luz ou força para prevalecerem". Por que então a verdadeira religião não prevalece contra as falsas, tendo tanta vantagem de luz e força? O contrabalanço do preconceito o impede. E no que isso consiste? O bêbado deve abandonar seus copos e companheiros e o homem voluptuoso, seus prazeres. O orgulhoso e vaidoso deve abandonar todos os seus excessos: equipamentos, mobiliário e serviçais e seu dinheiro (o apoio de tudo isso) deve ser obtido somente pelos caminhos da justiça, honestidade e esforço honesto e todos devem viver pacificamente, retamente e amistosamente com seu vizinho. Aqui então, a assistência do magistrado é desejada; aqui ele pode e deve interpor seu poder, com castigos contra a bebedeira, a lascívia e todos os tipos de devassidão. Por um castigo firme e coerente de todos os modos de fraude e injustiça e por sua administração, continência e exemplo, submeter as irregularidades dos modos dos homens à ordem e trazer sobriedade, pacifismo, esforço e honestidade aos hábitos. Esse é seu trabalho próprio em qualquer lugar e para isso ele tem a autoridade vinda de Deus, à luz da natureza e da revelação e, assim, removendo o grande contrapeso que está na estreiteza de vida uma tendência tão forte, com sua maior parte contra a verdadeira religião, que pode fazer o equilíbrio pender para esse lado. Pois se os homens fossem forçados pelo magistrado a viver vidas sóbrias, honestas e retas, qualquer que fosse sua religião, não seria vantajoso para o lado da verdade, quando a gratificação dos seus caprichos não fossem obtidas com sua desistência? Na vida dos homens está o maior obstáculo às opiniões corretas em termos religiosos e se o senhor não acredita em mim, o que um homem muito racional da igreja da Inglaterra diz no caso [Dr. Bentley, em seu sermão sobre a Loucura do Ateísmo, p. 16] merecerá ser lembrado: "A religião concedeu o céu sem quaisquer formas e condições, indiscriminadamente a todos. Se a coroa da vida fosse hereditária e livre para o bem ou mal e não estabelecida por mérito somente aos eleitos de Deus, aos que vivem sobriamente, retamente e piamente nesse mundo atual, acredito que não haveria infiéis entre nós. E, sem controvérsia, é o modo e meios de obter o céu que faz os escarnecedores profanos quererem tanto abandonar sua expectativa sobre ele. Não são os artigos do credo, mas seu dever com Deus e seu vizinho que é uma lenda tão inconsistente e incrível. Eles não praticarão as regras religiosas e portanto, não podem viver suas 'doutrinas'". O engenhoso autor me perdoará a mudança de uma palavra que não duvido se ajuste à sua opinião, mas não tão bem ao seu argumento, então.

O senhor garante que a verdadeira religião tem sempre luz e força para prevalecer. As falsas religiões não. Elimine a satisfação dos caprichos dos homens e onde estará a vantagem? Os homens violentarão, contra a luz de sua razão, seu entendimento e renunciarão à verdade e também à salvação, de graça? Aqui o senhor nos diz: "nenhuma religião além da verdadeira requer dos homens a difícil tarefa de mortificar seus caprichos". Garantindo isso, que utilidade haveria em provar a necessidade da força para punir todos os dissidentes na Inglaterra? Nenhuma de suas religiões requerem a mortificação dos seus caprichos tanto quanto a sua?

Então consideremos seu exemplo que tanto enfatiza e que tantas vezes ouvimos. O senhor nos diz: "a idolatria prevaleceu, mas não com a ajuda da força, como foi suficientemente mostrado". E novamente, "foi suficientemente mostrado que a verdade deixada a si mesma não fará o bastante". O que o senhor fez para mostrar isso deve ser visto quando o senhor nos diz: "dentro de tão poucas gerações após o dilúvio a adoração a falsos deuses prevaleceu contra a religião que Noé professou e ensinou a seus filhos (que era indubitavelmente a verdadeira religião), quase chegando à sua exclusão (embora essa fosse primeiro a única religião do mundo) sem qualquer ajuda da força ou da assistência dos poderes vigentes, por qualquer coisa que achemos na história daqueles tempos, como podemos racionalmente acreditar, considerando que ela achou sua entrada no mundo e sua aceitação quando não poderia ter tal ajuda ou assistência. Da qual (fora a corrupção da natureza humana) o senhor supõe que não haja outra causa, ou nenhuma mais provável que os poderes então vigentes não fizeram o que poderiam e deveriam para evitar ou verificar aquela horrível apostasia". Aqui o senhor nos diz que a "adoração dos falsos deuses, dentro de poucas gerações após o dilúvio prevaleceu contra a verdadeira religião, quase até sua total exclusão". O senhor de fato diz isso, mas sem quaisquer provas e embora isso seja provável, o senhor não mostrou de forma alguma, como diz. Por quais registros, lhe pergunto, o senhor declara que a verdadeira religião foi quase totalmente extirpada do mundo, em poucas gerações após o dilúvio? As Escrituras, a maior história que temos sobre aqueles tempos, nada diz sobre isso. Nem menciona, se me lembro, alguém culpado de idolatria em duzentos ou trezentos anos após o dilúvio. Na própria Canaã, não acho que o senhor possa mostrar, fora de alguma história crível, que houve algum idólatra em dez ou doze gerações após Noé. Menos ainda que ela fosse disseminada no mundo a ponto de extirpar a verdadeira religião, fora a parte, onde a cena está sobre as ações registradas na história da Bíblia. No tempo de Abrahão, Melquisedec, rei de Salem, era também o sacerdote do mais alto Deus. Lemos que Deus, com mão imediata puniu miraculosamente primeiro a humanidade, na confusão de Babel e em seguida Sodoma e quatro outras cidades, mas em nenhum desses lugares houve a menor menção de idolatria, pela qual os homens provocaram a Deus e trouxeram vingança sobre si mesmos. Assim o senhor não mostrou verdadeiramente nada e o que as Escrituras mostram está contra o senhor. Pois além disso, está claro em Melquisedec, rei de Salem e sacerdote do mais alto Deus, a quem Abrahão pagava seu dízimo, que toda a terra de Canaã ainda não estava contaminada com idolatria, embora após o tempo de Josué, pelo mal que foi feito contra os israelitas, pode-se ter razão para suspeitar que ela foi mais corrompida com isso que qualquer parte do mundo. Além de Salem, digo, quem lê a história de Abimeleque, (Gênesis, capítulos XX, XXI e XXVI) terá razão para pensar que também ele e seu reino, embora filisteus, não foram infectados pela idolatria.

O senhor pensa que eles e quase toda a humanidade eram idólatras, mas o senhor pode estar errado e o que pode servir para mostrar isso é o exemplo de Elias, o profeta, que era um adivinho pelo menos tão infalível quanto o senhor e era tão bem instruído sobre o estado e história do seu próprio país e época, como o senhor pode ser sobre o estado de todo o mundo há três ou quatro mil anos atrás. Elias pensou que a idolatria teria extirpado totalmente a verdadeira religião de Israel e assim reclamou com Deus: "Ele respondeu: Tenho sido zeloso pelo Senhor, Deus dos Exércitos, porque os filhos de Israel deixaram a tua aliança, derribaram os teus altares e mataram os teus profetas à espada; e eu fiquei só e procuram tirar-me a vida" (1 Reis, capítulo XIX, versículo 10). E ele está tão persuadido disto que repete isso no versículo 14: "Ele respondeu: Tenho sido em extremo zeloso pelo Senhor, Deus dos Exércitos, porque os filhos de Israel deixaram a tua aliança, derribaram os teus altares e mataram os teus profetas à espada; e eu fiquei só e procuram tirar-me a vida" e ainda Deus lhe diz que ali havia sete mil joelhos que não se tinham dobrado perante Baal, sete mil que não eram idólatras, embora isso ocorrera no reino de Ahab, um rei zeloso pela idolatria e, num reino estabelecido com uma adoração idólatra, que continuou como religião nacional, estabelecida e promovida pela sucessão contínua de vários príncipes idólatras. E, embora as religiões nacionais, logo após o dilúvio fossem falsas, que o senhor está longe de provar, como se segue então, que a verdadeira religião fosse quase extirpada? O que deve ter ocorrido antes do tempo de São Pedro, se houvesse tanta razão para temer, como o senhor nos diz que a verdadeira religião, sem a assistência da força, "que em prazo mais curto que alguém possa imaginar, se não refletir bem sobre o assunto, seja mais efetivamente extirpada em todo o mundo". Então após dois mil anos seguidos ao tempo de Noé, São Pedro nos diz que "pelo contrário, em qualquer nação, aquele que O teme e faz o que é justo Lhe é aceitável". Por cujas palavras e na época em que foram ditas, se manifesta que nos países, onde por dois mil anos, nenhuma força foi usada para apoiar a verdadeira religião de Noé, ela não foi completamente extirpada. Mas isso o senhor não pode pensar tão próximo que só sobrou um: somente Cornélio: se o senhor ler Atos, capítulo XVII, versículo 4, o senhor encontrará uma grande multidão deles em Tessalônica: "Alguns deles foram persuadidos e unidos a Paulo e Silas, bem como numerosa multidão de gregos piedosos e muitas distintas mulheres". E, novamente, no versículo 17, mais deles em Atenas, uma cidade totalmente entregue à idolatria. Para sobre aqueles σεβόμενοι que traduzimos por devotos e onde muitos são mencionados em Atos, eram gentios que adoravam ao verdadeiro Deus e mantinham os preceitos de Noé, o senhor Mede provou abundantemente. Assim, o que quer que o senhor, "que refletiu bem sobre o assunto" possa imaginar sobre o curto prazo em que a religião de Noé seria "efetivamente extirpada no mundo" sem a assistência da força, a encontramos em Atenas, em Filipe, em Corinto, entre os romanos, em Antioquia de Pissídia, em Tessalônica, mais de dois mil anos depois e que não esteve perto de ser extinta, mas que em alguns desses lugares, seus adeptos eram numerosos: em Tessalônica eles são chamados de grande multidão, em Antioquia, muitos e quantos deles estavam em outras partes do mundo, sobre os quais não houve ocasião para se mencionar na curta história dos Atos dos Apóstolos, quem sabe? Se eles corresponderam, em outros locais, ao que foi encontrado nesses, que razão haveria para se supor que não? Penso podermos imaginá-los como tantos quantos os cristãos adeptos da verdadeira religião na Europa, um pouco antes da Reforma. Apesar da assistência que a religião cristã teve da autoridade, após o abandono dos milagres.

Mas o senhor tem uma defesa, pois o senhor escreve com prudência e se esforça por se defender em todas as mãos. O senhor diz: "há uma grande razão para temer que sem a *extraordinária providência* de Deus, em tempo muito mais breve que alguém que refletir bem sobre o assunto imaginaria, seja efetivamente extirpada no mundo". É sem dúvida que é a providência de Deus que governa os negócios do mundo e de sua igreja e é nela, chame o senhor de ordinária ou extraordinária, que o senhor deve confiar a preservação de sua igreja, sem o uso dos meios, como se Ele tivesse indicado ou autorizado. O senhor defende a força como necessária para preservar a verdadeira religião e então o senhor conclui que o magistrado está autorizado, sem outra representação de Deus a usá-la, "se não houver outro meio" e, portanto, deve ser usada. Se a religião deve ser preservada sem ela, é pela extraordinária providência de Deus, onde "extraordinário" nada significa, além de diminuir a coisa em questão. A verdadeira religião foi preservada por muito tempo, na igreja, sem a força. Sim, diz o senhor, foi pela "extraordinária providência de Deus". Sua providência que supervisiona todos os eventos, podemos garantir, mas que extraordinária providência? Porque a força foi necessária para preservá-la. E por que a força foi necessária? Porque, por outro lado, sem a "extraordinária providência" não pode ser preservada. Em tais volteios, cobertos com boas palavras, mas mal aplicadas, pode-se mostrar que o senhor dá voltas em sua resposta, se fosse justo perder o tempo dos outros para delinear sua imaginação. Deus indicou a pregação, o ensino, a persuasão, a instrução como meios de continuar e propagar sua verdadeira religião no mundo e se houvesse algum lugar onde tivesse sido preservada e propagada sem isso, poderíamos chamar de Sua "providência extraordinária", mas os meios que Ele indicou para serem usados, podemos concluir que os homens cumpriram suas tarefas e assim podemos deixar à Sua providência, embora chamemos para preservar o pequeno rebanho que ele não temeu, até o fim do mundo.

Mas vamos voltar ao que o senhor diz, para tornar boa sua hipótese, que a idolatria entrou no mundo em primeiro lugar pela sagacidade e se disseminou pelos esforços dos homens individuais, sem a assistência dos magistrados e dos que exerciam o poder. Para prová-lo, o senhor nos diz que "ela achou entrada no mundo e seu espaço, quando não havia tal ajuda ou assistência". Quando ocorreu, pergunto, que a idolatria achou sua entrada no mundo? Sob que reinado, o senhor é tão positivo que ela não teve tal ajuda ou assistência? Se o senhor mencionasse o tempo, a coisa, embora não fosse um grande momento para o senhor, seria certa. Mas agora podemos justamente questionar essa sua mera afirmativa. Pois se encontramos, como há muito tempo na sua história, que os grandes homens do mundo estavam sempre estabelecendo e promovendo a idolatria e as falsas religiões, o senhor deveria nos dar alguma razão por que, sem a autoridade da história, o senhor afirma que a idolatria, à sua entrada no mundo, não teve a assistência dos homens do poder que nunca deixaram de seguir. As Escrituras nos dizem quem fez Israel pecar. Seus reis eram promotores da idolatria tão zelosos que dificilmente houve algum deles que isto não lhes tenha sido atribuído nos escritos sagrados.

Uma das primeiras falsas religiões, cujo surgimento e meio de propagação que sabemos na história sagrada, foi de um usurpador ambicioso que, tendo se rebelado contra seu mestre, com um título falso estabeleceu uma falsa religião, para garantir seu poder e domínio. Por que isto não poderia ter ocorrido antes dos dias de Jeroboão e os ídolos estabelecidos em outros lugares, assim como em Dan e Betel, para servir a fins políticos, precisará de alguma outra prova do que simplesmente dizer que antes não poderia ter sido. O diabo, embora muito mais ignorante, não estava menos empenhado naqueles dias em engajar príncipes a seu favor e imiscuir a religião nos negócios do Estado, no melhor, para introduzir sua adoração e apoiar a idolatria, acomodando-a à ambição, vaidade ou superstição dos homens no poder e, portanto, o senhor também pode bem dizer que a corrupção da natureza humana, como a assistência dos poderes vigentes não ajudaram, naqueles dias, a seguir falsas religiões, porque sua leitura não lhe deu uma menção particular sobre isso na história. Mas o senhor só precisa dizer que "a adoração a falsos deuses prevaleceram sem qualquer ajuda da força ou da assistência dos poderes vigentes, por algo que encontremos na história daqueles tempos" e assim o senhor mostrou suficientemente o quê? Até que o senhor nada tem a mostrar em sua afirmativa.

Mas o que quer que seja esse algo que o senhor encontre na história, o senhor pode encontrar com homens, cuja leitura eu não vou comparar com a sua, que pensem ter encontrado na história que os príncipes e os investidos em poder, primeiro corromperam a verdadeira religião, estabelecendo imagens e símbolos dos seus predecessores em seus templos, que, por sua influência e a pronta obediência dos sacerdotes que indicaram, foram, no decorrer do tempo proposto ao povo como objetos de adoração. Assim, encontraram na história que Isis, rainha do Egito, com seu conselheiro Toth, instituiu os rituais do funeral do rei Osíris, pela honra rendida ao touro sagrado. Eles acham ter encontrado na história que o mesmo Toth que, por sua vez, também foi rei do Egito, inventou as figuras dos primeiros deuses egípcios: Saturno, Dagon, Júpiter, Amon e os demais, quer dizer, as figuras de suas estátuas ou ídolos, e que ele instituiu a adoração e sacrifícios a esses deuses e sua instituição foi tão bem assistida pelas autoridades e observadas pelos sacerdotes que ele nomeou, que a adoração a esses deuses logo se tornou sua religião, como padrão para outras nações. E aqui, talvez, possamos, com boa razão, colocar o surgimento e a origem da idolatria após o dilúvio, nada havendo mais antigo sobre isso. A ambição, vaidade ou superstição dos príncipes estava pronta para introduzir seus antecessores à divina adoração do povo, para garantir a si mesmos maior veneração dos seus súditos, como descendentes de deuses, ou para erigir tal adoração e tal sacerdócio, que pudesse cegar e seduzir o povo à obediência que desejavam. Assim, Amon, pela autoridade dos seus sucessores, legisladores do Egito, foi levado à honra do seu nome e memória dos seus templos e nunca os deixou até que foi elevado à condição de deus e tornado Júpiter Amon, etc., cujo hábito se seguiu com os príncipes de outros países.

O grande deus das nações orientais, Baal, ou Júpiter Belus, um dos primeiros reis da Assíria? E que, afirmo, é mais provável que sua corte, por seus instrumentos, os sacerdotes, desenvolveram a honra aos reis entre o povo com fins de ambição e poder ou o povo descobriu esses modos refinados de fazê-lo e introduzi-los nas cortes para serem escravizados? Que idolatria sua história lhe conta entre os gregos, antes de Foroneus e Danaus, reis de Argos e Cecrops e Teseus, reis de Ática e Cadmus, rei de Tebas introduziram uma arte de legislar que provavelmente emprestaram dos egípcios. Então, se o senhor não adotou o silêncio da história, sem consultá-la, provavelmente encontrou nos primeiros tempos príncipes que, por sua influência e ajuda, pela ajuda e artifício dos seus sacerdotes adotaram suas fábulas sobre seus deuses, seus mistérios e oráculos e toda a assistência que puderam dar por sua autoridade, fizeram tanto contra a verdade, antes que o hábito da força direta crescesse e aparecesse abertamente, que agora haveria pouca razão para se colocar a guarda e a propagação da verdadeira religião em suas mãos e armá-los com a força para promovê-la.

É evidente que esta foi a origem da idolatria no mundo e que ela foi emprestada por outros magistrados dos egípcios e que essa adoração foi estabelecida no Egito e cresceu lá como religião nacional, antes que os deuses da Grécia e vários outros países idólatras nascessem. Pois embora adotassem seu padrão de deificar seus príncipes decaídos do Egito e mantiveram como puderam o número e genealogias dos deuses egípcios, eles adotaram os nomes de alguns dos seus próprios grandes homens que se acomodaram à mitologia dos egípcios. Assim, com a assistência dos poderes vigentes, a idolatria entrou no mundo depois do dilúvio. Onde, se não aparecem passos claros na história, por que o senhor não imaginaria príncipes e magistrados, engajados em falsas religiões, tão prontos a usar seu poder para manter e promover suas falsas religiões naqueles dias, como vemos agora? E, portanto, o que o senhor diz nas próximas palavras, sobre a entrada da idolatria no mundo e o espaço que encontrou nele, não passará como tão evidente sem provas, embora o senhor nos diga com tanta confiança: "supõe que fora da corrupção da natureza humana, não possa haver outra causa para determiná-la, ou nenhuma mais provável que essa, que os poderes então vigentes não fizeram o que poderiam e deveriam", isto é, se o senhor o diz para seu propósito, usar a força ao seu modo, para fazer os homens refletirem ou "imporem credos e modos de adoração, para prevenir essa horrível apostasia".

Garanto que a entrada e crescimento da idolatria pode ser devida à negligência dos poderes, por não terem feito o que podiam e deviam usando sua autoridade para suprimir as enormidades das maneiras dos homens e corrigir as irregularidades de suas vidas. Mas essa não foi toda a assistência que deram a essa horrível apostasia. Foram, como a história nos ilumina, seus promotores e líderes e fizeram o que não deviam, criando novas religiões e usando sua autoridade para estabelecê-las, para servir a seus desígnios corruptos e ambiciosos.

Ouvimos falar de religiões nacionais, estabelecidas pela autoridade e reforçadas pelos poderes vigentes, em todo lugar, tão distantes no tempo quanto sabemos do surgimento e crescimento das religiões no mundo. Mostre-me um lugar, nessas poucas gerações, onde o senhor diz que a apostasia prevaleceu após o dilúvio, onde os magistrados sendo da verdadeira religião, seus súditos, com a liberdade da tolerância tenham sido conduzidos a falsas religiões e então o senhor produzirá alguma coisa contra a liberdade de consciência. Mas falar dessa grande apostasia como totalmente devida à tolerância, quando o senhor não pode produzir um exemplo de tolerância no mundo daquela época, é dizer só o que lhe agrada.

Não há dúvida que a maioria da humanidade foi então e sempre tem sido levada pela corrupção e depravação da natureza humana e afastada da adoção da verdadeira religião. Mas a questão é se isso se deve à tolerância em questões religiosas. David descreve uma horrível corrupção e apostasia em seu tempo, ao dizer, em Salmos, capítulo XIV, versículo 3: "Todos se extraviaram e juntamente se corromperam; não há quem faça o bem, não há nem um sequer" e ainda não acho que o senhor dirá que a tolerância no seu reinado foi a causa. Se a maior parte não pode ficar doente sem a tolerância, temo que o senhor deva ficar contente ao descobrir tolerância em cada país e em todas as épocas do mundo. Pois penso ser verdade, em todos os tempos e lugares que o modo mais comum de levar à destruição tem muitos usuários. Eu ficaria contente de saber onde a força aplicada ao seu modo, isto é, há poucos que percebem que os castigos aplicados só sobre os não-conformistas tem conseguido levá-los em maior número ao caminho estreito, que leva à vida que nosso Salvador nos aponta.

A corrupção da natureza humana, o senhor diz, se opõe à verdadeira religião. Eu o garanto. Houve também, o senhor diz, uma horrível apostasia após o dilúvio. Pode-se garanti-lo ao senhor. Mas ainda não segue daí que a verdadeira religião não pode subsistir e prevalecer no mundo sem a assistência da força, aplicada ao seu modo, até que o senhor tenha mostrado que as falsas religiões, que foram invenções dos homens, cresceram sob a tolerância e não pelo encorajamento e assistência dos poderes vigentes.

Portanto, de qualquer modo, quão próxima a verdadeira religião estava de ser extinta em poucas gerações após o dilúvio (que é mais que o senhor pode mostrar, se estava mais em perigo naquela época que em outras épocas posteriores) ainda estará em questão se a liberdade da tolerância ou a autoridade dos poderes vigentes mais contribuíram para isso. E deixarei o leitor julgar se não pode haver outra causa, mais provável que a força aplicada ao seu modo. Estou certo de que qualquer causa que alguém determine, está tão provada quanto as suas, se as oferecerem apenas como conjecturas.

Ninguém além de mim acha que os homens poderiam se ligar a falsos e tolos modos de adoração, sem a instigação ou assistência da autoridade humana, mas os poderes do mundo, se o temos na história, tendo sido bastante seguidos (a verdadeira religião de pouco serve aos caprichos dos indivíduos e dos príncipes) para se adotar religiões erradas e seguidos para empregar sua autoridade para impor sua religião, boa ou má, que uma vez adotaram, não posso ver razão por que não usar a força, pelos príncipes do mundo, seria designada como a causa única ou mais provável da propagação das falsas religiões no mundo ou a extirpação da verdadeira. Ou como o senhor pode positivamente dizer que a idolatria prevaleceu sem a assistência dos poderes vigentes.

Desde que, portanto, a história nos leva aos magistrados, como autores e promotores da idolatria no mundo, ao qual podemos supor que não suprimem o vício se liga como outra causa da disseminação de falsas religiões. O senhor deve refletir melhor se ainda pode supor que não haja outra causa para a prevalência da adoração a falsos deuses, além do magistrado não impor sua autoridade em questões religiosas. Pois lhe darei outra razão por que isso não pode, com alguma probabilidade, ser designado como uma causa qualquer. O senhor atribui a prevalência das falsas religiões "à corrupção e depravação da natureza humana, deixada a si mesmo, não freada pela autoridade". Agora, se a força, aplicada ao seu modo, não freia a corrupção e depravação da natureza humana, a não imposição do magistrado de sua autoridade não pode ser designada como causa de qualquer apostasia. Assim, se a apostasia surgiu e se disseminou, como lhe agrada dizer, isso nada acrescenta à força, aplicada ao seu modo ou mostra que pode receber qualquer assistência da autoridade, ao seu modo. Pois seu uso da autoridade e da força, sendo somente para levar os homens a um conformismo externo à religião nacional, mantém a corrupção e depravação da natureza humana tão sem freios quanto antes, como já mostrei em outro lugar.

O senhor nos diz: "não é verdade que a verdadeira religião prevalecerá por sua própria luz e força sem milagres ou a assistência dos poderes vigentes, por causa da corrupção da natureza humana". E para isso o senhor nos dá um exemplo da apostasia presente após o dilúvio. E nos diz que sem a assistência da força, seria presentemente extirpada do mundo. Se a corrupção da natureza humana for tão universal e forte que, sem a ajuda da força a verdadeira religião é tão fraca para permanecer e não pode de forma alguma prevalecer sem milagres ou força, como os homens são convertidos em países onde a religião nacional é falsa? Se o senhor diz ser pela extraordinária providência, deve mostrar em que quantidades. Se o senhor diz que essa corrupção é tão potente em todos os homens para se opor e prevalecer contra o Evangelho, não assistido pela força ou milagres, isso não é verdade. Se em muitos homens ainda é assim, mesmo quando a força é usada. Pois eu desejo que o senhor indique um país onde os homens em sua maioria são realmente e verdadeiramente cristãos, tal como confiantemente o senhor acredita em Cristo, no último dia permitirá que assim seja. A Inglaterra tendo excluído, como o senhor o faria, todos os dissidentes (ou ainda, por que o senhor os puniria para levá-los a adotar a verdadeira religião?), o senhor deve, temo, permitir-se maior amplitude de pensamento, se pensa que a corrupção da natureza humana não prevalece tanto, mesmo entre os conformistas, para tornar a ignorância e vidas de muitos entre eles inadequados ao espírito do verdadeiro Cristianismo. Quão grande sua ignorância pode ser, nos aspectos mais espirituais e elevados da religião cristã pode ser imaginado pelo que diz aquele reverendo bispo citado anteriormente, com referência ao rito da igreja, o mais fácil e óbvio para se instruir e entender. Suas palavras são: "Na ministração comum desse rito sagrado (confirmação) é bastante visível que, das multidões que a procuram, a grande maioria acorre como se fossem receber a bênção do bispo, sem qualquer senso do voto que fazem e de sua renovação dos compromissos batismais nela contidos". Cuidados Pastorais p. 189. E se Orígen agora fosse vivo, quem sabe ele não poderia encontrar muitos a quem essas palavras pudessem ser aplicadas. "Cuja fé só significa isso e não vai além disso, quer dizer, que eles vêm à igreja regularmente e inclina suas cabeças ao padre?" etc.. Hom. em Jos. IX. Pois parece que era hábito inclinar a cabeça ao padre, como agora ao altar. Se, portanto, o senhor diz que a força é necessária porque sem ela nenhum homem refletirá para adotar a verdadeira religião para a salvação de suas almas, isso penso ser manifestamente falso. Se diz ser necessário usar tais meios para fazer com que a maioria a adote, o senhor deve usar outros meios além da força, aplicada ao seu modo, pois ela não funciona com a maioria. Se o senhor diz ser necessária porque possivelmente funcionará em alguns, em quem a mera pregação e persuasão não funcionarão, respondo se possivelmente suas moderadas punições podem funcionar em alguns e portanto sejam necessárias, e possível que punições mais fortes possam funcionar em outros e, portanto, sejam necessárias e assim por diante, até o pior rigor.

Ninguém negará, acho que a corrupção da natureza humana é disseminada em todo lugar e que ela funciona poderosamente nos filhos da desobediência "que não recebem o amor à verdade, mas têm prazer no caminho tortuoso" e, portanto, Deus lhes dá a crer numa mentira. Mas ainda não vejo nenhuma razão para garantir que a corrupção da natureza humana funciona igualmente em todos os homens, ou em todas as épocas e assim, Deus dará ou sempre deu a todos os homens, não constrangidos pela força, modificada e aplicada ao seu modo, a oportunidade de crer numa mentira (como são todas as falsas religiões). Nem o exemplo da religião de Noé, que o senhor tanto menciona, nunca persuadiu, até que o senhor tenha provado que, os oito homens que levaram com eles a nova religião ao novo mundo, não houve oito mil ou oitenta mil que a retiveram no mundo nos piores tempos da apostasia. E segundo, até que o senhor tenha provado que as falsas religiões do mundo prevaleceram sem qualquer ajuda da força ou da assistência dos poderes vigentes. E terceiro, que a decadência da verdadeira religião ocorreu pelo desejo de força, da sua força moderada, nada disso o senhor já provou, como penso estar claro.

Mais uma consideração sobre Noé e sua religião me permite sugerir, qual seja, se a força fosse tão necessária para o apoio à verdadeira religião, como o senhor diz, é estranho que Deus, que lhe deu preceitos sobre outras coisas, nunca tenha revelado isso a ele e a ninguém mais, que eu saiba. Quanto a isso o senhor, que confessou que "as Escrituras não deram ao magistrado essa autoridade", deva dizer ser bastante clara a autoridade dele pela lei da natureza e assim não precisar da revelação para instruir o magistrado quanto ao seu direito de usar a força. Confesso que os magistrados usaram a força em questões religiosas e confiante e constantemente a puseram ao encargo de seus padres, como se tivessem recebido clara autoridade do céu, como se São Pedro tivesse que pregar o Evangelho aos gentios. Mas ainda está claro, apesar da autoridade da lei natural, que se precisa mais alguma instrução pela revelação, pois não parece que eles tenham encontrado o correto uso da força, como a verdadeira religião deles requer para sua preservação e, embora o senhor tenha, após milhares de anos, finalmente descoberto isso, ainda o fez muito imperfeitamente e ainda não está apto a dizer, se uma lei devesse agora ser elaborada contra esses que não refletiram como deveriam, quais sejam as penas moderadas que devam ser empregadas contra eles, embora sem isso, todo o resto nada signifique. Mas embora o senhor seja duvidoso nisso, fico contente de descobri-lo tão direto em colocar a rejeição dos homens em relação à verdadeira religião, sobre a dificuldade que têm em "mortificar seus caprichos que a verdadeira religião deles requer" e desejo que o senhor se lembre disso em outras passagens, onde tive ocasião de lhe recordar sobre isso.

Para concluir, para vermos a grande vantagem que sua causa receberá do exemplo que o senhor enfatiza sobre a apostasia após o dilúvio, eu oponho outro exemplo. O senhor diz que "a idolatria prevaleceu no mundo em poucas gerações, quase até a completa exclusão da verdadeira religião, sem qualquer ajuda da força, ou da assistência dos poderes vigentes, em função da tolerância". E, portanto, o senhor pensa haver uma boa razão para temer que "a verdadeira religião rapidamente seria, pela tolerância, efetivamente extirpada no mundo". E digo que, após o Cristianismo ter sido recebido como a religião do império e enquanto as leis e força políticas nela se impuseram, uma horrível apostasia prevaleceu, até a quase total exclusão da verdadeira religião e uma introdução geral da idolatria. E, portanto, penso que haja uma boa razão para temer mais mal que bem pelo uso da força na religião.

Este penso ser um bom argumento contra a força, como o seu a favor, e algo melhor, já que o que elabora é somente o senhor que presume e não provado pela história, enquanto que os fatos aqui são bem conhecidos. Nem negará, quando considerar o estado da religião no Cristianismo sob a assistência dessa força, que nos diz ter sucedido e substituído o lugar dos milagres suprimidos que, em sua opinião, são tão necessários na ausência da força, que o senhor transforma na razão de sua continuidade. E nos diz que "continuaram até que poderia haver a força, nem tanto para evidenciar a verdade da religião cristã, mas para suprir a assistência do magistrado". Assim, quando a força falha, então, conforme sua hipótese, os milagres suprem sua necessidade, pois sem uma delas, a verdadeira religião, se podemos crer no senhor, logo seria totalmente extirpada. E o que a força, na ausência de milagres, produziu no Cristianismo em várias épocas antes da Reforma, é tão conhecido que será difícil saber que utilidade terá o seu modo de questionar além da religião romana.

Mas usando seu argumento em sua total amplitude, o senhor diz, mas diz sem base bibliográfica, que já houve tolerância no mundo até a quase total extirpação da verdadeira religião e lhe digo que tanto quanto os registros autorizam cada opinião, podemos dizer que a força sempre foi usada em questões religiosas até o prejuízo da própria religião e seus adeptos. E não havendo uma época em que o senhor possa me mostrar um bom exemplo de uma tolerância nacional estabelecida, em que a religião verdadeira foi extirpada ou ameaçada, como o senhor pretende (como não houve uma época em que tenhamos história suficiente para julgar sobre o assunto, não será tão fácil descobrir se a verdadeira religião e seus seguidores sofreram pela força), em vão o senhor se esforçará, com exemplos, para provar os maus efeitos ou inutilidade da tolerância, assim como o autor propôs, que eu o desafio a me mostrar, onde foi estabelecida no mundo, ou que a verdadeira religião tenha sofrido por ela e, pelo seu desejo e as restrições e desvantagens com as quais trabalhou a verdadeira religião, sua tão limitada disseminação no mundo seja justamente atribuída, até que, com melhor experimentação, o senhor tenha algo a dizer contra ela.

Nosso Salvador prometeu que construirá sua igreja sobre a verdade fundamental, que Ele é, "Cristo, o Filho de Deus e os portões do inferno não prevalecerão contra ela". E nisso acredito, embora o senhor nos diga que a verdadeira religião não pode subsistir sem a assistência da força, quando cessaram os milagres. Não me lembro que nosso Salvador tenha prometido outra assistência além da do Espírito, ou tenha dado a seu rebanho qualquer encorajamento para esperar continência ou ajuda dos grandes homens do mundo, ou o poder coercitivo dos magistrados, nem em qualquer lugar os tenha autorizado a usá-lo para apoiar sua igreja: "Irmãos, reparai, pois, na vossa vocação; visto que não foram chamados muitos sábios segundo a carne, nem muitos poderosos, nem muitos de nobre nascimento" (1 Coríntios, capítulo I, versículo 26) é o estilo do Evangelho, e acredito será achado pertinente a todas as épocas da igreja militante, passada e do porvir, assim como a primeira, pois Deus, como nos diz São Paulo, escolheu as coisas simples do mundo para confundir os sábios e as coisas fracas do mundo para confundir os poderosos", e isto não apenas até que os milagres cessaram, mas desde então. "Ser odiado em nome de Cristo e através das muitas tribulações entrar no reino dos céus", tem sido o desejo geral e constante do povo de Deus, assim como parece ser a corrente atual do Novo Testamento, que nada promete de poder ou grandeza secular, nada diz sobre "reis sustentando padres ou rainhas sustentando freiras", cuja profecia, o que quer que signifique, parece que nosso Salvador não teria omitido o apoio à sua igreja com esperanças e a certeza de tal assistência, se devesse haver esse cumprimento antes de Sua segunda vinda, quando Israel vier novamente e, junto com os gentios realizar a plenitude do Seu glorioso reino. Mas o texto do Novo Testamento é: "Ora, todos quantos querem viver piedosamente em Cristo Jesus serão perseguidos" (2 Timóteo, capítulo III, versículo 12).

No seu Argumento considerado, o senhor nos diz que "nenhum homem pode deixar de encontrar o caminho da salvação se procurar como deve". Em minha resposta, eu lhe recordo que as passagens das Escrituras que o senhor cita para prová-lo, indicam esse modo de buscar como deveríamos, para termos uma boa vida, especialmente na passagem em São João: "Se alguém fizer Sua vontade, saberá se sua doutrina vem de Deus", sobre a qual uso essas palavras: assim essas passagens, se provam o que o senhor menciona, que nenhum homem pode deixar de encontrar o caminho da salvação, se procurar como deve, elas também provam que uma boa vida é o único caminho para procurar como deve e que, portanto, os magistrados, se pusessem os homens a procurar o caminho da salvação como deveriam, os forçariam por leis e castigos, a terem uma boa vida, sendo uma boa conversação o modo mais certo para uma compreensão correta. E que se os magistrados rigorosa e imparcialmente se posicionarem contra os vícios, em quem quer que sejam encontrados, a verdadeira religião será disseminada mais amplamente que nunca, ao invés de ser imposta por credos e cerimônias". A isto o senhor responde: "não precisamos examinar se os magistrados rigorosa e imparcialmente se posicionarem contra o que o senhor supõe que eu chame de vícios, ou a imposição de credos enfáticos e cerimônias decentes, mais conduzem à disseminação da verdadeira religião e torna mais frutífera nas vidas dos seus adeptos. O senhor confessa pensar que juntos, ambos fazem melhor e isso, o senhor pensa, precisa ser dito nesse parágrafo". Se fosse perguntado ao senhor se uma boa vida ou uma boa prebenda, conduziria melhor ao aumento de sua fortuna, penso que seria aceito pelo senhor como resposta não imprópria ou improvável, a que o senhor dá aqui, "penso que ambos juntos fariam melhor", mas aqui o caso é outro: seu pensamento não determina o ponto e outras pessoas de igual autoridade podem, e responderei a isso, pensar diferente, mas porque pretendo a ausência de autoridade, lhe darei uma razão por que seu pensamento é insuficiente. O senhor nos diz que "a força não é um meio justo, onde não for necessária assim como útil" e o senhor prova ser necessária porque não resta outro meio. Agora, se o rigor do magistrado, contra o que chamo de vício, promoverá, como o senhor não negará, uma boa vida e se for o caminho certo para buscar as verdades da religião, aqui está outro meio além de impor credos e cerimônias para promover a verdadeira religião e, portanto, seu argumento sobre sua necessidade porque não resta outro meio, sendo eliminado, o senhor não pode dizer "ambos juntos são melhores" quando um deles, não sendo necessário não deve portanto, por sua própria confissão, ser usado.

Eu tendo dito que se essa utilidade indireta e à distância fosse suficiente para justificar o uso da força, o magistrado tornar seus súditos eunucos para o reino dos céus, o senhor responde ter suposto que "eu não direi que a castração é necessária porque o senhor espera que eu entenda que o casamento e a graça que Deus não nega a ninguém que seriamente a peça, sejam suficientes a esse propósito". E espero que o senhor perceba que a pregação, admoestações e instruções e a graça que Deus não nega a ninguém que a peça seriamente, sejam suficientes para a salvação. Assim, por sua resposta, não havendo mais necessidade da força para levar os homens à verdadeira religião, do que castrar os homens para torná-los castos, ainda resta que o magistrado também pode, quando acha justo sob seus princípios, castrar os homens para torná-los castos, assim como usar a força para obrigá-los a adotar a verdade que deve salvá-los.

Se a castração não é necessária, "porque o casamento e a graça de Deus são suficientes" sem ela, a força também não será necessária, porque a pregação e a graça de Deus são suficientes sem ela e isso, penso, por sua própria regra, quando nos diz "onde há muitos meios úteis e alguns deles são suficientes sem os demais, há necessidade de usar todos". Assim, o senhor deve abandonar sua necessidade da força ou usar também a castração que, embora não possa descer até as pessoas intratáveis e desesperadamente perversas e obstinadas nesses países ocidentais, ainda é uma doutrina, o senhor pode esperar que pode encontrar melhor receptividade no império otomano e recomenda o senhor a alguns dos meus islamitas.

Quando digo que o que podemos pensar como útil, podemos concluir que estamos em perigo de sermos obrigados a acreditar nos pretensos milagres da igreja de Roma, pelo seu modo de pensar, a menos que digamos, sem impiedade, que o sábio e benigno Dispensador e Governador de todas as coisas não usa de todos os meios úteis para promover Sua própria honra no mundo e o bem das almas. Isto, acho, concluirá, quanto aos milagres e à força. E o senhor replica: "o senhor pensa que não, pois na passagem que menciono, o senhor não fala de utilidade mas de competência, isto é, de meios suficientes. Agora, meios competentes ou suficientes são necessários, mas o senhor acha que nenhum homem dirá que todos os meios úteis assim o são e, portanto, embora, como afirma, não se possa dizer sem impiedade, que o sábio e benigno Dispensador e Governador de todas as coisas não forneceu à humanidade meios competentes para promover Sua própria honra no mundo e o bem das almas, ainda é muito agradável à piedade e também à verdade, dizer que agora Ele não usa todos os meios úteis porque, como nenhum dos Seus atributos O obriga a usar mais que os meios suficientes, assim Ele pode usar os meios suficientes, sem usar todos os meios úteis. Pois quando há muitos meios úteis e alguns deles são suficientes sem os demais, não há necessidade de todos eles. Assim, se Deus não usa agora os milagres para promover a verdadeira religião, não posso concluir que Ele não os considere úteis agora, mas apenas que Ele não os acha necessários. E, portanto, embora o que possamos considerar úteis, concluiu-se como tal. E se o que for útil não necessariamente deve ser considerado necessário, não há razão para temer que devamos ser obrigados a acreditar nos pretensos milagres da igreja de Roma. Pois, se os milagres agora não são necessários, não há inconveniência em pensar que os milagres pretendidos pela igreja de Roma sejam pretensos milagres". A isso respondo: coloque como quiser, pois os meios competentes ou úteis categorizam milagres tanto quanto a força. Suas palavras são: "Se tal nível de força externa, como foi mencionada for de tal utilidade e necessidade para o avanço desses fins como, considerando nosso mundo, o senhor diz pensar que parece ser, então deve-se reconhecer que há, em algum lugar, o direito de usá-la para o avanço de tais fins. A menos que digamos que sem impiedade não se possa dizer que o sábio e benigno Dispensador de todas as coisas não deu à humanidade os meios competentes para promover Sua própria honra no mundo e o bem das almas". Qual é, lhe pergunto, o resultado desse argumento, além desse: "a força é de grande e necessária utilidade. Portanto, o sábio e benigno Dispensador de todas as coisas que não deixará a humanidade (o que seria impiedade dizer) sem os meios competentes para promover Sua própria honra no mundo e o bem das almas, deu a alguém o direito de usá-la?"

Vamos testar agora se Ele não o fez também com os milagres. Os milagres "tem uma grande e necessária utilidade, pelo menos tão grande e necessária quanto a força. Portanto, o sábio e benigno Dispensador de todas as coisas que não deixará a humanidade (o que seria impiedade dizer) sem os meios competentes para promover Sua própria honra no mundo e o bem das almas deu a alguém o poder de realizar milagres. Pergunto-lhe: quando eu, na segunda carta, usei suas próprias palavras aplicadas aos milagres ao invés da força, eles não concluiriam da mesma forma para milagres como para a força? Pois o senhor deve se lembrar que não houve em todo o seu esquema uma palavra para substituir a força. Só a força foi mencionada, só a força era necessária. Tudo foi deixado para a força. Não seria fácil nem à divindade que os milagres fossem usados para corrigir os defeitos de sua hipótese, que na resposta que o senhor me deu agora e que facilmente aceitei, sem atribuir a qualquer coisa que o senhor tenha dito e sempre venha a dizer. Pois procurar a verdade e não triunfar, como o senhor freqüentemente sugere, sempre tomarei sua hipótese como lhe agrada reformá-la e também adotá-la ou mostrar-lhe por que eu não o faço.

Vejamos, portanto, se esse argumento fará alguma melhoria, agora que seu esquema está corrigido e o senhor tornou necessário a força ou os milagres. Se a força ou milagres têm "grande utilidade e necessidade de uso para promover a verdadeira religião e a salvação das almas, então se deve reconhecer que em algum lugar há o direito de usar um e o poder de realizar o outro, para o avanço desses fins, a menos que digamos que, sem impiedade não se possa dizer que o sábio e benigno Dispensador e Governador de todas as coisas não deu à humanidade os meios competentes para promover Sua própria honra no mundo e o bem das almas". Daí se segue, se seu argumento for bom, que onde os homens não tenham o direito de usar a força, ainda devemos esperar milagres, embora digamos, etc.. Agora, onde os magistrados não são da verdadeira religião, nessa parte do seu esquema, ninguém tem ali o direito de usar a força, pois se houvesse, qual a necessidade de milagres, como o senhor nos diz que havia, nos primeiros tempos do Cristianismo, para suprir essa necessidade? Já que os magistrados, que então eram de falsas religiões, recebiam tanto direito, se fosse suficiente, como recebem agora. Então, onde os magistrados são de falsas religiões, o senhor deve afirmar, sob seus princípios, que os milagres ainda suprem a necessidade da força, "a menos que dirá, que sem impiedade não se pode dizer, que o sábio e benigno Dispensador e Governador de todas as coisas não tenha dado à humanidade os meios competentes para promover Sua própria honra no mundo e o bem das almas". Agora, seria bom que o senhor considerasse quanto isso favorecerá as pretensões da igreja de Roma sobre milagres nas Índias Ocidentais e Orientais e outros lugares fora dos governos papistas. É evidente que em todos os países onde a verdadeira religião não é recebida como a religião do estado e apoiada e encorajada por suas leis, o senhor deve aceitar que milagres são necessários agora, como sempre o foram em qualquer lugar do mundo, para substituir a necessidade da força antes que os magistrados fossem cristãos. E então, a vantagem de sua doutrina à igreja de Roma é muito visível. Pois eles, como para o senhor, supondo que a deles seja a única verdadeira religião, recebem de o senhor o seguinte argumento: "a verdadeira religião não prevalecerá por sua própria luz e força, sem a assistência dos milagres e da autoridade, que são os meios competentes que, sem impiedade não se pode dizer, que o sábio e benigno Dispensador e Governador de todas as coisas não deu à humanidade". Disso eles não pensarão ser difícil vislumbrar essa conseqüência que, portanto, o sábio e benigno Governador de todas as coisas manteve em sua igreja o poder dos milagres (que a sua não pretende tanto) para suprir a necessidade da assistência do magistrado, onde eles não possam haver para fazer a verdadeira religião prevalecer. E se um papista pressiona o senhor com esse argumento, eu saberia com prazer o que o senhor responderia a ele.

Embora isso seja suficiente para tornar bom o que digo, ainda procuro a verdade, mais que minha própria justificação, assim, examinemos um pouco o que o senhor quer dizer com "meios competentes. Meios competentes, o senhor diz, são necessários, mas o senhor acha que nenhum homem dirá que todos os meios úteis o sejam". Se o senhor acha que fala com sentido claro, direto, determinado, quando usou esse boa palavra inglesa, competente, tenho pena do senhor. Se o senhor o fizesse com habilidade, vou lhe enviar aos meus pagãos e islamitas. Mas esse modo seguro de falar, embora não seja de todo tão claro, ainda ocorre no senhor com tanta freqüência que é difícil julgar se é por arte ou natureza. Agora, por favor, o que o senhor quer dizer com "humanidade suprida com meios competentes?" Se forem meios tais que devam prevalecer para adotar a verdade que deve salvá-los, a pregação é um meio competente, pois só a pregação, sem a força, muitos foram conquistados e se tornaram verdadeiros cristãos; então sua força, por sua própria confissão, não é necessária. Se por competente o senhor entende meios tais que por eles os homens foram convertidos, ou sua maioria, em verdadeiros cristãos, temo que sua força não seja um meio competente.

De qualquer modo que o senhor colocar, o senhor deve reconhecer que a humanidade é destituída dos meios competentes, ou sua moderada força não ser os meios competentes, já que, qualquer direito que os magistrados possam Ter tido em qualquer lugar para usá-la, se não tem sido usada, por qualquer motivo, isso manterá os meios sem serem usados e o povo destituído dos seus meios.

Mas o senhor pensará que há alguma razão para reclamar da obscuridade, tendo o senhor abundantemente explicado o que quer dizer como competente, chamando de competente, meios suficientes. Assim nada há a fazer além de descobrir o que quer dizer como suficiente e o sentido dessa palavra, no uso que faz dela, o senhor com alegria nos dá no que segue: "O que qualquer homem entende por evidência suficiente além daquilo que ganha concordância onde quer que seja considerado?" Aplique isso a seu meio e então me diga se sua força é assim competente, isto é, meio suficiente que certamente produziu a adoção da verdade, onde for devida, isto é, aplicada ao seu modo. Se não, está claro que ele não é meio competente, suficiente, e assim o mundo, sem qualquer imputação à divina sabedoria e benignidade, pode viver sem isso. Se o senhor disser que foi suficiente e produziu o fim onde foi aplicada, desejo que o senhor então me diga se a humanidade sempre recebeu meios competentes. É sua escolha, agora, falar impiamente ou renunciar à força e recusá-la como meio competente. Uma das duas, não vejo como, por seu próprio argumento, o senhor pode evitar.

Mas para acatar seu meio competente e suficiente e livrá-lo da incerteza e dificuldade que encontrará em determinar o que deve ser, em relação à humanidade, suponho que será um pouco menos "ímpio dizer que o sábio e benigno Dispensador e Governador não deu à humanidade os meios necessários, a dizer, Ele não lhe deu os meios competentes". Agora, senhor, se seus castigos moderados e nada mais for, desde o abandono dos milagres, esse meio competente, o que o senhor ainda terá a dizer, por seu argumento, sobre a sabedoria e benignidade de Deus em todos esses países onde os castigos moderados não foram usados? Onde os homens não receberam esses meios para levá-los à verdadeira religião? Pois, a menos que o senhor possa dizer que seus castigos moderados tenham sido constantemente usados no mundo para apoiar e encorajar a verdadeira religião e levar os homens a ela, desde o abandono dos milagres, o senhor deve confessar que não apenas alguns países (que ainda será bastante contra o senhor) mas a humanidade em geral, receberam "os meios necessários para promover a honra de Deus no mundo e a salvação das almas dos homens". Esse argumento fora de sua boca, onde não há outro, é suficiente para mostrar a fraqueza e irracionalidade do seu esquema e espero que sua devida consideração o fará mais cuidadoso em outro momento sobre como chamar a sabedoria e a benignidade de Deus para apoiar sua imaginação no que considera de grande e necessário uso.

Eu tendo dito "deixe-nos, portanto, ser mais sábio que nosso Criador naquela obra estupenda e sobrenatural de nossa salvação. A Escritura, etc.", o senhor responde: "embora a obra de nossa salvação seja, como justamente eu chamo, estupenda e sobrenatural, ainda o senhor supõe que nenhum homem sóbrio o duvide, mas ela admite e ordinariamente requer o uso de meios humanos e naturais, subordinados à graça que neles opera".

Se o senhor tivesse observado as minhas palavras imediatamente subseqüentes: "As Escrituras que no-lo revelam contém tudo que podemos saber ou fazer para isso e onde há silêncio, é presunção nosso direcionar", o senhor não teria pensado o que chama de resposta suficiente, pois embora Deus use os meios naturais e humanos subordinados à graça, ainda não é dado ao homem usar os meios, subordinados à Sua graça, que Deus não tenha indicado, fora da concepção que eles possam ser úteis indiretamente e à distância.

Toda aceitação e obra da graça é a confirmação da infinita sabedoria de Deus. Qual é e de que modo ele dispensará Sua graça, só nos é conhecido pela revelação, que é tão adequada à sabedoria humana, que o apóstolo a chama de "a tolice da pregação". Nas Escrituras está contida toda essa revelação e todas as coisas necessárias para essa obra, todos os meios da graça. Ali Deus declara tudo que Ele teria feito pela salvação das almas. E se Ele tivesse pensado que a força seria necessária, junto com a tolice da pregação, sem dúvida o teria revelado aqui e ali e não teria deixado à sabedoria do homem, que pode ser vista tão desproporcional e oposta ao modo e à sabedoria de Deus no Evangelho e sua inadequação nas questões de salvação em 1 Coríntios, capítulo I, versículo 17 ao final: "A operação da graça admite e ordinariamente requer o uso dos meios naturais e humanos". Não o nego. Ouçamos agora sua inferência: "portanto, até que eu tenha demonstrado que nenhuma lei penal a ser elaborada pode ser útil para a salvação das almas humanas em submissão a graça de Deus, ou que Deus tenha proibido ao magistrado" o uso da força, pois assim o senhor o colocou, mas o senhor escolhe, conforme seu hábito, usar palavras gerais e duvidosas e portanto o senhor diz:"servi-lo em Seu grande trabalho com a autoridade que Ele lhe deu, não haverá motivo para a minha preocupação", não para ser mais sábio que nosso Criador nessa obra estupenda da salvação. Por esse modo de questionar algo que não posso mostrar, não pode possivelmente, nem indiretamente, nem à distância nem por acaso, ser útil, ou Deus não proibiu usá-la para a salvação das almas. Suponho que o senhor queira dizer expressamente proibido, pois poderia pensar que essas palavras ("Quem pediu que isso ficasse em suas mãos?") fossem proibitivas. O resumo do seu argumento é: "o que não pode ser demonstrado como sem utilidade, pode ser usado como meio humano subordinado à graça na obra da salvação". Ao que respondo: o que pode, através da graça de Deus, ser útil às vezes, não pode, sem outra garantia da revelação além de tal utilidade, ser solicitado ou usado como meio subordinado à graça. Pois se assim for, a confissão auricular, a penitência, a peregrinação, procissões, etc. cuja utilidade ninguém pode demonstrar, no mínimo indiretamente e à distância, possam ser justificadas para a salvação das almas.

Não é o bastante não se poder demonstrar sua utilidade para justificar seu uso, pois o que ali não pode, indiretamente e à distância, ou por acaso, ser útil? Mostrar que é um meio humano, que Deus não indicou em lugar algum, em subordinação à graça, na obra sobrenatural da salvação, é suficiente para prová-lo como uso enfático não garantido. E muito mais no atual caso da força que, se posta nas mãos do magistrado com poder para usá-la em questões religiosas, fará mais mal que bem, como penso ter mostrado o bastante.

E, portanto, já que, segundo o senhor, a autoridade do magistrado para usar a força para a salvação das almas vem pela lei natural, cuja autoridade não alcança ninguém, desde a revelação do Evangelho, além dos magistrados cristãos, é mais natural concluir que, onde não há nada no caso além do silêncio das Escrituras, sobre o magistrado cristão não ter um poder resguardado, porque não tem mais autoridade em qualquer passagem do Evangelho, onde estão indicadas todas as coisas necessárias à salvação, do que a autoridade dada a todos os magistrados pela lei da natureza, necessária para mostrar uma proibição da revelação, se alguém negar esse poder aos magistrados cristãos. Já que a autoridade da lei da natureza aos magistrados sendo apenas a geral, de fazer o bem, conforme seu melhor julgamento, se ela se estende ao uso da força em questões religiosas, com mais freqüência atrairá oponentes que promoverá a verdadeira religião. Se a força no caso tem alguma eficácia e assim, faz mais mal que bem e, embora não mostre o que o senhor realmente exige, que ela não pode ser útil para a salvação das almas humanas, pois isso não pode ser demonstrado por nada, ainda mostra que o desserviço que presta é ainda maior do que a utilidade que se espera dela e que nunca se provará que Deus tenha dado aos magistrados poder para usá-la pela autoridade que recebem para fazer o bem, pela lei da natureza.

Mas enquanto o senhor me diz "Até que eu tenha mostrado que a força e os castigos não podem ser úteis para a salvação das almas, não haverá razão para a preocupação que lhe dei", não para ser mais sábio que nosso Criador nessa obra estupenda e sobrenatural, o senhor se esqueceu de sua própria declaração, que não é suficiente para autorizar o uso da força, que pode ser útil, se não for necessária. E quando o senhor puder provar esses meios necessários que, embora não possam ser demonstrados, em caso algum podem ser úteis, ainda pode ser e muito se mostra não ser útil e tão incerta que, se for usada, fará, se tiver eficácia, mais mal que bem. Se o senhor pode, digo, provar a necessidade desse meio, penso poder aceitar sua causa. Mas seu uso traz um mal tão certo e um bem tão incerto que não se pode supor incluí-lo ou desejá-lo nas atribuições gerais dos magistrados para fazer o bem, o que pode servir como resposta ao seu próximo parágrafo.

Só deixe-me lembrar que o senhor aqui usa essa autoridade da lei natural para estender o uso da força, apenas para "induzir os que, de outra forma, não ouviriam o que poderiam e deveriam para motivá-los a adotar a verdade". Eles ouviram tudo que lhes foi oferecido para motivá-los a adotar, isto é, acreditar, mas não foram motivados. O magistrado, pela lei natural tem a autoridade para puni-los pelo que não está em seu poder? Pois a fé é um presente de Deus e não está sob o poder do homem. Ou o magistrado está autorizado pela lei natural que lhe dá o poder geral de fazer o bem? Ele está autorizado, digo, a fazê-los mentir e professar o que não acreditam? E isso é para seu bem? Se ele os pune até que adotem, isto é, acreditem, ele os pune pelo que não está em seu poder. Se até que adotem, isto é, meramente professem, ele os pune pelo que não é para seu bem. A nem um dos dois ele está autorizado pela lei natural.

Quando digo: "Até que o senhor nos mostre a autoridade pelas Escrituras, será justo para nós obedecer ao preceito dos Evangelhos (em Marcos, capítulo IV, versículo 24) que nos adverte a termos cuidado com que ouvimos", o senhor responde que isso "o senhor supõe só é desejado pelo leitor vulgar, pois deveria ser entendido como "atentai ao que ouvis", que o senhor prova a partir de Grocius. E se eu ou meus leitores não forem tão eruditos para entender o grego original ou o comentário latino de Grocius? Ou se fôssemos, deveríamos ser criticados por entender as Escrituras nesse sentido, que a religião nacional, isto é, a verdadeira religião autoriza e que o senhor nos diz seria uma falta nossa não acreditarmos?

Pois se, como supõe, há suficiente provisão na Inglaterra para instruir todos os homens na verdade, só podemos tomar as palavras nesse sentido, sendo a que a autoridade pública nos deu, pois se não devemos seguir o sentido dado na tradução autorizada por nossos governadores e usada na adoração estabelecida por lei, mas procurá-la em outro lugar, será difícil achar como há outra provisão para instruir os homens no sentido das Escrituras, que é a verdade que deve salvá-los, mas deixá-los ao seu próprio questionamento e julgamento e a si mesmos, para adotar quem achar melhor como intérpretes e expositores das Escrituras e deixar os da verdadeira igreja, que ela forneceu em sua tradução. Essa é a liberdade que o senhor toma para diferir da verdadeira igreja, quando acha justo e serve ao seu propósito. Ela diz: "tome cuidado com o que ouve", mas o senhor diz que o verdadeiro sentido é: "atentais ao que ouvis". Penso que o senhor não deveria ser tão diferente com os dissidentes, pois, enfim, *nada é tão parecido com um não-conformista que um conformista*. Embora certamente seja um direito universal entender as Escrituras no sentido que lhe parece mais verdadeiro, ainda não vejo como o senhor, sob seus princípios, pode abandonar aquele que a igreja da Inglaterra deu, mas o senhor, acho, quando acha justo, toma essa liberdade e tanta liberdade que satisfaria a todos os dissidentes da Inglaterra".

Como na sua outra passagem das Escrituras: se São Paulo, como me parece, no capítulo X de Romanos mostrava que os gentios receberam todas as coisas necessárias à salvação, assim como os judeus – e isso tendo os homens ido até eles para pregar o Evangelho, foi-lhes dada essa provisão – o que diz nos dois parágrafos seguintes nos mostrará que seu entendimento da palavra grega $\dot{\alpha}\kappa o\acute{\eta}$ significa ouvir e relatar, mas não responde mais a força desses dois versículos, contra o senhor, que se o senhor tivesse eliminado tudo que diz com sua crítica grega. As palavras de São Paulo são: "Como clamarão àquele em quem não acreditaram? E como acreditarão naquele de quem não ouviram? E como ouvirão sem um pregador? E como pregarão, se não forem enviados? Então a fé vem pelo ouvir e ouvir a palavra de Deus" (Romanos, capítulo X, versículos 14, 15 e 17). Nessa dedução sobre os meios de propagação do Evangelho, podemos bem supor que São Paulo atribuiria a milagres ou castigos se, como o senhor diz, um deles fosse necessário. Mas não sei se todo leitor pensará ou não que São Paulo estabeleceu todos os meios necessários. Mas, confio, pensará nisso: que o Novo Testamento o faz e então pergunto: Se nele há alguma palavra sobre a força ser usada para levar os homens a serem cristãos ou sobre ouvir as boas advertências sobre a salvação oferecida no Evangelho?

Quando pergunto: "e se Deus, por razões mais conhecidas por Si mesmo, não compelisse os homens?" O senhor responde: "Se Ele não os compelisse, agora que os milagres cessaram, tanto quanto os castigos moderados compelem (pois de outra forma o senhor não se preocuparia com a demanda), Ele nos diria assim". Sobre os milagres substituírem o desejo da força, nada mais precisarei dizer, mas à sua resposta "Deus assim nos teria dito", em poucas palavras comentarei o assunto para o senhor. O senhor primeiro supõe que a força é necessária para compelir os homens a ouvir e então supõe o magistrado investido de poder para compeli-los a ouvir e daí, peremptoriamente declara que, se Deus não quisesse que a força fosse usada, Ele nos teria dito. O senhor supõe também que deve ser só uma força moderada. Agora não podemos perguntar que está tanto ao critério do Todo-Poderoso que Ele pode positivamente dizer o que diria ou não diria, se não é provável que Deus, que conhece o temperamento do homem que fez, que sabe que ele não está apto a suportar nenhum grau de força, quando acredita ter a autoridade para compelir os homens a fazerem algo em seu poder e que sabe também quão propenso o homem é para pensar ser razoável fazê-lo. Se, digo, não é provável que Deus, se quisesse que o magistrado só usasse a força moderada para compelir os homens a ouvir, Ele nos diria? Os pais não são mais aptos que os magistrados para estender seu poder além do conveniente para a educação de seus filhos e ainda Deus teria gostado de dizer-lhes no Novo Testamento sobre essa moderação, por um preceito repetido mais que uma vez.

Quando questiono "E se Deus tivesse deixado o homem em liberdade quanto a esse ponto, ouvirem ou ignorarem, o senhor os constrangerá? Assim estamos certos que assim Ele fez com Seu povo", etc., o senhor responde: "Mas essas palavras, se eles ouvirem ou ignorarem, que encontramos muito usadas no profeta Ezequiel, nada tem a ver com meu propósito. Pois ouvindo, nenhum homem entende o mero dar ouvidos a que deve ser pregado nem mesmo as considera, mas compelindo-os e obedecendo, conforme a paráfrase que Grocius dá às palavras". Penso, mais uma vez, o senhor pode me ter feito chegar ao propósito que me negou em tantas outras passagens, se foi só por piedade ou outra razão, qual seja, que tudo que o senhor tem a dizer contra isso que, "ouvindo, nenhum homem entende o mero dar ouvidos ao que deveria ser pregado, nem mesmo refletir sobre isso, mas concordar e obedecer". Se não me falha a memória, sua hipótese pretende o uso da força não meramente para fazer os homens darem ouvidos, nem mesmo refletirem, mas considerar como deveriam, isto é, não rejeitar e, portanto, embora esse texto de Ezequiel nada tenha a ver com o propósito contra simplesmente dar ouvidos, ainda, se lhe agrada, suponhamos que isso fosse contra sua hipótese, até que o senhor possa encontrar outra resposta para isso.

Se o senhor se der ao trabalho de voltar a Atos, capítulo XXVIII, versículos 24 a 28, o senhor lerá essas palavras: "Houve alguns que ficaram persuadidos pelo que ele dizia; outros, porém, continuaram incrédulos. E, havendo discordância entre eles, despediram-se, dizendo Paulo estas palavras: Bem falou o Espírito Santo a vossos pais, por intermédio do profeta Isaías, quando disse: Vai a este povo e dize-lhe: Dê ouvido, ouvireis e não entendereis; vendo, vereis e não percebereis. Porquanto o coração deste povo se tornou endurecido; com os ouvidos ouviram tardiamente e fecharam os olhos, para que jamais vejam com os olhos, nem ouçam com os ouvidos, para que não entendam com o coração, e se convertam, e por mim sejam curados. Tomai, pois, conhecimento que esta salvação de Deus foi enviada aos gentios. E eles a ouvirão".

Se alguém viesse agora e a partir do nosso tratado chamado O Argumento da Carta sobre Tolerância, refletisse e respondesse, assim pensaria: "é evidente que esses judeus não pensaram sobre a verdade dessa questão com concentração de mente e a necessária liberdade de julgamento, enquanto puseram em julgamento seus caprichos e paixões e lidaram com o questionamento. As impressões da educação, a reverência e a admiração das pessoas, os respeitos mundanos e outros motivos incompetentes os determinaram. Agora, se for este o caso – se esse homens são avessos à devida consideração das coisas, onde estão mais interessados em usá-las – *que meios restaram* (além da graça de Deus) para tirá-los do caminho errado onde estavam, mas para ali colocar cardos e espinhos?" O senhor não pensaria que este seria um bom argumento para mostrar a necessidade do uso da força e os castigos sobre esses homens em Atos, que se recusaram a serem levados a adotar a verdadeira religião, pela pregação de São Paulo? "Pois que outros meios restaram, que método humano poderia ser usado para levá-los a uma escolha mais sábia e racional, além de estabelecer tais castigos sobre eles, que possam equilibrar o peso de tais preconceitos, que os inclinou a preferir o caminho falso ao invés do verdadeiro?" Diga-me, lhe peço, o senhor não se julgaria obrigado, se o senhor fosse um magistrado naqueles dias, a tentar, pela força, "a contrabalançar o peso dos preconceitos que os inclinou a preferir o caminho falso para a verdade?" Pois não restou nenhum outro caminho humano. E se isso não é suficiente para provar a necessidade de usá-la, o senhor não tem prova alguma da necessidade da força.

Se o senhor tivesse imposto castigos sobre eles, pergunto-lhe, e se Deus, por razões por Ele conhecidas, pensasse não ser necessário usar qualquer outro meio humano além da pregação e persuasão? O senhor tem uma resposta pronta: não resta outro meio humano além da força e algum outro meio humano além da pregação é necessário, isto é, em sua opinião e não é justo que sua autoridade se encarregasse disso? Pois, como os milagres, se for justo ou não listá-los entre os meios humanos, ou se houve ou não um meio apresentado aos judeus descrentes, para substituir a necessidade da força, imagino, nesse caso, o senhor não será muito ajudado, como suporia, embora a alguém imparcial que leia esse capítulo, parecerá, imagino, mais provável que São Paulo quando os deixou não fez nenhum milagre entre eles.

Mas o senhor, no fechamento do parágrafo diante de nós, forneceu uma defesa para tudo, dizendo-nos: "No entanto, os castigos que defende não possam pretender eliminar, de alguma forma, a liberdade dos homens quanto a esse ponto". A questão é se há a necessidade de usar outros meios humanos além da pregação para levar os homens a adotar a verdade que pode salvá-los, a força é esse meio? O próprio Deus parece, nas passagens mencionadas e outras, nos ensinar que Ele teria deixado os homens em liberdade sem qualquer constrangimento da força quanto a isso. E o senhor responde: "Os castigos que defende não podem pretender eliminar, de alguma forma, a liberdade dos homens quanto a esse ponto". Diga-nos o que o senhor quer dizer com suas palavras "eliminar, de alguma forma, a liberdade dos homens quanto a esse ponto" e então as aplique. Penso ser bem difícil usar castigos e força com qualquer homem, sem eliminar sua liberdade dos castigos e da força. Mais, os castigos que pensa serem necessários, se podemos acreditar no senhor, devem ser tais que "equilibrem o peso de tais preconceitos, que inclinam os homens a preferirem o caminho falso ao verdadeiro". Se esses forem os que o senhor defenderá é outra questão. Deve ficar claro, penso, que o senhor deva ir além dos níveis mais brandos de força e de castigos moderados, para equilibrar tais preconceitos.

Quando digo que "o método do Evangelho é orar e clamar e que se Deus achasse necessário punir os homens para os fazerem dar ouvidos, ele chamaria os magistrados para serem os disseminadores do Evangelho, assim como os pobres pescadores, ou Paulo, um perseguidor que não queria o poder para punir Ananias e Safira e o Coríntio incestuoso", o senhor responde: "embora esse seja o método do Evangelho, que seus ministros orem e advirtam os homens, parece, pelas minhas próprias palavras aqui, que os castigos são às vezes necessários e que punir, mesmo pelos que devem pregar e advertir, é consistente com esse método". Temo, senhor, que o senhor tão rudemente defenda exemplos de castigos, quando por alguma razão lhe surgirem, que o senhor não se dê a liberdade de considerar se têm a ver com o propósito ou não. Ou ainda, o senhor dificilmente possa inferir, como pelas minhas palavras que, no seu caso, "os castigos sejam necessários". Ananias e Safira foram castigados. "Portanto parece", o senhor diz, "que os castigos possam às vezes serem necessários". Por que, pergunto? Pela única razão dos castigos serem úteis na religião, isto é, fazer os homens refletirem. Assim, Ananias e Safira caíram mortos. Para quê? Para fazê-los refletir. Se o senhor tivesse se dado a chance de refletir sobre isso e o outro exemplo, do Coríntio incestuoso, é possível que o senhor tivesse descoberto que nenhum deles foi útil para mostrar a necessidade do castigo para levar os homens a adotarem a verdadeira religião, pois ambos foram aplicados em quem já havia adotado a verdadeira religião e estavam na comunhão da verdadeira igreja e isso então só mostra, se o senhor inferirá algo a respeito da necessidade de castigos, que eles podem às vezes serem necessários aos que estão na comunhão da verdadeira igreja. E disso o senhor pode tirar sua vantagem.

Como suas outras inferências de minhas palavras, isto é, "que o castigo, mesmo aplicado por quem, como embaixadores, devem pregar e advertir, é consistente com esse método", quando podem fazer como fizeram os apóstolos, pela imediata direção e assistência do Espírito de Deus, eu o entenderei como consistente com o método do Evangelho. Se isso não o satisfizer, fica claro que o senhor tem impulso de manejar a espada secular e, já que Cristo não lhe deu o poder que deseja, o senhor executaria a pretensa representação do magistrado, pela lei natural. Deixe-me lembrar-lhe mais uma coisa: se, pela punição de Ananias e Safira e o Coríntio incestuoso, o senhor pode inferir a necessidade de castigo para levar os homens a refletirem, segue-se que há a necessidade de castigo para fazer os homens refletirem, apesar dos milagres que não se pode, portanto, supor que substituam o desejo de castigos.

Quando pergunto: "e se Deus, prevendo que essa força estaria nas mãos de homens impulsivos, desequilibrados, capazes de preconceitos e erro, como o resto de seus irmãos, não encontraria meios próprios de levar os homens ao caminho certo?", o senhor responde: "mas se houver algum argumento nisso, prova que não deveria haver governo civil no mundo e assim provando muito, não prova nada". Isso o senhor diz, mas o senhor sendo um dos mortais passíveis de erro, tanto quanto seus irmãos, não pode esperar que isso fosse recebido como verdade infalível até que o tenha provado, o que o senhor nunca fará, até que possa mostrar a absoluta necessidade da força nas mãos do magistrado para a salvação das almas, como há da força nas mãos do magistrado para a preservação da sociedade civil e, em seguida, até que tenha provado que a força, nas mãos de homens impulsivos e desequilibrados ou passíveis de preconceito e erro como seus irmãos, contribuiria tanto quanto para levar os homens e mantê-los no caminho certo para a salvação, como o faz para apoiar a sociedade civil e manter nela os homens em paz.

Onde os homens não possam viver juntos sem injúrias mútuas, que não possam ser evitadas sem a força, a razão lhes ensina a buscar remédio no governo, que sempre coloca poder em algum ponto na sociedade para restringir e punir tais injúrias. Esse poder, colocado na própria comunidade ou em alguém escolhido pela comunidade para governá-la, ainda deve estar nas mãos dos homens e onde, como nas sociedades das nações civilizadas e sedimentadas, a forma de governo coloca esse poder fora da própria comunidade, é inevitável que, pelos homens, assim como são, alguns sejam feitos magistrados e tenham o poder coercitivo da força colocado em suas mãos para governar e dirigir a sociedade visando o bem público. Se tal força, assim colocada nas mãos dos homens, não haveria sociedade civil, nem os fins para os quais é instituída para atender a qualquer nível. Assim, o governo é da vontade de Deus.

Também é da vontade de Deus que os homens devam ser salvos. Mas para isso não é necessário que a força ou o poder coercitivo seja colocado nas mãos dos homens, porque Deus pode e tem provido outros meios para levar os homens à salvação, à qual o senhor de fato supõe, mas nunca pode provar a necessidade da força.

Os impulsos, humores, tendência a preconceitos e erros, comuns aos magistrados e a outros homens, não produzem força em suas mãos tão perigosas e inúteis para os fins da sociedade que é a paz pública, assim como as finalidades da religião, que é a salvação das almas humanas. Pois embora homens de todos os níveis pudessem se satisfazer com a realização de seus humores, paixões e preconceitos, quando legislam, devem direcionar sua força aos assuntos civis e são direcionados a opor suas leis aos humores, paixões e preconceitos dos homens em geral, quando os seus também são restringidos, pois se os legisladores, ao fazerem leis, não as dirigirem contra os humores, preconceitos e paixões irregulares dos homens, capazes de mal conduzi-los, se eles não se esforçarem, com seu melhor julgamento, a levar os homens dos seus humores e paixões para a obediência e a prática da razão correta, a sociedade não subsistiria e eles próprios estariam ameaçados de perder sua posição nessa sociedade e serem expostos aos humores, paixões e violência irrestritos dos outros. E assim ocorre que se os homens forem tão impulsivos, apaixonados e preconceituosos como são, por seu próprio interesse ainda são obrigados a usar suas melhores habilidades e seus melhores pensamentos não preconceituosos e estáveis, cuidar do governo e se esforçar para preservar a comunidade e, portanto, apesar de seus humores e paixões, sua tendência ao erro e preconceito, eles bem fornecem o apoio à sociedade e o poder em suas mãos é útil para sua manutenção.

Mas em questões religiosas é muito diferente. O senhor nos disse, sobre a finalidade última de seu Argumento, quanto os homens são passíveis de escolher sua religião, mal conduzidos por seus humores, paixões e preconceitos e, portanto, não seria justo que numa questão de tal interesse fossem deixados por si mesmos e, assim, nessa questão religiosa, o senhor deveria tê-los submissos ao poder coercitivo do magistrado. Mas esse artifício não tem vantagem visível para a verdadeira religião nem serve para evitar as escolhas erradas dos homens. Para os magistrados, por seus humores, preconceitos e paixões, com que nasceram, como os outros homens, sendo tão passíveis de serem mal conduzidos na escolha de sua religião como qualquer dos seus irmãos, como a experiência tem constantemente mostrado, que vantagem haveria para a humanidade, para a salvação de suas almas que os magistrados do mundo tivessem poder para usar a força para levar os homens à religião que eles, cada um deles pela influência de qualquer humor, impulso ou preconceito, escolhessem para si mesmos como verdadeira? Pois qualquer que fosse, penso dizê-lo com reverência que Deus previu que qualquer que fosse a autoridade de um magistrado pela lei natural, todos a teriam e que essa autoridade, se alguma houvesse, seria apenas do uso do poder coercitivo para levar os homens à religião que acreditassem ser verdadeira, se fosse realmente verdadeira ou não e, portanto, sem eliminar os governos do mundo ou questioná-los, eu ainda pensaria ser uma pergunta razoável: "E se Deus, prevendo essa força nas mãos de homens impulsivos, temperamentais, passíveis de preconceitos e erros, como o resto de seus irmãos, não pensaria que isso seria um meio adequado, em tais mãos, para levar os homens ao caminho certo? E que isso precisa de uma resposta melhor do que a que o senhor deu e, portanto, o senhor deve poupar as dores desse parágrafo, para provar que a tendência do magistrado, como de outros homens à paixão, humores, preconceitos e erros, não torna a força em suas mãos totalmente inúteis à administração do governo civil, o que ninguém nega. E o senhor teria usado isso melhor para provar que se a tendência do magistrado à paixão, humores, preconceitos e erros como outros homens, tornaram a força, em suas mãos, impróprias para levar os homens à verdadeira religião, isso eliminaria o governo do mundo, que é uma conseqüência que, penso, posso negar.

A isso, agora acrescento, e se Deus previsse que se a força, em qualquer grau, fosse aceita ao serviço da verdade, se fosse usada por homens errôneos, impulsivos e preconceituosos, para a restrição e ruína da verdade, – como a constante experiência em todas as épocas mostrou, – e, portanto, ordenasse que as pragas crescessem junto com o trigo, até a colheita, quando o infalível Juiz os julgar? Essa parábola do nosso Salvador nos diz claramente que, uma vez que a força foi permitida, mesmo a favor da verdadeira religião, que erro haveria na sua má aplicação por homens atrevidos, impulsivos e errôneos e, portanto, Ele o proibiu totalmente e ainda, espero, isso não elimina o governo civil do mundo.

Quando indago: "E se houver outros meios?" e digo: "Então o seu deixa de ser necessário pelo fato de não restar outros meios, pois a graça de Deus é o outro meio", então o senhor responde que: "embora a graça de Deus seja outro meio não é nenhum dos meios de que o senhor falava na passagem a que me refiro, que ninguém que leia esse parágrafo, encontrará como apenas meios humanos". Nessa passagem o senhor se esforçava por provar que a força é necessária para levar os homens à verdadeira religião, como parece e tendo expandido para quatro ou cinco páginas reunidas sobre os "descuidos, preconceitos, paixões, caprichos, impressões de educação, respeitos humanos" e outras causas semelhantes, que o senhor pensa ter mal conduzido e mantido homens longe da verdadeira religião, o senhor enfim conclui que a força é necessária para levar os homens a ela, porque as admoestações e diálogos não tendo prevalecido, não restou outro meio. A isso, a graça sendo usada como exemplo de outro meio, o senhor nos diz se referir a não restar outro meio humano. Assim, para provar que a força é necessária, o senhor deve provar que Deus permitiria o uso de outros meios humanos além da oração, pregação, persuasão e instrução e, para isso, o senhor precisará ter uma direção clara da revelação para seus castigos moderados, a menos que pretenda saber, por sua sabedoria natural, que meios Deus tornou necessário, sem o que, aqueles que Ele indicou e predestinou e chamará em seu bom tempo ("Porquanto aos que de antemão conheceu, também os predestinou para serem conformes à imagem do Seu Filho, a fim de que ele seja o primogênito entre muitos irmãos" - Romanos, capítulo

VIII, versículo 29) por meios que acha justo conforme Seu propósito, não possam ser levados ao caminho da salvação. Talvez o senhor tenha alguma garantia que não conhecemos para entrar enfaticamente na intimidade de Deus, sem o que, em outro homem, um cristão modesto poderia pensar nisso como presunção.

O senhor diz haver muitos que não foram convencidos por orações, diálogos e exortações a adotarem a verdadeira religião. O que então deve ser feito? "É necessário usar alguns níveis de força". Por quê? Porque não resta outro meio humano. Muitos não foram convencidos por sua força moderada. O que então deve ser feito? São necessários maiores níveis de força porque não resta outro meio humano. Não, o senhor diz. Deus tornou necessária a força moderada, porque não resta outro meio humano onde a pregação e os diálogos não prevalecerem, mas Ele não tornou necessários maiores níveis de força, porque não resta outro meio humano onde a força moderada não prevalecer. Assim, mudando sua regra, onde a razão continua a mesma, devemos concluir que o senhor tem um modo de julgar sobre os propósitos e meios do Todo Poderoso na obra da salvação que ninguém entende. O senhor, sobre fundamentos tão frágeis como os que o senhor produziu, que são nada além de sua imaginação, não tornaria ainda tão necessária a força, sua força moderada, questionando a sabedoria e o comando do Juiz e Governador de todas as coisas, como se Ele "não tivesse dado à humanidade os meios competentes para promover Sua própria honra no mundo e o bem das almas", se sua força moderada quiser levá-los à verdadeira religião. Enquanto o senhor sabe que muitas nações do mundo sempre foram destituídas desses meios humanos para levá-los à verdadeira religião. E imagino que o senhor tentaria citar-me um agora que o recebeu.

Além disso: se lhe agrada lembrar o que diz com as seguintes palavras: "e, portanto, embora a graça de Deus seja um meio adequado e suficiente, que pode funcionar por si mesmo e sem a qual, nem castigos nem outros meios nada podem fazer" e, conseqüentemente pode tornar eficaz qualquer meio, como o senhor pode dizer que os meios humanos são necessários, nessa obra sobrenatural, a menos que Deus assim o tenha declarado? Pregação, instrução e exortação são meios humanos que Ele indicou. Esses, portanto, os homens podem e devem usar. Eles têm a autoridade de Deus e podem esperar sua bênção e a assistência de Sua graça, mas suponha que eles sejam usados e não prevaleçam, tornar a força necessária porque eles não foram suficientes é excluir a graça e atribuir essa obra a meios humanos, como de fato o senhor faz, quando chama a força de meio suficiente e competente, como o fez. Pois se a mera pregação, pela assistência da graça, pode e certamente prevalecerá e os castigos moderados, como confessa, ou qualquer tipo de força, sem a assistência da graça, nada pode fazer, como o senhor pode dizer, que a força de qualquer modo é um meio mais necessário ou mais competente ou suficiente que a mera pregação e instrução. A menos que o senhor possa nos mostrar que Deus prometeu a cooperação e assistência de Sua graça à força e não à pregação? O contrário parece mais provável. A pregação e persuasão não são meios competentes, o senhor diz. Por quê? Porque sem a cooperação da graça eles nada podem fazer, mas pela assistência da graça eles podem prevalecer mesmo sem a força. A força também, sem a graça, o senhor reconhece que nada pode fazer mas, junto com a pregação e a graça, ela pode prevalecer. Por que então, pergunto, ela é um meio mais competente que a pregação, ou por que necessária, onde a pregação não convence? Já que nada pode fazer sem aquela que, se junto com a pregação, pode tornar a pregação mais eficaz sem ela.

O senhor continua: "No entanto, ainda pode ser verdade que quando falham as admoestações e diálogos, não resta outros meios *humanos* além dos castigos, para levar pessoas preconceituosas a ouvir e refletir sobre o que pode convencê-los dos seus erros e mostrar-lhes a verdade e então os castigos serão necessários em relação a essa finalidade, como um meio *humano*". Sendo ou não verdade que, quando os diálogos falham, etc., não resta outro meio *humano* além do castigo, nego sua inferência, pois então os castigos serão necessários como meios *humanos*. Pois eu lhe pergunto, já que o senhor enfatiza tanto um propósito tão pequeno dos meios *humanos*, algum meio humano é necessário? Se for esse seu significado, o senhor tem meios humanos no caso, isto é, admoestações, diálogos, sendo na estação ou fora da estação. Pergunto-lhe novamente: os castigos são necessários porque o fim não pode ser obtido pela pregação, sem eles? Isso o senhor não pode dizer, pois a graça cooperando com a pregação convencerá. Os castigos são então necessários, como certeza de produzir tal fim? Nem eles são necessários, pois sem a assistência da graça, o senhor confessa, nada podem fazer. Assim, os castigos, nem como meios humanos, nem como meios, são necessários. E agora o senhor pode entender o que tenciono, dizendo que a graça de Deus é o único meio, que é o questionamento do próximo parágrafo, isto é, isto eu mostro, que ela é o único meio eficaz, sem o qual todos os meios humanos são ineficazes. O senhor me diz: se com isso, "eu quero dizer que sempre, ou comumente exclui todos os outros meios, o senhor não vê fundamento para eu dizê-lo". E não vejo fundamento para o senhor pensar que quero dizer que ela exclua qualquer outro meio que Deus, em Sua bondade Se agradará de usar, mas o que quero dizer e penso ter fundamento para dizê-lo é que ela exclui a necessidade ou legalidade de usar todos os meios humanos de força. A menos que Deus a tenha requerido por alguma declaração mais autêntica do que o senhor simplesmente dizer ou imaginá-la como necessária. E o senhor deve ter mais que confiança humana, se continuar a misturar esse seu pobre e humano artifício com a sabedoria e direção de Deus na obra da salvação, já que, Ele tendo declarado os meios e métodos a serem usados para salvar as almas humanas não prescreveu, na revelação do Evangelho, por sua própria confissão, nenhum meio humano.

Quando digo: "Só Deus pode abrir os ouvidos para podermos ouvir e abrir o coração para entendermos", o senhor responde: "mas, por favor, isso não prova que Ele não tenha usado meios para fazê-lo". Nem precisa: basta para mim, se isso provar que, se a pregação e a instrução não abrirem os ouvidos ou o coração, não é necessário que alguém experimente sua força com um martelo ou machado. O homem não está nesse negócio (onde nenhum meio possa ser eficaz, sem a assistência e cooperação de Sua graça) para usar qualquer meio que Deus não tenha prescrito. O senhor estabelece aqui um meio de propagar o Cristianismo conforme sua fantasia e nos diz como faria a obra do Evangelho: o senhor autoriza o magistrado pelo argumento da congruência; o senhor descobre eficácia no castigo para converter os homens; o senhor limita a força a ser usada a níveis baixos e moderados e a países onde meios suficientes de instrução tenham sido providos pela lei e onde a religião do magistrado seja verdadeira, isto é, onde lhe agrada e tudo isso, sem qualquer direção de Deus ou de qualquer autoridade declarada no Evangelho e sem verdadeiramente para a propagação do Cristianismo, mas apenas o quanto o senhor entende justo e o que mais lhe agradar acrescentar. O que mais na religião lhe satisfaça estabelecer por lei e promover por castigos, é algo mais ou menos requerido ou expressamente contido no Novo Testamento?

Isto de fato é bem adequado a qualquer um, que teria o poder de punir os que difiram de sua opinião e compeliria os homens ao conformismo na Inglaterra. Mas em seu justo artifício, no que se torna o resto da humanidade, deixada a vagar nas trevas da maldição, não tendo (conforme seu esquema) nem podendo ter, seus meios necessários de força e castigos para levá-los a adotar a verdade que pode salvá-los? Pois se for necessário, eles não podem sem um milagre, seja príncipe ou povo, se curado sem ele. Se um papista em Roma, um luterano em Estocolmo ou um calvinista em Genebra, questionasse então pela sua igreja, o senhor não diria, que eles pareceriam com os pensamentos de uma pobre mente prejudicada? Mas eles erram e o senhor não. Eles podem ser prejudicados, mas o senhor não. Diga também, por favor, que está confiante de estar certo, mas eles não podem confiar no que dizem. Estou certo que os pensamentos de Deus não são como os pensamentos dos homens, nem seus caminhos como os caminhos dos homens (Isaías capítulo 55, versículo 8 - "Porque os meus pensamentos não são os vossos pensamentos, nem os vossos caminhos, os meus caminhos, diz o Senhor"). E isso pode abater a confiança de alguém da necessidade ou uso dos castigos, por não receber nosso Salvador, ou sua religião, quando os que têm o poder dos milagres ouviram que "eles não sabiam que estado de espírito eles estavam" quando teriam comandado fogo dos céus (Lucas, capítulo IX, versículo 55 - "Jesus, porém os repreendeu e disse: vós não sabeis de que espírito sois"). Mas o senhor faz bem de cuidar que sua igreja seja apoiada pela força e castigos, por qualquer coisa que se torne a propagação do Evangelho ou a salvação das almas humanas em outras partes do mundo, se não atender à sua hipótese.

No seu próximo parágrafo, para provar que Deus abençoa o uso da força, o senhor diz supor que eu queira dizer, pelas palavras que o senhor ali menciona que "o magistrado não tem fundamento para esperar que Deus abençoará castigos que ele possa usar para levar os homens a ouvir e refletir sobre a doutrina da salvação. Ou (o que é o mesmo) que Deus não (no mínimo não comumente) não transmite sua graça e assistência àqueles que foram levados por tais castigos a ouvir e refletir sobre ela como deveriam, isto é, para profundamente serem motivados a adotá-la". O senhor me diz "Se esse for meu significado, então para me fazer ver que isso não é verdade, o senhor só pedirá que lhe diga, se aqueles que foram levados a ouvir e considerar tendem ou não a acreditar no Evangelho? Se digo que sim (e o senhor supõe eu não ouso fazê-lo de outra forma) então evidentemente se segue que Deus transmite-lhes Sua graça, requisito para lhes permitir crer no Evangelho, porque sem essa graça lhes é impossível acreditar nele e eles não podem tender a acreditar no que lhe é impossível crer". A isso só respondo que por esse incontestável argumento, é evidente que onde as devidas penas foram usadas - pois esses, o senhor nos diz, são meios suficientes e competentes para fazer os homens ouvirem e refletirem como deveriam - todos os homens foram levados a acreditar no Evangelho, que, se o senhor resolver consigo ser verdadeiro ou falso, para mim será indiferente e de qualquer modo haverá vantagem para sua causa. Se o senhor apelou à experiência para o sucesso do uso da força pelo magistrado, seu argumento não mostrou a metade da profundidade do aprendizado teológico, mas o erro é que se o senhor não faz disso uma peça de escolástica e questionando que todos em quem o magistrado usa a força "são levados a refletir como deveriam e todos os que são assim corrigidos por Deus recebem essa graça que é um requisito" e concluem mais claramente sobre o grande sucesso da força para fazer os homens acreditarem no Evangelho do que nosso Salvador e os apóstolos conseguiram por suas pregações e milagres, pois isso não corrigiu a todos, se argumento irrespondível chega a nada. E de verdade, como o senhor ordenou nesse parágrafo, sendo muito esparso seu raciocínio metafísico abstrato e empregando-o pela metade, ficamos contentes, enfim, de chegar ao modo devido da experiência e devemos ser forçados a contar, como faz o pároco à sua assembléia, por seu livro da Páscoa, quantos deles são levados a ouvir e considerar, para saber quanto Deus abençoa os castigos. De fato, se isso fosse medido pelo conformismo, o livro da Páscoa seria um bom registro para determiná-lo, mas, já que o senhor o coloca sobre a crença isso será de certa forma uma difícil indagação.

Quando digo (na passagem de Isaías, capítulo VI, versículo 10) "torna insensível o coração deste povo, endurece-lhes os ouvidos e fecha-lhes os olhos, para que não venha ele a ver com os olhos, a ouvir com os ouvidos e a entender com o coração, e se converta, e seja salvo", toda a força que o senhor usa será um meio para fazer esse povo ouvir e entender e ser convertido? O senhor responde: não, senhor, não será. Mas então para quê? E se Deus declara que não salvará aqueles que por muito tempo resistiram a todos os Seus métodos comuns e se tornaram, falando moralmente, por eles incuráveis? (que é o melhor que posso fazer, o senhor diz, com as palavras que o senhor menciona). Segue-se daí que nenhum bem pode ser feito por castigos sobre outros que têm andado em fraqueza e obstinação? Se não, como é evidente que não, a que propósito se disse isso?" Isso foi dito com esse propósito, isto é, mostrar que a força não deveria de todo ser usada. Esses métodos ordinários que, se resistidos, são punidos com um sentido reprovável, são os métodos comuns de instrução, sem força, como é evidente por essa passagem e muitas outras, particularmente em Romanos, capítulo I. Daí questiono que, seja qual for o estado em que o senhor supõe os homens estejam, tanto no passado quanto nos dias que hão de vir até o dia da graça, ninguém pode ser justificado de usar a força para interferir sobre eles. Pois até que os métodos comuns de instrução e persuasão nada mais possam fazer, a força não é necessária, pois o senhor não pode dizer que outros meios restam e assim, por sua própria regra, não é legal. Pois até que Deus tenha pronunciado Sua sentença aqui, para qualquer um, "torna insensível seu coração", etc. os meios comuns de instrução e persuasão podem, pela assistência da graça de Deus, prevalecer. E quando essa sentença tenha sido passada sobre eles e "Deus não lhe tiver transmitido Sua graça para salvá-los"(eu o uso, o senhor confessa nessa passagem), estou certo que o senhor deve confessar que sua força é totalmente inútil e, enfim, impertinente, a menos que seu uso possa ser pertinente, que o senhor mesmo nada pode fazer. Assim se isso se segue ou não que os homens, desistindo de sua mente réproba, por terem resistido à pregação da salvação, pois "nenhum bem pode ser feito por castigos aos outros", daí se segue que não se sabendo se a pregação não possa, pela graça de Deus, ainda trabalhar sobre eles, ou se o dia da graça seja passado com eles, nem o senhor nem ninguém pode dizer que a força é necessária e se não é necessária, o senhor mesmo nos diz que não deve ser usada.

No seu próximo parágrafo, o senhor reclama da minha representação do seu argumento, como diz: "comumente faço, como se o senhor aceitasse que qualquer magistrado, de qualquer religião, estabeleça castigos sobre todos esses dissidentes dela". Magistrados infelizes que não têm sua permissão! Mas, para consolá-los, imagino que eles verão que estão sob a mesma obrigação, um e outro, de propagar a religião em que acreditam como verdadeira, o senhor permitindo ou não. Pois para não ir além das primeiras palavras do seu argumento, em que o senhor reclama por eu ter mal representado e que o senhor me diz que assim é: "quando os homens fogem da informação correta", lhe pergunto quem julgará esses meios de informação correta: o magistrado que aceita a força para torná-los ouvintes, ou não? Quando o senhor tiver respondido a isso, o senhor terá resolvido uma grande parte da questão: quais os magistrados que devem usar a força?

Mas se o senhor não reclamar novamente sobre minha má representação, devo pedir a meus leitores espaço para passar por cima dos seus argumentos e tudo que o senhor diz sobre isso: "quando os homens fogem dos meios de informação correta e não refletirem muito sobre como seria racional examinar profunda e imparcialmente uma religião que adotaram sob tais induções como se deve para não restar dúvidas na questão e, portanto, com pouco ou nenhum exame dos seus próprios fundamentos, que método humano pode ser usado para levá-los a agir como homens num assunto de tal conseqüência e fazer uma escolha mais sábia e racional que a de estabelecer tais penas sobre eles, para equilibrar o peso de tais preconceitos, que os inclina a preferir um caminho falso ao invés do verdadeiro?" etc.. Agora, esse argumento, o senhor me diz, pretendo corrigir assim: "e digo, não vejo que meios restam (tomando-se o mundo como o encontramos, onde os magistrados nunca estabelecem castigos por questões religiosas sobre os de sua igreja, nem se espera que ele o faça) para levar os homens da igreja nacional, em qualquer lugar, profunda e imparcialmente examinarem uma religião, que adotam sob tais induções como se deve para não restar dúvidas na questão e, portanto, com pouco ou nenhum exame dos seus próprios fundamentos e, portanto, concluo como necessário o uso da força por dissidentes sobre conformistas. Apelo a todo mundo, se essa não é uma conclusão justa e natural como a sua?" E o senhor diz estar "satisfeito que o mundo julgue. E quando determinado que haja a mesma razão para dizer que levar os que se conformam com a igreja nacional a examinar sua religião, é necessário que os dissidentes (que possivelmente não tenham o poder coercitivo, porque a igreja nacional o tem do seu lado e não pode ser nacional sem ele) usem a força sobre os conformistas, como dizer que onde a igreja nacional é a verdadeira igreja, para levar os dissidentes (como os chamo) a examinarem sua religião, é necessário que o magistrado (que tem o poder coercitivo) estabeleça penas moderadas sobre eles por divergirem. O senhor diz: quando o mundo assim determina, o senhor não mais pretende julgar o que é racional, em qualquer caso. Pois o senhor não duvida poder seguramente presumir que o mundo facilmente admitirá essas duas coisas: 1. Que embora seja muito justo e desejável que todos os que forma da verdadeira religião entendam seus verdadeiros fundamentos, para que sejam mais aptos a se defender contra os assaltos dos sedutores e trazer de volta os que saem do caminho, ainda que isso não seja essencial para sua salvação, porque a experiência mostra (tanto quanto os homens são capazes de julgar esses assuntos) que muitos acreditam e professam profundamente a verdadeira religião e conscientemente praticam seus deveres, embora não entendam os verdadeiros fundamentos que desafiam sua crença, e nenhum homem duvida, mas quem acredita, professa e pratica a verdadeira religião, se perseverar nesse fim, certamente terá nela a salvação. 2. Que quanto interessa àqueles que rejeitam a verdadeira religião (que posso chamar de dissidentes se me agrada) examinam e consideram por que o fazem e como os castigos podem ser necessários para levá-los a isso, é, no entanto, muito irracional que os que não tenham o poder coercitivo o usem sobre eles para infligir castigos com esse propósito, porque, como não é consistente com a ordem e o governo que não pode suportar que indivíduos usurpem seu poder coercitivo, então nada é mais manifesto que o preconceito contra a religião e o interesse com as almas humanas, destruindo o governo, infinitamente se superponha a qualquer bem que possivelmente possa ser feito por aqueles que o destroem. E quem admitir e considerar essas coisas, o senhor diz estar certo de que dificilmente admitirá que haja qualquer paridade de razão nos casos de que falamos, ou que a minha conclusão é tão justa e natural quanto a sua".

A soma do que o senhor diz chega a isso: sendo os homens aptos a escolher sua religião sob induções que não deva deixar dúvidas no assunto e assim, com pouco ou nenhum exame dos seus fundamentos, portanto, é necessário que os castigos sejam impostos sobre eles para fazê-los examinar profunda e imparcialmente. Mas os castigos não precisam ser impostos sobre conformistas, na Inglaterra, para fazê-los examinar, porque eles e o senhor acreditam que a sua é a verdadeira religião, embora possam ser aplicados em presbiterianos e independentes, etc., para fazê-los examinar, embora eles acreditem que a deles é a verdadeira religião, porque o senhor não acredita que assim seja. Mas o senhor dá outra razão substancial porque os castigos não podem ser aplicados a conformistas para fazê-los examinar: "porque a igreja nacional tem o poder coercitivo do seu lado" e, portanto, eles não precisam de castigos para examinarem. A igreja nacional da França também tem o poder coercitivo do seu lado e, portanto, os que pertencem a ela não precisam de castigos, nenhum deles, para fazê-los examinar.

Se seu argumento é bom então os homens assumem sua religião sob induções erradas e sem o devido exame dos seus próprios fundamentos e portanto precisam de castigos sobre eles para fazê-los examinar como devem, os fundamentos de sua religião. O senhor deve confessar que há alguns na igreja da Inglaterra a quem as penas são necessárias, a menos que o senhor afirme que todos que estão na comunhão da igreja da Inglaterra tenham examinado, mas acho que isso o senhor não fará, embora se esforce em dar paliativos à sua ignorância e negligência nesse assunto. Havendo, portanto, a necessidade de castigos, digo ser tão necessário que presbiterianos impusessem penas aos conformistas da igreja da Inglaterra para fazê-los examinar, como os da igreja da Inglaterra aplicar penas aos presbiterianos para obter o mesmo, pois cada um deles acredita que a sua religião é a verdadeira e supomos, em ambos os lados que há aqueles que não examinaram devidamente. Mas aqui o senhor entende ter uma vantagem certa, dizendo não ser consistente com a "ordem do governo e assim é impraticável". Facilmente posso garanti-lo. Mas o seu é mais praticável? Quando o senhor puder tornar seu meio praticável, para o fim a que o senhor pretende que seja necessário, isto é, para fazer com que "todos que assumiram sua religião sob tais induções que não devessem ter deixado dúvidas quanto à questão, examinem profunda e imparcialmente seus próprios fundamentos" quando, digo, o senhor puder mostrar que seu método é praticável para este fim, o senhor eliminou uma objeção importante e convenceu o mundo que a sua conclusão é mais justa e natural que a minha.

Se sua causa fosse capaz de qualquer outra defesa, suponho que não teríamos tido uma resposta tão longa e elaborada como o senhor nos deu neste parágrafo que, enfim, se baseia apenas em duas coisas: 1. Há no senhor ou nos da sua igreja, algumas abordagens para a infalibilidade na sua crença que sua religião é a verdadeira, que não podem ser aceitas pelos de outras igrejas, em suas crenças. 2. É o bastante que alguém só se conforme e permaneça na comunhão de sua igreja, ou ainda alguém pensaria que há a necessidade que também os conformistas de sua igreja examinem os fundamentos de sua religião, assim como os de outras.

"Entender os verdadeiros fundamentos da verdadeira religião não é, o senhor diz, estritamente necessário à salvação". Mas, acho, o senhor não negará ser estritamente necessário à salvação como o é conformar-se à religião nacional em todas as coisas que ela impõe, sendo que algumas não são necessárias à salvação, outras são entendidas por todos como indiferentes e algumas, para alguns homens conscientes, que declinam da comunhão, parecem nulas e ilegais. Se, não sendo estritamente necessárias à salvação, estão isentas de castigos, no primeiro caso, por que não, no outro? E agora eu isento o mundo de determinar que minha conclusão seja tão natural quanto a sua. Pois é pena que um interlocutor tão combativo como o senhor tome uma resolução tão desesperada que "nunca mais pretenda julgar o que é razoável em qualquer caso, qualquer que seja".

Outros devem julgar se o senhor provou que a força, usada pelo magistrado, é um meio prescrito por Deus para obter Dele o dom da fé, que é tudo que o senhor diz no próximo parágrafo.

Na seqüência, o senhor cita minhas palavras: "se todos os meios que Deus indicou para fazer os homens ouvirem e refletirem, forem exortação dentro do tempo e fora do tempo, etc., junto com oração por eles e o exemplo de mansidão e uma vida reta, isso é tudo que deve ser feito, eles ouvindo ou ignorando". Ao que o senhor responde assim: "mas se esses não forem todos os meios que Deus indicou, então isso não é tudo que deve ser feito". Mas se lhe pergunto: como o senhor sabe que isso não é tudo que Deus indicou, o senhor nada tem a responder, para levá-lo ao seu propósito atual, mas que o senhor o sabe à luz da natureza. Pois tudo que o senhor diz é que, à luz da natureza, o senhor sabe que a força é útil e necessária para levar os homens ao caminho da salvação. Pela luz da natureza o senhor sabe que o magistrado que a autoridade para usar a força para esse propósito e, pela mesma luz da natureza, o senhor sabe que os milagres foram indicados como substitutos para o desejo de força até que os magistrados sejam cristãos. Imagino, que dificilmente o senhor pensaria nisso como uma resposta racional, se observasse, no mesmo parágrafo, minhas palavras imediatamente anteriores às que o senhor citou, com as quais, para o senhor ver o escopo do meu argumento, eu o incomodarei novamente. São essas: "não é para o senhor ou para eu imaginar que possa ser útil ou necessário prescrever os meios na grande e misteriosa obra da salvação, fora do que Deus orientou. Deus ter indicado a força como útil e necessária e, portanto, devendo ser usada, é um modo de questionar transformando a ignorância e humildade das pobres criaturas. Mas acho que considerar "a força como útil e necessária e, portanto, devendo ser usada, é muita presunção. O senhor pergunta que outros meios restam? Nenhum, digo, deve ser usado pelo homem, mas os que o próprio

Deus orientou nas Escrituras, que contém todos os meios e métodos de salvação. A fé é um dom de Deus. E não devemos usar outros meios para obter esse dom para ninguém, além dos que Deus prescreveu. Se ele indicou que alguém devesse ser forçado a ouvir aqueles que lhes dizem estar no caminho errado e se oferecem para mostrar-lhe o certo e que ele deva ser punido pelo magistrado se não o fizer, não haverá dúvida que a força deva ser usada. Mas até que possa ser feito, será em vão dizer que outros meios restam".

Meu argumento é claramente este: todos os meios e métodos de salvação estão contidos nas Escrituras, que o senhor devesse ter negado ou mostrado onde estavam nas Escrituras onde a força foi indicada. Mas ao invés disso, o senhor nos diz que Deus indicou milagres no início do Evangelho. E embora, quando cessaram, os meios que menciono eram tudo que restava aos ministros, ainda não prova que o magistrado não deveria usar a força. Suas palavras são: "como os primeiros disseminadores do Evangelho, já se mostrou que Deus indicou outros meios além desse para eles usarem, para induzir os homens a ouvir e refletir e, embora, quando esses extraordinários meios cessaram, esses meios que menciono (isto é, pregação, etc.) foram os únicos meios que restaram aos ministros do Evangelho, ainda não prova que o magistrado, quando se tornou cristão, não poderia legalmente usar tais meios que sua posição Lhe permitiria usar, quando se tornarem necessários". Eu disse em palavras expressas: "nenhum meio deve ser usado pelo homem além do que o próprio Deus indicou diretamente nas Escrituras". E o senhor responde: isto não prova que o magistrado não pode usar a força. Talvez quando eles interpõem peremptoriamente seus decisivos decretos no assunto da salvação, estabelecem religiões por leis e castigos, com os artigos, credos, cerimônias e disciplinas que acham adequados (pois vemos isso em quase todos os países); quando eles forçam os homens a ouvir aqueles e só aqueles que, por sua autoridade são escolhidos e têm a permissão de dizer aos homens que eles estão no caminho errado e se oferecem para mostrar-lhes o certo, pode ser necessário provar que os magistrados são homens. Se não precisar de provas, o que eu disse precisa de outra resposta.

Mas, examinemos um pouco os trechos que aqui o senhor diz: "Como os primeiros disseminadores do Evangelho, o senhor diz, já se mostrou que Deus indicou outros meios, além da exortação a tempo e fora de tempo, oração e o exemplo de uma vida reta, para eles usarem para induzir os homens a ouvir e refletir". Quais eram esses outros meios? A isso o senhor responde prontamente: milagres. *Ergo*, os homens agora são dirigidos pelas Escrituras para usarem milagres. Ou ainda, que resposta o senhor dá ao meu argumento, que lhe dei nessas palavras: "nenhum meio deve ser usado pelo homem além do que o próprio Deus indicou nas Escrituras, onde estão contidos todos os meios e métodos de salvação". Não, eles não podem usar milagres agora como um meio, diz o senhor, pois eles não os têm. E então? Portanto, o magistrado, que o tem, deve usar a força para substituir o desejo desses extraordinários meios que agora cessaram. Isto, de fato, é uma inferência sua, mas não das Escrituras. As Escrituras dizem alguma coisa sobre isso? Nem uma palavra, nem a menor intimação para isso em todo o Novo Testamento. Seja verdadeiro ou falso que a força seja um meio a ser usado pelos homens na ausência de milagres, isso ainda não é resposta ao meu argumento, não é prova que foi indicada nas Escrituras, que é o que meu argumento muda.

A revelação então falhou para o senhor. Vejamos agora como a razão e o senso comum, essa luz da natureza comum o ajudará.

O senhor raciocina assim: a mera pregação, etc. não prevalecerá sobre os homens para ouvirem e refletirem e, portanto, alguns outros meios são necessários para forçá-los a fazer isso. Por favor, o que o senhor quer dizer com homens ou outros dos seus termos indefinidos que o senhor sempre usa nesse caso? A mera pregação não prevalecerá em nenhum homem? A razão (sob a qual incluo também a experiência e todos os modos de conhecimento em contrapartida à revelação) descobre algo assim para o senhor? Imagino que o senhor não o diga ou pretenda que ninguém nunca foi levado, pela pregação e persuasão a ouvir e refletir sobre as verdades do Evangelho (quero dizer, considerando o que o senhor queira) sem outros meios usados por aqueles que se dedica ao cuidado de convertê-los. A esses, portanto, que podem ser levados a ouvir e considerar, sem outros meios, o senhor não dirá que outros meios são necessários.

Na próxima passagem, portanto, quando o senhor diz que a mera pregação não prevalecerá sobre os homens, o senhor quer dizer que não prevalecerá sobre todos os homens e, portanto, é necessário que os homens usem outros meios? Penso que nem a razão o autoriza a esboçar tal conseqüência, porque nem somente a pregação, nem a pregação assistida pela força ou outros meios que o homem possa usar prevalecerá sobre todos os homens. E, portanto, não se pretende que nenhum outro meio seja usado pelo homem para fazer o que os homens por esses meios nunca fizeram, nem podem fazer.

Penso não haver dúvidas a todos os cristãos que alguns homens serão salvos e não todos e aqueles que serão salvos, está claro, são os eleitos. Se o senhor não pensa que isso está claro o bastante nas Escrituras, gostaria que o senhor voltasse ao décimo-sétimo dos XXXIX artigos da igreja da Inglaterra onde lerá essas palavras: "a predestinação à vida é o eterno propósito de Deus, onde (antes das fundações do mundo foram estabelecidas) Ele constantemente decretou por seu conselho secreto para nós, livrar da maldição e danação aqueles que Ele escolheu em Cristo, a partir da humanidade e levá-los por Cristo à salvação eterna, como vasos de honra. Onde quer que aqueles que foram premiados com um benefício tão excelente de Deus, são chamados conforme o propósito de Deus por Seu Espírito operando no devido tempo, eles, através da graça, obedecem ao Seu chamado, eles são livremente justificados, eles são feitos filhos de Deus por adoção, eles são feitos como imagem do Seu único amado Filho Jesus Cristo, eles caminham religiosamente em boas obras e ao fim, pela misericórdia de Deus, eles chegam à felicidade eterna". Agora, por favor me diga se a mera pregação não prevalece em todos os eleitos para ouvirem e refletirem sem outros meios a serem usados pelos homens. Se o senhor diz que sim para a necessidade de seus outros meios, penso que isso está fora de questão. Se o senhor diz não, gostaria que o senhor me dissesse como sabe disso sem a revelação? E se, por sua própria razão pode nos dizer se e quais meios Deus tornou necessário, além do que Ele indicou nas Escrituras para o chamado de Seus eleitos? Quando o senhor puder fazer isso, não pensaremos que o senhor seja uma divindade comum, nem estrangeiro ao conselho secreto do Deus infinitamente sábio. Mas até então, o senhor misturar sua opinião com a divina sabedoria na grande obra da salvação e pelo argumento da congruência, assumindo declarar a necessidade ou utilidade dos meios que Deus não indicou diretamente para reunir Seus eleitos, dificilmente autorizará o magistrado a usar seu poder coercitivo para edificar e completar o corpo de Cristo, que é Sua igreja. "Aqueles que Deus escolheu em Cristo, a partir da humanidade, antes das fundações do mundo, são chamados, conforme o propósito de Deus, por Seu Espírito, operando no devido tempo e, através da graça obedecem ao chamado", diz o senhor em seu artigo. O meio externo que Deus indicou para isso é a pregação. Sim, mas a pregação não é suficiente, isto é, não é um meio suficiente, diz o senhor. E lhe pergunto como o senhor sabe, já que as Escrituras, que declara que tudo que podemos saber nesse assunto, nada diz de sua insuficiência ou da necessidade de outro meio? Nem pode haver a necessidade de outro meio além do que Deus expressamente indica, numa questão em que nenhum meio pode operar eficazmente, sem a assistência de Sua graça e, onde a assistência de Sua graça pode tornar eficaz algum meio, Ele o indica.

Devo querer que o senhor observe que, pela pregação, que uso para resumir, entendo a exortação, instrução, diálogo, oração e, enfim, meios externos de persuasão em poder dos homens, separados da força.

Aqui o senhor nos diz: "como os primeiros disseminadores do Evangelho, Deus indicou outros meios, isto é, milagres, para eles usarem para induzir os homens a ouvir e refletir". Se pelos primeiros disseminadores do Evangelho, o senhor entende os doze apóstolos e setenta discípulos que o próprio Cristo enviou a pregar o Evangelho, eles de fato foram indicados por Seu comando imediato a mostrar milagres pelo poder investido neles. Mas o senhor dirá que todos os ministros e pregadores do Evangelho tinham tal autoridade e tal poder, todos no tempo dos apóstolos e que eles, cada um deles, realmente mostraram milagres para induzir os homens a ouvir e refletir, até que o Cristianismo foi apoiado pela lei do império? A menos que o senhor possa mostrar isso, embora o senhor pudesse produzir alguns milagres bem comprovados, realizados por alguns homens em cada época até aquele tempo, ainda não seria suficiente para provar que os milagres foram indicados como constantemente utilizados para induzir os homens a ouvir e refletir e assim, pelo seu raciocínio, para substituir a necessidade da força, até que pudesse haver a necessária assistência da autoridade do magistrado tornado cristão. Pois já que como o senhor elabora, que os homens não ouvirão ou refletirão sob a mera pregação e penso que o senhor em seguida concordará o bastante que até o Cristianismo se tornar a religião do império, houve aqueles em todos os lugares que ouviram tão pouco suas pregações ou refletiram tão pouco sobre o que disseram, que rejeitaram o Evangelho e que, portanto, os milagres ou a força sejam meios necessários para fazer os homens ouvirem e refletirem, o senhor deve aceitar que aqueles que pregaram sem o poder dos milagres ou o poder coercitivo do magistrado a acompanhá-los, não receberam meios competentes e suficientes para fazer os homens ouvirem e refletirem e assim, levá-los à verdadeira religião. Se o senhor diz que os milagres feitos por outros fossem suficientes para acompanhar sua pregação, para serem ouvidos e considerados, a pregação dos ministros de hoje são acompanhadas da mesma forma e assim, não precisarão da assistência da força do magistrado. Se o relato dos milagres feitos por um ministro do Evangelho algum tempo antes e em outro lugar fossem suficientes para fazer com que a pregação de dez ou mil outros fosse ouvida e considerada, por que isso não pode ocorrer agora? Pois a credibilidade e atestado dos relatos é tudo que há no momento, quando os milagres realizados por outros em outro lugar são os argumentos que prevalecem. Mas temo que isso não servirá, por sua vez, à questão dos castigos e, o que quer que lhe satisfaça no caso dos milagres, duvido que o senhor não pensaria que a salvação das almas recebeu o suficiente, se o relato da força dos castigos, usada durante algum tempo de um lado da lã, seria tudo que assistiria os pregadores da verdadeira religião do outro lado, para fazer os homens ouvirem e refletirem.

São Paulo, em sua epístola a Tito o instrui sobre o que ele e os presbíteros que ele ordenaria nas cidades de Creta deveriam fazer pela propagação do Evangelho e levar os homens a adotarem-no profundamente. Suas orientações foram de que eles deveriam ser (Tito, capítulo I, versículos 6 a 9, capítulo 2, versículos 7, 8,15, capítulo 3, versículo 9 e 10) crentes que não são acusados de dissolução, nem são insubordinados. Porque é indispensável que o bispo seja irrepreensível como despenseiro de Deus, não arrogante, não irascível, não dado ao vinho, não violento, nem cobiçoso de torpe ganância; antes hospitaleiro, amigo do bem, sóbrio, justo, piedoso, que tenha domínio de si, apegado à palavra fiel, que é segundo a doutrina, de modo que tenha poder tanto para exortar pelo reto ensino como para convencer os que o contradizem. Torna-te pessoalmente padrão de boas obras. No ensino, mostra integridade e reverência, linguagem sadia e irrepreensível para que o adversário seja envergonhado, não tendo indignidade nenhuma que dizer a nosso respeito. Dize estas cousas; exorta e repreende também com toda a autoridade. Ninguém te despreze. Evita discussões insensatas, genealogias, contendas e debates sobre a lei, porque não têm utilidade e são fúteis. Evita o homem faccioso, depois de admoestá-lo primeira e segunda vez. Para retribuir-lhe o favor do seu grego, ele é $\pi\alpha\rho\alpha\iota\tau\circ\tilde{\upsilon}$ que, se posso tomar sua liberdade de corrigir sua tradução, eu leria "evitar".

Os cretenses, à conta que São Paulo lhes dá, eram um povo que precisaria de todos os meios disponíveis para prevalecer com estrangeiros do Evangelho para ouvirem e refletirem. Mas ainda não encontramos nada dirigido ao apoio e propagação do Evangelho nessa ilha além da pregação, exortação, repreensão, etc. junto com o exemplo de uma vida reta. Em toda essa epístola, escrita com o propósito de instruir os pregadores do Evangelho, com os meios que deveriam usar entre os cretenses para sua conversão, nem uma palavra sobre milagres, seu poder ou uso, o que alguém pensaria ser estranho, se fossem os meios indicados e necessários para fazer os homens ouvirem e refletirem e sem os quais eles não o fariam. Pregação, admoestação, exortação, diálogos, instrução, pelo direito comum da razão, eram conhecidos e usados naturalmente para persuadir os homens. Não havia muito a dizer para convencer os homens sobre isso. Mas, se milagres fossem um meio necessário, seria um meio totalmente novo, inesperado e além do poder de outros mestres. E, portanto, se pensaria, se eles fossem indicados para os fins propostos, se ouviria algo sobre essa indicação. Se eles deveriam ser usados ou como e quando estava longe da percepção comum e parece precisar de alguma orientação específica.

Se o senhor diz que o mesmo Espírito que lhes deu o poder dos milagres também lhes desse o conhecimento de que deveriam usá-los e como usá-los, eu estaria longe de limitar a obra desse Espírito infinitamente sábio, que não falhará em levar todos os eleitos de Deus à obediência da verdade, por esses meios e dessa maneira, se achar necessário. Mas nosso Salvador, quando enviou seus discípulos com o poder dos milagres, não apenas lhes deu autoridade para isso, como eles foram informados de possuir esse extraordinário dom e lhes acrescentou instruções sobre como usá-los: "livremente os recebestes, livremente os dêem". Era necessário um cuidado com os cretenses anciãos no uso dos milagres se tivessem esse poder, não havendo nada mais fácil de se tornar em vantagem à ambição torpe.

Só questiono se o Espírito de Deus poderia ter o poder e interferir na mente dos primeiros disseminadores do Evangelho para fazer milagres em alguma ocasião. Mas se fosse um meio necessário para fazer os homens ouvirem e refletirem sobre o que lhes foi pregado até que a força tomasse seu lugar sendo assim comum acompanhar a pregação do Evangelho, embora fosse pregado sem os meios indicados e necessários para fazê-lo prevalecer, penso, no caso, podermos esperar que expressamente isso fez parte da autoridade do pregador, tornando-se parte necessária da efetiva execução de sua função.

Mas o apóstolo, parece, embora justamente enfatizando a instrução de outros e vivendo vida reta, "estando pronto a tempo e fora de tempo" e, portanto, direcionando todas as suas admoestações para organizar a igreja de Creta e nela a propagação do Evangelho, para fazê-los atender a todas as coisas necessárias à vida e doutrina, sem mencionar muito a indicação, precisam e usam os milagres.

Eu disse: "mas qualquer que seja a negligência ou aversão em alguns homens, a serem instruídos imparcial e profundamente, não se encontrará, temo, sob o devido exame, menos negligência e aversão em outros, para instruí-los imparcial e profundamente. Não é falar verdades gerais em linguagem límpida e clara, muito menos sobre as próprias fantasias de um homem de modo escolástico ou incomum de falar durante uma hora ou duas, uma vez por semana, em público, o que seria bastante para instruir mesmo ouvintes de boa-vontade no caminho da salvação e os fundamentos de sua religião" e esses discursos políticos e invectivas do púlpito, ao invés de debates amistosos e cristãos com as pessoas em suas casas, não seriam os meios próprios de informar os homens sobre os fundamentos da religião e, se não houvesse negligência desse lado, penso que haveria pouca necessidade de outros meios. A isso o senhor me diz, no próximo parágrafo "o senhor não vê quão pertinente é meu discurso sobre isso, para a questão atual". Se mostrar os negligentes, observáveis com o uso dos meios acordados como necessários, o senhor pode aceitar como pertinentes, num debate sobre meios necessários, quando possivelmente os muito negligentes podem servir para fazer outros meios parecerem requisitos, quando realmente não o são, se o senhor ainda não é dos que nunca pensarão que um discurso seja pertinente, o senhor me permitirá lembrá-lo disso novamente, como não impertinente responder à sua última carta, onde tanto o senhor nos diz sobre a provisão suficiente para a instrução. Pois onde haja negligentes, dificilmente se pode dizer que haja suficiente provisão para a instrução num país cristão, onde grande número deles, que estão na comunhão da igreja nacional são grosseiramente ignorantes dos fundamentos da religião cristã. E lhe pergunto se, a respeito de tais conformistas o senhor diz, como faz no mesmo parágrafo que "quando a melhor providência é dada para a instrução do povo, o senhor teme que grande parte deles ainda precisaria de alguns castigos moderados para levá-los a ouvir e receber instrução?"

Mas e se todos os meios que podem ser usados não o forem para sua instrução? Pois por haver negligentes desse tipo, suponho que o senhor tomará a palavra de um reverendo prelado de nossa igreja, que pensou não poder mostrar sua boa-vontade ao clero, além de um discurso conveniente sobre o cuidado pastoral para curar os negligentes para o futuro. Ali ele lhe diz, que "os ministros devem cuidar e alimentar seu rebanho e não usufruir os benefícios da fazenda, etc.. Com reprovação ele diz, o que quer que sejamos, nossa igreja está livre disso, o que ele prova pela aceitação e promessa que faz a Cristo, que nunca cessará seu trabalho, cuidado e diligência até que tenha levado todos sob sua responsabilidade, conforme o limite de sua tarefa, para todos que estão ou deveriam estar sob seus cuidados, para levá-los à maturidade em Cristo". E tendo repetido parte da promessa por aqueles que tomam as ordens, ele acrescenta: "nisto se inclui a tarefa muito *negligenciada*, mas tão necessária, dos responsáveis cuidarem de seu rebanho de modo privativo: visitando, instruindo e admoestando, o que é uma das mais importantes partes de seus deveres, que geralmente é desusada ou esquecida". Ele diz: "cada padre que honra seu dever verá que nenhum aspecto dele e tão útil quanto os discursos catequistas. Por meio deles, seu povo entenderá melhor todos os seus sermões, quando tiverem uma noção clara de todos os termos neles contidos, pois os que não forem entendidos tornam-nos totalmente ininteligíveis. Outra parte do dever do padre", ele lhe diz "é com relação aos que não recebem, aos que estão do lado da igreja de Roma ou entre os dissidentes. Outras igrejas e corpos são notados por seu zelo em fazer prosélitos, pois seus esforços incansáveis, assim como seus métodos ilegais para isso, reconhecendo talvez que todos serão santificados pelo aumento de seu *partido*, que é o verdadeiro nome para produzir convertidos, exceto se se tornarem ao mesmo tempo homens bons assim como voluntários em um lado ou causa. Estamos certamente *remissos* em ambas as mãos.

Pequenas dores são assumidas para vencer sobre papistas ou não-conformistas. *A lei recebeu tanta confiança* que esse método só foi dado como certo. Ele foi muito valorizado enquanto outros, ao mesmo tempo foram tão *negligenciados*. E onde, primeiro, *sem força ou violência*, em quarenta anos de papismo, sem ser a religião prevalecente, foi reduzida a um punhado, temos agora, mais de duas vezes esse número de anos, feito muito pouco progresso", etc.

Talvez aqui novamente o senhor me dirá: "não vê como isso possa ser pertinente à questão atual" que, como pode ver me permite lembrar-lhe que nem o senhor nem ninguém pode pretender que a força seja necessária até que todos os meios de persuasão sejam usados e nada que possa ser feito seja negligenciado por todos os modos mais brandos de aplicação. E já que é sua própria doutrina que a força só seja legal onde for necessária, o magistrado, por seus princípios, só pode legalmente usar a força, ou os ministros de uma igreja nacional reivindicá-la em algum lugar se antes tiverem cumprido seus deveres. Temos uma concepção adaptada às nossas presentes circunstâncias, no discurso novamente publicado sobre os cuidados pastorais. E quem enfatizar o uso da força como necessário, antes de responder a si mesmo e ao mundo que os que assumiram o cuidado das almas cumpriram seu dever, devem refletir se não conceberam uma acusação contra os homens dessa santa ordem, ou contra o magistrado que tolera que eles negligenciem uma parte do seu dever. Pois mesmo onde o ilustre bispo, nas passagens acima citadas e outras, menciona que houve negligência, não se pode dizer que só resta o meio da força, se os que de qualquer forma reconhecem meios necessários e úteis ainda não os usaram.

Para mostrar que seu método não é novo, o senhor me diz ser tão antigo quanto Santo Agostinho. O que ele diz na passagem que o senhor cita, só mostra sua opinião, mas não que já tenha sido usado. Portanto, para mostrar que na prática não é novo, o senhor acrescenta achar "que ele tenha sido usado por todos os magistrados que, tendo realizado todas as provisões requeridas para instruir seu povo na verdade, da mesma forma, exigiram que eles, sob castigos convenientes, a adotassem". O que é o mesmo que dizer que os magistrados que usaram seu método usaram seu método. E isso o senhor pode pensar com segurança e sem medo de ser contradito.

Mas agora direi o que penso, por minha vez: se o senhor encontrou magistrados que usaram seu método, assim como diz ter encontrado um deus que o aprovou, deveria nomear esses magistrados, tanto quanto cita Santo Agostinho. Se pensar errado, por favor me corrija e cite seus nomes.

O que me faz imaginar que o senhor dificilmente encontrará exemplo disso é o que eu disse com essas palavras: "todos os outros legisladores usaram constantemente esse método, que onde houvesse algo a ser corrigido, a falta seria primeiro declarada e então decretadas as penas contra todos os que, após certo tempo, fossem culpados. Esse é o senso comum da humanidade e a verdadeira razão das leis (que não existem para os castigos, mas para a correção) tornou muito claro que os mais sutis e refinados legisladores não se desviaram deste curso, nem a mais ignorante e bárbara das nações o esqueceu. Mas o senhor citou Sólon e Licurgo, Moisés e nosso Salvador e resolveu ser um legislador do seu próprio modo. Este é um modo antigo e obsoleto e não servirá, por sua vez, começar com advertências e ameaças de castigos a serem infligidos sobre os que não se reformarem, mas continuarem a fazer o que o senhor considera falha. Para permitir a impunidade ao inocente ou a oportunidade de correção aos que evitariam os castigos estão as formalidades que não valem sua atenção. O senhor prefere um caminho mais curto e certo. Pegue toda a tribo e os castigue por qualquer coisa que o senhor teria corrigido ou sem lhes dizer muito o que o senhor queria que fizessem, mas deixando-os descobrir se puderem. Todos esses absurdos estão contidos no seu modo de proceder e são impossíveis de se evitar por alguém que puniria dissidentes, e somente dissidentes, para fazê-los refletir e examinar imparcialmente se é ou não verdade e sobre que fundamentos eles se basearam e assim, encontrarem e adotarem a verdade que pode salvá-los". Temo que esses absurdos devam ser removidos antes que os magistrados achem seu método praticável.

Eu tendo dito: "seu método não é de todo diferente das desculpas usadas para os métodos bárbaros contra os protestantes da França, para não parecer com perseguição religiosa, isto é, que não seria punição por religião, mas por desobediência às leis do rei, que exigia que fossem à missa. Assim, por sua regra, os dissidentes devem ser punidos, não pela religião que adotaram, mas pela religião que rejeitaram". Em resposta a isso, no próximo parágrafo, o senhor usa dores abundantes para provar que as leis do rei da França, que exigia ir à missa, não são leis. Seria melhor que o senhor dissesse isso do outro lado do rio. É claro que os castigos eram castigos e a perseguição, perseguição. E se o senhor acha que isso não os desculpa, tem meu apoio. Mas embora eu seja de opinião que isso provará ser uma desculpa tão boa quanto a sua, que é o que o senhor argumenta contra no seu próximo parágrafo, nas palavras seguintes, onde o senhor examina a semelhança do seu método com essa desculpa. O senhor me diz: "digo, por sua regra, que os dissidentes (da verdadeira religião, para o senhor não falar de outra) devam ser punidos (ou, se me agrada, sujeitos a penas moderadas para criar-lhes dificuldades, mas não destruí-los nem aleijá-los): para quê?" De fato pensei, pelo seu primeiro livro, que o senhor não queria dizer por sua religião, mas para fazê-los refletir, mas aqui o senhor me pergunta onde o senhor diz que os dissidentes da verdadeira religião não devem ser punidos por sua religião? Então parece, por sua opinião agora, que os dissidentes da verdadeira religião devam ser punidos" ou, como o senhor gostaria de amaciar a expressão, pois é o mesmo, "sujeitos a penas moderadas por sua religião". Penso só precisar provar a alguém do seu agradável estilo que a execução das leis penais, sejam grandes ou pequenas as penas, são punições.

Se, portanto, a religião dos dissidentes da verdadeira religião for uma falta a ser punida pelo magistrado, quem julgará quem é culpado dessa falta? Deve ser o magistrado de qualquer lugar, ou o magistrado de alguns países e não de outros, ou o magistrado daqui? Se o magistrado daqui deve julgar quem são os dissidentes da verdadeira religião, ele pode puni-los aqui. Se ele for juiz de qualquer lugar, então o rei da França, ou o grande da Turquia devem punir aqueles que julgam dissidentes da verdadeira religião, assim como outros potentados. Se alguns magistrados têm o direito de julgar e outros não que, temo ainda, como é absurdo, posso garantir, não fazer seu trabalho. Pois além disso, eles profundamente concordarão em torná-lo seu infalível pivô no caso, para determinar quem tem e quem não tem o direito de julgar qual é a verdadeira religião, ou se eles e o senhor declaram o rei da Inglaterra com esse direito, isto é, concordar com o apoio à ortodoxia, à política eclesiástica e as cerimônias que o senhor aprova, mas o rei da França e da grande Turquia não o tenham e assim, não tenham o direito de usar a força nos que julgam dissidentes da verdadeira religião, o senhor deve pensar no que responder a quem usar suas próprias palavras: "se tal nível de força externa, como foi mencionado, realmente é de grande utilidade para o avanço da verdadeira religião e a salvação das almas, então se deve reconhecer que na França, Turquia, etc., há o direito de usá-la para o progresso de tais fins, embora digamos (o que sem impiedade não se pode dizer) que sábio e benigno Dispensador e Governador de todas as coisas não forneceu à humanidade na França e na Turquia os meios competentes para promover sua própria honra e o bem das almas".

O senhor continua e nos diz que eles devem ser punidos, não por buscarem a luz de sua própria razão, nem por obedecer aos ditames de suas próprias consciências, "mas bem ao contrário. Pois a luz de sua própria razão e os ditames de sua própria consciência (se sua razão e suas consciências não foram pervertidas e corrompidas) sem dúvida os levariam à mesma coisa, ao que o método que o senhor fala é concebido para levá-los", isto é, ao mesmo que sua razão e consciência o leva. Pois se o senhor argumentasse com um papista, ou um presbiteriano no caso, que licença o senhor tem de dizer-lhe que sua razão e consciência estão pervertidos, mais do que ele tem de lhe dizer o mesmo? A menos que seja uma insuportável presunção, sua razão e consciência deveriam ser a medida de toda a razão e consciência em todos os outros, o que não é fácil discernir, como o senhor pode reivindicar sem pretender a infalibilidade.

Não me perturbarei com a diferença que o senhor se permite sobre a semelhança e dessemelhança dos dois argumentos, pois, quando terminou seu regozijo, o senhor foi obrigado a confessar que "como eu argumentei por o senhor, o senhor pensa não haver considerável diferença para ser justo com eles, exceto pelo que surge dos diferentes níveis de castigos, na disciplina francesa e no seu método. Mas se o argumento francês não for verdadeiro e o que digo ser seu, não é seu", devo lhe pedir perdão, senhor. Não achei que fosse sua opinião, nem me lembro o que disse em seu Argumento, que os homens devessem ser punidos por sua religião, mas seria puramente para fazer os homens "examinarem a religião que adotaram e a religião que rejeitaram". E se fosse por um momento, me acharia plenamente justificado por esse meu erro, pelo que o senhor disse em seu Argumento, etc.. Mas já que o senhor se explica de outra forma aqui, tenho a boa-vontade de usar sua hipótese, como o senhor, de tempos em tempos, se agradará de mudá-la. O senhor então responde que "fazê-los examinar é de fato a próxima finalidade por que devem ser punidos". Mas o que há na minha questão? Que, se for pertinente, a demanda por qual falta, não por qual finalidade, devem ser punidos. Como parece mesmo por minhas próximas palavras: "então eles devem ser punidos, não por ter ofendido a lei, isto é, não por alguma falta, pois não há lei na Inglaterra que lhes exija examinar". Isso, devo confessar, seria para mostrar que aqui, como na França, o que quer que se pretendesse, ainda a verdadeira razão porque as pessoas devessem ser punidas, era sua religião. E foi por esse acordo que em ambos os lugares a religião significou, embora se falasse de algo mais, que eu disse que seu argumento era semelhante ao usado na França. Mas vejo que devo ter exposto minhas dores para provar que o senhor pune dissidentes por sua religião, já que o senhor aqui o aceita.

O senhor me diz, na mesma passagem, que fui impertinente na minha indagação, qual fosse: que eu exigi por qual fim a não por qual falta, eles devessem ser punidos. Sinceramente, senhor, não fui tão sutil para distingui-los. Sempre pensei que a finalidade de todas as leis seria corrigir as faltas proibidas e que quando alguém fosse punido, a falta pela qual foi punido seria a transgressão da lei, na questão que a lei comandou ou proibiu e o fim da punição seria corrigir aquela falta no futuro. Por exemplo: se a lei comandou ouvir, não ouvir seria a falta punida e a finalidade da punição seria fazer o ofensor ouvir. Se a lei comandou examinar, a falta punida, quando a lei fosse executada seria não examinar e o fim da punição seria fazer os ofensores examinarem. Se a lei comandou conformismo, a falta seria o não-conformismo e a finalidade seria fazer os homens se conformarem.

Esta é minha apreensão sobre as leis e as finalidades dos castigos. E devo me sentir ainda tolo por não distinguir de outro modo entre "a falta por que os homens devem ser punidos e a finalidade pela qual eles devam ser punidos", mas só se um ocorreu no passado, o outro pode ocorrer no futuro. A transgressão ou falta é uma omissão ou ação pela qual um homem já é culpado. A finalidade do castigo é que isso não se repita. Assim, se um homem é punido pela religião que ele professa, não vejo outra finalidade pela qual ele deva ser punido, além de fazê-lo abandonar aquela religião. Não vejo outra finalidade pela qual ele deva ser punido, além dele abandonar aquela religião. Quero dizer, nenhum outro fim imediato, pois pode haver outras finalidades remotas às quais esteja subordinado. Assim, se não examinar a religião que os homens adotaram e a religião que rejeitaram, não for uma falta pela qual os homens devam ser punidos, me alegraria que o senhor me mostrasse como pode ser a próxima finalidade, como o senhor diz ser, para eles serem punidos. E para que o senhor não pense que minha tolice não lhe dá trabalho sem fundamento, lhe direi a razão por que não posso ver outra próxima finalidade para punição, mas a correção da falta proibida, e porque essa me parece a finalidade, a próxima finalidade de qualquer ação, que, quando obtida, a ação cessa e não cessa até ser atingida. Assim, acho, a punição é ordenada pela lei. Quando a falta proibida é corrigida, a punição deve cessar e não até então. Este é o único modo de conhecer a finalidade ou causa final para a qual uma ação é empreendida. Se o senhor tem alguma outra, o senhor me fará a gentileza de me ensinar. Isso é o que me faz concluir que (e acho que, comigo, todos os que não têm o prazer e a felicidade de obter o máximo de refinamento das escolas) se sua religião for a falta por que os dissidentes devam ser punidos, examinar não é a finalidade pela qual devam ser punidos, mas a mudança de sua religião. Embora examinar possa, talvez, preceder a mudança em alguns homens e ajudá-los. Mas isso não é necessário. Um homem pode mudar sua religião sem isso e, quando ele mudou, por qualquer que seja o motivo, a finalidade da lei foi obtida e a punição cessa. Assim, por outro lado, se não ouvir, não examinar, for a falta por que os homens são punidos, o conformismo não é a próxima finalidade por que devam ser punidos, embora possa talvez ser, para alguns, sua conseqüência. Mas ouvir e examinar devem ser entendidos como as finalidades pelas quais são punidos. Se não forem as finalidades, por que o castigo cessa quando tais fins foram atingidos? Assim o senhor tem meus pensamentos sobre esse assunto, que talvez não serão muito pertinentes, como os meus não têm sempre a boa-sorte de sê-lo para o senhor, um homem de melhores discernimentos.

Mas, consideremos sua hipótese como está agora e vejamos que vantagem o senhor obteve para sua causa por essa nova explicação. "Os dissidentes da verdadeira religião devem ser punidos, o senhor diz, por sua religião". Por quê? Porque é uma falta. Contra quem? Contra Deus. Então de fato se conclui que Deus, se Lhe agrada, pode puni-la. Mas como o senhor provará que Deus deu aos magistrados da terra poder para punir todas as faltas contra Si mesmo? Agressividade ou não amar nosso próximo como a nós mesmos são faltas ou pecados contra Deus. O magistrado deve punir a esses? Mas não precisarei perturbá-lo muito com essa questão. Acho que esse assunto será decidido entre nós sem ir tão longe.

Se o magistrado pode punir alguém por não ser da verdadeira religião, o magistrado deve julgar o que é essa verdadeira religião ou não? Se não deve, o que deve guiá-lo na punição de alguns e não de outros? Pois isso ocorre em todos os lugares onde haja uma religião nacional estabelecida por leis penais. Se o magistrado for autorizado pela mesma lei natural (pois é toda a autoridade que o senhor pretende) a julgar qual a verdadeira religião, pela qual ele se autoriza a punir os que dela divergem, os magistrados não deveriam julgar e dessa forma punir os que divergem daquela que julgam ser a verdadeira religião, isto é, efetivamente, os que divergem da sua? E se todos os magistrados têm o poder de punir os que não sejam de sua religião, lhe pergunto, se é mais útil ou mais desvantajoso promover a verdadeira religião e a salvação das almas. E quando o senhor tiver resolvido essa questão, o senhor poderá me responder se sua utilidade, que deve ser determinada pelo maior bem ou mal que pode fazer é tal que justifique sua doutrina sobre isso ou seu uso pelo magistrado.

Além disso, tornar a dissidência da verdadeira religião, uma falta a ser punida pelo magistrado, põe um fim na sua pretensão a castigos moderados que, no lugar o senhor usa para distinguir o seu método do francês, dizendo que: "seu método pune os homens com castigos que não merecem ser assim chamados, em comparação aos da disciplina francesa". Mas se a dissidência da verdadeira religião é uma falta que o magistrado deve punir e uma falta com tal conseqüência que leva à perda de uma alma humana, não vejo como outros magistrados, cujo dever é punir faltas do seu conhecimento e punir para corrigi-las, possa ser mais remissiva que o rei da França o foi e deixar de declarar que terão todo o seu povo salvo e se esforçam da mesma forma que o rei teria feito para efetivá-la, especialmente se o senhor nos diz que "Deus agora deixa a religião aos cuidados dos homens, sob Sua extraordinária providência, para experimentar se eles cumprirão seu dever em suas várias capacidades ou não, deixando-os responsáveis por tudo que possa ocorrer por suas negligências". Na correção das faltas, "*malo nodo malus cuneus*" não é apenas o que é justificável, mas o que é requerido. Mas isso está mais completo em outra passagem.

Em seguida, não vejo como, pelo seu método, como aqui o senhor nos explica, o magistrado pode punir alguém por não ser da verdadeira religião, embora possamos garantir que ele tenha o poder para fazê-lo, enquanto o senhor nos diz que "seu método pune os homens por rejeitar a verdadeira religião, proposta a eles com evidência suficiente, o que certamente é uma falta". Nessa parte do seu esquema está claro que o senhor só permite que o magistrado puna aqueles a quem a religião foi proposta com suficiente evidência e suficiente evidência, o senhor nos diz "é tal que certamente obterá aceitação onde quer que seja devidamente considerada". Agora, por essa regra, haverá poucos a quem o magistrado terá o direito de punir, já que ele não pode saber se os dissidentes o fazem por desejar a devida consideração para eles ou desejar evidência suficiente no que lhes é proposto, a menos que o senhor entenda por devida consideração, uma reflexão tal que sempre leve os homens realmente à aceitação, o que é, efetivamente, dizer nada. Então sua regra chega a isto: "que suficiente evidência é tal que certamente obterá aceitação onde for devidamente considerada", isto é, de forma a obter aceitação. Isto sendo como algumas outras regras que encontramos que terminam num círculo que, depois de o senhor tê-la rastreado, o senhor se vê onde estava no início. Eu o deixo aceitar o que acha adequado e lhe digo: se, como devida consideração o senhor entende refletir ao máximo, então o que é proposto a alguém com suficiente evidência para obter aceitação, pode não ser suficiente para outro.

Há proposições existentes em geometria, com sua demonstração anexada e com evidência tão suficiente para alguns homens de profundo pensamento e penetração que os fazem ver a demonstração e aceitar a verdade, enquanto há muitos outros, mesmo não novatos em matemática que, com toda a reflexão e atenção que possam usar, nunca estão aptos a percebê-la. Assim é em outras partes da verdade. O que tem evidência suficiente para dar certeza a um homem não a tem suficiente para fazer outro percebê-la como verdade, embora ele não tenha se esforçado ou aplicado em examiná-la. E, portanto, se o magistrado só deve punir os que rejeitam a verdadeira religião quando lhes foi oferecido suficiente evidência, imagino que ele não terá muitos a punir, se distinguir como deve entre o inocente e o culpado.

Com seu empenho em encorajar o uso pelo magistrado da força em questões religiosas, por sua utilidade mesmo pretendendo vantagens do que o senhor reconhece como sua má aplicação, digo que "ao invés de se afastar, o senhor encoraja o mal feito que, por seu princípio, unido à sede natural no homem por poder arbitrário, pode chegar a toda forma de exorbitância, com alguma pretensão de direito". Ao que o senhor responde: "nada falo além do uso e necessidade da força". O que o senhor pensa na passagem mencionada sobre o ganho que o senhor declara aos sofredores pela punição do magistrado para levá-los a uma religião errada? O senhor não diz, se me lembro, que a força é necessária nesse caso, pois seu ganho, como o senhor diz como vantagem é que "eles sabem melhor que sabiam antes onde está a verdade", assim o senhor só pode concordar que essa má aplicação da força "pode ser útil, indiretamente e à distância para a salvação das almas".

Mas o que o senhor pode não pensar, quando considero o perigoso encorajamento que o senhor dá aos poderosos para ocuparem sua força nas questões religiosas, por todo tipo de utilidade que possa imaginar para ela, aplicada de qualquer modo, certo ou errado, que me recuso a mencionar a necessidade que o senhor pretende da força, porque ela não serviria ao mesmo propósito para o qual mencionei sua utilidade. Aqui a uso para que o leitor possa ver sua razão para reclamar sobre eu tê-lo feito antes.

Fica assim seu sistema: "a busca e o avanço de qualquer modo de interesses espirituais e eternos dos homens é uma das finalidades civis da sociedade". E a força é colocada nas mãos do magistrado, como necessária para atingir tais fins, onde não resta nenhum outro meio, "que, então, por seus fundamentos, pode rapidamente encontrar razão, onde o leve sua tendência, ou sirva, por sua vez, para punir os homens diretamente para levá-los à sua religião". Pois se ele pode usar a força porque é necessária, como único meio restante para levar os homens a refletirem sobre razões e argumentos que de outra forma não considerariam, porque, pela mesma regra, ele não poderia usar a força como o único meio restante para os homens obterem níveis de glória que, de outra forma não obteriam e assim, fazer progredir seus interesses eternos? Pois São Paulo nos garante que "as aflições desta vida operam em nós o maior peso em glória". Assim, o senhor deve julgar se o magistrado não pode, quando servir para ele, questionar por seus princípios. Os dissidentes da minha religião devem ser punidos se estiverem no caminho errado, para levá-los ao certo; se no certo, serem ganhadores, pelos seus sofrimentos, de um excepcional peso de glória.

Mas, o senhor diz, "a menos que seja necessário ao homem obter um maior grau de glória, como é para obter a glória, não se conclui que, se o magistrado pode usar a força, porque ela pode indiretamente, etc. ser útil para obter algum grau de glória, pela mesma regra ele pode usá-la onde assim possa ser útil para obter um maior grau de glória. Mas nenhum homem afirmará que haja a mesma necessidade dos homens obterem um maior grau de glória, como para obter glória. Pois sem atingir a glória, eles não podem escapar da danação do inferno, de que podem escapar sem um grau maior de glória". Um dos fins de uma comunidade é, o senhor diz, o avanço do interesse eterno de um homem. O uso da força para fazer um homem sofrer pela verdade que, de outra forma, eles não sofreriam, é tão necessário para atingir um grau maior de glória, como usar a força para fazer os homens refletirem no que, de outra forma não refletiriam, é necessário para obter algum grau de glória. Mas o senhor dirá: "obter a glória é absolutamente necessário, mas obter maior grau de glória, embora desejável, não é tão necessário. Agora, se não houver a mesma necessidade de um desses como há do outro, não se poderá pretender dizer que o que quer que seja legal em relação a um deles, assim parece em relação ao outro". Mas sempre haverá uma justa pretensão de dizer, se o avanço dos interesses eternos dos homens for um dos fins da comunidade e que a força nas mãos do magistrado seja necessária para atingir tal finalidade, então o magistrado é obrigado a usá-la, se o senhor pensa nesse fim, como absolutamente necessário, ou é ou não tão necessário quanto o outro. Não o perturbarei novamente com seu erro sobre o que é absolutamente necessário, tendo-o observado em outra passagem. Só desejarei que me mostre que obter a glória é absolutamente necessário, na próxima vez que tiver a oportunidade de mo afirmar. Obter a glória é necessário para a felicidade e alcançar um maior grau de glória é necessário para maior felicidade, mas nenhum deles só é absolutamente necessário para seus respectivos fins.

E agora, embora como diz "o senhor não pensa em si tendo a observar tudo que pode ser feito com alguma pretensão de direito". Ainda, suponho, por pensamentos mais frios, quando o senhor refletiu sobre a perigosa conseqüência de um questionamento, administrado como o seu, para a verdadeira religião e seus sinceros adeptos e que ocasião para encorajamento pode prover aos poderosos, aquecidos pelo zelo e excitados pelos próprios ministros de sua religião para fazer uso errado e exorbitante da força em questões religiosas, o senhor, em outro momento, se pensará não tendo a deixá-los novamente livres e sem algum cuidado do magistrado quanto a seu uso, sem pelo menos uma palavra de advertência que quando lhe é dada, como diz, só para promover a verdadeira religião, ele deve tomar cuidado e examinar imparcialmente se o que ele usa é para a única verdadeira religião. Sendo sua opinião, quando ele usa a força em questões religiosas só para promovê-la, ele vai além de sua autoridade, ofende seus súditos e ameaça sua própria alma.

Nesse momento, senhor, suponho que verá sob que fundamentos penso que o senhor esclareceu as dificuldades que atribuí a seu método e meu leitor verá as razões dessas imputações que, com tal clamor o senhor me acusou de lidar injustamente. Já que nenhum deles se torna bom por estar no seu livro ou na sua hipótese e tão claramente que eu não poderia imaginar que um homem que tanto considerou o governo, a ponto de se engajar na imprensa sobre uma controvérsia como essa, poderia não percebê-la logo que lhe fosse mencionada. Um deles, que muito o ofende e o faz dizer-me ser impertinente o que falo e fora de propósito e, às vezes usando expressões mais quentes, é meu questionamento contra o poder do magistrado de levar os homens à sua própria religião. Pois eu não poderia imaginar que, para um homem de pensamento, poderia precisar provar que se houvesse uma autoridade dada a todos os magistrados pela lei natural, que os obrigasse a usar a força para levar os homens à verdadeira religião, não lhes seria possível usar essa autoridade, sem serem juízes sobre o que é a verdadeira religião e não perceberiam tão rápido que cada magistrado, quando sua autoridade fosse usada os tornariam, um e outro, obrigados a usar a força para levar os homens à que acreditam ser a verdadeira religião. Mas já que lhe foi difícil ver, eu agora me esforço para prová-lo e assim, eliminar todas essas imputações. Não exemplificarei com outra coisa: todas elas são semelhantes. Só onde o senhor reclama de eu não ter citado suas palavras justamente, se o senhor pode mostrar que eu o fiz em alguma passagem desta ou da segunda carta, para minha vantagem, ou para evitar algum argumento não respondido, se lhe agrada mostrar-me, deixarei que veja seu erro ou reconheça o meu.

E agora, é para mim muito indiferente se o senhor pensar que o que eu disse vale essa consideração que prometeu ou tomá-las como cavilações e impertinências. Aproveite, se lhe agrada esse curto e fácil modo de resposta. Mas se o interesse que o senhor defende ao escrever, como diz, for de Deus e as almas dos homens, precisará que o senhor pese seriamente seu esquema, examine e reúna suas partes, observe a tendência e conseqüências e, numa palavra, considere os fatos e não as palavras. Pois o interesse de Deus e das almas não precisa de nenhuma ajuda da obscuridade ou a incerteza de termos gerais e equívocos, mas podem ser mencionados clara e distintamente; não precisa de retratação na roda dos termos semelhantes ou da incerteza de aplicar mal as expressões, que podem ser para distrair e perverter os incautos, mas não instrui ninguém e, por último, não precisa permissão ou concordância dos homens ilustres para orientar súditos e magistrados ao exame das Escrituras, onde Deus revelou ao mundo os caminhos e meios da salvação. Fazendo isso, num tratado onde o senhor defende que "o assunto do seu questionamento é apenas que método usar para levar os homens à verdadeira religião", o interesse de quem o senhor afirma defender o justificaria contra as regras de uma arte legal e nenhum cristão de qualquer arte lhe negaria essa liberdade e, se não me engano, grupo que o senhor defende lhe demanda isso.

Se o senhor achar, revendo o todo que o senhor administrou sua causa de Deus e as almas humanas com a sinceridade e clareza que satisfaçam sua própria razão e com ela pense satisfazer a de outros homens, devo congratulá-lo por uma estrutura tão feliz. Mas se tudo que o senhor magnificou e os meios de força, do modo que defende, não vai além de levar os homens a um mero conformismo externo com a igreja da Inglaterra, onde o senhor pode seguramente afirmar ser presumível que todos que a adotem o fazem por razão e convicção, suponho que nada mais precisa ser dito para convencer o mundo sobre para quem o senhor escreve.

O senhor diz que o alvo do que escreve é Deus. Mas se tudo o que disse não visa nem chega além do fato da igreja da Inglaterra, agora estabelecida por lei, em suas doutrinas, cerimônias e disciplina ser apoiada pelo poder do magistrado e os homens serem levados a ela pela força, temo que o mundo pense que o senhor tenha pensamentos muito estreitos sobre Deus ou que Ele não seja o interesse principal no que o senhor escreve. É verdade que o senhor sempre fala de levar os homens à verdadeira religião. Mas para lhe evidenciar que por verdadeira religião, o senhor quer dizer apenas a religião da igreja da Inglaterra, digo-lhe que, por seus princípios, o senhor não pode mencionar qualquer outra igreja atual no mundo (e novamente lhe demando isso) para promovê-la ou punir seus dissidentes, o magistrado tenha o mesmo direito de usar a força, como o senhor pretende que ele tenha aqui na Inglaterra. Até que o senhor, portanto, indique algumas outras igrejas verdadeiras e verdadeiras religiões, além da da Inglaterra, o senhor dizer que é pelo interesse de Deus que o senhor escreve, mais mostrará que o senhor enfatiza Seu nome do que não almeja outros interesses.

O senhor também diz não escrever por outros interesses além das almas dos homens. O senhor escreve, de fato e defende arduamente que os homens sejam levados a um conformismo externo à igreja da Inglaterra, mas lhe satisfaz presumir que eles a adotem com razão e convicção, sem outro questionamento e exame. E os que estejam em comunhão externa com a igreja nacional, embora ignorante e irreligiosos, o senhor os deixa desassistidos pelo seu competente meio, a força. Sem ela, o senhor nos diz, a verdadeira religião, por sua própria luz e força não é capaz de prevalecer sobre os caprichos e corrupção da natureza humana, para considerar como deveriam e adotar profundamente. E isso não saiu por acaso de sua pena, mas expressamente o senhor desculpa os que são da igreja nacional em sua ignorância dos seus fundamentos e nos dá razões porque a força não pode ser usada aos que externamente se conformam, para fazê-los considerar para adotarem, acreditarem e obedecerem sinceramente a verdade que pode salvá-los. Mas o reverendo autor dos Cuidados Pastorais lhe diz, que "*comunidade* é o verdadeiro nome de produzir convertidos, exceto por eles se tornarem ao mesmo tempo bons homens".

Se o uso da força for necessário para a salvação das almas e as almas dos homens for o alvo para que o senhor escreve, o senhor será suspeito de ter traído seu grupo, se seu método e meios necessários de salvação não for além de levar os homens ao conformismo externo, embora seja da verdadeira igreja e depois disso, abandoná-los a seus caprichos e naturezas depravadas, destituído da ajuda da força – seu meio necessário e competente de salvação.

Esse modo de cuidar do assunto, qualquer que seja seu intento, parece ser mais, no seu ajuste, para outro alvo. Mas já que o senhor nos garante que não escreve para outro alvo além de Deus e as almas humanas, só se pode dizer que o senhor tem uma boa intenção, mas má-sorte. Já que seu esquema, na linguagem do país, se ajustará a qualquer igreja nacional e clero no mundo, só se pode supô-lo como verdadeiro e presumo que nenhum deles deixará de fazê-lo.

O senhor foi mais que comumente reservado e gentil quando me disse que "o senhor não se esforçaria para dizer qual o interesse que eu visava". Mas tendo-me dito que minha carta tende a promover o ceticismo na religião, o senhor pensou, parece, que seria suficiente para mostrar a que alvo eu escrevo e pode seguramente terminar sua carta com palavras que parecem civis. Mas lhe direi que o senhor pode em outro momento estar um pouco melhor informado para quais interesses eu escrevo. São para aqueles, em todos os países, que temem a Deus, trabalham com integridade e são aceitos por Ele e não para aqueles, em todas as nações que zelam pelas constituições humanas. Não defenda nada além do conformismo externo à religião nacional e será aceito pelos que o promovem. Aqueles para quem escrevo são os que, conforme a luz de suas próprias consciências são em todo lugar sinceros em questões relativas à sua salvação, sem qualquer desejo de impô-la a outros. Um grupo que raramente seja favorecido pelos poderes ou seitas do mundo, um grupo que tenha tão poucas preferências a alojar tão poucos benefícios para recompensar os esforços de quem se apresenta, que concluo que facilmente serei crido quando digo que nem expectativas de preferência nem o desígnio de me recomendar às pessoas com quem convivo diminuiu minha compreensão ou me desviou de meu empreendimento. A verdade que serve muito bem a uma igreja particular e pode se acomodar ao estreito interesse de alguma constituição humana é sempre, de fato, recebida com aplauso e o editor encontra nela seus frutos. Mas penso poder dizer que a verdade, em toda a amplitude dos generosos princípios do Evangelho, que tanto recomenda quanto inculca a caridade universal e uma liberdade das invenções e imposições dos homens nas coisas de Deus, tão raramente tem sido justa e favoravelmente ouvida em qualquer lugar que, quem se propuser alguma vantagem secular escrevendo sobre ela nesse nível, embora sendo dignificado e distinguido, seria ignorante sobre a história e natureza do homem.

Como o senhor requer, no fechamento de sua carta, espero que lhe satisfaça que o senhor possa tê-la disseminado e o senhor, com o resto do mundo verá que tudo que escrevo na minha anterior era tão verdade que não precisa me dar conselhos sobre o futuro. Sobre a pertinência do que falo, duvido que lhe agrade porque vejo pela sua última carta que o que eu trouxe para mostrar a fraqueza, absurdos ou insignificância do que o senhor escreve, o senhor pode bem mostrar a impertinência e ausência de propósito. O senhor deve, portanto, me perdoar se me esforcei mais para agradar outros leitores que não o senhor, neste ponto. Espero que eles encontrem no que disse nada além do assunto. Mas a um homem que se supõe do lado certo constrói tudo sobre essa suposição e toma como ofensa ter o privilégio que lhe foi negado, a um homem que soberanamente decidiria pelo mundo todo o que é a verdadeira religião e assim determina poder aos magistrados que acha justo e outros não de usar a força, a tal homem, para não parecer impertinente, seria realmente assim. Isso me faz ter o prazer da sua resposta a tantas passagens da minha carta de que nada tinham com o propósito. E é da sua escolha se na sua opinião algo assim será.

Mas já que isso depende de o senhor manter uma noção estável e clara das coisas, separadas das palavras e expressões usadas de significado duvidoso e indeterminado, onde os homens ilustres sempre se distraem e a outros, – não serei tão irracional a ponto de esperar, o que quer que o senhor prometa que restará pelo seu aprendizado para adotar a verdade e que talvez não se ajuste bem a suas circunstâncias e interesse.

Vejo que meu intento de não omitir algo que lhe possa parecer uma questão sua, tenha feito a minha crescer além do tamanho de uma carta. Mas uma resposta a alguém sendo muito pouco diferente de uma carta, eu deixarei sob esse título. Eu me esforcei também para constituir um método com as partes separadas do seu esquema, sob diferentes cabeçalhos, para dar-lhes uma visão mais completa e distinta onde, se algum dos argumentos que apóiam sua hipótese me escapou sem conhecimento, por favor mostre-os para mim e tanto reconheço sua força como me esforço para mostrar sua fraqueza.

    Sou, senhor,
    Seu mais humilde servidor,
    FILANTROPOS.

20 de junho de 1692.

UMA

QUARTA CARTA

SOBRE

TOLERÂNCIA

UMA

QUARTA CARTA

SOBRE

TOLERÂNCIA*

SENHOR,
Uma revisão atual sobre a controvérsia anterior entre o senhor e eu é o que suponho que ninguém esperaria do senhor após doze anos de silêncio. Mas a reputação, uma causa suficiente para uma nova guerra, como o senhor faz o mundo entender, colocou uma resolução em seu coração e armas em suas mãos para fazer de mim seu exemplo, para vergonha e confusão de todos os que lhe fossem tão ofensivos, a ponto de pensar que o senhor abandonaria a opinião que adotou por escrito e concorda comigo nas questões sobre tolerância. É visível como podem ser tendenciosos mesmo os homens mais calmos e equilibrados quanto à reputação e se aceita a parte mais desculpável da fragilidade humana e, portanto, ninguém pode imaginar ver um relato embora os ofensores

---

* Em resposta à Segunda Carta ao Autor das Três Cartas sobre Tolerância. Do autor do Argumento da Carta sobre Tolerância, brevemente considerada e respondida e de sua Defesa. Com um pós-escrito, lembrando de Duas Passagens dos Direitos dos Protestantes Dissidentes.

trabalhem contra, com toda a força e a assistência e por causa da própria religião assumida e usada para detê-la. Mas ainda, para tudo isso há homens sóbrios que são de opinião que é melhor assumir o temperamento cristão cujas disputas, especialmente por religião, são recompensadas puramente com a defesa da verdade e não por nós mesmos, que nada temos a ver com isso. Mas já que, como vemos, ele se misturará a eles e será muitas vezes seu próprio agente, sua ingenuidade em aceitar o que o levou novamente ao palco e o colocou ao trabalho, após o senhor ter se mantido resolutamente quieto durante tantos anos, deve ter sido comandado, para nos dar uma visão da discreta escolha que fez de um método adequado ao seu propósito, que o senhor publicou ao mundo, com essas palavras: "Desejando deter um relatório tão ofensivo, assim como sem fundamento, como o vejo, penso não ser um modo impróprio de fazê-lo. Se então quero dizer ao senhor e ao leitor que não encontrei nada mais convincente em sua longa carta do que na sua anterior, dando, além disso, um breve *espécime* de sua responsividade, que eu escolho fazer em algumas páginas do início, onde o senhor colocou sua maior força, ou no mínimo tanto dela que julga suficiente para pôr um fim nessa controvérsia".

Aqui, nós temos sua declaração de guerra, dos fundamentos que o motivaram a isso e do seu complexo método para garantir a vitória, que devo aceitar ser muito novo e notável. O senhor escolhe algumas páginas no início na minha Terceira Carta. Nelas, o senhor diz: "Coloquei minha maior força". Assim, o que eu disse ali sendo desconcertante, lhe dá um triunfo justo sobre toda minha longa Carta. E todo o resto do seu conteúdo sendo desprezível, fraco e impertinente, pela sobrecarga de sua última esperança sendo totalmente refutada.

Isto é chamado responder por *espécime*. Um novo modo que o mundo atribui à sua invenção: uma evidência que, enquanto nada diz, não partilha pensamento. E, de fato, isso foi um nobre pensamento, um estratagema que acredito ser difícil haver outro além de o senhor mesmo que tivesse estado em meditação por duas vezes doze anos sobre como responder a argumentos sem dizer uma palavra sobre eles ou tanto recitá-los e, examinando seis ou sete páginas do início de um livro, reduzir a nada além das trezentas páginas seguintes. Esta é de fato uma briga decisiva que está plenamente diante de si. Quem pode permanecer contra tal conquistador que com um mero ataque contra um, mata cem? Este seria um modo admirável, se não degradasse o conquistador cujo negócio é fazê-lo e transformá-lo num mero falante gazeteiro cujas baboseiras são sem conseqüência. Pois após assassinar seus inimigos e dirigir suas armas por mãos sanguinárias, ninguém pensaria ser estranho encontrá-los vivos em pé e em postura de autodefesa. O evento, com toda sorte de controvérsias sempre instruiu melhor os que, levando-os à experiência, presumiram a fraqueza dos adversários. No entanto, esses que o senhor estabeleceu ou refutou sem questionar, não podem ser negados como caminho pronto ou bem pensados para estabelecê-lo no alto e com sua reputação segura nos pensamentos de seus leitores crédulos, se for, como parece, seu negócio, mas, como creio, não tende a informar seu entendimento ou fazê-los ver a verdade e fundamentos que se impõem. Isto, talvez, seja muito para o vulgo profano saber. É bastante para eles que o senhor saiba por eles e lhes garanta que o senhor possa, quando lhe agrada assim condescender, confundir todos que alguém se ofereça contra sua opinião. Uma fé implícita em o senhor estar certo e prescrevendo sua vitória, mesmo nos aspectos sobre que o senhor nada disse é que alguns homens se sentem mais úteis e assim, seus seguidores só têm línguas para seus campeões para dar-lhes a alegria e autoridade que almeja, não importando se eles têm olhos por si mesmos para verem de que lado está a verdade. Assim, penso, o senhor e eu achamos nossos pontos nessa controvérsia sob sua gerência. O senhor colocando a salvo sua reputação das acusações que se levantariam contra ela, o senhor se levantou contra minha opinião e vejo (me perdoe por palavra tão presunçosa) que deixou a salvo minha causa nos aspectos sobre os quais o senhor nada disse e não fez muitos danos à parte que atacou, como espero mostrar ao leitor indiferente. O senhor entra no seu espécime, me lembrando o que lhe disse: "Só duvido de fazê-lo ver que se estiver certo quanto a seus princípios e manter o que disse, o senhor deve suportar alguns níveis de força que em suas palavras se declara contra, mesmo com a disciplina do fogo e varas". E o senhor diz: "se torno boas minhas palavras, o senhor me garante que carregará algumas varas para queimar o que escreveu sobre uma disciplina tão sem misericórdia e ultrajante, mas até que eu o tenha feito, o senhor supõe que a disciplina que o senhor se esforçou para defender possa permanecer salva e ilesa, como é, em sua própria natureza, saudável e sem danos ao mundo".

Prometer sinceramente é então a parte de um homem honesto, quando o tempo do desempenho ainda não chegou. Mas isso cai na falta de sorte para o senhor que se esforçou respondendo a algumas partes da minha Segunda Carta, para mostrar a responsividade do todo que, ao invés de responder, o senhor promete retratar: "se eu tornar boas as minhas palavras em provar por seus próprios princípios que o senhor deve suportar alguns níveis de força ao fogo e varas".

Senhor, meus esforços para tornar boa minha palavra deixou diante de si um tempo bastante competente. O mundo é testemunha e pensará, como imagino, que já é tempo para o senhor, já que o senhor trouxe esta questão à pauta, reconhecer que tornei boa minha palavra ou, invalidando meus argumentos, mostrar que não o fiz. Aquele que, após um débito de tantos anos só faz promessas sobre as boas obras que realizará daqui para frente, dificilmente é considerado pela Justiça, como cumpridor de sua palavra. A conta em suas mãos requer cumprimento e pagamento e mostrará não o que ele deve prometer mas, se ele for um homem íntegro, o que ele deve realizar. Se as escolas ganham tempo excessivo e admitem evasões por prazer, é justo o senhor usar seu privilégio e levar mais tempo para refletir. Só almejo deixar com meu leitor, nesse meio tempo, o que disse em meu argumento, capítulo IV da minha Terceira Carta que ele pode ter uma visão do seu modo de responder por espécime e julgar se tudo que enfatizei que deva ser respondido com o que o senhor diz aqui ou o que promete possa ser realizado.

A próxima amostra que o senhor dá para mostrar a responsividade de minha Carta não tem mais sorte que a anterior, onde o senhor diz que lhe falo que "o senhor alterou a questão", pois parece que o senhor me diz que a questão entre nós é "se o magistrado tem o direito de usar a força para levar os homens à verdadeira religião? Onde o senhor mesmo digo, entende a questão como se o magistrado tem o direito de usar a força em questões religiosas". "Que afirmação minha lhe resta para dizer-me que é mera ficção, pois em nenhuma passagem, o senhor entende a questão como lhe digo que o senhor o faz".

"E usar a força em questões religiosas (que o senhor diz serem minhas palavras e não as suas), se quero dizer com isso usar a força para levar os homens a alguma outra religião além da verdadeira, o senhor está tão longe de aceitar a questão como sendo: se o magistrado tem o direito de usar a força com tal propósito, que o senhor sempre pense como fora de questão, que nenhum homem no mundo, magistrado ou outro, pode ter qualquer direito de usar a força ou outros meios que eu possa nomear, para levar os homens a uma falsa religião, quanto mais persuadir-se de que ela seja verdadeira".

"Não é, portanto, por qualquer alteração, mas pelo verdadeiro estado da questão que o senhor tem a oportunidade como reclamo sem causa, para passar-me a carga por atribuir-lhe os absurdos de um poder do magistrado para punir homens para levá-los à sua religião". "Mas parece, tendo pouco a dizer contra o que afirma, dizendo que acho necessário alterar a questão e fazer o mundo crer que o senhor afirma o que não afirma, para que eu possa ter algo diante de mim para refutar."

O senhor nega positivamente que em algum lugar o senhor aceita como a questão entre nós assim formulada: "se o magistrado tem o direito de usar a força em questões religiosas". De fato, essas palavras não são as citadas na sua Carta anterior, mas sem essas suas palavras: "o senhor as atribui a mim se eu, dizendo que ninguém tem o direito, ou o senhor, dizendo que o magistrado tem o direito de usar a força em questões religiosas tem mais razão", embora o senhor positivamente me diga que em nenhum lugar aceita a questão como digo que o faz". E agora, deixe o leitor julgar entre nós. Eu talvez não tenha observado corretamente mas o senhor, que é tão zeloso de sua resposta, que pensa ser suficiente um breve espécime em algumas páginas no início da minha Carta, para refutar tudo que eu disse nela, ainda gasta a melhor parte de duas páginas nisso que, se me enganei, não foi com grandes conseqüências, em que não vejo outra utilidade para o senhor além de me atribuir algumas reflexões civis à sua moda e fixar em mim a reputação de ficção, mera ficção, um cumprimento que não lhe devolverei, embora o senhor diga "*usando a força em questões religiosas*" sejam palavras minhas, não suas. Se elas são ou não suas palavras, que sua Carta anterior decida, onde o senhor se atribui dizer que "o magistrado tem o direito de usar a força em questões religiosas". Então esse, como o considero é um espécime do seu modo de ser positivo num erro e diante de um fato claro e diante de sua própria ação e assim, dificilmente o senhor prova um espécime de sua responsividade de tudo que digo em minha Carta, a menos que possamos aceitar que a verdade e a falsidade sejam igualmente respondíveis, quando o senhor se declara contra cada uma delas.

A próxima parte que temos do seu espécime, onde me diz que me esforço para provar que "se, sob seus fundamentos, o magistrado é obrigado a usar a força para levar os homens à verdadeira religião, necessariamente se conclui que cada magistrado, que acredita em sua religião como verdadeira, é obrigado a usar a força para levar os homens à sua".

"Agora, por que esse esforço é tão necessário para mim e toda a minha causa parece depender do seu sucesso, o senhor considerará mais cuidadosamente como o desempenhei, mas antes disso, será justo me fazer saber em que sentido o senhor garante minha inferência e em que sentido o senhor a nega. Agora que cada magistrado, sob justos e suficientes fundamentos acredita em sua religião como verdadeira, é obrigado a usar alguns castigos moderados (que é toda a força que o senhor defende) para levar os homens à sua religião, o senhor livremente garante, porque essa deve precisar ser a verdadeira religião, já que nenhuma outra pode, nessa base ser crida como verdadeira. Mas que um magistrado, sob fundamentos fracos e enganosos acredita em uma falsa religião como verdadeira (e ele não pode fazê-lo sob melhores fundamentos) é obrigado a usar os meios ou outros meios para levar os homens à sua religião, isso o senhor claramente nega, nem pode, por qualquer regra de raciocínio ser inferido do que o senhor afirma".

Aqui o senhor me diz garantir minha inferência, nesse sentido: "todo magistrado, sobre fundamentos justos e suficientes que acredita em sua religião como verdadeira, tende a usar a força para levar os homens a ela".

Aí o senhor garante que todo magistrado, sem saber se sua religião é verdadeira, é obrigado, por acreditar que ela seja verdadeira, a usar a força para levar os homens a ela. De fato, o senhor acrescenta: "quem acreditar nela como verdadeira, sobre fundamentos justos e suficientes". Assim o senhor obteve uma distinção e isso sempre elimina um concorrente, embora muitas vezes não seja útil a esse argumento. Pois aí me deixe perguntar-lhe quem deve julgar se os fundamentos sobre os quais ele acredita em sua religião como verdadeira são justos e suficientes? O próprio magistrado deve julgar por si ou o senhor deve julgar por ele? Não sei onde o senhor encontrará, por sua vez, um terceiro concorrente nesse julgamento. Se todo magistrado deve julgar por si mesmo se os fundamentos sobre os quais ele acredita em sua religião como verdadeira são justos e suficientes, sua limitação do uso da força a acreditar somente sobre fundamentos justos e suficientes, com exceção disso ser um ornamento a seu estilo e aprendizado, pode ser dispensado, já que deixa minha inferência intocada em toda sua amplitude que expressei, relativo a todo magistrado, não havendo nenhum magistrado excluído da obrigação de usar a força para levar os homens à sua própria religião, por essa sua distinção. Pois, se cada magistrado que, sobre justos e suficientes fundamentos acredita em sua religião como verdadeira, for obrigado a usar a força para levar os homens à sua religião e cada magistrado for por si mesmo juiz se os fundamentos em que acredita são justos e suficientes, é visível que cada magistrado é obrigado a usar a força para levar os homens à sua religião, já que quem acredita em sua religião como verdadeira não pode ser juiz dos fundamentos sobre os quais ele acredita que ela seja verdadeira, sejam justos e suficientes, pois se ele julgar de outra forma, então ele não poderia acreditar nela como verdadeira. Se o senhor diz, devem julgar pelo magistrado, então é isso que o senhor garante: que cada magistrado que, sobre os fundamentos que o senhor julga serem justos e verdadeiros, acredita em sua religião como verdadeira é obrigado a usar a força para levar os homens à sua religião. Se for isso que quer dizer, como parece não muito longe disso, o senhor fará bem em declarar que os magistrados do mundo a quem recorrer na dificuldade que o senhor colocou sobre eles, ao declará-los sob a obrigação de usar a força para levar os homens à verdadeira religião, que eles nem podem saber com certeza, nem devem tentar usar a força para levar os homens a ela, sob sua própria persuasão de sua verdade, quando têm nada além desses dois:

conhecimento ou crença que a religião que promovem é verdadeira, para determiná-los. Há a necessidade, enfim, (a menos que o senhor queira que o magistrado aja no escuro e use a força totalmente ao acaso) prevalecendo sobre o senhor para garantir que o magistrado use a força para levar os homens à religião em que acredita como verdadeira; mas, o senhor diz: "sua crença deve ser sobre justos e suficientes fundamentos". Permanecendo a mesma necessidade, deve prevalecer sobre o senhor para ir um passo adiante e me dizer se o próprio magistrado deve julgar se os fundamentos sobre os quais ele acredita em sua religião como verdadeira sejam justos e suficientes ou se o senhor deve julgar por ele. Se o senhor diz o primeiro, minha inferência permanece boa e então a questão, penso, está resolvida e no fim. Se diz dever ser o juiz para os magistrados, eu o congratularei os magistrados do mundo pelo modo que o senhor encontrou para eles de delegar seus deveres, se só lhe agradar publicá-lo, para que possam saber onde encontrá-lo, pois na verdade, senhor, eu prefiro o senhor, nesse caso, ao papa, embora o senhor saiba que o velho cavalheiro em Roma há muito tempo tem chamado a si todas as decisões desse tipo e alega infalibilidade para apoiar seu título que, de fato, dificilmente está apto a permanecer em Roma ou em qualquer outro lugar, sem a ajuda da infalibilidade. Mais disso haverá no próximo parágrafo.

O senhor continua com seu espécime, que desejo deixar que meu leitor passe por cima, sendo a mais exata e estudada peça de cerca artificial, onde, sob a cobertura de boas palavras e a aparência de brando pensamento, nada é dito e portanto, merece ser mantido, não como um espécime da sua resposta pois, como veremos, o senhor responde a nada, mas como um espécime da sua habilidade em parecer dizer algo onde nada tem a responder. O senhor me diz que eu falo que "suponho que o senhor me garanta (o que ele deve ser um homem duro, de fato, que não garantirá) que algo imposto ao magistrado como dever é praticável, de um modo ou de outro. Agora, o magistrado sendo obrigado a usar a força em questões religiosas, ainda que para levar os homens somente à religião verdadeira, ele não terá capacidade para realizar essa parte do seu dever, a menos que a religião que ele deva promover seja a que ele conheça com certeza ou ainda o que seja suficiente para ele acreditar como verdadeira. Tanto seu conhecimento quanto sua opinião devem indicar-lhe essa religião que ele tem que promover pela força. Onde, se por conhecer ou por conhecimento, quero dizer o efeito da estrita demonstração e por crença ou opinião, um tipo de aceitação ou persuasão, como levemente fundamentada, então o senhor deve negar a suficiência da minha divisão, porque há um terceiro tipo de nível de persuasão que, embora não fundamentado sob estrita demonstração, ainda excede muito em firmeza e estabilidade aquela construída sobre leves aparências de probabilidade, sendo fundamentada sobre provas tão claras e sólidas que não deixa dúvida razoável numa mente atenta e imparcial e assim se aproxima bastante da que é produzida por demonstração e é, portanto, em relação à religião, muito freqüentemente e familiarmente chamada nas Escrituras não somente de fé ou crença, mas conhecimento e em diversas passagens total certeza, como pode facilmente ser mostrado, se for necessário. Agora, esse tipo de persuasão, esse conhecimento, essa total certeza, os homens podem e devem ter sobre a verdadeira religião, mas nunca a terão de uma falsa. E é isso que indica essa religião ao magistrado que ele deve promover pelo método que o senhor defende".

Aqui, a primeira coisa que o senhor faz é fingir uma incerteza sobre o que chamo de "conhecer ou conhecimento e de crença ou opinião". Primeiro: por conhecimento eu disse "certamente conhecido". Eu o chamei de "visão, conhecimento e certeza, propriamente chamado conhecimento". E por crença ou opinião, falo de acreditar com certeza e digo que crença no mais alto nível de certeza não é conhecimento. Que o que não for capaz de demonstração não é, embora auto-evidente, capaz de produzir conhecimento, embora bem fundamentado e grande quanto possa ser a certeza da fé onde for recebida. Eu garanto que uma forte certeza de uma verdade, estabelecida sobre argumentos prevalecentes e bem fundamentados de probabilidade é muitas vezes chamado de conhecimento no modo popular de falar, mas devendo-se aqui distinguir entre conhecimento e crença, a que níveis de confiança surgidos, seus limites devem ser mantidos e seus nomes não confundidos, havendo mais sobre isso nas páginas 120 e 121, onde fica claro que por conhecimento, entendo o efeito da estrita demonstração e por crença ou opinião, entendo um nível de persuasão mesmo até o mais alto grau de certeza, que o desafio a estabelecer em termos mais claros e expressos. Mas ninguém pode acusá-lo por não encontrar o significado do adversário, sendo tão claro que o senhor não pode encontrar nada para responder. A razão, portanto, que o senhor alega para negar a suficiência de minha divisão não é de todo razão. Sua pretensa razão é haver "um terceiro tipo ou nível de persuasão que, embora não fundamentada sobre estrita demonstração, ainda na firmeza e estabilidade excede em muito o que é construída sobre leves aparências de probabilidade", etc.. Que assim seja, que haja um nível de persuasão não fundamentado sobre estrita demonstração que excede muito aquela construída sobre leves aparências de probabilidade. Mas deixe-me perguntar-lhe qual pode ser a razão para negar a suficiência da minha divisão, porque há, como sabe, um terceiro tipo ou nível de persuasão, quando mesmo esse que o senhor chama de terceiro tipo ou nível de persuasão está contido em minha divisão? Este é um espécime, de fato, mas não de resposta ao que eu disse, mas não resposta e para tal eu deixo isso ao leitor. "Um nível de persuasão, embora não fundamentado em estrita demonstração, mas em firmeza e estabilidade em muito excedendo o que é construído sobre leves aparências de probabilidade, o senhor aqui chama de terceiro tipo ou nível de persuasão". Por favor me diga quais são os outros dois tipos, pois conhecimento sobre estrita demonstração não é crença ou persuasão, mas completamente acima disso. Além disso, se os níveis de firmeza na persuasão produz diferentes tipos de persuasão, não há somente três, mas trezentos tipos de persuasão e, portanto, nomear seu terceiro tipo tem pouco fundamento e nenhum propósito ou tendência de resposta, embora canalizar a algo como uma distinção seja sempre propósito de alguém que nada tem a responder, dando oportunidade ao uso de muitas palavras boas que, embora nada tendo a ver com o assunto, serve para cobrir o nada dizer do concorrente, sob a aparência de cultura, àqueles que não se darão ao trabalho de examinar o que ele diz.

O senhor diz: "cada magistrado é, pela lei natural, obrigado a usar a força para levar os homens à verdadeira religião". A isso insisto que o magistrado nada mais tem para determinar-lhe o uso da força para promover uma religião antes de outra, além de sua própria crença ou persuasão de sua verdade. Aqui o senhor nada tem a fazer, mas simplesmente garantir ou negar. Mas ao invés disso, primeiro o senhor levanta uma dúvida sem fundamento, como mostrei, sobre meu significado, onde não poderia haver dúvida em ninguém que lesse o que eu disse e assim, sob a pretensão de uma distinção, o senhor solenemente diz ao mundo que "há um terceiro tipo de persuasão que, embora não fundamentada em estrita demonstração, em firmeza e estabilidade em muito excede a construída sobre leves aparências de probabilidade, não deixando dúvidas e se aproximando do conhecimento, tendo total garantia". Bem, o magistrado tem uma "persuasão firme e estável, com completa garantia". Ele deve ser determinado por sua total segurança para promover essa religião pela força, ou cuja verdade ele está num nível tão alto de persuasão que lhe permite total segurança? "Não, o senhor diz, ela deve estar fundamentada sobre prova clara e sólida que não deixe dúvida racional em uma mente atenta e não tendenciosa". Ao que o magistrado está pronto a replicar que ele, sobre seus fundamentos, não tem dúvida racional e que sua mente é atenta e não tendenciosa; de tudo ele pode julgar, até que o senhor possa produzir sua autoridade para julgar por ele, embora, na conclusão, o senhor realmente se faz juiz por ele. "É um tipo de persuasão, uma segurança tal que deve indicar ao magistrado a religião que ele deve promover pela força, que nunca pode ser outra que não a verdadeira religião" que, com efeito, como todos podem ver, a religião que o senhor julga como verdadeira, e não a religião que o magistrado julga verdadeira. Pois, por favor me diga, a total segurança do magistrado deve indicar-lhe a religião que ele deve promover pela força, ou ele deve promover pela força uma religião em cuja verdade ele não crê e não tem nenhuma segurança? Se o senhor afirma a primeira, o senhor garante que cada magistrado deva usar a força para promover sua própria religião, pois essa é a religião em que ele tem total segurança onde ele deposita seu estado eterno. Sim, o senhor diz, isto é pelo desejo de atenção e porque ele não é tendencioso. É como se ele disser o mesmo para o senhor e então ambos estão quites. E promover pela força a religião em que ele não acredita ser verdadeira é tão absurdo que acho que nem o senhor pode esperar nem ser levado a dizê-lo. Nenhuma dessas portanto, sendo respostas que o senhor possa usar, aquela que está no fundo, embora o "o magistrado deve pela força promover a religião que o senhor acredita com toda certeza ser verdadeira". Isso seria admiravelmente bom para seu propósito, se o magistrado não tivesse que perguntar: "quem lhe fez juiz para ele no caso?" e pronto para devolver-lhe suas próprias palavras sobre o senhor, que é o desejo de atenção e sua não-tendenciosidade, o que o deixa sem dúvida sobre sua religião, por suas provas. Experimente, quando lhe agradar, num brâmane, num islamita, num papista, num luterano, num quacre, num anabatista, presbiteriano, etc. e perceberá, se lhes questionar como faz comigo, que a questão permanecerá entre vocês e então o senhor não será juiz de qualquer deles, mais do que eles serão para o senhor. Os homens de todas as religiões têm igualmente fortes persuasões e cada um deve julgar por si mesmo. Nenhum pode julgar pelo outro e o senhor menos ainda pelo magistrado. O fundamento sobre o qual o senhor constrói essa "firmeza e estabilidade de persuasão no maior nível de segurança não deixa dúvida, não pode ocorrer numa falsa religião" se for falsa. Todo seu discurso sobre total segurança indica que para o magistrado, a verdadeira religião que ele é obrigado a promover pela força, a nada chega além de sua própria religião e não pode indicar outra a ele.

No entanto, no parágrafo seguinte, o senhor continua com seu espécime e me diz: "Então parece impertinência de tudo que eu disse, sobre a diferença entre a fé e o conhecimento, onde o que me interessava mostrar, se eu falasse sobre o assunto era que existe claros e sólidos fundamentos para a crença em falsas religiões como há na crença na verdadeira ou, que os homens firme e racionalmente acreditam e adotam falsas religiões como se fossem verdadeiras. Isso, o senhor confessa, é um ponto que, quando eu o tiver esclarecido e estabelecido, trabalhará a meu favor como nenhum outro. E, portanto, meu discurso sobre fé e conhecimento, embora possa distrair os que estão prontos a admirar tudo que digo, nunca me capacitará, perante melhores juízes, ao dever de cada magistrado de usar penas moderadas para promover a verdadeira religião, para inferir a mesma obrigação sobre cada magistrado em relação à sua religião, qualquer que seja".

Veremos onde está a impertinência quando lembrarmos que a questão entre nós não é qual a religião com os fundamentos mais claros e sólidos para sua crença, menos ainda se "houver fundamentos claros e sólidos para a crença em falsas religiões como há para a crença verdadeira", isto é, se a falsidade tem tanta verdade em si como a própria verdade? Uma questão que, imagino, nenhum homem além de sua grande pertinência, poderia ter proposto, mas a questão aqui entre o senhor e eu é o que deve indicar ao magistrado a religião que ele, pela força, deve promover, podendo estar assim apto a realizar o dever que o senhor pretende incumbi-lo pela lei natural. E aqui provo que não tendo certeza, conhecimento demonstrativo da verdadeira religião, tudo que lhe restou para determinar-lhe a aplicação da força (que o senhor faz de instrumento adequado para promover a verdadeira religião) para promover a verdadeira religião, seria somente sua persuasão, crença, ou certeza sobre a verdadeira religião, que sempre foi a sua própria, e nesse estado a religião, que pela força, os magistrados do mundo devem necessariamente promover, deve ser a sua própria ou nenhuma. Assim, com esse argumento diante de nós, estou apto a pensar que o mundo pode ser de opinião que seria pertinente à sua responder ao meu argumento se o senhor tiver algo a responder, pois já que o senhor não o fez, esse espécime também de facilidade, onde o senhor pode responder tudo que eu disse na Terceira Carta, pode ser reunido ao anterior e ser um espécime de algo mais além do que o senhor queria. Pois na verdade, senhor, o esforço para colocar uma nova questão, absurda em si mesmo e fora do propósito, sem oferecer nada para esclarecer a dificuldade que lhe pressionou, parecerá aos leitores de entendimento, pertinentes para alguém que se coloca como um Drawcansir errante distribuindo espécimes de si mesmo, que nada pode estar em seu caminho.

É com a mesma pertinência que para essa proposição "que haja fundamentos claros e sólidos para a crença numa falsa religião como há para a crença na verdadeira", o senhor junta o que segue, como equivalente: "ou que os homens possam firme e racionalmente crer e adotar falsas religiões como podem adotar a verdadeira" e se contentaria em ter pensado que sua causa estava ganha, a menos que eu mantenha essas duas proposições absurdas, que meu argumento nada tem com isso.

E me parece que o senhor constrói sobre essas duas falsas proposições:

I. Que, no desejo de ter conhecimento e certeza de qual é a verdadeira religião, nada é adequado para determinar ao magistrado, ao cumprir seu dever de empregar a força para fazer os homens refletirem e adotarem a verdadeira religião, além da mais alta persuasão e total segurança de sua verdade. Onde sua própria persuasão da verdade de sua própria religião, seja em que nível for, assim acredite ser verdadeira, será suficiente, se pensa ser seu dever promover a verdade pela força, colocá-lo a trabalhar. Nem poderia ser de outro modo, já que sua própria persuasão de sua própria religião, que julga tão bem fundamentada para arriscar nela seu estado futuro, só pode ser suficiente para colocá-lo a fazer o que assume ser seu dever levar outros à mesma religião.

II. Outra falsa suposição que o senhor constrói é que a verdadeira religião é sempre adotada com a aceitação mais firme. Dificilmente há alguém tão pouco consciente do mundo que não tenha encontrado exemplos de homens mais irredutivelmente confiantes e completamente seguros numa religião que não era a verdadeira. Nem há, entre as tantas religiões absurdas do mundo quase ninguém que não ache votos para entregar neles suas vidas e se não por uma firme persuasão e total segurança, mais forte que o amor à vida e tenha força suficiente para fazer um homem se jogar nos braços da morte, é difícil saber o que é firme persuasão e total segurança. Judeus e islamitas deram freqüentes exemplos do seu mais alto grau de persuasão. E a religião brâmane do leste é compartilhada pelos seus seguidores com não menos certeza de sua verdade, já que não é inusitado para alguns deles se jogarem sob as rodas de uma poderosa carruagem quando eles, nos dias solenes, conduzem a imagem do seu Deus em procissão, para serem esmagados até a morte e sacrificam suas vidas em honra do Deus em que acreditam. Se isso for objetado, que esses sejam exemplos de homens médios e comuns, que os grandes homens do mundo e os cabeças da sociedade não se dêem facilmente a um fanatismo confirmado, respondo: a persuasão que eles têm da verdade de sua própria religião é visivelmente forte o bastante para fazê-los arriscar a si mesmos e usar a força em outros sobre sua crença. Os príncipes são feitos iguais a outros homens e agem encalorados por essa crença, embora os fundamentos de sua persuasão não estejam muito claros para eles ou possam parecer a outros não extremamente sólidos. Os homens agem pela força de sua persuasão, embora nem sempre coloquem sua persuasão e aceitação no lado onde está, na realidade, a força da verdade. As razões porque não pensaram, não ouviram, não compreenderam corretamente, não pesaram devidamente, não impressionam a mente e a verdade, mesmo sendo ricamente armazenada em suas mentes, pode não ser aceita, mas permanece negligenciada. A única diferença entre príncipes e outros homens está em que *os príncipes são normalmente mais positivos em questões religiosas, mas menos instruídos*. A brandura e prazeres de uma corte, a que são abandonados quando jovens e os negócios de Estado que os possuem totalmente quando crescem, raramente lhes permitem tempo para refletirem e examinarem que devem adotar a verdadeira religião. E aqui, seu esquema, por sua própria suposição tem um erro fundamental que se volta contra ele. Pois o senhor afirmando que a força, aplicada ao seu modo, é o meio necessário e competente para levar os homens à verdadeira religião, deixa os magistrados destituídos desse necessário e competente meio de ser levado à verdadeira religião, embora esse seja o caminho mais pronto, o único meio, no seu esquema, para levar os homens a ela e defendido por o senhor como o único método.

Mas ainda o senhor estará talvez pronto a replicar que não dirá meramente que os homens não podem tão firmemente, mas que eles não podem tão firmemente quanto racionalmente acreditar e adotar falsas religiões como podem a verdadeira. Isso, mesmo sendo verdade, não é vantajoso de modo algum para sua causa. Pois aqui, a questão, precisando ser considerada no seu modo de questionar, se volta sobre o senhor, que deve julgar se o magistrado acredita e adota sua religião racionalmente ou não. Se ele mesmo for o juiz, então ele age racionalmente e deve haver nele a mesma operação como se fosse o mais racional no mundo. Se o senhor deve julgar por ele se sua crença é racional ou não, por que outros não podem julgar por ele, tanto quanto o senhor? Ou no mínimo ele julgar por o senhor, assim como o senhor por ele. Enfim, até o senhor produzir sua patente de infalibilidade e autoridade de superintendência sobre a crença dos magistrados da terra e mostrado a autoridade onde o senhor indica o dirigente dos magistrados do mundo em sua crença, qual é ou não a verdadeira religião? Não pense que isso é dito sem causa. Todo o seu discurso aqui não tem outra tendência, além de fazê-lo juiz da religião que deve ser promovida pela força do magistrado, que, deixe-me dizer, enquanto isso, todo zelote encalorado de qualquer religião tem tanto direito quanto o senhor. Peço-lhe que me diga: o senhor não está persuadido, melhor, completamente seguro, que a igreja da Inglaterra está no caminho certo e todos os seus dissidentes estão no errado? Para que mais o senhor usaria a força para levá-los a considerar e se conformar? Se então a religião da igreja da Inglaterra for, como o senhor tem certeza, a única religião verdadeira e o magistrado deve basear sua persuasão da verdade de sua religião em provas tão claras e sólidas como só tem a verdadeira religião e nenhuma religião falsa pode ter e por essa persuasão o magistrado deve ser orientado no uso da força (pois tudo isso o senhor diz, com efeito, na sexta página e no início da sétima) o que é isso além de dizer secretamente que é dever de todos os magistrados usar a força para levar os homens a adotarem a religião da igreja da Inglaterra? Que, já que claramente se conclui da sua doutrina e penso que o senhor não pode negar ser sua opinião e o que defende, o senhor fará bem de dizê-lo em claras palavras e então nada mais haverá a ser dito sobre a questão.

E agora desejo considerar, a vantagem traz para a verdadeira religião, essa suposição de força que parece colocada nas mãos do magistrado pela lei natural para ser usada pela religião, quando arma quinhentos magistrados contra a verdadeira religião que deve, inevitavelmente, no estado de coisas do mundo, agir contra ela, enquanto um age a favor. Digo que o senhor meramente supõe esse uso da força na mão do magistrado, pelo benefício que parece produzir, mas sendo demonstrado que o prejuízo que carrega para a verdadeira religião de tal uso da força, é quinhentas vezes maior que a vantagem esperada. A inferência natural e inevitável do seu próprio fundamento de benefício é que Deus nunca deu tal poder ao magistrado e assim será até que o senhor possa, por um argumento melhor, provar que o magistrado tenha tal poder. Isso me dá espaço para acrescentar mais uma palavra.

O senhor diz que o magistrado é obrigado pela lei natural a usar a força para promover a verdadeira religião. Ele deve ficar quieto e nada fazer até saber com certeza qual é a verdadeira religião? Se assim for, a autoridade é perdida e ele nunca poderá cumprir seu dever, pois a certeza do conhecimento sobre a verdadeira religião pode nunca chegar neste mundo. Então ele pode agir sob "firme persuasão e completa certeza, baseada em provas claras e sólidas como só tem a verdadeira religião e nenhuma religião falsa pode ter?" E então, de fato, o senhor se destacou numa segura retratação. Pois quem pode duvidar que seu terceiro tipo ou nível de persuasão, se for esse seu significado, determinará ao magistrado a verdadeira religião, quando é baseado somente nas provas da verdadeira religião, que se for tudo que o senhor tenciona como total segurança (o título que dá a esse terceiro tipo ou nível de persuasão), devo desejar que o senhor aplique isso como resposta ao meu argumento. Digo que os magistrados em geral nada têm para determinar-lhes em sua aplicação da força além de sua própria persuasão e sua resposta é: os magistrados da verdadeira religião têm sua própria persuasão para determinar-lhes, mas de todos os outros magistrados, que são mais de cem, posso dizer mil por um, o senhor nada diz e assim, com a ajuda de uma distinção, a questão fica resolvida. Digo que os magistrados não têm capacidade para cumprir seu dever, se forem obrigados a usar a força para promover a verdadeira religião, já que eles nada têm para orientá-los em sua aplicação da força além de sua própria persuasão sobre a verdade de uma religião que, a variedade de religiões que os magistrados do mundo adotaram, não podem orientá-los à verdadeira. Sim, o senhor diz, sua persuasão, para aqueles que adotaram a verdadeira religião, os orientará à verdadeira religião. Isso não chega a mais que o magistrado que adotar a religião certa, está na religião certa: uma proposição muito verdadeira, sem dúvida. Mas o senhor deve refletir melhor se ela remove a dificuldade que propus, melhor que iniciar a questão. Há quinhentos magistrados de falsas religiões para um da verdadeira. Falo com propriedade: é um dever atribuído a todos eles, diz o senhor, usar a força para levar os homens à verdadeira religião. Minha questão é, como isso pode estar de acordo com homens inevitavelmente determinados pela persuasão da verdade de sua própria religião? Isso se responde assim: os que são da verdadeira religião cumprirão seu dever. Uma grande vantagem, certamente, à verdadeira religião e vale sua defesa que seja dever do magistrado usar a força para promover a verdadeira religião, quando no estado atual de coisas no mundo e como sempre tem sido, um magistrado em quinhentos usará a força para promover a verdadeira religião e os outros quatrocentos e noventa e nove promoverão religiões falsas.

Mas talvez o senhor me diga que não aceita que os magistrados de religiões falsas sejam orientados por suas próprias persuasões, "construídas sobre leves aparências de probabilidade, mas as que sejam fundadas em provas claras e sólidas" que só a verdadeira religião tem. Respondendo a isso lhe pergunto: quem deve julgar se a persuasão está fundada em provas claras e sólidas: o próprio magistrado ou o senhor, por ele? Se for o próprio magistrado, continuamos onde estávamos e tudo que o senhor diz aqui, com a diferença que o senhor estabeleceu entre os vários tipos de persuasão, só serve para nos levar de volta ao mesmo lugar, pois o magistrado de qualquer religião deve, apesar de tudo que o senhor disse, é orientado por sua própria persuasão. Se o senhor diz dever julgar sobre a clareza e solidez das provas sobre as quais o magistrado baseia a crença em sua própria religião, é tempo de o senhor produzir sua patente e mostrar a autoridade com que o senhor age.

Há outras qualificações para o senhor julgar a prova, em que nos fala em que "baseia seu terceiro tipo ou nível de persuasão e é tal que não deixa dúvida razoável numa mente atenta e não tendenciosa", que embora o senhor possa julgar o que seria uma dúvida razoável e o que é uma mente atenta e não tendenciosa, não lhe será útil de modo algum. Se o magistrado deve julgar por si mesmo neste caso, o senhor nada deve ter a dizer-lhe, mas se o senhor deve julgar, então qualquer dúvida sobre a sua religião será irracional e se ele não adotar e promover a sua religião será

desejo de atenção e uma mente não tendenciosa. Mas deixe-me dizer-lhe, só dar a mesma liberdade de julgamento para o magistrado de sua religião aos homens de outra religião, que eles tenham o mesmo direito que o senhor para julgar pelo magistrado de outra religião nos itens mencionados, tudo isso se volta contra o senhor. Vá para a França e experimente se é ou não assim. Então dê o nome que quiser, se o senhor defende que o uso da força pelo magistrado para promover a verdadeira religião, como declarou, dá tanto poder ao rei da França para usá-la contra seus súditos dissidentes, como a outro príncipe no Cristianismo para usá-la contra os seus.

A falácia em tornar dever do magistrado promover pela força a única religião verdadeira está em que o senhor aceita supor que o magistrado de sua religião seja bem fundamentado, atento e não tendencioso e completa e firmemente seguro de que sua religião é verdadeira, mas que outros magistrados de outras religiões diferentes da sua não o sejam. O que é isso, além de erigir para o senhor mesmo um estado de infalibilidade, acima de todos os homens de persuasões diferentes das suas, quem possam estar em categorias tão boas quanto as suas?

Tendo avançado até a cátedra e se dado o poder de decidir por todos os homens qual é e qual não é a verdadeira religião, não se deve imaginar que o senhor tão redondamente pronuncie todo o meu discurso, "sobre as diferenças entre fé e conhecimento, como impertinência" e com um tal tom de maestria me diga que "meu interesse, se falasse a propósito não seria mais que houvesse fundamentos claros e sólidos para a crença em falsas religiões como há para a crença na religião verdadeira, ou que os homens possam firme e racionalmente crerem e adotarem falsas religiões como o fazem com a verdadeira".

Deixarei surgir a impertinência no julgamento de um leitor indiferente e só examinarei, agora, o que o senhor diz sobre "eu tinha interesse de que houvesse, se falasse a propósito".

Meu negócio então era provar que o magistrado, sendo ensinado que é seu dever usar a força para promover a verdadeira religião, inevitavelmente se concluiria, que não ter o conhecimento da verdade de uma religião, mas apenas crer que ela é verdadeira, para determinar-lhe sua aplicação da força, ele assumiria o dever tendencioso de promover sua própria religião pela força e, então a força seria inevitavelmente usada para promover falsas religiões, sobre os bons fundamentos que o senhor pretende úteis apenas à verdadeira e isso, suponho, tenho provado suficientemente nessas páginas, embora o senhor não pense ser adequado dar outra resposta ao que digo ali, mas que é impertinente e eu teria provado algo mais, que o senhor teria feito bem, por uma dedução clara e simples, de ter mostrado por minhas palavras.

[*As duas folhas seguintes da cópia foram perdidas ou inutilizadas*]

Após essa sua nova invenção, "responder por espécime", felizmente descoberta para sua facilidade e outros concorrentes de renome que terá o prazer de acompanhar, não posso presumir que o senhor deveria observar algo que tenho a dizer: o senhor assumiu o privilégio mostrando sua força contra um argumento para determinar que todo o resto seja balela e, portanto, a que propósito isso lhe oferece dificuldades, quem pode eliminá-lo com um sopro? Mas ainda para me desculpar perante o mundo, por ser de opinião que não é sempre por desejo de consideração, atenção ou de ser não tendencioso, que os homens com firmeza de persuasão adotam e como total segurança aderem ao lado errado, em questões religiosas, tomarei a liberdade de oferecer o famoso exemplo dos dois irmãos Reynold's, ambos homens ilustres e participativos da sociedade, onde um, sendo da igreja da Inglaterra e o outro da igreja de Roma, ambos desejavam que o outro se convertesse à sua religião, escreveram um ao outro sobre isso e com tal aparência de fundamentos sólidos e claros de ambos os lados que foram eficazes para ambos. Cada um deles mudou sua religião e com tal firmeza de persuasão e completa segurança da verdade da religião que escolheram que nenhum esforço ou argumentos de nenhum deles moveria o outro, ou os levaria de volta à religião de que foram dissuadidos. Se agora eu perguntasse qual dessas duas seguranças indicaria a verdadeira religião o senhor, sem dúvida, se respondesse de um jeito ou de outro, diria: àquele que adotou a igreja da Inglaterra e um papista diria ao outro, mas um homem indiferente perguntado se essa total segurança seria suficiente para indicar a verdadeira religião a ambos, ele deve responder: não, pois se fosse, ambos deveriam ser necessariamente da mesma religião.

Para resumir o que o senhor respondeu ao meu discurso, "não pode ser dever do magistrado usar a força para promover a verdadeira religião, porque ele não tem capacidade para cumprir esse dever, por não ter um conhecimento seguro, mas apenas sua própria persuasão para indicar-lhe qual a verdadeira religião. Se ele quiser que seja seu dever usar a força para promover a verdadeira religião, inevitavelmente se conclui que ele deve sempre usá-la para promover a sua própria". Ao que o senhor responde que uma persuasão de nível fraco não é suficiente para indicar a religião que o magistrado deve promover pela força, mas que a "firmeza e estabilidade da persuasão, uma total segurança é o que indica ao magistrado essa religião que ele deve promover pela força". Onde, por firmeza e estabilidade de persuasão e total segurança, o senhor quer dizer quer as palavras sejam importantes, fica claro que o senhor confessa que o dever do magistrado é promover sua própria religião pela força, pois essa é a religião que sua firme persuasão e total segurança lhe indicam. Se por total segurança o senhor só entende a força da persuasão, o senhor contradiz tudo que disse sobre firmeza e estabilidade e níveis de persuasão e, tendo, neste sentido, aceito a suficiência da minha divisão, onde digo: "conhecimento ou opinião devem indicar-lhe essa religião, que ele deve promover pela força", retrate-o novamente e, sob o nome de total segurança, substitua por verdadeira religião, assim, firmeza de persuasão é com efeito a expressão deixada e nada além do nome usado, pois, por favor me diga, a firmeza de persuasão ou ser da verdadeira religião são suficientes para indicar ao magistrado que a religião que ele tem o dever de promover pela força? Pois eles nem sempre andam juntos. Se ser da verdadeira religião por si só pode fazê-lo, sua menção de firmeza de persuasão, baseada em prova sólida que não deixe dúvida não tem nenhum propósito além de perturbar sua razão, pois todos os que são da verdadeira religião não chegam a um alto grau de persuasão que a total segurança que aproxima aquilo que está muito próximo do que é produzido por demonstração. E nesse sentido de total segurança, que o senhor diz que os homens podem ter da verdadeira religião e nunca podem ter das falsas, sua resposta chega a isso: a total segurança daquele que adota a verdadeira religião indicará a religião que ele deve promover pela força. Onde for claro que pela totalidade da certeza o senhor quer dizer não a firmeza de sua persuasão que lhe indica a religião que ele pela força deve promover (pois um grau mais brando de persuasão para aquele que adota a verdadeira religião o faria certamente e para aquele que não a adota, o mais alto grau de persuasão nada faria, mesmo na sua opinião), mas sendo ele da verdadeira religião, é só isso que o guia em seu dever de promover a verdadeira religião pela força. Assim, à minha questão sobre como um magistrado, persuadido que é o seu dever e de todo magistrado promover a verdadeira religião pela força, ser orientado no seu uso da força. O senhor parece dizer que sua firme persuasão ou total segurança da verdade da religião que ele assim promove deve orientá-lo e, atualmente, em outras palavras, o senhor parece enfatizar o fato dele realmente ser da verdadeira religião. A primeira dessas respostas não é verdadeira, pois eu mostrei que a firmeza da persuasão pode indicar e indica aos magistrados as falsas religiões, assim como a verdadeira. E, segundo, o que é o mesmo, como para alguém que pergunte o que permitiria a um homem encontrar o caminho correto se não o sabe, deveria ser respondido, estar nele. Um desses deve ser seu significado. Escolha o que lhe agrada, se o senhor tiver algum significado na sua sexta e início da sétima página a que refiro o leitor, onde, se ele não achar mais nada, não pode deixar de encontrar um espécime de demonstração acadêmica de discurso incerto levado à extrema perfeição, linda e artificialmente apalavrado, que pode servir como um espécime de obra de arte desse tipo, mas um espécime da responsividade da minha carta requer, como imagino, lidar com mais clareza e para satisfazer os leitores não presos à admiração dos que habilidosamente nada dizem, o senhor deve informar-lhes diretamente se a firmeza da persuasão é ou não suficiente para permitir ao magistrado cumprir seu dever para promover a verdadeira religião pela força, ou ainda isso que o senhor usa, dificilmente será uma amostra da responsividade de tudo o que eu disse.

Mas o senhor permanece positivo nisso e é como um mestre que não pode ser inferido do fato do magistrado ser obrigado a promover pela força a verdadeira religião, que cada magistrado é obrigado a promover pela força sua própria religião e que, pela mesma razão que o senhor deu antes, mais perplexa e obscura, isto é, "porque há uma vantagem perpétua no lado da verdadeira religião que ela possa e deva ser crida, sobre claros e sólidos fundamentos que quanto mais aparecem, mais são examinados, enquanto nenhuma outra religião pode ser crida, além das aparências que não suportariam um exame justo".

Esta poderia ser uma resposta ao que eu disse, se todos os magistrados vissem a preponderância dos fundamentos da crença, que estão do lado da verdadeira religião, mas já que não estão nos fundamentos e razões de uma verdade que não foi vista que determinam que o magistrado realize ou possa realizar seu dever no caso – mas isso é persuasão da mente, produzida por razões e fundamentos tais que os afetem que sozinho pode ou é capaz de orientar o magistrado no uso da força para o cumprimento do seu dever – necessariamente se conclui que se dois magistrados têm persuasões igualmente fortes respectivamente sobre a verdade de suas religiões, eles podem ambos se porem em ação, ou nenhum deles, pois embora um esteja na falsa e o outro na verdadeira religião, ainda o único princípio de operação que eles têm para orientá-los, sendo igual para ambos, eles devem ambos serem orientados por ele, a menos que se possa dizer que um deles deve agir conforme aquele princípio que sozinho pode determinar e o outro deve agir contra ele, isto é, faça o que não pode fazer – ser orientado a uma coisa pelo que, ao mesmo tempo, o determina a outro. Da incapacidade dos magistrados de cumprir seu dever pela força para promover a verdadeira religião, penso se poder justamente concluir que usar a força para promover uma religião não pode ser seu dever.

O senhor nos diz, pela lei natural os magistrados são obrigados a promover a verdadeira religião pela força. Deve-se aceitar que se isso for uma obrigação da lei natural, muito poucos magistrados a cumprem. Assim, eles devem promover a religião, pela força, que assumem como verdadeira. Sendo esse o caso, peço-lhe que me diga: Huaina Capac, imperador do Peru, era obrigado a fazê-lo? Ele, sendo persuadido do seu dever de promover a verdadeira religião, ainda não estava em posição de conhecer ou ouvir o bastante sobre a religião cristã que realmente é a verdadeira (estava longe da possibilidade de ter sua crença fundamentada sobre provas claras e sólidas sobre a verdadeira religião). Ele deveria promover a religião pela força? Por ele nem conhecer nem poder conhecer algo sobre essa religião, seria moralmente impossível para ele fazê-lo. Ele deveria ficar quieto diante da negligência do dever a ele atribuído? Deve-se supor isso como um dever e não dever, ao mesmo tempo. Se, pelo fato dele não conhecer qual é a verdadeira religião, o senhor aceita não ser seu dever promovê-la pela força, a questão final é: O senhor e eu concordamos que não é dever do magistrado promover pela força a verdadeira religião. Se o senhor sustenta que no caso, é seu dever, o que lhe resta fazer além de usar a força para promover essa religião que ele mesmo é fortemente, não, talvez ao mais alto grau de firmeza, persuadido ser verdadeira? Essa é a garantia que defendo: que se o magistrado é obrigado a promover pela força a verdadeira religião, se conclui, então, que ele é obrigado a promover pela força a religião que ele está convencido ser verdadeira. Já que, como o senhor considera, a força lhe foi dada para esse fim e é seu dever usá-la e ele nada tem para orientá-lo a esse fim além de sua própria persuasão. Então se pode concluir por uma dessas duas coisas: nesse caso deixa de ser um dever, ou ainda ele deve promover sua própria religião. Escolha a que mais lhe agrada.